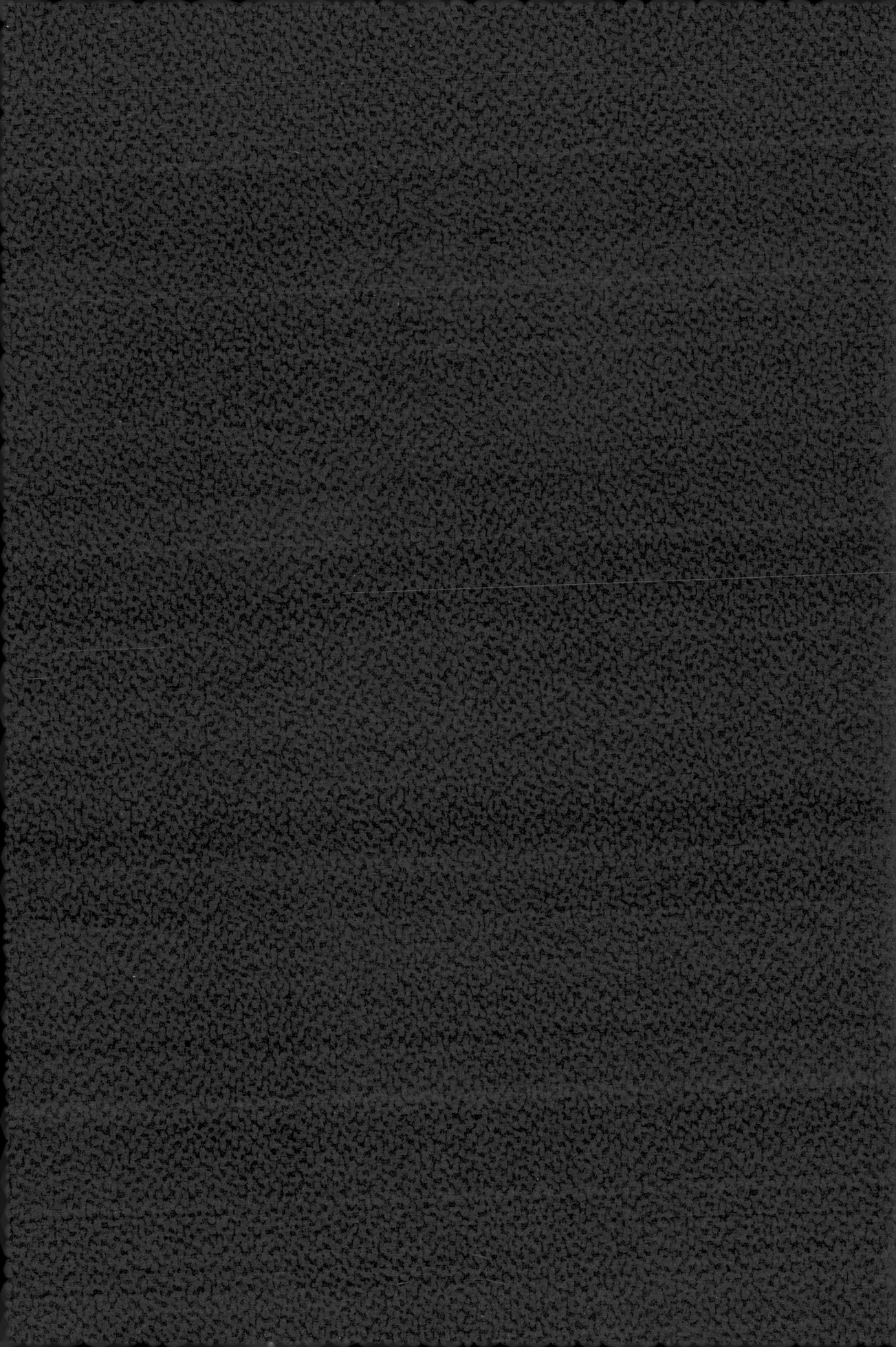

黄彦 主编

孙文全集

论著（下）

第三册

SPM
南方出版传媒
广东人民出版社
· 广州 ·

THE TRUE SOLUTION OF THE CHINESE QUESTION

革命潮

一九〇四年孙文旅美时用英文撰写《中国问题的真解决——向美国人民的呼吁》。图为十月在纽约出版的单行本封面，并亲笔题写中文"革命潮"三字。

支那問題眞解

孫逸仙先生著
公民俱樂部譯

今日全球之視線集於遠東。其近因爲日露之戰爭。而其遠因亦以爭爲亞細亞主人翁者。思伸其最後之勢力於支那也。歐人登領土於亞非利加。其大勢已定無復餘故必更尋新地以施其殖民之政策。而支那久有東方病夫之稱。世界最良沃之大地。適投歐人之所好。雖亞米利加對於萬國政策。表其孟維主義。雖然謂其手段異於他國。則可謂其甘放棄權利則不可也。夫飛獵賓既受治於美爲支那之近隣。支那之國情必不能相掩飾。且支那爲亞米利加之商場。美而不欲輸出其工商品於他國則已苟欲輸出商品於他國而供美人貿易之資源。則所謂支那問題不能不特別注意於此國。此問題中有無數利益衝突。故其解決甚難即日露戰爭之結果由種種方面思之或有

这是当时该书在日本出版的中英文合印本首页，书名译为《支那问题真解》。

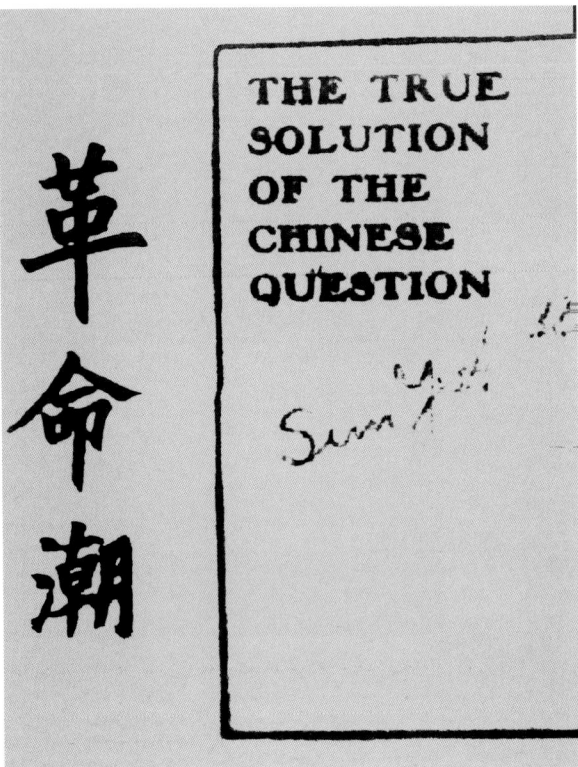

此为孙文手书英文稿前两页。

發刊詞

孫文

近時雜誌之作者亦夥矣，姱詞以為美，囂聽而無所終，摘埴索塗不獲則反覆其詞而自惑。求其斟時弊以立言如古人所謂對症發藥者，已不可見。而況夫孤懷宏識遠矚將來者乎。夫繕羣之道與羣俱進，而擇別取舍惟其最宜，此之謂歷史。既與彼羣殊則所以攻而進之之階級不無先後。進止之別由之不貳，此所以為輿論之母也。余維歐美之進化凡以三大主義：曰民族、曰民權、曰民生。羅馬之亡，民族主義興，而歐洲各國以獨立。洎自帝其國威行專制，仆而立憲政體殖為世界開化，人智益蒸，物質發舒，百年銳於千載，經濟問題繼政治問題之後，則民生主義躍躍然動。二十世紀不得不為民生主義之擅場時代也。是三大主義皆基本於民遞嬗變

一

一九〇五年八月，孙文在日本东京成立中国同盟会。十月，创办机关刊物《民报》，并在十一月出版的创刊号上发表"发刊词"。

一九〇八年，孙文到新加坡建立同盟会南洋支部，并领导革命党人与保皇派进行论战。九月，用笔名"南洋小学生"自撰三篇批判文章在《中兴日报》上发表。图为一九〇八年九月十五日《中兴日报》载《平实尚不肯认错》一文。

THE Semi MONTHLY
MAGAZINE SECTION
APPEARING THE FIRST AND THIRD SUNDAYS OF EACH MONTH

THE San Francisco CALL

San Francisco, Cal., Sunday, June 16, 1912.

A Magazine
for Your
Reading Table

一九一二年元旦，孙文在南京就任中华民国首届临时大总统。清帝宣告退位后他便提出辞职，并在三月间撰一文寄往《旧金山呼声报半月刊》，提出改革中国各个领域的主张。左图即为该刊封面。

一九一二年四月一日，孙文卸任临时大总统职务后，曾在西方报刊发表文章。其中一篇题为《中国革命的社会意义》登载在该年七月十五日俄罗斯《涅瓦明星报》上。图为该报版面。

CHINA'S · MESSAGE · TO · AMERICA
by SUN · YAT · SEN
LATE · PROVISIONAL · PRESIDENT OF THE CHINESE REPUBLIC ......
DECORATIONS by CHARLES B · FALLS

WITH A HISTORY of more than fifty centuries, our nation of four hundred thirty million people stands on the threshold of a new era. Upon my suggestion, our new era shall be counted with the proclamation of the Chinese Republic. But in our external relations we shall use the calendar of the Christian world.

The most important feature of our efforts will be devoted to the awakening and strengthening of our nation economically and spiritually, and in this we will follow to a great extent the example of the United States and Europe. The very first step of our young republic will be the fundamental reform of our national and provincial governments and the opening of schools.

For almost thirty centuries the Chinese Government has been principally equal [similar in principle] to the American. China was always a country of a strong provincial and rather weak central governments. Being divided into nineteen provinces, each of them was presided over by a Viceroy, with an annual allowance of forty-five thousand dollars. Twice as much income made those functionaries from bribes and extortions. A Viceroy was supreme within his jurisdiction, and the power of life and death was in his hands. Next to him came the Governor, with an average salary of twenty thousand dollars a year. An important superior functionary after these two was the Treasurer, who controlled the finances of the province, as for instance, receiving the taxes and paying salaries to the mandarins. Those three leading functionaries were appointed by the Emperor. The Judge, the Salt Commissioner, and the Grain Collector were, next to them, the only superior mandarins whose power extended over the whole province, the remaining officials being charged with the functions of the various divisions into which the provinces were divided. The chief of the latter was the Taoutai, or intendent of circuit, who had a direct general superintendence over all the affairs of the circuit intrusted to his charge. Theoretically this system was excellent; but as a matter of fact, it was corrupt to the core. In the first place, the inferior mandarins were wretchedly underpaid; for their salaries varied from one thousand to one thousand two hundred dollars annually. This money was barely sufficient to support the staff which was necessary for them to maintain.

The provincial inferior offices, under the last dynasty, were put up for sale. The man who had the most money became the official. But the old Chinese law ordained that every man who wished to obtain government employment must qualify himself for office by passing the prescribed competitive examination. There was never hereditary nobility in China. Office supplied the only distinguishing rank in the empire.

One of the chief tasks of our republican government will be to reorganize this most important part of the Constitution, so that every superior functionary will be elected by the people. Each of our nineteen provinces will collect its own taxes, pay its own expenses and support its own army and navy. However, the provinces will be obliged to contribute a fixed sum annually to the expenses of the Federal Government. Our electoral laws will be more on the order of Australia in the provinces; but how they will be formulated for the federal offices, is hard to predict. I think we will have, like the United States, a Congress and a Senate, members of both houses to be elected by the people.

Unfortunately the whole education of the Chinese youth has been of the Nine Classics. The result was that, from the childhood on, these works were the only text-books of our educated classes. Those classics we were taught to regard as the supreme models of excellence. Any deviation, either from the opinions they contained or the style in which they were written, was looked upon as heretical. Thus the mind of our nation was dwarfed by servile imitation and by the paltry literalism of the schools. This will be immediately abolished, and our schools will be founded on the system of the United States, Germany and Scandinavia. The education will be obligatory and free for poor and rich. We will employ at least one million teachers of western civilization during the next ten years.

The Chinese juridical law and criminal code will be subjects of a thorough reform, and capital punishment will be abolished. For capital punishment the usual mode of inflicting the penalty of law was cutting to pieces or strangulation. In the last case a silken cord was sent to the convicted in prison. He was left to execute himself. The experience has proven sufficiently that the best law is the lack of laws — the law that lives within ourselves. We will particularly emphasize the moral education of the masses, without any particular religious dogmas, and this will be left wholly up to our literature, art and drama.

Chinese art and literature are fossilized. According to our novelists virtue in women and honor in men are to be found only by their heroes and heroines. Of epic poetry Chinese know nothing. Our literature shows no instance of real dramatic poetry. Our prose dramas abound with short lyric pieces, which are introduced to break the monotony of dialogue. Our plays are true to life, but they have no psychological interest about them. There is no delineation of character in them. Well, in this respect we will follow Russia and France, whose drama and literature lead those of other nations. The theatre in China has been for two thousand years a national and religious institution. It has played a prominent part at all the yearly religious festivals. I think our theatre will thus remain, with the difference, that it will be transformed into an educational temple of the people. There shall be no entrance fee in the new Chinese theatre. We will absorb the best from the western geniuses and inspire our own. I am safe to make the predicting statement, that China will be a civilized nation in one generation, and the Chinese Republic will be the most socialistic government of this century.

There might be some disorders here and there in the course of the next few years, but they will never affect the Republic and its reform to a large extent. Since the sympathy of the people of the United States and England is with the free republican China, no foreign intrigue will affect the reform work. Some men in China are opposed to Yuan Shih Kai, for the rôle which they suppose he played in the dethronement of Emperor Kuan Hsu, who was very radical and wanted to reform China. He counted on the army of Yuan to support him in his reform policy. Yuan told the secret to Yung Lee, who was then the Viceroy of Chih-li — the Province of Pekin. The latter revealed the plot to the Empress Dowager. The result was — the young Emperor awoke one morning and found himself practically stripped of his imperial power. According to my opinion, Yuan was far from being a reactionary. He failed to realize that China could be so sud-

(Continued on Page 12)

Dr. Sun Yat Sen

一九一二年六月十六日出版的《旧金山呼声报（半月刊）》第一一二卷第十六期，刊载孙文是年三月所作《中国给美国的信息》一文。图为该文首页。

卸任临时大总统职务后，孙文应邀到各省市访问，积极鼓吹民生主义和发展中国实业。右图为一九一二年九月在北京留影。

下图是一九一二年秋孙文手书《题赠铁路杂志》全文，宣传在中国兴建铁路的重要性。

題贈鐵路雜誌

夫鐵路者今日文明富強之利器也古人有言工欲善其事必先利其器不為轉一語曰民欲興其業必先修其路何以見之見之於美國美國今日有一百二十萬里之鐵路其鐵路為世界至多而其富強亦為世界第一若以人數較之則我國四倍如是吾國之鐵路應有四百八十萬里然吾國全有鐵路不過二萬里耳力之美國相等也然吾國合有鐵路不過二萬里耳力之美國則我遠矣然則急起直追趕速築此四百八十萬里鐵路其法當如何而後可曰當效法美國也美國

文字收功之日大額為鐵路雜誌同人發揮斯旨使國人有所覺悟便可大開門戶歡迎外資放任路權收復我主權而爭路權與主權此吾人所當注意者此非路權也利偽主權不失路權雖與人不失路權亦非主權橫不失路權雖與人不失路權亦非主權良可慨也深望鐵路雜誌同人發揮斯旨使國人有所覺悟便可大開門戶歡迎外資放任路權必能興美國並駕齊驅而我國之富路必能興美國並駕齊驅而我國之富亦必隨鐵路與美國並駕齊驅而我國之富亦必隨路亦必隨路而俱來矣此為鐵路雜誌同人之時也諸同人

孫文

一九一二年十月十四日至十六日连续三天，孙文在上海中华大戏院就社会主义问题发表专题演讲。图为演讲大会会场。

上海多家报纸对孙文的演讲作了大量介绍，这是十月十五日《中华民报》所载演说词片段和消息报道。

　　一九一六年七月十七日，孙文在上海张园安垲第召开演说会，就曾经复辟帝制的袁世凯暴卒后中国时局发表政见。孙文和黄兴在大会主席台就座，中央悬挂用布绘制的美国最新地方自治机关示意图。孙文在演说中认为，地方自治是建设民国的柱石。

　　一九一六年七月十八日上海《民国日报》对演说大会的报道及孙文演说词片段。

一九一七年元旦，孙文在日本报纸上同时发表两篇被译成日文的文章，呼吁中日友好。右图是载于《大阪朝日新闻》的《日中亲善的根本意义》一文片段，下图是载于《大阪每日新闻》的《日中亲善已到实行的时机》全文。

【孙文全集】

第三册

一九一九年春孙文《三民主义》手稿中的三页。（台北中国国民党文化传播委员会党史馆藏）

八年今日。

今日何日 乃革命黨員熊秉坤開鎗發難清朝協統黎元洪訊
迫劫順而起革命軍於武昌之日也隨而馮國璋焚燒漢口隨
而袁世凱病起幹德皆欲劫忠異族殘殺同胞而剿滅革命軍
者也無如黨人遍布國中響應四起遂致清朝江山不可收拾
於是而南北和議之局開於是而非袁莫屬之論起乃時方在
倫敦從事於外交問題之解決正當著手得手舉世同情乃慶
促共和國體之速定正式政府之成立欲乘時要求友邦之承
認乃遷延兩月頭緒全無加以遠聞國人尚有主張君憲者予
深恐革命大功虧於一簣故不得不舍外交之良機而馳回
國以挽危局而定本於是草創政府於南京而國體乃定
維時官僚之勢力漸而黨人之朝氣漸餒國保守既得之
地位而少冒險之精神喜官僚之逕近將順而漸同

孫文

中國實業當如何發展

吾國今日之困窮莫不知為實業不振商戰先敗二三十年以
來外貨之入口超於土貨之出口每年常在二萬萬以上此為
中國之最大漏巵無法彌逤致民窮財盡舉國咸號為病
夫愛國之士悵然憂之莫不以發展實業為挽救之方矣然國
如何發展京鮮能探其本源握其要領者美國之實業大
王駱基化羅曰實業之要素有四曰勞力也資本也經營之才
能也主顧之社會也我中國地大物博興美同而吾農產之富

孫文

一九一九年十月十日，孙文在上海多家报刊同时发表两篇文章，并影印其手稿首页。上图为《八年今日》的手稿首页，左图为《中国实业当如何发展》的手稿首页。

一九二〇年四月孙文所撰《勉中国基督教青年》手稿全文。

勉中国基督教青年

孙文

一九二○年十一月，孙文再次从上海到广东建立革命政权，一九二一年三月六日在广州演讲三民主义。左图是当年印本的封面书名和首页。

孫大總統三民主義演說

孫先生三民主義演說

（中華民國十年三月六日在中國國民黨本部特設辦事處演說）

列位同志。今天是中國國民黨特設辦事處開成立會。兄弟先有一個感想。就是我們底中國國民黨到底是個什麼東西。我可說一說迴想徐前我們推翻滿清。建設共和。組織了一個國民黨。這個國民黨關係中國底前途很大。自從國民黨橫被解散。中國就亂了。且亂過不了。可知歷年底禍亂。都是國民黨解散底反響。我們民黨雖然時與那些國賊奮鬭。然而北方底各省到現在還沒有完全入我們範圍。南方亦祇有廣東一片乾淨土成立了支部。諸君第一要明白這個中國國民黨不是政黨。是一種純粹的革命黨。（全場鼓掌）當民國二年國民黨解散。我們同志出亡海外。即由海外同志組織中華革命黨繼續革命。今日用的這個中國國民黨。實在就是中華革命黨。但是無論名目如何。實質總是一樣的。共和建設雖已十年。基礎未固。不能算爲成功。就是本黨底責任亦未終了。仍須努力奮鬭的。（鼓掌）必待共和基礎十分鞏固。總算成功。

孫大總統五權憲法講演錄

一九二一年三月二十日，孙文又在广州演讲五权宪法。右图是当年印本的封面书名，左图是付印前亲笔修改记录稿之一页。

一九二一年十月，孙文亲自率师取道广西举行北伐。十二月上旬，抵达桂林，十日在总统行辕出席粤滇赣各军欢迎大会并演讲"军人精神教育"。图为大会主席台。

右图是一九二二年上海民智书局出版《军人精神教育》的封面书名和首页。

一九二四年十一月，孙文在夫人宋庆龄陪同下转道日本北上共商国是。图为二十四日抵达神户时留影。

孙文同意神户商业会议所的安排，决定对广大日本民众作一次公开演说。大阪、神户四家报纸于事先刊登专题讲演会的广告，上图为《神户新闻》所刊广告。

十一月二十八日，孙文在神户高等女学校大讲堂作“大亚洲主义”演说。图为大会会场，站在孙文右侧的是日语翻译戴季陶。

附：外文版本

英　文

俄　文

日　文

论

著（下）

《支那现势地图》文字说明①

（一九〇〇年七月十四日）②

识　言③

　　迩来中国有志之士，感慨风云，悲愤时局，忧山河之破碎，惧种族之沦亡，多欲发奋为雄，乘时报国，舍科第之辞章，而讲治平之实学者矣。

　　然实学之要，首在通晓舆图，尤首在通晓本国之舆图。萧何入关，先收图籍，所以能运筹帷幄之中，而决胜千里之外，卒佐汉高以成帝业者，多在此云。然则舆图之学古昔尚矣，后世学者弃而不讲，故虽《大清一统志》之富，《郡国利病书》④之详，亦有其说而无善图。康熙之时，曾派天主教士往各省测绘，制有十八省图，经纬颇准；然山脉河流，仍多错误。坊间仿本更不足征。方今风气既开，好学心〔忧〕时之士欲求一佳图以资考鉴，亦不可得，诚为憾事。

　　中国舆图，以俄人所测绘者为精审。盖俄人早具萧何之智，久已视此中华土地为彼囊中之物矣。故其考察支那之山川、险要、城郭、人民，较之他国舆地家尤为留意。近年俄京刊有中国东北七省图及中国十八省图，较之以前所有者，精粗悬绝矣。德国烈支多芬所测绘之北省地文、地质图各十二幅，甚为精细。法国

---

　　①　孙文于一八九七年八月自欧洲至日本寓居。在东京发行的《支那现势地图》为呈正方形套色印刷地图，缩尺二百九十五万分之一。图中所附文字，包括左下角的"凡例"、识言以及右下方"支那国势一斑"八个表。另于地图上端的图名左侧，有孙文毛笔手书关于中国筑路现况的札记，观其内容似为本图发行后一九〇五年所写。由于该图图面积过大（约为七十三平方厘米），如缩小制版则图中地名无法辨认，故本书未收图形及其简短凡例，另在"支那国势一斑"中有三个表因颇多讹误而未收，其余文字悉皆收录。

　　②　据《支那现势地图》识言，本图当制成于一八九九年底，此处所标为发行日期。

　　③　此处原无标题，为编者所加。

　　④　《大清一统志》系清代官修地理总志，先后共三部，由康熙、乾隆、嘉庆三朝分别编纂刊行；《郡国利病书》原名为《天下郡国利病书》，顾炎武编撰，清初成书而未定稿，是关于明代地志学的重要著作。

殖民局本年所刊之南省图，亦属佳制。此图从俄、德、法三图及英人海图辑绘而成，惟编幅所限，仅能撮取大要，精详之作尚待分图。至于道路、铁路、江河、航路、山原高低，则从最近游历家所测绘各地专图加入。其已割之岩疆，已分之铁路，则用着色表明，以便览者触目警心云。昔人诗曰："阴平穷寇非难御，如此江山坐付人！"① 掷笔不禁太息久之。

时在己亥冬节② 孙文逸仙识

支那国势一斑

外 国 债

年　　次	债　　主	银　　　　数	利　息
一八九二	英　国	一九，〇〇〇，〇〇〇两	七　分
一八九三	英　国	一，〇〇〇，〇〇〇磅	六　分
一八九四	独　逸	一，〇〇〇，〇〇〇磅	六　分
一八九五	英　国	三，〇〇〇，〇〇〇磅	六　分
一八九六	露、佛	□□，□□□，□□□法	四　分
一八九七	英、独	一六，〇〇〇，〇〇〇磅	五　分
一八九八	日、英、独	一六，〇〇〇，〇〇〇磅	四分半
一八九九	英　国③	二，三〇〇，〇〇〇磅	五　分

合计：五〇〇，〇〇六，五七〇円④
但壹磅ハ我九円八十五錢、壹法ハ我三十九錢、壹两ハ我壹円四十錢ニ換算ス。⑤

---

① 此为宋代陆游《剑门城北回望剑关诸峰青入云汉感蜀亡事慨然有赋》中的诗句。

② 即公历一八九九年十二月二十二日。

③ 以上国名，独、独逸即德国，露即俄国，佛即法国，前两者为日本人译称。

④ 以上货币单位，两为银两，磅为英镑，法为法郎，円为日元。法郎银数字迹无法辨认。

⑤ 以上日文注释，中译文为：一英镑为九円八十五钱，一法郎为三十九钱，一银两为一円四十钱，作此换算（译者蒋海波、高莹莹，下同）。

外国贸易输出入原价

	输　　　　　　入	输　　　　　　出
一八九三	一五一，三六二，八一九海关两	一一六，六三二，三一一海关两
一八九四	一六二，一〇二，九一一	一二八，一〇四，五二二
一八九五	一七一，六九六，七一五	一四三，二九三，二一一
一八九六	二〇二，五八九，九九四	一三一，〇八一，四二一
一八九七	二〇二，八二八，六二五	一六三，五〇一，三五八
一八九八	二〇九，五七九，三三四	一五九，〇三七，一四九

岁出入全计表

岁　入　科　目	各　科　收　入　额
地　租	二五，〇八八，〇〇〇两
银　纳	六，五六二，〇〇〇
谷　纳	一三，六五九，〇〇〇
盐税及厘金	一二，九五二，〇〇〇
海关税	二一，九八九，〇〇〇
内国关税	一，〇〇〇，〇〇〇
阿片①税及厘金	二，二二九，〇〇〇
诸种杂税	五，五五〇，〇〇〇
合　计	八八，九七九，〇〇〇

岁　出　科　目	各　科　收　入　额
北京行政、八旗（满洲）俸米并二帝室费	一九，四七八，〇〇〇两
海军衙门费	五，〇〇〇，〇〇〇
南洋舰队（福州、广东共）费	五，〇〇〇，〇〇〇
海防要砦练兵、教师（欧人）俸给等	一八，〇〇〇，〇〇〇
满洲防御费	一，八四八，〇〇〇
甘肃及新疆防卫费	四，八〇〇，〇〇〇
云南、贵州等兵备费补助	一，六五五，〇〇〇
外国债利子及偿还费	二，五〇〇，〇〇〇
铁道新设费	五〇〇，〇〇〇
工业治河费	一，五〇〇，〇〇〇
海关灯台浮标、税关巡视船等	二，四七八，〇〇〇
十八省行政费及军备费	三六，二二〇，〇〇〇
合　计	八八，九七九，〇〇〇

---

① 阿片，即鸦片。

外国互市场

开港或 开市地名	省名	开港开市ノ年月	开港开市条约	入　口
上　海	江苏	一八四三年五月	一八四二年南京条约	四〇〇，〇〇〇
广　东	广东	一八五九年十月	同　　同	一，六〇〇，〇〇〇
汕　头	同	一八六〇年一月	一八五八年天津条约	四〇，〇〇〇
镇　江	江苏	一八六一年四月	同　　同	一三五，〇〇〇
天　津	直隶	一八六一年五月	一八六〇年北京条约	九五〇，〇〇〇
宁　波	浙江	同	一八四二年南京条约	二五〇，〇〇〇
福　州	福建	一八六一年七月	同　　同	六三六，〇〇〇
牛　庄	盛京	一八六一年十月	一八五八年天津条约	六〇，〇〇〇
九　江	江西	一八六二年一月	同　　同	五三，〇〇〇
汉　口	湖北	同	同　　同	八〇〇，〇〇〇
芝　罘	山东	一八六二年三月	同　　同	三二，〇〇〇
厦　门	福建	一八六二年四月	一八四二年南京条约	九六，〇〇〇
琼　州	广东	一八七六年四月	一八五八年天津条约	四〇，〇〇〇
温　州	浙江	一八七七年四月	一八七六年芝罘条约	八〇，〇〇〇
北　海	广东	同	同　　同	二五，〇〇〇
宜　昌	湖北	同	同　　同	三四，〇〇〇
龙　州	广西	一八八九年八月	一八八五年清佛天津条约	二〇，〇〇〇
蒙　自	云南	同	同　　同	一二，〇〇〇
重　庆	四川	一八九一年三月	一八九〇年芝罘条约	二五〇，〇〇〇
ヤタソ	西藏	一八九五年五月	一八九三年西藏条约	未　详①
苏　州	江苏	一八九六年九月	一八九五年日本马关条约	五〇〇，〇〇〇
沙　市	湖北	同	同　　同	四〇〇，〇〇〇
杭　州	浙江	同	同　　同	八〇〇，〇〇〇
思　茅	云南	一八九七年一月	一八九五年佛东京条约	一五，〇〇〇
三　水	广东	一八九七年二月	一八九七年缅甸英清条约	五〇，〇〇〇
芜　湖	安徽	一八九七年五月	一八七六年芝罘条约	七八，〇〇〇
南　京	江苏	同	一八五八年清佛条约	一五〇，〇〇〇
梧　州	广西	一八九七年六月	一八九七年缅甸英清条约	五〇，〇〇〇
富　宁	福建	一八九八年四月	一八九八年條約ニ由 ラスシテ開港②	二〇，〇〇〇

---

①　本行开市地名ヤタソ，即亚东。

②　以上两行日文，中译文为：不依据一八九八年条约而开港。

（续表）

开港或 开市地名	省名	开港开市ノ年月	开港开市条约		入　口
岳　州	湖南	同	同	同	一八，〇〇〇
秦皇岛	直隶	同	同	同	三七，〇〇〇

> 　　此他九龍、拱北ノ二港ハ，香港及澳門ヨリノ輸出入関税局アリテ，其額モ著大ナしモ，此二港共廣東港ノ付屬トシテ視做サル、ヲ以テ別ニ之ヲ揭ケズ此他亞東ノ一港アリ。①

重 要 物 产

茶类	绢织物	瓷陶器类	海味	药材	食品类	地席
砖茶	大豆	衣服靴鞋	果品	土布	草帽缏	
蚕丝	豆饼	棉花	生牛皮	油类	糖	
野蚕丝	猪牛羊	爆竹	席子	纸	烟草	

附：中国筑路现况
（本图发行后手书札记）②

　　△三十七年③七月盛宫保④与沙多君立约，由开封、洛阳筑一铁路，名曰开洛铁路，造成后再由洛阳筑至西安，名曰开西铁路。约定于九个月开工。

　　△广东佛山铁路连接西南一段工程业已告成。三七．七．二一《北洋商报》。粤汉铁路三水支路各驿现已一律告竣。前月廿四日开车来往，直达河口。

　　△川汉铁路总公司已拟定修路定章五十九条。以成都为起点，先达重庆。股

---

　　①　以上日文注释，中译文为：此外，九龙、拱北二港有经由香港及澳门往来的进出口关税局，其数额虽亦巨大，但此二港均可视为附属于广东港，故在此不另作提示。将此处作为亚东之一港口。

　　②　此处原无标题，为编者所加。

　　③　本文记事采用和历，如明治三十七年（下文作"三七"）即公历一九〇四年。以下类推。

　　④　盛宣怀，时任清内阁工部左侍郎，因授太子少保而称宫保。

票已付石印。以百金为一股，分官民二等，四厘行息。

△滇黔通道，湖南铁路工程分而为二。由粤汉干路接至长沙、常德二府，经辰州府以达蜀之酉阳州，绕由重庆府，俾与川汉铁路联为一气。一则由汉干路展至衡州府，经宝庆府出武冈州，以达贵州省之晃州、镇远府。据工程师言，测得常德、酉阳之间须凿通山洞二三十处，始得绕经贵阳、镇远二府以抵滇中。刻已设总局长沙府治，名之曰"湖南铁道枝路总公司"。三七. 八. 四《燕都报》。

△津镇铁路，自山东至天津，闻已勘定，共分四段。现德国由济南另造一路，以达正定，再由天津开筑一路，经德州达济垣而南，以英国阶〔经〕办之津镇铁路相接。未定。三七. 八. 七《燕都报》。

△中国未成铁道现状。三七. 八. 七《燕都报》。

△沪宁铁道，上海、南京间之铁道也。上海、吴淞间之已成铁道亦合并在内，属于中英公司之经营。英铁道债款已见前日欧洲来电，于西七月十三号在伦敦共发行二百五十万磅，由中国政府担保五分之利息。其铁道工程约已于前月杪开办。

△川汉铁道，系从四川成都至汉口之铁道，亦由以上所记之铁道会社经营其事。以成都至重庆为第一期之区划，拟于西八月中兴工。现在上海、汉口、香港地方募资本金二百万两。

△粤汉铁道，系汉口至广东间之铁道，由美华合兴公司得有特权经营其事。因该公司之股本五分之二系比利时之所有，是以比利时人之势力甚强，常因监理□之事与美人互起争端。且湖南之官绅亦极力主张毁废此约之故，然美国公司坚不应允。目下尚在互相争执，未能定议。

△杭沪铁道，系德国商荣华洋行与杭州华商顾少岚订立合同而开设者，拟由杭州武林门外筑成至上海浦东。闻中国政府业已准办，旋因英人之杭〔抗〕议，现决定不准办理。津镇铁道系从天津至镇江间之铁道也。虽为英、德两国人合办之路工，然德见英人并无速将该铁道敷设之意，故特与中政府交涉，欲自行全握其敷设权。然因英国公使之杭〔抗〕议，故德人之议卒为所拒。目下英、德两国人正在协议其事。

△河南开封府铁道，系比利时公司欲图得敷设权者。该铁道拟连络于津镇铁道及芦汉铁道，目下由比国工程师路发开□测量其路线。

△郾浦铁道，从河南省郾城至南京之对岸。

△正太铁道，在直隶省正定、太原间，均尚届起工之时期。

△黄河铁桥落成，芦汉铁道改名为京汉铁路。于西三十八年（明治）十一月十三日举其全通之典。

△正太、同蒲铁道，总办起九年六月初，商部奏派何福堃为总办等语。有干〔刊？〕《北京日报》。①

　　　　　　　　据孙文逸仙辑绘：《支那现势地图》，东京，东邦协会
　　　　　　　　一九〇〇年七月十四日发行（东京、东洋文库藏件）

支那保全分割合论②

（一九〇一年十二月二十日）

今天下之大事，无过于支那之问题矣。东西洋③政家而筹东亚之策者，其所倡皆有保全、分割之二说。

西洋之倡分割者曰："支那人口繁盛，其数居人类三分之一。其人坚忍耐劳，勤工作，善经商，守律法，听号令。今其国衰弱至此，而其人民于生存争竞之场，犹非白种之所能及。若行新法，革旧蔽，发奋为雄，势必至凌白种而臣欧洲，则铁木真、汉拿比之祸④必复见于异日也。维持文明之福，防塞黄毒之祸，宜分割

---

① 本节原文如此。

② 本文作于横滨。当时日本人多以"清国"或"支那"指称中国，不少旅日华人亦随之采用"支那"一词。该词源于古印度梵文 Cîna，其后西方各国对中国国名的拼写多据此演化而来；有史料称，汉代之际中国高僧将梵文佛经中的 Chini 音译为"支那"，唐代来华的日本僧侣又将这一汉译名词移植到日本。孙文的不少著述及致日人函件即使用"支那"的名称，该称谓在当时对中国尚不含贬义。

③ 东、东洋指日本，西洋指西方欧美国家。

④ 铁木真为大蒙古帝国缔造者，尊号成吉思汗。该国始于十三世纪初屡次发动向外拓疆战争，历时半个多世纪，先后侵占欧亚大陆四十余国。其中，第一次西征由铁木真亲自统率。"汉拿比"待考，疑即铁木真之孙、元世祖忽必烈之弟旭烈兀（Hulagu），在第三次西征中担任主帅，征服西亚大部分地区后建立伊利汗国。

支那，隶之为列强殖民之地。"倡保全者曰："支那为地球上最老之文明国，与巴比伦、加利地①诸古国同时比美，而诸国者已成坵墟，只留残碑遗址为学古者考据之资；惟支那衰然独存，经数千年至今，犹巍乎一大帝国，其文明道德自必有胜人者矣。且其人民为地球上最和平之种族，当最强盛之时亦鲜有穷兵黩武、逞威力以服人者，其附近小邦多感文德而向化。今虽积弱不振，难以自保，然皆朝廷失措有以致之，其人民之勤忍和平亘古如斯，未尝失德也。凡望世界和平、维持人道、奖进文明者，不可不保全此老大帝国，助之变法维新，为之开门户，辟宝藏，以通商而惠工，则地球列国岂不实蒙其福也哉！"

东人之倡保全者曰："支那为日本辅车唇齿之邦，同种同文之国，若割裂而入于列强，则卧榻之侧他人鼾睡，将来列强各施其保护税法之政策，如佛之于安南，米之于飞岛②，必将今日自由争竞之极大商场尽行圈锁。日本位于亚东，环海而国，仿如英国之于欧西，已有地狭人稠之患，他日赖以立国者亦必如英国以工业商务为根本，设使支那分割，岂啻唇亡齿寒，是直锄吾根本、伤吾命脉，支那一裂，日本其必继之。为日本计，是宜保全支那，而保全支那即自保也。若他国有怀并吞之心、肆分割之志者，吾日本当出全力以抗之。"倡分割者曰："清国政治颓败，官吏贪污，上下相蒙，人不爱国。故有数百万里之③土地，四万万之人民，开禁通商数十年于兹，得接欧米文明先于日本，然犹不能取法自强，而独顽锢因循，虚张自大，至今一败再败，形见势绌。其国运如失柁之舟，其执政若丧家之狗，而其朝廷举动则倒行逆施，弃地贿露④，投虎自甘。我虽欲保全之，而分割势成，祸由自取，虽有贤达莫如之何者也。今列强已尽画其国土为势力圈，分割之局已定，保全之机已去。为日本计，莫若因时顺势与露结盟，让之东并满蒙，

---

　　①　巴比伦（Babylonia），故址在今伊拉克境内的幼发拉底河（Euphrates River）和底格里斯河（Tigris River）流域（俗称两河流域）；加利地（Kriti），今译克里特，位于地中海东部、爱琴海南端之一岛，现为希腊克里特区。

　　②　"佛"为佛兰西（France）简称，今译法兰西，即法国；"米"为米利坚（America）简称，日本人所译，中国今译美利坚，即美国；飞岛为飞猎滨群岛（Philippine Islands）简称，当时飞猎滨又译非律宾、菲律宾、菲利宾，今通称菲律宾，一八九八年沦为美国殖民地。

　　③　此处删一衍字"之"。

　　④　"露"为后文叙及的露西亚（Russia）之简称，日本人所译，中国今译俄罗斯，即俄国。

西据伊藏①，我得北收朝鲜、南领闽浙以扩我版图，张我国势，则大陆分割我犹获得一隅，病夫遗产我亦均沾一分。若晴〔暗〕于时机，昧夫形势，徒托保全之名，适见其迂远而无当也。"

西洋政家之言，其得失是非，姑置勿辩，今请将东洋政家之说推而论之。二说各有所见：言保全者若衷于事理，言分割者似顺于时势。然以鄙意衡之，两无适可。今欲穷源竟委，推求其所以然，则不能不分别国势、民情两原因而详考之。就国势而论，无可保全之理也；就民情而论，无可分割之理也。何以言之？支那国制，自秦皇灭六国，废封建而为郡县，焚书坑儒，务愚黔首，以行专制。历代因之，视国家为一人之产业，制度、立法多在防范人民，以保全此私产；而民生庶务与一姓之存亡无关者，政府置而不问，人民亦从无监督政府之措施者。故国自为国，民自为民，国政庶②事俨分两途，大有风马牛不相及之别。政府与人民之交涉，只有收纳赋税之一事，如地主之于佃人，惟其租税无欠则两不过问矣。

至清朝以异种入主中原，则政府与人民之隔膜尤甚。当入寇之初，屠戮动以全城，搜杀常称旬日，汉族蒙祸之大，自古未有若斯之酷也。山泽遗民，仍有余恨；复仇之念，至今未灰。而清廷常图自保以安反侧，防民之法加密，汉满之界尤严。其施政之策，务以灭绝汉种爱国之心，涣散汉种合群之志，是〔事〕事以刀锯绳忠义，以利禄诱奸邪。凡今汉人之所谓士大夫甘为虏朝之臣妾者，大都入此利禄之牢中，蹈于奸邪而不自觉者也。间有聪明才智之士，其识未尝不足以窥破之，而犹死心于清朝者，则其人必忘本性、昧天良者也。今之枢府重臣、封疆大吏殆其流亚，而支那爱国之士、忠义之民则多以汉奸目之者也。策保全支那者，若欲藉此种忘本性、昧天良之汉奸而图之，是缘木求鱼也。而何以知其然哉？试观今日汉人之为封疆大吏如张、刘③者，非所谓通达治体、力图自强者乎？然湖广总督治内土地十四万余哩，人民五千五百万有奇，两江总督治内土地十五万七千余哩，人民六千五百万有奇，两总督于治内有无限之权，税可自征，兵可自练，已俨然一专制之君主矣。且其土地、人民已有为列强中多所不及者，而日本则以

---

① 伊藏，伊犁（新疆伊犁地区）与西藏。

② 原文作"閈"，今据东京《江苏》第六期所载逸仙《支那保全分割合论》改为"庶"。

③ 张之洞、刘坤一。

得失其能偿乎，于人道文明为有功乎，未敢言也。若要合列国分割此风俗齐一、性质相同之种族，是无异毁破人之家室，离散人之妻子，不独有伤天和，实大拂乎支那人之性，吾知支那人虽柔弱不武，亦必以死抗之矣。何也？支那人民为清国用命者虽无有也，然自卫其乡族，自保其身家，则必有出万死而不辞者矣。观于义和团民，以惑于莫须有之分割，致激成排外之心而出狂妄之举，已有视死如归以求倖中者矣。然彼者特愚蒙之质，不知铳炮之利用，而只持白刃以交锋。设使肯弃粗呆之器械而易以精锐之洋铳，则联军之功恐未能就效如是之述〔速〕也。然义和团尚仅直隶一隅之民也，若其举国一心，则又岂义和团之可比哉！自保身家之谋，则支那人同仇敌忾之气当有不让于杜国①人民也，然四万万之众又非二十万人之可比也。分割之日，非将支那人屠戮过半，则恐列强无安枕之时矣。此势所必至、理有固然也，杜国、飞岛可为殷鉴。所谓以民情而论，无可分割之理非此哉。

或曰："诚如高论，以支那之现势而观，保全既无其道，分割又实难行，然则欲筹东亚治安之策以何而可？"曰：惟有听之支那人士因其国势、顺其民情而自行之，再造一新支那而已。其策维何？则姑且秘之。吾党不尚空谈，以俟异时之见诸实事，子其少安待之。

> 据孙文逸仙稿《支那保全分割合论》，载东京《东邦协会会报》第八十二号，一九〇一年十二月二十日发行②

---

① 杜国为杜兰斯哇共和国（Republic of Transvaal）简称，今译德兰士瓦共和国，原为荷兰等国移民即布尔人（Boer）在非洲南部所建立，一八九九年至一九〇二年英布战争后被英国吞并，后成为其自治领"南非联邦"一部分，该地今析置为南非共和国三个省。后篇亦简称杜兰斯哇为"杜"。

② 本文为初次发表者。另见东京《江苏》第六期（一九〇三年九月二十一日发行）所载逸仙《支那保全分割合论》，个别文字有出入。

论均田之法

与章炳麟讨论中国土地改革问题①

（一九〇二年三月）②

兼并不塞而言定赋，则治其末已。夫业主与佣耕者之利分，以分利给全赋，不任③也。故取于佣耕者，率参而二④。古者有言："不为编户一伍之长，而有千室名邑之役。"⑤

夫贫富斗绝⑥者，革命之媒。虽然，工商贫富之不可均，材⑦也。圬人为人黝垩⑧，善画者图其幅帛，其为龙蛇、象马、草树、云气、山林、海潮、爟火⑨、星辰、人物、舟车，变眩异态，于以缘饰墙壁，一也；然或一日所成而直⑩百钱，或一日所成而直赢于万金。挽步辇者与主海船者，其为人将行，一也；一以为牛马，一以为宗主⑪，是岂可同哉？彼工商废居⑫有巧拙，而欲均富者，此天下之

---

① 本篇及下篇原系孙文在日本与国学家章炳麟（号太炎）的两次交谈，经后者记录整理成文，收入其论文集《訄书》中，兹将孙文论说部分录出。章炳麟于一八九九年夏曾在日与孙文晤一面，而于一九〇二年春再次赴日时始与孙文正式订交，并在横滨、东京二地就有关救国事宜多次交换意见。鉴于章之文笔古奥费解，故对此两篇部分文字略加诠释。

② 底本未说明此次讨论日期。按章炳麟于一九〇二年二月二十八日自上海乘轮抵横滨，旋寓居东京，到日不久即与孙文频繁交往商谈，故酌定为三月。下篇同。

③ 不任，谓不胜负担。

④ "参"通"叁"，率参而二，即大率三分之二。

⑤ 见汉代仲长统《昌言》"损益"篇。古时户籍以五家为伍；"千室名邑"泛指豪强之家，"役"即役使。

⑥ "斗"通"陡"，斗绝意为陡峭、险远，于此义同悬绝、悬殊。

⑦ 材，才能。

⑧ "圬"意为涂饰、粉刷，圬人指泥水匠；黝垩原义系用黑色涂饰，此处泛指涂饰、粉刷。

⑨ 爟火，祭祀举火或烽火。

⑩ "直"同"值"。

⑪ 宗主，众所归仰之人，此处特指船主。

⑫ "废"为抛售，"居"即囤积，废居指贱买贵卖。

大愚也。

方土者，自然者也。自然者，非材力，席六幕之余壤，而富斗绝于类丑①。故法以均人。

后王之法：不躬耕者，无得有露田②。场圃、池沼，得与厮养③比而从事，人十亩而止；露田者，人二十亩而止矣。以一人擅者，甽垄沟洫，非有其壤地也。场圃之所有，杝落④树也；池之所有，隄与其所浚水容也；宫室之所有，垣墉栋宇也。以力成者其所有，以天作者其所无。故买鬻者，庚偿其劳力而已，非能买其壤地也。

夫不稼者，不得有尺寸耕土，故贡彻不设。不劳收受⑤，而田自均。⑥

据章炳麟：《訄书》"定版籍⑦第四十二"，东京，翔鸾社一九〇五年八月再版⑧

---

① 六幕，即六合，指天地四方；"丑"于此作"众"解，类丑指大多数人。

② "躶"同"躬"。北魏实行均田制，以耕种粮食作物之地为露田。

③ "厮"为役者，"养"为种植，厮养于此指农民。

④ "杝"通"篱"，杝落即为篱笆。

⑤ 贡、彻分别为夏、周田赋之名，此处指土地税。不劳，指不事耕种者；收受，即由国家收回与分配土地。

⑥ 继孙文上述论说之后，章炳麟评曰："善哉！田不均，虽衰定赋税，民不乐其生，终之发难。有帑廥而不足以养民也。"按：帑指金库，廥指粮仓。

⑦ 版籍，户口簿籍。

⑧ 《定版籍》一文初稿题为《定赋》，写于一九〇二年，其手稿现藏上海图书馆。此稿所记孙文论说较简略，附录于下："富之不可均，材也。朽人为人黝垩，善画者为人图方幅，其于以缘饰墙壁，一也；然或一日所成而直百钱，或一日所成而直赢于万金，是岂可同哉？挽步辇者与主海舶者，其为人将行，一也，直亦差绝。彼工商之废居巧拙犹是矣，而欲均富者，此天下之大愚也。方土之存，自然也。自然者非材力，故宜以均人。"

论 定 都

与章炳麟讨论中国建都问题

（一九○二年三月）

异撰①。夫定鼎者相地而宅②，发难者乘利而处。后王所起，今纵不豫知所在，大氐不越骆③、粤、湘、蜀。不骆、粤、湘、蜀者，近互市之区，异国之宾旅奸④之，中道而亡，故发愤为戎首。于今奥区在西南，异于洪氏，所克则以为行在⑤，不为中都。中都者，守其阻深，虽狭小可也。何者？地大而人庶，则其心离；其心离，则其志贼；其志贼，则其言犉掠〔犣〕⑥，其行前却。故以一千四百州县之广袤，各异其政教雅颂者，百蹶之媒也。虽保衡治之，必乱其节族⑦矣。

夫景亳以七十里，岐以百里，古者伯王之主，必起小国⑧。虽席之萝图⑨而不受者，非恶大也。士气之齐一，足以策使；周行之翕敦〔敕〕⑩，足以徧照。非小焉能？处小者，于愉殷赤心之所⑪，搏厉其政，栞奠⑫其水土，抚循其士大夫，其

---

① "撰"通"选"，选择之意。

② "定鼎"即定国都，相传夏禹铸九鼎，作为传国重器而置于国都，故称。在中国古代，定都亦谓"相宅"。

③ "氐"通"抵"；骆，古地名，亦称骆越，今广西一带。

④ "奸"通"干"，干犯之意。

⑤ 洪氏，指洪秀全；行在，亦作行在所，指帝王所在之地。

⑥ 犉犣，毛色驳杂之牛，此处意指芜杂。

⑦ "保衡"为商朝官名，指伊尹；节族，即节奏。

⑧ 景亳，即北亳，商朝"三亳"之一，成汤会盟之处，因景山为名，在今河南商丘市北（另说系西亳，在今河南偃师市西）。岐，周朝立国之地，因岐山为名，在今陕西岐山县东北。又"伯"通"霸"。《孟子》"公孙丑上"云："以德行仁者王，王不待大，汤以七十里，文王以百里。"

⑨ "萝"通"罗"，萝图，罗列图籍；席之萝图，即罗列图籍以为席褥。

⑩ 周行，即大道，或谓至善之道；翕敕，戒惧谨慎。

⑪ 语出《荀子》"王制"，云："功名之所就，存亡安危之所堕，必将于愉殷赤心之所。"

⑫ 搏，节约，或谦抑；厉，振作，或激励。"栞"同"刊"，栞奠，砍木以定山川。

轻若振羽①；从之十年，义声况乎诸侯，则天下自动，愿为兄弟。大将焉往？使汤、文之故，有大傀皈土，其举之亦绝脰②，吾未知其废易窜殛之不伉于癸、辛③也。

　　洪氏初以广西一部成义旅，所至斩馘，勤于远略，克都邑而不守，跨越江湖以宅金陵。内无郡县，而抓落④以为大，以此求一统昆仑、岱宗之玉检⑤，未有录焉。故困于边幅者为小丑，陋小边幅不以尺寸系属者为寄君⑥，寄君者戒矣。虽其案节⑦得地而扬光明，金陵则犹不可宅。当洪氏时，有上书请疾趋宛平⑧者，洪氏勿从。非其方略不及此也，王者必视士心进退以整其旅。金陵者，金缯玉石、稻粱荔荇⑨之用饶，虽鼓之北，而士不起。夫满洲在者，其执〔埶〕⑩分，异国视执〔埶〕便以为宾仇，此之谓亡徵。及其闭门仰药，始以宅南自悔也，岂不绌于庙筭⑪，而诒后嗣之鉴邪！发难之道，既如此矣。

　　定鼎者，南方诚莫武昌若。尚宾海之建都者，必逴远武昌。夫武昌扬灵于大

---

　　①　"振"作提、举解，振羽，提起羽毛。

　　②　汤、文，商汤与周文王。"傀"同"块"（简化字"块"）；皈土，指疆土。绝脰，折断胫骨。《史记》卷五"秦本纪第五"载："王与孟说举鼎，绝脰。"此谓战国时秦武王与力士孟说竞赛举鼎，因不胜重负而绝脰身亡，后人因以"举鼎绝脰"的成语比喻做力所不逮之事。

　　③　废易，废黜易代；窜殛，放逐诛灭。伉，相当。夏桀名癸，商纣名辛。

　　④　抓落，空旷无实貌。

　　⑤　此言帝王封禅之事。昆仑，似指《史记》卷二十八"封禅书第六"中记载黄帝筑坛封禅时所经之昆仑道。岱宗，泰山之别称，古代帝王来此举行封禅大典，祭祀天地。玉检，即玉牒书之封箧，以完成"君权神授"手续。事实上，千百年来登泰山封禅者寥寥无几。

　　⑥　边幅，边地；小丑，低微之人。寄君，即寄公，古代指失国后寄居他国的诸侯，后亦泛称失位而流亡者。

　　⑦　案节，意为按节奏。

　　⑧　当时宛平县为顺天府治（一九五二年废县并入北京市），此处指北京。

　　⑨　金缯，黄金与丝帛，泛指金银财物；玉石，指珍贵饰品；荔荇，草食与谷食之牲畜，指牛羊犬豕。

　　⑩　"埶"为"势"（简化字"势"）古字。下文"埶便"，谓形势有利。

　　⑪　一八六四年六月一日，洪秀全在南京服毒自尽。"筭"同"算"，庙筭，朝廷之作战谋划。

江，东趋宝山①，四日而极，足以转输矣。外鉴诸邻国，柏林无海；江户则曰海埂②尔，内海虽碱，亦犹大江也，是故其守在赤间、天草③，而日本桥特以为津济。江沔④之在上游，其通达等是矣，何必傅海？夫北望襄、樊⑤以镇抚河雒⑥，铁道既布，而行理及于长城，其斥候至穷朔⑦者，金陵之绌，武昌之赢也。

虽然，经略止乎禹迹之九州⑧，则给矣。蒙古、新疆者，地大隃⑨而执〔执〕不相临制。"夫雒州，本帝皇所以育业、霸王所以衍功，战士角难之场也。"⑩ 地连羌胡⑪，足以苔〔答〕箠而制其命。其水泉田畦，膏腴不逮南方，犹过大行⑫左右诸国。农事者，制于人不制于天，且富厚固不专恃仓廪。自终南、吴岳⑬，土厚而京陵高，群卝⑭所韬，足以利用。下通武昌，缮治铁道，虽转输者犹便。

虽然，经略止乎蒙古、新疆，则给矣。王者欲为共主⑮于亚洲，关中⑯者犹不

　　①　"灵"当作"艭"解，扬灵，犹言扬帆；宝山县属江苏省，今为上海市宝山区。
　　②　江户，东京旧名；"埂"亦作"墥"，海埂，海边之地。
　　③　赤间（原文作"赤閒"）、天草皆为日本地名，分属福冈县和熊本县。
　　④　江，指长江；沔水，今名汉水或汉江，长江支流。
　　⑤　湖北省襄阳县，今为襄樊市襄阳区；樊城在襄阳县北，今为襄樊市樊城区。
　　⑥　河，指黄河；雒水，今名洛河或洛水，黄河支流。
　　⑦　斥候，侦察，或探测；穷朔，极北之地。
　　⑧　据《尚书》"禹贡"载，九州为冀、兖、青、徐、扬、荆、豫、梁、雍。
　　⑨　"隃"通"遥"，大隃，过于遥远。
　　⑩　引文见《后汉书》卷一百十上"文苑列传第七十上·杜笃传"的《论都赋》。雒州原作廱州，另作雍州，据称因陕西境内的雍山、雍水而得名。作为古九州之一，雍州在今陕西、甘肃、青海等省辖有部分地区；东汉、十六国前后多国及隋朝，则曾以陕西长安县为雍州治所（明时置西安府）；长安亦系中国著名古都。
　　⑪　羌胡，中国古代西北方少数民族。
　　⑫　大行山，位于京畿地区及直隶、山西、河南三省之间。
　　⑬　终南山，属秦岭山脉，位于西安城南；吴岳又名吴山，陇山支脉，位于陕西宝鸡县（今设市）境内。
　　⑭　"京"作高、大解，京陵，大山丘；"卝"为"礦"（简化字"矿"）古字。
　　⑮　共主，共同拥戴之宗主。
　　⑯　关中，即关中平原，地处陕西中部，指秦岭北麓渭河冲积平原，包括西安、宝鸡等地，号称"八百里秦川"。

出赤县①，不足以驰骤。彼东制鲜卑②、西戁乌拉岭③者，必伊犁④也。古者有空匈奴、县突厥⑤者矣，耽乐于关中，而终不迁都其壤。王灵不远，是以赤帝⑥之大，九州分裂而为数畛。夫为中夏者，岂其局于一隅，固将兼包并容，以配皇天。伊犁虽荒，斩之胡桐柽柳，驱之貔貍，羁之羸、橐佗，草莱大辟而处其氓⑦，出名裘骏马以致商贾，铁道南属，转输不困，未及十年，都邑衢巷斐然成文章矣。

故以此三都者，谋本部则武昌，谋藩服则西安，谋大洲则伊犁，视其规摹远近而已。⑧

据章炳麟：《訄书》"相宅第五十三"，
东京，翔鸾社一九〇五年八月再版

① 《史记》卷七十四"孟子荀卿列传第十四"记战国齐人邹衍云："中国名曰赤县神州，赤县神州内自有九州。"后人遂以赤县神州或神州赤县、神州、赤县为中国之别称。

② 鲜卑系中国古代北方游牧民族，魏晋南北朝时期曾先后在华北建立十个国家。章炳麟在《訄书》"原人"自注："西伯利亚，或作锡伯，即鲜卑。"

③ "戁"作迫近解；乌拉岭，此指内蒙古境内之乌拉山，亦称牟那山。

④ 新疆省伊犁府，府治绥定县（现改霍城县），今名新疆维吾尔自治区伊犁哈萨克自治州。

⑤ 空匈奴、县突厥，沦匈奴为空地、置突厥为郡县。在秦汉、隋唐时期，匈奴、突厥曾分别是活动于中国北方的主要游牧民族。

⑥ 王灵，王朝之威德；赤帝，原为炎帝别称，此处借指汉族。

⑦ "羸"亦作"赢"，即骡；橐佗，即骆驼。草莱，指荒地；氓，黎民或劳动者。

⑧ 继孙文上述论说之后，章炳麟评曰："'非常之原，黎民惧之'，而新圣作者遂焉。余识党言，量其步武先后，至伊犁止，自武昌始。"按：章评中的引文见《史记》卷一百十七"司马相如列传第五十七"，惟后一"之"字原作"焉"。"新圣作者"指孙文。"党"通"谠"，党言同谠言，直言、善言之意。

敬告同乡书①

（一九〇三年十二月）②

同乡列公足下：

　　向者公等以为革命、保皇二事名异而实同，谓保皇者不过藉名以行革命，此实误也。

　　天下事名不正则言不顺，言不顺则事不成。夫常人置产立业，其约章契券犹不能假他人之名，况以康梁③之智而谋军国大事、民族前途，岂有故为名实不符而犯先圣之遗训者乎？其创立保皇会者，所以报知己也。夫康梁一以进士，一以举人，而蒙清帝载恬〔湉〕特达之知、非常之宠，千古君臣知遇之隆未有若此者也。百日维新，言听计从，事虽不成，而康梁从此大名已震动天下。此谁为之，孰令致之，非光绪之恩曷克臻此？今二子之逋逃外国而倡保皇会也，其感恩图报之未遑，岂尚有他哉！若果有如公等所信，彼名保皇，实则革命，则康梁者尚得齿于人类乎？直禽兽不若也！故保皇无毫厘之假借，可无疑义矣。如其不信，则请读康有为所著之《最近政见书》④。此书乃康有为劝南北美洲华商不可行革命，不可谈革命，不可思革命，只可死心踏〔塌〕地以图保皇立宪，而延长满洲人之

---

　　①　孙文于一九〇三年十月抵檀香山后，曾在《檀山新报隆记》（又名《隆记檀山新报》、《隆记报》、《檀山新报》）上发表文章，就应否推翻清朝统治问题与保皇会进行论战。本文及下篇《驳保皇报书》即为迄今所见者。

　　②　底本未说明发表日期。按：檀香山正埠《新中国报》副主笔陈仪侃于一九〇三年十二月二十九日在该报化名发表《敬告保皇会同志书》，孙文在另一论文《驳保皇报书》中谓其为"欲间接而驳仆日前之书"，"日前之书"似即指本文，如是则当在同月稍早发表。再者，本文乃据一次演说内容写成，文末有另"详演说笔记"之语；而据有关史料称，孙文曾于十二月中旬在檀香山正埠发表演说，并于二十一日在当地英文报上发表《告国人书》，似即为本文的英文版本，惟原文未见。综上所述，酌定本文作于一九〇三年十二月间。

　　③　康有为、梁启超。

　　④　即《南海先生最近政见书》，由《答南北美洲诸华商论中国只可行立宪不可行革命书》与另一文于一九〇三年合刊出版。该文曾以《南海先生辨革命书》为题，一九〇二年九月十六日在横滨《新民丛报》第一年第十六号摘要发表。

国命，续长我汉人之身契。公等何不一察实情，而竟以己之心度人之心，以己之欲推人之欲，而诬妄康梁一至于是耶？

或曰："言借名保皇而行革命者，实明明出诸于梁启超之口，是何谓诬？"曰然，然而不然也。梁之言果真诚无伪耶？而何以梁之门人之有革命思想者，皆视梁为公敌、为汉仇耶？梁为保皇会中之运动领袖，阅历颇深，世情寝熟①目击近日人心之趋向、风潮之急激，毅力不足，不觉为革命之气所动荡，偶尔失其初心，背其宗旨。其在《新民丛报》之忽言革命，忽言破坏，忽言爱同种之过于恩人光绪，忽言爱真理之过于其师康有为者，是犹乎病人之偶发呓语耳，非真有反清归汉、去暗投明之实心也。何以知其然哉？夫康梁同一鼻孔出气者也。康既刻心写腹以表白其保皇之非伪，而梁未与之决绝，未与之分离，则所言革命焉得有真乎？夫革命与保皇，理不相容，势不两立。今梁以一人而持二说，首鼠两端，其所言革命属真，则保皇之说必伪；而其所言保皇属真，则革命之说亦伪矣。

又如本埠保皇〈报〉之副主笔陈某②者，康趋亦趋，康步亦步，既当保皇报主笔，而又口谈革命，身入洪门，其混乱是非、颠倒黑白如此，无怪公等向以之为耳目者，混革命、保皇而为一也。此不可不辨也。今幸有一据可以证明彼虽口谈革命，身入洪门，而实为保皇之中坚，汉族之奸细。彼口谈革命者，欲笼络革命志士也；彼身入洪门者，欲利用洪门之人也。自弟有革命演说之后，彼之诈伪已无地可藏，图穷而匕首见矣。若彼果真有革命之心，必声应气求，两心相印，何致有攻击不留余地？始则于报上肆情诬谤，竭力訾毁，竟敢不顾报律，伤及名誉，若讼之公堂，彼必难逃国法。继则大露其满奴之本来面目，演说保皇立宪之旨，大张满人之毒焰，而痛骂汉人之无资格，不当享有民权。夫满洲以东北一游牧之野番贱种，亦可享有皇帝之权，吾汉人以四千年文明之种族，则民权尚不能享，此又何说？其尊外族抑同种之心有如此其甚者，可见彼辈所言保皇为真保皇，所言革命为假革命，已彰明较著矣！

由此观之，革命、保皇二事决分两途，如黑白之不能混淆，如东西之不能易位。革命者志在扑满而兴汉，保皇者志在扶满而臣清，事理相反，背道而驰，互

---

① "寝"通"寔"，寝熟与寔熟同义。
② 陈仪侃，"保皇报"指《新中国报》。

相冲突，互相水火，非一日矣。如弟与任公①私交虽密，一谈政事，则俨然敌国。然士各有志，不能相强。总之画清界限，不使混淆，吾人革命不说保皇，彼辈保皇何必偏称革命？诚能如康有为之率直，明来反对，虽失身于异族，不愧为男子也。

古〈往〉今来，忘本性、昧天良，去同族而事异种，舍忠义而为汉奸者，不可胜计，非独康梁已也。满汉之间，忠奸之判，公等天良未昧，取舍从违，必能审定。如果以客帝为可保，甘为万劫不复之奴隶，则亦已矣。如冰山之难恃，满汉之不容，二百六十年亡国之可耻，四万万汉族之可兴，则宜大倡革命，毋惑保皇，庶汉族其有豸乎！

书不尽意，余详演说笔记中，容出版当另行呈政。

此致，即候大安不既。

弟孙逸仙顿

据杨刚存：《中国革命党在檀小史》，转录《檀山新报隆记》所刊孙逸仙《敬告同乡书》，载郑东梦主编：《檀山华侨》，檀香山正埠，檀山华侨编印社一九二九年九月印行

驳保皇报书

（一九〇四年一月）②

阳历十二月廿九日，檀埠保皇报刊有《敬告保皇会同志书》，此书出于该报主笔陈仪侃之手，而托他人之名，欲间接而驳仆日前之书也。书中所载，语无伦次，义相矛盾，可知作者于论理学（logic）③一无所知，于政治学（political science）更懵然罔觉。所言事实，多有不符；所引西事，牵强附会。本不欲推求详

① 梁启超，号任公。

② 底本未说明发表日期。据文中所言，本文系驳斥一九〇三年十二月二十九日报载《敬告保皇会同志书》而作，故酌定为次年一月间发表。另据冯自由《孙总理癸卯游美补述》（载《革命逸史》第二集，重庆，商务印书馆一九四三年二月初版）称，该文"载癸卯年冬檀香山《隆记报》"，按一九〇四年一月亦属阴历癸卯年冬的时段，此说法与编者的判断相吻合。

③ 英文 logic，今多译为"逻辑"。

辨，然其似是而非之理最易惑人，故逐条驳之，以塞毒焰而辟谬论。

彼开口便曰"爱国"，试问其所爱之国为大清国乎，抑中华国乎？若所爱之国为大清国，则不当有"今则驱除异族谓之光复"之一语自其口出。若彼所爱之国为中华国，则不当以保皇为爱国之政策。盖保异种而奴中华，非爱国也，实害国也。

彼又曰："中国之瓜分在于旦夕，外人窥伺，乘间即发。各国指认之地，照会政府不得让与别人"云云。曾亦知瓜分之原因乎？政府无振作也，人民不发奋也。政府若有振作，则强横如俄罗斯，残异〔暴〕如土耳其，外人不敢侧目也。人民能发奋，则微小如巴拿马，激烈如苏威亚①，列强向之承认也。盖今日国际，惟有势力强权，不讲道德仁义也。满清政府今日已矣，要害之区尽失，发祥之地已亡，浸而日削百里，月失数城，终归于尽而已。尚有一线生机之可望者，惟人民之发奋耳。若人心日醒，发奋为雄，大举革命，一起而倒此残腐将死之满清政府，则列国方欲敬我之不暇，尚何有窥伺瓜分之事哉？既识引管子之"作内政以寄军令"，何以偏阻汉人行革命而复祖邦？今日之作内政从何下手？必先驱除客帝复我政权，始能免其今日签一约割山东、明日押一款卖两广也。彼满清政府不特签押约款以割我卖我也，且为外人平靖地方，然后送之也。广东之新安县、广州湾已然之事②也，倘无满清之政府为之助桀为虐，吾民犹得便宜行事，可以拚一死殉吾之桑梓。彼外国知吾民之不易与，不能垂手而得吾尺寸之地，则彼虽贪欲无厌，犹有戒心也。今有满清政府为之鹰犬，则彼外国者欲取我土地，有予取予携之便矣。故欲免瓜分，非先倒满洲政府，别无挽救之法也。乃彼书生之见，畏葸存心，不识时势，不达事体，动辄恐逢人之怒。不知我愈畏缩，则彼愈窥伺；我能发奋，则彼反敬畏。岂有逢人之怒之理哉？如其不信，吾请陈仪侃日日向外人叩头，日日向外人乞怜，试能止外人之不照会清朝以索地否？清国帝后今日日媚外人矣，日日宴会公使及其夫人矣，媚外人之中又与俄国为最亲嬖〔嬊〕矣，然而据其发祥之地者则俄也。不逢人之怒，莫过于今日之清帝后，以仪侃之见解，

---

① 苏威亚（Serbia），后篇亦作塞尔维、塞耳维，今译塞尔维亚，当时是王国，现为共和国。

② 此指一八九八年清政府在《中英拓展香港界址专条》中将新安县所属九龙半岛北部及附近岛屿（即新界）"租借"给英国，在《广州湾租界条约》中又将广州湾"租借"给法国。新安县于民国初易名宝安县，今改置深圳市；广州湾今名湛江港，又以其附近地区置湛江市。

则必能免于瓜分矣，信乎？否乎？

　　既知中华亡国二百六十年矣，不图恢复，犹竭力以阻人之言恢复、言革命，是诚何心哉？彼固甘心以殉清朝之节，清亡与亡，清奴与奴，洵大清之忠臣义士矣，其如汉族何？而犹嚣嚣然执"毋宁"二字以骂人为白奴，是真强辞夺理矣！

　　彼曰："革命之说，原本《大易》。"又曰："中国固始终不能免于革命。"其言是矣，乃何以又曰"中国今民智为萌芽时代"？夫《大易》者，中国最古之书，孔子系辞称"汤武革命，顺乎天也"。① 岂由汤武至于今，经二十余朝之革命，而犹得谓之萌芽时代耶？

　　其所引法国三大革命曰："经卢骚②、达尔文、福禄特尔③诸大哲提倡建设。"而不知达尔文乃英人，当法国第一次革命之时，彼尚未出世；当第二次革命之时，彼尚未成学；当第三次革命之时，彼尚未闻名于世。其第一次之著作名曰《生物本源》，出版在一千八百五十九年，当时英国博物家尚多非其说之不经，迨十余年后始见重于英之学者，又十余年后始见称于世人。今该主笔特大书曰："达尔文有与提倡法国三次革命之功。"彼所指之达尔文，或是达尔文之前身乎？想该主笔必精通三世书矣，否则何以知之耶？又云："法国死于革命者一千二百万人。"该主笔尝讥吾人之革命不起于京师，想亦熟闻法国之三大革命皆发于巴黎矣，而巴黎之外无死于革命者。试问巴黎当时人口几何，作者知之乎？且巴黎虽经三次之革命，而未遇扬州十日之事，无广州洗城之惨。就使巴黎全城之民皆死于革命，三次计之亦不足此数，毋乃该主笔以一人转轮数十次计之乎？若此，则非吾所敢知。

　　彼既曰"革命之结果为民主政体也"，胡又曰："有建设者谓之有意识之破

------

　　① 《大易》指《周易》，后人亦称《易经》。该书除六十四卦外，尚有系辞（含卦辞、爻辞）与十翼（即解说文十篇，亦称传），其作者有多种说法，此处谓孔子作系辞，另说以孔子作十翼。《周易》"象传下"释"革第四十九"卦辞的原文是："……汤武革命，顺乎天而应乎人。"

　　② 卢骚（Jean‒Jacques Rousseau），后篇亦作卢梭，今译卢梭，法国人；其主要著作《民约论》（Du Contrat Social），后篇亦作《民约》，今译《社会契约论》，另名《政治权利的原理》（Ou Principes du Droit Politique）。

　　③ 福禄特尔（Voltaire），今译伏尔泰，原名阿鲁埃（François Marie Arouet），法国人，其著作有《哲学通信》（Lettres philosophiques sur les Anglais）等。

坏，无建设者谓之无意识之破坏，彼等是否建设，吾不敢知"云云。夫革命〈者〉，破坏也；民主政体者，建设也。既明明于革命之先定为民主政体矣，非意识如〔为〕何？曰"政"曰"体"，非建设如〔为〕何？该主笔以一手之笔，一时之言，其矛盾有如是，斯亦奇矣！

彼又尝谓中国人无自由民权之性质，仆曾力斥其谬，引中国乡族之自治，如自行断讼、自行保卫、自行教育、自行修理道路等事，虽不及今日西政之美，然可证中国人禀有民权之性质也。又中国人民向来不受政府之干涉，来往自如，出入不问，婚姻生死不报于官，户口门牌鲜注于册，甚至两邻械斗为所欲为，此本于自由之性质也。彼则反唇相稽曰："此种野蛮之自由，非文明之自由也。"此又何待彼言？仆既云性质矣，夫天生自然谓之"性"，纯朴不文谓之"质"，有野蛮之自由则便有自由之性质也，何得谓无？夫性质与事体异，发现于外谓之"事体"，禀赋于中谓之"性质"，中国民权自由之事体未及西国之有条不紊，界限轶〔秩〕然，然何得谓之无自由民权之性质乎？惟中国今日富于此野蛮之自由，则他日容易变为文明之自由。倘无此性质，何由而变？是犹琢玉，必其石具有玉质，乃能琢之成玉器，若无其质虽琢无成也。

彼又曰："中国人富于服从权势之性质，而非富于服从法律之性质。"试问无权势可以行法律乎？今如檀岛，若政府无权势以拘禁处罚于犯法之人，其法律尚成法律乎？夫法律者治之体也，权势者治之用也，体用相因，不相判也。今该主笔强别服从法律与服从权势而为二事，是可知彼于政治之学毫无所知也。

彼又曰："立宪者，过渡之时代也；共和者，最后之结果也。"此又可见彼不知立宪为何物，而牵强附会也。夫立宪者，西语曰 constitution，乃一定不易之常经，非革命不能改也。过渡者，西语曰 transition，乃变更之谓也。此二名辞皆从西文译出，中国无此成语也。该主笔强不知以为知，而妄曰 constitution 乃 transition 时代，一何可笑也。推彼之意，必当先经立宪君主，而后可成立宪民主，乃合进化次序也。而不知天下之事，其为破天荒者则然耳，若世间已有其事，且行之已收大效者，则我可以取法而为后来居上也。试观中国向未有火车，近日始兴建，皆取最新之式者。若照彼之意，则中国今为火车萌芽之时代，当用英美数十年前之旧物，然后渐渐更换新物，至最终之结果乃可用今日之新式火车，方合进化之次序也。世上有如是之理乎？人间有如是之愚乎？今彼以君主立宪为过渡之时代，以民主立宪为最终之结果，是要行二次之破坏，而始得至于民主之域也。以其行二次，何如行一次之为便耶？夫破坏者，非得已之事也，一次已嫌其多矣，又何必故意以行二次？夫今日专制之时代也，必先破坏此专制，乃得行君主或民主之立宪也。既有力以破坏之，则君主、民主随我所择。如过渡焉，以其滞手〔乎〕中流，何不一掉〔棹〕而登彼岸，为一劳永逸之计也。使该主笔若不知民主为最终之结果，其倡君主立宪犹可说也；乃彼既知为美政，而又认为最终之结果，胡为如此矫强支离、多端辨难也？得毋以此事虽善，诚为救中国之良剂，但其始不倡于吾师，其终亦不成于吾手，天下上等之事必不让他人为之，故必竭力阻止，以致不成而后已，是重私心而忘公义也。

彼又曰："会外人何以图羊城、谋惠州①，而利用洪门之势力？"不知革命与洪门志同道合，声应气求，合力举义，责有应尽，非同利用，如彼等欲暗改洪门之宗旨，而令洪门之人以助其保救大清皇帝也。

又仆前书指以满洲之野番，尚能享皇帝之权，而彼则曰"岂不见各国宪法"云云。仆所指乃当今清国专制之皇权，而彼引各国宪法以答，真强为比例，拟于不伦矣！

彼又曰："所谓保皇者，自我保之，主权在我，非彼保我也，不得为满奴"云云。此真梦梦也。今光绪皇帝俨然在北京，日日诏见臣工，日日宴会公使，有时游颐和园，有时看西洋戏，何尝受彼之保？其言之离事实，何相远之甚也！

彼又曰："今则驱除异族，谓之光复旧物，不得谓之革命。"此拾人之唾余，知其一不知其二者也。其书中最得力者，为托某氏之言曰："弟前十年故为彼会中人，今已改入保皇会矣"云云。其是否属实，姑毋容辨，但据其所述誓词，则知彼非门外汉，亦升堂而索入于室也，不然岂有下乔木而入幽谷者哉？不观其他之入保皇会者乎，多以保皇为借名而误入者也。

该主笔又从而引申其说，曰"蒙古与满洲且不辨"云云。仆等虽目不识丁，而地舆之学，敢信尚不至此。惟见彼有"蒙、满、东三省诸地在俄人势力范围"

---

① 此指孙文领导的一八九五年广州起义和一九〇〇年惠州起义。

云云，蒙者蒙古也，满者满洲也，岂于蒙、满之外更有一东三省乎？该主笔自称深通于五洲大势，何以于彼大清国之形势，尚有此言也？可知其平日荒唐谬妄，强不知以为知，夜郎自大，目上无人，真不值识者一哂。

仆非文士，本不欲与八股书生争一日之长，兴笔墨之战；但以彼无根之学，以讹传讹，惑世诬民，遗害非浅，故不得已而驳斥之。倘彼具有天良，当知惭愧，早自悔悟，毋再现其丑也。又其人存心刻忍，观其所论《苏报》之案，落井下石，大有幸灾乐祸之心，毫无拯溺扶危之念，与保皇会友日前打电求救之意亦大相反背。其手段之酷，心地之毒，门户之见，胸度之狭，于此可见一斑。今特揭而出之，以质诸世之公论者。

据杨刚存：《中国革命党在檀小史》，转录《檀山新报隆记》
所刊孙逸仙《驳保皇报书》，载郑东梦主编：《檀山华侨》，
檀香山正埠，檀山华侨编印社一九二九年九月印行

支那问题真解①

（英译中）

（一九〇四年十月）

今日全球之视线集于远东，其近因为日露之战争②，而其远因亦以争为亚细亚主人翁者，思伸其最后之势力于支那也。欧人营领土于亚非利加③，其大势已定无复余，故必更寻新地以施其殖民之政策。而支那久有"东方病夫"之称，以

---

① 孙文于一九〇四年四月自檀香山抵达美国大陆。本文系由美国友人麦克威廉斯（C. E. McWilliams）建议撰写，孙文在中国留美学生王宠惠协助下于八月三十一日在圣路易斯（Saint Louis）完稿，十月由麦克威廉斯出资在纽约出版单行本，封面除英文书名外另印有孙文所题中文"革命潮"三字，作者署名孙逸仙。

② 一九〇四年二月爆发以争夺中国东三省为目标的日俄战争，至次年九月日本战胜俄国签订条约而告结束。

③ 亚非利加（Africa），今译阿非利加，即非洲。

世界最良沃之大地，适投欧人之所好。虽亚米利加①对于万国政策表其孟罗主义②，然谓其手段异于他国则可，谓其甘放弃权利则不可也。夫飞猎宾既受治于美，为支那近邻，支那之国情必不能相掩饰。且支那为美绝大之商场，美而不欲输出其工商各品于他国则已，苟其不然，则供美人贸易之资源无有出于支那之右者。然则所谓远东问题，不能不特别注意于此国。

此问题中有无数利益冲突，故其解决甚难。即日露战争之结果，由种种方面思之，或有解决之道；由支那观之，则此时已处冲激之旋涡，而战争之止，且莫知所从。盖彼不过两国最高权之问题，而其他若英、美、德、法诸国将如何收其利益，其条件复杂，属于将来之解决，不能与战争为终始也。

吾辈欲研究其解决之点，必当察其困难之原因。或有从表面观亚细亚之内政，以为满洲政府腐败黑闇至于极点，故所为实足扰世界上势力平均之局者。其说虽怪，而不能谓其无据，由日露战争观之而益信。盖日露战争，非无可阻止之机，而满洲政府不能调和其间，且于冲突之初延引外力之侵入，而若自以为得计者也。

吾辈所谓满洲政府，盖与支那政府有别。支那今日固无政府，而两者界说实不能混，如直以满洲政府当之，则是法律上误定之名词耳。此言也，非极熟于支那之内政，鲜不以为怪。盖其间当取证于历史之观念，苟为述满洲之小史，则未有不释然者。

当满洲人之未入支那，不过黑龙江畔之野蛮游牧，常寇支那北方平和边境。乘明季内乱，长驱入关，据有燕京，如北狄之蹂躏罗马，其时则千六百四十四年也。支那人尔时不愿为之隶属，各谋反抗。而满洲人强欲压制，遂不得不为种种之下，总其所杀戮以亿万计。其后更用多方野蛮伎俩，演流血惨剧，支那人乃不残忍之政策：鞭笞丁壮，及于老弱；火其居，夺其产；逼之从其服制，由薙发令能不忍隐服从。然而满洲人更欲愚支那之民智，使其永永服事：凡支那文人著作有涉于满洲侵略暴虐事实者，皆焚毁绝灭，使后世无所考；又禁止支那人私结社

---

① 亚米利加（America），今译亚美利加，此指美国，通常译为美利坚；另一义指美洲，即亚美利加洲（Americas），包括北美洲（North America）和南美洲（South America）。

② 孟罗主义（Monroe Doctrine），后篇亦作孟禄主义，今译门罗主义。一八二三年十二月美国总统门罗（James Monroe）发表关于欧洲国家不得干涉西半球事务的宣言，提出"美洲是美洲人的美洲"的口号，被称为"门罗主义"。

会，干与国事。久之，支那人始消灭其爱国精神，而忘其寄于他人之宇下矣。

夫满洲生殖至今，其种人不及五百万，而支那则有四万万之众。故彼常惧所征服者一旦光复其祖国，勉思抵制，则不免用防御家贼之政策。此其对待支那人之大目的也。

外人往往谓支那人有排外思想，不乐交通。盖缘往者海岸未许通商而生此①说，则亦未尝熟支那之历史耳。历史盖予吾辈以可征之据，谓支那往昔常与外人交际，对于外国商人及其传教者未始有不善之感情。试取西安府景教碑读之，则知当七世纪外人已传教至支那。且欢迎佛教以入支那者为汉明帝，而国民亦热心信仰迄于今世，犹极庄严，为支那三大教之一。至于外国商人亦得旅行于内地，自汉晋以来，史不绝书。降至明季，其相徐光启舍身以奉天主教，其挚友耶教徒利马窦②亦至北京，受国人之崇敬，则支那人此时绝无排外思想可知矣。

至满洲兴盛，而政策渐变。禁全国与外人通，放逐传教师于境外；戮民人之私奉外教者，著之为厉禁；士人迁徒〔徙〕于他国者，处以死刑。何者？满洲人恐支那人日与外人交接，吸其文明而丕变夫故习，故极其权力之所至，鼓舞以排外思想。曩者千九百年拳匪之乱，即满洲人极端排外之结果也。今日举世所共知者，排外之党魁非他人，其天潢贵胄也。而所谓支那闭关主义者，亦不过行于彼愚民罔利之满洲一部，而不能例于多数之支那人也。故外人游历中国所著日记，皆常言支那人愈远官吏，则对外人之感情愈厚。

自拳匪变后，人人以为满洲政府得此时机，或遂更纪国政。然徒见夫朝旨旁午，屡言变革而不知仅为玩弄之具文，聊以欺元元之视听耳。盖满洲者，断无有变其旧政之理，设其果变则损彼实多。何也？支那人而群知改革之义，则满人将不能复亨〔享〕前兹所占之实权。且以贪鄙冥顽之官吏，专以迎合满人为宗旨，持其强力，放肆无忌。即如驻美公使禁支那侨民开爱国会等，犯者幽其宗属于本国，或置极刑。以此野蛮举动，而出于所谓尝受教育之公使梁成〔诚〕。其他种种传说，莫非逢合政府，冀得信任。凡满人所置官吏如此，安望其能辅之以变革耶？

---

① 此处删一衍字"缘"。
② 利马窦（Matteo Ricci），今译利玛窦，意大利人。

吾辈享轪虏房政府毒虐已二百六十余年，而其最惨酷重要者则有十端①：

（一）房据政府以自利，而非以利民；

（二）阻止民人物质思想之进化；

（三）驭吾人如隶圉，而尽夺一切之平等权及公权；

（四）侵害我不能售与之生命权及财产自由权；

（五）容纵官吏以虐民而朘削之；

（六）禁制吾人之言论自由；

（七）定极不规则之税则，而不待民人之认可；

（八）用极野蛮之刑以对囚犯，逼供定罪；

（九）不由法律而可以割夺吾人之权利；

（十）放弃其责任为吾人所托生命财产者。

我辈虽有种种不平，而犹欲勉与周旋，乃终不可得。是以支那人翻然欲改前失，建设东亚之平和以为世界之平和，必当思适宜之方法以达其目的。所谓"欲得平和不可不以决裂者，亦时机挼逼之而出者也"。

全国民之革命已〈成〉熟，如千九百年惠州之举事，千九百二年广州之暗潮②，其影响皆不细，而广西之运动者尤日增势力。支那内地新闻杂志、新书出版，多共和政体之观念，此为学术界之变迁。更进言之，如致公堂（支那爱国会）者，普通所知其为支那人自救之社会，其目的皆在于反清复明。此等有政治思想之秘会，建立已垂二百余年，其会友有十万人以上，布于支那南方。支那人在此邦加盟于此会者，得有百分之八十。大抵支那人之持革命观念者可分为三种：第一种占最多数，而不能过露宗旨，惧罹官吏之毒害；第二种以种族之思想，欲起而反抗满人；第三种则为有特别高尚之思想者。此三种人之手段不同，而渐次求达其目的，必得异日最良结果。是知满洲政府之推倒，不过时日之问题而已。

于此有不完全之理想焉，以为支那地大物博，大有可为之资格，若一旦醒其

---

　　①　据胡汉民编《总理全集》第四集（上海，民智书局一九三○年二月初版）影印的孙文英文原稿，此处共列十一端，即（六）之后尚有"禁制吾人之结社自由"（They suppress the liberty of association）一端。

　　②　此指一九○三年一月（光绪二十八年十二月）间，部分兴中会员与原太平天国将领洪全福共谋在广州建立"大明顺天国"的起义。

附另一译文：

中国问题的真解决

向美国人民的呼吁

全世界的注意力现在都集中在远东。这不仅是由于俄国与日本间正在进行着的战争，而且也由于这样的事实，即中国终究要成为那些争夺亚洲霸权的国家之间的主要斗争场所。欧洲人在非洲的属地——迄今为止，这一直是欧洲列强之间斗争的焦点——现在大体上已经划定了，因而必须寻找一块新的地方，以供增大领土和扩展殖民地；长期以来被认为是"东亚病夫"（Sick Man of the Far East）的中国，自然而然地就成了这样一块用以满足欧洲野心的地方。美国在国际政治中虽然有其传统的孤立政策，但它在这方面绝不会漠不关心，虽则在方式上与其他各国多少有些不同。首先，菲律宾群岛转到美国的控制之下，就使美国成了中国最近的邻邦之一，因之它不可能对中国的情况闭目不理；其次，中国是美国货物的一个巨大市场，如果美国要把它的商业与工业活动扩展到世界其他各地，中国就是它必须注目的第一个国家。由此看来，所谓"远东问题"对这个国家是具有特殊的重要性的。

这个问题是重要的，同时又不易解决，因为其中牵涉到许多互相冲突的利害关系。已经有很多人认为，此次俄日战争的最后结局，可能使这个问题得到解决。但是，从中国的立场看来，这次战争所引起的纠纷，要多于其所解决的纠纷。假如这次战争果真能解决任何问题的话，充其量它只能决定俄日两国之间的霸权问题。至于英、法、德、美等国的利益怎么样呢？对这些问题，这次战争是绝对无法解决的。

为了使整个问题得到满意的解决，我们必须找出所有这些纠纷的根源。即使对亚洲事务了解得最为肤浅的人，也会深信：这个根源乃在于满清政府的衰弱与腐败，它正是由于自身的衰弱，而有扰乱世界现存政治均衡局面之势。这种说法好像是说笑话，但不是没有根据的，我们只须指出这次俄日战争就可以作为一个例证。如果不是由于满清政府完全无力保持其在满洲的势力与主权，那么这次战争是可以避免的。然而，这次战争只不过是在中国问题上利害有关各国间势将发生的一系列冲突的开端而已。

我们说满清政府，而不说中国政府，这是有意识地这样说的。中国人现在并没有自己的政府，如果以"中国政府"一名来指中国现在的政府，那么这种称法是错误的。这也许会使那些对中国事务不熟悉的人感到惊异，但这乃是一个事实，是一个历史事实。为了使你们相信这一点，让我们向你们简单地叙述一下满清王朝建立的经过吧。

满洲人在与中国人发生接触以前，本是在黑龙江地区旷野中飘泊无定的游牧部落。他们时常沿着边界侵犯并抢劫和平的中国居民。明朝末叶，中国发生大内战，满洲人利用那个千载难逢的机会，用蛮族入侵罗马帝国的同一种方式突然袭来，占领了北京。这是一六四四年的事。中国人不甘心受外族的奴役，便向侵略者进行了最顽强的反抗。满洲人为要强迫中国人屈服，残酷地屠杀了数百万人民，其中有战斗人员与非战斗人员、青年与老人、妇女与儿童，焚烧了他们的住所，劫掠了他们的家室，并迫使他们采用满洲人的服饰。据估计，有数万人因不服从留发辫的命令而被杀戮。几经大规模流血与惨遭虐杀之后，中国人才终于屈服在满清的统治之下。

满洲人所采取的另一个措施，就是把所有涉及他们的对华关系与侵华事实的书籍文献加以焚烧销毁，藉以尽其可能地使被征服了的人民愚昧无知。他们又禁止人民结社集会以讨论公共事务。其目的乃是要扑灭中国人的爱国精神，从而使中国人经过一定时间之后，不再知道自己是处在异族的统治之下。现在，满洲人为数不过五百万，而中国人口则不下四万万，因此，他们经常害怕中国人有一天会奋起并恢复其祖国。为了防范这一点，已经采取了而且还正在采取着许多戒备手段。这一直是满洲人对中国人的政策。

西方人中有一种普遍的误会，以为中国人本性上是闭关自守的民族，不愿意与外界的人有所往来，只是在武力压迫之下才在沿海开放了几个对外贸易的口岸。这种误会的主要原因，是由于对中国历史缺乏了解。历史可以提供充分的证据，证明从远古直到清朝的建立，中国人一直与邻国保有密切的关系，对于外国商人与教士从没有丝毫恶意歧视。西安府的景教碑提供我们一个绝妙的记录，说明早在公元第七世纪外国传教士在当地人民间所进行的传播福音的工作。再者，佛教乃是汉朝皇帝传入中国的，人民以很大的热情欢迎这个新宗教，此后它便日渐繁盛，现在已成为中国三大主要宗教中的一种。不仅教士，而且商人也被许可在帝国内部自由地纵横游历。甚至晚至明朝时，中国人中还没有丝毫排外精神的迹象，当时的大学士徐光启，其本人皈依了天主教，而他的密友、即在北京传教的耶稣会教士利玛窦，曾深得人民的尊敬。

随着满清王朝的建立，政策便逐渐改变：全国禁止对外贸易；驱除传教士；屠杀本国教民；不许中国人向国外移民，违者即予处死。这是什么缘故呢？这只是因为满洲人立意要由其管辖范围内将外国人排斥出去，并唆使中国人憎恨外国人，以免中国人因与外国人接触而受其启迪并唤醒自己的民族意识。满洲人所扶育起来的排外精神，终于在一九〇〇年的义和团骚动中达到最高峰。现在大家都知道了，义和团运动的首领不是别人，而正是皇室中的分子。由此就可以看出，中国的闭关自守政策，乃是满洲人自私自利的结果，并不能代表大多数中国人民的意志。在中国游历的外国人常可以看到这样的事实，即凡受官方影响愈小的人民，比之那些受影响较大的人民总是对外国人愈为友善。

自义和团战争以来，许多人为满清政府偶而发布的改革诏旨所迷惑，便相信那个政府已开始看到时代的征兆，其本身已开始改革以使国家进步。他们不知道，那些诏旨只不过是专门用以缓和民众骚动情绪的具文而已。由满洲人来将国家加以改革，那是绝对不可能的，因为改革意味着给他们以损害。实行改革，那他们就会被中国人民所吞没，就会丧失他们现在所享受的各种特权。若把官僚们的愚昧与腐化予以揭露出来，就会看到政府更为黑暗的一面。这些僵化了的、腐朽了的、毫无用处的官僚们，只知道怎样向满洲人谄媚行贿，藉以保全其地位去进行敲榨搜刮。下面就是一个非常显著的例证：中国驻华盛顿公使最近发布了一个布告，禁止住在这个国家之内的中国人与反满会党有任何往来，违者即将其在中国本土的家人及远族加以逮捕并处以格杀之重刑。像中国公使梁诚先生这样一个有教养的人所做的这种野蛮行为，除了可能认定他是想讨好政府以便保全其公使地位外，不能够有其他的解释。想由这样的政府及其官吏厉行改革，会有什么希望呢？

在满清二百六十年的统治之下，我们遭受到无数的虐待，举其主要者如下：

（一）满洲人的行政措施，都是为了他们的私利，并不是为了被统治者的利益。

（二）他们阻碍我们在智力方面和物质方面的发展。

（三）他们把我们作为被征服了的种族来对待，不给我们平等的权利与特权。

（四）他们侵犯我们不可让与的生存权、自由权和财产权。

（五）他们自己从事于或纵容官场中的贪污与行贿。

（六）他们压制言论自由。

（七）他们禁止结社自由。

（八）他们不经我们的同意而向我们征收沉重的苛捐杂税。

（九）在审讯被指控为犯罪之人时，他们使用最野蛮的酷刑拷打，逼取口供。

（十）他们不依照适当的法律程序而剥夺我们的各种权利。

（十一）他们不能依责保护其管辖范围内所有居民的生命与财产。

虽然有这样多的痛苦，但我们曾用了一切方法以求与他们和好相安，结果却是徒劳无效。在这种情况之下，我们中国人民为了解除自己的痛苦，为了普遍地奠定远东与世界和平，业已下定决心，采取适当的手段以求达到那些目标，"可用和平手段即用和平手段，须用强力时即以强力临之"。

全国革命的时机现已成熟。我们可以看到，一九〇〇年有惠州起义，一九〇二年在广州曾图谋举义，而广西的运动现在犹以日益增大的威力与勇气在进行着。中国的报纸与近来出版的书刊中也都充满着民主思想。再者，还有致公堂（Chee Kung Tong）（中国的反满会党）的存在，这个国家内一般都称之为中国共济会（Chinese Patriotic Society），其宗旨乃是"反清（满洲）复明（中国）"①。这个政治团体已存在了二百多年，有数千万会员散布在整个华南。侨居这个国家之内的中国人中，约有百分之八十都属于这个会党。所有抱着革命思想的中国人，约略可分为三类：第一类人数最多，包括那些因官吏的勒索敲榨而无力谋生的人；第二类为愤于种族偏见而反对满清的人；第三类则为具有崇高思想与高超见识的人。

---

① 引号内英文原文为："the overthrow of the Ching（Manchu）and the restoration of the Ming（Chinese）Dynasty"。

这三种人殊途同归，终将以日益增大的威力与速度，达到预期的结果。由此显然可以看到，满清政府的垮台只是一个时间问题而已。

有人时常提出这样一种在表面上似乎有道理的论调，他们说：中国拥有众多的人口与丰厚的资源，如果它觉醒起来并采用西方方式与思想，就会是对全世界的一个威胁；如果外国帮助中国人民提高和开明起来，则这些国家将由此而自食恶果；对其他各国来说，他们所应遵循的最明智的政策，就是尽其可能地压抑阻碍中国人。一言以蔽之，这种论调的实质就是所谓"黄祸"论（Yellow peril）。这种论调似乎很动听，然而一加考察就会发现，不论从任何观点去衡量，它都是站不住脚的。这个问题除了道德的一面，即一国是否应该希望另一国衰亡之外，还有其政治的一面。中国人的本性就是一个勤劳的、和平的、守法的民族，而绝不是好侵略的种族，如果他们确曾进行过战争，那只是为了自卫。只有当中国人被某一外国加以适当训练并被利用来作为满足该国本身野心的工具时，中国人才会成为对世界和平的威胁。如果中国人能够自主，他们即会证明是世界上最爱好和平的民族。再就经济的观点来看，中国的觉醒以及开明的政府之建立，不但对中国人而且对全世界都有好处。全国即可开放对外贸易，铁路即可修建，天然资源即可开发，人民即可日渐富裕，他们的生活水准即可逐步提高，对外国货物的需求即可增多，而国际商务即可较现在增加百倍。能说这是灾祸吗？国家与国家的关系，正像个人与个人的关系。从经济上看，一个人有一个穷苦愚昧的邻居还能比他有一个富裕聪明的邻居合算吗？由此看来，上述的论调立即破产，我们可以确有把握地说：黄祸毕竟还可以变成黄福（yellow blessing）。

列强各国对中国有两种互相冲突的政策：一种是主张瓜分中国，开拓殖民地；另一种是拥护中国的完整与独立。对于固守前一种政策的人，我们无需乎去提醒他们那种政策是潜伏着危险与灾难的，俄国在满洲殖民的情况已表明了这一点。对于执行后一种政策的人，我们敢大胆预言：只要现政府存在，他们的目标便不可能实现。满清王朝可以比作一座即将倒塌的房屋，整个结构已从根本上彻底地腐朽了，难道有人只要用几根小柱子斜撑住外墙就能够使那座房屋免于倾倒吗？我们恐怕这种支撑行为的本身反要加速其颠覆。历史表明，在中国，朝代的生命正像个人的生命一样，有其诞生、长大、成熟、衰老和死亡；当前的满清统治自十九世纪初叶即已开始衰微，现在则正迅速地走向死亡。因此我们认为，即使是维护中国的完整与独立的善意和义侠行为，如果像我们所了解的那样是指对目前摇摇欲坠的满清王室的支持，那么注定是要失败的。

显而易见，要想解决这个紧急的问题，消除妨害世界和平的根源，必须以一个新的、开明的、进步的政府来代替旧政府。这样一来，中国不但会自力更生，而且也就能解除其他国家维护中国的独立与完整的麻烦。在中国人民中有许多极有教养的能干人物，他们能够担当起组织新政府的任务。把过时的满清君主政体改变为"中华民国"（Republic of China）① 的计划，经慎重考虑之后，早就制订出来了。广大的人民群众也都甘愿接受新秩序，渴望着情况改善，把他们从现在悲惨的生活境遇中解救出来。中国现今正处在一次伟大的民族运动的前夕，只要星星之火就能在政治上造成燎原之势，将满洲鞑子从我们的国土上驱逐出去。我们的任务确实是巨大的，但并不是无法实现。一九〇〇年义和团战争时，联军只需为数不足两万的军队就能击溃满清的抵抗，进军北京并夺取北京城；我们以两倍或者三倍于这个数目的人力，毫无疑义地也可以做到这一点，而且我们能够轻而易举地从我们的爱国分子中征募百倍千倍的更多的人。从最近的经验中可清楚地看到，满清军队在任何战场上都不足与我们匹敌，目前爱国分子在广西的起义就是一个明显的例证。他们距海岸非常遥远，武器弹药的供应没有任何来源，他们得到这些物资的惟一方法乃是完全依靠于从敌人方面去俘获；即使如此，他们业已连续进行了三年的战斗，并且一再打败由全国各地调来的官军对他们的屡次征讨。他们既然有出奇的战斗力，那末，如果给以足够的供应，谁还能说他们无法从中国消灭满清的势力呢？一旦我们革新中国的伟大目标得以完成，不但在我们的美丽的国家将会出现新纪元的曙光，整个人类也将得以共享更为光明的前景。普遍和平必将随中国的新生接踵而至，一个从来也梦想不到的宏伟场所，将要向文明世界的社会经济活动而敞开。

拯救中国完完全全是我们自己的责任。但由于这个问题近来已涉及全世界的利害关系，因此，为了确保我们的成功，便利我们的运动，避免不必要的牺牲，

---

① 迄今所见，这是孙文第一次明确提出建立"中华民国"的主张。

防止列强各国的误解与干涉，我们必须普遍地向文明世界的人民特别是向美国的人民呼吁，要求你们在道义上与物质上给以同情和支援。因为你们是西方文明在日本的开拓者，因为你们是基督教的民族，因为我们要仿照你们的政府而缔造我们的新政府，尤其因为你们是自由与民主的战士。我们希望能在你们中间找到许多的辣斐德。

据《中国问题的真解决——向美国人民的呼吁》译文，载《孙中山选集》，北京，人民出版社一九五六年十一月出版①

英文原文见本册第 469—479 页

民族民权民生三大主义

东京《民报》发刊词②

（一九〇五年十月二十日）③

近时杂志之作者亦夥矣，姱词以为美，嚣听而无所终，摘埴索塗④不获，则反覆其词而自惑。求其斟时弊以立言，如古人所谓对症发药者已不可见，而况夫孤怀宏识、远瞩将来者乎？夫缮群之道，与群俱进，而择别取舍，惟其最宜。此群之历史既与彼群殊，则所以掖而进之之阶级，不无后先进止之别。由之不贰，此所以为舆论之母也。

---

① 底本说明，本文是据胡汉民编《总理全集》第四集（上海，民智书局一九三〇年二月初版）影印的孙文英文原稿重译。该稿标题为 *The True Solution of the Chinese Question*：*An Appeal to the People of the United States*。此与上篇所据中英文合印本中的英文部分在文字上稍有出入。按：此篇译文中所附部分原文为本册编者补录。

② 由孙文创建的中国同盟会于一九〇五年八月二十日在日本东京正式成立，孙文担任总理。《民报》乃是中国同盟会机关刊物。此文据孙文口授署名，该刊编辑胡汉民代笔。

③ 《民报》创刊号脱期出版，此据其印刷日期。

④ 语出汉代扬雄《法言》"修身卷第三"，原文是："摘埴索塗，冥行而已矣。"意谓盲人以杖击地探路，虽在白昼犹如夜行，以此喻求知未得其门径。"摘"于拿取义与"摘"同，严复《救亡决论》亦作"摘埴索塗"。

　　余维欧美之进化，凡以三大主义，曰民族，曰民权，曰民生。罗马之亡，民族主义兴，而欧洲各国以独立。洎自帝其国，威行专制，在下者不堪其苦，则民权主义起。十八世纪之末、十九世纪之初，专制仆而立宪政体殖焉。世界开化，人智益蒸，物质发舒，百年锐于千载，经济问题继政治问题之后，则民生主义跃跃然动，二十世纪不得不为民生主义之擅场时代也。是三大主义皆基本于民，递嬗交易，而欧美之人种胥冶化焉。其他旋维于小己大群之间而成为故说者，皆此三者之充满发挥而旁及者耳。

　　今者中国以千年专制之毒而不解，异种残之，外邦逼之，民族主义、民权主义殆不可以须臾缓。而民生主义，欧美所虑积重难返者，中国独受病未深，而去之易。是故或于人为既往之陈迹，或于我为方来之大患，要为缮吾群所有事，则不可不并时而弛张之。嗟夫！所陟卑者其所视不远，游五都之市，见美服而求之，忘其身之未称也，又但以当前者为至美。近时志士舌敝唇枯，惟企强中国以比欧美。然而欧美强矣，其民实困，观大同盟罢工与无政府党、社会党之日炽，社会革命其将不远。吾国纵能媲迹于欧美，犹不能免于第二次之革命，而况追逐于人已然之末轨者之终无成耶！夫欧美社会之祸，伏之数十年，及今而后发见之，又不能使之遽去。吾国治民生主义者，发达最先，睹其祸害于未萌，诚可举政治革命、社会革命毕其功于一役。还视欧美，彼且瞠乎后也。

　　翳我祖国，以最大之民族，聪明强力，超绝等伦，而沉梦不起，万事堕坏；幸为风潮所激，醒其渴睡，旦夕之间，奋发振强，励精不已，则半事倍功，良非夸嫚。惟夫一群之中，有少数最良之心理能策其群而进之，使最宜之治法适应于吾群，吾群之进步适应于世界，此先知先觉之天职，而吾《民报》所为作也。抑非常革新之学说，其理想输灌于人心而化为常识，则其去实行也近。吾于《民报》之出世觇之。

据孙文：《发刊词》，载东京《民报》第一号，一九
〇五年十月二十日印刷，十一月二十六日初版发行

附载：驳革命可以召瓜分说（精卫）①

（一九〇六年七月二十五日）

　　自民族主义、国民主义昌明以来，搢绅之士、荷篑之夫稍知爱国者，咸以革命为不可一日缓，此国民心理之进步而国家盛强之动机也。然尚有鼓其诐说，诋毁革命者，其立说皆脆弱而不足以自完。其稍足以淆人听闻者，不外二说。其一谓今日之政府已进于文明也。然凡稍知民族与政治之关系者，皆知主权苟尚在彼族之手，则政治决无由进步，故此说决无成立之理由。其二则谓革命可以召瓜分，以谓各国方眈眈于我，一有内乱，必立干涉，而国随以亡。为此言者，自托于老成持重，而以逆臆之危辞恫喝国民，沮其方新之气。于是别有怀抱者，乐于便托此说以自文饰，即真有爱国之诚者，亦荧于听闻而摇惑失志，其流毒所播不可谓细也。今欲外审各国对于中国之方针，内度国民之实力，瘏口极论，阐明革命与瓜分决无原因、结果之关系，且正因革命然后可杜瓜分之祸。愿爱国者相与研究此问题，而恍然于解决之方法也。

　　本论分二大段，前段论瓜分说之沿革，后段论革命与瓜分之无关系。

第一　瓜分说之沿革

　　瓜分之原因，由于中国之不能自立也。中国之不能自立，何以为瓜分之原因？以中国不能自立，则世界之平和不可保也。各国争欲均势力于中国，势力相冲突，常足以激成世界之大战争。于是有一国谓势力之不均如此，不如分割之，俾各得

---

　　① 《民报》在东京创刊后，即与梁启超在横滨主办的《新民丛报》展开激烈论战。据胡汉民称，本文系由孙文口授汪精卫（时任中国同盟会评议部议长、《民报》主要撰述人之一）撰成，兹予附载。

其所，于是倡瓜分主义①。又有一国谓势力既不平均，若言瓜分，更滋蔓也，于是倡开放门户、保全领土主义②。甲午以后，庚子以前，瓜分说极炽之时代也。庚子以后至于今日，开放门户、保全领土说确定之时代也。一言以蔽之，中国未至于瓜分者，列国势力平均主义之结果也（庚子以前因势力不均而至于言瓜分，庚子以后因势力不均而至于言开放保全，始终均势问题也，而解决之法后与前异）。以上举其概要，以下逐项释明之。

一、中国不能自立之原因

自立者何？能自以内部之力完全独立之谓也，故自立与孤立有别。持锁国主义，孤立无邻，谓之自弃可耳，决不能自立于今日国际团体之内也。而自西力东侵以来，吾国陷于旋涡之地位，既无复孤立之余地，又不能自立，国力颓丧，瓜分在人，保全在人，岌岌然不可终日，国民所已知者也。而其所以致此者，实惟满洲人秉政之故。盖我国民之能力薄弱固亦不能无过，而厉行锁国主义，鼓舞排外思想，见靡外侮驯致于危亡，犹复调唆列国之冲突及其嫉妒心，使势力平均主义亦将不能维持者，实惟满洲政府独任其咎。盖自满洲篡位以后，禁绝中国人与外国人交通，以通商为厉禁，放逐传教师于国外，戮人民之私奉外教者，人民有迁徙于他国者处以死刑。其与外人交接也，觐见之礼以三跪九叩首为一大问题，初以献俘之礼待之，后以藩属之礼待之，此康熙以来之政策也。道光之际有鸦片之役，咸丰之际有联军之役，光绪之际有甲午之役，中更丧乱，贱外之心变而为畏外、仇外。于是奖励义和拳，宗室王大臣为其首领，揭"扶清灭洋"之帜以招八国之兵，迫乎北京失守，狼狈西道，此后又一变而为媚外。然交欢于甲，失欢

---

① 清政府在中日甲午战争中失败而割地赔款后，"瓜分中国"的主张即已在欧洲国家出现。首先付诸行动的俄国于一八九六年强行取得东三省铁路修筑权及铁路沿线的行政权、采矿权，德国于一八九八年春取得胶州湾租借权及山东境内修筑铁路权、采矿权，随后欧洲列强和日本争相胁迫清朝划出大片地域与领土作为各国的势力范围及租借地。

② 美国出于分享列强在华侵略权益、避免因瓜分而丧失中国市场的考虑，一八九九年九月至十二月间由国务卿海约翰（John Milton Hay）先后照会英、德、俄、日、意、法六国政府，提出互不干预各国在华势力范围、租借地、通商口岸及其既得利益，在各势力范围内他国平等享有贸易自由、低税率及其他特权。次年七月海约翰又照会十一国政府，提出维护列强在华共同利益的前提下，"保持中国的领土与行政完整"。此即美国的"门户开放"政策，亦称"海约翰原则"，其基本精神是要用利益均沾、机会平等原则来协调帝国主义列强之间的侵华活动。

于乙，朝三暮四，外交之丑劣至此为极。综满洲政府之对外政策不出二端，前者为倨慢无礼，后者为反复无耻，以至有今日。然则瓜分之原因由于不能自立，不能自立之原因由于满洲人秉政，可决言者也。

闻者疑吾言乎？试取外国人之言论以证明之。古芬氏著《最近之支那》第四章"支那之外交"有云：

> 一六四四年满洲人征服支那而建清朝，专从事于鼓吹国人之排外思想。今日欧美人恒言，支那人之排外思想为其固有之性质，不知鼓吹激动此思想者，实满洲人也。盖满洲人欲以少数之民族制御大国，永使驯伏其下，因而遮断外国之交通，杜绝外来之势力，其结果遂致使支那人有强烈之排外感情。勃克曰："满朝势力之确立全由于锁国政策，然其衰落亦恐坐是也。"可谓名言矣。

以上古芬氏之言也，亦可谓旁观者清矣。

更观庚子之役，联军既破北京，各国会议善后处分，德国首议处罚元凶，美国答之曰：

> 此役暴徒之首魁即政府诸宗室元老也，故宜先改造清国政府，后乃议处罚之。

此言诚洞悉当日事变之真相者。

去年日清谈判之际，日本进步党首领大隈重信于东邦协会演说有云：

> 支那之政府专以苟且姑息为治，惟企革命之不起，欲割地事人，以保社稷。谓外交上柔能制刚，利用列国之冲突及其嫉妒心，而无信义。故日英同盟虽实行支那之保全、开放列国之机会均等主义，然战国派之外交可惹起内部之变动。

此其言，于满洲政府之心事可谓洞若观火矣。

上所引证，皆非出于我国人之口，乃出于外国人之口者也。满洲政府一日不去，中国一日不能自立，瓜分原因一日不息，外国人尚能知之能言之，乃我国人而反昧乎？

二、各国对于中国之政策

满洲政府实足以召瓜分，既如上所述，然各国之由瓜分主义一变而为开放门户、保全领土主义者，非满洲政府能使之然也。一由于各国间维持势力平均，二由于知我国民之情实，虑瓜分之难行也。

盖欧亚交通以来，道光时有鸦片之役，咸丰时有联军之役，其战争之目的，欲击破锁国主义，得以自由贸易而已，非有瓜分之观念存于其间。迨乎甲午一役以后，情见势绌，而各国之殖势力于中国者至不平均，所得丰者思保持之，所得歉者思挠夺之。于是德国首倡瓜分之议，于一八九七年以海贼的暴举占夺胶州湾，于是俄藉口以租借旅顺口、大连湾，英租借威海卫，法租借广州湾，此外又屡有不割让地之设定，瓜分之论极炽于是时矣。然终以势力未平均之故，瓜分适以滋扰，于是美国首提议门户开放主义，英、日固同此主义者。于是自一八九九年至一九○○年，英、德、俄、法、日、伊①六国皆表同意，宣言对于中国以保全领土、开放门户为主旨。此为各国对清政策之根本也。

未几而有庚子之变。自有庚子之役，列国益维持前此之政策，而知瓜分之难行。无识者以为庚子之役乃瓜分之机会也，然须知北京已破，帝后远遁，而各国会议乃汲汲于善后处分及媾和条约者，何也？此有二原因在：其一，由于各国之政见有相违也。日、英、美志于保全，俄、德、法志于侵略。联军统帅华德西②欲进兵太原，英军帅加士里③不奉令，谓有政府之命令不许进兵，华德西无如何也。各国龃龉若此，俄瞰知之，乃扬言曰："俄国出兵之目的，欲扫荡拳匪、救援北京而已，今宜讲善后策，维持清政府，缓处罚元凶。"盖于一方博宽厚之名，以市恩于满洲政府；一方萃兵于满洲以为占领之计，遂由是而生日俄战争之结果。此由平均势力之使然也。其二，则各国于此一役，知民气之不可侮。盖拳匪之愚妄虽可笑咤，然所以激而至此者，仇外之感情使然也。今北京虽残，东南诸省犹无恙，使行瓜分，非亿万之兵力、长久之岁月不足以集事，故有所惮而不敢发也。且因是之故，外人知暴烈的手段予吾民以难堪，适以激动其排外之热。自是以后，由劫夺主义一变而为吸收主义矣。以此二原因，故俄国首倡退兵，各国无梗议，

---

① "伊"为伊大利（Italy）简称，后篇亦作以大利，今译意大利。

② 华德西（Alfred Graf von Waldersee），今译瓦德西，德国陆军元帅，于一九○○年八月八国联军占领北京之后出任联军总司令，其时慈禧太后和光绪帝已逃至山西境内。

③ 加士里（Alfred Gaselee），今译盖斯利，英国侵华军司令，进攻北京时曾任八国联军指挥官。

旋归和好。尔后俄包藏祸心，并兼满洲，终酿日俄之战。尔来瓜分之说已如烟消云散，不复有称道之者矣。

然则为今日之中国计，正宜利用此均势之机会以奋然自立，勿谓门户开放、领土保全可以苟全也。受人之保护，不得谓之自立。不能自立者，不能生存。然中国不能自立之原因，由于满人秉政，故非扑满不能弭瓜分之祸。何也？各国虽取均势主义，然今日之满洲政府，其外交政策在煽动列强之嫉妒心，而利用其冲突。于是各国中有狡者，以诈欺恫喝之手段投之，无所往而不得志。一国有所获独丰者，则均势之政策不可维持，终必出于分割而后已。盖满洲政府既谩藏诲盗，又反复无常，其究极必破坏均势政策，而使各国不得不出于瓜分。分而不均，则各国相战；分而吾国民起与为敌，则各国与吾国相战。世界无宁日矣！此岂惟吾国之不利，抑亦各国之不利也。故中国今日宜亟谋其地位之安全，而行正当之外交政策，然后足以自立，抑亦中国之自立有关于世界之平和也。然则排满而自立，乃弭瓜分之祸者也。乃有以为召瓜分者，于下辨之。

第二　革命决不致召瓜分之祸

世之诋毁革命者，动辄曰："革命军起，外人干涉，瓜分随之。"此言几于耳熟能详矣。然问革命何故足以惹起瓜分，大概不出二说：第一说谓但使革命军起，则外人必干涉也；第二说谓革命军有取干涉之道也。而此二说之中，所主张之原因又各不一。吾今搜罗列举之，一一加以辨驳，使其说无复立锥之余地，庶几真理乃显也。兹分论如下：

一、谓革命军起即被干涉者

为此说者，以为不问革命军之目的、行动如何，但使内变一生，即为干涉之媒介也。夫国有内乱，外国可以干涉与否本为国际法上一大问题，今亦无须于法理上多著议论。惟须知外国所以干涉者固必有其原因，而革命军所以被干涉者亦必有其原因，究其原因之为何，最切要之问题也。而世所举干涉之原因，综计之不外七说。

（甲）谓"革命军足以妨害各国之政策"。为此说者，必其不知各国对于中国之政策者也。今日各国对于中国之政策，即上所举开放门户、保全领土主义也。革命军起，于此主义果有何妨害，此反对者所不能置一辞者也。（如谓革命军苟以排外为目的，则于门户开放政策有妨，此则非独立原因，乃附随原因耳。何也？苟革命军无排外之目的，则此原因不发生也，故曰附随原因，于下论之，此专论主原因耳。）如谓各国之抱此政策乃其貌讬而非本心，则须知各国之抱此政策者，非有所爱于中国，乃均势问题使之然也。英、美、日固认此政策为有利者；其怀抱野心者莫如俄，而方新败，谋休养；法汲汲于言平和；德之心事最为阴险，其地位亦最足为人患。然各国瞵伺，不敢独轻于发难也。故开放门户、保全领土政策，乃为各国所同认。然则革命军之起，倘如义和拳之高揭"扶清灭洋"之帜，则为自取干涉，使各国虽欲不干涉而不能。若夫革命之目的单纯在于国内问题者，而谓义师一起即于各国之政策有妨，此则稍知各国之大势者，皆能斥其妄也。

（乙）谓"各国藉口于内乱而行瓜分"。此说所谓小儿之见也。今分二段释明之：第一，各国苟欲瓜分，不必有所藉口。凡欲亡人国者，质直坦白宣言于众，曰兼弱攻昧、取乱侮亡而已，非有所赧而求有以藉口也。且今日各国之不言瓜分者，非患无以藉口，一由于维持势力平均，二由于知中国民族之大，未可遽言并吞也。第二，各国即欲有所藉口，亦不必藉口于内乱。今日满洲政府之政治可以藉口者多矣，随时随地何不足以藉口，必坐待有内乱起然后有以藉口乎？举实例言之，台湾之割，朝鲜之割，缅甸之割，安南之割，曾以内乱为藉口乎？胶州湾之失，旅顺口、大连湾之失，威海卫之失，广州湾之失，曾以内乱为藉口乎？至于庚子之役则尤非藉口，彼拳匪之宗旨为"扶清灭洋"，非与满洲政府为敌，乃与外国为敌也，则外国与之为敌，何怪其然？且各国苟欲瓜分，则联军入北京时诚机会矣，于彼时不为，而欲于他日求有以藉口乎？故各国之不瓜分，有所惮而不敢为也，非因无内乱以为藉口也。

（丙）谓"使革命军成功，则各国前此由满洲政府所得之权利将尽失之，故各国必维持满洲政府而与革命军不两立"。为此言者，由于不知国际法之过也。于国际法，凡国家间由于条约而生之权利义务，条约之效力未消灭，则权利义务依然继续，旧政府虽倾覆，新政府固当继承之。何也？条约〈以〉国家之名义缔结之，非以私人缔结之故也。故为此言者，自不知国际法之原则；不然，则欲以欺不知国际法之人也。（至于谓满洲政府外交丑劣，与各国结种种不平等之条约宜筹撤改者，则固新政府之责任，然非因政府新旧嬗代而失条约之效力，故此两事不可混为一。）

（丁）谓"使革命军成功，则中国将渐至盛强，非如满洲政府可以为傀儡，故各国为外交上之阴谋计，宁扶助满洲政府而锄除革命军"。为此说者，必卑鄙狡黠之小人，未尝知外交之政策者也。大抵外交政策，贵于熟知各国之情实，定各国不可不由之准则，使己国蒙其利而又非各国所嫉，乃为善于外交者。若夫操纵捭阖之伎俩，期于簸弄颠倒，以博目前之小利，则未有不自戕者。俄罗斯喜用之，卒受巨创。盖各国林立，必不容一国独专其利，利之所萃，即害之所萃也。彼满洲政府诚甘为人之傀儡者，然傀儡只一，而欲利用此傀儡者有七八焉。一国乘间利用之而独享其利，此六七国者旁皇嫉妒而不能堪，非求利益均霑，则相与攘夺耳。今日之中国为各国所注目，而为之政府者乃供人傀儡，得者骄盈，失者怨望，战争之祸所以不息也。使中国人奋起而扑去此傀儡，卓自树立，行正当之外交，则不必求他人之保全，尤非供他人之傀儡，东亚问题解决，均势问题亦解决。故中国之独立，有关于世界之平和。各国息其觊觎，全球得以安燕，较之利用傀儡以生战祸者，其相去何如，而谓人不知所取舍耶！

（戊）谓"革命军起，虽非以排外为目的，然经年转战，商务受其影响，各国为保其商务计必发兵平乱"。为此言者似甚远虑，而实蒙稚可笑，其智识殆如小儿观剧，谓出兵之事至易易也。不知在古昔专制之国，其君主穷兵黩武，且有因苜蓿天马之故而苦战连年者。泊乎世进文明，战祸愈烈，战事愈少。且在立宪政体之下，虽有好大喜功者，亦不能妄于兴戎。盖战事至危，所牺牲者国民之生命也，所耗损者国民之财产也，故非关于国家大计，非兵力不足以维持者，不轻言动众。试观英杜之战，其原因之伏非伊朝夕，金矿主久怀兼并之志，一九〇五年英将露迷臣率兵驻杜，受金矿主之意旨也，杜人尽俘之。全英舆论沸腾，犹未出于战，后以争占籍问题始决裂。杜人口止廿余万，而英人占籍者已十余万，故杜决议拒绝，英遂示威，杜立下哀的美敦书，战祸乃作。初年英败绩，益愤，前后发兵四十万，死伤六七万，耗帑五十万万，至今英人以为得不偿失。故今岁选举，主战党势力失坠。由是观之，战事岂得已耶？商务固足重，然以此单纯之原因而遽出于战，毋乃易言之乎？擧最近统计表，英人在中国者五千六百人，美人二千五百人，德人一千六百人，法人一千二百人（半为教士），日本人五千二百人，葡人一千九百人，为此等人营业之故而动各国之兵，彼政府、议会何轻举妄动若此也。是故革命军起，各国派兵保护彼商民，意中事也。然此基于国际法上之自卫权（例如南昌教案起，法遣兵舰保护是也，国人不知，以为示威运动，由不知国际法上之自卫权故也），不可谓非。至于谓各国因保护商务之故，而联万国之众以来干涉，而实行瓜分，则真如小儿观剧而叹战事之易也。

（己）谓"革命军崛起必倚一国以为援，革命军之势盛则此国之势亦盛，各国惧破均势之局，乃不得不出而干涉，遂至于瓜分"。为此说者，较前诸说稍坚，而亦有其证据，以谓希腊之独立求助于英，意大利之独立求助于法，民党必连与国，然后可以胜利也。然此视敌之何如耳，希腊之敌为土耳其，意大利之敌为奥大利①，其政府之威力十倍于独立军，故非有奥援不足自立；若中国则异是，使民族主义、国民主义而普遍于我民族的国民之心理，则与革命军为敌者只满洲人及其死党而已，灭此朝食，无所于疑也。至于各国之同情固革命军所希望者，然所希望者，消极的赞成而已。起事之际，欲其承认为交战团体；成功之际，欲其承认为独立国。然欲得其承认，虽由于外交，实专恃乎实力。已有为交战团体之实，然后彼从而承认之；已有为独立国之实，然后彼从而承认之。所求于彼者不奢，故其后患不生也。要之，此说之前提谓革命军必倚一国以为援，使革命军纯任自力而不求助于人，则此说不能成立也。

（庚）谓"革命军起，政府之力既不能平，则必求助于外国，外国出兵助平乱，因以受莫大之报酬"。为此说者，以谓贱胡无赖，苟求保其残喘，必出于借兵平乱之政策也。夫虏之为此谋，容或意料所及。然使其借兵于一国耶，则虏先犯各国之忌，各国虑破均势之局，将纷起而责问，是徒自困也；使其借兵于各国耶，则各国之兵非虏之奴隶，非虏之雇佣，无故为之致死耶？如谓虏以利啗之，彼将为利所动，不知各国苟欲攫利，其道甚繁，奚必出于助兵平乱耶（有以英遣

---

① 奥大利（Austria），今译奥地利；此处实指奥匈帝国（Austro - Hungarian Empire），由奥地利帝国与匈牙利王国于一八六七年联合组成，一九一八年瓦解。后篇称"奥"者多指奥匈帝国。

兵助攻太平天国事为证者，然此事别有原因，于后论之）？试以最近事证之，英兵之初入九龙也，乡民鼓噪逐之，英兵退回香港，电总理衙门，檄两广总督，饬何长清剿平，英兵安坐而待也。广西游勇尝二次窜入安南，一在马头山，一在高平、牧马，法兵安坐，檄苏元春平乱而已。虏借外兵耶？毋亦外人以虏为傀儡耳。谓外国利于报酬而不惮动天下之兵，亦见之未审而已。

以上七说，皆谓革命军起必被干涉者，所以为口实者也。其言之者非一人，其流行也非一日，吾今乃聚而歼之。抑吾之所言，非侥幸于外人之不干涉也，以本无被干涉之原因也。其所言非以意假定也，外审各国均势之大局，内察国民之实情，而后立言也。夫各国之均势，前屡言之矣。至于国民之意力，今将言之。

大抵国内而至于革命，必民族主义、国民主义极炽之时也。人人怀亡国之痛，抱种沦之戚，卧薪尝胆，沈舟破釜，以求一洗，其革命之目的物至单纯也。而对于外国及外国人，守国际法上之规则，此在我国民已毫无被干涉之原因矣。而为外国者，设因欲保商务、欲得报酬之故（上举原因之二种），连万国之众以来干涉（此为假定其干涉之言），斯时为我国民者将如何？其必痛心疾首，人人致死，无所于疑也。则试约略计各国之兵数：庚子一役，为战地者仅北京一隅耳，而联军之数前后十万。今若言干涉言瓜分，即以广东一隅而论，新安近英，香山近葡，彼非有兵万人不能驻守，即减其数亦当五千；以七十二县计当三十余万，即减其数为二十万，至少十万。而其他沿江沿海诸省当何如？至于西北诸省则又何如？计非数百万不能集事。而我国民数四万万，其起义也在国内革命，而无端来外人之干涉，满奴不已，将为洋奴，自非肝脑涂地，谁能忍此者？我国亡种灭之时，即亦各国民穷财尽之时也。而问各国干涉之原因，则曰因欲得报酬、欲保傀儡之故，虽至愚者亦有所疑而不信矣。且世勿谓我国民甚弱，而各国之兵力至强也。

练兵不能征服国民军，历史所明示矣。普佛之战，佛练兵尽矣，甘必大①起国民军，屡败普军，为毛奇②所不及料，不敢出诃南一步。古巴之革命也，金密

---

① 甘必大（Léon Gambetta），一八七〇年普法战争发生时为法国国会议员，拿破仑三世在色当会战中溃败投降普鲁士后，甘必大即在议会上宣告法兰西第二帝国灭亡和法兰西第三共和国诞生，并出任国防政府内政部长，组织领导国民自卫军抗击普军进犯巴黎。

② 毛奇（Helmuth Karl Bernhard von Moltke），后篇亦作莫鲁克，普鲁士王国陆军总参谋长，在普法战争中担任普军统帅。

士以数十人渡海入古巴，振臂一呼，壮上云集，前后以四五万人与西班牙兵二十万人鏖战连年，而美西战事起，古巴遂独立。菲律宾之革命也，壮士十人以杆枪六七枝劫西班牙兵五百人营，夺其枪五百，扑战累岁。西兵驻防于菲者凡二万人，无如何卒赔款二百万，其后西政府失信，战事再兴。美西之役，美提督载阿圭拿度①再入菲律宾，与美合兵，阿圭拿度以兵数千人俘西班牙兵万数，卒立政府。其后美复失信，菲人以所获于西兵之枪万余，择其可用者六七千，以与美精兵七万战，数年始定，使凭藉丰裕则美非菲敌也。英杜之战，杜与阿连治②合兵三四万人，英兵四十万，前后三年乃罢兵。如上所述，以国民军与练兵角，皆以一当十③。况中国人数非菲、杜比，凭藉宏厚，相去千万，外侮愈烈，众心愈坚，男儿死耳，不为不义屈。干涉之论，吾人闻之而壮气，不因之而丧胆也。外乘各国之均势，内恃国民之意力，既无被干涉之原因，即使事出意外，亦非无备者也。内储实力，外审世变，夫然后动，沛然谁能御之！

　　如上所述，谓革命军起即被干涉者，当关其口矣。在革命军未尝无被干涉之豫备，然内有国民之实力，外乘各国之均势，决无被干涉之原因也。然则谓革命可以召瓜分者，其言已摧破而无存立之余地也。

　　二、谓革命有自取干涉之道者

　　此说与前说不同，前说谓凡革命军起必遭干涉，此说则谓革命军起本不致遭干涉，惟因革命军有自取干涉之道，使外人不得不干涉。故其所言非独立原因，乃附随原因也，使革命军而无自取干涉之道，则必不致于被干涉明矣。而其所指为自取干涉之道者，谓革命家固以排满为目的，又兼有排外之目的，故革命之际，或蔑人国权，或侮人宗教，或加危险于外国人之生命财产，于是乃召外人之干涉。为此言者若以施之义和拳，则诚验矣。义和拳以"扶清灭洋"为目的，于是杀公

---

　　①　阿圭拿度（Emilio Aguinaldo），今译阿奎纳多，菲律宾独立运动领袖，一八九八年美西战争爆发后联合美国抗击西班牙殖民统治，曾宣告菲律宾独立并担任共和政府总统。但美国与西班牙订约而使菲律宾沦为其殖民地，并采取武力征服政策，阿奎纳多于一九〇一年被俘投降，战事延续至一九〇六年始告结束。

　　②　阿连治（Orange），当时亦译柯伦治（后篇简称"柯"），今译奥兰治，原为布尔人所建立的自由邦（Free State），后被英国吞并，成为其自治领"南非联邦"一部分。

　　③　原作"十当一"，今改"一当十"。

使，毁教堂，戕人生命，掠人财产，以致联军入京。以排外为原因，以干涉为结果，固其所也。吾人所主张之革命则反乎是，革命之目的排满也，非排外也。建国以后，其对于外国及外国人，于国际法上以国家平等为原则，于国际私法上以内外人同等为原则，尽文明国之义务，享文明国之权利，此各国之通例也。而革命进行之际，自审交战团体在国际法上之地位，循战时法规惯例以行，我不自侮，其孰能侮之？谓革命军有自取干涉之道者，其太过虑也。

抑犹有宜深论者，今日内地之暴动，往往不免含排外的性质，此不能为讳者也。然此等暴动可谓之自然的暴动，乃历史上酝酿而成者也。吾国历史上以暴君专制之结果，揭竿斩木之事未尝一日熄。第开明专制之时，政府威力方张，民间隐忍苟活，即有骚动，旋被平靖，故其表面有宁谧之象。洎乎衰朝末季，纪纲废堕，豪杰之士乘间抵隙，接踵而起，峰〔蜂〕屯蔓延，瀰满天下，此历代之末同一之现象也。即以清朝而论，内乱未尝中辍，康熙时则有三藩之役、台湾之役（其初定台湾之役不得谓之内乱，其再定台湾之役则属于内乱）、武昌兵变之役，乾隆时则有台湾之役、临清之役，嘉庆时则有川湖陕之役、畿辅之役、川陕乡兵之役，道光时则有海盗之役，咸丰、同治时则有太平天国之役、捻之役，光绪时则有义和拳之役。内乱继作，未尝少休，凡此皆自然的暴动也。洎乎近日，感外界之激刺与生计之困难，其势尤不可一日居，此为历史上自然酿成，无待乎鼓吹者。此等自然的暴动无益于国家，固亦吾人所深虑者也。以中国今日决不可不革命也如此，而自然的暴动之不绝也又如彼，故今日之急务，在就自然的暴动而加以改良，使之进化。道在普及民族主义、国民主义，以唤醒国民之责任，使知负担文明之权利义务为吾人之天职，于是定共同之目的为秩序之革命，然后救国之目的乃可以终达。夫既由自然的暴动而为秩序的革命矣，则滔滔然向于种族革命、政治革命以进行，而毫不参以排外的性质明也。然则吾人之主目的，固非在避外人之干涉，而自无自取干涉之理也。

综上所论者而括之，则革命决不致召瓜分之祸，明白无疑矣。然尚有引证一二事实以为辨者，今复疏解之如下。

问者曰："法兰西大革命之际，各国不尝共同干涉耶？幸而法能战联军而退之，否则法之为法，未可知也。今中国之革命能独免于干涉乎？"应之曰：法兰西大革命而各国群起干涉者，以欲抵抗民主之思潮故也。盖法之革命，实播民权、自由之主义于全欧，各国君主思压抑之，故集矢于法，其共同干涉实抱此目的也。尔后之神圣同盟亦本斯旨，故比利时之独立亦被遏制，卒令建君主立宪政体而后已，由其时各国以扑灭民主思想为目的故也。若今日则情势与昔大殊，中国革专制而为立宪（指民主立宪），与各国无密切之利害关系，不能以法之前事为例也。

问者又曰："太平天国之被干涉者何也？"应之曰：太平天国有自取干涉之道也。洪秀全之破南京也，英即遣全权大臣波丁揸①来，欲缔结条约，此为承认其独立良机会也。惜洪氏不知国际法，犹存自大之余习，命其觐见行跪叩礼，波氏不肯，遂拒绝不见，只见杨秀清失望而归。其后洪军至上海，犹立两不相犯之约。及曾军破安庆，自长江而下，遂围南京，左军破浙，李军发上海②，洪氏大事已去，英始袒清助攻洪氏。故干涉之原因，由洪氏有自取之咎。使洪氏能知国际法，早与结纳，不至若此也。且其时英人初欲殖势力于东方，故谋助兵平乱，冀藉此以增拓势力。至于今日则情势迥异，承认独立与借兵平乱二者，皆遥难于昔日矣。

问者又曰："今者外人相惊以中国人排外，遇有小警辄调兵舰，如南昌教案法调兵舰矣，广东因铁路事官民交讧，各国亦调兵舰矣，凡此岂非干涉之小现象乎？"应之曰：此非干涉，乃防卫也。国际自卫权本分二种，一为干涉，一为对于直接之危害而用防卫之手段。若内地有警，各国派兵舰防护，可谓之防卫之准备行为，与干涉不同也。盖国家于领域之内不能自保，而使外国人蒙其损害，则对之可以匡正；匡正之法，国际之通则有二，过去之赔偿与将来之保障是也。然使蒙急遽之危害，依此通则，有缓不及事之虞，则可以用防卫之手段，用强力于他国领域内，此国际法所是认者也。然则使内地有变而危险及于外国人之生命财产，则外国派兵保护，以捍御灾难，不得谓之非理，然此与干涉固不同也。至于屯泊兵舰，以备不虞，则只可谓之防卫之准备行为，尤不必以干涉相惊恐。乃内地之人既鲜知国际法而诋毁革命者，又藉此以号于众曰："此瓜分之渐也，干涉之征也。"其心固狡，其计亦拙矣。外国领事既察吾民之隐情，于是遇有小故，

---

① 波丁揸（Henry Pottinger），通常译作璞鼎查，曾为英国首任驻华公使兼香港总督，当时以特使身份访问南京。

② 曾军，曾国荃部湘军；左军，左宗棠部湘军；李军，李鸿章部淮军。

辄征调兵舰以相恫喝。即如近日拒约之会，美领事日以调兵相胁，而实则美国自大总统以至国中名流，多不以苛约为然，方且藉华人拒约之坚，有辞以对议会，且提议当禁欧工以示平等矣。

要之，若云干涉非得各国政府之同意，联军并进不可。而革命军无被干涉之原因既如上所述，至于防卫，则以保全其人民之生命财产为目的。征调兵舰，一领事所优为，非出于其政府之意，革命军但当守国际法而行，尤不必谈虎色变若此也。况吾人之革命以排满为目的，而非以排外为目的，在已〔己〕固可自信，而外人亦未尝不渐共喻。最近英国《国民报》（于政界最有势力之报）倡论曰：

支那人排满之感情与排外之感情大有分别。其政府必尽力导排满之感情变为排外之感情，此最宜防者也。

旁观之言，明白如此。使革命军起而循乎国际法，则更予人以确证，此事固在我而不在人也。

故吾敢断然曰：革命者可以杜瓜分之祸，而决非可以致瓜分者也。

据精卫：《驳革命可以召瓜分说》，载东京《民报》第六号，一九〇六年七月二十五日发行

三民主义与五权分立

在东京《民报》创刊周年庆祝大会的演说①

（一九〇六年十二月二日）

诸君：

今天诸君踊跃来此，兄弟想来不是徒为高兴，定然有一番大用意。今天这会是祝《民报》的纪元节，《民报》所讲的是中国民族前途的问题，诸君今天到来，一定是人人把中国民族前途的问题横在心上，要趁这会子大家研究的。兄弟想

---

①　是日上午，由民报社组织的该报纪元节庆祝大会在东京锦辉馆举行，到会五千余人（一说近万人）。

《民报》发刊以来已经一年，所讲的是三大主义，第一是民族主义，第二是民权主义，第三是民生主义。

那民族主义，却不必要什么研究才会晓得的。譬如一个人，见着父母总是认得，决不会把他当做路人，也决不会把路人当做父母。民族主义也是这样，这是从种性发出来，人人都是一样的。满洲入关到如今已有二百六十多年，我们汉人就是小孩子，见着满人也是认得，总不会把〈他〉来当做汉人。这就是民族主义的根本。

但是有最要紧一层不可不知：民族主义并非是遇着不同族的人便要排斥他，是不许那不同族的人来夺我民族的政权。因为我汉人有政权才是有国，假如政权被不同族的人所把持，那就虽是有国，却已经不是我汉人的国了。我们想一想，现在国在那里？政权在那里？我们已经成了亡国之民了！地球上人数不过一千几百兆，我们汉人有四百兆，占了四分之一，算得地球上最大的民族，且是地球上最老最文明的民族，到了今天却成为亡国之民，这不是大可怪的吗？那非洲杜国不过二十多万人，英国去灭他，尚且相争至三年之久；非律宾岛不过数百万人，美国去灭他，尚且相持数岁。难道我们汉人就甘心于亡国？想起我汉族亡国时代，我们祖宗是不肯服从满洲的。闭眼想想历史上我们祖宗流血成河、伏尸蔽野的光景，我们祖宗狠对得住子孙，所难过的，就是我们做子孙的人。再想想亡国以后满洲政府愚民时代，我们汉人面子上从他，心里还是不愿的，所以有几回的起义。到了今日，我们汉人民族革命的风潮一日千丈。那满洲人也倡排汉主义，他们的口头话是说他的祖宗有团结力、有武力，故此制服汉人；他们要长保这力量，以便永居人上。他们这几句话本是不错，然而还有一个最大的原因，是汉人无团体。我们汉人有了团体，这力量定比他大几千万倍，民族革命的事不怕不成功。

惟是兄弟曾听见人说，民族革命是要尽灭满洲民族，这话大错。民族革命的原故，是不甘心满洲人灭我们的国，主我们的政，定要扑灭他的政府，光复我们民族的国家。这样看来，我们并不是恨满洲人，是恨害汉人的满洲人。假如我们实行革命的时候，那满洲人不来阻害我们，决无寻仇之理。他当初灭汉族的时候，攻城破了，还要大杀十日才肯封刀，这不是人类所为，我们决不如此。惟有他来阻害我们，那就尽力惩治，不能与他并立。照现在看起来，满洲政府要实行排汉主义，谋中央集权，拿宪法做愚民的器具。他的心事真是一天毒一天。然而他所以死命把持政权的原故，未必不是怕我汉人要剿绝他，故此骑虎难下。所以我们总要把民族革命的目的认得清楚，如果满人始终执迷，仍然要把持政权，制驭汉族，那就汉族一日不死，一日不能坐视的。想来诸君亦同此意。

民族革命的大要如此。

至于民权主义，就是政治革命的根本。将来民族革命实行以后，现在的恶劣政治固然可以一扫而尽，却是还有那恶劣政治的根本，不可不去。中国数千年来都是君主专制政体，这种政体不是平等自由的国民所堪受的。要去这政体，不是专靠民族革命可以成功。试想明太祖驱除蒙古，恢复中国，民族革命已经做成，他的政治却不过依然同汉、唐、宋相近，故此三百年后复被外人侵入，这由政体不好的原故。不是政治革命，是断断不行的。研究政治革命的工夫，煞费经营。至于着手的时候，却是同民族革命并行。我们推倒满洲政府，从驱除满人那一面说是民族革命，从颠覆君主政体那一面说是政治革命，并不是把来分作两次去做。讲到那政治革命的结果，是建立民主立宪政体。照现在这样的政治论起来，就算汉人为君主，也不能不革命。佛兰西大革命及俄罗斯革命本没有种族问题，却纯是政治问题。佛兰西民主政治已经成立，俄罗斯虚无党①也终要达这目的。中国革命之后，这种政体最为相宜，这也是人人晓得的。

惟尚有一层最要紧的话，因为凡是革命的人，如果存有一些皇帝思想，就会弄到亡国。因为中国从来当国家做私人的财产，所以凡有草昧英雄崛起，一定彼此相争，争不到手，宁可各据一方，定不相下，往往弄到分裂一二百年，还没有定局。今日中国正是万国耽耽虎视②的时候，如果革命家自己相争，四分五裂，岂不是自亡其国？近来志士都怕外人瓜分中国，兄弟的见解却是两样。外人断不能瓜分我中国，只怕中国人自己瓜分起来，那就不可救了！所以我们定要由平民革命建国民政府，这不止是我们革命之目的，并且是我们革命的时候所万不可少的。

---

① "虚无党"系译自英文 Nihilists，泛指俄国近代信奉虚无主义（nihilism）的组织或群体，亦作虚无主义者，专事破坏沙皇政权及暗杀掌权人物，最著者是一八八一年一批民意党人成功刺杀沙皇亚历山大二世（Александр II），其中有些人后来分别加入社会革命党和社会民主工党。Nihilist 又特指当时俄国的无政府主义者，或恐怖主义者。

② "耽"通"眈"，虎视耽耽与虎视眈眈同义。

说到民生主义，因这里头千条万绪，成为一种科学，不是十分研究不得清楚。并且社会问题隐患在将来，不像民族、民权两问题是燃眉之急，所以少人去理会他。虽然如此，人的眼光要看得远。凡是大灾大祸没有发生的时候，要防止他是容易的；到了发生之后，要扑灭他却是极难。社会问题在欧美是积重难返，在中国却还在幼稚时代，但是将来总会发生的，到那时候收拾不来，又要弄成大革命了。革命的事情是万不得已才用，不可频频伤国民的元气。我们实行民族革命、政治革命的时候，须同时想法子改良社会经济组织，防止后来的社会革命，这真是最大的责任。

于今先说民生主义所以要发生的原故。这民生主义，是到十九世纪之下半期才盛行的。以前所以没有盛行民生主义的原因，总由于文明没有发达。文明越发达，社会问题越着紧。这个道理狠觉费解，却可以拿浅近的事情来作譬喻。大凡文明进步，个人用体力的时候少，用天然力的时候多，那电力、汽力比起人的体力要快千倍。举一例来说，古代一人耕田，劳身焦思，所得谷米至多不过供数人之食。近世农学发达，一人所耕，千人食之不尽，因为他不是专用手足，是借机械的力去帮助人功，自然事半功倍。故此古代重农工，因他的生产刚够人的用度，故他不得不专注重生产。近代却是两样。农工所生产的物品，不愁不足，只愁有余，故此更重商业，要将货物输出别国，好谋利益，这是欧美各国大概一样的。照这样说来，似乎欧美各国应该家给人足，乐享幸福，古代所万不能及的。然而试看各国的现象，与刚才所说正是反比例。统计上，英国财富多于前代不止数千倍，人民的贫穷甚于前代也不止数千倍，并且富者极少，贫者极多。这是人力不能与资本力相抗的缘故。古代农工诸业都是靠人力去做成，现时天然力发达，人力万万不能追及，因此农工诸业都在资本家手里。资本越大，利用天然力越厚，贫民怎能同他相争，自然弄到无立足地了。社会党所以倡民生主义，就是因贫富不均，想要设法挽救。这种人日兴月盛，遂变为一种狠繁博的科学，其中流派极多，有主张废资本家归诸国有的，有主张均分于贫民的，有主张归诸公有的，议论纷纷。凡有识见的入〔人〕，皆知道社会革命，欧美是决不能免的。

这真是前车可鉴，将来中国要到这步田地才去讲民生主义，已经迟了。这种现象中国现在虽还没有，但我们虽或者看不见，我们子孙总看得见的。与其将来弄到无可如何才去想大破坏，不如今日预筹个防止的法子。况且中国今日如果实行民生主义，总较欧美易得许多。因为社会问题是文明进步所致，文明程度不高，那社会问题也就不大。举一例来说，今日中国贫民还有砍柴割禾去谋生活的，欧美却早已绝迹。因一切谋生利益尽被资本家吸收，贫民虽有力量，却无权利去做，就算得些蝇头微利，也决不能生存。故此社会党常言，文明不利于贫民，不如复古。这也是矫枉过正的话。况且文明进步是自然所致，不能逃避的。文明有善果，也有恶果，须要取那善果，避那恶果。欧美各国善果被富人享尽，贫民反食恶果，总由少数人把持文明幸福，故成此不平等的世界。我们这回革命，不但要做国民的国家，而且要做社会的国家，这决是欧美所不能及的。

欧美为甚不能解决社会问题？因为没有解决土地问题。大凡文明进步，地价日涨。譬如英国一百年前，人数已有一千余万，本地之粮供给有余；到了今日，人数不过加三倍，粮米已不够二月之用，民食专靠外国之粟。故英国要注重海军，保护海权，防粮运不继。因英国富人把耕地改做牧地，或变猎场，所获较丰，且征收容易，故农业渐废，并非土地不足。贫民无田可耕，都靠做工糊口，工业却全归资本家所握，工厂偶然停歇，贫民立时饥饿。只就伦敦一城算计，每年冬间工人失业的常有六七十万人，全国更可知。英国大地主威斯敏士打公爵①有封地在伦敦西偏，后来因扩张伦敦城，把那地统圈进去。他一家的地租占伦敦地租四分之一，富与国家相等。贫富不均竟到这地步，"平等"二字已成口头空话了。

大凡社会现象，总不能全听其自然，好像树木由他自然生长，定然支蔓，社会问题亦是如此。中国现在资本家还没有出世，加以②几千年地价从来没有加增，这是与各国不同的。但是革命之后，却不能照前一样。比方现在香港、上海地价比内地高至数百倍，因为文明发达，交通便利，故此涨到这样。假如他日全国改良，那地价一定是跟着文明日日涨高的。到那时候，以前值一万银子的地，必涨至数十万、数百万。上海五十年前，黄浦滩边的地本无甚价值，近来竟加至每亩

---

① 威斯敏士打公爵（Duke of Westminster），今译威斯敏斯特公爵，英国累代大地产家族。

② 《民报》第十号于同年十二月二十三日再版时将"加以"改排为"所以"，而笔录者胡汉民（笔名民意）则于一九○七年三月六日发行的该刊第十二号所载《告非难民生主义者——驳〈新民丛报〉第十四号"社会主义论"》一文中重又更正为"加以"。

百数十万元，这就是最显明的证据了。就这样看来，将来富者日富，贫者日贫，十年之后，社会问题便一天紧似一天了。这种流弊，想也是人人知道的，不过眼前还没有这现象，所以容易忽略过去。然而眼前忽略，到日后却不可收拾。故此，今日要筹个解决的法子，这是我们同志应该留意的。

闻得有人说，民生主义是要杀四万万人之半，夺富人之田为己有。这是他未知其中道理，随口说去，那不必去管他。① 解决的法子，社会学者所见不一，兄弟所最信的是定地价的法。比方地主有地价值一千元，可定价为一千，或多至二千，就算那地将来因交通发达价涨至一万，地主应得二千，已属有益无损；赢利八千，当归国家。这于国计民生皆有大益，少数富人把持垄断的弊窦自然永绝。这是最简便易行之法。欧美各国地价已涨至极点，就算要定地价，苦于没有标准，故此难行。至于地价未涨的地方，恰好急行此法，所以德国在胶州湾、荷兰在瓜〔爪〕哇已有实效。中国内地文明没有进步，地价没有增长，倘若仿行起来一定容易。兄弟刚才所说社会革命，在外国难，在中国易，就是为此。行了这法之后，文明越进，国家越富，一切财政问题断不至难办，现今苛捐尽数蠲除，物价也渐便宜了，人民也渐富足了。把几千年捐输的弊政永远断绝，漫说中国从前所没有，就欧美、日本虽说富强，究竟人民负担租税未免太重。中国行了社会革命之后，私人永远不用纳税，但收地租一项，已成地球上最富的国。这社会的国家，决非他国所能及的。我们做事要在人前，不要落人后。这社会革命的事业，定为文明各国将来所取法的了。

总之，我们革命的目的是为众生谋幸福。因不愿少数满洲人专利，故要民族革命；不愿君主一人专利，故要政治革命；不愿少数富人专利，故要社会革命。这三样有一样做不到，也不是我们的本意。达了这三样目的之后，我们中国当成为至完美的国家。

尚有一问题我们应要研究的，就是将来中华民国的宪法。"宪法"二字近时

---

① 以上指梁启超（笔名饮冰）在横滨《新民丛报》第四年第三号（一九〇六年二月二十三日发行）续载的《开明专制论》中，攻击孙文曾说过中国"大革命后四万万人必残其半……田土之无主者十而七八，夫是以能一举而收之"等语。东京《民报》第五号（同年六月二十六日发行）乃发表胡汉民（笔名辨姦）《斥〈新民丛报〉之谬妄》，文中引述孙文言论予以否认，责梁以其"梦想"相诬。

人人乐道，便是满洲政府也晓得派些奴才出洋考察政治，弄些预备立宪的上谕，自惊自扰。那中华民国的宪法更是要讲求的，不用说了。兄弟历观各国的宪法，有文宪法是美国最好，无文宪法是英国最好。英是不能学的，美是不必学的。英的宪法所谓三权分立，行政权、立法权、裁判权各不相统，这是从六七百年前由渐而生，成了习惯，但界限还没有清楚。后来法国孟德斯鸠①将英国制度作为根本，参合自己的理想，成为一家之学。美国宪法又将孟氏学说作为根本，把那三权界限更分得清楚，在一百年前算是最完美的了。一百二十年以来，虽数次修改，那大体仍然是未变的。但是这百余年问〔间〕，美国文明日日进步，土地财产也是增加不已，当时的宪法现在已经是不适用的了。兄弟的意思，将来中华民国的宪法是要创一种新主义，叫做"五权分立"。

那五权除刚才所说三权之外，尚有两权。一是考选权。平等自由原是国民的权利，但官吏却是国民公仆。美国官吏有由选举得来的，有由委任得来的。从前本无考试的制度，所以无论是选举，是委任，皆有狠大的流弊。就选举上说，那些略有口才的人便去巴结国民，运动选举；那些学问思想高尚的人反都因讷于口才，没有人去物色他。所以美国代表院②中，往往有愚蠢无知的人夹杂在内，那历史实在可笑。就委任上说，凡是委任官都是跟着大统领③进退。美国共和党、民主党向来是迭相兴废，遇着换了大统领，由内阁至邮政局长不下六七万人，同时俱换。所以美国政治腐败散漫，是各国所没有的。这样看来，都是考选制度不发达的原故。考选本是中国始创的，可惜那制度不好，却被外国学去，改良之后成了美制。英国首先仿行考选制度，美国也渐取法，大凡下级官吏必要考试合格，方得委任。自从行了此制，美国政治方有起色。但是他只能用于下级官吏，并且考选之权仍然在行政部之下，虽少有补救，也是不完全的。所以将来中华民国宪法，必要设独立机关专掌考选权。大小官吏必须考试，定了他的资格，无论那官吏是由选举的抑或由委任的，必须合格之人方得有效。这法可以除却盲从滥举及

---

① 孟德斯鸠（Charles‐Louis de Secondat Montesquieu），其代表作《法意》（*De l'Esprit des Lois*），严复中译本名为《孟德斯鸠法意》，后篇亦作《万法精义》，今译《论法的精神》。

② 美国代表院（senate），后篇又作上议院，今通称参议院。

③ 即大总统。

任用私人的流弊。中国向来铨选最重资格，这本是美意，但是在君主专制国中，黜陟人才悉凭君主一人的喜怒，所以虽讲资格，也是虚文。至于社会共和的政体，这资格的法子正是合用。因为那官吏不是君主的私人，是国民的公仆，必须十分称职方可任用。但是这考选权如果属于行政部，那权限未免太广，流弊反多，所以必须成了独立机关才得妥当。

一为纠察权，专管监督弹劾的事。这机关是无论何国皆必有的，其理为人所易晓。但是中华民国宪法，这机关定要独立。中国从古以来本有御史台主持风宪，然亦不过君主的奴仆，没有中用的道理。就是现在立宪各国，没有不是立法机关兼有监督的权限，那权限虽然有强有弱，总是不能独立，因此生出无数弊病。比方美国纠察权归议院掌握，往往擅用此权挟制行政机关，使他不得不颛首总命，因此常常成为议院专制；除非有雄才大略的大总统如林肯、麦坚尼、罗斯威①等，才能达行政独立之目的。况且照正理上说，裁判人民的机关已经独立，裁判官吏的机关却仍在别的机关之下，这也是论理上说不去的，故此这机关也要独立。

合上四〔两〕权，共成为五权分立。这不但是各国制度上所未有，便是学说上也不多见，可谓破天荒的政体。兄弟如今发明这基础，至于那详细的条理、完全的结构，要望大众同志尽力研究，匡所不逮，以成将来中华民国的宪法。这便是民族的国家、国民的国家、社会的国家，皆得完全无缺的治理，这是我汉族四万万人最大的幸福了。想诸君必肯担任，共成此举，是兄弟所最希望的。

据民意（胡汉民）：《纪十二月二日本报纪元节庆祝大会事及演说辞》，载东京《民报》第十号，一九〇六年十二月二十日发行

---

① 美国总统：林肯（Abraham Lincoln），一八六一至一八六五年任；麦坚尼（William Mc-Kinley），今译麦金利，一八九七至一九〇一年任；罗斯威（Theodore Roosevelt），今译罗斯福，一九〇一至一九〇九年任。

附载：告非难民生主义者

驳《新民丛报》第十四号"社会主义论"（民意）①

（一九〇七年三月六日）

去新历十二月二日为本报纪元节庆祝大会，而记者适任笔记之责，既终会，以其词登诸前第十号。其间所记演说各稿，于孙先生之言民生主义尤兢兢焉，良以此问题隐患在将来，而此学于吾国亦鲜以能研究者称也。记者从先生游，屡问其所称道之理论及其方案条理，多不胜述。顾缘扰于他事，不克编集为文，以实本报，良自引憾。近顷见《新民丛报》第十四号，有梁氏《杂答某报》文"社会革命果为中国今日所必要乎"一节，力反对吾人所持之政策，虽未尝不恶其恣睢悖谬，然自喜遇此而得贡言于我国民之机会，盖乐以加我之诋諆②，为我研究之问题，以期第三者之易于了解，此记者夙所认也。爰为文辩之，以告梁氏，并告一二惑于梁氏而非难民生主义者。

凡为驳论，贵先有自我之主见，继审观他人之言论，觉其所持为与我见为不合，不反覆而得发见其缺点焉，然后辨之。故其所驳者即不必尽当，然持之有故，言之成理，两端相折，而此问题之真相倍易于发露。梁氏不然，其初固非有自我之主见，继亦未尝审观他人之文，而但以问诸革命党之故，则遂贸贸然执笔相攻，条理不一贯，更杂以同时自相挑战之活剧。故所病于梁氏者非好为驳论也，病其不能为驳论而颠倒矛盾，自扰扰人，使阅者亦为之瞀乱迷惑，而脑筋不宁者终日。

---

① 梁启超（笔名饮冰）于《新民丛报》第四年第十二号至第十四号连载《杂答某报》（某报指《民报》）长文，特别是在第十四号猛烈抨击孙文关于民生主义和社会革命的主张，大量引用孙文的一九〇六年十二月二日演说词（见本书上篇）作为靶子（按《新民丛报》第十四号标示的发行日期为同年九月三日，但该刊经常脱期出版，而所引用的孙文演说词则发表于十二月二十日《民报》第十号，故该刊第十四号的实际发行时间应在是年十二月之后）。为此，孙文嘱胡汉民（笔名民意）著文加以反驳，完稿后又亲自审正，冯自由亦称此文系经孙文口授要点所撰，兹予附载。文中凡称"孙先生"或"先生"者均指孙文，称"梁氏"者指梁启超。

② 诋諆与诋毁同义。

从其后而规正之者，则又必不免于词费也。

即如梁氏此十四号之文，谓绝对赞成社会改良主义而反对社会革命主义，于社会主义学说中硬分其若者为属于改良、若者为属于革命，且企以此而斡旋其前后议论之矛盾，而不知其终不可掩。何者？梁氏于彼报去年第三号以前，既极力①介绍社会主义之学说于中国，而其第三号以《民报》言社会主义也，则曰："此主义在欧洲社会常足以煽下流。"此一度挑战也。及第四号则曰："如某氏②持土地国有主义，在鄙人固承认此主义为将来世界最高尚美妙之主义。"其所承认者，即第三号所斥为煽动下流，各国煽动家利用之而有效者也。此二度挑战也。既曰承认土地国有主义为最高尚美妙之主义矣，而今十四号文中又谓吾人言土地国有为"卤莽灭裂盗取社会主义之一节，冀以欺天下之无识？"又谓以"简单之土地国有论，而谓可以矫正现在之社会组织，免富者愈富、贫者愈贫之恶果，是则不成问题"。夫彼第四号固已赞美土地国有为最高尚美妙之主义，而特嫌其未能以实现于目前耳，而今则并斥之以为体段不圆满、不成问题。此三度挑战也。然尤有奇者，则此十四号文四十八页云："社会主义学说，其属于改良主义者吾固绝对表同情，其关于革命主义者则吾未始不赞美之，而谓其必不可行，即行亦在千数百年之后。"其第四十九页亦云："中国今日若从事于立法事业，其应参用今世学者所倡'社会主义'之精神与否，此问题则吾所绝对赞成者也。"至其篇中结论则曰："故吾以为种族革命不必要也，社会革命尤不必要也。"更易其词曰："今日欲救中国惟有昌国家主义，其他民族主义、社会主义皆当诎于国家主义之下。"依梁氏所区分者，则社会改良主义自属社会主义之一分类，而今日当诎于国家主义之下，则并其所自称绝对赞成、绝对表同情者亦皆当诎也。相距数页之间，而其文之不自掩也如是，岂梁氏所谓绝对赞成采用者固止为一种口头禅耶？抑梁氏至于终局，又但以社会革命主义为社会主义，而社会改良主义非社会主义耶？此四度挑战也。

凡是皆梁氏所持与吾人辩争之主题，即彼军成立之徽帜也。（阅者审之，作者亦自审之，此宁非荦荦大端耶？）而犹反覆颠倒，莫名其是，其他抑又可知。（本

---

① 此处删一衍字"认"。

② 指孙文。

论篇末特摘取梁氏此次文中自相挑战之大点①，列为清细矛盾表，以促作者之反省。）梁氏于他人文，为已〔己〕所不能辩攻者，则辄抹以无辩驳之价值。若此类者，乃真无辨〔辩〕驳之价值也。

梁氏于其本论之前，谓不可不先示革命之概念，而其概念曰：

> 凡事物之变迁有二种，一缓一急。其变化之程度缓慢，缘周遭之情状而生活方向渐趋于新生面，其变迁时代无太甚之损害及苦痛，如植物然，观乎其外，始终若一，而内部实时时变化，若此者谓之"发达"，亦谓之"进化"。反之其变化性极急剧，不与周遭之情状相应，旧制度秩序忽被破坏，社会之混乱苦痛缘之，若此者谓之"革命"。

按此数行，为美国学者伊里氏②《经济概论》上卷第五章"英国工业革命第一"之前数行语，梁氏从日本山内正瞕译本译抄，几无一字改易，自谓是所下革命概念云云，殊不可解。或谓梁于彼报体例，其著作征引恒不言所出，自《民报》第一号发行，梁氏乃变其例，既复屡为《民报》纠其译文之误，无以自解，故兹复用前例。理或然欤？

按伊里氏之言，只以解英国自营业商业时代变迁于工业时〈代〉，所以号为革命之故，非谓一切之进化、革命皆严有此之区别，而不相容也。故依于生物学者之言，则进化之事其道至多，有必经革命而后进化者，而历史上所号为革命者，又不必皆生混乱痛苦于社会也。今即姑如伊里之言，譬之植物，其外观始终若一，而内部时时变化者曰进化。则譬有植物家于此，其种树也，断树及根，而更续以他本，使其发生，其外观始终不若一，其变化不隐涵于内部，是则伊里氏所以为革命非进化，而梁氏亦必以为革命而非进化也。则更证以实例，如我国内地广东等省所用之肩舆，其始当如今山间僻县之制，殆至陋劣，其继进化，则制愈备饰愈美，肩者亦自二人而三人、四人，进化至于八人而极其能事矣；顾近者粤汉铁道兴，将来吾粤之民即舍肩舆而乘汽车③，肩舆与汽车不同物，即断树而更续以

---

①　以上原文颇多误植，今将"本论篇摘末特梁氏此取次文中自相挑战之大点"，改为"本论篇末特摘取梁氏此次文中自相挑战之大点"。

②　伊里（Richard Theodore Ely），今译伊利，或埃利。

③　"汽车"系用日文中汉字，即火车。

他本之类也。梁氏于此其得谓之非革命耶？得无谓此自肩舆而汽车者，亦当循轨道以发达进化，不如用北省之驼轿以代肩舆（驼轿不以人肩负，可谓之进化），浸假浸变，而后合于缓慢之程度耶？

而梁氏亦自知其不然，而曰："我国今后不能不采用机器以从事生产，势使然也。既采用机器以从事生产，则必结合大资本，而小资本必被侵蚀，经济社会组织不得不缘此一变，又势使然也。"是工业之革命，梁氏亦认为不可避者，且并认现在经济社会组织不得不缘之一变矣。然恐以承认工业革命之故，将并不能反对社会革命之说，乃急变其词曰："欧人工业革命所生之恶果，我虽不能尽免，而决不至如彼之甚，今后生产问题虽有进化，而分配问题仍可循此进化之轨而行，两度之革命殆皆可以不起。"又曰："欧人前此之工业革命，可谓之生产的革命；今后之社会革命，可谓之分配的革命。"意谓欧人惟以生产的革命故生分配的革命，而我以生产的进化，而无须为分配的革命也（梁氏论新国分配之谬，下方驳之）。梁氏既先置分配而言生产，则吾亦姑先与之言生产。夫梁氏所谓欧洲生产革命，其最大者即前此人类从筋力全部以从事制作，利用自然力之器械绝无，及机器发明，普通视人力加十二倍或加数百倍至千倍，生产之方法划然为一新纪元也。而此之景象，则我国今后所必同。然以我数千年文明之旧国，一旦举其生产方法改革纪元，旧制度随之破坏，而曰与社会周遭之情状能相应，不至生其混乱苦痛，其谁信之？故以中国今后之经济社会言，梁氏即欲不承认有生产的革命而不得，不然则必自背其开宗明义所自下之概念，而后可也。

今于驳正梁氏本论之前，特先举梁氏致误之根本，而后详论之。梁氏致误之总根本，在不识经济学与社会主义之为何，而其经济观念之谬误则其大者有八，列示于左，供阅者之研究评判：

其一、梁氏以土地为末，以资本为本；

其二、梁氏以生产为难，以分配为易；

其三、梁氏以牺牲他部人而奖励资本家为政策；

其四、梁氏以排斥外资为政策；

其五、梁氏不知物价之由来；

其六、梁氏不知物价贵贱之真相；

其七、梁氏不知地租与地税之分别（日本指吾国习惯所称之地租为"地代"，而指吾国所称之地税为"地租"，详见下方）；

其八、梁氏不知个人的经济与社会的经济之分别。

总此八误，而梁氏全文乃几无一语之不误，同时自相挑战亦缘之而起。梁氏谓予不信，则请观就其原文次第评论之各节。

第一节　驳所谓中国不必行社会革命之说

梁氏以欧洲经济社会史为惟一之论据——梁氏不敢道美国经济社会史只字——引伊里述美国经济社会史以补梁氏之缺——就美国经济社会史正梁氏三谬——梁氏之论据不攻自破——美之经济组织更良于我——梁氏土地资本论之不中肯——梁氏土地资本论之矛盾——论粤汉铁道集股事——我国经济社会之现象不足恃——梁氏亦赞成社会主义——梁氏不知病源治法——病源治法不外土地国有

【原文】吾以为欧美今日之经济社会，殆陷于不能不革命之穷境，而中国经济社会则惟当稍加补苴之力，使循轨道以进化，而危险之革命手段非所适用。……彼欧人之经济社会所以积成今日状态者，全由革命来也。而今之社会革命论，则前度革命之反动也。中国可以避前度之革命，是故不必为再度之革命。夫谓欧人今日经济社会状态全由革命者，何也？……盖欧人今日社会革命论经由现今经济社会组织不完善而来，而欧人现今经济社会组织之不完善，又由工业革命前之经济社会组织不完善而来。我国现今经济社会之组织虽未可云完善，然以比诸工业革命之欧洲，则固优于彼。故今后虽有生产问题，虽有进化，而分配问题仍可循此进化之轨而行，而两度之革命殆皆可以不起。……此在欧美诚医群之圣药，而施诸今日〈之中国〉，恐利不足以偿病也。

驳之曰：此梁氏以欧洲之经济社会历史，证言我国不同，则其谓中国不必行社会革命之惟一论据也。其本于伊里氏，谓欧洲工业组织之变迁，不以进化的，而以革命的。及其所述欧洲历史之概略，亦可谓为无大误者。然其于欧洲之经济社会历史称述若是其详，而于美洲则无一字道及，此则吾人所不能解也。夫既以欧美并称而与我国比较其得失优劣矣，则欧〈洲〉与美国为梁氏所宜知，而胡独见遗其一。且审梁氏之文，于称欧洲历史以前则曰："吾以为欧美今日经济社会陷于不能不革命之穷境，而中国不然。"其既称述欧洲历史之后则又曰："社会革命在欧美诚医群之圣药，而中国不然。"是梁氏初非忘情于美也。梁氏得无谓欧洲经济社会之历史，即可以括美洲经济社会之历史，举其一而可令阅者囫囵读过，遂信欧美当日之历史为无以异耶？抑梁氏亦自知夫美之经济社会历史不同于欧，言之而惧自破其说耶？

他书或为梁氏所不乐道，伊里之书则梁氏既明述且暗袭之矣。吾请以伊里之书，补梁氏之缺可乎？

按伊里述英国工业革命之下，其第八章即为"关于美国经济之注意"，其大略谓：随于英国工业革命而生之苦痛有二，而美国皆得免之。其在过后之困难，则汽机发明之日，适为美国独立之时，本无足称之工业与所谓当改革之旧制，故新工场制度直采用为美国本来之制。故英国为革命之性质，有浴血淋漓之现象，而美则为履道坦坦之一进化而已（伊里分别"革命"与"进化"之历史如是）。其在实施上之困难，则美既以工业狭隘免过渡之轧轹，而其境域复龙大以调和自由主义之实施，人民亦乐逐利迁移，不感竞争之压力。此伊里氏述美国采用汽机制造时之社会状态，盖与欧洲为大相悬绝也。而继言竞争之结果则曰："试观东部诸洲〔州〕，人口繁密，自由地渐稀，获得之道因之而烦，劳动者渐感生活上之困，纵令庸银不落，而生计已不如前。富者增加，贫者亦众，以其阶级悬隔之不平，至于暴动，劳军队之镇抚。"其次则述佣主间之争竞及事业之集中、劳动者之困苦，一国之事业落于少数人之手，以为较他国为尤甚。而其理由，则以为一因无制限其趋势之法律，上复媚于铁道大资本家而助其进步。此伊里言美国社会进步之后，其分配之不均尤甚剧也。

故就伊氏之言论之，则有足以正梁氏之谬失，而畅吾人前说者三焉。美国惟以新立之国，无可称之工业，无可言之旧制，故于过渡不感其困难。若我国有数千年之文明习惯，而旧业之倚手工为活者，亦非美国当年之极狭隘无称可比。然则美以新立之国故免过渡之困难，以其免过渡之困难，故伊里氏以为进化，而非革命。我国情态既与美异，梁氏何据而谓为今后生产问题但有进化的耶？此足正梁氏之谬失者一。美之得为坦夷进化也，如伊里之言，则不仅恃旧业旧制之无称，而更赖邦土广阔有自由之土地（自由土地谓自由占有者），以使劳动者迁徙自如，善自为计，故能不受事业竞争之苦。我国虽地大物博，而以四千年之旧国，宁复有此以为调和耶？（故吾人注意于整理土地之法，其说详下方。）此足正梁氏之谬失者二。夫以上二者较，则我国经济社会之现象，其断不如美之当日，已不烦言而解矣。而美之以其真进化的非革命的者，犹浸假而有今日之社会，不免与欧洲同陷于不能不革命之穷境。且自伊里氏言之，则宁视欧洲为倍憯，即今世言社会主义者，亦群认美为急于欧也。而梁氏乃谓欧洲今日之社会革命论全由前度而来，中国可以避前度之革命，故不必为再度之革命，夫美则固已为能避前度之革命者，而胡以生社会革命于今日耶？此足正梁氏之谬失者三。

故梁氏所以谓中国为不必行社会革命者，其前后若以与欧美历史不同为论据，而及其述彼方经济社会历史以为证，则但及欧而遗美，是独以欧洲之历史为主据也。若更以吾人所举述美国经济社会历史证之，则并其所主张欧洲历史之论据亦不存，何者？以所谓我国经济社会组织及经济社会现象优于工业革命前之欧洲云者，证以美国而皆词穷也。虽然，吾谓梁氏非必不知美国经济社会历史者，而伊里氏之书，其言英美比较之异同，尤不应未睹。俱〔但〕以言及美国之历史，则其所以为证者，不攻而自破，故无宁缺之，此梁氏之苦心也。贼有盗铃者自掩其耳，以防人觉，而不虞闻声而来捕者之使无所逃避也。

【原文】彼贫富悬隔之现象，自工业革命前而既植其基，及工业革命以后则其基益固，其程度益显著云耳。盖当瓦特①与斯密②之未出世，而全欧之土地本已在少数人之手，全欧资本自然亦在少数人之手。……故工业革命之结果，非自革命后而富者始富，贫者始贫，实则革命前之富者愈以富，革命前之贫者终以贫也。我国现时之经济社会组织，与欧洲工业革命前之组织则既有异，中产之家多而特别豪富之家少。其所以能致此良现象者，原因盖有

---

① 瓦特（James Watt），后篇亦译华特，英国发明家，蒸汽机的重大改进者。

② 斯密（Adam Smith），后篇亦作斯密亚丹、亚丹斯密，今译亚当·斯密，英国经济学家，其代表作《原富》（*An Inquiry into the Nature and Causes of the Wealth of Nations*），孙文在后篇译作《经济学》，严复中译本名为《斯密亚丹原富》，今译《国富论》或《国民财富的性质和原因的研究》。

数端，一曰无贵族制度，……二曰行平均相续法，……三曰赋税极轻。

驳之曰：此梁氏以吾国经济社会组织，为视欧洲工业革命前之经济社会为优焉，则谓彼今日社会问题，为我将来无有之问题也。然一证以美国，则其说无复立足之地。盖美之初亦无贵族制度也，亦无长子相续不平均之制也，亦无贵族、教会重重压制，供亿烦苛，朘削无艺，侯伯、僧侣不负纳税义务，而一切负担全委齐氓之弊也。故我国所视为良因以造良果，而傲视欧洲者，美皆不我让。至其以新国之美质，自由土地之多，既不感过渡之困难，复能调剂竞争之压迫，则非我国现时所敢望。梁氏但侈言我经济社会组织为善于欧洲当日，遂谓可免将来革命之患，然则美之经济社会组织更良于我者，今果何如？我胡弗视此较良于我者为不足恃，而自警惕也。且梁氏以我国中产家多而特别富豪之家少，引为幸事，此亦惟足以傲彼欧洲之封建贵族制度耳。若美则其始纯为经济界之干净土，其今日之以巨富称者皆以徒手而创业，不因英伦资本之挹注也，然而托辣斯[1]之骄横、全国事业之兼并、租贵佣病之困苦，其社会革命问题乃视欧洲为后来居上。梁氏亦尝于贵族封建之外，而一审察欧美社会之问题否耶？

然谓梁氏全不知欧美社会问题之由来，则梁氏亦当不受，以梁氏固能言"全欧土地在少数人之手，全欧资本亦自然在少数人之手也"。而且继之曰："少数之贵族即地主也，而多数齐氓无立锥焉。生产之三要素，其一已归诸少数人之独占矣。故贵族即兼为富族。"是则梁氏于研究欧洲昔日经济社会问题，固未尝无一隙之明，而观察点亦有所中也。且梁氏非惟可与言欧洲之经济社会历史也，即美之经济社会历史为梁氏所不乐称述者，亦未尝不可不以梁氏此数言通之。盖以言乎欧，则曰全欧土地在少数人手，故全欧资本亦在少数人之手；而以言乎美，则亦可曰全美土地在少数人手，故全美资本亦在少数人之手也。美之先固无封建贵族制度矣，而以有天然独占性之土地，放任于私有，且以国家奖励资本家之故，而复多所滥与。如南北太平洋铁道，其敷设时持〔特〕由国家奖励，而与之以轨道两旁各六十英里至于百余英里之地。如是之类，故美之土地亦入于少数人之手，而资本亦附属焉。所异者，则欧洲之得为大地主者以贵族之资格，而美之得为大

---

[1]　托辣斯（trust），今译托拉斯。

地主者不以贵族资格，而以平民资格而已〔已〕。其以土地入少数人之手，酿为贫富悬隔，陷社会于不能不革命之穷境，则一也。故吾人以为欲解决社会问题，必先解决土地问题，解决土地问题则不外土地国有，使其不得入于少数人之手也，夫然后不至陷于欧美今日之穷境，此所谓先患而预防也。

梁氏虽欲隐没美之经济社会历史而不言，而于欧人以土地问题生社会问题者则言之若是其切，而下文则又忽自反之，而与人争土地、资本之孰重，谓资本能支配土地，土地不过为资本附属物，以与其前说大相挑战焉。梁氏岂以为如是，而后可以乱敌人之耳目耶？嘻，亦异矣！

【原文】粤汉铁路招股二千万，今已满额，而其最大股东不过占二十五万及至三十万耳，其数又不过一二人，其占十股以下者乃最大多数。盖公司全股四百万份，而其为股东者百万余人，此我国前此经济社会分配均善之表征，亦即我国将来经济社会分配均善之朕兆也。……公司愈发达，获利愈丰，而股东所受者亦愈多。股东之人数既繁，大股少，小股多，则分配不期均而自均。将来风气大开，人人非知资本结合不足以获利，举国中产以下之家，悉举其所贮蓄以投于公司，出产方法大变而进于前，分配方法仍可以率循而无大轶于旧。

驳之曰：此梁氏以粤汉铁路集股之事，证我国经济现象为良于欧洲昔日也。就粤汉铁路言，则不可不知此事有附加的原因，即全省士民一时激于义愤，而非尽中产之家举贮蓄所余牟利而来也。故香山唐绍仪知忧之，忧其大股之不能交，而亟筹保护之善法（见唐与粤绅商书，粤中各报皆载之）。而梁氏乃以为股东者百余万人为幸，亦忘其附加之原因耳。且就令以此附加之原因为不足论，而谓此占十股以下之最大多数股东能永保其股份，以形成梁氏所期分配平均之现象乎？吾见铁路之才着手于工事，而股份之转易于他手者已不知凡几矣。而此之从他手买得者，其大半必非中产以下之家，及其买收之不止十股以下，又可决也。而铁路之利非逾五年不见，此五年间，凡百余万之中产以下之家，其能久待者几何乎？即幸而待至获利之日，则豫计为所获颇丰者，若岁得什一之利，则占十股者其岁收利当为五元或三四元不等。此五元或三四元之利，以之加入一人一岁生活最少费中（谓一人一岁所必需为生活之费也），实不过可有可无之数。斯时或有以倍其原来之股金或百元或八九十元求购之者，则鲜不售也。于时其有三十万股之大股东，则每年以什一之利与之，则其人岁可得十五万元，除其生活之费，优计之亦当余十余万元。仅举十余万元之所得，用以买收他股，倍其原价不惜，亦岁可多得万余股。而此股东之能应募至三十万者，必非倾产为之。苟见铁道公司之获利而肯营殖焉，则其所能买收之股更不可算。而其次第先被买收者，又必其为占十股以下之大多数股东可知也。如是者年复一年，铁路之获利愈丰，则此大股东之购求愈急，四百万分之股终必落于少数人之手。而今不遽见者，特尚需时日耳。一二股东既垄断一公司之股，转而更谋他路之公司，其兼并之法如前而益较为易。而铁道为自然独占之事业，不数十年，将见广东全省或东南数省之铁道悉落于少数人之手，而形成今日美国铁道之现象。盖至是而所谓股东之人数繁、大股少而小股多者，渺不可见矣。

故目前经济之现象为决不足恃，而分配之问题不注意，则社会将来必感竞争压迫之祸。且夫生产方法之未改，自由竞争之未烈，则其国经济社会每可以苟安而无事；非惟美洲，非惟我国，即欧洲工业革命前之经济社会，其现象亦非甚恶也。梁氏不观之伊里氏称述英国手工制造时代之美点乎？（伊里氏之书为梁氏所知，故篇中多引述之。）曰："其时，手工制造家各自有其居宅牛马，其业成于家而鬻于市，利固不大，其人亦未尝贪大利也。论此时代之制度于进步发达，缺点固多，而维持一般之独立安宁，所谓乞丐、流氓之绝无者，不可谓非大美点也。"然则使梁氏生于当日，亦将以经济社会现象之良而自安耶？又况如梁氏曩者诋毁吾人之持民生主义者，谓利用此以博一般下等社会同情，冀赌徒、光棍、大盗、小偷、乞丐、流氓、狱囚之悉为我用（此证之悖谬，本报前号已痛斥之）。所谓赌徒、光棍、大盗、小偷、乞丐、流氓，狱囚之属，岂尚为社会之良现象耶？夫即谓我国经济社会现象为良，而睹于美之以一片干净土为发脚点者，犹有近今社会之穷境，则先事预防之策，其必不可缓矣。况我国经济现象如上所称不足谓善，以与人较量短长，则纵优于欧而必不如美。而梁氏乃一再称幸之不已，殆必得风雨漂摇之日，而后许为绸缪之计也？吾哀其无及也。

【原文】然又非徒恃现在经济社会组织之差完善，而遂以自安也。彼欧人所以致今日之恶现象者，其一固由彼旧社会所孕育，其二亦由彼政府误用学理放任而助长之。今我既具此天然之美质，复鉴彼百余年来之流弊，熟察其受病之源，特征其救治之法，其可用者先事而施焉（其条理详下方），则亦可以消患于未然，而覆辙之轨吾知免矣。所谓不必行社会革命者，此也。

驳之曰：梁氏亦知现在经济社会组织之差完善，而不足自安耶？是亦梁氏一隙之明也。而梁氏所指欧洲恶现象之原因，抑亦不谬。惟以美言之则微异。盖欧有其三，而美有其一。一切旧社会之孕育，例如封建贵族制度为美所无，而政府误用学理放任助长则美亦同病，此当注意者也。至梁氏所谓熟察病源、博微治法、先事而施、消患未然者，则孙先生前日之演说已详哉言之曰：

> 社会问题隐患在将来，不像民族、民权两问题是燃眉之急，所以少人去理会他。虽然如此，人的眼光要看得远，凡是大灾大祸没生的时候，要防止他是容易的；到了发生之后，要扑灭他却是极难。社会问题在欧美是积重难返，在中国却还在幼稚时代，佃〔但〕是将来总会发生，到那时候收拾不来，又要弄成大革命。革命的事情是万不得已才用，不可频频伤国民的元气。我们实行民族革命、政治革命的时候，须同时想法子改良社会经济组织，防止后来的社会革命，这真〈是〉最大的责任。（本报十号纪演说词第七页）

故吾人闻梁氏此言，几忘其立于正反对者之地位也。

梁氏岂不曰，吾之救治法非革命党之救治法也，即吾下方所言铁道等事业归诸国有，制定工场条例、产业组合法，以累进率行所得税、遗产税诸类之条理耶？姑勿论是种种之方案，皆逐末而无足以救患。而即以梁氏所自言，鉴欧美百余年来之流弊，熟察其受病之源者论之，而见其不相应。盖欧洲受病之源在封建贵族之制度，即梁氏上所云自工业革命前而既植其基也。而其直接以成今日社会之恶果者，则由于土地在少数人之手，使资本亦自然归之，而齐民无立锥地，所谓旧社会之孕育为之也。故但溯因于土地，而已得欧洲受病之源。使欧洲当日不以其土地归少数人之手，则贵族不为患也；又使欧洲以他之原因而土地归少数人之手，即无贵族犹为社会之患也。更以推诸美国，则初无贵族制度而以认许土地私有制度，及崇奖资本家而土地亦在少数人之手，以渔猎社会之资本，一为今日之大患。故知土地问题决为社会问题之源，而不能解决土地问题，即为不能知欧美社会受病之源也。梁氏对于欧洲既往之历史，既历言其土地垄断于私人之弊，以为造恶现象之原因，于此复曰当熟察欧人受病之源，博征救治之法，而于下方则极力反对吾人之言土地国有者，而但以其铁道国有，制定产业组合、工场条例，行累进税为已足，吾不知此数者于欧人受病之源果何与耶？故使梁氏必反对土地国有而行其补苴漏罅之法也，则必取消此熟察病源、博征治法之言而后可。使梁氏而必强认所举诸条理为即病源救治之法也，则必取消其论欧洲经济社会历史之言而后可（即所谓"全欧土地在少数人之手，全欧资本亦自然在少数人之手"，及"生产三要素其一已归少数人之独占，故贵族即兼为富族，多数贫民皆无立锥"等语）。然吾人窃以为此数语者，固梁氏一隙之明而不可没者①，则何去何从，愿梁氏更就此而熟思之也。

第二节　驳所谓中国不可行社会革命之说

梁氏奖励资本家排斥外资之非——经济竞争与武力竞争不尽同——经济问题与政治问题有分别——保护贸易非梁氏所能藉口——土地国有使国家为大资本家以经营独占之事业——对于外资中国之现象与梁氏之政策之非——用土地国有主义则外资输入不致为损——梁氏以生产分配问题为必不可合之谬——中国经济界穷蹙之因——解决生产问题不必反对社会主义——梁氏乐蹈他人之覆辙

【原文】社会革命论以分配之趋均为期，质言之，则抑资本家之专横，谋劳动者之利益也。此在欧美诚医群之圣药，而施诸今日之中国，恐利不足以偿其病也。吾以为策中国今日经济界之前途，当以奖励资本家为第一义，而以保护劳动者为第二义。……欧人自工业革命以来，日以过富为患，母财进而业场不增。其在欧土，土地之租与劳力之庸皆日涨日甚，资本家不能不用之求赢，乃一转而趋于美、澳洲诸新地。此新地者，其土地率未经利用，租可以薄，而人口甚希，庸不能轻，于是招募华工以充之，则租庸两薄，而赢倍蓰。乃不数十年而美、澳诸地昔为旧陆尾闾者，今其自身且以资本过剩为患。一方面堵截旧陆之资本，使不得侵入新陆以求赢，而旧陆之资本

---

① 此处删一衍字"者"。

〈家〉病；一方面其自身过剩之资本不能求赢于本土，而新陆之资本家亦病。日本以后起锐进，十年之间资本八九倍于前，国中租庸日涨月腾，而日本资本家亦病。于是相旁却顾，临睨全球，现今租庸两薄之地无如中国，故挟资本以求赢，其最良之市场亦莫如中国。世界各国咸以支那问题为唯一之大问题，皆此之由。（按此段梁氏侈口作历史谈，殊觉词费，然以其足为自论自驳之材料，故具引之。）……自今以往，我国若无大资本家出现，则将有他国之大资本家入而代之。而彼大资本家既占势力以后，则凡无资本或有资本而不大者，只能宛转瘦〔痩〕死于其脚下，而永无复苏生之一日。彼欧美今日之劳动者，其欲见天日犹如此其艰也，俱〔但〕使他国资本势力充满于我国中之时，即我四万万同胞为牛马以终古之日。……我中国今日欲解决此至危极险之问题，惟有奖励资本家，使举其所贮蓄者结合焉，而采百余年来西人所发明之新生产方法，以从事于生产。国家则珍惜而保护之，使其事业可以发达，以与外抗；使他之资本家闻其风美其利，而相率以图结集，从各方以抵当外竞之潮流，庶或有济。虽作始数年间，稍牺牲他部分人之利益，然为国家计所不辞也。……吾以为今后中国经济上之国际竞争，其浴血淋漓之象，必当若是矣。现在各国制造品之输入我国者，滔滔若注巨壑，徒以我地广人众，虽十倍其分量，犹能容受。而我国又未尝自制造以相抵制，故各国各占一方面以为尾闾，而未至短兵相搏之时。一旦我国睡狮忽起，改变生产方法以堵其进途，彼时各国资本家必有瞠目相视，攘袂竞起，挟其托辣斯巨灵之掌，以与我殊死战。我国如能阗过此难关，乃可以自立于世界。……吾之经济政策，以奖励保护资本家併力外竞为主，而其余为辅。

驳之曰：此梁氏以奖励资本家、排斥外资为政策，而谓社会革命为不可行也。（其实则主张奖励资本家，使与社会主义反对。盖以分配之趋均为期，抑资本家之专横，谋劳动者之利益，即梁氏所绝对赞成之，社会改良主义学者亦无不如是也。故梁氏此节文，实与前后文为最轰烈之挑战，使人惊诧。）其以外资为恐也，词繁不杀，而其情状一若其颤声长号与共和哭别之日，吾人虽欲俟其怯病之稍苏而后纠正之不可得，则姑徐徐语之曰："梁氏其毋过戚也。"梁氏昔日亦尝言外资输入问题矣，且以为用之于生产则善，而用之消费始害矣（见彼第三年第五号报以下）。梁氏岂今独畏外国之资本家耶？则外国资本其能输借于中国，类其大资本家之资本也。如曰我吸收为用，与其用资本而来经营者为不同耶？则后者之为企业犹有盈亏，而前者乃使彼安坐而获也。且梁氏所患乃各国资本家之欲得业场而趋我耳，此奚足为患者？我宁欢迎之不暇，何则？如梁氏自言，不数十年，美、澳诸地昔为旧陆尾闾者，今其自身且以资本过剩为患，然则使各国资本家而群趋我以注入其资本也，则我将为数十年前之美、澳，而后此数十年我为今日之美、澳，亦且以自身资本过剩为虑，安有为马牛终古之理耶？

言至是，则梁氏必破涕为笑，而其怯病可愈十之六七。则更进而语之曰：梁氏勿疑经济的国际竞争为一如武力的战争，必此仆而后彼兴，此菀而彼必枯也。不通工易事，则农有余粟，女有余布，交易而退，各得其所，此其为理通中外古今，无以易也。故其能商于我国而获赢者，大抵其能有利于我，而非腴我以自肥也。使必为腴我以自肥，则通商者真吾国之最大漏卮，而锁国者诚经济家之大政策矣。我国近百年来生齿日繁，而经济界生产、分配之方法不见其改良进步，故社会有穷蹙之象，然以归咎于外资之输入则不通之论也。即梁氏亦自知其谬，而矫言："前兹未尝制造抵制，故各国各占一方面为尾闾，不至短兵相搏，使我国改变生产方法，则各国资本家瞠目攘袂，而与我殊死战。"如其言，则我国殆不如因仍旧日之生产方法，永古不变，犹得以相安，无取冒险侥幸，与人并命也。而各国资本家必惊恶此改变生产方法益益进步之国，又何理耶？吾见生产方法改变，则财富日增，而外国资本家乃益乐与我为市耳，观于文明富强之国，其出入口货物皆较野蛮贫困之国为多可证也。

且日本后起，其国小于我，而当其采用新机改变生产方法，以与欧美为国际竞争之日，胡不闻各国资本家之皆攘臂瞋目，灭此而后朝食也？梁氏则曰："昔日本越後①有煤油矿，所出颇丰，美国斯坦达会社②者欲夺其业，拚五百万美金之亏蚀，贬价而与之竞，越後矿卒不支，降于斯坦达，受其支配。使越後矿之力，

---

① 越後为日本古代令制国之一，其领域相当于今之新潟县一部分及山形县、秋田县。

② 斯坦达会社（Standard Oil Company），当时亦译三达煤油公司、三达火油公司，今译标准石油公司；其创办人洛格飞（John Davison Rockefeller），后篇亦作骆基化罗，今译洛克菲勒，有煤油大王（石油大王）之称。该公司后改名美孚石油股份公司（Mobil Oil Corporation），不久前又与另一公司合并而成立埃克森美孚公司（Exxon Mobil Companies）。

能拚着亏蚀一千万美金以与之竞，又安见斯坦达之不反降于彼？"噫，梁氏亦痴矣！一千万之美金曾不足以当煤油大王岁入四分之一，而遂望其能倾斯坦达会社而降之耶？而其不能，则梁氏引为大戚。不知此事于日本经济界曾不感其苦痛，惟越后矿之公司其利或稍贬损耳。夫一公司之成败，一私人之得失，不足为一国经济竞争胜负之左券，必考其全国财富之显象，比较其前后孰为优绌而后得之。而日本则固自与外国通商及改变生产方法以来，其经济界之活气逐岁增加，此夫人能知者。而今且提出六亿之豫算案于国会矣，且借外债至八亿余矣，其又曷尝恃一二大资本家与人殊死战之力耶？且万一用梁氏之言，奖励中国之资本家而求与外竞，则亦必无胜理。盖以欧美各国资本家皆瞠目攘袂而前，而独以中国当之，此以一敌八之势，而况我现在资本之微微不振，星星不团，不能从事于大事业，固梁氏所知耶！而犹曰使举贮蓄者而结合之与抗，是又梁氏所谓犹以千百之僬侥国人与一二之龙伯国人抗，蔑有济也（彼报原文十四页语）。

　　言至是而梁氏亦当爽然自失，而怯病愈十之八九。则更正语之曰：梁氏勿以经济问题与政治问题混为一谈也。近时我国内地主张收回利权者纷起，其所争者皆铁道、矿山之业，带有领土权之关系，而为政治上之问题，固非一切以排抵外资为务也。然而侯官严氏[1]且忧之曰："方今吾国固以开通为先，而大害无逾于窒塞，自开自造、抵制利权之说日牢不可破如此，他日恶果必有所见。"又曰："已闻留学生有言，宁使中国之路不成、矿不开，不令外国输财于吾国而得利。此言与昔徐东海相国[2]云'能攻夷狄，虽坐此亡国，亦为至荣'何以异？"夫严氏之言未及政治问题之方面，此其缺也，而单以经济问题之一方面言则无以易。今梁氏畏外资如虎，欲奖励本国资本家斗之，虽牺牲他部分人之利益而不惜，此真"能攻夷狄，亡国犹荣"之心事也。

　　梁氏其或以今世各国有行保护贸易之政策者，援之为论据乎？则自由贸易与保护贸易，其学说之相攻难者，至今无定论。而即依于主张保护贸易者之言，亦谓自由贸易为原则，而保护贸易为其例外。故其行保护政策者必有其特别之原因，例如甲国以或种之工业为其国特色，或所倚重，则设保护制度而助长之，使不为

---

① 严复，福建侯官（福州府治）人。

② 徐桐，晚清体仁阁大学士，以守旧排外著称。

他国抑压也。否则不欲以一国生存之要需，悉仰于外国之供给（如粮食之类，近时策英国者，谓当参用保护贸易以保护农业，即此意），宁奖励助长之，使其国人不止从事于其贸易上最适宜之生产也。故主自由贸易说者，谓依保护而成立之生产非必适合于其国自然之状况，且使企业者有依赖心，怠于改良进步；而主保护贸易者，则以此为教育国民之手段，俾养成其业，以收利益于将来。夫然，故与梁氏奖励内国资本家以抵制外国资本家之说，为大不侔也。盖保护贸易者以一种之生产业为主体，而梁氏则以一切资本家为主体也。保护贸易者，"以防护本国或种工业不为他国之业所抑压"为目的，而梁氏则"以大惧外国资本家之来而奖励资本家敌之"为目的也。故行保护政策者同时采用社会主义，而梁氏则以中国方惧外资，而曰："以分配之趋均为期，抑资本家之专横，谋劳动者之利益者，施诸中国，利不足偿病也。"故梁氏抵排外资之政策，求之各国无其类例。而梁氏下方（彼报五十页文）所绝对赞成之社会改良主义，胪举其条理，则有所谓以累进率行所得税及遗产税者，非以期分配之趋均耶？制定工场条例、制定各种产业组合法者，非抑资本家之专横，谋劳动者之利益耶？奈何其自诟之也。

　　言至是则梁氏当塞口无言，而怯病可以尽愈。然后语以吾人所主张之社会主义，则对于中国今日实有〈不〉容缓者。夫以国家之资力，足以开放一国之重要利源，此必谈经济政策者所乐闻也。（严氏谓开通为善，闭塞为害，故与其闭塞，毋宁任外资之经营，此比较为愈之说也。然一国重要之利源，与夫国中自然独占之事业，能以国力举之，则更较任外人经营之为利。盖同为生产事业，有容许自由竞争者，有不容自由竞争者，此不独不宜任外人经营，即今日之铁道、矿山等事业，固宣〔宜〕悉归诸国有也。此与梁氏一意抵制外国资本家者，其事不可同日语。）既有开发一国重要利源及经营一般独占事业之能力，则国富必骤进，而生产事业日增，此又经济界必然之趋势也。然国家之资力，果何自而来乎？则惟用土地国有主义使全国土地归于国有，即全国大资本亦归于国有。盖用吾人之政策，则不必奖励资本家，尤不必望国中绝大之资本家出现。惟以国家为大地主，即以国家为大资本家，其足以造福种种于全体国民者不待言，而于国中有经营大事业之能力，亦其一也。此非虚言以相蒙也。

　　夫今日之中国，所谋于民之地税，为其租之二十分之一而已。其取诸民而达诸中央政府，不知经几度之吞蚀偷减，而中央政府每岁收入犹有四千万之总额。英人赫德①有言，中国倘能经理有方，则不必加额为赋，而岁可得四万万，然则中国地租之总额为八十万万也。经国家核定其价额之后，以新中国文明发达之趋势，则不待十年，而全国之土地，其地代（即租）进率必不止一倍，而此一倍八十万万之加增，实为国有。（经国家定地价之后，则地主止能收前此原有之租额，而因于文明进步所增加之租额则归国家。故曰地主无损，而民生国计大有利益也。）国家举八十万万之岁入，以从事于铁道、矿山、邮便、电信、自来水等之一切事业，而不虞其不足。即其初之数年，地租之涨价或不及此数，而有是可亿收之巨额，新政府即有莫大之信用，而可以借入若干亿之外债，一面用之于最要的生产事业，不患其糜费之过多，一面有此岁收之巨额，不患其偿还之无着。盖是时国家之财政巩固，则全国之富源广辟。外资之输入，其初以补助本国资本力之不足，而产业既发达，则自身之资本弥满，充实于全国而有余，此殆以自然之进步为之，而非恃奖励资本家政策所能望。是故国中一切生产方法、分配方法皆不讲求，惟有外资之输入者，今日之现象也。奖励国内资本家以抵制外资输入，其结果不能抵制，而徒生社会贫富阶级者，梁氏之政策也。以中国国家为大地主、大资本家，则外资输入有利无损者，吾人所持之政策也。

　　梁氏既忧吾国资本之力不足以经营一切重大之事业，又颇主张铁道等事业之归国有公有，则正宜崇拜吾人所主社会主义之不遑。（梁氏亦信为国家缘此可得莫大之岁入，可为财政开一新纪元，而又谓土地国有绳以社会主义，均少数利益，于多数之本旨为不相及。不知社会的国家，其所得者即还为社会用之，国家之收入愈多即一般国民之所得愈多，何得谓非均少数利益于多数之旨耶？）何至出奖励资本家牺牲他部分之下策，以与其绝对赞成之学说为反对，是真梁氏之不智也。且梁氏亦知大资本家之为害，尝曰："牺牲无量数之资本，牺牲无量数人之劳力，然后乃造成今日所谓富者之一阶级，一将功成万骨枯，今日欧洲经济社会当之。"而今又孳孳然以奖励资本家为务，至不惜牺牲他部分人利益以为殉，功成骨枯在所不计。核其受病之源，则始终以畏惧外资之故，甚至以筑路假资于人及各国制

---

　　① 赫德（Robert Hart），长期担任清海关总税务司。

造品输入为疚。浸假使其言可以惑众，不又令我国反为攘夷锁国之时代耶？梁氏之罪不可逭矣。

【原文】今日中国所急当研究者乃生产问题，非分配问题也。何则？生产问题者国际竞争问题也，分配问题者国内竞争问题也。生产问题能解决与否，则国家之存亡系焉；生产问题不解决，则后此将无复分配问题容我解决也。由此言之，则虽目前以解决生产问题故，致使全国富量落于少数人之手，贻分配问题之隐祸于将来，而急则治标，犹将舍彼而趋此，而况乎其可毋虑是也。

驳之曰：此梁氏重视生产问题而轻分配问题，又以二者为不相容也。故于其论分配问题时崇拜社会主义，而于其论生产问题时则反对之，此其所以为大矛盾也。伊里氏曰："吾人由生产论而入于分配论，其研究之范围事物，二者毫不异，所异者观察点而已。"然则专言生产问题而不及分配问题者，非伊里氏之所许甚明，而近世经济学者且每以分配问题为重要。故分配含有二义，其一为关于个人财产贫富之问题，其二则为庸银与租息赢之问题（据伊里氏《分配论》第一章），二者皆社会主义学者所重。使租、庸、息、赢之问题不解决，则生产亦为之不遂；而个人财产贫富之问题不解决，则生产虽多而无益。使梁氏而专急生产问题也，则亦能置租、庸、息、赢于不讲，而贸贸以从事乎？惟知从事于生产而不计社会个人贫富之家，其生产又宁无过剩之虑乎？

即如梁氏上方所主抵制外资之政策行使吾国，集一省或数省中等以下之家悉举其贮蓄投之于公司，其为劳动者亦宁牺牲其利益，务增时间、减庸率以听命。而梁氏则为之画策经营，见夫日本大阪之织布公司，其以购自我国之棉为布而与我市也，以为宜并力与竞，拚着亏衄若干万金，乃以其出布之多且遂足以倾日本大阪布公司而降之，则梁氏当欣喜愉快而相贺矣。然此事之结果，则大阪布公司舍其业而改织西洋屏画之属，其获利仍复不细，而日本国中得衣廉价之布，只有所益，无减其毫末。而我国则以工场之增时间、减庸率，而其始劳动者已病；出布虽极多且廉，而一般下等社会无力购买（所谓波士顿靴工之子无靴，而泠卡塞①布工之妻无衣，非其地无是生产物，实其人无自赡之力也），货滞于内国，其以日本为市场者又以减价竞争而无利，于是资本家亦病。中等之家既尽其贮蓄以入公司，公司数年不能收利，则其股份必以贱价售卖与人（若公司亏蚀甚，则将至无可售卖），其家落而转为人佣矣。此何也？则不计分配而专言生产之病也，又专言抵制外资即不解贸易自然趋势之故也。

　　则更反其例而言之：今夫西蜀夔峡之水，其倒泻而下者几百尺，其可发生之电不知几亿万匹马力，则有外国最大之资本家投资本数万万而蓄之，购机募工，穷几月之力工成，而以视美之邦雅革拉瀑布，为用且十倍焉，遂以供吾国东南诸省所有通都大邑一切制造机器之用。则梁氏必惊走告人，谓他国资本势力充满于我国中，我四万万同胞为马牛以终古矣。而细审其结果，则或此公司者以供给过于需要，或作始过巨而后无以为偿，势遂不自支，倾折而去乎，则此大资本家之资本大半落于吾国人之手，其于我固利，兹事犹不成问题。而窥梁氏排斥外资之深心，亦惟惧此公司之能获利，所谓以百兆雄资"伏己而盬其脑"② 也。曾不知此公司之获利愈丰，则其为利于我国也必愈大，盖彼非能有贸易外之奇术，以攫我资而入其囊也。必其所经营生产者足以使我有利，而彼乃得以取偿于我，则如以一纺织公司每年所仰供给于夔峡水公司者为十万元之费，则其为效用于纺织公司者必不止十万元之费也。（凡交易之事，皆以就于自巳〔己〕比较的效用少之财货，与比较的效用多之财货交换。日本山崎博士尝为譬之：有甲乙二人，甲有米三石、布六十匹，其效用相等，乙有米二石、布六十匹，其效用亦相等，则在甲米一斗之效用等于布二匹，在乙米一斗之效用等于布三匹也。故甲若以米一斗而与乙换布二匹半，是甲以等于布二匹之米一斗而换得布二匹半也，乙又以布二匹半而易得等于三匹布之米一斗也。故以交换而增加双方财货之效用，非一方有利而他方即蒙其损也。）而水公司所生之电力若更能胜煤汽之用者，则其事尤显，如纺织公司前用煤一岁消费十万，今用电力可省五万，故舍煤而用水公司之供给，每年即可省费五万，以其所有余者并用之生产，则岁能多资本五万。其他公司所

---

　　① 冷卡塞（Lancashire），今译兰开夏，英国郡名，工业革命时期全国最大的纺织工业区。
　　② 此系借用历史典故，《左传》"僖公二十八年"所载原文是："晋侯梦与楚子搏，楚子伏己而盬其脑。"指春秋时晋楚交兵，晋文公梦见自己被楚成王扑倒，伏在他身上吸食脑浆。

省生产费额如是，即同时增多资本额亦如是。而其余尚有以用煤而生产费过巨，不敢投资以从事于各业者，今亦得此省半费之电力而群起，是于社会增加生产的资本为不可胜算也。是时国中业煤之公司未尝不受其影响，然以煤气而为电力之补助品，其效用必无全废之理。即一公司果因是倾跌，坠其资本，然着眼于社会的经济，则一时所增殖之资本额实百倍之不止。利相衡者取其重，吾来〔未〕见有以社会增殖百倍之资本为不足重，而顾惜此一家公司之资本者也。如是而外资输入之利害可知矣。

梁氏忧中国资本之不足而排斥外资，则不知外资输入乃使我国资本增殖，而非侵蚀我资本者也。请言其理。夫资本之性质，依于各经济家所下定义其大略从同。如伊里氏云："自生产额所得除生活费之必要，而有若干之余剩，此余剩者为生产而用之，或为生产而蓄之，则成资本。"然则资本所从来，必自生产之结果与消费所余，自属不易之义。而当外资之输入，则如夔峡公司者，于我国能造成可发生几亿万马力之电机，即增长我国以可发生几亿万马力之生产额也。而为用于社会，可得减省其消费额之半，故直接间接而皆使我资本增殖也。图示之如左：

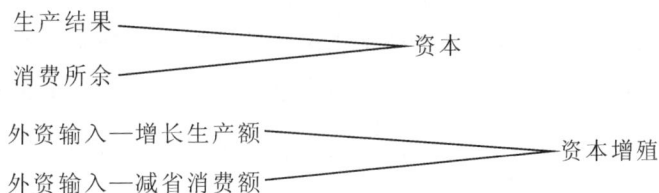

```
生产结果 ————————————
                      ＼
                        资本
                      ／
消费所余 ————————————


外资输入—增长生产额 ———————
                          ＼
                            资本增殖
                          ／
外资输入—减省消费额 ———————
```

夫外资输入之为我增殖资本如是，而梁氏独恐惧之如不胜者。吾人于其此节之欲舍分配而言生产也，则知其所蔽。盖梁氏不识分配之理，而因以疑外资之营殖于我国者，为彼国资本家之独利也。夫土地、劳力、资本三者为生产之要素，合三成物而为生产。故地主也，劳动者也，资本家也，皆参加于生产事业中，而有其不离之关系者也。然三者初非自然结合，故必有集是三种要素，冒损失之危险，而从于事业之人谓之"企业者"。故生产所得财货分配，别之四：曰地代（租），以为土地之报酬，地主之所得也；曰赁银（庸），以为劳力之报酬，劳动者之所得也；曰利子（息），以为资本之报酬，资本家之所得也；曰利润（赢），于利子、赁银、地代之外，以为企业之报酬，而企业者之所得也。企业者有时即为地主或资本家，有时则在于二者之外。外资之输入我国，其企业者或为中国人，或为外国人（亦有资本家为甲外国人，而企业者为乙外国人者），是利润之所得亦或为中国人，或为外国人也。其生产事业之供劳力者不能不用中国人，是赁银为中国人所得也。行社会主义，土地归国有，则中国国家为地主而得其地代，是四者中推〔惟〕利子之一部分完全为外国资本家所得耳。

故夫外资一输入，而我国之土地、劳力之需要立增。（梁氏曾论外资之可怖，历举其与中国劳动者之关系，与中国资本家、与中国地主之关系，而终局则曰："使不藉外资，而吾国民能以自力变更其产业之组织，与欧美列强竞，则其因缘而起之现象亦固与外资无择"云云。是又不成问题也。顾其中有虑外人审机之早，当租率未涨以前而买收我土地，使我不能获地代之利者。今吾人以土地国有主义解之，如汤沃雪矣。）其财货分配之所得，我实有其二分又半，而外国人则有其一分又半也。图示之如左：

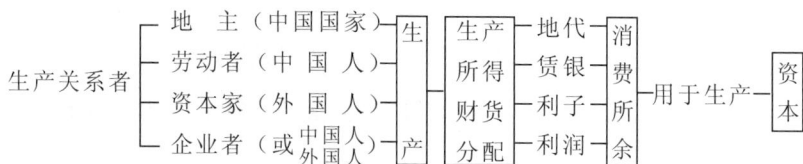

生产关系者 ┤地　主（中国国家）—┐生 ┤生产 ┤地代—┐消 ┤用于生产 ┤资
　　　　　　劳动者（中国　人）—┤产 │所得 │赁银 │费 │　　　　　 │本
　　　　　　资本家（外国　人）—┤　 │财货 │利子 │所 │
　　　　　　企业者（或中国人外国人）—┘　 └分配 └利润 └余

地代、赁银之量或不如利润、利子之多，然比较之为确实。如企业者纵不获利，亦不能对于使用之土地、劳力、资本要求损害赔偿。若以资本家而兼企业者之资格，则脱有蒙损，身自当之，地主之地代、劳动者之赁银不能减蚀也。然则于外资输入之际，实先具有增殖我国资本之效用，而分配之后我国人又沾其利益，此两度之利，使其当我国资本缺乏之时利也，其当我国资本充裕之时亦利也。而为外国资本家者，彼亦非无当得之利。梁氏谓生产方法变后，大资本家之资本与小资本家之资本其量同时而进，吾则谓外资输入而中国不怠于生产，则外国之资本与内国之资本其量乃真同时而进耳。而梁氏何畏之深也？

梁氏见吾国近日经济界之窘，求其故而不得，则以为外商之迫压及其制造品之夺吾业也，而不知其病实不坐是。自通商以来八十年，人口不能无激增于旧，而水旱疾疫无岁无之，厉禁苛捐层见叠出，内之则农、工、商一切之业不闻尺寸之进步，因而社会之生产物不足以为供给。其所以不至于凋敝者，犹赖有外国制造品之输入以增加生产额，而并得减省其消费；其次则海外商民已分殖其数百万之生齿于国外，而复大有所挹注于国中也（昔之应募而往为华工者大半濒于冻馁

之民，此举世所知也）。顾其生产之所以不进者，其原因亦约略可言：其一曰生
产方法之不变，不能采用百年来西人所发明之新生产方法以从事，此梁氏所知也。
（按此非社会智识之不足，由政府有厉禁也，自马关结约后始许内地航驶小轮及
用机器制造，前此织布用机惟有上海、汉阳官业耳。于生产事业自为遏抑，可
叹！）其二曰交通机关之不备，其三曰货币之不统一，交通机关不备则运输困难，
货币不统一则取引①不安。运输困难是使生产费重，而交易无利也；取引不安是
使企业者裹足，而商务衰也。其四曰厘税之烦苛。凡一物之作成，其自生产者之
方而入于消费者手也，则不知经几度之厘税，其道路之相距愈远者则其经关卡愈
多，并其取引之时间而误之，而生产费之加增又不待言。故滇黔之产至繁富，而
其得输入于吾粤者惟烟土一宗，盖他物以不能堪若干度之征抽，非远莫能致也。

　　贸易之衰，其间接即使生产力蹙缩，何者？农有余粟，女有余布，此有余而
无与为易者即生产过剩，而失其效用者也。譬有人耕于荒野，岁收谷二百石，而
其所食及其耕数人所需尽于百石，欲引而鬻诸城市，则运搬之费犹且过之，为农
之计固所不愿，惟有贮蓄之以待不时，及乎新谷既升，而陈因不尽，则有举而弃
之者。此越南未隶于法兰西之前，所以常闻烧谷之事也。如是而犹望其能尽地力
也，殆未之有！故异日者新政府立，举国家之资本以营设国内之交通机关，统一
货币，除去厘金，则交易之事安全迅速，百倍于今兹。而厉禁既除，则其采用新
机以从事生产，又不待教而谕。所谓因利善导，无所难也。

　　惟文明之进步速，则社会之问题亦接踵而生，不预为解决，则必有欧美今日
噬脐之悔。夫欧美今日之富量惟在少数，贫富阶级悬绝不平，劳动者之痛苦如在
地狱，此亦社会主义者所恒道矣。然当其生产方法未变以前固无此现象，而其所
以养成积重难返之势者，亦正以其徒急于生产问题而置分配问题不讲也。今梁氏
曰："生产问题不解决，则后此将无复分配问题容我解决。"曾亦知生产问题之解
决易，而分配问题之解决难。社会主义学者勿论，即夫当世经济大家其所郑重研
究者，皆分配问题而非生产问题也。生产问题大半可任自然的趋势，而分配问题
则不可不维持之以人为的政策。即如上所论，则吾国生产问题受病之源举而措之

---

　　①　日文汉字"取引"，交易之意。

裕如耳，以视欧美今日分配问题，其于社会之解决孰难孰易乎？而况乎以兴利除弊解决生产问题者，固与社会主义无丝毫之反对也。且土地国有之制行，国中之生产业必大进，何者？既无坐食分利之地主，而无业废耕者国家又不令其久拥虚地，则皆尽力于生产事业也。

梁氏惟认排斥外资为解决生产问题之唯一主义，而又以奖励资本家为排斥外资之唯一政策，故使生产问题与分配问题若冰炭之必不可合，此全由其特具之一种怯病而来，而又不能自疗也。梁氏既痛论欧美社会陷于不能不革命之穷境，又曰："其所以致今日之恶现象者，由彼政府误用学理放任而助长之。"吾人于此，亦许其有一隙之明矣。而至其策中国经济界之前途，一则曰："当以奖励资本家为第一义，稍牺牲他部分人之利益不辞也。"再则曰："吾之经济政策，以奖励保护资本家併力外竞为主，而其余皆为辅。虽目前以解决生产问题故，致全国富量落于少数人之手，贻分配问题之隐祸于将来，而急则治标，犹将舍彼而趋此。"是明知放任助长为欧美已然之覆辙，而犹不惮于蹈袭其后也。

昔南洋群岛有蛮族酋长出猎逐兽，偶蹶于地，至今此岛之蛮人每经其地，犹必蹶而效之。今梁氏以蹶为乐，无亦崇拜欧风之结果耶？虽梁氏以谓可以毋虑，聊自解嘲，而既以放任助长，与人同其恶因，则他日积重难返，亦与人同其恶果。梁氏所恃，或即其下方所列所谓改良之条理，其果足以救患与否，亦姑勿辨。而当梁氏以奖励资本家为第一义之时代，则铁道国有、工场条例、累进率税皆与其政策反对，而不相容者。梁氏其更何所恃耶？盖梁氏始终不能与言民生主义者，立于正反对之地位，而救治病源、消患未然之说又既附和无异词，乃不得已遁于排斥外资之政策，以为格人论锋之质。然就上方所辨，则排斥外资、奖励资本家政策无复扎塞之余地，梁氏所恃为惟一之论据已破，则其谓社会革命为不可行之说，亦不必取消而先无效矣。

按梁氏此数段文字，大抵剿袭近刊某报第一号《金铁主义》第三节。至某报持议尚谓应于时势，为救时之计，非祝贫富阶级之分以不平均为幸，特以生产为急，分配为后，姑以此抵制外人，惟当思别种良法以救其弊。而梁氏变本加厉，直谓牺牲他部分人之利益而不辞，并诋言社会主义者为亡国罪人，则又某报始料所不及也。但〔但〕某报谓中国所急方在生产不发达，不在分配不平均，故社会主义尚未发生，同盟罢工尚未一见，又曰于本国无一同盟罢工之事。斯言若为吾粤言之，则闻者皆得反唇相稽矣。盖吾粤每岁若织工、若木工、若饼工、若鞋工，其每年同盟罢工之事层见叠出也。又依吾人所持土地国有主义，既一面解决分配问题，而国家自为大资本家得从事路矿各种事业，虽工商立国政策何以加焉？而又何至患生产问题与分配问题为不相容也。

第三节　驳所谓中国不能行社会革命之说

梁氏以极端之说为圆满之无理——梁氏土地资本论既自矛盾复倒果为因——地主与资本家之势力——地价腾贵之原因——都会之成立及其发达——地有天然之利而后人力因之——梁氏亦认土地私有制之害——梁氏谓土地为资本附属之奇谬——言凡资本悉为国有之不可——吾人之社会主义——心理的平等与数理的平等之别——社会革命论之精神——梁氏不知个人资本与社会资本之区别——梁氏崇信误字至自背其学说——梁氏以可租之土地为无价格可言——梁氏混地税于地租——土地国有即均少数利益于多数——大资本家不能垄断土地于国有之后——国有土地与井田古制不同——结论——附论

【原文】欲为社会革命，非体段圆满则不能收其功，而圆满之社会革命，虽以欧美现在之程度更历百年后犹未必能行之，而现在之中国更无论也。今排满家之言社会革命者，以土地国有为唯一之揭橥，不知土地国有者，社会革命中之一条件，而非其全体也。各国社会主义者流，屡提出土地国有之议案，不过以此为进行之着手，而非谓舍此无余事也。如今排满家所倡社会革命者之言，谓欧美所以不能解决社会问题者，因为未能解决土地问题，一若但解决土地问题则社会问题即全部解决者，然是由未识社会主义之为何物也。

驳之曰：此梁氏以圆满之社会革命非中国所能行，又以吾人所主张为非圆满之社会革命也。夫以欧美所不能者，即谓中国无足论，是真徒识崇拜欧美，而不识社会主义者也。近世社会主义学者恒承认一国社会主义之能实行与否，与其文明之进步为反比例，故纽斯纶①者南洋之一蛮岛也，而可倏变为社会主义之乐土。言欧美社会问题者则曰积重难返，而对于中国则曰消患未然，其处势之异如此，然则欧美之不能者，固不害为我国所能也。梁氏谓为社会革命必体段圆满，不知此"圆满"之云者将于何程度定之？以社会主义之争鸣于今世，其派别主张，言人人殊，由其是丹非素②之见，则甲可以不圆满者加诸乙，乙亦可以不圆满者反诸甲，有第三说之丙出，则并得举甲乙而短之。其或以条件之多少为圆满否之程式乎，则彼固有认为不必要者，不能强益以蛇足也。其或以绝对者为圆满、相对者为不圆满乎，则是使持论者必走于极端，而不容有折衷之说也。是皆不通之论也。若夫一主义之立，其理论足以自完而无矛盾之点，施诸实际有莫大之成功，则虽谓之不圆满而不可得。

梁氏曰："各国社会主义者以土地国有为进行之着手，非谓舍此无余事。"即吾人亦曷尝谓土地国有之外，其余无一事耶？所谓欧美不能解决社会问题，为未能解决土地问题者，谓土地问题为之梗，不解决其重要者，则无能为役也，非谓土地问题之外无问题也。梁氏而欲反对是言乎？则梁氏于述欧洲经济社会历史亦明明曰："全欧土地本己〔已〕在少数人之手，全欧之资本亦自然在少数人之手。"及谓"生产三要素，其一已归少数人独占，故贵族即兼为富族"。然则欧美社会问题，以其国富量在于少数人之手而起，其富量所以在少数人手，又以土地为少数人独占而起，梁氏固已绝对承认矣。于其所以致病之源则认之，而于其解决之法则否之，则适成为梁氏圆满之社会主义而已。

【原文】近世最圆满之社会革命论，其最大宗旨不外举生产机关而归诸国有，土地之所以必须为国有者，以其为重要生产机关之一也。然土地之外尚有其重要之生产机关焉，即资本是也。而推原欧美现社会分配不均之根由，两者相衡，则资本又为其主动，盖自生产方法一变以后，无资本者万不能与〈有〉资本者竞，小资本者万不能与大资本者竞，此资本直接之势力无待言

---

① 纽斯纶（New Zealand），今译新西兰。

② 原称"好丹非素"，后人亦作"是丹非素"，语出南朝梁人江淹《杂体诗序》："至于世之诸贤，各滞所迷，莫不论甘则忌辛，好丹则非素。"谓爱好红色而不喜白色，喻对事物有所偏爱或抱门户之见。

矣。若语其间接之势力，则地价、地租之所以腾涨者何自乎？亦都会发达之结果而已。都会之发达何自乎？亦资本膨胀之结果而已。彼欧洲当工业革命以前，土地为少数人所占有者已久，然社会问题不发生于彼时而发生于今日者，土地之利用不广，虽拥之犹石田也。及资本之所殖益进，则土地之价值随而益腾，地主所以能占势力于生产界者，食资本之赐也。又况彼资本家常能以贱价买收未发达之土地，而自以资本之力以发达之，以两收其利，是又以资本之力支配土地也。

驳之曰：梁氏此论，与其叙列欧洲经济社会历史之言为自相挑战，上文已辨之，然其所蔽固不可不详为之解也。今请先诘梁氏以资本之所从出，梁氏能勿推本于士〔土〕地耶？惟人工与土地合而后生资本，此一般经济学者所以认土地为福之源也。梁氏谓资本为主动力，吾人则以土地为资本之原动力。土地既生资本，而人用之，更得助地力之发达，比之无资本者其生产较多，然即大有资本者亦不能离土地以言生产（梁氏原文亦谓资本家所操资本，无论以之治何业总不能离土地而独立，见彼报四十页），故资本实始终缘附于土地，其势力不得相抗。

若言其例，则观于地主与资本家之关系而知之。譬如甲为地主，有耕地二分，贷与于乙丙二人。乙为无资本者，其每岁收获得五十石，甲取其半以为地代（租），则乙所余者二十五石耳。丙为有资本者，顾其费不过十石（如以十石米赁耕具牛马之属而耕之之类），而岁收获得百石，则甲亦欲收其半以为地代，丙以其比于乙所得为已多二十五石，以偿其所费之资本犹余四十石，则惮于迁徙他业，而愿从之。然甲之所获，已并侵丙资本利益之范围矣。又如今日伦敦、纽约宅地之主人，其贷地于建屋者，岁收其相当之租，贷地之约既解除，则勿论其营造之资本若干万，亦悉归地主所有，盖地主有左右资本家运命之势力，而资本家不能不仰地主之颐指。文明之时代，地之为需要愈甚，则地主之势力愈横，而资本家亦愈非其敌。梁氏谓无资本者不能与有资本者竞，以证资本之势力，是则然矣。然无土地者，抑能与有土地者竞否耶？

至谓地价、地租之腾涨，亦止为资本之势力，则大不然。地价之贵，其重要直接原因有三，而资本之势力不与焉。一曰土地之性质，肥腴之地与硗确之地其使用收益不同，则其价值不同也；二曰土地之位置，其位置便于交通者贵，其不便于交通者贱也；三曰人口之加增，地广人稀则土地之供给浮于需要，地狭人稠则土地之需要强于供给，而价值亦因之为贵贱也。以地价腾涨为由资本间接之力，则无宁以为土地本体之力，盖虽人口增加之强弱亦未尝与地力无关，而地之性质与其位置亦必有天然之利，而后人力因之。（伊里氏谓市街地之租比于市外及小都会之租为昂，皆不过由位置便否之结果。交通之便利，开则地租甚受其影响，虽为市外地而有交通之便，则其租渐腾。据或论者之说云，交通机关发达，市内之租不仅阻其趋贵之势力，比于旧日反形减退云云。按伊里但言租贵直接之原因耳，至都市所以成立与交通之延长，则未之及也。）凡此皆非资本所能居首功者。梁氏谓地价腾涨由都会发达之结果可也，都会亦土地也，谓都会发达由资本膨胀之结果则谬也。

欲知都会膨胀所由来，宜先知都会之所由成立。此则轩利佐治氏①曾言之，其精辟为他学者所不逮，其大略谓：

> 以一人而耕于荒野，自食其力，所资为养生之具，必不能给，故以十日治田，而必中废一日以远与人易所需。然是时用力虽多，其所得仍不免于缺憾。假而有十人聚居其地，则纵皆业耕，而十人者各更番任以粟易器之劳，其用力必较少，而所得较备。继而农之耕者愈多，其所需亦盛，则有不业耕而以农之需为业者，若布匹、农器之属，是时必农之需要与业是者之供给为相当，然后能双方交利。故日中为市，必其地便交易者先兴焉。以其便交易也，人益趋之，久而不废，乃成都会。

由是言之，则地之所日以贵，由人争之趋于都会也。人所以争趋于都会，由其有交通之便也。其最先之原因，则以农地之发达也。故农地王〔旺〕盛而都会亦以繁荣，农地萧条，都会亦受其影响，凡此皆数见不鲜之象也。又纵当工商业极盛之时代，其地之得为都会，与人之争趋之者，亦不外其便于交通之一大原因。以通商口岸证之，则其最便于交通者，其地必最发达。而此外有所不逮者，皆其位置为之也。今梁氏谓都会发达由于资本膨胀，曾不问资本所以群趋于都会之故，是所谓倒果为因者耳。且梁氏意，以为一般资本增殖而地价始腾贵乎？抑必资本

---

① 轩利佐治（Henry George），后篇亦作亨利佐治、卓尔基亨利，今译亨利·乔治，美国人，其代表作《进步与贫困》（*Progress and Poverty*，后篇又作《进步与贫乏》）。

家投资其地而地价始腾贵乎？如谓一般资本增殖而地价腾贵，则其事与少数之资本家无与。即社会主义实现，土地与大部分之资本归国有（社会主义亦止言资本之大部分归国有，不能谓一分〔切〕资本归国有，下详之），而其社会的国家亦未尝不从事于生产，以增殖其资本也。又但使资本之于社会，为分配本平，而无甚富甚贫之象者，则资本同时而殖，亦有利社会而无害者也，故于此不生问题也。如谓必资本家投资而后地价始贵，则吾未见于土地本体无致贵之原因，而独以少数资本家之力能使之立贵者也（本体致贵之原因，即上所举土地之性质及其位置也）。

檀香山之初隶为美属也，资本家之善趋利者以为其地之发达将逾倍，争投资本租地而大建筑营造焉。不意其地固无非常之进步，致使家屋营造之物供过于求，利润不可得，而地代无所出，卒尽弃所有，与地主毁其契约而后已。故资本家不能因应于地之进步发达而勉强投资者，并其资本而亏蚀之（此役资本家之亏跌甚巨，梁氏友人黄某最热心于保皇者，亦以此失十余万），安在其能使土地腾贵耶？夫所谓必有天然之利而后人力因之者，其在地昧则有报酬渐减之法则，亦经济家所恒道矣。至以交通言，则如伦敦城内地贵，其距伦敦城远者价则远逊；自有为隧道之轨以通之者，使其交通之便与城内地无异，则其地价亦立起。或以为是资本支配土地之力，殊不知惟伦敦为交通最便之点，故得波及于余地。伦敦城其本位也，城外地之得触接伦敦，亦其位置为之也。使其不然，则隧道之通轨胡必依于伦敦等名城，而不随地构设之耶？若夫同一土地，于野蛮时代则贱，于文明时代则贵者，其一由人口之激增，其二由生产方法之改变。人口激增，地之为需要以倍，不待言矣；生产方法变，然后地力尽，昔之以为不可用与用之无利，今乃为人所争取，而遂至皆有善价。社会主义学者有恒言“地主者食文明之赐”，即以此也。今梁氏惟曰“地主食资本之赐”，是又知二五而不知一十者也。

尤可笑者，梁氏既反对言土地国有者为不完全，而又谓资本家能两收其利，夫岂知吾人所以主张国有土地者，即虑是两收其利者为不平之竞争，以酿成社会问题而已耶！土地、资本、劳力三者并立为生产之要素，交相待而后成。私有土地之制不废，则资本家兼为地主，而劳动者有其一以敌其二，斯所以恒败而不可救。梁氏而真知资本家有两收其利之弊，乃今始可与言土地国有耳。

【原文】要之，欲解决社会问题者当以解决资本问题为第一义，以解决土地问题为第二义，且土地问题虽谓为资本问题之附属焉可也。若工场、若道具（机器）其性质亦与土地近，皆资本之附属也。

驳之曰①：土地问题与资本问题孰先，吾于上文已辨之详，今不复赘。惟吾人有一语诘梁氏者，则其所谓"全欧土地本已在少数人之手，全欧资本亦自然在小〔少〕数人之手"，及所云"资本家所操资本无论用之以治何业，总不能离土地而独立"云云者，其意亦岂以申明资本问题之当先于土地耶？梁氏于是不可不为一语以解答也。至谓土地问题为资本问题之附属，举工场、道具为证，其不通至此，阅者亦可以征梁氏于经济学之深矣。盖自来经济学家无有不以工场、道具（机器）为资本者（他书不胜引，即伊里氏亦同，建物、器具、机械、蒸汽船、铁道、电信、电话、工业及商业设备之类，皆生产之资本也），而此云资本之附属，然则梁氏将认之为资本耶？抑不认之为资本耶？又谬云其性质与土地相近，夫工场、道具属于资本，土地属于自然，二者绝不相蒙，无可相比。梁氏欲言土地附属于资本，求其说而不得，乃强认工场、道具为资本附属，而又谓其性质与土地近焉。由梁氏之说，则与土地性质近者为资本之附属，故土地亦可言资本之附属也。然则吾谓狗与梁氏之性质相近，狗为畜类，故梁氏亦为畜类可乎？故其曰"性质相近"，勉强傅会之词也。曰"资本之附属"，模糊影响之语也。以勉强傅〔傅〕会、模糊影响之说为证而衡以论理，则又只字不通，昔人有言"可怜无益费精神"，梁氏当之矣。

【原文】质而言之，则必举一切之生产机关而悉为国有，然后可称为圆满之社会革命。若其一部分为国有，而他之大部分仍为私有，则社会革命之目的终不能达也。……现行社会革命，建设社会的国家，则必以国家为一公司，且为独一无二之公司。此公司之性质，则收全国人之衣食住乃至所执职业，一切交涉之，而负其责任。……夫论者固明知社会革命之不能实行也，于是卤莽灭裂，盗取其主义之一节以为旗帜，冀以欺天下之无识者。庸讵知凡一学说之立，必有其一贯之精神，盗取一节未或能于其精神有当也。

———————————

① 按本文格式，此处漏排"驳之曰"三字，今予增补。

　　驳之曰：梁氏以必举一切生产机关悉为国有，然后许为圆满之社会革命，此即吾上文所谓以绝对的为圆满、以相对的为不圆满之说也。夫如是，则凡持议者惟走于极端，而后当圆满之名。言社会主义，则一切生产机关皆为国有而不容私有，不言社会主义，则一切生产机关皆当为私有而不容国有，更无介乎其间之第三说而后可。而且所谓举一切生产机关悉为国有者，必并劳力亦与土地、资本同为国有而后可。何则？劳力亦一生产大机关也，而问其事之可行否耶？梁氏必执绝对之说以为圆满，则宜其不能行，其不能行，乃其所以为不圆满耳。不第此也，即舍劳力不言，但论资本国有之问题，则今之最能以《资本论》警动一世者，莫如马尔喀及烟格尔士①，而二氏不惟认许自用资本之私有，即农夫及手工业者之资本私有亦认许之。故曰本河上学士〔士〕②曰："社会主义者往往慢言，凡资本以为公有，禁其私有，故世人惊之，识者笑之。若夫拘墟之学者，则喋喋其不能实行，以为覆斯主义之根本。"又谓安部矶雄及幸德秋水所论资本国有，其曰："悉曰'凡'实为用语不当，盖即最极端之社会主义，亦不能言一切资本国有。"而梁氏所期之圆满社会革命论不知其何所指也？

　　若夫吾人之社会主义则不然，曰土地国有，曰大资本国有。土地国有则国家为惟一之地主．而以地代之收入即同时得为大资本家，因而举一切自然独占之事业而经营之，其余之生产事业则不为私人靳也。盖社会主义者，非恶其人民之富也，恶其富量在少数人而生社会不平之阶级也。今者吾国社会贫富之阶级虽未大著，然土地已在私人之手，循其私有之制不改，则他日以少数之地主而兼有资本家之资格者，即其垄断社会之富，而为经济界之莫大专制者也。惟举而归诸国有，则社会之富量聚于国家，国家之富还于社会。

　　如是而可期分配之趋均者，有六事焉：土地既不能私有，则社会中将无有为地主者以坐食土地之利，占优势于生产界，一也；资本家不能持双利器以制劳动者之命，则资本之势力为之大杀，二也；无土地私有之制，则资本皆用于生利的

---

① 马尔喀（Karl Heinrich Marx），后篇又作麦克司、麦克斯、马克斯、马斯，今译马克思；烟格尔士（Friedrich von Engels），今译恩格斯。皆德国人。马克思所著《资本论》（Das Kapital），后篇亦译《资本》，用德文撰成，共三卷，一八六七年出版第一卷，马克思逝世后由恩格斯分别于一八八五、一八九四年整理出版第二、三卷。

② 即河上肇，当时毕业于东京帝国大学不久，任该校讲师。

事业而不用于分利的事业，社会之资本日益增，无供不应求之患，三也（以土地投机者实为分利的无益于社会者也，土地国有后则可使其皆用于生利之事业，而社会资本日多）；具独占之性质者土地为大，土地国有，其余独占事业亦随之，其可竞争的事业则任私人经营，既无他障碍之因，而一视其企业之才为得利之厚薄，社会自无不平之感，四也；劳动者有田可耕，于工业之供给无过多之虑，则资本家益不能制劳动者之命，五也；小民之恒情视自耕为乐而工役为苦，故庸银亦不得视耕者所获为绌，其他劳动者之利益皆準于是，六也。

夫即当世之热于极端社会主义者，亦只能言土地国有与大部分资本国有而已。由吾人所主张，则土地国有而外，以独占的事业为限，而社会资本亦大部归于国。所异者，则彼于竞争的事业禁私人经营，而吾人则容许之耳。然惟彼干涉之过度，故发生种种问题，而令人疑社会主义为理想的而不可实现。若吾人所主张，则佃〔但〕使社会无不平之竞争，而分配自然趋均，不为过度之干涉。故所谓自由竞争绝而进化将滞之问题，报酬平等遏绝劳动动机之问题，皆以不起，而施诸我国今日之社会则尤为最宜适当。

盖国法学者之言自由分配也，曰当为心理的，不当为数理的。而心理的之平等，真平等；数理的之平等，非平等。数理的者，以十人而分百，则人各得一十，无有多寡参差之不齐也；心理的者，以人各起于平等之地位，而其所付与则各视其材力聪明者也。吾人于经济社会亦持此义，其为分配之趋均亦心理的，而非数理的也。故不必尽取其生产消费之事而干涉之，佃〔但〕使其于经济界无有不平之阶级，而个人各立于平等之地位，犹其于立宪国中无有贵族等阶级者然。然后其所得各视其材力聪明，虽有差异，不为不均。此吾人社会革命论之精神也。

然则从吾人之政策，非使将来之中国损富者以益贫，乃从吾人之政策而富者愈富，贫者亦富也。夫革命之云者，对于所有者而言，中国土地已为私人所有，而资本家未出世，故社会革命但以土地国有为重要，从而国家为惟一之大资本家所不待言。以简单之语说明之，则曰："吾人将来之中国，土地国有，大资本国有。土地国有者，法定而归诸国有者也；大资本国有者，土地为国家所有，资本亦自然为国家所有也。何以言土地而不及资本？以土地现时已在私人手，而资本家则未出世也。何以土地必法定而尽归诸国有，资本不必然者？以土地有独占的性质，而资本不如是也。"其主义切实可行，其精神始终一贯，惟梁氏以其牺牲他部人奖励资本家之眼光观之，则宜其枘凿不入耳！

（梁氏谓吾人盗取社会主义之一节以为旗帜，夫梁氏所崇拜之社会改良主义，一方求不变现社会之组织，一方望其改革，得无亦盗取社会主义之一节者耶？若梁氏者，忽而主张奖励资本家以言分配趋均者为病国，忽而又绝对赞成社会改良主义，是则虽欲盗取而无从也。）

【原文】盖地价之涨乃资本膨胀之结果，而非其原因。而资本家但使拥有若干之债券、株式①，就令无尺寸之地，或所有之地永不涨价，而犹不害其日富也。孙文误认土地涨价为致富之惟一原因，故立论往往而谬也。香港、上海地价比内地高数百倍，孙文亦知其何为而有此现象乎？痛哉！此外国资本之结果也。黄浦滩地每敌〔亩〕值百数十万元，然除税关及招商局两斤〔片〕地外，更无尺寸为我国人所有权矣。孙文亦知中国没有资本家出现，故地价没有加增，然则地价之加增由资本家之出现，其理甚明。使资本家永不出现，则地价永不加增矣。而曰革命之后却不能与前同，吾不知彼革命之后所以致地价之涨者，其道何由？吾但知"资本家"之一名词，孙文所最嫌恶也，恶其富之日以富，而使他部之贫日以贫也，如是则必压抑资本家使不起。然后〔而〕民生主义之目的如是，则以彼前说论之，吾果不知革命后之地价可由而涨也。

驳之曰：谓地价之涨全由资本膨胀之结果，此于上文已辨，然就于社会论之，则尚成问题。若就私人言，则地主拥其土地，地租日腾，地价日贵，一社会人所极力经营以成此文明之社会者，其利实彼坐获之，安在其不可以日富也？夫今日中国资本家尚未出现，孙先生演说词及之，梁氏亦承认之。惟虽无资本家而已有地主，则虑以文明进步之结果，而使少数之地主独成其莫大之富量宜也。梁氏欲驳此言，则必谓地主所有土地虽价涨，而其地主不能以富，则此说始破。而梁氏徒举资本家以相吓，何也？梁氏而真不信有土地为致富之原因耶，则其云全欧土地在少数人之手，全欧资本亦自然在少数人之手者，梁氏亦何指也？即如英国大

---

① 日文汉字中"株式"及下文的"株券"，皆股票之意。

地主威斯敏士打公爵有敌国之富，梁氏断断然争为资本之结果，然就威公爵言之，能谓其不由土地致富耶？凡此皆坐不知个人的土地与社会的资本之区别也。更即致富之方言之，则勿论债券、株券之涨落无恒者，不足比于土地。但以资本家与地主较之，如甲以金十万圆购地为地主，岁收五千圆之地代，而乙以十万圆营一织布公司，岁收八千圆之利，并其企业所得亦姑以为资本之赐，则乙比于甲其岁入恒多三千，至十年而多得金三万也。惟十年之后，则布公司资本少亦当损耗其十分之三，而须有种种修缮增补之费，核除此费乃与地主前此所得相埒，而十年间甲租价已稍涨，则乙之收入不如甲，又不待言矣。

凡凭藉土地以致富者厥有多种，英威公爵则坐守其封地以富者也，其余有以资本家买贱价之地而两收其利者，又有并非资本家但用诈术渔猎土地以富者。近见东京二月十五号《时事新报》纪美国富人腓力特·力威雅可查致富之事，为言社会主义者之好材料，录之且以见土地私有制之弊：

世以洛格飞为富豪之巨擘，然有富出其右且能巧免报章之指摘而为世人所未熟察者，美国圣得堡卢①之市民名为腓力特·力威雅可查者是也。其所有之森林价格逾数十亿，氏夙于西北部地方以林业称霸，然语其所有森林之面积实三千万英亩，亘于华盛顿、护列根、威斯堪新、米尼梭打②诸州，此则虽其暱友闻之恐犹有咋舌者也。以平方里核算之，实为五万平方里（英里），其面积六倍于纽查沙州③。其土地之价格递年腾贵，利益之巨，无与比俦。

氏本德意志人，年十八徒手游北美，以勤俭善治其业，久之，遂创立威雅可查会社。至其致富之由，最足为世人注意。其行为有类窃盗，即既不抵触于法令，且反为扩张之法律所保护，则其事为最不可思议也。盖千八百九十七年以前美国国有地之获得，依于《宅地条例》，以百六十英亩为一区域，限于实际住居其地者始许与之。至是年，更发布《土地选择条例》。当时中

---

① 圣得堡卢（St. Paul），今译圣保罗，明尼苏达州首府。

② 护列根（Oregon），今译俄勒冈州；威斯堪新（Wisconsin），今译威斯康星州；米尼梭打（Minnesota），今译明尼苏达州。

③ 纽查沙州（New Jersey），今译新泽西州。

央西部即威斯堪新、米尼梭打及密西西比河流域，凡属于威雅可查会社营业之区域者，既已采伐无余，乃急欲求适当之森林。先是华盛顿、护列根、爱达及门他拿①之大森林，未经斧斤，材木丰积，然以法律不许采伐，无从觊觎。盖是等林野为国有财产，置实际之移住者，使保存之。而其林野亘数百英亩，材木丰富，莫之与京，常为林业者所垂涎。至千八百九十七年议会终期，所发布之《土地选择条例》中有如左之规定：

"条件未完了、善意之权利主张或附带特权之土地，有在保存林野范围内者，从于其土地之住居者或所有者之希望，得返其土地于政府，而于不逾越前记之权利主张或附带特权之土地之面积范围内，选择许移住之无主土地以为偿。"

此规定之趣旨，盖为小地主因保存林野之设定而蒙损害，欲以此救济之也。然以规定不完全，至酿意外之弊害，使富裕之国有林野遂为一二人所掠夺。先是议会以奖励建设横断大陆铁道之目的，而给与土地于铁道会社，于其线路两旁，每延长二十里即给与六百四十英亩之土地，故其所得常逾数百万英亩。于千八百九十七年当入于保存林野之范围内者，尚不下四百万英亩。嗣《土地选择条例》发布，各铁道会社竞以无值之土地而易最良之国有森林，诺簪攀收希会社亦出此策，而垄断其利益者实为威雅可查。彼最近三十年间，对于诺簪攀收希铁道会社之森林财产，为事实之代理者。该会社之管理人实党于彼，以其饫地贬价而卖诸威雅可查，约百万英亩。每一英亩价止六美金耳。未几，威雅可查卖其土地四分之一，每一百六十英亩得价七万六千美金，二三年间而利逾二十倍。故此等狡狯之交易，与无代价者无异。而所志未己〔已〕，更转起西北地方，继复渔密西西比流域之利，后乃蚕食西部地方，其间或因买卖，或因其他手段，以获得西北部之土地。千九百年，更买收属于诺簪攀收希铁道会社所有之西方土地全部约百万英亩，每一英亩平均值六美金，以是交易获二千万美金之利益云。

据右之事实，则人固有徒手倚藉土地而成巨富者，以视拥有若干之债券、株

---

① 爱达（Idaho），今译爱达荷州；门他拿（Montana），今译蒙大拿州。

式者，其为富何如？而如美之林业其始为国有而保存，则皆垂涎而莫利，及法令有阙则猾者乘之，而数十亿之富量入于一人之手。然则土地问题与资本问题其孰轻孰重，亦可知矣。

又梁氏谓"资本家固非必其皆有土地，往往纳地代于他之地主，借其地以从事生产，而未尝不可以为剧烈之竞争"，此亦强词夺理者也。今姑即美国论之，其最大资本及为最剧烈竞争者若航业大王，其船厂、船澳、码头之地，问为其所有者耶？抑借诸人者耶？若煤油大王，其矿山及所恃以运输之铁道，问为其所有耶？抑借诸人者耶？其他若牛肉托辣斯牧牛之地，烟草托辣斯种烟之地，面粉托辣斯种麦之地，亦问为其所有耶？抑借诸人者耶？乃若借地于人而独能大获者，则间亦有之。英伦之西看温加顿有卖花者，租地为贸易，人以为此微业也，而不知其赢甚多。卖花者乃身与妻子为敝服，以欺其地主，使不为加租之议。及地主廉得其情，而卖花者已富。此所谓漏网之鱼也。

至梁氏屡震惊于外资之输入，吾意彼以商工业为重则尚成问题。今其言乃曰："黄浦滩地每亩值百数十万元，除税关及招商局两片地外，更无尺寸为我国人所有权。"然则梁氏之深痛大恨者，乃外国人之夺我土地所有权，而使我国人不得享地主之利耳。若土地归国有，不能以为卖买之品，则彼外人何自而得我土地所有权者。（如外人租地营业者，朝满而契约解除，所营建大抵归诸我国家，如今英威公爵者然。纵令外人投资几何，何害于国？吾恐此时中国国家富过威公爵不知几千万倍耳！）故梁氏此言，直为吾人土地国有主义增一解而已。

惟其下有"中国没有资本家出现，故地价没有加增"云云。记者骤阅亦不解所谓，继而审之，乃知因读本报第十号演说词误字所致。演说词第十一页云："中国现在资本家还没有出世，加以几千年地价从来没有加增，这是与各国不同的。但是革命之后，却不能照前一样，比方现在香港、上海地价比内地高至数百倍，因为文明发达，交通便利，故此涨到这样。假如他日全国改良，那地价一定是跟着文明日日涨高的。""加以"二字出版时误作"所以"，然原演说词之意，系以资本家未出现与地价未增相提并论，初非谓资本家不出现为地价不涨之原因，故下言上海、香港地价之高为文明发达、交通利便而起。又云全国改良，地价必随文明而日涨（演说词"全国改良"四字所包甚广，即政治、法律改良亦在其内，故"文明"二字所包亦甚广也）。同页十二行又云，"那地将来因交通发达涨至一万"，自始至终皆以"文明发达、交通便利"为地价腾涨之原因，而不及资本家之力。故上文一字之误，细心读书者必能以意逆志而得之。梁氏立于反对之地位，其不及此，亦不深怪。而徒以崇信此误字之过，遂至力主张资本家出世为地贵之原因，而与其评论欧洲经济社会历史之语大起挑战，杀伤相当，是则非梁氏之负本报，乃本报之负梁氏也。

（又梁氏于彼文有云：质言之，"文明进步，资本进步谓也"。以资本包括一切文明，可称奇语。此又因缘误字视为师说，谓地价之加增由资本家之出现，然则资本家者可称为一切文明之代表欤？究之此说，万难自完，实不如梁氏所云"全欧土地本在少数人之手，全欧资本自然立在少数人之手"，及谓"生产三要素其一已为少数人独占，贵族即兼为富族"等语浏亮多矣。）

【原文】嘻嘻，是即孙文新发明之社会革命的政策耶？吾反覆十百遍而不解其所谓，请一一诘之。不知孙文所谓定地价的法，将于定地价后而犹准买卖乎？抑不准买卖也？彼既自言为土地国有主义，则此问殆可无庸发，不过费索解已耳。姑舍是（按此数语，其梁氏所谓自论自驳，无一可通者，幸而"姑舍是"三字尚善于解围耳），则不知政府于定地价时，随即买收之乎？抑定地价后，迟之又久，然后买收之乎？若于定价时随即买收之，既买收后即不复许买卖。夫物之不可交换者即无价格之可言，此经济学之通义也。土地既非卖品，则初时以一千收入者得强名为值一千，以二千收入者得强名为值二千耳，而何从有价涨至一万、赢利八千以归国家之说也。若迟之又久然后买收之，则何必豫为定价？其所以豫为定价者，恐此地于未买收以前因买卖频繁而价地，而将来买收之费将多也。殊不知既定价之后，则买卖必立时止截。如甲有地定价二千，因交通发达而乙以四千购诸甲，及政府从乙手买收时则仍给原定价二千耳，如是则谁肯为乙者？故定价后迟之又久然后买收者，谓以财政所暂不逮而姑为先后斯可耳，若既定价后则土地立失其有价值之性质，而断无涨价至一万、赢利七〔八〕千以归国家之理，又可断言也。

驳之曰：此以下梁氏以吾人社会革命的政策，为不能行之主要论据也。孙先生言："定地价之法，如地主有地价值千元，可定价为一千或多至二千，其地将来因交通发达涨至一万，地主应得二千，已属有益无损，赢利八千当归国家，于国计民生皆有大益。"其言明白易晓，而梁氏谓反覆十百遍而不解，吾始亦疑之。然继观梁氏所言，则经济学中最浅之理梁氏亦未之知，以此头脑而强与人论社会革命政策，虽反覆千万遍庸能得其解耶？吾以是哀梁氏之愚，而又未尝不服其胆也。

梁氏曰：物不可交换者，即无价格之可言。此似足为其稍涉猎经济学书之据，然正惟其随手剿来，未尝知其意义，故谬援以驳人，而不知贻识者之笑。吾今为梁氏正之，梁氏其亦肯俯首受教乎？夫谓物之不可交换无价格可言者，非谓不可买卖者即无价格之可言也。土地归国有定价后诚不可买卖，然非禁人之租借利用也。有其租借利用者则必有地代（租），地代者，对于土地使用之对价也（此伊里氏所下地代定义，其他学者亦复相似也）。其地代为若干，即知其使用之价格为若干，盖租地者之出地代（租）而使用其地者，即交换之事也。故经济学所指不可交换即无价格可言者，为一国法令所绝对禁止不容交换之物，如盗赃之属，不谓明明有使用交换之土地而亦无价格也。

吾国习惯，所称地价者，则为对于土地所有之对价（即买卖之价），此价由其使用之对价而来。如普通地代（租）之价格为六元（年租），其所有之对价可值百元，则其地代（租）若增至十二元者，其所有之对价亦必增一倍。无论若何涨落，皆可比例而得。故当国家未定价以前，曰甲之土地其价值一千元者，必其地代（租）先有五六十元之收入者也。租六十元者，其价千元，及其增租为六百，则无异增价为一万。虽其时土地皆为国有，不许买卖，然以租之价格即可以推知地之价值。如国家有银二千，其岁收利子不过百二十元，今以买收甲值千元之地，买收之后其租立有至六百，是国家以二千元之土地，而得等于万元利子之收入也。故曰价涨一万，赢利八千，以归国家也。此无论于定价时即行买收，及定价后随时买收，其理皆不异。土地〔梁氏〕谓"定价之后则土地立失其有价值之性质"，曾不知地代（租）亦为一种之地价，不许贵卖而许租用，则土地使用之价格自在。又普通人皆知土地买卖之价因于地租，而梁氏之意反之，故不信定价后国家赢利之说。今吾之剖析如是，梁氏其犹有所不解耶，则再质问可也。

【原文】如是，则国家欲仪此而于财政上得一时之大宗收入，万无是理，而惟有责效于将来。将来之效如何，则国家自以地主之资格，征地代于民，即彼所谓但收地租一项，已成地球最富之国是也。然收租之率将依买收时之价值而勘定之乎？抑比例交通发达之程度随时而消长之乎？……吾为彼计，厥有二法：一曰国家自估价者，如此地当买收时价值一千，其地主岁收租一百，今估量交通发达之后此地应值一万，则国家岁收租一千，此一法也。然官吏能无舞弊以厉民否耶？民能服官吏所估之价与否耶？夫现在各国之收地租大率以地价为标准，如日本所谓"土地台帐法"是也。政府略勘定全国之地价，第其高下，而据置之以租，经若干年地价既涨则改正而增收之，所谓地价修正案是也。然必有交换然后有价格，有价格然后可据为收租之标准，而民无异言。若土地国有后无复价格之可言，则除估价之外实无他术，而民之能服与否则正乃一问题也。二曰参用竞卖法，国家愚一地以召租，欲租者各出价，价高得焉，此亦一法也。此法最公，民无异言。然豪强兼并必因兹而益甚，且其他诸弊尚有不可胜言者。

驳之曰：梁氏欲以此言而难吾人之社会政策耶？则吾赚其未免太早计也。盖梁氏于一田主佃人之事且未之知，而自论自驳，自苦乃尔，此真出吾人意料外者。今使梁氏而有地数十亩于社会，则吾亦问收租之率，将依买收之价值而勘定之乎，抑比例交通发达之程度随时而消长之乎？度梁氏亦将哑然失笑也。又使梁氏有地若干亩，其始收租一千，而值一万，今其租再涨至五千，则其值亦必涨至五万；或不幸其收租额降而为五百，则其值必降为五千。梁氏虽欲株守一定之价值，以求租额与之相当，不可得也。故国家收买土地之后，必视其租之升降如何而后能估量其值，安有估值而后收租者？盖租为使用之对价，视其土地之收益及社会之需要而定，租地者初不问其地之值如何也。（孙先生为言，梁氏昔刊其广智书局招股章程，有云"将来股分之值愈高，则分息亦缘之多"，先生力辩其谬，梁氏乃己〔已〕，不谓今复萌故智也。）

至梁氏举现在各国之收地租为比，则尤令人绝倒不置。夫日本之收地租以地价为标准者，此吾国所谓"地税"也；吾国所谓"租"，乃日本所谓"地代"也。其性质大异之点，则地代（租）为以地主之资格对于使用士〔土〕地者而收之，地租（税）则就士〔土〕地之收入所课于地主之租税也（此定义本日本高野博士，其他学者亦复无甚出入）。梁氏亦知定价收买后为国家以地主之资格征地代于民矣，而又云"必有价格然后可据之为收租之标准"，引各国之收地租为证，然则梁氏亦始终不识此二者之区别而已。若夫竞卖法之弊梁氏既未详言，则吾人亦无从驳诘，大抵其所依据者亦当如上云云，无有驳论之价值也。

【原文】要之，无论用何法，谓国家缘此得莫大之岁入，可以为财政开一新纪元，则诚有之；若绳以社会主义所谓均少数利益于多数之本旨，则风马牛不相及也。何也？必有资本者乃能向国家租地，其无资本者无立锥如故也，又必有大资本者乃能租得广大之面积与良好之地段，而小资本则惟踯躅于跷〔硗〕确之一隅也。不过现行之地代，少数地主垄断之，土地国有后之地代，唯一之国家垄断之，其位置虽移，其性质无别也。而资本家实居间以握其大权，盖纳地代而得使用国家之土地者，资本家也，给赁银而得左右贫民之运命者，亦资本家也。

驳之曰：梁氏以土地国有为财政上问题，无关均少数利益于多数之旨，吾人不暇致辨。但〔但〕即以梁氏次版之语折之：现行之地代，少数地主垄断；土地国有后之地代，惟国家收之。夫国家者何？国民之团体、人格也。少数地主之利益而移诸国家，犹曰于均利益于多数之旨无关，其性质与在少数地主之手无异，是惟以语诸专制之国，其所谓国有制度但以政府专其利者则可耳，非所论于将来之中华立宪民国也。

资本家与地主之关系及其势力之如何，上文己〔已〕详言，而尚有当再陈者，则地主与租地者其事不可同日语也。地主惟坐食社会文明之赐，不须费何等之经营，租地者则先须纳租于地主，继后须除赁银、利子之额然后为其所得，则其经营不得少懈，此其不同一也。既为地主，则无论其所有地若干，非国家强制收买或其人得过当之值而愿售之，则他人永不能动其毫末，而租地者，国家可因为制限如其既租而不能用者返收之，则其业可得制限也，虽"永小作人"亦附以三十年或四十年之期间，则其时可得制限也，故无垄断于私人之患，此其不用〔同〕二也。地主既以安坐而获，而又得乘时居奇，持一般资本家、劳动者之短长，租地者则断无牺牲多数之金钱拥旷地而不营之理，而国家又得禁其转贷于人者，则永绝居奇之弊，此其不同三也。凡是三者，皆在土地私有时代各国经济家所共忧之弊，而在国有时代则无之。梁氏亦能比是二者而同之乎？

又梁氏谓"必有资本者乃能向国家租地，无资本者无立锥如故"云云，吾不知所谓"无资本"者将绝对的言之耶，抑相对言之耶？若绝对的言之，则其人倘并锹锄斧斤之属而亦无之，其不能不为他人作嫁固耳。若其有农具之资本足以施于农事，则自可向国家请愿而租地，凡各国制度"永小作料"（以耕牧为目的而使用他人土地者曰"永小作人"，其所纳使用土地之代价曰"永小作料"）皆以不必前纳为原则，必其继续二年以上不能纳者，地主始请求废其契约，然则虽甚贫之佃户，不患无耕地也。

若云大资本者能租广大面积、良好地段，小资本者不能，引以为病。则吾闻诸师矣，曰：

> 人民初移住于未开之地者，必择其地味及位置比较最优之土地而耕作之，其时土地无优劣之差异，地代未成立也。然人口繁殖，不能仅以第一等土地之收获满其欲望，而谷米价格腾贵，则第二等之土地亦将见用。以第二等地比于第一等地收获虽少，而谷物腾贵，其收获足偿其生产费，且由于报酬渐减之法则（土地之生产力，不应于所投之劳动资本而增加者，曰"报酬渐减法则"。如十人耕之而得生产百石，二十人耕之不能增为二百石，则为劳动之报酬渐减。今年所施肥料增于去年二倍，而所收获不见二倍于去年，则为资本之报酬渐减。盖达于一定之程度则为此法则所限也）比之对于第一等地而增加资本劳动，则不如投于第二等地收获反大也。假定第一等地产米二石，第二等地产一石五斗，其差五斗即为第一等地之地代，而第一等地之所有者得之。其时使用第二等地者得收获之全部，而借用第一等地者约五斗地代，其所得即同为一石五斗。既而人口更增加，米价益腾，则虽耕产米一石之第三等地而亦足偿其生产费，而其时第一等地代为一石、第二等地代为五斗矣。

据此，则梁氏所谓或得良好之地或得硗确之地者，犹犹此所云第一等地、第二三等地也。其第一等地诚良好矣，而其纳地代必倍于第二等；第二三等地，虽比较的为硗硝〔确〕，而其地代或得半额，或直免除。则各除其地代与其生产费，三者之所获，将无几何之差异。见得第一等地者而羡之，见得第三等地者而病之，而不知有地代一物为平衡于其后焉，则惑矣。

　　且将来中国农业，必不患为大资本家所垄断者，则尤有说。据新农学家言，农业异于他事，比较以分耕为利。盖农事之大部分必须人工，而机器之用反绌。取美国用机器之大农与欧洲小农所耕之地每亩而衡之，则美农之所获不过欧农四分之一。彼美洲之大农所以乐用机器者，则以一时得耕多地为利也。就其私人资本计之则便，而就社会资本计之实非利也。（法国经济〈学〉家李赖波刘氏痛论美国农业，谓其粪田及其他农功皆视欧洲大陆为远逊云。）国有土地之后，必求地力之尽。则如小农分耕之，可获四分者以为标准，而收其半或三分之一以为租。而大农之用机器合耕者，乃每亩而得一分，非其私人所有土地而须纳之以为租，则不惟无利而有损。故资本〔土地〕国有之制行，而不患资本家之垄断农业，此非反对者所能梦见也。

　　（梁氏谓吾人尊农为业，排斥他业，此语谬绝。夫重农则岂必排斥他业者？梁氏以其奖励资本家则牺牲他部分人之脑筋臆测之，故有此语耳。梁氏岂能得吾人排斥工商业之证据乎？若夫以重农为病，则又大奇。今世界各国，工商业发达莫如英，重工商业者①亦莫如英，然前年爱耳兰②田案通过，则每年由政府拨一万万二千万以与农民。重农如是，梁氏岂亦以为多事耶？）

　　【原文】抑孙文昔尝与我言曰："今之耕者，率贡其所获之半于租主而未有已，农之所以困也。土地国有，必能耕者而后授以田，直纳若干之租于国，而无复一层地主从中朘削之，则可以大苏。"此于前两法以外为一法者也。此法颇有合于古者井田之意，且与社会主义本旨不谬，吾所深许。虽然，此以施诸农民则可矣，顾孙文能率一国之民而尽农乎？且一人所租地之面积有限制乎？无限制乎？其所租地之位置由政府指定乎？由租者请愿乎？如所租之面积有限制也，则有欲开牧场者，有欲开工场者，所需地必较农为广，限之是无异夺其业耳。（按谓工厂需地广于农，费解。工厂广袤百亩已称大工，而小农亦耕百亩，大农则千亩以上，比较孰为多耶？）且岂必工与牧为然，即同一农也，而躬耕者与用机器者，其一人所能耕之面积则迫绝其限，以躬耕所能耕者为标准，则无异国家禁用机器，如以用机为标准，则国家安得此广土？

---

① 此处删一衍字"宜"。
② 爱耳兰（Ireland），后篇亦作爱尔伦，今译爱尔兰。

如躬耕者与用机者各异其标准，则国家何厚于有机器者而苛于无机器者？是限制之法终不可行也。如无限制也，则谁不欲多租者？国家又安从而给之？是无限制之法亦终不可行也。要之，若欲行井田之意，薄其租以听民之自名田，则无论有限无限而皆不可行。何也？即使小其限至人租一亩，而将来人口加增之法，果终非此永古不增之地面所能给也。复次，如所租之位置由政府指定之也，则业农牧者欲租田野，业工商者欲租都市，政府宁能反其所欲而授之？若位置由租者请愿也，则人人欲得一廛于黄浦滩，政府将何以给其欲也？是两者皆不可行也。

驳之曰：此又梁氏所据以难土地国有不能行之说，其言絮絮不绝，若颇善发疑问者然。实按之，则皆不成问题。盖如梁氏所引述孙先生曩日之言，亦谓土地国有，小民有田可耕，及非能耕者不得赁田，直接纳租，不受地主私人之腋削而已。非谓苟能耕者即必授以田，又非谓凡人皆必授以田而使之耕也。梁氏夙昔好言论理学，试取"必能耕者而后授以田"一语细解之，当无误会。故谓此法颇合于古者井田之意可也，谓即古者井田之法则谬也。夫必能耕者而后授以田，所以使田无旷废，此意岂惟可行于农地，即工厂建物之需地者苟非能用之者，亦不任其虚拥之也。此则非吾人之创作，今日各国固已有行之者，而美行之于全国及其领土，梁氏倘不知耶？梁氏谬认吾人所主张者为即井田之法，而其所言亦仅足以难欲复古井田制之辈而已，非可以难吾人之社会政策也。盖井田之法为数理的分配，吾人社会政策为心理的分配，此其大异之点也。

国家为唯一之地主，而国内人人皆为租地者，则其立脚点为平等。至其面积则不妨依其业异其标准，而为之制限。如用机者得租可以用机之地，能耕者得租可①躬耕之地，则各如其分，何所不平？此犹饥者得食，寒者得衣，是之谓平。若皆授以衣或皆授以食，则反为不平耳。故限制之法，无不可行也。即无限制亦不患其多租，何者？凡农地之租者不得废耕，业场之租者不得废业（此为产业之制限与期间之制限，皆不可少者，至面积之制限则犹视之为宽，近世学者所言亦往往谓无须制限也），则无资本劳力以经营者自不能久拥虚地，而社会上亦必无

———————————

① 此处删一衍字"之"。

愿掷黄金于虚牝者。梁氏云："谁不欲多租者，国家又安从而给之？"则吾问梁氏于上海仅以广智书局卜地一廛，何不欲多租者，而踸踔〔踬〕至是？此言者不闻之而失笑者乎？故无制限之法亦未尝不可行也。又如所租之位置，梁氏谓："若由租者请愿，则人人欲得一廛于黄浦滩，政府何以给其欲？"此言尤堪捧腹。夫政府为惟一之地主，若人人不欲得地于黄浦滩者，或其所忧；若人人欲得，则政府亦视其能出租最高者，贷与之斯已耳。岂人人欲得地者，即必人人而与人〔之〕耶？梁氏而忧此，则何异代资本家忧其利子之厚，代企业者忧其利润之丰也？盖梁氏始终谬认吾人之政策为即古代井田之法，故有"薄租以听民自名田"之说。不知土地国有之后，其异于私有时代者，则租之涨落一应需要供给之自然，而无有为地主者居奇垄断以使贵逾其真值，则民已大利。非必强抑其租额与强肥腴硗确之地，租于同等，而后利民也。梁氏惟识数理的分配而不识心理的分配，此其所以四冲八撞、为说自困而无可通也。

按以上所引驳各节，皆梁氏所谓中国不能行社会革命之说也。吾人社会革命之政策为土地国有，土地国有之办法为定价收买。梁氏既谓社会革命为不能行，舍谓定价收买法之不可行外，实无以自完其说。今梁氏于此已不闻只词之反对，而佃〔但〕置疑于土地收买之后，此岂非已承认土地国有主义，而佃〔但〕欲相与研究此后之施行手续法者耶？故就令梁氏所献疑为当，已不得谓土地①国有为不可能。而况梁氏之地租地价论，谬想天开，得未曾有，如谓"可租之土地已失有价值之性"，谓"国家必估价而收租"、"以地租拟于地税"、"忧人民之欲租多地，而国家无从给之"，其言殆庶几可为今日沪上粤中滑稽小报之资料，而供人笑柄耳。盲人扪烛而以为日，欲正告之则不能免于词费，此吾人所以哀梁氏驳论之无聊也。梁氏而必谓国有土地为不能行，则宜更有以语我。

是故综三节而言之，知吾国经济现象之不足恃而当消患未然者，则社会革命不必行之说破。知国家为大地主、大资本家而外资无足忧者，则社会革命不可行之说破。知国有土地主义其定价买收方法更无驳论者，则社会革命不能行之说亦破。而吾人之言非只以自完其义也，所以解一部分人之惑而期此主义之实行也。

---

　①　此处删一衍字〔谓〕。

孙先生曰：民生主义一名词，当为 Demosology 而不为 Socialism，由理想而见诸实际之意也。故当世而有愿与研究商榷其得失者，皆吾人所乐欢迎也。

以上反驳梁氏之说，而引申正论者己〔已〕毕。此外尚有与本旨无大关系，而梁氏以为能抵本报之瑕隙，自鸣得意不已者，己〔己〕所不知，辄谓人为误，不有以正之，梁氏将大惑终身矣。故此以下不惜更纠其谬，而所言亦多关于经济之问题，非徒笔舌相斫，阅者当亦乐为仲裁、裁判也。

【原文】孙文又谓欧美各国地价已涨至极点，就算要定地价苦于没有标准，故此难行，而因以证明社会革命在外国难，在中国易就是为此。此可谓奇谬之谈。谓欧美地价涨至极点，孙文能为保险公司保其不再涨乎？吾见伦敦、巴黎、伯林①、纽约、芝加高②之地价，方月异而岁不同也。且谓价已涨者则无标准，价未涨者则有标准，是何道理？吾国现在之地价则价〔涨〕于秦汉唐宋时多多矣，吾粤新宁③、香山之地价则涨于二十年前多多矣。若因其涨而谓其无标准，则我国亦何从觅标准耶？若我国有标准，则欧美各国果以何理由而无标准？吾以为欲求正当之标准，亦曰时价而己〔已〕。我国有我国之时价，欧美有欧美之时价，吾苦不解其难易之有何差别也。若曰我国以价贱故，故买收之所费少而易，欧美以价高故，故买收之所费巨而难，则何不思欧美国富之比例与吾相去几何也？

驳之曰：此即梁氏于其所不知而辄谓人为误者也。孙先生演说谓欧美之地价已涨至极点者，谓如纽约南部及伦敦城中之地今以涨至极点，而为地道以通于他处，其所通至之地价渐起，而纽约南及伦敦城中之地则不更贵，且因有自此而迁往所通者，而纽约、伦敦之极贵点转有稍落之象。此即伊里氏所谓"交通机关发达，市内之地代不止阻其趋贵之势，反使成退于旧者也"，故欧美今日之地价涨至极点者。图示之如左：

如图最中心为价涨至极点之地，引而外通则次第为甲、乙、丙、丁、戊、己〔己〕之各图。先通第一图，至其价渐贵与中心之地等，则必又通至第二图，次

---

① 伯林（Berlin），今译柏林。

② 芝加高（Chicago），今译芝加哥。

③ 广东省新宁县，今为台山市。

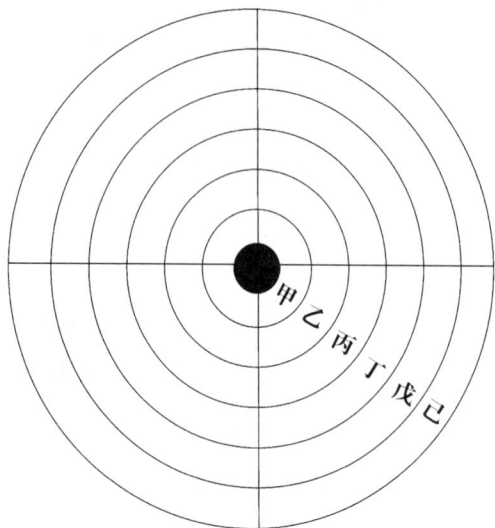

第旁及不己〔已〕，其中心地不复贵，而旁地亦无能过之者，故曰"已涨至极点"。此之现象，吾国实无之，任令指定某省某地为最贵，然文明发达后则此地可立贵百倍或数十倍于今日，而他地之贵亦容易过其现在之额也。盖欧美为已经发达之阶级，而我国则在未开时代，故其不同如此。至梁氏所谓伦敦、纽约、芝加高之地驳〔骎〕骎日上，此乃其未贵至极点者，今故日贵耳。若纽约南、伦敦中之地何尝有日贵之象耶？而演说词固未尝言欧美之地皆贵至极点，则此语不足为难也。

若夫谓地价既极，即欲定价而苦无标准者，此理亦非难解，梁氏独未细思耳。演说词云："定地价之法，譬地主有地价值一千元，可定价为一千或至二千，将来因交通发达价涨至一万，地主应得二千己〔已〕属有益无损，赢利八千当归国家，于民生国计皆有大益。"何以谓今日价值一千之地将来可涨至一万？此纯因其今日之价为未开时代之价，故可逆计将来交通发达后之价为必涨至若干倍，又可预算其赢利若干倍归于国家也。即此可预算其涨价而赢利者，实为收买定价之标准也。其在纽约南部、伦敦城之地则其价己〔已〕极涨，而几无再涨之望，若国家借债而买收之一如其现价，则虽阅数十年亦无丝毫之利可得，或以轨道之通而反少有降落，则损且归于国家。而又无抑减其现在之值以定价买收之理，其价最贵之地不能买收，即土地国有主义不能贯彻。故在我国，则以有逆知其价涨而国家可赢利之故，得就其地之值而定之或倍定之，而皆有标准。欧美反是，即依其现价定之犹不能，故曰苦无标准也。梁氏但知依于时价，岂知中国今日之时价为未文明发达之时价，欧美之时价为己〔已〕文明发达之时价，中国今日之时价可因文明而将来骤涨，欧美之时价则己〔已〕极贵而将来无大加增。为国家买收计者，其算定之标准实不在时价而在将来也，此何止以其一时所费之大小而情况大异耶！

【原文】孙文又谓德国在胶州、荷兰在爪哇行之已有实效，而欲我中国仿行起来。嘻，非哀〔丧〕心病狂而安得有此言也！孙文亦思胶州之在德国、瓜〔爪〕哇之在荷兰果居何等位置焉否也？（按此句文理难解，然原文如是姑仍之。）夫德、荷政府则朘胶州、瓜〔爪〕哇之脂膏以自肥者也，孙文欲胶州、瓜〔爪〕哇我全国耶？吾真不料其丧心病狂一至此极也。夫中华民国共和政府而忧贫也，则所以救之者亦多术矣，而何必以儌亡之余自拟者！

驳之曰：此又梁氏以政治问题混入经济问题也。夫胶州于德、瓜〔爪〕哇于荷居何等位置，与德在胶州、荷在瓜〔爪〕哇其所行之土地法为何等，实风马牛之不相及也。梁氏以为荷、德所行者一在其属土，一在其租借地，遂硬认为此朘脂膏以自肥。以吾所闻，则瓜〔爪〕哇之人以荷兰行新法后地主不能久拥虚地，而细民则得地以耕其政府所得者，乃为后此文明进步，地价胀〔涨〕起之利与使人民尽力于生产而有税额增收之利，如是而己〔已〕，未尝有所朘于小民之脂膏，即地主亦未尝蒙其损害也。梁氏先存一谬见，以为各国皆必厚于宗邦而薄于属地，而荷兰、德国又不闻先以其土地整理法施诸本国，故直认此为朘民自肥之具。殊不知地法之在欧洲，其积重难返有种种原因，而其地为已经文明发达之阶级，与尽在少数贵族之手（伊里氏曰，农业劳动者于英国近年始渐有唱其改良进步之必要者，议会之多数为地主，而地主与劳动者之利益相反，故此方面之改良殊困难，观此则行地法之不易可知），则其显易可见者也。故于此亦足为社会革命欧美难行而中国独易之一证。梁氏谓以欧美程度不能行者，即无论中国。其所见如是，宜乎智不及此，则惟有疑其施行者为朘属地以肥宗邦而己〔已〕。

然姑如梁氏之臆测，德、荷之在胶州、瓜〔爪〕哇犹有宗邦、属土之别，而土地国有，梁氏既知为中华民国之施设，则所收于地主少数人偹〔偷〕来之利还为全国用者，天下之至仁莫过于是。而谓之丧心病狂，此语无乃梁氏自道耶！梁氏以德、荷对于胶州、瓜〔爪〕哇所行之地法，见人称善之，则曰是欲胶州、瓜〔爪〕哇我全国。近者日本注意于台湾，使博士冈松参等调查其民法习惯而报告之，他日我国从事立法而有称道日本调查手续之善者，梁氏亦将谓是欲台湾我全国耶？故使梁氏而不知胶州、瓜〔爪〕哇之地法为非德、荷厉民之政，而谬谓其朘削自肥者，妄也！明知胶州、瓜〔爪〕哇之地法非厉民之政，然故意颠倒是非企嫁恶名于人者，贼也！贼与妄，梁氏必有一于是矣。

【原文】又孙文之言尚有可发大噱者，彼云："英国一百年前人数已有一千余万，本地之粮供给有余，到了今日人数不过加三倍，粮米己〔已〕不敷二月之用，民食专靠外国之粟，故英国要注重海军保护海权，防粮运不继。因英国富人把耕地改做牧地或变猎场，所获较丰，且征收容易，故农事渐废，并非土地不足。贫民无田可耕，都靠做工糊口"云云。谓英国注重海军，其目的乃专在防粮运不继，真是闻所未闻。夫经济无国界，利之所在，商民超〔趋〕之，如水就壑。英国既乏粮，他国之余于粮者自能饷之，非有爱于英，利在则然耳，虽无海军岂忧不继？若曰战时不能以此论，则当日俄战役中我国人之以米饷日本者，又岂少耶？虽买十分有一之兵事保险，犹且为之矣。夫英国所以注重海军，一则因沿海为国，非此不足以自存；一则因殖民地众多，非此不足以为守。此虽小学校生徒，类能解之者。而其不得不并力于殖民地，又资本膨胀之结果也。如孙文言，岂谓英国苟非改农地为猎牧地，国内农产足以自赡，而即无待于海军乎？此与本问题无关，本不必齿及，所以齿及者，以觇所谓大革命家之学识有如是耳！

驳之曰：此般文字，梁氏自鸣得意极矣。然其指为他人之误谬者实得其反，则吾不知其手舞足蹈之胡为也。语曰："聋者不歌，无以自乐。"梁氏倘以为自乐之道则可耳。梁氏谓英国注重海军，只因沿海为国及保护殖民地，为小学校生徒能解，此固也。惟军国之大事为政府所注重、国会所讨论者，则非小学校生徒所能解。梁氏但以小学生之智识为已足，而不更他求，故闻粮运之说而不信，吾请举例证之。

格兰斯顿①，英人之不主张殖民地者也，其为相时，波人欲独立于脱兰斯哇②而许之，法人收马达加斯加（非洲东大海岛）而不与之争③，檀香山群岛请保护则拒之，沙摩群岛④已久在英国势力范围者亦弃之。至今英国言帝国主义者，号之为"小英人"（Little Englander）⑤。而不知海军扩张之案则自格兰斯顿内阁时成立，则不重殖民地而重海军者也。然此犹可曰或有其他之目的，非必与粮运有密切之关系也。（按孙先生演说词，但言"注重海军，保护海权，防粮运不继"，以此为英国注重海军之一重要目的，不谓此外更无目的也。而梁氏乃易为"谓英国注重海军，其目的乃专在防粮运不继"，加一"专"字，变为全称命题。此与孙先生云"必能耕者而后授以田"，而梁氏易为"凡能耕者则授以田"，语意全差，实由梁氏不通论理学之过也。）则更观于英国自格兰斯顿内阁后而海军岁费日加无已，英人无怨言，至去岁新内阁减去海军经费三千万，而国民乃反对之。议院中粮运调查委员（Good Supply Comnission〔Commission〕）即质问海军部，以何方法而可保粮运之无虞？而提督不烈殊答谓："英国海军集中之策，其力尚为世界最强，若有战争，敌万不敢分力以掠我粮道，以其力既薄弱不如我英故。若果有出此下策者，则我英犹可分军倍其力而击之也。"夫各国关于海陆军军费增加案，其为国民所难不易通过，稍知各国政治史者所能知也。（如德国为殖民地而营海军，故今皇⑥深谋十年而后通过议院，其攫我胶州亦即彼谋之一。此又读近世外交史者所能知也。）而英之国民独以减削为忧，其质问政府者又独在粮运调查委员，则其海军与粮运之关系亦可见矣。倘使其粮食非重大问题，如梁所云云，他国自然趋之者，则此粮运调查委员何自而来，而不烈殊提督之答辩亦岂非无谓耶？

---

① 格兰斯顿（William Ewart Gladstone），今译格莱斯顿，一八六八年至一八九四年间四次出任英国首相。任国会议员时曾反对出兵中国挑起鸦片战争。

② 波人，今译布尔人。脱兰斯哇（Transvaal），今译德兰士瓦，位于非洲南部瓦尔河（Vaal River）以北地区。此指一八五二年英国政府同意聚居德兰士瓦的布尔人脱离英属开普殖民地（Cape Colony）而独立，此事发生于格莱斯顿担任英国首相之前。

③ 马达加斯加（Madagascar），一八八五年格莱斯顿政府接受法国对该岛国实施殖民统治，至一九六〇年马达加斯加共和国始取得完全独立。

④ 沙摩群岛（Samoa Islands），今译萨摩亚群岛，位于中太平洋南部。

⑤ 意为英格兰本土主义者，指重视英国本土而少顾及大英帝国利益。

⑥ 指德意志皇帝兼普鲁士国王威廉二世（Wilhelm II）。

要之，此事并非难知，求其例证则俯拾皆是。梁氏惟于小学校生徒能解者则知之，而一国政府、议院研讨之要政则不之知，乃叹为闻所未闻耳！（稿成，就正于孙先生。先生阅至此，莞尔笑曰："然则子与小学生对语，无乃劳乎？"仆曰："不然。今梁氏《新民丛报》尚发行千数百份，其阅者皆不以小学生视梁氏也。而梁乃以小学生之知识议论报之，仆此论乃为阅彼报者作，无使为所愚也。"先生曰："子之言然。"）

又梁氏谓"日俄战役中我国以米饷日本者岂少"云云，此亦谬绝。夫日本所以得此者，又幸其不失制海权耳。使日本海军败丧而俄得海权，则兵事保险之价几何，而我国尚有憨不畏死，以源源接济日本者几人耶？以吾人所闻，则日俄之战，俄国所定为战时禁制品者实绝对包含米谷食品，而俄舰之举措往往逸于常轨，凡中立船少有嫌疑者，审检之手续未尽，直捕获没收之。以是当日本海海战全捷以前，日本沿岸近海之航行者皆不自由，人有戒心，保险会社虑俄舰捕获之危险，或奇高其战时保险，或并谢绝之。全国有货物减退、物价暴腾之感，而制海权则固在日本也。故当俄旅顺舰队已被封围于日本海军，海参威〔崴〕逸出三舰击英商船沈之，于是日本各港商船停留不敢发，举国震惊，群咎上村中将①之失。此时梁氏亦在横滨，不应无所见闻。夫谋国之政策贵出万全，不在侥幸，梁氏以侥幸之政策为已足耶？

【原文】英国以农地变为猎牧地，此自是彼资本家应于其国之经济之现状，见乎业此焉而可以得较厚之赢也，则群焉趋之。此亦如荷兰之资本家率业船，比利时之资本家率业铁，凡以为增殖资本之手段而已，而未尝以其趋重何业而影响及于贫民生计也。（原注：影响所以及于贫民生计者，以资本在少数人手之故，而非因其以此业之资本移于彼业而遂生影响也。）夫土地之面积自数十万年前既已确定，造化主不能因吾人类之增加而日造新壤，计口分以授之。此玛尔梭士之《人口论》②所以不胜其杞人之忧也。（中略）即如孙文所述，英国今日人口三倍于百年〈前〉，则百年前本地之粮供给有余者，

---

①　上村彦之丞海军中将，日本联合舰队第二分舰队司令长官。

②　玛尔梭士（Thomas Robert Malthus），后篇亦作马尔德、马耳德、马耳达，今译马尔萨斯，英国人，其主要著作《人口论》（*Essay on the Principle of Population*），亦译《人口原理》。

而今日需要三倍之，其将何以自存？

驳之曰：此又不通之论也。如梁氏言，则虽举一国之农地而立变为猎场，举一国之资本而不投之生产的事业，皆为无影响于贫民生计耶？梁氏谓影响及民之生计但以资本在少数人手故，而其所业可不问是何重资本而轻所业也，则无怪梁氏之解决生产问题惟以奖励资本为首要矣。夫改农地为猎场，资本家之所得或亦如故，然此所谓挹彼注兹之富，其于社会资本无所增也，而其农民立时失业，仰食无所，势必趋工，工业之劳动者其供给额固早与一时之需要相当，其骤增者必将无所藉手，工业之供给既骤增，则竞争之结果，庸银又必减薄。是故非但〔但〕农业受其影响，而工业之劳动者亦且受其影响也。今梁氏云云，即欲以媚世之资本家，然恐其尚不敢受也。

更就英国之实例言之，则华拉斯之《资本国有论》所举列如左：

其一例：爱耳兰自千八百四十九年至五十二年，凡四年间大饥，而前后共二十二万余农民为地主所斥逐，此以饥馑之结果，逐“小作人”而代以牛马羊豚之类，“小作人”中有夜中命退者，虽其病妻弱息，不得及于翌日。

其二例：苏格兰地主由其收益之便利，多变耕地为牧场，以致前后数万农民置身无所，有昔时出兵数千之地，而今仅住居四人者。

其三例：苏格兰之大地主为造巳〔己〕之游猎，由耕作地斥退“小作人”，其地任使归于荒芜。

读右之所列述，而犹以为与贫民生计无关系者，是直无有人心者也。至论土地之法则，吾人本无计口分授之旨，梁氏误解谬认，上文已明辨之。即玛尔梭士《人口论》，自机器发明、生产法改变以来，已大减其势力矣。

（按玛尔梭士《人口论》，谓人口之增多为倍加之率，食物之增多为递加之率，故其示两者之比例如左：

人口　1—2—4—8—16—32—64—128—256

食物　1—2—3—4—5—6—7—8—9

谓人口二十五年而增加一倍，五十年为二倍也。常人执此，每认一人而有二子，其子各生二人，即为合于倍加之数，此实大谬，盖忘却配偶之数也。故一人生二子，子各生二人，则于人口初无增加，以原由配偶二人而生二子也。今以一

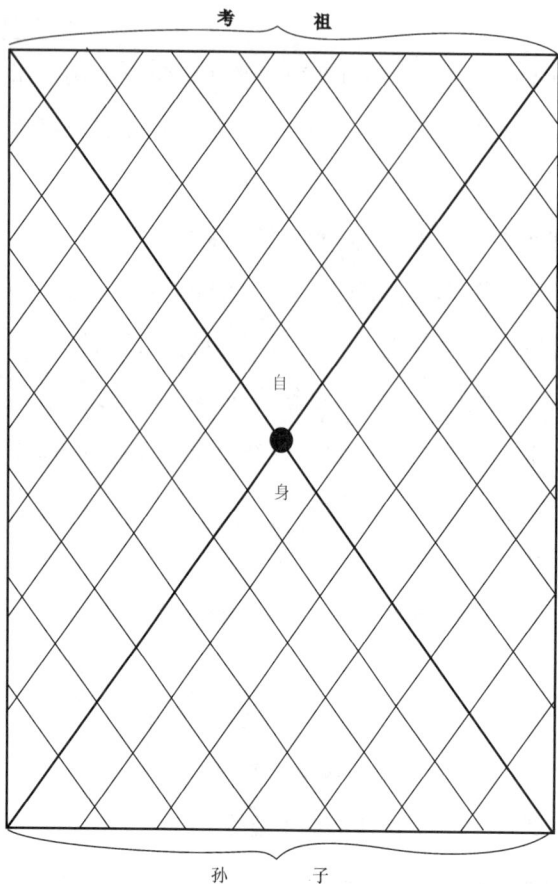

人生二子、子各生二人以次递降为例，则其理当如轩利佐治所作之图，由自身下推于子孙，与上溯于父祖其数相等。此亦玛尔梭士《人口论》不正确之一端也。）

又演说词谓："英国百年前人数一千余万，本地之粮供给有余，到今日人数不过加三倍，粮米不毂二月之用，谓非土地不足。"此其故，可以极浅之数学明之。盖昔之土地养千余万人而足供一年食者，今三倍其人为三千余万，则本当足供四月之食也，今乃以供二月之食而不足，是己〔已〕少去一半矣，梁氏犹不知耶？（此小学生可知之数，梁氏昧昧，则且小学生之不如矣！）且文明进步地之生产额，其足供人口之数必与百年〈前〉不同比例，此又稍知农学或地理学者所能知也。故曰此由农业渐废，并非土地不足也。

【原文】又孙文谓："所〔行〕了这法之后，物价也渐便宜了，人民也渐富足了。"此语吾又不解其所谓。夫物价之贵贱，果从何处觅其标准耶？（中略）若夫一切物品举十年之通以较之，而无一不涨于其前，是则金价或银价之趋贱耳，而非其余物价之趋贵也。何也？物价之贵贱何以名，以其与金银之比价而名之耳。若求诸货币以外，则尚有〈一〉原则焉，曰物价必比例于需要额与生产费，需要者多则物价必腾，生产费重则物价必腾。然文明程度高则庸钱必涨，庸钱涨亦为生产费增加之一。故物价必随文明程度而日腾，又经济界普通之现象也。今孙文谓行了彼土地国有政策后物价必渐贱，吾真不解其所由。（中略）物价而趋贱则必其需要日减也，是贫困之一征也，否则庸钱趋微也，亦贫困之一征也，而又何人民富足之有？吾观于此，而益疑孙文之社会革命论，除反复于古昔井田时代之社会无他途也。举农业以外一切之诸业而悉禁之，以国有之土地授诸能耕之人而课其租，税〔现〕有四万万人，苟国中有四十万万亩地，则人授十亩焉云云。

驳之曰：梁氏而又不解耶？凡梁氏所不解者皆以其未尝研经济学之故，遇此等处辄生疑问，亦不足怪。寄语梁氏，俱〔但〕洁已〔己〕以进求教可耳，无盲猜瞎说自苦乃尔也。梁氏曰："物价之贵贱，果从何处觅其标准耶？"是梁氏先不知物价贵贱之标准也，继而辛苦求索，索诸金银之比价，然犹曰："金价银价之趋贱，而非其余物价之趋贵。"是则梁氏亦知以金银比价者，其为贵贱非真物之贵贱，于此亦可谓有一隙之明矣。然终无以得物价贵贱之标准，乃转其词曰："求诸货币以外，尚有一原则云云。"此以下则不过为物价贵贱之原因、法则耳，非论定其贵贱之标准也。梁氏展转及此，不知其即以为言物价之标准耶？抑别有所谓标准耶？吾今单简为数语以诲梁氏，而并以极浅之证例〔例证〕明之。

盖言物价贵贱之标准，当以劳力为比例，不当以金银为比例。其社会人民用力多而所得少者曰物贵，其社会人民用力少而所得多者曰物贱。人民之用劳力不齐等，所得亦不齐等。然其劳银所得最低之度与其生活最少之费两举而比较之，则无不见。举例言之，如河南省鸡卵一枚售钱三文，广东省鸡卵一枚售钱三十文，自俗人言之，则曰在河南省物贱，在广东省物贵矣。然河南之挽手车者每人终日不过得钱三十，广东之肩舆者则一出而可得钱数百，每人终日可得三千，以之易物，则以河南车夫一日之力不过得鸡卵十枚，而广东舆夫一日之力可得鸡卵百枚也。然则两者之人民，其物价贵贱之感为如何耶？又如野蛮荒岛，百物无一钱之价值，若至贱也。然其人终日劳动，乃仅足以赡其生，曾不得一息之暇逸。而文明之国物皆有价，然劳动以自养者若非有他之原因，则必不如野蛮人用力之多也。此教梁氏论物价贵贱之标准也。

又梁氏述其致贵贱之原则曰："物价必比例于需要额与生产费。"是固然矣，然供给之额能远过于需要者，梁氏将以为贵耶？贱耶？文明进步，生产方法改良，则每能以少数之生产费而得多数之生产物（此即文明物价便宜之一大因）。而用机器者，其用人工既少，则庸钱之涨亦无甚影响于物价。美洲之庸钱数十倍于山东，而美洲所出之面粉乃更贱于山东，即缘此故。故即以金银之价额论，而文明国之物品较诸野蛮国亦多有反贱者也。美洲之民不困于物价之贵而苦于租，其租之贵多由地主垄断封殖使然，而非其本价。若我国将来土地国有则无此患，故生产力大而供给倍多，民生其时可以少劳而多得。故曰"物价渐便宜，人民渐富足"也。梁氏于此一切不知，乃谓"必庸钱趋微、需要日减而后物贱"，由此谬乱否塞之脑筋，妄用推测，而遂谓吾人将来必悉禁诸业云云，愚悍如是，亦一绝物也。

以上皆梁氏所致难于吾人之语，而吾人从而纠正之者。梁氏见之，得无又谓本报诋之无所不用其极耶？然梁氏既以能摘人误自鸣得意，而所论既破则自无容身之地，非吾人迫之于险，实梁氏自取之也。

又梁氏于本报第五号《论社会革命〈当〉与政治革命并行》一篇，摘其中数语以相稽。殊不知论者意旨所在，即如所谓行之政治革命后易为功者，盖征之历史，凡善政之兴、弊政之革皆在鼎革之时代为易，而守成之时代为难。梁氏虽愚，宁不识此公例，而故意颠倒其词，谓即利丧乱而为掠夺之事。然则凡当新朝百度具举者，悉掠夺丧乱为之耶？至明之革元胡异种贵族之政，称以"政治革命"亦复何愧？而梁氏曰："以明初为政治革命，则公等所谓'政治革命'者吾今知之。"夫政治革命不必出于一轨，许明为政治革命则必效法之耶？此又不知梁氏所据为何种论理也。

吾人纵笔为文，亦岂能自谓无一误语，然如梁氏所举，则彼辄自陷于巨谬而不知，亦一异也。第十号演说词有云："解决的方法，社会学者之言，兄弟所最信的"云云。梁氏拾此沾沾自喜，则亟加按语其下曰："岂有倡民生主义之人，而不知 Socialism 与 Sociology① 之分耶？抑笔记者之陋也！"不知此语不误，而笔记者亦未尝陋。盖自来言私有土地之不公及地主之害者，不止为民生主义学者也。如斯宾塞尔②，抱个人主义以言社会学者也，而四十岁前曾著书详论私有土地之非，其办法尤为激烈；及晚年所著乃稍平和，然其说地主之弊则同其少作。（按以是而轩利佐治斥之曰："作者殆近与富人游，而改为此态耶？昔有北美教师盛

---

① 此二者的字义分别为"社会主义"与"社会学"。
② 斯宾塞尔（Herbert Spencer），今译斯宾塞，英国人。

主放奴之论，及至南美，人搜得其旧作则张筵招之，以听其议论欲重辱之，而是教师乃圆通其词，谓奴以买得，放奴不公，赎奴则无此资本，闻者乃大悦。"以讥斯氏。然氏之议论始终未尝矛盾，但变其强行之手段为和平耳。）轩利佐治主张单税法，其论土地私有之弊最痛彻，而轩氏则固不认为民生主义学者者。弥勒约翰①以经济大家而定价收买之法，则氏倡之。孙先生曰"吾对于此数家之言将有所斟酌去取"，而演说之际，概括以言，不暇缕举，故统而称之曰"社会学者"，盖政治、经济、法律皆社会学之分科也。记者按伊里之书，亦言经济学为社会学之一部。梁氏若不信此名称，则盖试就左举之文倩人译而读之，当知非杜撰也。所举之文为《美国国民读本》，以梁氏自足于小学生程度，故稍进之也。

Sociology, or the fundamental social science, deals with society as a whole, and studies certain general principles that lie at the basis of each of the separate social sciences. Economics is one of these separate social sciences. The ethical, the legel〔legal〕, the political and the economic relations of men are all outgrowths of social life; and what is common to them all falls with the province of sociology. ②

至梁氏必诬孙先生旧日曾语彼，以社会革命为当杀中国四万万人之半或四分之一等语，孙先生曰："六年前吾与梁氏语，彼并不知有'社会主义'之一名词。又自戊戌〔戌〕贬斥，含恨莫伸，以谓革命为杀人雪愤之事。此种恶念，萦绕其脑筋不去。其与我辨者，更瞀乱于今日十倍，我故无从语以办法条理。然彼今闻吾人定价收买之法，不能就此反驳，而举其所梦想者强以属人，企乱他人耳目，卑劣甚矣！"按梁氏此等语已于本报第五号驳之，而梁氏生平惯于作伪，此又路人皆知者。今以非本论之范围，姑不复论。

梁氏彼报十四号之文，凡分三大股，股各立义，不复相谋。盖以矛盾为工，合掌为病，八股家之通例。如是分评之，则第一股作历史谈，足称明畅，惜读伊里《经济学概论》未熟，挂漏尚多；第二股抵制外资，人云亦云，未得真谛；第

---

① 弥勒约翰（John Stuart Mill），即弥勒，严复译为穆勒，今又译密尔，英国人。

② 中译文为："社会学，或初阶社会科学，面对整个社会从事研究某些以相互独立的社会科学学科作为基础的普遍原则。经济学即系这些社会科学学科之一种。人的伦理道德、法律、政治、经济之间的联系，都是社会生活的产物。这在社会学的范围内颇为常见。"（何靖宇译）

三股有意逞奇，而自论自驳，多不可通。亦由其无所倚据，故每下愈况也。（于前人之书，固不必随其脚跟，一切是认，惟有所引述必贯彻其论点，始能用为注脚。若梁氏于伊里之欧美经济历史谈，袭其半面而掩其半面，则所未尝见也。）

驳论既终，犹有余墨，爰以梁氏原文自相挑战之大者，列为"矛盾表"以饷阅者。表中所列皆择其直接挑战者，而间接矛盾者略之。俱〔但〕列原文相对，不加一字批评，其以数矛而刺一盾，或以双盾而抵一矛，皆梁氏本来之部勒，记者无容心于其间也。

矛	彼欧人所以致今日之恶现象者，其一固由彼旧社会所孕育，其二亦由彼政府误用学理放任而助长之。（原文十六页第六行至第七行）
盾	吾以为策中国今日经济界之前途，当以奖励资本家为第一义，而以保护劳动者为第二义。（原文十六页第十二行、十七页第一行） 吾之经济政策以奖励保护经济家併力外竞，而其余皆为辅。（原文二十八页第五行至第六行）
矛	彼贫富悬隔之现象，自工业革命前而既植其基，及工业革命以后则其基益巩固，而其程度益显著云耳。盖当瓦特与斯密之未出世，而全欧之土地本已在少数人之手，全欧之经济自然亦在少数人之手。（中略）故工业革命之结果，非自革命后而富者始富、贫者始贫，实则革命前之富者愈以富，革命前之贫者终以贫也。（原文十页第十一行至第十三行、十一页第一行又自第三行至第五行）
盾	若以简单之土地国有论而谓可以矫正现在之经济社会组织，免富者愈富、贫者愈贫之恶果也，是则不成问题也。（原文三十五页第三行至第四行）
矛	则虽目前以解决生产问题故，致使全国富量落于少数人之手，贻分配问题之隐祸于将来，而急则治标，犹将舍彼而趋此。（原文二十页第九行至第十一行）

（续表）

盾	但使一国之资本在多数人之手，而不为少数人所垄断，则此问题亦可以解决几分。（原文二十五页第九行至第十行）
矛	若国家仅垄断其一机关，而以他之重要机关仍委诸私人，国家乃享前此此机关主人所享之利，是不啻国家自以私人之资格插足于竞争场里，而与其民猎一围也，是亦欲止沸而益以薪已耳。（原文三十四页第十三行、三十五页第一行至第二行）
盾	则如铁道、市街、电车、电灯、煤灯、自来水等事业，皆归诸国有或市有也。（原文五十页第一行至第二行）
矛	欧人自工业革命以来，日以过富为患，每财岁进而业场不增。其在欧土，土地之租与劳力之庸皆日涨日甚，资本家不能用之求赢，乃一转而趋于美洲、澳洲诸新地。此新地者，其土地率未经利用，租可以薄，而人口甚稀，庸不能轻；于是招募华工以充之，则租庸两薄，而赢倍蓰矣。乃不数十年，而美、澳诸地昔为旧陆尾闾者，今其自身且以土地过剩为患。（原文二十六页第八行）
盾	但使他国资本势力充满于我国中之时，即我四万万同胞为马牛以终古之日。（原文十八页第十二行、十九页第一行至第二行） 痛哉！此外国资本之结果也。（原文十八页第十三行）
矛	而全欧之土资〔地〕本已在少数人之手，全欧之资本自然亦在少数人之手。（原文十页第十三行、十一页第一行）
盾	要之，欲解决社会问题者，当以解决资本问题为第一义，以解决土地问题为第二义。（原文二十二页第十二行至第十三行）
矛	夫自生产方法革新以后，惟资本家为能食文明之利，而非资本家则反蒙文明之害。（中略）而彼大资本家既占势力以后，则凡无资本者或有资本而不大者，只能宛转庚〔瘐〕死于其脚下，而永无复苏生之一日。彼欧美今日之劳动者，其欲见天日，犹如此其艰也。（原文十八页第八行至第十二行） 而产业革命已同时并起，无复贫民苏生之余地矣。（原文十二页第十一行）

（续表）

盾	夫英民今日得免于饥饿者，虽谓全食工业革命之赐焉可也。（原文四十页第一行至第二行）
矛	惟一切生产机闢〔关〕皆国有，国家为唯一之地主、为唯一之资本家，而全国民供其劳力，然后分配之均乃可得言。（原文二十四页第一行至第二行）
盾	盖公司全股四百万份，而其为股东者百余万人。此我国前此经济社会分配均善之表征，亦即我国将来经济社会分配均善之联兆也。（中略）大股少而小股多，则分配不期均而自均。（原文十五页第三行至第五行、又第七行）
矛	而全欧之土地本已在少数人之手，全欧之资本自然亦在少数人之手。（原文十页第十三行、十一页第一行） 欧州〔洲〕各国皆有贵族，其贵族大率有封地，少数之贵族即地主也，而多数之齐民率皆无立锥焉。生产之三要素，其一已归少数人之独占矣（经济学者言生产三要素，一曰土地，二曰资本，三〈曰〉劳力）。故贵族即兼为富族，势则然也。（原文十一页第七行至第九行） 然所操资本，无论用之以治何业，总不能离土地而独立。以国中有定限之土地，而资本家咸欲得之为业场，竞争之结果，而租必日增；租厚则病赢，而资本家将无所利，于是益不得不转而求租薄之地，此殖民政策，所以为今日各国为〔唯〕一之政策也。（原文四十页第十三行、四十一页第一行至第三行）
盾	盖地价之涨乃资本膨胀之结果，而非其原因。而资本家但使拥有若干之债券、株式，就令无尺寸之地，或所有之地永不涨价，而犹不害其日富也。（原文二十六页第四行至第六行）
矛	而不知此乃社会改良主义，非社会革命主义，而两者之最大异点，则以承认现在之经济社会组织与否为界也（即以〈承认〉一切生产机关之私用〔有〕权与否为界）。（原文四十六页第九行至第十行）

（续表）

盾	我国今后不能不采用机器以从事生产，势使然也。既采用机器以从事生产，则必须结合大资本，而小资本必〈被〉侵蚀，而经济社会组织不得不缘此而一变，又势使然也。（原文十三页第九行至第十一行）
矛	盖自生产方法一变以后，无资本者万不能与有资本者竞，小资本者万不能与大资本者竞。（原文二十二页第二行至第三行） 既采用机器以从事生产，则必须结合大资本，而小资本必被侵蚀。（原文十三页第十行）
盾	将来生产方法一变以后，大资本家资之〔之资〕本与小资本家之资本，其量同时并进。（原文五十页第十行）①
矛	社会革命论，以分配之趋均为期，质言之，则抑资本家之专横、谋劳动者之利益也。此在欧美诚医群之圣药，而施诸今日〈之中国〉，恐利不足以偿其病也。吾人以为策中国今日经济界之前途，当以奖励资本家为第一义，而以保护劳动者为第二义。
盾	中国今日若从事于立法事业，其应参用今世学者所倡"社会主义"之精神与否之一问题，此问题则吾所绝对赞成者也。此种社会主义，即所谓社会改良主义也。略举其概，则如铁道、市街、电车、电灯、煤灯、自来水等事业皆归诸国有或市有也，如制定工场条例也，如制定各种产业组合法也，如制定各种强制保险法也，如特置种种贮蓄机关也，如以累进率行所得税及遗产税也。

据民意：《告非难民生主义者——驳〈新民丛报〉第十四号"社会主义论"》,载东京《民报》第十二号,一九〇七年三月六日发行

---

① 按：以上"矛盾表"中，据《新民丛报》第四年第十四号所载《杂答某报》引录的少数段落出处（页、行）有讹，而下面两段则漏注出处，均未按原文更正。

平实开口便错①

（一九〇八年九月十一日）

《总汇新报》② 新记者平实，一登台则陈其履历曰："我行年三十余矣，奔走国事者亦十余年。"③ 精卫先生④曾讽之以报馆非官衙，何容自陈履历？而吾辈读者，以为出世三十余年之壮夫，奔走国事十余年之志士，虽彼自道"于时局变迁、社会情形不敢云研之精而知之深"，然于平常事理、普通知识当能不至如勤如勇之无知也。乃日来所为各文，真有如精卫先生所云每况愈下者，然尤莫过于十四日之《论革命不可强为主张》一编⑤之开口便错也。

其言曰："时势者，自然也。圣人、英雄者，善应时势者也。革命者，时势自然之所趋，圣人、英雄顺时势之自然起而应之者也。所谓自然者何？即人民大多数之所趋。如十一征而无敌于天下，非尽汤⑥之力也，人民归心也。八百诸侯不期而会，非武⑦之力为之也，天下归心也。十三议会共举华盛顿，华盛顿辞之再三而不获，非华盛顿之力为之也，十三州人民归心也。此三者皆自然也。"

其特错大错者，以时势与自然为一也。夫时势者，人事之变迁也；自然者，天理之一定也。吾在小学堂闻之吾师曰：世界之学有二大类，其一曰自然科学，

---

① 孙文于一九〇七年三月移居越南河内，组织中国西南边境多次起义。一九〇八年一月被印度支那法国殖民当局勒令出境而至星加坡，是年秋建立同盟会南洋支部。他领导革命党人与保皇党进行论战，并自用笔名"南洋小学生"撰写三篇批判文章在当地同盟会机关报《中兴日报》上发表（据学者考证，论战对象"平实"系唐璆的笔名）。本文即其首篇。

② 即星加坡《南洋总汇新报》，一九〇八年六月二十九日由《南洋总汇报》改名。

③ 引自平实《论今日时局止可立宪救国万无革命之理》，载一九〇八年九月五日《南洋总汇新报》第一版。

④ 汪精卫。以下援引者，系载于一九〇八年九月八日星加坡《中兴日报》第二版的精卫《革命者国民之责任非英雄之事业》一文。

⑤ 此文连载于一九〇八年九月九日、十日《南洋总汇新报》第一版。所记（八月）十四日为阴历，即公历九月九日。

⑥ 下文亦作成汤。

⑦ 周武王。

其一曰人事科学。自然科学者，如天算、地文、地质、物理（声、光、电、热、力等学）、生物（动物、植物二学）、化学是也。人事科学者，如社会学、心理学、伦理学、政治学、法律学、经济学、历史学是也。又闻之中国常语有曰："人事补天工，人事夺天工。"天工者，自然也。如是时势与自然之有区别，虽小学之生徒、常人之见识皆能知也。彼今引三事谓皆为"自然"，以证其说，此真不可思议之奇谬也！

　　夫汤之十一征而无敌于天下，为人民之归心也，而人民何以归心于汤？以夏桀之残暴也。而夏桀之残暴，非自然也。夏桀可以残暴，亦可以仁圣，倘使桀能承其祖德，如大禹之为仁圣，则人民必仍归心于桀，而不归心于汤矣。武之八百诸侯不期而会，为天下之归心也，而天下何以归心于武？以商纣之无道也。而商纣之无道，非自然也。商纣可以无道，亦可以有道，倘使商纣能承其祖德，如成汤之有道，则天下必仍归心于纣，而不归心于武。美大陆十三州殖民地之离英独立，以英之苛税也。而英之苛税，非自然也。英可苛税，亦可薄税，倘使英王佐治第三①能俯顺舆情，尽除苛税，则美国至今仍为英之殖民地，而必不离英独立。（论者有"十三州人民归华盛顿"之说，真不通之极也。夫华盛顿为十三州国民之一分子，其受任出而统兵，是各尽其能以行义务，虽职有等差而分皆平等，同心一致以赴公义，固无所谓谁归心于谁也，此精卫先生所谓国民革命者是也。又谓"华盛顿辞之再三而不获"，此显是论者脑中带有专制国虚伪之遗传，而自行杜撰者耳。按吾在小学堂得之师长指授，有华盛顿之笔记并美国各名家之历史，皆载有当美氏〔民〕抗英之始，华盛顿在费城为大陆会议员，任军事议长，由此被举为十三州义军之统帅；华盛顿被举之时，毫无推辞，惟率直而言于同人之曰"吾深恐有陨厥职"，又却辞不受俸禄，惟取其一身之实费而已。吾今请问论者，"辞之再三而不获"一说出于何处？）此三者皆为历史之陈迹，纯然人事之变迁，并非如日月之经天、山河之丽地，何得谓为"自然"？

　　意者奔走十余年国事之人，志在扶清灭汉，而持之无其故，言之不成理，谬想天开，不知从何处觅得"自然"二字附入于时势之下，以为今日之时势，满人

---

① 佐治第三（George Ⅲ），今译乔治三世。

之握中国四万万人之主权、宰制四万万人之死命者，实天数也。天数者自然也，故今日时势，以满制汉亦自然也，自然者非人事得而改更，故曰"革命不可强为主张"。以革命之事"非大圣人、大英雄不能为，虽有大圣人、大英雄，时势不可为，亦不能为"，是可以排汉族之革命，而奠大清国于万年无道之长基矣！

呜呼！论者之心亦良苦矣，惜其为说不能抵小学生之一击也，岂能惑世哉？今吾语尔：时势者非自然也，自然是自然，时势是时势，时势者纯乎人事之变迁也。革命者，大圣人、大英雄能为，常人亦能为。尔既知人心之所归，则时势之可为，尔有何据知吾汉族之四万万人为尽归心于满清者？以吾所见，除尔一二汉奸外，断无归心于满清者。今即以南洋证之：南洋各埠数年前华侨不知有革命之事业，只知捐功名、买翎顶，以为惟一之报国义务。自康有为到此伪传奉诏求救，人始言保皇矣。后有革命主义之传布，人皆如大梦初觉，其始之言保皇者，今皆言革命矣；其以有故而不敢言革命者，然亦皆不言保皇矣。以南洋今日之革命风潮，比之前数年为如何？尔虽初到未悉，亦可一访即知也。南洋一隅已如此，则中国十八省可知。且就清政府近日之恐怖革命，则可见内地革命思潮之高涨，当亦不逊于南洋矣。于此可证人心之趋向也。

中国人受专制之祸二千余年，受鞑虏之祸二百余年，人心几死，是犹醉梦者虽饥渴亦不知饮食也，不有唤起之，则醉梦者必长此终古矣。今幸有主张革命者出而唤起同胞，使之速醒，而造成革命之时势，将见醒者愈多，则革命者亦愈众。尔所谓"革不革一顺夫国民之心而已"，则四万万同胞必然大醒，则人人必以革命如饮食之不可无者（精卫先生云"与饮食同一平常"，彼转语则以"平常为自然"，且谓人矛盾，真属胡闹卑劣），尔时尔平实又当如何？吾恐尔必欲以大圣人、大英雄自居，如查厘李及结士①辈之欲倾陷华盛顿矣，或又如杨度等之互相水火矣！

平实又曰："吾尝谓革命不是奇事，是难事、大事。以革命为奇事者，不知公理也；以革命非难事、大事者，不知时势也，不度德、不量力也。均为无识，敢以质之。"此以知公理、识时势自矜矣！而末句颇近谦让，有如猩猩学言，略似

① 查厘李（Charles Lee），今译查尔斯·李；结士（Horatio Gates），今译盖茨。

人声矣，惟未知何所指而为是言也。主张革命者固未有以革命为非难事、大事者，无乃以己所为之事皆不欲为其难，故见人所为之事必以为人以之非难、非大者耶？何其以鸥鹢而测凤凰也！吾今有一问，要平实答我：革命为善事乎？抑恶事乎？如平实能言革命为恶事，并引据以证之，则吾不尔责；否则事之无论如何难、如何大，倘其事不为恶，则断无有不可主张之理也。尔之排斥革命无理由可说，不过以为难事、大事而已，更见尔为卑劣中之最卑劣者。尔宜悔改，去邪归正，毋多言而多错也！

据南洋小学生：《平实开口便错》，载一九○八年九月十一日星加坡《中兴日报》第二、四版

论惧革命召瓜分者乃不识时务者也[①]

（一九○八年九月十二日）

自精卫先生《民报》第六号《驳革命可以召瓜分》[②] 一论出，言中外之情势原原本本，使中国人士恍然大悟，惧外之见为之一除。近又有《申论革命决不致召瓜分》一长编并《革命决不致召瓜分之实据》[③]，及汉民先生《驳某报惧召瓜分说》[④]，透言列强之政策瞭如观火，使读者快慰不已。所引土耳其、麼洛哥[⑤]二国近事为证，尤足征铁案如山，非惧外媚满者所能置辩也。

土耳其者，号为"近东之病夫"。其所征服各异种之地，数十年来已为列强所攫夺，或据为领土，或扶以独立，是故土国在欧洲之领土已被瓜分殆尽。仅存

---

① 本文以"南洋小学生"为笔名，是孙文在星加坡批判保皇党人的第二篇文章。

② 原题为《驳革命可以召瓜分说》，本册已在前面附载。

③ 汪精卫署名"精卫"所撰两文，原题为《申论革命决不致召瓜分之祸》，一九○八年七、八月在《中兴日报》分二十期连载；《革命可以杜绝瓜分之实据》，同年八、九月在《中兴日报》分八期连载。

④ 胡汉民署名"汉民"所撰之文，原题为《驳总汇报惧革命召瓜分说》，连载于一九○八年八月十九、二十、二十二日《中兴日报》第二版。

⑤ 麼洛哥（Morocco），今译摩洛哥。

马士端尼亚①一省（为马其顿民族生息之邦）亦被列强干涉，各派政官、警察于其地，该地主权行将非土耳其之有矣。乃土耳其革命党②则就列强已入而干涉之地以起事，一举而擒土皇③之大将，土兵遂叛而归革命党。当时各国并不以革命而干涉，且以革命而止干涉，作壁上观。及土皇退让，革命成功，各国且撤其政官、退其警察，任革命党之自由行动；今更致庆于土民，颂之以能发奋为雄矣。

　　麼洛哥者，无名之国也。初入法国之势力范围，继为列强之公共地，已成俎上肉，久任欧洲之烹宰矣。法兰西、西班牙二国既派警察不已，再遣陆军，尽握海口，又入重地。麼民不甘与孱王俱死、与主权同亡，乃发奋为雄以拒外兵，以覆昏主。内外受敌，危险莫测，而麼民不畏也，惟有万众一心，死而后已。其初也，败而愈愤，退而复进。其继也，有败有胜，或进或退，纠缠不已，久无解决。各国当局心焉忧之，恐此旋涡蔓延，而成欧洲列强之势力冲突。乃忽一日飞电传来，曰："麼洛哥革命军覆麼王鸭都亚斯④全军于马剌居时⑤，麼王或遁或擒，尚未得知。"欧洲各报一得此音，皆喜出望外，有从而论之（照译）。《自由西报》曰：

　　　　亚剌芝斯剌⑥（西班牙南岸之邑，欧洲列强会议解决麼洛哥问题之地也）之盟约未干，麼国则陷于困难之境，而全欧随之纠缠无已；今此电音则略示其结果之涯岸矣，诚安慰之好音也。夫麼洛哥之两党，其一保王党为列强外交上所承认，其一革命党为麼民有识者所归心，二者各拥重兵相顾不发者已久，惟各派员运动各地人民以争胜，而吾人昔尝意料之冲突今卒来矣。若此电音果确，则幸数已归于果敢有为之武黎哈佛⑦（革命党首领）矣。以其主

---

①　马士端尼亚（Macedonia），今译马其顿，后并入南斯拉夫，一九九一年成为独立国。

②　该党称"青年土耳其"（Young Turks）。

③　指土耳其苏丹哈米德二世。

④　摩洛哥苏丹王鸭都亚斯（Abdul Aziz），今译阿布杜勒·阿齐兹。

⑤　马剌居时（Marrakesh），今译马拉喀什，马拉喀什省首府。

⑥　亚剌芝斯剌（Algeciras），今译阿尔赫西拉斯，南隔直布罗陀海峡与摩洛哥相望；西方列强关于摩洛哥问题的国际会议于一九○六年一月在该地举行，四月缔结《阿尔赫西拉斯条约》，使摩洛哥沦为各国共管的半殖民地。

⑦　武黎哈佛（Abdul Hafid），今译阿布杜勒·哈菲德，即鸭都亚斯之弟，一九○九年初西方列强承认其继任苏丹王位。一九一二年，摩洛哥成为法国"保护国"。

义乃得多数回徒之赞成，而鸭都亚斯之放纵卑劣久为回徒所共弃者也。在马刺居时旧都之战之结果，则武黎哈佛已由覆灭鸭都亚斯之军队，而树其声威于麐民；而鸭都亚斯之自身或擒或遁，已一败涂地矣。此一战也，当能解决麐洛哥之政权之所归宿矣。今旧王之权力已被敌人蹂躏至此，断难收拾余烬而恢复其位矣。麐洛哥今已得其道，以自行解决其国内之问题，而列强当从此为之释然如脱重负矣。

回思前者，旧王与革命军常为互相却退之战略，旷日持久，两不相下，几有使此问题永无解决之忧者。今幸矣，纷扰之事长此与鸭都亚斯之权力同去矣。法国所处艰难情形已略为解轻，将来更能解轻者，则得胜之武黎哈佛行即位之典于飞士①京城，而接见欧洲列强之外交官并领事之时也。当此事既行之后，则彼之权力必得亚刺芝斯刺会盟列国之公认，而法国现负之责任亦由是释减矣。要之，麐洛哥之国势昔为欧洲列强危险暴飓之旋涡者，可从此尽息，而化作宁静之场矣。

睹于此论，可知欧洲之舆论，列强之政策矣。因势力之冲突，乃有以干涉他国政事为负重任矣，有以他国人民能解决己国问题为释然矣，有以他国问题纠缠日久不能解决为忧心如焚矣。中国问题之纷乱而不能解决者，自欧势东渐已百余年于兹，故有"远东病夫"之号也。今者"近东病夫"之土耳其瓜分问题已由革命而解决，无名之麐洛哥干涉问题亦由革命而解决（近日电音云：德国行文促各国之承认革命党首领武黎哈佛为麐洛哥新王，而法兰西、西班牙二国已承认之，而并议退兵回国），中国岂异于是哉？

拜读精卫先生革命可杜瓜分之论，不禁五体投地，神圣奉之，遂择译数节以质吾师。吾师曰：

此真中国人之先知先觉者。惟在吾西国，则此等言论已成为明日黄花。盖自日本败中国之后，西人见如此地广民众之国乃败于撮尔弹丸之日本，各国之野心家遂大倡瓜分中国之议，谓："支那人乏于爱种爱国之心，而富于服从媚异性质。以满洲数百万之蛮族犹能征服之，而宰制之二百余年，况吾欧

---

① 飞士（Fès），今译非斯，时为摩洛哥首都，现是非斯省首府。

洲之文明强盛乎？倘列强有欲为中国之主者，中国人民必欢迎恐后。近闻中国士人有在上海求捐俄国功名者，此可为证也。"（见德国某报）于是俄、德遂试行其瓜分之政策于胶州、旅顺矣，然不见中国人民之欢迎，只见其仓皇失措，于是颇生疑忌，不敢立肆其蚕食鲸吞之志。无何，而扶清灭洋之义和拳起矣，其举虽野蛮暴乱，为千古所未闻，然而足见中国人民有敢死之气；同时又有革命军起于南方，举动文明，毫无排外，更足见中国人民有进化之机矣。各国于是已尽戢其野心，变其政策，不倡瓜分，而提议保全支那之领土，开放支那之门户。惟俄尚恋恋于满洲之野，故卒遇日本之一击。近数年来，西土人士，无贤不肖，皆知瓜分中国为必不能行之事；倘犹有言此者，世必以不识时务目之。不意中国人士至今尚泥于拳变以前之言，真可谓不识时务者矣！兹有精卫先生为言以教之，亦发聩振聋之一道也。

吾不禁有感于师言，故述录之，以赠惧革命召瓜分者，想亦精卫先生之所许也。

据南洋小学生：《论惧革命召瓜分者乃不识时务者也》，载一九〇八年九月十二日星加坡《中兴日报》第二、四版

平实尚不肯认错[①]

（一九〇八年九月十五日）

平实以时势为自然，我引科学以证其谬，尚不肯认错，哓哓不已，乱谛无谓，引孔孟天命之说以文饰。无怪彼等以满人侵夺中国亦为天命之自然，而甘心媚之也。

夫孔孟，古之圣人也，非今之科学家也。且当时科学犹未发明也，孔孟所言有合于公理者，有不合于公理者。尔平实诚泥古而不通今，若如尔必尽守孔孟之言，则孔子有曰"不在其位，不谋其政"，又曰"庶人不议"，尔今又何偏要谋满人之政而上书乞求开国会，以为庶人之议耶？尔谓"孟子言时势，以为莫之

---

① 本文以"南洋小学生"为笔名，是孙文在星加坡批判保皇党人的第三篇文章。

〈为〉而为者天也，莫之致而至者命也"，则尔又何必曰"今为救亡图存时代"？夫天欲以此时代而亡尔所爱戴之满清矣，尔便可委心任运以听其亡可也，何救为？

尔问："天与人事果能截然区别乎？"我答尔曰：自然与人事，固绝对之不同也。尔谓："以至浅之理明之，夏葛冬裘，昼兴夜寝，何莫非因天时之自然以为人事？"既知因天时以为人事，则天时、人事固有不同矣，尔何以又偏以之为一耶？如曰殷因于夏，便可谓殷、夏为同一耶？何其不通之甚也！尔又引老庄，谓："合天地人皆以自然为归。"尔以人为自然，则以人事亦为自然乎？此即尔之大错特错点也。

夫人之初生，穴居野处，饥食自然之果实，渴饮自然之泉源，此所谓自然人；今南洋之海岛犹有存者。熙熙嗥嗥，无思无为，如中国古语所谓"无怀氏之民"、"葛天氏之民"也。此自然人之时代，固无所谓理乱兴衰之时势也。及其进化也，由猎而牧而耕而织，于是有夏葛而冬裘，暑扇而寒火，则人事进化矣。其进化之程度愈高，则离天然愈远。及至历史之时代，则人事渐繁，而理乱兴衰之事毕现，然后乃有"时势"之名称。时势者，人事变迁之态度，西名曰 circumstanke〔circumstance〕，日本人译之为"周遭之情状"，而自然则曰 naturk〔nature〕，二者固绝然不同也。

平实又引赫胥黎之《天演论》① 以自饰，尔不怕为赫胥黎所笑乎？我问尔：赫胥黎所著之书共有几种？赫胥黎所主张之学说为如何？即尔所奉之《天演论》之译本，其原意有无为译者所牵强附会？尔能一一答我乎？

尔云："将人群家国之事，无不纳于天演自然之中。"尔于天演下加多"自然"二字，以为尔之说可完，而不知"天演"二字之原文为 evolution。此字有数意，兵式操演之"演"亦名曰 evolution。译者乃海军学生出身，惯于操演之事，先入为主，故译 evolution 为"天演"。而平实今欲文其错，并加以"天演自然"四字为一名辞，以辩其"人事即天然为不错"。其实，evolution 在赫胥黎之书应译为"进化"乃合，译为"天演"则不合，以进化一学有天然进化、人事进化之别

---

① 赫胥黎（Thomas Henry Huxley），英国人，其著作《天演论》（*Evolution and Ethics*），为严复中文译述本之书名，今译《进化论与伦理学》；下文"译者乃海军学生出身"指严复曾就读于福建马尾船政局附设的水师学堂。

也。若曰天然"天演"、人事"天演"则不合也，因人事进化与天然进化有相因的，亦有相反的也。

平实更有大谬不通者，无过于"即以字义论'时'字，属天乎？属人乎？"一语。夫"时势"二字乃一名辞也，今强拆一字出来，有是理乎？譬之弄骨牌曰"打天九"，今设有人强将"天九"二字拆之曰"天者天也，九者数也，打天九即打天数也"，岂不可笑！我向以尔平实为一新闻记者，原来尔是一个拆字先生。我误矣，我误矣，从此不与尔辩论是非矣！

据南洋小学生：《平实尚不肯认错》，载一九〇
八年九月十五日星加坡《中兴日报》第二版

五权宪法独有于中国①

（一九一〇年二月中旬）②

先生曰："予常与留日本、欧美习政治法律学生谈倡建五权之原则，闻者骇异曰：'吾人未闻各大学教授有此讲义。立法、司法、行政三权鼎立，倡自法儒孟德斯鸠，君主民主立宪国奉为金科玉律，〈任〉何人不敢持异议。今先生欲变世界共尊之宪法，增而为五，未免矜奇立异，为世界学者所不许。'"

先生驳之曰："三权宪法，人皆知为孟德斯鸠所倡，三权以后不得增为五权。不知孟德斯鸠以前一权皆无，又不知何以得成立三权也。宪法者，为中国民族、历史、风俗习惯所必需之法。三权为欧美所需要，故三权风行欧美；五权为中国所需要，故独有于中国。诸君先当知为中国人，中国人不能为欧美人，犹欧美人不能为中国人，宪法亦犹是也。适于民情国史，适于数千年之国与民，即一国千古不变之宪法。吾不过增益中国数千年来所能、欧美所不能者，为吾国独有之宪

---

① 孙文于一九一〇年二月十日抵达美国旧金山，十六日成立同盟会分会。据底本说明，本篇系孙文口述，刘成禺笔记，发表于旧金山《大同日报》；文中"先生"指孙文。按刘成禺为同盟会员，时任美洲致公总堂机关报《大同日报》总编辑。

② 底本未说明口述及发表日期，但谓在"同盟会初议组织"之时，标出时间即据此酌定。

法。如诸君言欧美所无，中国即不能损益，中国立宪何不将欧美任一国之宪法抄来一通，曰孟德斯鸠所定，不能增损者也！"先生喟然叹曰："欧美、日本留学生如此，其故在不研究中国历史、风俗、民情，奉欧美为至上。他日引欧美以乱中国，其此辈贱中国书之人也。"

先生论监察、考试两权曰：

"吾读《通鉴》①各史类，中国数千年来自然产生独立之权，欧美所不知，即知而不能者，此中国民族进化历史之特权也。祖宗养成之特权，子孙不能用，反醉心于欧美，吾甚耻之。"

"曰监察权。自唐虞赓歌飏拜②以来，左史记言，右史记事③，行人采风之官，百二十国宝书④之藏，所以立纲纪、通民情也。自兹以降，汉重御史大夫之制，唐重分司御史之职，宋有御史中丞、殿中丞。明清两代御史，官品虽小而权重内外，上自君相，下及微职，儆惕惶恐，不敢犯法。御史自有特权，受廷杖、受谴责在所不计，何等风节，何等气概！譬如美国弹劾权，付之立法上议院议决，上议院三分之二裁可，此等案件开国以来不过数起，他则付诸司法巡回裁判官之处理贪官污吏而已。英国弹劾亦在贵族、平民两院⑤，关于皇室则在御前议政院⑥，亦付诸立法也。如我中国，本历史习惯弹劾鼎立为五权之监察院，代表人民国家之正气，此数千年制度可为世界进化之先觉。"

"曰考试〈权〉。中国历代考试制度不但合乎平民政治，且突过现代之民主政治。中国自世卿贵族门阀荐举制度推翻，唐宋厉行考试，明清尤峻法执行，无论试诗赋、策论、八股文，人才辈出，虽所试科目不合时用，制度则昭若日月。朝为平

----

① 宋代司马光主编的《资治通鉴》，简称《通鉴》。

② "赓歌飏拜"，或谓"赓飏"，意为连续不断，语出《尚书》"皋陶谟"篇中"乃赓载歌"、"拜手稽首飏言"之句。

③ 《汉书》"艺文志"有"左史记言，右史记事，事为《春秋》，言为《尚书》"之说，"左史"即内史，"右史"即大史，皆为周代所设史官，专司记录言行。

④ 孔子修《春秋》，使门徒子夏等十四人搜求史籍，得见百二十国宝书。"国"指当时的大小诸侯国。

⑤ 英国的贵族院（the House of Lords），今称上议院；平民院（the House of Commons），今称下议院。

⑥ 英国的御前议政院（the Queen in Parliament），亦译君临议会。

民，一试得第，暮登台省，世家贵族所不能得，平民一举而得之。谓非民主国之人民极端平等政治，不可得也！美国考试均由学校教育付诸各省，中央不过设一教育局，管理整齐，故官吏非由考试，而由一党之推用，唯司法有终身保障。英国永久官吏制度，近乎中国之衙门书吏制度，非考试制度。唯唐宋以来，官吏均由考试出身。科场条例，任何权力不能干涉。一经派为主考学政，为君主所钦命，独立之权高于一切。官吏非由此出身，不能称正途。士子等莘莘向学，纳人才于兴奋，无奔竞，无缴〔徼〕倖。此予酌古酌今，为吾国独有，而世界所无也。”

“立法、司法、行政三权为世界国家所有，监察、考试两权为中国历史所独有。他日五权风靡世界，当改进而奉行之，亦孟德斯鸠不可改易之三权宪法也。”

据刘成禺：《先总理旧德录》①“名原第二”，载南京《国史馆馆刊》创刊号，一九四七年十二月出版

我 的 回 忆

对伦敦《河滨杂志》记者叙述革命经历②

（英 译 中）

（一九一一年十一月中旬）③

直到一八八五年，即我十八岁那年，我所过的生活与我同一阶层中的其他中国青年一样，只是因为父亲皈依基督教，并任职于伦敦传道会（London Missionary Society），我才有较多的机会与在广州的英美传教士接触。有一位英国女士很喜欢我，我就开始学着讲英语。英美传道会（Anglo－American Mission）的嘉约翰博士

---

① 《先总理旧德录》自序云，该文追录孙文言行，成篇于一九三六年十月十日。

② 一九一一年十月十日武昌起义后，孙文在美、英、法三国从事外交活动，谋求朝野人士对中国革命的支持。在伦敦期间，接受当地《河滨杂志》记者的访问。此为访谈纪录，经孙文亲笔签名认可。

③ 底本未说明访谈日期，因孙文在伦敦逗留时间是十一月十一日至二十一日，故酌为十一月中旬。

（Dr. Kerr）为我找了一份工作，使我学得了许多医学知识①。自此，我对医学发生了热爱，相信在我的同胞中行医对我是一种有用的事业。不久，我听说香港开设了一所西医书院（College of Medicine），就前往访见教务长康德黎医生（Dr. James Cantile）②，并注册做了学生。

我在那里过了五年快乐的生活。一八九二年，我获得了一纸可以行医的文凭，准许开设内科和外科。我开始设法选择地点，以便前往开业，最后决定在珠江口的葡萄牙殖民地澳门碰碰运气。直到那时为止，我还不能说对政治有什么特殊兴趣。但正当我在澳门为开业奋斗的时候——因为葡籍医生怀有偏见，我的奋斗是令人气馁的——一位与我年纪相仿的青年商人某夜来访，问我是否听到来自北京的消息，说日本人要来侵略。我说我只听英国人谈过，其他不太清楚。我对他说："我们都被瞒着，太可怜了，皇帝应该对人民信任一些才是。"

"天命无常（神权不会持久）。"③ 我的朋友说。

"真的。"我同意着说。同时我引述了帝舜（Shun）的话："天听自我民听。"④

那晚我加入了少年中国党（Young China Party）。

世人都知道困扰中国已久的病症所在，但使我们受苦的主要祸源莫过于无知。我们不被允许知道任何已经发生的事物，参与政治更是谈不到了。对我来说，因我不断与欧人接触，体味过他们的自由权，觉得这种状况是不能忍受的。我在澳门谋求开业赚钱的努力失败以后，不得不把招牌取下，迁往广州。一八九四年，中国屈服于日本之手。我开始在广州建立一个哥老会支部（a branch at Canton of the Kao – lao – hui)⑤，并献身于其工作，先后有很多人前来投效。某日，一位官

---

① "英美传道会"当指博济医院，参见第二册《伦敦被难记》的注释。嘉约翰（John Glasgow Kerr）原为美国北长老会（North Presbyterian Churches）传教医生，时任博济医院院长。孙文曾于一八八六年夏秋间进入该院学医，并在院中兼任"帮工"，以其工酬支付部分学费。

② 香港西医书院创办时，教务长为孟生，后始由康德黎接任。

③ "天命无常"，原文为 Tian ming wu chang，即据汉语音译；"神权不会持久"，系据圆括号内原文 The divine right dose not last for ever 译出。

④ 据原文 Heaven hears through the ears of my people 译出。见《孟子》"万章上"转引《尚书》"太誓"，整句是："天视自我民视，天听自我民听。"按：一说此语系周武王所言。

⑤ 此处谓孙文曾在广州建立哥老会组织，并未得到其他史料佐证。按哥老会为秘密会党天地会主要支派之一，其活动地点在长江一带，而在华南各省活动的是天地会另一主要支派三合会。

员对我说：

"孙，你是一个不寻常的人了。"

"为什么？"我问。

"你的名声已传到北京去了，你最好小心些。"

后来由于政情改变，使我转危为安。消息传来，说光绪皇帝已从睡梦中觉醒，不管慈禧太后如何，他都赞同我们的改革。我立刻起草了一纸请愿书，获得了数百人的签名，然后送往北京。

有一段时间，请愿书的命运和我们的命运都不可预测。当时发生一件事情，使朝廷对我们具有戒心。为中日战争所征来的广东军队被解散了，他们并没有各归生业，却跑来与我们同甘共苦。尤有进者，有一批广州特勤捕役（special Cantonpolice）扰攘不安，他们因为不能获得薪给，便去劫掠市区。居民为此招集了一个群众大会，选举五百余名代表到巡抚衙门去请愿。

巡抚（Governor）说："这是叛变。"立刻命令逮捕请愿代表的为首者。我逃脱了。这是我第一次脱逃，虽然自那以后我有过多次类似的冒险。逃脱之后，我们急切地想援救那些不幸的同伴，便草拟了一个大胆的计划，而执行计划之机似已成熟。简单的说，我们决定占据广州城，直到我们的请愿被允准，冤抑被昭雪，并取消新增的捐税。推行此一计划，需要汕头地区一大批人的帮助，他们也是不满现状的。我们的"改革委员会"（Reform Committee）每天聚会，并积聚了许多军火，包括炸药。事情布置停当，一切全赖汕头部队是否能够越过百五十余英里的路程加入我们，以及从香港来的一支特遣队是否能够及时赶到。预定的时间到来，我与朋友们聚集在一所特殊的房子里，外有武装同志百人把守。我们派了三四十名信使到广州各处通知我们的朋友，相约于次日清晨准备妥当。一切似乎进行顺利，但突然来了晴天霹雳。汕头部队的领导人发给我的电报说：

"官军戒备，不能前进。"

怎么办呢？我们所依赖的只有汕头部队。我们设法召回我们的侦察人员；我们拍了一封电报到香港，想阻止特遣队的进发，但已经来不及了。四百名强力特遣队已乘轮离开香港，带有十箱左轮手枪。我们大伙儿开始惊恐，接着便是一阵混乱，大家都希望能在暴风雨到来之前逃走。我们把所有的文件都焚烧了，并且把军火掩埋起来。我潜至珠江三角洲海盗出没的河网地区躲藏了好几昼夜。之后，我登上了一个朋友的汽船。在抵达澳门之后，我读到了一纸悬赏一万两银子捕拿孙文（我自己）的告示，很感荣幸。同时，我也听说有一批捕快（police），截住由香港开来的轮船，随即逮捕了船上的所有人员。一八九五年的广州之役，就此结束。

我在澳门只停留了数小时，在那里遇到以前那位老熟人，他向我说："哦，孙，你真的干起来了。"

我回答说："是的，我已着手进行。你当记得你所说的——天命无常。"

到了香港，我同样难保安全。在康德黎医生的劝告下，我去访晤一位律师丹尼斯先生（Mr. Dennis），他告诉我说，最安全的办法是立刻远走高飞。

"北京政权虽然衰弱，其爪牙无远弗届，"他说，"不管你到世界任何角落，恐怕仍逃不过总理衙门的耳目。"

很幸运的，许多朋友都资助我。没齿难忘的是：那些爱护我的人，对我多年来所致力以求的远大目标从不怀疑，他们总是做我的后盾。幸好，除了旅行之外，我没有什么别的需要。我常常连续几周只以白开水泡饭为生，我也曾徒步长途跋涉过。但有时候，却有大笔盛情难却的捐款交给我随意使用，因为在美国，有些同胞很富有，很慷慨，而且很爱国。

我从香港逃到神户之后，做了一件重大的事。我把生来所蓄留的辫子剪掉了，有好几天没有刮脸，并且蓄留了上唇的胡须。之后，我去一家服装店，买了一件新式的日本和服。当我打扮好之后，向镜中一照，面目一新，不禁大吃一惊——但并没有疑虑。我得天独厚，较一般中国人的肤色黝黑，此一特征系得之于我的母亲，因为我父亲的肤色较接近于普通类型。有人说我有马来血统，也有人说我生在火奴鲁鲁。这两种说法都不正确，我确知，我是道道地地的中国人。但在中日甲午战后，日本人较以前更受尊重，我只要蓄起头发和胡须，便容易被当作日本人看待。这种情形对我很有利，否则我将无法在许多危险的关头逃脱。即使是日本人，也常常把我视为他们的同胞。有一次，当我在某一公共场合被跟踪时，正巧两个横滨人向我打招呼。我对日文一窍不通，但我好几分钟假装着像讲日语的样子，才把侦探摆脱掉。

我离开日本之后，曾在火奴鲁鲁滞留了六个月。在那里，我也有与在日本相似的情况。火奴鲁鲁的中国人很多，他们待我很热诚。他们都知道我的事迹，也知道我是恶名昭彰的"孙文"，清廷正悬重赏缉购我的首级。但在火奴鲁鲁，我每天访客盈门，经常收到信函和报告，来自朋友们、改革派和哥老会的人。之后，我去了旧金山，并畅游美国。惟根据各种不同的报告，清廷驻华盛顿公使①曾力图将我绑架，送回中国。我深深了解，若被送回中国，我的命运将会如何——首先他们将用虎头钳把我的足踝钳断，并用铁锤击碎，再把我的眼皮割掉，最后把我磔成碎块。如此，任何人都将无法辨认尸体。中国的旧律，是不同情政治煽动者的。

一八九六年九月，我搭船去英国。十月十一日，由于中国公使的指使，我在伦敦波特兰街区（Portland Place）的中国公使馆被绑架。关于那次绑架的故事，世人已经熟知。简单的说，我被关在一间屋子里，受严密的监视，为时十二天之久，把我当成精神病患者，等待着送我回国的船只。如果不是我的良师益友康德黎医生住在伦敦，我将难以脱险。经过多次失败的尝试，我设法告诉了他这个消息。他向报社揭发了实情，最后警方和外交大臣索尔兹伯里勋爵（Lord Salisbury）及时出面干涉，遂命令释放了我。

我在伦敦和巴黎作了一段旅行和研究之后，觉得已是我回国的时候。我觉得国家正需要我。当我回到中国以后，发现拳乱正在进行，处处扰攘不安，此事已为世人所知。在那一段危险的时刻，我较前更具信心，经常发表谈话、撰文、讲演，确信革命无法避免。那时，我每天小心翼翼，因为那些痛恨欧人及欧洲文化并要求将"洋鬼子"逐出中国的激烈派，开始与我为敌。

接着，我又遇到另外一件重要的事情。有一次，当我向一群追随我的同伴演说时，看到一位体型矮小的年轻人。他不满五英尺，与我的年龄相仿，面色苍白，看来身体孱弱。讲演结束后，他走到我的面前说：

"我愿意与您共同奋斗，我愿意帮助您。我相信您的宣传会成功。"

从他的腔调，我知道他是美国人。他伸出手来，我握着他的手，并且谢谢他，但不知道他到底是何许人。我猜想他是一位教士或学生。在他走后，我问一位朋友：

"那个驼背的小个子是谁？"

---

①　即杨儒。

"噢，"他说，"那是荷马李上校（Colonel Homer Lea）①，是现今世界上出色的天才军事家之一——也许是最出色的一个。他对于现代战术无所不晓。"

我吃惊得倒抽了一口气。我说："他刚刚表示愿与我共同奋斗。"

第二天早晨，我拜访了荷马李，现在是将军，他是以著《无智之勇》（*Valour of Ignorance*）一书而闻名的。我告诉他，假如我的革命获得成功，而国人又授权给我时，我将聘他为首席军事顾问。

"不要等到您做了中国总统之后，"他说，"也许您做总统以前就会需要我。若没有军队，您既不能组织政府，也无法维持政府。我非常相信，中国人经过相当训练之后，都可以组成为军队。"

大多数经过欧式训练的中国现代军人，都是爱国而有志革新的，但在他们占领汉阳兵工厂以前，他们有枪无弹，原先发给他们的都是没有弹药的火器。

有些朋友常常担心我的安全，但我自己并不担心这些，我仍然是中国命定论的信仰者。我的运数到来时，就让它到来。某日凌晨，在"南京"（Nanking）轮船上，一个人走进了我的舱房。

"孙，"他说，"我是一个穷人，我有妻室和许多孩子。"

"我明白。你的意思是说有人给你一百圆要你背叛我？"

"不止一百圆。"他说。

"那么，是一千圆？"

"是五千圆，孙。你只是一个人，孙，慈禧太后杀人不眨眼，她恨您，决定要您的脑袋。到那时，您的头对任何人都没有用处。假如您现在把它给我，将使我们全家富足而快乐。"

"确是如此。"我说，"我的头颅对我毫无价值可言，但对你是不是有价值也很难说。因为假如你背叛了我，满清的官吏不仅会夺去你所得到的钱，你的孩子会依旧贫困。此外，还有千百万别人的孩子也是一样。金（Jin），你听我说。我现在是你的了，因此我的头就是你的头，你愿意以五千圆出卖自己的头吗？'天

① 荷马李为今人常用译名，而在孙文的著述中则惯用以广州话方言谐音译成的咸马里，当时文献资料又译堪马利、何马李、花墨黎、郝门李、李郝末、李哈麦、李赫迈、李何默等。荷马李其实是美国民间富有传奇色彩的军事学家，辛亥革命前曾计划协助孙文训练革命军并筹措经费，民国成立后被聘为南京临时政府军事顾问。

命无常'，去告诉主使你的人，我就在这船上，不会离开。"

他跪在我的脚前，请我原谅，但是第二天我听说那人投水死了，心里非常难过。因为他表示，对于想把我出卖给敌人的丑事，感到无法忍受。

我能够讲出很多有关酬赏我首级的故事。令人慨叹的是，其他谋我者并不像这位一样。有的是竭尽所能的想获取奖金，但我的朋友们救了我。某次，我被关在一间屋子里，有六周之久，不曾离开过一步。另一次，我蛰伏在广州市郊一间小木屋里，与一名渔夫同住，据说有两个士兵被派到附近的丛林中隐藏，一看到我就开枪射击。有人警告我这种危险性，让我在小屋里躲了两天。之后，听说那两个士兵被射杀了。

最不寻常的一次经历也许是在广州，其时有两个青年军官亲自来逮捕我。一天夜晚，我正在屋里阅读文件，没穿外衣。那两个人推开了门，外面还有十多个士兵。当我看到他们的时候，镇静地拿起了一本经书大声朗诵。他们倾听了一会，然后其中的一个开始向我发问。我回答了之后，他们又问别的。如是辩论了很长的时间，我将我个人的立场，和千百万与我想法相同者的立场，不厌其详地向他们解说。两小时之后，那两个人走了。我听到他们在街上说："他不是我们所要逮捕的人，他是个好人，是献身于行医济世的。"

据我估计，缉购我首级的奖金，曾提高到七十万两（十万英镑）。揆诸这种情形，有人问我为什么在伦敦自由游逛而不加戒备。我的回答是，我的生命现在并不重要，因为已有许多人可以替代我的位置。假如十年前我被暗杀，或被捕回中国处决，我的主张就要受到挫折了。但是现在，我多年来所经营缔造的组织，已很健全。

在拳乱结束的时候，我回到美国。当时我急需一种比军队和军火更重要的东西——没有它，我不会有军队和军火——那就是钱。不是我从各处所收到的那个数目，我至少需要五十万英镑，没有这么多钱，就要失败。于是我开始扮演一个新角色，即政治基金的募集者。为了筹款，我旅行了美国的大城小镇，并访问了欧洲所有的银行界领袖。我又派遣代表，四出进行。因此，有些人曾盗用我的名字行骗。我不愿多说这些，然而有一个大家所唾弃的背叛者，他公然将一笔付托给他的巨款侵吞，他将自食果报。

世界各地，尤其在美国，盛传中国人自私而唯利是图。这对一个民族是莫大的诽谤。我的许多同胞给了我他们所有的财产。某次集会以后，一个在费城开洗衣店的人到旅馆来找我，塞给我一个麻布袋，未留一言而去。袋中是他二十年来的全部积蓄。

那时，我密切注意着中国以及那里局势的发展。慈禧太后死了以后，我发觉命运之神正被玩弄在袁世凯的掌心里。中国的命运，将来在某段时间将会由袁世凯所左右，但我知道，如果没有我，他是无可作为的。

欧洲人都认为，中国不希望与外人往来，只有在枪尖之下才会开港让外人做生意。这完全是错误的。历史提供给我们许多例子，在满人入主中国之前，中国人与邻国有密切的关系，对于外国的商人与教士并无不欢迎的表示，外国商人可以自由旅行全国。在明代，排外的意识是不存在的。

满洲人来了以后，改变了自古以来的宽容政策。闭关自守，拒与外人通商；驱逐教士，杀害基督徒，禁止中国人民移居海外，违者处以极刑。为什么呢？满人排拒外人，是希望中国人民憎恨外人，以免受外人启迪，觉醒了民族意识。由满人激发的排外意识，到一九〇〇年的拳乱达于高潮。那次排外运动的主使人，除了皇室的成员之外，还会有谁呢？来华旅行的外国人士常说，人民对待他们远比官吏为佳。

这里，我再度列举二百六十年来满人统治期间，我们所身受的主要虐政：

一、满人为其本族利益而统治，不是为了全体人民。

二、他们反对我们在知识上和物质上进步。

三、他们以统治民族的立场对待我们，否认我们的平等权利。

四、他们剥夺我们不可分割的生存权、自由权和财产权。

五、他们纵容并鼓励官场的贪污腐败。

六、他们压制言论自由。

七、他们征税苛重而不公平，且不经人民同意。

八、他们施用最野蛮的刑罚。

九、他们不经法律而剥夺我们的权利。

十、他们不履行责任，以保障其辖区内人民的生命和财产。

虽然我们有理由痛恨满洲人，我们曾试图与他们和平相处，但终不可得。因此我们中国人民决定，在可能范围内采取和平政策，必要时则以暴力对付，以争取公平待遇，并建立远东和世界的和平。我们将有始有终，不管会流多少血。

我们要以一个新的、开明而进步的政府，取代旧有的政府。当此事完成之后，中国不仅能够解除它自己的困扰，也能够解救其他国家，维护其独立和领土完整。在中国人当中，有许多素养高尚之士，相信他们必能担负组织新政府的任务。他们早有精审的计划，使旧中国的王朝转变为共和国。

人民大众正准备迎接一个新的政府形式，希望其政治和社会的境遇能有所改变，以消除目前普遍存在的可怜的生活状态。国家已处于千钧一发的时刻，恰像一簇干枯的树木，只要星星之火，即可引燃。人民早已准备把满人赶走，一旦革命武力在华南取得立足之地，他们必然高举义旗。北京附近的七个镇完全是袁世凯建立的，因为袁已被革退，这些军队对北京政权的忠贞性已大为减弱。

虽然这些军队与我们之间尚没有什么联系，我们确信他们将不会为满清政府打仗。而在东三省另有一镇，是由革命的将领①统率的，时机一旦成熟，我们将能依赖他的合作，共同反对北京政府。

至于海军，虽然迄今尚未取得他们的支持，假如有足够的金钱向这方面运用，一种谅解很快便能成立。中国的海军只有四艘巡洋舰可用，最大的一艘排水量约四千吨，其他三艘各二千九百吨。舰上官兵多属革命之士。

我再说一句，整个华南普遍起事的时机已经成熟。除了华南所有人民已准备响应此一运动外，广东、广西、湖南等省的革命志士已募有善战之师。这些省份，一向是中国杰出军人出生的地方。

目前的发展，一切如我所料，只是事机来得快了些。我预料袁世凯会支撑得久一点，但他没有。我当初过于相信袁不会这样快就改变立场，以致一年前他遣人来请我的时候，我不敢相信来使。我认为他在诱我入其陷阱，但他是真诚的。他曾希望解除对我的通缉令，并公然表示与我偕同一致，我却告诉他的使者说：

"请回去告诉你的主人，我已飘流了十五年，而且历尽种种艰险，不会轻易受骗的。告诉他，我可以等待，因为'天命无常'。"

假如我相信了袁的使者，革命可能会爆发得早些，而我现在可能是在北京。

---

①　指吴禄贞，曾加入兴中会、华兴会，清末数年在东三省先后担任军事参议、陆军协统兼延吉边务督办等职，后升为近畿第六镇统制。在孙文此次谈话后不久，吴于石家庄组织燕晋联军拟攻北京，被清廷派人暗杀。

我确能依恃千百万追随我的人，他们将鞠躬尽瘁，死而后已，因为他们早已接受了我的主义。

革命运动之得到大步迈进，还得感谢光绪皇帝。在他未被慈禧太后幽禁以前，曾准许千百名年轻人离开中国，旅行世界，观摩欧洲风俗习尚，学习其文物制度。这些人十九感染了革命思想。我每到一处，经常有许多人前来把晤。他们对我并不陌生，且急于与我交换意见。当他们回国以后，很快就发生了全国性的影响力。

不管我将成为中国名义上的领袖，还是将与袁世凯或其他人合作，对我都不重要。我已完成了自己的使命，启蒙与进步的浪潮现已不能停止。中国是世界上最宜建立共和国的国家，其民性勤奋而驯良。在短期之内，她将与世界上文明和爱好自由的国家并驾齐驱。

孙逸仙（中英文签名）

据 Sun Yat Sen, "My Reminiscences", *The Strand Magazine* (London), Vol. 43, No. 255, April, 1912 [孙逸仙：《我的回忆》，载伦敦《河滨杂志》第四十三卷第二五五期，一九一二年四月出版]①（张玉法译）

英文原文见本册第480—486页

---

① 按：当时在伦敦、纽约两地同时出版该期同名杂志，刊用的稿件和页数有所不同，但登载《我的回忆》一文的内容文字、插图及版面格式则完全相同。据纽约版该期目录页所附说明：《河滨杂志》月刊的母公司是乔治·纽恩斯公司（George Newnes Ltd.），地址在伦敦中央西区河滨南安普敦街（Southampton Street, Strand, London, W. C.）三至十三号；其合作者是国际新闻公司（International News Company），地址在纽约杜安街（Duane Street, New York City）八三至八五号。纽约设有《河滨杂志》编辑部和发行部门，并对处理来稿、订阅等事项进行独立运作。然而，在《我的回忆》编者按中言及"该文是首次完整地叙述孙逸仙的生涯直至最近离开英国为止"，由于当时孙文系先到纽约再赴伦敦，故选用伦敦版为底本。弄清杂志出版地与确定访谈时间有直接的关系。

一八九五年广州起义的缘由与经过①

（英 译 中）

（一九一一年十二月八日刊载）

一八九五年十月我在广州领导的起义，是须要在我国成功建立宪政的一系列起义之一。全中国人民都站在我们这一边，只有那些横征暴敛、仗势欺人的朝廷官员除外。享有良好政治的美国人民，不难理解中国本土的百万民众、流落他乡的成千异客何以对中国政局怀有此种情感。中国各省皆有英文中的 Governor②，却没有诸位所了解的法律。各省督抚擅自立法，官员的意志就是法律。人民噤口无言。官府制定的法律，即便如何不公，如何残酷，也无从申诉。督抚欺压百姓，榨取民脂民膏，藉以发财致富。至于税收，美国人所理解的税收，在中国则闻所未闻。一般人只缴纳地税，督抚及官吏却巧立名目，搜刮民财。地方官员上任之初，首先查明富庶之家、献媚之徒与抗逆之人。其视为异己者，则令亲信诬以罪名，逮捕入狱。督抚以刑狱致富，所知者唯有朝廷之法。据此法律，有权随意将他人财物据为己有，通常是没收被捕受罚者的全部财产。被捕者无从上诉，无从申辩，一经指控，则遭严刑逼供，屈打成招。

此种酷刑枉法，从未施诸权贵，可见其极为不公。逢迎官府、狐假虎威之辈，仅凭个人私怨，就可随意捏造罪名，将人抓到官府，要求惩治。受害者无法上诉，无法申辩，唯有听任诬告。倘若否认，则遭拷打三日。三日之后仍不认罪，则视原告权势与官府息事宁人的程度，决定是否予以严惩。对犯人的量刑，即使是小偷小摸，也几乎要一律处斩。斩首既可节约监狱开支，又能制服被告。满人恣意孤行，脱离百姓，官僚劣迹，屡见不鲜，即便有所听闻，也使人不愿置信，以免冒犯官府。然而，苦难民众，深明真相；学子贤达，洞察底蕴；海外侨胞，知晓根由。仇视朝廷、痛恨官僚的情绪，鼓荡于各个省区。民主吁求风行全国，众人

---

① 本文载于美国人在上海所办英文报纸《大陆报》，发表时孙文仍羁留欧美，尚未归国。

② 即统治者，下文亦译"督抚"。在清代，总督与巡抚系各省的最高统治者。

皆期盼完善组织、倾覆朝廷、建立宪制政府的时刻到来。

虽然占领广州的密谋失败了，可是我们充满希望。旅居欧美之后，我们逐渐明白，最大的希望就在于用《圣经》和教育方法来启迪苦难的同胞。让他们知道，上帝的祝福存在于公正的法律之中，苦难的解脱产生于文明进化之途。我们千方百计，力图以不流血的手段来夺取国家，建立政府。我想，我们会做到这一点。但若这样做注定要失败，我们就会毫不犹豫地使用武力。我们四万万同胞必须也一定会从野蛮的暴政中解放出来，在仁慈而公正的政府领导下，以文明的技艺，同享天伦之乐。

虽然占领广州的密谋失败了，但只是暂时的挫折，并未能稍减我们的热情。这次密谋起义的简史和我本人的遭遇，或许能多少反映出我们至今仍要面对的困难。我们明白，时机一到，我们还会排难攀险。我们有总办（head）、首领（chief）和一个领导团队（a body of leaders），都是忠诚、精干、勇敢之士。他们是根据我们这个秘密聚会的团体章程选举出来的。我们在各省都设有分会，领导人在不同的房舍举行会议，地点经常变更。在城市各区，我们设有三四十个机关，每个机关至少可以调集一千人，一旦起事，即可掌控各地区的公共事务。各地区之间的联络，依靠信使口头传达。我们的意图并非攻击个人。

在中国，权贵之家可以在各级官府纵容下，假借朝廷名义，雇佣兵卒，为非作歹。除此之外，则无政府、无组织、无法制、无行政管理机构。我们不可能沿袭欧洲人理解的惯例，掌控统治机构和官员。我们选拔受过宪政教育的成员，各地做好准备，一旦发布号令，就占领官厅，施行宪政。士兵也将加入我们的队伍，他们与劳苦大众一样都是专制制度的受害者。

而今，我们面临的主要困难是：在中国，发动革命易，约束百姓难。民众向未知法，不习惯于正当的法律，混沌迷惘，无法无天。一旦骚动，就会危及他人身家性命。士兵来自低下阶层，预料也会惹是生非。他们一旦觉察秩序有变，势必会肆行抢掠。

为了争取革命的彻底胜利，我们必须解决的唯一问题是：如何约束民众，稳定秩序，建立政府；如何抑制骚乱，防止暴行，教育民众明白久远存在的专制制度经已推翻。为此，我们花费几个月时间努力完善自己的计划，做到三十多名领导人各配备武装卫队一百人。我们有三千武装人员，另有三千人将在预定的日期从外地赶来汇合。这些武装队伍不是用来袭击官吏，而是用来约束民众，使其服从我们的法纪。我们本该在短暂的时间内，便能捣毁这个腐败的朝廷。

不幸的是，我们不得不应付自己人的不忠。有人非常害怕监禁拷打，甘愿同流合污。不过，起义已准备就绪，日期就确定在一八九五年十月的某一天①。我们这些领导者收到在香港的代表②发来的一份电报，告知一切进展顺利，以及三千援军出发的时间。同时，他将派遣一艘出租汽轮驶入广州河道，运送武器给维持治安的三千援军，并载来七百名负责搬运的苦力，从事组建政府过程中的必要劳作。我们在广州的集结地点汇合，信使和其他人也将到达。得知一切顺利的消息之后，我们派遣信使通知各机关人员做好准备，焚毁文件，分作几队，以便各自执行指定的革命任务。但在即将出发之前，消息接踵而至，说是"出事了，三千人不能来"。此时信使已经出发，不可能召回，我们只好听任各机关的决断，等候来援。我们唯一能做的事是电告香港代表，召回苦力，以免被猜疑。但他误解此意，结果苦力抵达广州后无人接应，四处游荡，不知所措。

于是起义密谋败露。信使责怪苦力，引致议论纷纷。有人向总督（Viceroy）③告发"事将生变"。总督本来不信，如苦力不来则诸事可以平息，但苦力一到，证实事变的传闻。朝廷未受惊动，官府缉拿苦力，大多处以斩首极刑。首事者被迫潜逃，很多人逃往内地。官府搜捕首事者，共捕杀十六人，其中仅七人与起义有所牵连，其余则是被疑为提供房舍供我们秘密聚会的屋主。起义领导人离散后，我登上汽艇驶往香港，在那里停留一周。朝廷官员追捕我，我多次在街上与他们擦身而过，他们却未能认出我。在这一周我安排好家庭善后，到周末，我的妻子、孩子和母亲都来跟随我。在愚蠢的跟踪者眼皮底下，我登上汽轮，没有引起注意。抵达伦敦之后，我第一次被捕④，但这不是英国人民的过错。英国人民帮助我，将我从必死之境况中解救出来，这种崇高的精神确使我们感激涕零。

----

① 起义日期预定在十月二十六日，即阴历九月初九日重阳节。
② 指杨衢云。
③ 指两广总督谭钟麟。
④ 指一八九六年十月被清驻英公使馆绑架。

英国人民营救我，赢得了我们千百万惨受虐待的同胞们的敬爱，增强了我们有朝一日建立正义政府的信念。贵国①政府已经使你们国家强盛，我们享有这种幸福的日子也将会很快到来。

据 Edwin J. Dingle, *China's Revolution*：1911 – 1912，*A Historical and Political Record of the Civil War*，Shanghai：The Commercial Press，Limited，1912 ［丁格尔：《一九一一至一九一二年的中国革命：国内战争的历史与政治纪实》，上海，商务印书馆一九一二年出版］摘译②（莫世祥译）

英文原文见本册第 487—494 页

中国给美国的信息③

（英 译 中）

（一九一二年三月二十二日）

走过五千多年的历史，拥有四亿三千万人口的中华民族，即将开始一个新的纪元。按照我的建议，中国新纪元以民国纪年，而在对外交往中则使用西历（the calendar of the Christian world）。我们的各种努力，主要是致力于激励和加强我国的经济力量和精神力量，在这些方面将效法美国和欧洲。民国建立后的首要任务，是要对中央和省级政权进行根本改革，并开办新学校。

近三千年来的中国政府，与现时的美国大体相同（原则上相似）。中国历来

---

① 指美国。

② 该书说明，本文转载自一九一一年十二月八日上海《大陆报》（*The China Press*），是日报纸未能找到。

③ 孙文于一九一二年元旦在南京就任中华民国临时大总统，四月一日解职，历时三个月。本文系决定辞职后用英文所撰，文末有亲笔签名；而在美国刊物上发表时，他已不再担任临时大总统之职。

是一个地方政府强而中央政府弱的国家。中国分为十九个行省①，每省设一名总督（Viceroy）② 管辖，总督一年俸禄（allowance）为四万五千美元（dollars），通过受贿和勒索还可增加两倍收入。总督在其辖区内权力至高无上，掌握生杀大权。总督之外另设一名巡抚（Governor）③，年俸为二万美元。督抚之下设布政使（Treasurer）④，掌管一省财政事务，包括征收赋税、发放官吏俸禄等。上述三种官员由皇帝任命。他们之下如按察使（Judge）、盐运使（Salt Commissioner）、粮储道（Grain Collector）等⑤是少数权力广及整个行省的官员，而其他官员则被安排在省内各部门担任不同职务。道台（Taoutai）⑥ 是其中最主要的中介者（inter），他们作为巡回监督官（intendant of circuit），直接监督巡区内所有官员的职责表现。

这种体制从理论上说似乎完美无缺，实则腐败到极点。低阶官员的俸禄少得可怜，每年只得一千至一千二百美元不等，还要养下属，简直是杯水车薪。于是中国这个最后王朝容许地方低阶官职进行买卖，钱多者便可当官。而按中国旧律法规定，若想谋求一官半职必须通过科举考试。中国不存在世袭的贵族，只有获得官职才能厕身于帝国唯一的特权阶层。

民国政府的主要任务之一，便是重新修订宪法（Constitution）⑦ 的最重要部

---

①　按：当时中国疆域设置二十二行省，即清初以汉族聚居地划分为十八行省外，又于光绪年间先后划置新疆、奉天、吉林、黑龙江四个行省（台湾省因割让于日本未计），另有蒙古、西藏两个特别区，民国成立后对此未加改变。

②　有二省或三省合设一名总督者，前者如两广总督，后者如两江总督。实际上，清末全国地方政权机构仅设九名总督，管辖二十行省；山西、新疆二省未设总督（新疆省初置时的最高军政长官为伊犁将军）。

③　总督、巡抚同为行省最高行政长官，惟前者官阶稍高、管辖范围更大，职权亦重。清末共有二十行省设巡抚，直隶、四川二省未设。

④　Treasurer 原义为财务掌管者，但布政使除掌管一省钱粮外尚主持民政事务。

⑤　Judge 原义为审判官，按察使乃是主管刑名司法事务的长官；Salt commissioner 即盐务部门长官，Grain Collector 即谷物征收入，分别与盐运使、粮储道的意义相近。

⑥　此系音译。"道台"为道员俗称，在清代是介乎督抚与知府之间的地方官员。道员分"巡道"和"守道"两种，前者专管省内某项事务，除本文提及的监察职能外，他如提学（教育）、河工（水利）、驿传（邮政交通）等；后者则分管省内部分府州县。按：译为"中介者"的 inter，是 intermediate 的缩略语。

⑦　此指孙文在一九一二年三月十一日以临时大总统名义颁布的《中华民国临时约法》，故有"修订"之说。

分，即让人民选出担任重要职位的官员。十九个行省应各自征税，支付本省日常开销及陆海军费用；与此同时，各行省有义务每年缴纳给联邦政府（Federal Government）一笔固定经费。中国各省的选举法将参照澳洲，至于如何组建联邦政府则很难预计，我认为应该与美国一样设有参、众两院，议员皆由民选产生。

不幸的是，中国青年人面对的全部教育内容惟有四书五经（Nine Classics）。这导致中国人从孩提时代起便只能选择儒家经书作为教材，这些经书被视为至高无上的卓越典范。凡属偏离四书五经的，无论是思想观点或是写作风格，都被看作异端。学堂里谄媚地模仿、毫无意义地拘泥于字义，钳制民族的心智，这种状况必须立即废止①。中国的新学校将参照美国、德国和北欧国家（Scandinavia）的学校建制，并推行义务教育，不论贫富，一律免费。在未来的十年内，中国将聘任至少一百万名接受过西方文化教育的教师。

中国的司法和刑律必须彻底改革，死刑将被废除。在中国，死刑的执行方式通常为凌迟（pieces）或者绞刑（strangulation）。在绞刑的执行中，把绳索交给犯人，让他们在狱中自行了断。这些经验足以表明，最好的法律便是没有法律——公道自在人心②。中国会特别注重大众的道德教育，依靠我们民族自身的文学、艺术和戏剧来熏陶，而不采用任何特定宗教的教条。

中国的文学艺术陈腐僵化。我们的小说家认为女人的操守和男人的品性，应该像小说中的男女主人公那样才行。中国人对史诗一无所知，中国文学中也没有真正意义上的戏剧性诗歌。我们的散文体戏剧中有颇多短篇的抒情词曲，其目的在于打破单调的对话形式。我们的戏剧反映人生，但并不关注人的心理状态，也不去刻画作品中的角色。俄国和法国文学在心理刻画方面优于其他国家，我们可以向他们学习。两千年来中国的戏院一直是国家和宗教意义上的活动场所，在每年的宗教节日都发挥着重要作用。我认为，戏院要保留下来；但与以往不同，它必须改造成为教育人民的殿堂。中国的新戏院也将免费入场。我们要吸收西方艺术中精华的精华，以此来启迪我们的天分。我很有把握地预言，经过一代人的努

---

① 清政府于一九〇六年废除科举制度，清末民初新学堂随之兴起。但本文所叙科举制度造成的弊端依然存在，不仅私塾泛滥，新学堂亦仍提倡尊孔读经。

② 以上据下面原文译出：the best law is the lack of laws — the law that lives within ourselves。

力，中国会成为一个文明国家，中华民国在本世纪内也将成为拥有最富于社会主义色彩的政府（the most socialistic government）的国家。

在未来的几年里，中国境内也许会发生一些骚动，但决不会对民国及其改革造成多大的影响。既然自由共和的中国业已赢得美国和英国人民的同情，那么任何外国的阴谋诡计也绝不会影响改革事业。中国有些人反对袁世凯，认为他使得光绪帝（Emperor Kuan Hsu）被剥夺皇权。光绪帝致力于维新变法，曾指望袁世凯的军队成为他改革的后盾。然而，袁世凯向直隶（北京地区所在省份）总督荣禄告密，荣禄又禀告慈禧太后（Empress Dowager），结果这位年轻的皇帝在一个早晨醒来便失去了所有权力。依我之见，袁世凯并非保守派，他只是意识不到中国可以进行急剧的变革，不愿意投身于这个在他看来言之尚早的事业。

在写给美国人民这篇信息的最后，让我引用这位因急进观念而成为牺牲者、命途多舛的皇帝著名诏书中的一段话作为结束：

> 国家振兴庶政，兼采西法，诚以为民立政，中西所同，而西法可补我所未及。①

孙逸仙（签名）

三月二十二日于南京

据 " China's Message to America ", by Sun Yat Sen, Late Provisional President of the Chinese Republic, *The Semi-monthly Magazine Section*, *The San Francisco Call*, Vol . 112, No . 16, June 16 , 1912［中华民国前临时大总统孙逸仙：《中国给美国的信息》，载《旧金山呼声报半月刊》第一一二卷第十六期，一九一二年六月十六日出版］（沈洁译）②

英文原文见本册第495—498页

---

① 此系光绪帝在戊戌变法期间，于光绪二十四年七月二十六日（一八九八年九月十一日）召袁世凯入京谕旨中的一段话。将这段话译成英文时，与原意略有出入。

② 此文后经美国多家报刊转载或摘载，内容相仿，标题各异，如一九一二年十月九日明尼苏达州《威尔马论坛报》（*Willmar Tribune*）第七页题作 "中国的真相"（The Truth about China）。

民生主义与社会革命

在南京同盟会员饯别会的演说①

（一九一二年三月三十一日）②

诸君：

今日同盟会会员开饯别会，得一最好机会大家相见，诚一幸事。

今日中华民国成立，兄弟解临时总统之职。解职不是不办事，解职以后尚有比政治紧要的事待着手。自二百七十年前中国亡于满洲，中国〔国中〕图光复之举不知凡几，各处会党遍布，皆是欲实行民族主义的。五十年前太平天国即纯为民族革命代表，但只是民族革命，革命后仍不免为专制，此等革命不算成功。八九年前少数同志在日本发起同盟会，定三大主义：一、民族主义，二、民权主义，三、民生主义。今日满清退位，中华民国成立，民族、民权两主义俱达到，唯有民生主义尚未着手，今后吾人所当致力的即在此事。

社会革命为全球所提倡，中国多数人尚未曾见到。即今日许多人以为改造中国，不过想将中国弄成一个极强大的国，与欧美诸国并驾齐驱罢了。其实不然。今日最富强的莫过英、美，最文明的莫过法国。英是君主立宪，法、美皆民主共和，政体已是极美的了，然国中贫富阶级相隔太远，仍不免有许多社会党要想革命。盖未经社会革命一层，人民不能全数安乐，享幸福的只有少数资本家，受苦痛的尚有多数工人，自然不能相安无事。中国民族、民权两层已达，唯民生未做到。即本会中人，亦有说"种族革命、政治革命皆甚易，唯社会革命最难。因为种族革命只要将异族除去便了，政治革命只要将机关改良便了，唯有社会革命必须人民有最高程度才能实行。中国虽然将民族、民权两革命成功了，社会革命只

---

①　是日下午，众多同盟会员为孙文行将卸任临时大总统之职离开南京，聚集在商务总会举行饯别会，到会四百余人（一说千余人）。本演说词的部分内容，曾用英、法、俄三种文字以论文形式在国外发表，现经译出附于本篇之后（标题依原文）。

②　底本未说明演说日期，今据一九一二年四月一日上海《民立报》第三页"南京电报"及四月三日上海《申报》第三版"专电"确定。

好留以有待"。这句话又不然。英、美诸国因文明已进步，工商已发达，故社会革命难；中国文明未进步，工商未发达，故社会革命易。英、美诸国资本家已出，障碍物已多，排而去之故难；中国资本家未出，障碍物未生，因而行之故易。然行之之法如何？今试设一问，社会革命尚须用武力乎？兄弟敢断然答曰：英、美诸国社会革命或须用武力，而中国社会革命则不必用武力。所以刚才说，英、美诸国社会革命难，中国社会革命易，亦是为此。

中国原是个穷国，自经此次革命更成民穷财尽，中人之家已不可多得，如外国之资本家更是没有，所以行社会革命是不觉痛楚的。但因此时害犹未见，便将社会革命搁置又不可的。譬如一人医病，与其医于已发，不如防于未然。吾人眼光不可不放远大一点，当看至数十年、数百年以后，及于全世界各国方可。如以为中国资本家未出，便不理会社会革命，及至人民程度高时，贫富阶级已成，然后图之，失之晚矣。英、美各国因从前未尝着意此处，近来正在吃这个苦。去冬英国煤矿罢工一事就是证据。然罢工的事不得说是革命，不过一种暴动罢了。因英国人欲行社会革命而不能，不得已而出于暴动。然社会革命今日虽然难行，将来总要实行，不过实行之时用何等激烈手段，呈何等危险现象，则难于预言。吾人当此民族、民权革命成功之时，若不思患预防，后来资本家出现，其压制手段恐怕比专制君主还要甚些，那时再杀人流血去争，岂不重罹其祸么！

本会从前主义有平均地权一层，若能将平均地权做到，则社会革命已成七八分了。推行平均地权之法，当将此主义普及全国方可无碍。但有一事此时尤当注意者，现有旧政府已去，新政府已成，民政尚未开办，开办之时必得各地主契约换过，此实历代鼎革时应有之事。主张社会革命，则可于换契时少加变改，已足收效无穷。从前人民所有土地照面积纳税，分上、中、下三等。以后应改一法，照价收税，因地之不同不止三等。以南京土地较上海黄浦滩土地，其价相去不知几何，但分三等必不能得其平。不如照价征税，贵地收税多，贱地收税少。贵地必在繁盛之处，其地多为富人所有，多取之而不为虐。贱地必在穷乡僻壤，多为贫人所有，故非轻取不可。三等之外〔分〕，则无此等差别。譬如黄浦滩一亩纳税数元，乡中农民有一亩地亦纳税数元，此最不平等也。若照地价完税，则无此病。以后工商发达，土地腾贵，势所必至。上海今日之地价与百年前相较，至少亦贵至万倍。中国五十年后应造成数十上海。上年在英京，见一地不过略为繁盛，而其价每亩约值六百万元。中国后来亦不免到此地步。此等重利，皆为地主所得。比如在乡间有田十亩，用人耕作不过足养一人，如发达后可值六千万，则成一大富翁。此家资从何得来，则大抵为铁道及他业发达所坐致，而非由已〔己〕力之作成。数十年之后，有田地者皆得坐享此优先莫大之权，据地以收人民之税，就是地权不平均的说话了。

求平均之法，有主张土地国有的，但由国家收买全国土地，恐无此等力量。最善者莫如完地价税一法。如地价一百元时完一元之税者，至一千万元则当完十万元，此在富人视之仍不为重。此种地价税法，英国现已行之，经解散议会数次，始得通过。而英属地如澳洲等处则早已通行，因其法甚美，又无他力阻碍故也。然只此一条件，不过使富人多纳数元租税而已。必须有第二条件，国家在地契之中，应批明国家当须地时随时可照地契之价收买，方能无弊。如人民料国家将买此地，故高其价，然使国家竟不买之，年年须纳最高之税，则已负累不堪，必不敢；即欲故低其价以求少税，则又恐国家从而买收，亦必不敢。所以有此两法互相表里，则不必定价而价自定矣。在国家一方面言之，无论收税、买地，皆有大益之事。中国近来患贫极了，补救之法，不但收地税，尚当收印契税。从前广东印契税每百两取九两，今宜令全国一律改换地契，定一平价，每百两约取三两至五两，逾年不换新契者，按年而递加之，则人民无敢故延。加以此后地价日昂，国家收入益多，尚何贫之足患？地为生产之原素，平均地权后社会主义则易行。如国家欲修一铁路，人民不能抬价，则收买土地自易。于是将论资本问题矣。

国家欲兴大实业而苦无资本，则不能不借外债。借外债以兴实业，实内外所同赞成的。前日闻唐少川①先生言：京奉铁路借债本可早还，以英人不欲收，故移此款以修京张。此可见投资实业，是外人所希望的。至中国一言及外债，便畏之如酖毒，不知借外债以营不生产之事则有害，借外债以营生产之事则有利。美国之发达，南美阿金滩②、日本等国之勃兴，皆得外债之力。吾国借债修路之利，如京奉以三年收入已可还筑路之〈全〉本，此后每年所进皆为纯利。如不借债，

① 唐绍仪，字少川。
② 阿金滩（Argentina），今译阿根廷。

即无此项进款。美国铁道收入岁可得七万万美金，其他附属之利，尚可养数百万工人，输送各处土货。如不早日开办，迟一年即少数万万收入。西人所谓"时间即金钱"，吾国人不知顾惜，殊为可叹！昔张之洞议筑芦汉铁道，不特畏借外债，且畏购用外国材料。设立汉阳铁厂原是想自造铁轨的，孰知汉阳铁厂屡经失败，又贴了许多钱，终归盛宣怀手里，铁道又造不成功，迟了二十余年仍由比国造成，一切材料仍是在外国买的。即使汉阳铁厂成功，已迟二十余年，所失不知几何。中国知金钱而不知时间，顾小失大，大都如是。

中国各处生产未发达，民人无工可作，即如广东一省，每年约有三十万"猪仔"输出，为人作牛马。若能输入外资，大兴工作，则华人不用出外佣工，而国中生产又不知〈加〉几倍。余旧岁经加拿大，见中国人在煤矿用机器采挖，每人日可挖十余吨，人得工资七八元，而资本家所入至少犹可得百数十元。中国内地煤矿工人每日所挖不足一吨，其生产力甚少，若用机器至少可加十数倍。生产加十数倍，即财富亦加十数倍，岂不成一最富之国？能开发其生产力则富，不能开发其生产力则贫。从前为清政府所制，欲开发而不能。今日共和告成，措施自由，产业勃兴，盖可预卜。

然不可不防一种流弊，则资本家将乘此以出是也。如有一工厂佣工数百人，人可生二百圆之利，而工资所得不过五圆，养家餬口犹恐不足，以此不平，遂激为罢工之事，此生产增加所不可免之阶级。故一面图国家富强，一面当防资本家垄断之流弊。此防弊之政策，无外社会主义。本会政纲中所以采用国家社会主义政策①，亦即此事。现今德国即用此等政策，国家一切大实业如铁道、电气、水道等务皆归国有，不使一私人独享其利。英、美初未用此政策，弊害今已大见。美国现时欲收铁道为国有，但其收入过巨，买收则无此财力，已成根深不拔之势。唯德国后起，故能思患预防，全国铁道皆为国有。中国当取法于德，能令铁道延长至二十万里，则岁当可收入十万万。只此一款，已足为全国之公用而有余。尚有一层，为中国优于他国之处。英国土地多为贵族所有；美国已垦之地大抵归人民，惟未垦者尚未尽属私有。中国除田土、房地之外，一切矿产、山林多为国有。

---

①　本年三月三日中国同盟会在南京改订新会章，其中第三条"本会政纲"第三款规定"采用国家社会政策"，故有此说。

英国矿租甚昂，每年所得甚巨，皆入于地主之手。中国矿山属官，何不可租与人民开采以求利？使中国行国家社会政策，则地税一项，可为现之收入数十倍。至铁道收入，三十年后归国家收回，準美国约得十四万万，矿山租款约十万万。即此三项，共为国家收入，则岁用必大有余裕。

此时政府所患已不在贫。国家岁用不足是可忧的，收入有余而无所用之，亦是可虑的。此时预筹开消〔销〕之法，则莫妙于用作教育费。法定男子五六岁入小学堂，以后由国家教之养之，至二十岁为止，视为中国国民之一种权利。学校之中备各种学问，务令学成以后可独立为一国民，可有参政、自由、平等诸权。二十以后自食其力，幸者为望人、为富翁，可不须他人之照顾。设有不幸者，半途蹉跎，则五十以后由国家给与养老金。此制英国亦已行之，人约年给七八百元。中国则可给数千元。如生子多而无力养之者，亦可由国家资养。此时家给人乐，中国之文明不止与欧美并驾齐驱而已。

凡此所云，将来有必达此期望之日，而其事则在思患预防。采用国家社会政策，使社会不受经济阶级压迫之痛苦，而随自然必至之趋势，以为适宜之进步。所谓国利民福，莫不逾此。吾愿与我国民共参之。

据《孙中山先生社会主义谈》，载上海《社会党月刊》第二期，一九一二年四月出版①

---

① 《社会党月刊》系中国社会党机关刊物，据该党本部代理主任干事张克恭在文前说明："此稿前经各报登载，惜语焉不详。兹系先生（按指孙文）所订正者，亟再录之。"另见同月由南京、总统府印铸局工厂代印的《中国同盟会总理孙中山先生演说词》（又名《孙中山先生饯别会之演说词》）单行本，似亦经孙文订正者，与底本仅有个别文字出入，惟讹脱字略多。

附衍生论文之一：

中国的下一步

（英 译 中）

（一九一二年六月十三日）

中国已建立民国。尽管此时我已辞去临时总统一职，但这并不意味着我停止为这一事业奋斗。辞职之后，我会关注更重大的事务。中国被满族人统治已有二百七十年，在其统治期间发生了许多谋求重获独立的革命事件，五十年前太平天国起义即为一例。然而，这只是民族的革命（即汉族人与满族人之间的对抗①）。即便起义获得成功，国家依旧是处于专制集权的统治之下，这不能算是成功的革命。

几年前，我们若干同志在日本会合并成立革命同盟会（Revolutionary Society），制定了三大原则目标：一是中华民族成为自主的民族（即不受外族统治）；二是人民支配政府；三是人民支配国家财富和生产。如今满清政府已经倒台，我们也已成功实现前两大原则目标，下一步便是要努力实现社会革命。

这是当今世界热议的话题，然而许多中国人对此却一无所知。他们认为中国复兴之目的无非是成为强盛的大国，能与西方列强匹敌而已。但这并非我们努力的终极目标。当今世界富不过英、美，开明不如法兰西。英国是君主立宪制，法、美则为完全共和国。然而在这几个国家里，贫富差距甚为悬殊，这令许多人依然心怀革命思想。可见社会革命一日不成功，多数人便不能享受完全的快乐和幸福。倘若幸福仅为少数资本家享有，那么劳苦大众必将继续受苦受难，不得安生。

种族革命和民权革命容易实现，但社会革命取得成功却艰难。这是因为只有民智开化的民族才能促使社会革命的成功。有人说："我们如今已取得革命胜利，

---

① 英文原文是：Chinese against Manchus。

为什么不满足于现状并等待下一步时机？为什么仍要寻求英、美两国用全部财富和知识仍未能实现的目标？"这是一个错误的想法。

在英、美两国，文明发达，工业繁荣，社会革命却难以成功。中国尚未达到这个阶段，反而容易实现社会革命。这是因为英、美两国资本家的既得利益根深蒂固，难以移除。而在中国，资本家及其既得利益仍未出现，因而革命容易实现。

也许有人会问："要实现如您所预想的社会革命，武力是必需的吗？"我的回答是："英、美可能需要使用武力，而在中国则可不必。"英国的煤矿工人罢工便是明证，尽管煤矿工人的罢工不能称之为革命，而仅仅是人民渴望拥有财富源泉所采取的暴力手段。

尽管当今社会革命难以成功，但成功的那天一定会来临。只不过很难预测会通过何种极端的手段才能实现，要经历何等的危险，国家才能安然度过。在民国建立之初，假若我们不为未来筹谋，日后当资本主义发展起来，它的压迫或许更甚于我们刚刚推翻的专制政体，这样，我们的国家又将经历一场腥风血雨，这难道不令人痛心疾首吗？

我们应给予最大关注的一点是，当新政府成立之后，所有地契必须更改，这是革命的必然结果。假如我们希望推进社会革命，那么地契的形式应该有所变动，以达成革命的最大效果。以前是拥有土地的人根据面积纳税，并且土地的差别仅仅区分为上、中、下三个等级。在未来，应该根据土地的价值而不是面积进行征收税款。相比于土地区分为上中下三等，土地价值的变化则更多。我不清楚南京和上海外滩（Bund）的土地价值有何不同，但是如果根据土地三个等级的旧法去进行评估，那就不是公正的估价了。

我们要按土地的实际价值去征税，价值低的土地征税低，价值高的土地征税高，这样才更合理。富人拥有价值高的土地并且大部分位于闹市区，向其征收重税并不为苛。穷人的土地价值低且常处在偏僻地方，应该只对他们征收最轻的赋税。比如一块同样面积的土地，但若在上海外滩和乡村都只征收同样的赋税，这就非常不公平了。如果按照土地的实际价值高低来征税，便会消除这种不公平。

现在上海的土地价值较之百年前已升值上万倍，如今中国工业正当发展，商业也将繁荣，五十年后的中国将会涌现许许多多像上海一样的商埠旺地。因此，我们应当及早筹谋，保障土地的增值收益归于人民，而非属于拥有土地的私人资本家。

（中国上海）

据 Dr . Sun Yat - sen ，" China's Next Step "，*The Indepen dent*（New York），Vol. 72，No. 3315，June 13，1912［孙逸仙博士①：《中国的下一步》，载纽约《独立》第七二卷第三三一五期，一九一二年六月十三日出版］（沈洁译）

英文原文见本册第499—500页

附衍生论文之二：

中国革命与社会问题

（法 译 中）

（一九一二年七月八日）

尽管我辞去临时大总统之职，中国的共和已然成立，但这并不意味着我将不致力于我的志业。在放弃了第一个委托后，还有更多事情需要我去关注。

中国曾经屈服于满清的统治二百七十年，这期间发动过无数次独立运动的尝试。五十年前太平天国即是一例，但那仅限于中国人对抗满清的民族革命。即便革命成功，国家也还是处在专制统治之下，其结果不可谓之成功。

数年前，我们之中的少数同志齐聚日本发起中国革命同盟会（Société révolulionnaire〔révolutionnaire〕chinoise），实行三大主义：

一、中华民族至上；

二、政府为人民所共有，为人民所共治；

---

① 西方传媒及各方人士常在孙文的名字之前冠以 Dr. （即 Doctor），或因他曾为"医生"，或以为他曾获"博士"学位。其具体情况难以判别，本书多译作"博士"。

三、人民富裕至上。

前两项主义已经在清廷让位后达成，现在我们要实现的是经济革命。今天这一广为人讨论的课题与目标，多数中国人并不了解它的含意，以为改造中国的目的，是要使中国成为一个等同于西方列强一样的强国。

这不是我们努力的目标。今日没有一个国家比英、美更富强，没有一个国家比法国更开明。英国为君主立宪国，法、美两国则为共和政体，但在这些国家中，贫富差距鸿沟之大，使得革命思想萦绕在他们公民的心头。如果未能实现社会革命，大多数人幸福快乐的生活就会被剥夺，这种幸福快乐将仅存于资本家之中。

如果多数工人继续遭受苦痛，社会便无法安宁。民族革命与政治制度的革命较容易实现，但社会革命就困难得多。

一个民族能取得伟大成就，唯有在于社会革命的实践。

有人说："目前革命已经成功了，为何还不满足？还在期待什么？为何还要寻求实现今天英、美诸国在财富与科学下仍然未能做到的尝试？"这话不然。英、美诸国因为有着先进的文明与发达的工商业，很难实现社会革命。中国还没有达到那种地步，可以预见未来资本主义发展的态势，相对来说社会革命的实现是比较容易的。在资本主义国家里，很难去撼动既得利益者坚固的营垒。而在中国，既没有资本主义者，也没有既得利益者，所以革命是相对容易的。

有人尝问，革命是否需要诉诸武力？我认为在英、美诸国是需要的，而中国则不必使用武力。英国的煤矿工人罢工就证明了我之前所说的，但罢工不是一场革命，因为这只是人民单纯表达想要获得资源与公共财富的一种愿望，并且认为唯有武力才是实现这个目标的方式。

社会革命可能是很难实现的，但随着时间的推移，它将会成为一个既定事实。不过在实现的过程中，我们无法预测会有何种极端的手段及其对国家的危害。

当此中华民国建立之时，我们不得不考虑在不久的将来，资本主义会成为比满清可怕百倍的新专制主义在前面等待我们。所以必须预防资本主义，不然的话，那时就要血流成河才能使国家获得拯救。这是多么可怕的未来啊！

有一点需要特别注意，改变不动产的所有权是必须的，这是革命的必然进程与结果。过去地主依照土地面积，分为上、中、下三个等级纳税。在未来，应当依据土地价值课税，并因土地的质量不仅仅划分为三个等级。

我不知道南京的不动产（主要指土地）价值与上海外滩的不动产价值差距有多大，但如果用旧方法计算，便无法得出公平的计价。价低的土地收税少，价高的土地收税多，将是最好的课税方式。价高的土地多为富人所有，课高税率也不算打压。价值最低的土地多为地处偏远的穷人所有，就应课最低的税率。今日外滩土地与农田纳相同的税，是不公平的。依照土地价值纳税，是解决这种不公平的办法。百年后，上海建地的地价将会增加一万倍。中国正处于工商业无限发展前夕，五十年后将涌现更多的上海。

让我们有足够的智慧预见未来，并在今日就作出决定，土地的增值将保留给创造这些价值的人，而不是让身为地主的私人资本家坐享其成。

孙逸仙博士

中华民国前临时大总统

据 "La Révolution Chinoise et les Questions Sociales", par Sun Yat Sen, Ex – Président provisoire de la République Chinoise, *Le Mouvement Socialiste*（Paris），No. 243，Juillet-Août 1912［中华民国前临时大总统孙逸仙博士：《中国革命与社会问题》，载巴黎《社会主义运动》第二四三期，一九一二年七月八日出版］（林弘毅译，陈三井校）

法文原文见本册第521—524页

附衍生论文之三：

中国革命的社会意义

（俄 译 中）

（一九一二年七月十五日）

中国已建立共和制。我虽辞去临时大总统之职，但丝毫不意味着我就此停止为民国效力。辞去这个职位，乃因有更重要的事令我关注。

中国受治于满人长达二百七十年，其间为反对满人、恢复中华起事迭发，五十年前的太平天国革命便是一例，不过这纯粹是汉人反满①的种族革命。这样的革命若获得胜利，国家也依然在专制政权统治之下，如此结局称不上革命成功。

几年前我们为数不多的朋友聚首日本，成立了中国革命同盟会（Китайское Революционное Общество）。

当时我们确定了三大主义：汉族至上②；通过人民管理人民；保护人民财富至上。

满清王朝既覆亡，前两个主义便已实现，现在我们须完成经济革命。目前就这个问题仁智各见，但多数中国人尚不明白"经济革命"一语的含义，他们以为中国复兴的目的，便是要把国家建成如西方诸大国那样强盛的国家。

这不是我们追求的目标。目前，世界各国富足者莫过英、美，文明发达者莫过法国。英国为君主立宪，法国、美国都是共和制，但它们国家的穷富差距若天渊之别，所以革命思想鼓荡，民怨四起。不进行社会革命，黎民百姓遑论安居乐业，只有为数不多的资本家衣食无虞。

广大劳动者度日如年，穷困不堪，无安逸可言。种族革命和政治革命容易，而社会革命就困难得多。

只有怀抱远大抱负的人才能完成社会革命。

有人会反驳我，说："迄今为止你进行的革命不是很顺利吗，该满足了，并要善于等待。为什么要去做富强且科学发达者如英、美都还没做的事呢？"

然而这不是好主意。英、美文明程度高，实业发达，在那里进行社会革命不是轻而易举的事。

我们中国还没有发达到这种程度，对我们来说，社会革命相对容易些，我们有可能预防资本主义制度来袭。在资本主义国家，既得利益受到强有力的保护，难以撼动。中国既没有资本家，也没有既得利益者，所以革命比较容易。

经常有人问我，革命是否需要武力解决，我的回答是：英、美需要，中国却不需要。英国矿工的罢工说明我的论断是正确的。请看，这种罢工还远不是革命，仅仅是民众在表达掌握社会财富资源的意向，而要达到这个目标，显然只能靠武力。

---

① 俄文原文是：китайцы против манджуров。
② 俄文原文是：Верховенство китайской расы。

社会革命不可能一蹴而就，但是完成革命的时机不远了，我们姑且不去猜测，革命的实施会给国家带来多少极端灾难和危险。

如果我们不从中华民国开国伊始就防微杜渐，去避免很快就将建立的资本主义制度，那么就要面临百倍严酷于满清王朝的专制制度，再想摆脱之，则必将血流成河，前景惨不忍睹矣！

特别值得予以关注的是，新政府一建立就必须改变各种不动产的所有制。这项措施是革命的当务之急，要继续前进就必须这样做。往昔土地分好中差三等，土地所有者按地亩纳税。今后必须改为按地价征税，因地价多变，好中差三等土地的税率也应随之改变。

我不知道南京地产与上海最繁华的外滩街衢地产的价值有多大差别，但是用旧的计算方法，我们确定不了其真实价值。对地产征税的正确做法，当是贫地少征，贵地多征。拥有贵地者为富人，因地价高，向其多征税为情理中之事。拥有最贫瘠土地者是穷人，他们住偏远地区，地价很低，所以只可向其征收最轻的税。目前外滩的地产和一般农户交税一样多，这是不公平的。要消除这种不公现象，就必须按照地价征税。一百年来上海地价因建设开发而增值一万倍。中国处于工业大发展的前夜，贸易规模定急速拓宽。再过五十年，我们将有许多个上海出现。我们要深谋远虑，预见未来，现在就应当机立断，采取措施，让地产的增值归于其创造者所有，而不致落入那些私人资本家之手，使他们一夜暴发而变成地主。

中华民国临时大总统　孙逸仙博士

据 "Социальное значение китайской революции"，Д‑р. Сунь Ятсен，временный президент Китайской Республики，*Невская Звезда*（Россия），15 июля 1912，No. 17，Из газ. *Le Peuple*①，11 июля 1912 ［中华民国临时大总统孙逸仙博士：《中国革命的社会意义》，载一九一二年七月十五日俄罗斯《涅瓦明星报》第十七页，自一九一二年七月十一日《人民报》转载］（李玉贞译）

俄文原文见本册第525—528页

---

①　*Le Peuple* 系比利时工人党所办法文报纸。

琼州改设行省理由书

与梁士诒等联名发起①

（一九一二年九月中旬）②

　　为琼州改设行省事：窃琼州一岛，孤悬海外，面积十万方里，人口数百万。其位置在北纬十八度二十二分，东瞰小吕宋③，西连东京湾④，南接安南，北倚雷州半岛。四面港口，星罗棋布，南有榆林、三亚之险，北有海口、铺前之固，东有清澜、博敖〔鳌〕，西有洋浦⑤、英潮。贸易船舶之所辐辏，商贾货物之所云集，山海物产之所鳞屯，此固海疆之要区，南方之屏障也。只以行政区划隶于广东，位为外府，政府轻视之，故居民安陋就简，因循苟且，不能应时势而发达，有形势之险而不知固守，有天然之富源而不知利用。法国垂涎是岛历有年所，前清时代尝有海南岛不割让之条约。频年以来，各国政府皆注意此土，故各国学者、政治家、旅行者不绝于道，探险者纷至沓来，而吾国人昧然也。

　　夫以中国之大，仅有台湾及海南二大岛。甲午之役，台湾割让于日，日人经营十年之久，自铁道开设，行政、教育制度整理以来，昔者硗确之区今变为膏腴之府，旅行台湾者不胜今昔之感焉。夫同一物也，视管理之才不才，而地位自异。

---

　　①　应继任临时大总统袁世凯之邀，孙文于八月二十四日抵达北京。九月十一日出席广东旅京同乡会的欢迎会，座谈中发言表示赞同梁士诒（时任总统府秘书长）等多人意见，极力主张琼州设省。会后，决定根据众人发言内容草拟一倡议书，由孙文领衔三十六人联名发起，并送临时参议院。按琼州一岛又名海南岛（亦称琼崖），在清代原为广东省琼州府，一九一一年废府，一九一二年民国成立后改设琼崖道，至一九八八年始析置为海南省。

　　②　文末未署日期。因本文形成于九月十一日欢迎会之后不久，且孙文于九月十七日离京，故酌定为是月中旬。

　　③　吕宋岛（Luzon Island）为菲律宾群岛面积最大、人口最多的岛屿，古代曾于其地建立吕宋国。十六世纪被西班牙侵占后，中国人惯称菲律宾为小吕宋，而称西班牙为大吕宋。

　　④　东京湾（Gulf of Tonking），中国人亦称北部湾，位于中国大陆南端与越南之间。

　　⑤　清澜时属文昌县（今为海南省文昌市政府驻地清澜街道），南面有濒临南海的清澜港；博鳌时属乐会县（今为海南省琼海市博鳌镇），东南面有濒临南海的博鳌港；洋浦时属儋县（儋县今改儋州市，海南省于该地设置洋浦经济开发区），西面有濒临东京湾的洋浦港。

爱惜而保护之，则其势可以参天；轻视而废弃之，则朝不保夕矣。凡物既然，国家之领土何独不然？今台湾既去，海南之势甚孤，倘一旦为外国所占领，微特该岛人民受蹂躏之祸，恐牵一发而动全身，即神州大陆亦必受其影响。此同人所以有改设行省之议也。

夫琼州宜改设行省，其理由有五，试为诸位先生缕析陈之：

其一，巩固海防，琼州宜改设行省也。

夫琼州位置极南，为大西洋舰队所必经之路，南洋之门户也。昔日俄战争之际，巴尔梯克舰队①东来，经过该岛，吾国人所共闻而共见矣，而榆林、三亚二港正当其冲。查该港广袤，能容巨舰，可以避风，外有诸小岛环之，为天然之海军根据地，德之基尔、日之佐世保②莫是过也。吾国海军诸港如旅顺、威海、胶州湾、广州湾等地次第借租于外国，其余可为海军根据地者无几，倘再舍此而不顾，恐后患有不可胜言者。自世界大势变迁，国力之盛衰强弱常在海而不在陆，其海上权力优胜者，其国力常占优胜。德国人口迅速增加以来，昔该国之海军与英国较，在一与六之比例，今则骎骎发达，变为一与二之比例矣。英国朝野上下遑遑焉，保其二国标准主义而不怠。其余如美、日、俄诸国海军皆长足进步，争先恐后，观诸国海军表，其国力竞争之消息可以默喻矣。今我国海军虽不克与列强争胜，然有海军根据地置而不顾，甚非国家永久之大计、巩固边防之政策也。倘改为行省，则琼州之军港易于建设。其理由一也。

其二，启发天然富源，琼州宜改设行省也。

吾国天然富源之地虽多，而琼州富源尤为各地之冠。是地富于矿产，有金、银、铜、铁、铅、锡、煤炭、煤油诸矿。甘蔗蕃茂，取汁可以制糖；森林阴翳，伐木可以为舟。钓鱼之丝，鱼塩之场。胶树、蚕桑、槟榔、椰子、婆萝、龙眼、荔枝、芝麻、番薯、橄榄、茄楠、沉香、橙柑、黄皮、芭蕉诸植物，不能胜举。地广人稀，牛羊成群，牧畜之场在焉。丛林峻岭，麋、鹿、猿、豺、猨、兔、狸、

---

① 巴尔梯克舰队（此乃译自英文 Baltic Fleet，俄文原文作 Дважды Краснознамённый Балтийский флот），今译波罗的海舰队，系当时俄国部署在该海域的联合舰队。东来投入日俄海战的这支舰队由波罗的海舰队部分舰只组成，称为太平洋分舰队。

② 基尔（Kiel），德国北部港口城市，今石勒苏益格—荷尔斯泰因州（Schleswig - Holstein）首府；佐世保，日本九州岛西北岸港口城市，在长崎县境内。两者皆设有海军基地。

獭、山猪栖息其间，狩猎之区存焉。总之琼州一岛，动、植、矿三界莫不丰富。只以交通不便，一切货财自生产地以至于市场，其运搬之费不赀，其价不足以偿生产费用，人情乐于苟安，故任其天然物产自生自灭而不顾；加以法律、行政制度未能完备，保护未周，故投资者视为畏途，是以该岛富源至今未启发耳。今民国成立，振兴实业诚为急务，倘不改为行省，则实业之发达无由。其理由二也。

其三，文化政策，琼州宜改设行省也。

琼州黎、汉杂处，黎居中心，汉处四围，一切言语、风俗、习惯、宗教、道德、感情、思想与汉族异。虽黎有生、熟之分，生黎犷悍，熟黎驯良，要之皆上古之苗裔，而文化最低之种族也。自古迄今皆为汉族之患，而生黎尤甚，政治家献平黎之策者指不胜屈。同人以为宜开道路以通之，熟黎驯良者则招而抚之，辟其地为州县，与之杂居，十年教育之后必与我同化矣。熟黎既化，则生黎势孤，久而久之，必就范围。今共和宣布，五族平等，断无有异视上古遗族之理。倘歧而视之，必为子孙之患；使之同化，必收指臂之助。文化政策宜行于黎者此也。且琼州居民，普通教育尚未普及，又限于一府，故大学及诸种高等学校不能设备。以海防要地而人才不足以副之，甚非保卫之策。然则欲发达该岛文化，非改设行省不为功。其理由三也。

其四，国内移民殖民政策，琼州宜改设行省也。

夫殖民、移民有二，外国殖民、移民及国内殖民、移民是也。琼州人口甚稀，而广州等处人口过剧，因生计困难，故近来移往海外者实繁有徒。国力不振，故各国对我华侨不以同等相视，设诸种条例以苛待之，其惨状有不堪言者。夫我有地利而不自启发，流居异域，使外人牛马视而奴隶贱之，甚非得策也。同人非谓海外移民、殖民为不必要，但吾国今日状态，国内移民、殖民为尤必要。倘改琼州为行省，则人口过多之地必源源而来，资本亦因之而流入，不久必变为富庶之区。其理由四也。

其五，行政之便宜上，琼州宜改设行省也。

琼之地理、风俗、言语与各府不同，由琼至省必经海道千余里之遥，由省御琼有鞭长莫及之叹。地方情形，长官不必周知，长官命令，早发不能夕至，其不便一也。且该岛风俗、言语、习惯与广州异，以言语、风俗、习惯不同之人民合为一省，行政区划之分配甚不得当，不便二也。倘改为行省，则无上述之弊。其理由五也。

琼州之宜改为行省，既如上所述矣。或者曰琼州土地狭小，财力不足，不宜改省者一；且一改为行省，恐各省纷纷效尤，何所底止，不宜改省者二；昔江北改省之议不能通过，琼州与江北何异其选，不宜改省者三。是说也，似是实非。

夫台湾一岛，其幅员与琼州相等，自日本经营之后每年岁入数千万，倘琼州改为行省，数年经营之后其收入必有可观，无庸疑也。且欧美诸小国，其面积不如琼州之广，人口不如琼州之多，尚自立为一国，以数百万之住民、十万方里之土地而不能划为一省直隶中央者，断无是理。是第一之驳议不足信也。

琼州宜改行省，既有上陈五大理由，他省之欲效尤者无从藉口。是第二之驳议不足信也。

琼州与江北不同，查江苏面积最狭，江北改为行省则江苏必受其影响，而琼州改省，广东不受其害反得其益，其不同一也。琼州系海外孤岛，文明各国，其政府皆重视岛地，诚以岛地有特别视之理由在焉。美国诸岛皆自为一州，若夫落利大①、檀香山等岛，其面积不若海南而自为一州，其故可知。而江北则非岛地，其不同二也。前清时代，张之洞督粤时尝倡琼州改省之议，后岑春煊督粤亦有是议，夫以前清因循苟且，尚因琼州地理重要不能漠视，况民国成立，凡百设施在发奋有为之时代乎？而江北则不然，其不同三也。由是观之，第三之驳议亦不足信也。

昔唐贞观五年置都督府于琼州，是改省之说，乃所以复古制，非创议也。民国百度维新，行政区划宜亟改良，以固边防而启利源，兴文化而奖殖民，乞诸位先生赞成琼州改设行省，琼州幸甚！民国幸甚！

发起人：孙　文　梁士诒　易廷熹　陈治安　梁孝肃　潘　敬

陈发檀　吴栋周　徐傅霖　谭学夔　张伯桢　钟毓桂

卢　信　吴铁城　冯拔俊　陈定平　陈振先　陈　复

林格兰　林瑞琪　司徒颖　陈启辉　吴瀚澂　黄　毅

---

① 夫落利大（Florida），今译佛罗里达，美国南端之一州，包括位于墨西哥湾沿岸的半岛及南部近海珊瑚岛礁。

杨永泰　张汝翘　林国光　韩禧丰　郑宪武　金溥崇

黄有益　邢福基　刘元梓　祁耀川　冯裕芳　伍宗珏

据《国父主张琼州改设行省理由书》，载《琼崖
应改设行省之重要文件》，一九四四年一月印行

中国铁道与社会主义

武昌起义周年为上海《大陆报》而作①

（英译中）

（一九一二年十月十日）

　　余此次游历北部，阅数星期之久。至通都大邑，与父老子弟诸姑姊妹相接，乃愈知吾国此后必将有统一、兴盛、自立之一日。向持悲观之评论者颇不乏人，谓必南北分崩而成二国。然余于南方既知之有素，今者考察北方，耳目所及，益知吾国之团结为一国，且能永久为一国也。

　　吾国之地由东至满洲，由沪至西界，实自为一国，自成一种。凡此意义，当国人航海留学之时已晓然无疑，其后负笈担簦者相属于道，于吾国为巨大民族之故，益能完全领会。久之而更能阐发真理，还饷祖国。而我人咸喻其意，奋发景从，莫可阻遏。至余之此想，实于此次北游观察事物，获有奇特之证据也。当是时，余曾以共和政体国家与民国之关系进之国人，而见国人对于已成之事、将来之局，颇欣欣然有喜色。故益自信统一、伟大中华之民国异日必能成立，余之此言固有可操左券者也。且中华民国之成立必将历久长存，又尝以此诏之国民矣。前清政尚专制，以君治民；今共和成立，民自为政，乃事理之所应尔，亦全国所公认，热忱勃发有过于鄙人所料者，窃自慰也。此次游踪所至，若张家口，若太原，若济南，若山海关，彼都人士之对于新政府类皆欢欣鼓舞，希望吾国之统一

---

　　①　孙文结束北方之行，于十月三日返抵上海。本文系应英文报纸《大陆报》（*The China Press*）所请而作，中译文在该报中文版同时发表。

强盛，余敢以此决之矣。在国人心目中，皆知满清政策欲使各省自分畛域，涣其势力，而中央不至为所掎扼，故其执政者几疑吾国永无联合之日。乃不转瞬间，而亿兆人民能令群策群力以驱除专制者，则已熟审满人所为，故能以猛烈手段对付君主，逮至今日，尤莫不知省见之必当蠲除矣。

余至太原，尝倡论统一民国、泯灭省界、欢迎外人及他省人之说，闻者咸击掌称快，此亦可征其热诚而足令人注意者。窃谓国人深知兴国之大端，端赖实业，而吾国之完全成立，实惟发展隐藏于地之物产是赖。且当视练兵为有济也，国人于此亦甚赞成。以余所见，袁总统为人刚毅，堪以镇抚时局，而建设足为列强承认之稳健政府。自此游后，益以确知吾国必将一跃而列于头等矣。

余生平持论，每注意于国中之生计发达，世多知之。吾国物产丰饶，所有待者交通而已。夫大国成立之始必需交通，吾国亦何莫不然，故铁道之关系前途最为重要。诚以铁路既建，足使国民交接日亲，消除省见，举妒嫉之思想、反对之计画，凡足以阻碍进步者皆能廓而清之。且其便利产品也，不啻以缩地之方，将大市场移至出产物之门外，使增销路；农作物之种植亦必因此利便，而增值倍蓰也。吾人更可开矿以辟富源，其利之溥显而易见，更无俟赘言也。

近顷袁总统以筹划全国铁路商款路款、创设大公司之事相属①，此举之于我国发达关系甚重。然若工程、若经费，其巨大繁难未更偻指，特审度既久，故愿肩此巨责耳。虽然，余之地位恐犹不免为世人所误会，敢申明之：夫余于今日固已脱离政界，仅受任而代表政府承办某事，自顾藐躬，有类奉命承办某件之包工人。政府欲办某事而令余办之，正如令包工人承办无异，故余自当设法以报命也。

顾经费无出，不得不利用洋款。然私心窃计，则必私人或公司之愿与路局直接商榷，而与中央政府无涉者，乃可告贷。盖必如是，而始为纯然商业，且可轶出政治、外交之范围。苟或循照旧章借款筑路，则国际之交际即已牵入，是则吾人所以欲避外交而免镠镵之故也。余所特设之中央铁路公司将自行借款，向中央政府及实在借款者担负责任。如是而吾人与政府均不向外国政府负责，更宜于从事之初划清界限，则自无外人干涉之虑矣。

---

① 此指孙文在京期间，袁世凯于九月九日颁令"特授孙文以筹画全国铁路全权"。

揣此计画，固将有大造于吾国矣。惟此事之能否实行，某路之应否筑造，当候国人全体之决定耳。余所拟筑之路将如钢剑密布，纵贯全国，苟不加审度而惟事反对，使此已定之计画破坏无余，殊可惜耳。夫以我国幅员之大，而欲于此后十年成二十万里之铁道，闻者或当致疑，而余审度有年，知其决然可行而始定此计画。国民明达，诚宜为之赞襄，果得其助，自易易耳。吾人试一思之，筑路利益何可胜言，有此快捷安稳之交通，不仅有俾商业，即行政前途亦当获益匪浅。此又环球各国所尝以之自励者。且凡路线所及，人物荟萃，丰享裕大，必为发育昌盛之先声，而幸福亦必与之皆进也。

余之于此，实已筹之至审。将于此十年间敷设二十万里，虽造端宏大，措置为艰，第举例以明之，则此事亦必可成。夫大革命亦一伟举也，若在前二十年或十年，时机未至，即未能达其目的；乃起义未久而百端就绪，数月之间推倒专制，复仇之速令人惊愕不置。故举革命以譬造路，虽兹事体大亦属可行，诚以吾国本为大国，而实足以肩任大事者也。

筑路办法厥有三端：一、利用外资，如京汉、津浦等路①；二、创设中西合资公司；三、准外国人筑造，惟订明四十年后交还我国政府。此之三策，以末策为最善。亦知国人闻之，或将相顾惊骇。而世界各国则不然，盖皆利用此策而获享殊效，则行之吾国亦能收效。国人于铁路之建筑，一有外人关涉，即谓损碍主权，然此实有所误会也。试征之美国，其大铁道系之贯通，极端者率假外资以建之。彼当未采矿产以前，其最先所成辄藉外资挹注，而固未尝受害，富强至今。前事可师，不当攘臂而起乎？美国若无铁路，今果当作何景象耶？国人于此倘亦因循阻挠，则其景象当亦如是而已。

余计画之详虽未确定，至其大要，固已熟筹之矣。此策若行，则国中密布干路，自此端以至彼端，伊犁之人可与山东之人相晤，奉天之人可与广东之人相见，而云南之视太原亦当亲如兄弟。吾人倘深度己力，悉心体会，前途正未可限量也。且自此以往，省界之冲突渐将消灭，将来之交通自增利便，至方言之融解、国语之统一亦意中事耳。

---

① 原文误植为"如京汉津浦等路一利用外资"，今改为"一、利用外资，如京汉、津浦等路"。

今之所定，将自沪筑干路以达伊犁，自粤至喀什噶尔①则更筑一干线，自粤至藏亦筑一干线取道于滇。至若扬子江流域，本为国中之商业中枢，自宜增筑路线。且时至他日，甘肃之兰州府必成要隘，则以应有十三线悉聚纽于其地也。至各省会垣亦将各成铁道之中枢，以其路线四达，由会城所引伸者当可有八九线耳。或者不察，虑〔而〕有铁路充斥之虑，此则殊不免有所误会矣。试一自计疆域之广袤，果当作何计画耶？且国境之大若是，余策果行，实犹有可供筑路之余地。而数十年后，通国商业发达异常，恐亦尚须增筑也。

余之此策果能完全行之，则商务之兴盛，财产之增益，贸易之畅旺，足以振兴物产，皆可断言。且犹有最要之一着，即足以使举国统一联合是也。统一联合诚国家存立之道，果能如是，将成世界大国，而不至为列强所轻侮、倡言瓜分，于以固邦本，于以御外侮，诚不难耳。

夫吾国之发育物产，与国人之欲享幸福，实出于一。惟当前此数年，迟迴审顾，未敢骤倡此议。及游文明各国，而见其致力于推广工商事业，辄召资本家与劳动者之竞争，为之详尽体察，始知其推广事业止以保持其竞争也。又尝见弱者之穷迫强者之奋争，以求朝夕之果腹。更见近世之工党肆扰，肆其野蛮手段以谋自赡，有如上古时代之强暴。实则数年以来，资本家实藉劳动者之工作大有所获，而匠佣则迫于穷途以求获其应得之权利，是则彼所竞争未始无理，而世界各都皆有此等事实也。吾人目睹法国铁路工人之罢工，奥国矿工、电车工之罢工，美国矿工、御者、栈佣等之罢工，英国矿工、船坞工人之罢工，德国矿工及其他工人之罢工，莫不由实业主义进步之故。乃回顾吾国罢工之事几无所闻，则以国人勤慎致力农事，而无贫富悬绝、互相仇视之举耳。

余平居亦尝窃计，罢工竞争之事果可使之见于吾国耶？吾国罢工之举，绝无仅有。譬之以此国投诸实业旋涡之中，凡有仁心者孰不徘徊审顾，而忍出此耶？夫实业主义为吾所必需，盖文明进步必藉乎此，非人力所能阻遏，则其行于吾国也必矣。吾人今日亟须增殖物产，其法维何，殊足令人熟思耳。近世进步资本主义之天然推论〔演〕，姑不置述，以其对于劳动者常主不平之待遇耳。间尝熟

---

①　当时系新疆省喀什噶尔道，今改置为新疆维吾尔自治区喀什地区（亦称喀什噶尔地区）。

思审虑，忽得外国已得解决此题之策，其策为何？社会主义是已。至此主义未适于用，则以各国提倡之人均失其中。推究其故，盖对于主佣家所获之利，当以何法使之平均，尚未得有把握耳。

此策也，行之于新进之吾国，实有可依次进行之机。亟宜循实业主义之进步而除其劣点，绝其萌芽，自可决为无上上之良策。故余所主者为社会主义之说，然绝非如无意识之反对者，坚持均产主义也。惟欲行一法，使专用体力者可按公理以互获利益而已。夫均产之说荒谬绝伦，社会主义之解释必如余言而后可。盖余所企望者，工人可得充分之佣值也。吾人尽力办事，此后事事维新，可使吾国民生、政治均推崇民主政体，使人人互相倚赖、〈互〉相信任、互①相爱悦耳。亦知此等理想未易推行，然必亦致力于此，庶于所悬之鹄稍有引近耳。

由此行之，产品增益将来不可胜数，而若奴隶之役、使劳佣之工作亦可减至最少之时刻矣。且一切财产所待人开采者，人人均得按比例以沾其利益，于所作之工获其结果，可得优待。而又可于工作之暇致力他事，且足以陶养心志，得间休息，自求应享之幸福。而我国之劳工、贫人，实不若各国之享此幸福也②。果能循是以行，人人有机会以与于生计之竞争，而得充分之自由，此则余所愿见者矣。夫余之力主社会统系者，因欲推行一策，将引起人民对于己国有直接之兴趣，且须其对于己国之生产亦皆致力从事也。

余更欲国家于应有之赋税及国有之财产，得以如量而取之。所以主铁路、电车、电灯、瓦斯、自来水、运河、森林各业，均归国有。而矿税、地租亦为国家所应有者。国课之源有三大宗，今述如下：

一、征地价税。此非单次之税，吾国行之甚易。今姑简述其法，则可以城邦之地，按其购值征之。先询其值于地主，俟其开报分别抽税，且订明国家需用时可以照值向购。

二、征铁路税。美国铁路所入约美金七百兆元，惜为私人所有，果能以充国家行政费，恐当有所余也。我国铁路之必能获利，尽人皆知，他日若渐收为国有，斯其所入可充国用而有余矣。

---

① 此处删一衍字"想"。

② 此句译意似有误，可参阅下篇译文。

三、征求矿税。

此三者虽已兴办之久，暂不同要可成，不日可征收之源①。其余公共兴办之业如自来水、电厂、瓦斯厂、森林，当可次第兴办。

上列各款，以之充行政经费自当绰有余裕。至其羡余可充教育之用，盖教育亦国家所必需。此外，慈善如养老恩俸、收养聋跛，更可从容措办。推而言之，青年宜养成之，衰老宜安抚之，固亦吾人所宜致力者也。

吾新中国之民，今得生息休养于开明政治之下，凡千百年所受专制之压力皆已扫除净尽。用敢一言以告曰：此后吾人自当同享幸福，其要点在戮力同心而已。

据张蔄云译：《孙逸仙纵论中国铁道暨社会主义》，载一九一二年十月十日上海《大陆报》（*The China Press* 中文版）"共和纪念册"第五、六页②

附另一译文：

中国之铁路计划与民生主义

余自此次游历北部，遍访各大都会，并与各界人士接触，益信中国当成为统一、独立与兴盛之国家，确系将来必然之事实。向来持悲观论调者，每臆料中国将由南北分裂而成二国。但余素知南方情形，今又亲莅北部，现信中国仍为整个之单一国家，且将永远如是也。

中国自广州北至满洲，自上海西迄国界，确为同一国家与同一民族。此种事实，直至中国学生留学国外之时，始有完全之认识。故首知中国为伟大之单一国者，乃留学国外之学生。彼等发见此种事实并举以告知国人，国人本其智力与热诚，已完全了解此种意义。现余游历北部之观察，更给余以铁证，确知此种见解之正确无讹。当余游历各地之时，已努力向人民解释创立民国之理由与新制度下政府与人民之关系，人民对于已成之事实与将来之希望，皆已认为满意。故余敢

----

① 此句文字似有讹脱或误植，造成文意欠通，可参阅下篇译文。

② *The China Press* 英文版所载标题为 "Sun Yat-sen on Railways and Socialism in China"，原文迄今未见。

断言，将来必有一伟大、统一、永久之中华民国出现，且民国现已存在矣。余乃昭示人民，谓当满清时代政府与人民皆由专制君主管辖，今则专制君主业已驱逐，政府由人民主持，此乃事理之当然。而人民所表示之同情与热望，实有出余意料之外者。游踪所至，西北及张家口，西达太原，并历山海关与济南，无处不发现人民有同样之态度，即对于新事业之同情的感觉，与对于强大、统一之中国的希望是也。

统一将告完成，国人心目中皆知满清之政策欲使各省自分畛域，以致革命势力涣散，不能反抗满清政府。依当局者之意见，中国在此种情形之下，永无统一之可能。然而中国之统一竟告成功，专制者卒被驱逐。国人已洞悉满清政府之所为，并采取剧烈之手段以反抗专制政治。迄于今日，国人已知各省间之异见可以完全蠲除矣。

当余在山西省向人民提议蠲除省见、促进统一之时，该省人民莫不表示极端之热诚，欢欣赞许。及余建议欢迎与他省与他国人士提携之意见，人民亦皆乐从。国人现已确知中国之将来全赖天然之富源，且能竭力以响应国家之宣言，深信吾国家之巩固，所恃于自然宝藏之开发者实较甚于庞大军备之组织也。余信袁世凯系一有力量之人物，能制驭现局，建设巩固之政府，可邀世界列强之承认。自此次游历北地，与北方人士接触，余益信中国将成为世界上之一等国家矣。

余对于中国之经济发展深具热诚，中国物产无不丰富，惟待开发而已。中国亦与各大国发展之情形相同，所急切需要者，乃交通之便。故目前关系吾国前途之最大者，莫如铁路之建筑。因铁路能使人民交接日密，祛除省见，消弭一切地方观念之相嫉妒与反对，使不复阻碍吾人之共同进步，以达到吾人之最终目的。且路线敷设以后，则物产之价值势必增涨数倍，因此种路线，不啻将昔日市场与生产者遥远之距离缩短于咫尺之间也。至地下蕴藏之采掘，金属物产之开发，其利益之丰厚乃显而易见者，固不待赘言者也。

近袁总统以全国铁路设计，筹措必需路款，并组织中央铁路公司以督办路政之重任相属。余对于铁路建筑工程与运用上之复杂情形，及经济方面已加一番研究，知此事关于国家前途之发展者甚大，故敢毅然担任之。但余办理此事之地位，恐不免引起误会。须知余实未受政府之任何职位，不过受命于政府以代办一定之事业耳。余之地位乃与包工人相等，承揽一定之工作以完成之。政府因欲兴办一定事业，嘱余完成其事，即与对包工人之嘱托相同。余将努力以实现政府此种嘱托。

为完成伟大之工作起见，自非利用外资不可。但余意以为，应由投资之私人或公司与吾铁路局直接交涉，而与中央政府不发生关系。此种纯粹商业性质之办法，可使全盘事业脱离国际的与他种的政治范围。盖建筑铁路之经费如仍依旧例借贷而得，则外交问题即不免牵涉其间，故吾人兹愿摆脱外交上之一切纠辖也。依余之计划，即可避免此种烦恼。中央铁路公司将自行筹措借款，对于中央政府与投资人担负责任，如是则吾人与政府皆不向外国政府负责。吾人将于创办之初，划清界限，以杜绝外来之干涉。

至于此种路线之应否建筑，与此种关系于全国幸福之计划，应否聿观厥成，端赖全国人民决定之。惟全国人民之公意，乃为此种纵贯全国的铁路系统之最后决定。若徒事无理之反对，则适足以破坏全盘之计划而已。在今后十年之内，敷设二十万里之铁路乃为完全可能之事。经过数月审慎研究之后，余乃决定此项计划。如国人能尽其应尽之责，予以赞助，则此计划必能实现。国人应知铁路之敷设，其利益实浩大而易睹。此种有效的、安稳的、敏捷的交通建设，岂但有益于商业，亦且有裨于政治前途也。今世界之大国，无一不得到此同样之教训。盖无论何处，铁路常为国家兴盛之先驱，人民幸福之源泉也。

余现拟进行之计划，规定于今后十年之内敷设二十万里之铁路，此成〔诚〕巨大之企图，但余敢申言其必能实现也。按此次革命事业之本身即为一巨大之工作，在二十年以前甚至在五年以前，革命之发难与成功似乎都不可能，但革命力量培植既深，吾人卒能奋臂而起，以敏捷之手段，于数月之间竟即推翻专制，脱离桎梏。故今之计划虽大，乃确可实现者。因中华民族为一伟大之民族，必能完成伟大之事业也。

关于建筑铁路之办法有三：一、利用外资，如京汉、津浦线等是也；二、集中外人之资本创设铁路公司；三、任外国资本家建筑铁路，但以今后四十年归还该项路线于中国政府为条件。在此种办法之中，以第三种办法为最善，此在中国虽为创见，而在他国则已司空见惯矣，且利用此项办法者无处不奏伟大之成效也。中国如能利用此项办法，其成功自必伟大。吾人须屏除一种错误之见解，勿以为外人一旦羼入此种事业，则必破坏国家之主权，妨害吾人之自由，盖实际上并不如是也。此同一之办法曾在各处施行，固皆不曾妨害其国家之主权。譬如美国连贯国疆极端之铁路系统，大部分皆由外资敷设。在美国之富源未开发以前，早期敷设之铁路事实上亦不得不利用外资也。但美国并未因此受害，且因此获巨利，臻于富强之域。故今日有利于中国之事，亦莫如铁路之敷设。吾人试测想，如美国不敷设铁路，则今日将成如何景象乎？因此吾人须相信，中国如不敷设铁路，则其国家落后之情状将长此不变也。

余所拟敷设铁路之计划，其细目虽未厘定，但就大体言之，则吾人已知进行之头绪矣。今后将敷设无数之干线以横贯全国各极端，使伊犁与山东恍如毗邻，沈阳与广州语言相通，云南视太原将亲如兄弟焉。迨中国同胞发生强烈之民族意识并民族能力之自信，则中国之前途可永久适存于世界。盖省区之异见既除，各省间不复时常发生隔阂与冲突，则国人之交际日增密切，各处方言将归消灭，而中国形成民族公同自觉之统一的国语必将出现矣。

从上海至伊犁将敷设干线一条。另一条由广州至喀什噶尔。又另一条由广州至西藏，取道云南。扬子江流域本为中国最重要之商业中心地，将为此种新路线所横截。且甘肃之兰州将有十三条铁路汇合于此，形成一极重要之交通中枢，此世人必为惊异者也。

各省之省会均将成为铁路中心，路线将由此种重要之城市向各方分射而出。从每一省会出发之路线，将多至八九条不等。由此观之，似乎中国之铁路过多，但吾人须不忘全国地域之广阔也。即此计划完全实现之后，中国尚有增筑铁路之余地，将来全国商务之发展必需更多之路线也。

完成目前之铁路计划，即所以促进商业之繁盛，增加国富，市场因以改良而扩大，生产得藉奖励而激增。尤其重要者，则为保障统一之真实，盖中国统一方能自存也。一旦统一兴盛，则中国将列于世界大国之林，不复受各国之欺侮与宰割。今时机已至，中国将能自立以抵御外来之侵略矣。

夫人民之幸福与中国物质上之开发，关系如此之巨，令余不敢轻议者已有年矣。在文明世界各国之中，尝见劳资争执不已，此等争执，原由工商界之力图扩张驱迫使然，迄今依然未已。又尝见弱者之穷迫强者之奋斗，以求足食。尤可异

者，近时贸易联合会之时滋纷扰，出其几类原始时代之野蛮手段，以为工人要求
生活费。实则在过去数年中，世界各处已有可惊可愤激之象。工人不分巧拙，咸
为境遇所迫，不得不出此以求遂其所欲。余平心思之，资本家所获甚丰，皆由工
人之劳力而来，工人争其所应得之权利亦理所当然也。余等所见各国之罢工，如
法之路工，奥之矿工及电车工，美之煤矿工、汽车夫、旅馆侍役以及其他各工，
英之船工、矿工，德之矿工与他工，盖皆直接受实业主义进步之影响者也。其在
中国，则此等罢工之事实未曾见，人民安于农业，贫富之间并无此等互相仇视之
纷扰现象。

　　余每自问，此种可怖之情形亦将见于中国乎？夫中国亦将自行投入实业旋涡
之中。盖实业主义为中国所必需，文明进步必赖乎此，非人力所能阻遏，故实业
主义之行于吾国也必矣。吾人今日务必开发富源，其法维何，须深长思之耳。近
世资本主义之天然演进，对于劳动者常与以不平之待遇，故吾人当力避之。间尝
熟思深虑以求解决此问题之策，其策维何？民生主义是已。至于此主义未能适用
之故，则以其他诸国类皆矫枉过正，不能使劳资间得一调和之点，而收利益平均
之效果也。此策行之于新进之吾国，自宜及早图之。随实业主义之进步，努力以
避免其恶劣之结果，故余主张民生主义。

　　惟民生主义之意义维何？吾人所主张者，并非如反动派所言，将产业重新分
配之荒谬绝伦。但欲行一方策，使物产之供给，得按公理而互蒙利益耳。此即余
所主张之民生主义的定义。余将使劳工得其劳力所获之全部。将来中国之实业，
建设于合作的基础之上。政治与实业皆民主化，每一阶级皆依赖其他阶级，而共
同生活于互信互爱的情形之下。此种理想固难达到，但吾人当努力以求理想之实
现，以改良社会之情状，使臻于完善之域也。依照此种计划，生产将日益增加，
以最少限度之穷困与奴役现象，以达到最高限度之生产。对于待开发之产业，人
人皆得按其应得之比例以分沾其利益，享受其劳力结果之全部，获得较优良之工
作状态，并有余暇之机会可以思及其他工作以外之事件。如此，劳工必能知识日
进，获得充分之娱乐与幸福。此种娱乐与幸福本为一切人类所应享，但在他国，
劳工与穷苦之人尝无享受之权利耳。故在一个民族之中，须给人民全体以生活之
机会，并与以完全之自由，此即余之希望。

余之所以主张民生主义制度者，盖欲用一种制度，使国民对于国事发生直接之兴趣，愿全国人民皆享受其生产之结果。余更愿国家对于直接管辖之税源，得到其所产利益之全部。凡铁路、电车、电灯、瓦斯、自来水、运河、森林各业，均应收归国有。地产收入与矿产收入，为国家收入之渊源。按国家之收入，共分三种：

第一为地价税（并不作单税征收），此最易施行于中国。简略言之，即使城市之土地呈报价格，惟声明国家得按价收买之，且即照价课税。

第二为铁路收入。据称美国之铁路收入，现有流入私人收入之趋势，其数额达七万万金元之巨，足以抵付美政府之政费而有余。在中国吾人亦知铁路之利益，因此种铁路将由政府直接管辖，故其全额收入将供政府之使用。

第三为矿业收入。

上述之三种收入，大抵可以即时征收，且极便利。其他尚待开发之税源，则有各种公共兴办之事业如自来水、电厂、瓦斯、森林等是也。

综上述之各种收入，将供给国家政费之需要而有余，然后举其余额以兴办教育及最要之慈善事业，如养老恩俸、收养残废跛瞎之人。吾人应注意青年之养育与衰老羸弱者之安抚。新中国之人民今得生存于开明政治之下，解除数百年之专制压迫，而目睹将来愉快之黄金时代矣。当今之所急需者，惟在国人之同心合作而已。

据《中国之铁路计划与民生主义》（民国元年国庆日为英文《大陆报》所撰），载《总理关于国庆纪念的遗教》，南京，中国国民党中央执行委员会宣传部一九二九年十月十日印行

破除悲观心理推行各项建设政策

在上海日报公会欢迎茶会的演说①

（一九一二年十月十二日）

（一）悲观之心理为民国最危险之事

革命成功，全仗报界鼓吹之力。今民国成立，尤赖报界有言责诸君，示政府以建设之方针，促国民一致之进行，而建设始可收美满之效果。故当革命时代，报界鼓吹不可少；当建设时代，报界鼓吹更不可少。是以今日有言责诸君所荷之责任甚重。

惟以仆观察社会之心理，多不免抱一种悲观，于报界尤甚。此悲观之由来，则因恐怖而起。以为民国今日外患之日逼，财政之艰困，各省秩序之不恢复，在在陷民国于极危险地位，觉大祸之将至，瓜分之不免。此悲观心理，遂酿成全国悲惨之气象。简单言之，即病在一"怕"字。余以为人人心理中，这一"怕"字当先除去，然后才可有为。盖事事存一"怕"字观念，则无事能行，而建设之业必永无进步。故吾以为外患之日逼、财政之艰困皆不足危险，惟此人心中之悲观最为危险。若人心中之悲观不去，则即无外患等等之危险，而民国亦必不免于灭亡。然欲全国人人心中无极端悲观之心理，首望我报界诸君先祛此足以致亡之悲观，然后始足及于全国之人心。

今余有一不足存悲观心理之论据，即以革命发难、民国成立一事，即足为最强之佐证。

革命起义之时，人人心中有勇猛进取之精神，而无一丝怕念存于其间，故成功得若是之迅且速也。当革命未起之时，人人心中俱抱一极大之悲观，以为一革命，则外人必起而干涉，乘机瓜分。故虽明知满洲政府之腐败，不革命必不足巩固国基而谋自存，然以怕故，而不敢为也。幸有少数不怕者倡始，而多数怕者始恍然知不足惧，大功遂得于数日之间告成，而民国亦纵安然成立。设当时无一人

---

① 欢迎茶会于十月十二日下午在上海戾虹园举行。文内小标题为笔述者所加。

能打破其心中怕之一念，则谓今日仍受制于满清专制政府之下亦可也。故可知"怕"字最不足成事，欲谋进行，非去怕不可。盖最危险时期，无过于革命军起义、南京政府未成立之时。今民国已完全成立，危险之量已较曩昔锐减。吾人当革命时，有一副勇猛进取之精神、不畏不惧之气概，何至于革命底成、民国草创之后，反致消灭此种精神气慨〔概〕之理？故可必其不然。

余深望报界诸君将悲观之心理打除，生出一极大之希望，造成一进取之乐观，唤起国民勇猛真诚之志气，则于民国建设前途实有莫大之利。而使全国俱焕发一种新气象，厥维报界诸君是赖。

（二）建设大业以交通政策为重要

夫人人心中既无无谓之恐慌，则建设各事庶可依次进行。而建设之大计，当远测于十百年后，始能立国基于永久。

建设最要之一件则为交通。以今日之国势，交通最要者则为铁路。无交通则国家无灵活运动之机械，则建设之事千端万绪，皆不克举。故国家之有交通，如人之有手足四肢，人有手足始可以行动，始可以作事。国家有交通，始可以收政治运用敏活之效。否则国家有广大之土地、丰富之物产、高尚思想之人民，而无交通以贯输之、联络之，则亦有等于无。譬之人而无手足，不能行动，不能发挥，即有聪明才力亦归无用。是以人而无手足，是为废人；国而无交通，是为废国。

余现以全力筹画铁道，即为国家谋自存之策，然一言借款筑路则反对群起，盖非自今日始矣。人之反对借款筑路者未必全有理由，而占反对地位者，四万万人中几有三万万五千万人。而大原因，则以未能明瞭其中利害关系之故。大率以筑铁路则有碍于风水或不利于小工，然其所凭据不坚，苟与之详言铁路种种之利益，即①可恍然饮悟，而三万万五千万人之反对者不难尽为赞成。惟于明白事理，知铁路于国有益之人而亦反对，则其反对为有理由，于此欲使之晓然于利害之真际，颇不易能。

---

① 此处删一衍字"不"。

　　然须知国家以交通便利而强者，随在可证。世界最小之国家，其幅圆只及中国一府之大，而强盛愈于吾者，盖以彼有交通机关而吾无交通机关故。吾人今日亦知铁路之有益矣，知其益而不敢行者，则中于恐慌之心理，以为中国今日果兴筑铁路必借外国资本，外国必乘以侵略中国，瓜分中国。此实大误。余谓民国苟不兴筑铁路，便利交通，虽有五百万之强兵，数百〈万〉吨斗舰，亦不能立国于此三四十年之内。盖有铁路则尚足以图存。而其关于国之危亡者，则纯系于兵力强弱问题，初不能与兴筑铁路并为一谈，而谓铁路之不宜筑也。外人果欲瓜分中国，则虽无铁路亦可为；外人果欲保全中国，则虽有铁路亦何害。且使中国于今后不兴筑铁路，而第扩张武备，民智不启，实业不兴，政治不能收敏活之效用，国家精神不备亦决其难以长久而不敝，一有不幸，亦终归于覆亡之运耳。如中国昔日亦曾有海军，且有强有力之大战斗舰过于日本，而甲午日本海一役乃致败挫，自此而后益复不振，则可知国家只有强兵利舰，亦不足恃。

　　余主张筑二十万里铁路为民国立国永久之计画，而筑铁路以利用外资为宜。盖瓜分之说，列国倡之有年而未遽实行者，则以各国在中国利益，不忍破弃于一旦之故。今使彼输入中国有六〈十〉万万之大资本于兴筑铁路之上，彼欲保此资本之安全，则有投鼠忌器之思而不甘破坏平和，是乃断然之事。反之若全用本国资本筑路，则一年筹一千〔万〕万，亦须六十年始达六〈十〉万万之数；而已精疲力尽，一切流通资本悉归之铁路建筑之上，金融机关必全停止，则铁路告成之日即为国家灭亡之时。且不待是，而各国羡吾以巨大之母财将筑铁路，必起而为攘夺之谋，分割之祸必于此起，是即所谓慢藏海盗也。盖吾国若有武力，即外资所筑之路，遇紧急时亦可据为己有；若无兵力，本国资本所筑之路，遇紧急时外人仍得占据。此关于武力问题，不问其属于本国资本及外国资本也。明乎此，则恐慌之念亦可以释然矣。

（三）开放门户政策利于保障主权

　　利用外资可以得外资之益，故余主张开放门户，吸收外国资本以筑铁路、开矿山。

吾国今日，若以外资筑铁路反对者尚少，若以外资开矿山，则举国无一不持反对之议者，以为利权为外人所夺。细思之尚不尽然。譬如外人以一千万资本开掘一矿，则必以五百万购买机器及其他器具，其余五百万必尽分配于工人，则是采矿之成败未可知，而已散其半于中国之工人也。使其开掘亏本，彼必弃其机械而去，盖运费甚巨，彼不愿为。或只出于竞卖，则吾人于斯时或以数十万金钱而得其值五百万之机器，如是则吾人承其后，成本既轻，收效自较易。若外人开矿竟至获利，然经种种消费已复不资〔赀〕，而资本家所净得之赢余，为数未必过巨。若每矿以一千万资本为标准，则十矿即有一万万，而中国工人得占其五千万之巨额。社会上有此五千万之流动资本，金融机关必形活泼，直接有利于民，间接有利于国，此盖较之借款为善者也。今人犹持昔日之闭关主义，实于时势不合。

现世界各国通商，吾人正宜迎此潮流，行开放门户政策以振兴工商业。如日本即采门户开放主义者。或以为吾国贫弱，不能与日本同日语，则请以弱小于吾国者为例。如暹逻介于英、法两大〈国〉之间，而能保其独立国之资格，即以行开放门户政策故；而外人以得商业之经营，亦不过事侵略。此可见开放门户足以保障主权。前清以闭关为事，而上海租界及青岛，我无主权，是皆外人强我开放，故有此结果。若济南商场由我自行开放，即有完全主权。此亦自行开放门户无损主权之一证。亚洲有二完全独立国，强于中国者为日本，弱于中国者为暹逻。而中国则为半独立国，尚不得与完全独立国之列也，盖以中国现在尚未收回领事裁判权也。中国欲收回领事裁判权，若以实行门户开放为交换条件，则庶几得进于完全独立国耳。

（四）借款筑路与批给外人筑路利害之比较

今欲筑路必用外资，用外资非全无害也。两害相权，当取其轻。故吾人欲用外资，当择一利多害少之方法实行。以愚见则批给外人包办，较之抵押借款为有利。然自余主张批给外人而报纸反对者，以为此事丧权失利，而以抵押借款筑路办法为然，其实未明于兹二者利害之分量若何耳。余为外人言及批给办法，外人多持反对之说，而无不乐从借款抵押之办法。可见借款抵押之方法，外人所得之利多；批给包办之方法，外人所得之利少也。不利于外人，必利于吾，何以吾人亦如外人之反对乎？

今请就借外款自办与批给外人包办二法，一比较其利害，以供诸君之研究。

中国昔日铁路多为借外款自办者，如沪宁等路是也。借款自办害处在受种种亏损，如当借款交付时之回扣，包购种种材料亦有回扣，而此借款每年出五厘息。次则如铁路亏耗则全由政府担任，至期满，其借款全额尚须清还。故外人视此为绝良之营业。而经手此事者多为商业性质之洋行，彼于铁路学一无所知，只求得经手回扣及购料回扣及政府担保为已足，而将来铁路之盛衰，皆非所问也。铁路修筑事宜委之于工程师，工程师之聘定大率五年期限或八年期限不等，彼第于职务期中，日作其所应为之事，而不负完全之责任，则欲工事之精良、消费之节省盖不可能之事也。如沪宁一路，其受害为最著矣。使余铁路政策而用借款自修方法，则二十万里须款六十万万，以最轻九五扣计算，当扣去〔为〕六〔五〕十七万万。常年以五厘息计算，则每年三万万，十年则三十万万，四十年则一百二十万万，至期尚须偿还原本六十万万。材料回扣其数必巨，历年亏折又复不资〔赀〕，则兴筑铁路，不待十年而中国已有破产之祸矣。

故熟思审虑，惟有批给外人承办一法为害少而利多，较之借款自办，可免五害：一无交款回扣之害，二无购料回扣之害，三无按年出息之害，四无亏耗津贴之害，五无至期偿还原本之害。既免五害且有二利焉，即工程坚固、筑建合法是也。

铁路批给外人包办，大约四十年可以收回，时或逾之，然终未有出六十年外者。按中国富庶状况，则四十年期限即足抵外国六十年期限。此四十年之内赢亏皆非我责，一俟期满，吾人可不名一钱得二十万里铁路。盖铁路于十年之内大概不能获利，且不免有亏赔焉，惟极迟至三十年后亦必可以获利也。至于批给外人合同，拟由铁路公司出面协定签字，由公司购定地皮，画定路线，交外人修筑。其合同中尚须附带条件：其一条件，此纯为商业性质，不稍含政治意味；其二条件，公司有随时监察之权；其三条件，中国可不俟期满得备价赎回。如是可一一按必要情形加入条件，则不致过于失利。若路之繁盛或关于军事重要者，得视国力之何如，付外人以代价，酌量收回，于吾人亦不算吃亏。此两善之法也。总之批办一法利多而害少，借款一法利少而害多，两两相较，盖可择别矣。此愿与诸君一研究而讨论之者也。

（五）圜法之改良

至今日关于国家建设之数事，亦望报界有言责诸君一致鼓吹，而其一则为圜法。

中国圜法之不善，不待智者而知。中国之币制实无可言，金融界之屡屡恐慌，亦多本此原因而起。若银币非价格之不一，即流通之不普。银币有市价，因地有变迁，因时而亦有变迁。甚至一地而洋价各有不同，且或此省而不能通用于他省，民间遂受种种之亏蚀，而小民蒙其害矣。其次则无汇兑机关。如以银一万由上海汇至北京，必经外国银行之手，至北京收取此款已不能如数。若由京沪间往返将此款汇兑至十数次，则此款即可耗蚀净尽。此其受害为何如？外国银行在中国获大利者，即操我汇兑机关故也。至于金价、银价之高低，外人复操纵自如、任意抑扬而吸收我之大利，我之因此为彼所侵蚀者，复不知其几何数矣。有如此次英伦一千万磅新借款成功，六国银行团大肆破坏，将现银垄断，使麦加利①金磅无从购换现银以供中国急需。若至赔款期限，则又抑勒银价，高抬金价。故中国受金磅亏折，实以圜法不善之所致。则改良圜法，厘定金本位，实为今日不可缓之要图。设不然，则将来六十万万外资输入，何堪复受此无穷之亏耗乎？此盼望报界诸君督促政府进行者也。

（六）地价之厘定

圜法而外，则有地价。

中国地价尚未有划一之厘定，而今日最便实行，过此则难。余对于地价之主

---

① 指设总行于英国伦敦的标准特许银行（The Standard Chartered Bank），因十九世纪五十年代至上海创设分行时以麦加利（John Mackellar）为首任总经理，故在中国通称麦加利银行，此系外国银行最早来华开办及印发钞票者。该银行在香港所设分行，则将 Chartered 一词音译而称为渣打银行。

张，在北方亦尝发表，而一般多不解其意义，致生疑虑。其实依余主张实行，于有地者绝不受损。平均地价，即厘定地价之高下为一定准则，地主本之纳税，而国〈家〉得随时照其原价收卖〔买〕。今民国成立，前清土地契约当然作废，可由政府下令各省及各府州县，令民间更易新契，并令其于易契时报明该地现时值价若干，一一登记，收什一之税。至地价之高低，则一任民间之所报。若多报于原值，则是先负重税，且不知国家何时收买；若少报于原值，则固可减省税量，然一俟国家收买则必受亏折。如是以此两种心理自衡，则必能报一如原值公平之价额。国家既得地价之真数，则收卖〔买〕时不患民间有故意高抬价额之事，可因将来交通之便利，于其集中繁盛之区一一收土地为国有。则将来市场发达，地租涨高，皆国家共有之利，可免为少数地棍所把持。如纽约一埠，其地租皆为美政府所有，每年收入有八万万元。例之中国，全国岁入不过仅有三万万之数。若将来交通便利，以中国之大，苟能造成如纽约者三四处之繁盛市场，则政府收入即地租一项已足供支拨而有余，则民间他项税则皆可蠲免矣。此非利国福民之大者乎？

鄙意所见如是，深望诸君竭力鼓吹，俾底于成，则非第兄弟一人之幸也。

据血儿（徐天复）笔述：《孙先生政见之表示——
报界欢迎会演说辞》，连载一九一二年十月十三至
十七日、二十日上海《民立报》第二页

附：另一记录

兄弟今日承报界诸君子欢迎，得与主持言论者共聚一堂，兄弟非常荣幸。但今日兄弟有一事欲与诸君子商榷者，则改造现在人民之种种心理是也。

中国自革命以来已阅一年，现在最危险之状况，莫如人人具一种悲观的心理。对于中华民国，无往而不怀一"怕"字。不怕事之不能成功，即怕事之难于着手；不怕外人之干涉我，即怕列强之瓜分我。于是存一"怕"的观念，对于种种事故无不生一种退缩心[①]，瞻前顾后，虑此失彼，终至一事不办，一事不成，坐

---

① 此处删一衍字"叩"。

失事机，贻误大局。此为民国最危险之现象，兄弟所最寒心者也。

其实民国至今日，天下已大定，共和国现已成立，苟能万众一心，全国一致，实力①向前假〔做〕去，则无论何事不患不能成功。建设固难于破〈坏〉，然建设之功贵于循序渐进，曹〔譬〕如一日做一分工夫，十日即做十分工夫，由是而日〔百〕日千日焉，则〈建〉设自能渐臻元〔完〕善。故时至今日，万万不要怕，只要放胆做去，未有不成功者。

且今日之中华民国，实无可怕之理由也。最可怕者莫如革命②。革命未成之前，当武昌已经起义，南京政府尚未成立，国内之秩序大乱，满政府又与我国民相剧战，外人耽耽虎视于其旁，此为最可怕之时代。然而全国国民皆具一乐观主义，同心协力，以冒险的精神、勇猛的手段向前进行，即报界诸君子亦怀无穷之希望从事于鼓吹。于是人心巩固，遂达此推翻专制之目的。使当时而人人怀一"怕"字，则互相推诿，互相畏怯，兄弟可预决去年革命之断不能成功也。乃当时人人不怕，而革命以成。今反人人怕了，此中理由，实兄弟所最不可解者。诸君子有制造舆论之能力，望将国民心理中之一个"怕"字，急急的把他改变了去，务使政府、国民同心同德，则中华民国不难立跻强盛。此一事也。

再如兄弟此次主张借六十万万外债，筑二十万里铁路，全国四万万人中几乎有三万万五千万人反对此主张者。实则此事断无反对之理由，一经说明，吾知此三万万五千万人亦将变反对为赞同。盖一国政策上之最要者，莫如交通。交通者人之手足也，无手足则人不能行动，无交通则国不能强固。廿世纪之世界，吾尝闻交通不便利而亡国者，未有交通大便利而乃反足以亡国也。故吾人对于今日之铁路，先当研究此二十万里之应筑不应筑，然一经兄弟说明其理由，吾知诸君子必曰应筑也。既应筑矣，则吾人进一步言，又当研究筑路之资本。中国财政困难达于极点，何来此项巨款？铁路既不可③不筑，外债自不能不借。

或谓借债筑路，前途极形危险，二十万里告成之日或即为中国灭亡之日，吾谓此不足虑也。使二十万里之铁路而为中国资本所建筑乎，则非有五百万精兵断

---

① "实力"疑为"奋力"之误。

② 此处删二衍字"臭莫"。

③ 此处删一衍字"可"。

不能保守之。使此二十万里之铁路而为外国资本所建筑乎，则外人碍于利权之所在，断不肯轻开衅端，以自贻伊戚。故极端言之，中国今日之国势兵力役己国之资以筑路或有危险，借外国之债以筑路决无妨害。由此言之，兄弟所绝对主张借债筑路者，实无非难之理由也。

　　然两利相衡取其重，两害相形取其轻。吾人不得已借外债以筑路，既不能保完全之主权、之利权，惟有于"借债筑路"四字中研究一利多害少之方法。以兄弟愚见，则未有如批给外人包办之法之善者。然自兄弟主张批办之一说出现后，言论界大为反对，以为失利丧权之举莫此为甚。即顷见某报论借债建筑海兰铁路事，颇主张借款自办，然对于批办一说仍力为反对，其实彼未明于批办之利益耳。使批办而于〔不〕益于我也，则必有利于外人，然而外人对于批办之说亦颇反对之。吾国人之反对批办①丧权失利，然外国人之为反对批〈办〉一举，何故欤？此其中实大有研究之价值也。兄弟不敏，敢将借外款自办与订合同批办之两主张，一一比较其利害，以为诸君子告。

　　夫借债筑路厥有五害：第一，借款交款时之回扣；第二，购办材料之回扣；第三，借款之利率；第四，路业亏耗之津贴；第五，至期偿还之成本。中国之贫穷如此，而铁路交通之急要如彼，苟于此借款而自筑焉，则以上种种之弊害必不能幸免，征特此也。借款自筑，中国对于铁路工程之人才能有几何，故工程之建筑自不得不借材于异地，而工作之良窳、工期之迟速一任外国工程师之播弄。外国工程师又以纯全为雇用的性质，无重大之责任，因循敷衍，视路工如秦越，而路事遂不可问矣。中国借款筑路之受此弊者更仆难数，而沪宁铁路尤其显著者也。夫沪宁路之延长不过二百余英里，而建筑款项费用至五千万，成本既大，盈余自难。其实铁路之建筑，浪费与节用二途，其间不可以寸②，而计画之原始悉在于工程师一人之手。彼沪宁路之借款乃怡和洋行耳，一洋行之经理人只知借款于人之利益如何，代人筑路之利益如何，购办材料之利益如何，至路工之坚否、收入之盈绌则不计也。历年以来沪宁路之亏耗，我政府所津贴者借款之利率，我政府所付给者购办材料之侵蚀，我政府所负担者，综而计之已不知其几千万。然而借

---

　　①　此处原作"反批办对"，今改"反对批办"。
　　②　此处疑有脱字。

款合同期满，其五千万之资本仍须如数清偿，不能缺少半文。此借款自行筑路之弊害也。使兄弟所主张之二十万里铁路、六十万万外债犹执其成法，曰借款自行建筑，则其亏耗将不知凡几，而人民有此重大之负担，十年以后恐有倒帐之一日。

兄弟熟思而审处之，则惟有批给外人承办之一法，实为至美至善。盖批给外人承办，外人完全负其责任，稍一不慎，则亏折随之，经济权利所在，岂容有丝毫之损失。铁路之营业，其盛衰问题外人既直接蒙其影响，则对于建筑之费用自不肯妄事糜耗，此一利也。铁路之最受暗耗者莫如于建筑之时，我批给外人承办，外人对于该路自然痛痒相关，希望路之速成而督促进行，以克期竣事，此二利也。外人既承办我铁路矣，其视此铁路也若己国之铁路，然工程求其巩固，工师求其精良，一切无不从事于认真，而路政遂无欠缺之虞，此三利也。且中国正在困窘之际，一旦外人承办此二十万里之铁路，必捆载数十万万之金钱以来。中国之一般工商人等栖息生活于此路者又不知其几千万人，小民之经济既因此而宽裕，金融之机关又由之以活动，社会果直接受其惠，政府亦间接蒙其益，此四利也。该路于数十年之后，中国即可坐享其成，不必付利，不必偿本，平时无侵剥之虞，届期无筹措之苦，此五利也。有此五大利，而较诸借款自办之五大害，乃适成一反比例。彼南美智利、巴西诸国之铁路，所以皆为英、法诸资本家所代为经营者，即此故也。

至铁路批办之年限，愚意当临时斟酌，不能预先规定。智利、巴西诸国之荒瘠之区，期限有至六十年者，然中国铁路要不能许以如此之久长期限也。大抵新造之铁路，所经之处商业不能骤与，运货、搭客不能发达，而铁路之营业遂亦不能扩张，故十年以内有不免于亏赔者，职是之由。至若京奉铁路，一经工竣营业，往来即非常隆盛，而获利亦因之极早，盖有特别之原因在焉。东三省荒芜草莱，开垦者类皆燕赵齐鲁之人，数百万之工作家春去而秋归，莫不以京奉为必经之线，至若其他各路不能以此为例。使我二十万里之铁路中，其利益而有如京奉铁路乎？则我不妨缩短其期限，更变其计画，规定一有价收回之合同，诚不必斤斤于无价收回而俟诸数十年之后也。

总而言之，中国今日交通政策为最急要，无铁路不如有铁路，借款以自办不加〔如〕批给外人以承办，利害相较，至为明晰。尤望诸君子之讨论发挥，而亟以赞同之也。

中国今日之政策固以交通为要策，然救国之道尤当以开放门户为急务。兄弟素主张开放门户者也，而对于今日之中国更当汲汲从事于开放门户，以杜绝列强觊觎，以挽回中国主权。盖二十世纪之世界，交通之世界也，而今日之中国又非可以闭关而守也。且吾闻之：国家当强盛之时，无丝毫假借于人，或可用锁国政策；国家当贫弱之时，无论经济、工商皆须各国之往来流通，断难闭门独居。中国今日虽为完全独立国，然究其事实，则半主权国耳。领事裁判权也，治外法权也，种种损失之主权几致不可究诘。而数年中来收回者厥惟日本与暹罗，日本之收回也以兵力，暹罗之收回也以开放门户。夫暹维〔罗〕本中国之属国，乃自贡使被杀、岁献断绝以后，即大行其开放政策，一切工商业务悉许外人自由经营，不数年而主权渐复。迄于今日之中国，欲如日本之以兵力恢复主权，则势力有所不能，救急之道惟有开放门户。或谓一经开放，恐列强因而乘隙成用其侵略手段，兄弟以为此实不足虑也。譬诸一人家富豪贵族，金银珠玉充塞于箱箧，严闭而固守之，则适足以诲贼盗；若贫贱窘困，家徒四壁，则虽洞开其门户，亦无人为之窥伺焉。其理至明。中国今日正可借以为鉴，而畅行其开放政策。

诸君或疑此言乎？兄弟更取一证据，以为诸君告。山东济南者，中国自行开放之商埠也。数年以来，轮舶云集，工商辐辏，中外贸易日就繁盛，而济南一埠遂大发达。外人虽艳羡，要不敢有觊觎侵略之心。否则深闭固拒，我不肯开放，必有人要求我开放，或以权力上之关系迫我开放，或以条约上之关系代我开放，而租借之问题乃于是乎起。此上海、青岛之所以溟沦不复，而主权之相随以去也。故以今日由国势言，开放则为济南，不开放则为上海、青岛，其理又至明。诸君子皆明达者，当不以我言为河汉也。

不宁惟是，即以矿业而论，中国最为饶富。近年以来民间智识稍开，风水之说可辟除，然以经济上之关系，荒弃者在在皆是。若有人提议与外人合办或租与外人承办者，则一般舆论又一闻而起以诋拒之。其实兄弟以为不必诋拒也，与其我不能开采，弃材于地，何如任其开采而借力于人。且开采一矿，至少之资本亦须千万金，以五百万之资本购机器，以五百万之资本雇人工，夫雇人工之五百万者又流通于我社会，而活动我之金融也。两害相形取其轻，任外人之开采固非所宜，然较之粪弃如石田，社会经济不能得丝毫之实益者，则犹此善于彼。唐山者中国之大矿也，当十余年来，外人且以二千万金之资本承办唐山矿务，现在唐山一带市肆繁衍，家户殷阗，至有以香花供奉唐金生者，此又开放获益之明证也。故我谓今日之阻挠开矿及严拒外人之承办矿务的一流人，其识见皆殴死唐金生时之唐山乡人类耳。

又有一事，为中国今日弊病之最大而吃亏最甚者，则莫如圜法之不良。币制未订，本位未定，金融界上乃演出种种之恐慌，而外人于此亦因之以操纵垄断。譬诸借款，以彼国之金磅易吾国之银两，银行家遂于此而缘为市，抑勒金价以高抬银价。即以今日伦敦借款计之，除九五回扣外，其暗亏且不止，再加一九五扣，以一千万磅我所能净得者不过八百万磅之左右耳。痛哉！以敝舌焦唇、呕血挖心所借成之款项，而外人之侵蚀剥削乃如是其极，中国之贫困又安得而不为之加甚哉！（然此仅就借款时言之，若交付赔款时，则彼又将以银价抑勒、高抬金价矣。）

然此犹就对外之金融言之也，若对内之金融，则圜法之不良更含有无穷之隐患：第一在不能流通，譬如北洋之银圆行之于上海则须折扣，而北洋之银圆遂窒滞不通；第二在汇兑不通，譬如上海之人欲往北京，乃先将用款汇至北京，未几又因事将该款汇回上海，一来一往，其汇兑之折耗已不知凡几，苟汇兑至八九次，虽千金之款亦可以消磨净尽；第三在价格不一，譬如此一方之洋价几何，彼一方之洋价又几何，甚至一地而洋价各有不同，洋价不同而民间之耗蚀乃因之以无穷。有此三害，而国家与民间之信用乃不能交孚。因不能交孚也，故公债票不发达，军用钞票不流通，不换纸币不能行，而全国之金融乃亦永无活动之一日。使圜法而早改良也，则币制划一，本位确定，又何来此种种弊害哉！诸君子握舆论之机关，操监督之实权，尤望策时奋起，竭力鼓吹，务使此中国之圜法达于完善之境域，此兄弟所希望于诸君子者也。

再如平均地价一问题，兄弟所绝对主张者。而国民于此颇有疑虑之反对，甚且谓为国家垄断之政策。实则共和民国，富于国者即富于民，平均地价即可以划一地税。我谓中国当此时机，正可从事于平均地价，所有地税亦当以地价之高低，则一任民间之便，惟登记后则永以为准，将来国家征收土地公用时，或不致有抑勒高抬之虞，此一便也。且荒芜之地，国家随时照价收买，代民间经营业务，不致废弃以阻碍工商上之进行，此二便也。再如美国纽约一埠，其地皆为政府所有，计每年地租须收至八万万，中国岁收苟有如纽约地租之数，则不特行政费绰有余裕，即其他种种工商上之发展亦可长驾以远驭也。夫欲企图此项地租先行平均地价，苟地价而平均矣，则随时征收，何往不可，此三便也。或谓信如此言，彼民间鉴于政府之欲收，将以少报多矣。我谓此不足虑也，以赋税视地价为标准，国家之征收未可逆料，而我之赋税则先受影响，民间断无希望不可必得之代价，而先直接以受其重税。故吾谓苟能据此以行，则无不可得以至公平之地价也。

以上种种，皆民国建设时期中最急要之问题，尤望诸君子策励而进行之，则不特兄弟之幸，抑亦国民之幸也。今日辱承诸君子厚爱，开会欢迎，兄弟谨出席以谢。

据《孙中山先生之伟论》，连载一九一二年十月十三、十四、十五、十七、二十日上海《中华民报》第十版

论社会主义

在上海中国社会党党员大会的演说①

（一九一二年十月十四日至十六日）

鄙人以抱社会主义之一人，历年奔走，对于社会问题未能致力研究。嗣闻中国社会党异常发达，毋任欣慰，索其规章、宣告②读之，尚有未尽合于纯粹社会主义者。第以今日中国而论，社会主义尚在幼稚时代，与欧西初发明时正同一辙，若不慎重进行，则将来误会既多，反生窒碍。今幸得此良好机会，与诸君将社会

---

① 中国社会党于一九一一年十一月在上海成立，至一九一二年十月中旬，据称全国各地党员已达二十余万人。孙文应中国社会党本部主任干事江亢虎之邀，连续三天下午在上海中华大戏院举行的该党党员大会上，就社会主义问题发表专题演讲。到会听讲者，首日一千六百余人，次日二千余人，第三日三千余人。此为公开演讲，听讲者亦有党外人士。

② 文件全称为《中国社会党规章》、《中国社会党宣告》，即江亢虎所订党章、党纲。

主义之真谛一讨论之。

"社会主义"之名词发于十九世纪之初，其概说既广，其定义自难。特此种主义本我人类脑中应具之思想，不满意于现社会种种之组织而思有以改良，于是乎社会主义之潮流得应时顺势，而趋向于我人之脑海；种种社会主义之学理得附"社会主义"之名词，而供我人之研究讨论矣。

尝考欧西最初社会主义之学说，即为"均产派"，主张合贫富各有之资财而均分之。贫富激战之风潮既烈，政府取缔之手续亦严；政府取缔之手续既严，党人反抗之主张益厉。无政府主义之学说得以逞于当时，而真正纯粹之社会主义遂湮没于云雾之中，漂渺①而不可以迹。厥后有德国麦克司者出，苦心孤诣研究资本问题垂三十年之久，著为《资本论》一书，发阐真理不遗余力，而无条理之学说遂成为有统系之学理，研究社会主义者咸知所本，不复专迎合一般粗浅激烈之言论矣。惟现社会主义尚未若数理、天文等学成为完全科学，故现在进行尚无一定标准，将来苟能成为科学一种，则研究措施更易着手。

社会系对待个人而言，社会主义亦系对待个人主义而言。英国尊重个人，主张极端的自由。德国以国家为本位，个人为国家分子，又宁牺牲而不惜也。此则以其国家政体之不同，故其主义亦因之而有异。主张个人主义者，莫不反对社会主义；主张社会主义者，又莫不反对个人主义。聚讼纷纷，莫衷一是。然而个人、社会，本大我、小我之不同，其理可互相发明，而未可以是非之也。

社会学与社会主义固自有别，其研究社会之起原及社会之变迁种种之状态现象，皆属于社会学之范围。至若社会主义，一言以蔽之，曰"社会生计"而已矣。其主张激烈，均分富人之资财者，于事理上既未能行，于主义上亦未尽合。故欲主张平均社会生计，必另作和平完善之解决，以达此社会主义之希望。

考诸历史，我国固素主张社会主义者。井田之制，即均产主义之滥觞；而累世同居，又共产主义之嚆矢。足见我国人民之脑际久蕴蓄社会主义之精神，宜其进行之速，有一日千里之势也。

欧洲社会党系完全政党性质，近年以来尤占政治上之势力，若法、若德、若

---

① "漂"通"飘"，漂渺与飘渺同义。

比，其政府、议院中人社会党员居其多数。英则四五年前社会党人始占议席，然而同时被选即有数十人之众，且有位于度支大臣者矣。美之社会党虽未发达，然其党人居政治上重要位置者，实繁有徒。中国社会党发生于民主政体之下。夫民主政体之政治，一人民政治也。社会党既集民主政体下之人民，尤不应无政治上之活动。则今日社会党亟宜组成强有力之政党，握政治上之势力而实行其社会主义之政策者，实鄙人所深望也。①

社会主义不独为国家政策之一种，其影响于人类世界者既重且大。循进化之理，由天演而至人为，社会主义实为之关键。动物之强弱，植物之荣衰，皆归之于物竞天择、优胜劣败。进化学者遂举此例，以例人类国家，凡国家强弱之战争，人民贫富之悬殊，皆视为天演淘汰之公例。故达尔文之主张谓世界仅有强权而无公理，后起学者随声附和，绝对以强权为世界唯一之真理。我人诉诸良知，自觉未敢赞同，诚以强权虽合于天演之进化，而公理实难泯于天赋之良知。故天演淘汰为野蛮物质之进化，公理良知实道德文明之进化也。社会组织之不善虽限于天演，而改良社会之组织，或者人为之力尚可及乎？社会主义所以尽人所能，以挽救天演界之缺憾也。其所主张，原欲推翻弱肉强食、优胜劣败之学说，而以和平慈善消灭贫富之阶级于无形。其主张均分富人之资财，表面似合于均产之旨，实则一时之均，而非永久之均也。故欲永弭贫富之阶级，似不得不舍此而另作他图矣。

社会主义学说近日发明者至赜且夥，法、德、比各政府多采用而履行之。即反对社会党若日本亦未尝不采用社会政策，而其反对社会党人者，实以其主张激烈，妨碍秩序，为法律所不许耳。我国社会主义流行伊始，尤望党人持和平之态度与政府联络，共图进行。缘社会主义本与专制政体极不相能，故不能存于专制政体之下。今我国社会党发生于民主政体成立之时，此诚不易得之机也。得此良好之机，而不能循序渐进，造福前途，讵不大可惜乎！此鼓吹运动者不得不稍注意也。

尝考社会主义之派别：一、共产社会主义；二、集产社会主义；三、国家社

---

①　当时在中国社会党内部，标榜"纯粹社会主义"一派居支配地位，主张以研究和鼓吹社会主义为主要职责，而反对该党成为"完全政党"及参加议会等政治活动。孙文的上述意见即系针对此而发。

会主义；四、无政府社会主义。在英、德又有所谓宗教社会主义、世界社会主义。其以宗教、世界而范围社会主义者，皆未适当。自予观之，则所谓社会主义者仅可区为二派，一即集产社会主义，一即共产社会主义。盖以国家社会主义本丽于集产社会主义之中，而无政府社会主义又属于共产社会主义者也。夫所谓集产云者，凡生利各事业，若土地、铁路、邮便、电政、矿产、森林皆为国有。共产云者，即人在社会之中，各尽所能，各取所需，如父子昆弟同处一家，各尽其生利之能，各取其衣食所需，不相妨害，不相竞争，郅治之极，政府遂处于无为之地位而归于消灭之一途。两相比较，共产主义本为社会主义之上乘。然今日一般国民道德之程度未能达于极端，尽其所能以求所需者尚居少数，任取所需而未尝稍尽所能者随在皆是。于是尽所能者，其所尽未必充分之能；而取所需者，其所取恐又为过量之需矣。狡猾、诚实之不同，其勤惰、苦乐亦因之而不同，其与真正之社会主义反相抵触。说者谓可行于道德、智识完美之后，然斯时人民道德、智识既较我人为高，自有实行之力，何必我人之穷思竭虑，筹画于数千年之前乎？我人既为今日之人民，则对于今日有应负之责任，似未可放弃今日我人应负之责任，而为数千年后之人民负责任也。故我人处今日之社会，即应改良今日社会之组织，以尽我人之本分，则主张集产社会主义实为今日唯一之要图。凡属于生利之土地、铁路收归国有，不为一二资本家所垄断渔利，而失业小民务使各得其所，自食其力，既可补救天演之缺憾，又深合于公理之平允。斯则社会主义之精神，而和平解决贫富之激战矣。

我人所抱之唯一宗旨，不过平其不平，使不平者底于平而已矣。满清以少数人压制我多数汉人，故种族革命以起；专制政体以一帝王压制我多数人民，故政治革命以起。至社会革命，原起于少数大资本家之压制多数平民耳。在各国贫富之阶级相差甚远，遂酿成社会革命，有不革不了之势。在我国之大资本家尚未发生，似可无庸言及社会革命。然而物质文明，正企业家纵横筹展之时，将来资本大家之富必有过于煤油、钢铁大王者。与其至于已成之势而思社会革命，何如防微杜渐而弭此贫富战争之祸于未然乎？譬诸欧西各国，疾已缠身，不得不投以猛剂，我国尚未染疾，尤宜注意于卫生之道。社会主义者，谓为疗疾之药石可也，谓为卫生之方法亦可也。惟我国与各国社会之状态不同，则社会主义施展之政策，遂亦因之而有激烈、和平之不同矣。各国尚多反对社会主义之政府，我国则极赞成采用社会主义者也。然则我国主张社会主义之学子，当如何斟酌国家社会之情形，而鼓吹一种和平完善之学理，以供政府之采择乎？①

社会主义者，人道主义也。人道主义主张博爱、平等、自由，社会主义之真髓亦不外此三者，实为人类之福音。我国古代若尧舜之博施济众、孔丘尚仁、墨翟兼爱有近似博爱也者，然皆狭义之博爱，其爱不能普及于人人。社会主义之博爱，广义之博爱也。社会主义为人类谋幸福，普遍普及，地尽五洲，时历万世，蒸蒸芸芸，莫不被其泽惠。此社会主义之博爱，所以得博爱之精神也。

然为人类谋幸福，其着手之方法将何自乎？自不得〈不〉溯人类致苦之原因。人类之在社会有疾苦、幸福之不同，生计实为其主动力，去〔即〕人类之生活亦莫不为生计所限制，是故生计完备始可以存，生计断绝终归于淘汰。社会主义既欲谋人类之幸福，当先谋人类生存；既欲谋人类之生存，当研究社会之经济。故社会主义者，一人类经济主义也。经济学者专从经济一方面着想，其学说已成为完全之科学，社会主义系从社会经济方面着想，欲从经济学之根本解决以补救社会上之疾苦耳。

按经济学本滥觞于我国。管子者经济家也，兴盐鱼之利，治齐而致富强，特当时无"经济学"之名词，且无条理，故未能成为科学。厥后经济之原理成为有统系之学说，或以"富国学"名，或以"理财学"名，皆不足以赅其义，惟"经济"二字似稍近之。经济学之概说，千端万绪，分类周详，要不外乎生产、分配二事。生产即物产及人工制品，而分配者即以所产之物，支配而供人之需也。骤视之，其理似不高明深渊，熟审之，则社会之万象莫不包罗于其中也。

生产之原素三：一土地，二人工，三资本。土地为人类所依附而存者也，故无土地无人类。经济学所谓之土地，不仅指陆地而言，凡海洋、空气，占有空间面积者，莫不为土地也。然以经济学原理言之，仅有土地而无人工、资本则物产仍不能成，故经济学者累千万言，犹未毕其说也。我人对于土地与人工之界说尚易明瞭，惟资本与人工之界说最难区别。此即社会主义家与经济学者相争之点，

---

① 以上为第一日演说词。

至今犹未解决者也。

经济学家谓资本非金钱一项可尽其义，其人工造成之物产，消费之余以之补助发达物产，无在不为资本。第所余之物产，不以之为生产事业，似与残物无异，则不得谓为资本矣。例如租人以屋而收其租金，雇人以车而受其雇资，此屋、此车皆为资本；屋而自居，车而自乘，则车与屋皆不能谓为资本，以其自居自乘，不能生利故也。

世界文明进步，社会之组织日益复杂，事业之发生日益繁多。凡物产或金钱以之生产者，可皆谓之资本。盖资本既所以生产，而人工者又所以生资本也。我人既知资本为人工之出，则有人工已足，又何再需资本乎？殊不知生产必赖资料，无资料以供给生产者之费用，以待其生产之结果，其生产终无所出矣。鲁滨孙[①]之流漂海岛，苟无斧以供其刈薪营室，无粮以供其果腹充饥，我知其不数日已为荒岛之饿鬼，尚何能待植谷之熟、荒地之辟耶？故斧与粮供其生产之费用，其作用与资本同，谓之为资本固未尝不可也。尝考资本之来源，多由于文明祖传，以供吾人今日之生产，欲穷其始则未易知。综上观之，则资本与人工之关系可略知其崖岸，而土地、人工、资本之同为生产要素又缺一而不可也。

分配云者，即以土地、人工、资本所生之产物，按土地、人工、资本之分量配成定例。此定例之原理为人类以来所固有，得经济学者昌明之，遂成铁案。而各种科学，均根据经济学之原则而定矣。英国斯密亚丹氏（Adam Smith）出，始著《经济学》（严复译为《原富》），文极有条理，其主脑以自由竞争为前提。其英人之功利派遂根据此而倡个人主义，求合于达尔文进化之理。

百年前英国社会经一变更，即实业革命是也。曩日工业皆为人工制造，自科学发明，机器以兴，实业革命即以机器代人工也。曩之个人所恃为竞争之具者，至此遂失其作用之效力，于是工人遂受一种之大痛苦矣。盖是时英国航业发达，工商亦随之发达，物产之多，为全世界物品出产地，遂致富强。及世界取需既繁，英国之人工制造品不足以敷其用，故机器得继而代人工之烦，于是生产既多，则国益富裕。虽然人工与人工之比较，其生产力之差不过二倍乃至十倍；机器与人工之比较，其

---

　　① 鲁滨孙，后篇亦译鲁滨生，英国作家笛福（Daniel Defoe）所著小说《鲁滨孙漂流记》（*Robinson Crusoe*）中的主人公。

生产力之差竟有至百倍者。既机器之生产力较人工之生产力为大，则用机器以生产者亦较用人工以生产者为多，于是工人多失其业。即机器生产所需之人工又仅寥寥无几，而工人之拥挤求业者鳞次栉比，不特所得之工资与所造之物产不能成正比例，而殷殷求雇，不惜自贬其工价。其失业者固沦落而受天演之淘汰，即有业者亦以工价之贱，几几不能生存于社会矣。资本家既利用机械而增加产额，又以贱价雇用良工，坐享利益之丰，对于工人饥寒死亡之痛楚膜〔漠〕然视之，以为天演淘汰之公例应如此者。按斯密亚丹《经济学》，生产之分配，地主占一部分，资本家占一部分，工人占一部分，遂谓其深合于经济学之原理。殊不知此全额之生产皆为人工血汗所成，地主与资本家坐享其全额三分之二之利，而工人所享三分之一之利又析与多数之工人，则每一工人所得，较资本家所得者其相去不亦远乎！宜乎富者愈富，贫者愈贫，经济阶级愈趋愈远，平民生计遂尽为资本家所夺矣。

慈善家目击心伤而思有以救济，于是社会主义遂放大光明于世界也。英社会主义家阿浑（Owen）① 者，深痛工人之困苦，遂出已〔己〕资创设一极大之工厂，优待工人，为社会主义之实行试验场。旋以编制未善，底于失败，去而赴美，欲竟其志，又遭失败。其主义遂不果行。同时有佛利耳（Fourier）、卜南克（Blang〔Blanc〕）② 者，法之社会主义家也，亦曾开社会主义之工厂，以受现社会习惯之影响，均未能达其苦心孤诣之希望。而反对派遂以成败之见，论社会主义之不善。一般学者本无定见，亦相率而诟病社会主义矣。

是时英格物家马耳德（译名）③ 者，著有《人类物产统计表》一书。其主脑谓物产之产额有一定之限制，而人类之繁息为级数之增加，据二十五年一倍之说，推之将来，必有人多地少之患、生众食寡之忧；天降疫疠、国际战争皆所以减少人口之众，防止孳生之害，而合于世界演进之原理。于是乎国家殖民政策缘此发生。弱肉强食，劣败优先〔胜〕，死于刀兵者固属甚多，其受强族之蹂躏沦落而至于种族灭绝者，又比比皆是也。

---

① 阿浑（Robert Owen），今译欧文。

② 佛利耳（François Marié Charles Fourier），后篇亦作富利安，今译傅立叶；卜南克（Jean Joseph Charles Louis Blanc），后篇亦作卜南敦、白郎克，今译路易·布朗。

③ 马尔德（Thomas Robert Malthus），后篇亦作马耳德、马耳达，今译马尔萨斯，其代表作为《人口原理》（*An Essay on the Principle of Population*），亦译《人口论》。

社会主义家又起而反对，主张人道，扶持公理。当时一般政治经济学者莫不目之为颠狂。唯下流社会中之工人、贫民，因社会主义能救已〔己〕之疾苦，遂崇之信之，而就社会党之范围。特压制究不能敌反抗，伪说终不能胜真理，曩之经济学、统计学、天演论亦浸浸现其不合公理之破绽，社会主义之学说遂得排经济学、统计学、天演论种种之学科，危〔巍〕然独标一帜，而受社会之欢迎矣。

社会主义虽为救拯社会疾苦之学说，其希望见诸实行，仍必根据经济学之分配问题而研究也。美人有卓尔基亨利（Henry George）①者，一商轮水手也，赴旧金山淘金而致富，创一日报鼓吹其生平所抱之主义，曾著一书名为《进步与贫困》。其意以为世界愈文明，人类愈贫困，鉴于经济学均分之不当，主张土地公有。其说风行一时，为各国学者所赞同。其发阐地税法之理由尤为精确，社会党人麦克斯派多采其言，遂发生单税社会主义之一说。

原夫土地公有，实为精确不磨之论。人类发生以前土地已自然存在，人类消灭以后土地必长此存留，可见土地实为社会所有，人于其间又恶得而私之耶？或谓地主之有土地本以资本购来，然试叩其第一占有土地之人，又何自购乎？故卓尔基亨利之学说深合于社会主义之主张，而欲求生产分配之平匀，亦必先将土地收回公有，而后始可谋社会永远之幸福也。

土地公有之说渐被于英之时，正英人恐慌之日。英国土地本为贵族大资本家所占有，因工商发达，业农者少，致所出谷食不够供给人民之食料，外粮之输入，价值反较本国为贱。英之土地生产力失其效用，其地主有不事耕耘而事畜牧，其佃人颠沛流离，被逐而谋生而〔于〕美国。一般学者深痛地主之为富不仁，对于土地公税之说遂视为救世之福音而欢迎赞同，遂成单税之一派。主张土地之遂〔分〕配归公，国家由地价中抽什之一，他之苛税皆可减轻，而资本家于是不能肆恶也矣。

亨氏与麦氏二家之说，表面上似稍有不同之点，实则互相发明，当并存者也。世界地面本属有限，所有者垄断其租税，取生产三分之一之利而坐享其成，与工

---

① 卓尔基亨利，后篇亦作亨利佐治、轩利佐治，今译亨利·乔治，所曾创办的报刊为《旧金山晚报》（*San Francisco Evening Post*）和纽约《标准》（*Standard*）周刊，其代表作《进步与贫困》（*Progress and Poverty*，后篇亦译《进步与贫乏》）。

作者同享同等之利益，不平之事孰有过于此者？人工一分，既劳心力，自应得其报酬。土地本为天造，并非人工所造，故其分配不应如斯密亚丹之说也。故土地之一部分，据社会主义之经济学理，不应为个人所有，当为公有盖无疑矣。亨氏之说如是。麦氏之说则专论资本，谓资本亦为人造，亦应属于公有。主张虽各不同，而其为社会大多数谋幸福者一也。

麦克司之《资本论》主张资本公有，将来之资本为机器，遂有机器公有之说。发明铁道者为司的文生（Stephenson）①，发明机器者为华特。经济学者谓铁道、机器既为二氏所发明，则铁道、机器二者之利益应归二氏所专有。殊不知机械虽为个人所发明，然所以能发明者，其智识岂尽出于天赋乎？以受社会种种之教养，始有发明机械之知力及发明机械之机会。使生司的文生、华特于荒岛僻地，其智慧将何自启乎？即其天资极顶聪明，则耕而食、织而衣以足供其一生之工作，尚何暇从事于机械之发明哉？由此可知铁道、机械虽二氏发明，实二氏代社会发明也。社会之教养原易其为社会谋幸福之代价，二氏既藉社会之力发明机械，则机械即不能私有其利益，其利益即应公之于社会。社会对于发明机械之人，以其劳心劳力，按社会经济分配之原理予以相当之报酬可矣。即发明无线电之莫科里（Mukuri〔Marconi〕）②，亦不过得劳心之酬报而已，而无线电之生利资本应归公有。此麦克司学说之所由来也。

综二氏之学说，一则土地归为公有，一则资本归为公有。于是经济学上分配，惟人工所得生产分配之利益，为其私人赡养之需。而土地、资本所得一分之利，足供公共之用费，人民皆得享其一分子之利益，而资本家不得垄断以夺平民之利。斯即社会主义本经济分配法之原理，而从根本上以解决也。

现之所谓经济学者恒分二派：一旧经济学派，如斯密亚丹派是；一新经济学派，如麦克司派是。各国学校教育多应用旧经济学，故一般学者深受旧经济学之影响，反对社会主义，主张斯密亚丹之分配法，纵资本家之垄断而压抑工人。实则误信旧经济学说之过当，其对于新经济学之真理盖未研究之耳。社会主义家则

---

① 司的文生（Robert Stephenson），后篇亦作斯蒂文孙，今译斯蒂芬森，英国人。
② 莫科里（Guglielmo Marconi），后篇亦作马哥尼，今译马可尼，意大利人。

莫不主张亨、麦二氏之学说，而为多数工人谋其生存之幸福也。①

诸君既略知经济学之纲领与实业革命之理由，进以审鉴，则旧经济学中所为生产三种之分配，似未得其平允。缘机器未发明以前，工作皆为人工，生产力亦甚薄弱，所谓资本者不过工人之生活资料已耳，準经济学三种之分配，其未平允之处尚未易见。实业革命以后，工作所需人工既渐减少，而生产力又较前加增，资本家以机器为资本垄断利源，工人劳动所生之产皆为资本家所坐享，不平之迹遂为一般学者瞩及。于是昌言经济学分配之法，有未尽合于经济学之学理者矣。我国古代学说成〔尝〕谓"生之者众，食之者寡，则财恒足"②。又谓"工之家一，用器之家六；农之家一，食粟之家六"③，则社会经济必起恐慌之现象。诚以人工所成之物产有限，劳动者少而消耗者之多，则所生之产有不足供给之势，财货因之匮乏，经济因之恐慌。欧美旧经济学者亦多主张此说。在实业未革命以前则然耳，社会既经实业革命，机器继以代人工之烦，生产力之大较人工且至万倍，所生产之物品销路不广，反有停积之忧。处今日而言社会经济，不患生之者不众，而患食之者不众，曩之主张工多用少，与今之主张工少用多者适成一反比例矣。此皆旧学说不适用于现社会之证也。

我国未经实业革命，向主张闭关主义。后受外人之挟迫，不得〈已〉开海禁，惴惴自恐，以为货物外溢，物价必昂，思有以防范之者，遂有轻入口税、重出口税之一法。殊不知外人之意在畅销该国洋货，不在购买我国之货。我国种种防止之手段，反为外人所利用。洋货充塞，土货停滞，经济④上受其莫大之影响，实由于我国人民不知经济学之原理所致也。

我人知社会贫困当求生产发达，何生产既多而社会反致贫困乎？其中原因，实由于生产分配之不适当耳。工之所得不过其一小部分，地主与资本家所得反居多数，复以利余作资本，营业演进，货物充塞，竞销夺利，社会经济受其莫大影

---

① 以上为第二日演说词。

② 语出《大学》，原文是："生财有大道。生之者众，食之者寡，为之者疾，用之者舒，则财恒足矣。"

③ 语出唐代韩愈《原道》，原文是："农之家一，而食粟之家六；工之家一，而用器之家六；贾之家一，而资焉之家六。奈之何民不穷且盗也！"

④ 此处删一衍字"学"。

响。故根本解决，有不能不从分配上着手也。

当全用人工时代，其生产之结果按经济学旧说以分配，土地、人工、资本各得一分，尚不觉其弊害。机器发明之后，犹仍按其例，此最不适当之法也。劳动者多，而机器厂所雇之工人少，生产物多，而工人所得之酬报少，人工贱而土地、资本贵矣。贫富阶级日趋日远，社会主义学者遂欲研究分配平均之善法以救其害，以为现世界人类贫富苦乐之不同，社会上因之而少安宁之幸福。社会主义之主张，实欲使世界人类同立于平等之地位，富则同富，乐则同乐，不宜与贫富苦乐之不同而陷社会于竞争、悲苦之境。

自实业革命之后社会主义发生，一般学者始悟旧经济分配之不当，主张人工宜得多数生产之余利，地主、资本家则按其土地、资本生之应得之利息可矣。其分配人工酬报之多寡，应视其劳心劳力之多寡，其劳动大则酬报多，其劳动小则酬报亦小。余利公之于社会，以兴社会各种之事业。凡为社会之分子，莫不享其余利一分子之利益。斯即分配最平允之方法，而社会主义学者所深主张者也。

欧美近日仍据旧经济学以分配，地主、资本家既占优胜之地位，工人遂处于劣败之地位矣。法律上又保护资本家与地主之专利，故地主益垄断其地权，资本家益垄断其利权，而多数之工人虽尽其劳动之能力，反不能生存于社会。阶级悬殊，固难怪不平者之主张均产主义也。

英伦最富之区也，人口之众达六百万奇。每至冬季，其饥民辄居全埠六分之一。以富庶之区，人民尚不免于饥寒，非生产之供应不足，实分配之未能平允故也。尝考其全国人口有四千四百万之众，每年收入约十三千万万之多，平均每年每人所入约三千余元，如五口之家即应得一万五千余元。但实际上有不然者。以四千四百万人口总数，去其老幼疾病之人及少数地主与资本家，能致力工作者仅数百万人。而此数百万人即能得平均之数三千，以赡养五口之家，平均其每年所得仅六百余元。此六百余元在我国经济未高之时尚足赡养，在生活程度最高之英国，实有不能生活之概。况工价因工贱而益低，每年工价讵果如平均计算之三千元乎？即云三千，则五分之四之利又何归乎？非尽数为少数之地主、资本家所垄断耶！

此数百万工人所仰赖者即各工厂，若一停工，则饥寒即随其后。综计数百万工人所生之利，每年至十三千万万之多，平均每一工人所生之利亦有数万，所得报酬尚不及百分之一，瞻〔赡〕家养身皆不能足。此非分配不均之咎，则谁之咎耶？以生利之工人且不能免于饥寒，而分利之地主、大资本家反优游自在，享社会无上之幸福，何其不平之甚耶！

社会主义学者睹此不平，其激烈派遂倡均产之说。盖最初之思想甚属简单，固未尝为事实上计也。厥后学说精进，方法稳健，咸知根本之解决当在经济问题，有是〔是有〕亨氏之土地公有、麦氏之资本公有，其学说实得社会主义之真髓。今日中国地主、资本家眼光尚浅，知保守而不知进取，野山荒地尚多无主之物，一般平民间亦有自由使用之权。即如樵采游牧，并无禁止之例。若在欧洲，则山野荒地皆为资本家所领有，他人不能樵采游牧于其间也。社会党因地主、资本家之专横，有支配全国经济之势力，故极端反抗。资本家、地主屹然不稍摇动，以受国家法律之保护，现社会党人之反抗实不异星火之一扑即灭也。激烈派遂有消极的主张，欲毁去机器厂及铁道，破坏其营业之资本，使无利之可生，然卒受法律之干涉，终不得根本之解决。

资本家与社会党愈接愈厉，首蒙其害者为一般之工人。一般工人莫不赞同社会主义而为社会党人，同思设法抵制资本家之专制。我人处旁观之地位，当知世界一切之产物莫不为工人血汗所构成。故工人者，不特为发达资本之功臣，亦即人类世界之功臣也。以世界人类之功臣而受强有力者之蹂躏虐待，我人已为不平，况有功于资本家而反受资本家之戕贼乎？工人受资本家之苛遇而思反抗，此不能为工人咎也。当时工人有工党之组〈织〉，要求增加工价，遂起同盟罢工之风潮。

罢工之事，工人之不得已也，世界上最惨最苦之事也。工人罢工虽欲谋增加工价，此现在工作之资，有不得不牺牲者也。工人非富于资者，其衣食全将恃乎每日之工值，一旦罢工，甚有至日不一餐，其苦状为何如耶！资本家以其无业不能生活，罢工必不能久，泰然处之，不稍为动。工人至饥寒交迫之时，不得不饮恨吞声，重就资本家之范围。资本家虽因一时罢工稍有损失，然有资本以供养生活之需，究不至若工人困苦，而所损失者又终有补救之一日也。

社会主义学者知罢工要挟决非根本之解决，当于经济学上求分配平均之法。而分配平均之法，又须先解决资本问题。顾资本之消长有种种之原因。若美国铁路公司，对于人民输运农产取费极廉，另设转运公司以贱价就地收买，人民以其可免运费，皆愿贱售与之。转运公司原附于铁路公司而发生者也，输运之费自较他人为轻。运费既廉，资本亦少，再以贱售与人以夺商人之业，于是商、农皆归失败。小商既受淘汰，公司遂高其价，小商以价高有利可图，于是复振旧业。公司见小商之又起也，再贱其价，小商以资本之微不能持久，复归消灭，公司遂独享其利。不特此农产转运公司已也，如煤油、钢铁皆莫不效尤，故意操纵，肆力吞并。小商知力之不敌，惟有拱手退让，所有生产厚利皆为大资本家所垄断。于是托拉斯一出，几几有左右全世界经济之势力。而煤油、钢铁咸有"大王"之称，兼并多数人民之资财而成一己之富矣。

实业未革命以前，人皆奉斯密亚丹之说为圭臬，一致主张自由竞争。及机器既出，犹仍旧法演进，其结果卒酿成社会上贫富激战之害。工人在实业未革命以前，勤劳俭朴逐渐可以致富。自机器发明，利源尽为资本家垄断，工人劳动终身所生之利尽为资本家所享有，在一己所得之工值，赡养尚不能敷，况储蓄乎？目击欧美近日经济之现状，万无工人可致富之理。在中国，今日机器工厂尚未十分发达，利源亦未十分开辟，故贫民犹有致富之机，然再演进，亦将与欧美同一慨〔概〕矣。

社会主义学者尝谓物极必反，专制若达于极点，推翻即易如反掌。将来社会革命首在美洲。缘美国大资本家擅经济界之特权，牛马农工，奴隶负贩，专制既甚，反抗必力，伏流潜势有一发而不可抑者。盖资本家之专制与政府之专制一也。政府有推翻之日，资本家亦有推翻之日。

芙〔美〕国社会主义学者鉴于将来社会革命之祸，岌岌提倡麦克司之学说，主张分配平均，求根本和平之解决，以免激烈派之实行均产主义，而肇攘夺变乱之祸。故收回土地公有、资本公有之二说深为谋国是者所赞许，而劳动应得相当酬报之说又为全世界学者所赞同也。

我国提倡社会主义，人皆斥为无病之呻吟，此未知社会主义之作用也。处今日中国而言社会主义，即预防大资本家之发生可矣。此乃〈非〉无病之呻吟，正未病之摄卫也。不必全法欧美之激烈对待，而根本学理，和平防止可矣。欧美以资本家之势已成，土地、资本收归国有之时，社会党之对待资本家将若革命之对待满清皇室，其手段不得不出诸激烈恐吓，逼之退让。至我国资本家，有资财数千万者国内实鲜其人，即稍有资本又大半窖金守之而已。变乱之际，甚有存储外国银行而纳保险费者。可知我国资本家，固不善利用资本以经营生产者也。至经济极高之时代，我国之资本家，其至富者亦不过中人产耳，又奚必其退让哉？

资本原非专指金钱而言，机器、土地莫不皆是。就今日世界现状观之，其资本生利最巨者莫如铁道。美国铁道之资本金约一百八十万万，每年全国收入总数约十五万万，十二年之收入即可收回成本，则十二年后之收入尽为赢余，其利之厚鲜有过于此者。鄙人对于铁道政策研究有年，今拟筹集资本金六十万万建筑铁道二十万里，其资本较美仅三分之一，可保用五十年之久，每年可获利六万万。美国铁道全为公司所有，即为少数资本家所有，故利皆为私人垄断。我国铁道应提倡归为公有，则公家于铁道一项，每年可顿增六万万之收入。再以之兴办生产事业，利仍归公，则大公司、大资本尽为公有之社会事业，可免为少数资本家所垄断专制矣。準国家社会主义，公有即为国有，国为民国，国有何异于民有？国家以所生之利，举便民之事，我民即共享其利。易言之，国家之行政经费、地方经费非出自我民之担负乎？公共之利兴，府库之藏足，我民即间接减轻租税之担负矣。

铁道以及各种生产事业，其利既大，工人之佣值即可按照社会生活程度渐次增加，务使生计宽裕，享受平均，则工人亦安于工作，不至再演同盟罢工之苦剧矣。

以上所言，即为资本问题之解决。进而解决土地问题尤属易事，兹为诸君言之。

欲解决土地问题，我国今日正一极佳时期也。趁此资本未发〈达〉、地价未加增之时先行解决，较之欧美，其难易有未可同日以语。然欲解决此项土地问题，须先知土地价值之变迁。就上海土地言之，未开商埠以前一亩之地不过五两，今则三四十万者有焉。反观内地，则满、蒙、陕、甘、西藏、新疆，其土地之价值与昔日之上海正相等耳。计英〈租界〉大马路自黄浦滩至静安寺一路之地价，与贵州全省地价已相颉颃。由此可知今日之上海与今日之内地，同一其土地而不同一其价值。即今日之上海与昔日之上海，亦同一其土地而不同其价值。其价值之所以不同一者，非限于天然，实社会进化有以影响之也。上海地价之贵，此已成之势也。将来工商发达，交通便利，内地地价亦必有如上海之一日。

社会之进化，土地再经过三十年后，其值可增至万倍。此万倍之利将属诸何人乎？地主是矣。外人皆知此理，其出资托名以购地者，不知凡几。我国以偌大之土地，若无良法支配，而废弃此社会生产之物，将必为外人所乘，而夺此土地生产之权矣。我人研究土地支配之方法，即可得社会主义之神髓。

土地价值之增加，咸知受社会进化之影响。试问社会之进化，果彼地主之力乎？若非地主之力，则随社会进化而增加之地价，又岂应为地主所享有乎？可知将来增加之地价应归社会公有，庶合于社会经济之真理。傥不收为社会公有而归地主私有，则来将〔将来〕大地主必为大资本家，三十年后又将酿成欧洲革命流血之惨剧。故今日之主张社会主义，实为子孙造福计也。

我国今日而言社会主义，主张土地公有，则规定地价及征收地价税之二法，实为社会主义之政策。即调查地主所有之土地，使定其价，自由呈报，国家按其地价，征收地价什一之税。地主报价欲昂，则纳税不得不重；纳税欲轻，则报价不得不贱。两者相权，所报之价遂不得不出之于平。国家据其地价载在户籍，所报之价即为规定之价。此后地价之增加咸为公家所有，私人不能享有其利。地主虽欲垄断，其将何辞之可藉哉？（此法广东已提出议案交省议会会议〔议决〕。）

美国纽约一城，地租收入每年至八万万之巨，惜均为地主所私有，若归公有则社会经济上必蒙其益。此不过纽约一郡之地也。我国土地之大、物产之富甲于全球，将来工商发达，交通便利，地租之政〔收〕入较纽约不啻几十万倍，则国家之富可以立致。讵若今日之民穷财尽，非向外人借款不能立国者乎！

鄙人对于社会主义，实欢迎其为利国福民之神圣。本社会主义之真理，集种种生产之物产归为公有，而收其利。实行社会主义之日，即我民幼有所教，老有所养，分业操作，各得其所，我中华民国之国家一变而为社会主义之国家矣。予言至此，极抱乐观。理想一社会主义之国家，而以其种种设施再略言之。

社会主义之国家，一真自由、平等、博爱之境域也。国家有铁路、矿业、森林、航路之收入及人民地租、地税之完纳，府库之充有取之不竭、用之不尽之势。社会主义学者遂可止〔进〕为经理，以供国家经费之余，以谋社会种种之幸福。

（一）**教育**　圆颅方趾，同为社会之人，生于富贵之家即能受教育，生于贫贱之家即不能受教育，此不平之甚也。社会主义学者主张教育平等，凡为社会之人，无论贫贱皆可入公共学校，不特不收学膳等费，即衣履书籍，公家任其费用。尽其聪明智憲〔慧〕分专各科，即资质不能受高等教育者，亦按其性之所近授以农、工、商技艺，使有独立谋生之材，卒业以后分送各处服务，以尽所能。庶几教育之惠，不偏为富人所独取，其贫困不能造就者亦可以免其憾已。

（二）**养老**　社会之人，为社会劳心劳力，辛苦数十年而至衰老，筋力残弱，不能事事。社会主义学者谓其有功社会，垂暮之年，社会当有供养之责。遂设公共养老院收养老人，供给丰美，俾之愉快而终其天年，则可补贫穷者家庭之缺憾。

（三）**病院**　人类之尽忠社会，不慎而偶染疾病，富者固有医药之资，贫者以无余资终不免沦落至死，此亦不平之事也。社会主义学者遂主张设公共病院以医治之，不收医治之费，而待遇与富人纳资者等，则社会可少屈死之人矣。

其他如聋哑残废院，以济大〔天〕造之穷；如公共花园，以供暇时之戏。

人民平等，虽有劳心劳力之不同，然其为劳动则同也。即官吏与工人，不过以分业之关系，各执一业，并无尊卑贵贱之差也。社会主义之国家，人民既不存尊卑贵贱之见，则尊卑贵贱之阶级自无形而归于消灭。农以生之，工以成之，商以通之，士以治之，各尽其事，各执其业，幸福不平而自平，权利不等而自等。自此演进，不难致大同之世。

鄙人演讲三日，发挥社会主义尚未详尽。望诸君共相研究，一致进行，是即鄙人区区之望也。①

据毒藥②笔述：《孙先生社会主义之演讲》，连载一九一二年十月十五日至二十六日上海《天铎报》第二版③

---

① 　以上为第三日演说词。

② 　张读侠，原同盟会员，加入中国社会党后改名"毒藥"，任该党本部干事。

③ 　本演说词后由上海之天声社出版《孙中山先生社会主义讲演集》（附钱币革命）单行本（按《天声》杂志系中国社会党言论机关之一），江亢虎在其弁言中谓此乃经孙文"增订审阅"者，实则与底本甚少文字出入，且有误排。

附：另记录之一

社会党同志请予讲演社会主义，因予十年前奔走社会，极主张社会主义。顾社会主义之学说最复杂，非立谈之顷所能尽，姑拉杂言之。

予在上海见有社会党发生，予甚喜慰，以为共和国家此为最重要之党派，中国有社会党发生是极高尚之事业。但前日江亢虎君以该党宣言书①示予，予阅之，以为不尽合于今日社会党之宗旨，因为未得社会主义之精神故也。近世各国新闻多有反对社会主义者，今日中国之情形亦然，或者因宣言未明瞭之故。夫此宣言既未得社会主义之精义，是中国徒有社会党之名而无社会主义之实也。

社会主义为何物乎？在七八十年前，英国有学者发生此名词 socialism，此名词之由来，盖因社会一切组织极不完全，思有以改革而补救之。今之不明社会主义者，直以为提倡均产是劫富济贫，故生出种种无意识之冲突。因为有均产之风潮，于是政府多禁止之。一面压抑，一面鼓吹，遂生出激烈派之无政府主义。在欧洲各国，七八十年前社会主义学说颇不明瞭，书阙有间焉。德国社会党有马克斯（Marx）因见社会主义学说不明，乃著一书名曰《资本》，发挥社会主义最详。此书一出，而社会主义之学说遂大白于天下。社会主义家得此书读之，如宗教家之读《心〔圣〕经》，于是相继发明者亦日出不穷。夫社会主义，本人之心中所固有之思想，但别种学问均成为科学，而社会主义则尚未成为科学，故欲研究之似茫无头绪。欧洲各国学者主张社会主义者极多，尤以德国学者主张最力。虽然一般学者恒分社会主义与个人主义两种，互相研究，社会主义终胜于个人主义。德国之社会主义家盖以国家为本位，故有"国家社会主义"之名词。

社会主义与社会学有别，此不可不知。社会学者为研究社会组织一原理，及人类进化之原因；社会主义者专研究改良社会一切之方法，调和社会上之经济问题。现在中国之社会党与欧洲各国之社会党多有不合之处，夫各国之社会党多为政党，中国之社会党对于政治颇不注意，似无政党之性质。要知欧洲各国，如比如英，其社会党人于政治上有极大之势力。以后我国社会党之进行，亦须注重政

---

① 指《中国社会党宣告》。

治一方面，成一完全之政党。

社会主义于人类进化颇有关系。天演学家明优胜劣败之理，物竞天怿〔择〕，适者生存，在动物、在植物其理最显。人类皆存于社会，其优胜劣败之理与动植物同，故进化学家皆谓优胜劣败为天演之公例，人类必由竞争而进于文明，此一定之理也。英国有达尔文者曾著有《种源论》一书（中国马君武译为《物种由来》），此书发明进化之理最有价值。但所主张者皆为强权而非公理，此种学说在欧洲各国颇受欢迎，惟社会主义家反对之。夫文明国国民必具有一种良知良能，知强权不利于社会，故近世多主张道德进化。今日之社会若专讲优胜劣败，则优者胜者必为富贵人，劣者败者必为贫贱人，此贫富之阶级所由生也。虽然贫富之阶级于知识程度亦有关系，此则在教育不能平等耳。顾求消弭贫富之阶级使人类平等，则惟有社会主义为最适当。此优胜劣败之学说，社会主义家不得不反对之也。社会主义者由良知良能而生，必社会主义昌明而后公理可明于天下。若夫今日世界之文明尚未达到极点，不过方知有公理而已。自社会主义发生，然后天演学家之学说势力少衰，而公理得有一线之生机。

社会主义何物乎？社会主义为平均社会一切组织、划除社会一切障碍之具，但平均之法非"劫富济贫"之谓。若劫富济贫，则贫富易位，终无平均之希望。吾人生存于社会，当求永久之平均，不可求目前之平均。永久平均之法，即社会主义也。

近世文明进化，各国知社会主义之潮流不可遏抑，故如德、如英、如日本皆采取社会政策，良有以夫。今日我国社会党必须与政界联络，然后方能免意外之冲突。故予甚望同志诸君研究一联络之法，成为中国一极有势力之党派，与国家相提携。社会主义未发生以前，国家必经一度之革命，方能鼓吹此种学说，实行此种主义。如英、法、美、比、意各国，皆先后革命改为共和或立宪政体，于是社会主义遂应时而生。我国已成为共和政体，无君权之障碍，有社会党随共和而发生，以各国为鉴，斟酌尽善，鼓吹而实行之，今日实为最好之机会，万不可错过。

社会主义派别极多，大别有二，即国家社会主义（state socialism）、无政府主义（anarchism）是也。国家社会主义即集产主义（collectivism），集产制度如社会事业有归国有或公有者皆是。至无政府主义即共产主义（communism），共产制度即各尽所能、各取所需，如中国之家庭一切物产皆为共有，虽然此主义在今日仅能行之一家而已。抑共产主义纵能实行，亦必待道德文明达于极轨，到一二百万年后或能见之，未可知也。但一二百万年后自有人出其聪明才力，必驾乎我辈之上，又何劳我辈借箸代谋。况我辈若讲无政府主义，既不适用于今日，又不必见用于后人，且于现社会多生冲突，多起风潮，非徒无益而实有害，不亦谬乎。吾人今日所亟宜鼓吹者为国家社会主义，提倡集产制度如土地国有、铁道国有等事，此皆能实行者。其实行之方法，即社会党所宜研究之事业也。

我国革命须分三说，即种族革命、政治革命、社会革命是也。社会党即主张社会革命之人物。去年自革命军起至清帝退位、五族共和，种族革命之事遂毕。共和成立，去君主立总统，人民皆为主人，总统及国务员、各省都督、一切官吏皆国民之公仆，此政治革命之事也。以后实行社会革命，即须先讲明社会主义。但中国之社会革命与欧洲之倡社会革命者不同，因为欧洲多大资本家，中国无大资本家，无大资本家则贫富之间无大相冲突之处，故社会革命之事，中国实可望免除。夫此三种革命，为求平等自由。满、汉人类不能平等，故主张种族革命；君权无限，政治不能平等，故主张政治革命；社会革命即因经济上不能平等之故，予所主张者为国家社会主义，如国家采用国家社会政策，即所以防止大资本家之发生，免资本家垄断社会事业为一般人之害。今日中国之情形既与欧洲有异，即不必倡言社会革命，譬如无病之人即不必服药也。但欲防止资本家为害，便当想出一至美之方法以抵制之，此方法须以国利民福为前提，此国家社会主义所以为重也。须按民国草创之情形，循序渐进，以和平为手段，以国家为本位，则吾人所希望之幸福方不致于徒托空言。①

社会主义大概情形，已如昨日所述。诸君须知，社会主义为人道之福音，含有博爱、平等之真谛。但博施济众，尧舜其犹病诸，颇不易言。虽然，博施济众其范围犹嫌太狭。至若社会主义之博爱，则其范围甚广。研究社会主义者须从生计上着想，生计不裕，则人类无生存之理。顾经济学家多注重世界经济学，而社

---

① 以上为第一日演说词。

会主义家则注重社会经济学。社会主义与社会经济学有至密切之关系，请为诸君约略言之。

经济学在中国无此专门学问（如《史记》、《汉书》论及"货殖"亦有近似之处），经济学之名词，中国译为"理财学"或"富国学"均不能包括，惟"经济"二字庶几近之。予非经济学专家，颇难详尽，姑举其与社会主义有关系者略述一二焉。

经济学之主脑，以生产与分配两事为最重要。生产有三要素，即土地、人工、资本是也。土地云者，人类生存天然必要之物也。"土地"二字，概括海洋、空气及陆地而言。人工云者，以人工加于天然物制作之，使成为粗制品或精制品之谓。土地与人工尚易分明，惟资本与人工最难分辨。资本云者，人类用之以经营一切生产者也。如农人春耕、夏耘、秋收、冬藏，必除去关于耕作生活需用之外，以其所获之剩余再用之以经营生产者，谓之资本。又如有人置马车一具，若自已〔己〕使用，则此马车不得谓之资本，必待人雇用然后此马车方谓之资本。又如有人建房屋一所，于此自已〔己〕居之，此房屋不得谓之资本，必赁与他人居住然后此房屋方谓之资本。昔有探险家鲁滨生者，当乘舟漂流至一荒岛，不能生存，后于舟中觅得斧斤、粮食，遂登岸作出种种事业，此斧与粮即鲁滨生之资本也。凡此所举，皆属资本而非人工，不可不辨也。

夫土地、人工、资本三者，缺一即不得谓之生产。社会主义家注重生产，故不可不研究经济之学理。英国有亚丹斯密者，经济学专家也，中国严复译其所著之书名曰《原富》。此书发挥经济学之原理甚详，而严复之文字亦颇能曲达其情，其书于经济分配之理由尤反复言之。

年前英国曾经一大变局，即实业革命。一般工人颇受其苦，盖因机器发明，一切制作家均用之以代人工，于是一般工人因之失业者日众，其生活于工场者盖居最少数。自机器发明之后，英国工商大有进步，惟工人生活大受影响，而社会上遂生出种种不平等之习惯。假如用人工须二万人之力，用机器则只须一万人之力已足，甚或仅用百分之一而有余。如织工一人织布一丈得价一元，以一人运机器织布二百丈可得价二百元，人工愈少而资本愈多，是资本家获利而工人受害。劳动者既因此失业，不得生活，互相竞争，而工价于是大减，生活愈益艰难。当是时，英人既信天演学家优胜劣败之理，又有亚丹斯密经济支配之学说，以为劳动者之苦分所应尔。亚丹斯密所谓经济之分配，即断为经济上生产之结果，土地一分，人工一小分，资本家一大分。

　　一般慈善家闻此学说，谓由此演进，将来必富者愈富，贫者愈贫，实非社会之福。于是社会主义应时而生，而社会革命之说以起。昔英国有阿浑者，曾设一极大之工厂以为社会主义实行之试验场，后失败去美，欲毕其志，卒未能行。法国有佛利耳、卜南敦者亦曾开社会主义之试验场，均未能成功。

　　英国有格物家马耳德者曾著一书，为经济学家所实贵，其书略谓：天之生人，赖食而生，但天之生人无穷而地之生物有限，将来地球之上，必有生众食寡之忧。尝以几何级数推定人类增加之数，谓若不经刀兵、水火、疫疠之劫以戕贼人类，则孳生之患有不堪言者。自此种学说一出，于是欧洲各强国猛用其殖民之政策，弱肉强食，遂成一有强权无公理之世界。社会主义家遂起而反对其政策，主张人道，扶持公理。然当时一般社会均目社会主义家为疯狂，多不信从。惟一般工人信之最笃，以为社会主义能救我辈之苦恼，于是社会主义之学说渐明，公理终不可掩，而社会党之势力乃日甚一日矣。自社会主义之真理出，而亚丹斯密之经济支配说，人多觉其伪，而马耳德之言亦不之信矣。

　　顾我辈欲明社会主义之真理、正义，希望见诸实行，必先根据经济学之分配问题而研究之。夫土地本为天然之物，非人所得而私者，然强权日盛，攘夺而为私有，相习成风，而社会遂生出种种不平等之害焉。昔美国有一水手名卓尔基亨利者，天资明敏，以淘金致富，曾著一书名曰《进步与贫困》，其意以为世界愈文明，人类愈贫困，此人盖主张土地公有者。土地公有之说一出，风行一时，为各国所欢迎。其当发挥单地税法之理由，尤为精确。社会党马克斯派多采取其说，故有"单税社会主义"发生。夫土地公有实为颠扑不破之论，未有人类以前，土地自然而成，人类消灭之后，土地必长此留存①于其间，乌可得而私乎！社会主义家主张土地公有之说最力，以为欲求生产、分配之平均，为人类谋永久之幸福，非先行土地公有不可。

---

① 此处删一衍字"人"。

亨利①主张土地公有，而马克斯之《资本论》亦主张资本公有。机器公有之说，以为一切机器之由来，并非出于人力所能造成，盖社会上本有此物理，不过因其人之聪明才力发明之而已。未发明以前此物理实自然存在于社会，既属自然之物，即当归为公有，此其理固甚明也。将来土地公有、资本公有，即社会主义实行之日矣。

研究社会主义者，第一须明经济学理固也。但现在讲经济学者恒分为两派：一古经济学派，此派即采亚丹斯密之学说；一新经济学派，即采马克斯之学说。

欧洲各国之学校多讲古经济学，故学者多反对社会主义，因为彼辈实不知新经济学之真理。我国留学外国者亦多受古经济学之教育，于新经济学颇少研究之者。讲社会主义者既明经济之原理，尤宜洞明社会主义之学说，然后可以研究一至善之方法以实行之。其方法如何，俟明日再为详述。②

予昨日所讲者，为经济学之纲领与实业革命之理由。按经济学中所述之生产与分配，定土地、人工、资本三者为生产之要素，此种学说在今日已成为旧学说，因为发明此种经济学者在未经实业革命以前，既经实业革命以后，则旧学说便多所扞格矣。生产既因三要素而成，分配亦因此三要素而定，未经实业革命以前，机器多未发明，按土地、人工、资本而分配者，其情形与机器发明以后自不相同。社会事业因泥守旧说，遂生出种种不平均之现象。我国古学说谓"生之者众，食之者寡，则财恒足"。又谓"工之家一，用之家六；农之家一，食之家六"，则生计上必起恐慌。此种情形，在未经实业革命、机器未发明以前实在如此，且与欧洲古经济学说亦多相合。但在今日，世界之情形正为反比例：必生寡食众，然后生产发达，财用充足；必工少用多，然后劳动者生活程度加高，社会上可免不平等之流弊。故时移事变，而学说亦不能不变也。

社会主义家知旧经济学说不适用于今，故欲于分配上求平均之法。但前日所谓资本多在房屋、器皿、田产之类，今日所谓资本多出于机器。欲求分配平均之方法，必先研究资本问题。

中国虽未经实业革命，然闭关时代与海禁大开以后，其情形亦大不相同。当

---

① 此处原作"亨内科"，今改"亨利"。
② 以上为第二日演说词。

外人逼我开放门户之时，我国人民直以为海禁一开，货物外溢，国中之物必贵。殊不知事实与理，大谬不然。海禁既开，外人不独不取我国之美物，反输入货物以供给我国之需用。洋货日多，土货日贱，且外国出口税轻，入口税重，故我国货物输出者少，而舶来之货多也。我国今日尚有米禁者，实因人民不知货物流通之利益也。我国经此次大革命之后，虽为政治问题，然实业上亦生最大之变局。但我国人工与机器之变更，已暗中和平过去，则英国之实业革命可以不实现于我国。且有社会党发生，从中调和，必可免革命流血之痛楚。

夫土地、人工、资本三种之分配，今昔不同之情形已如前述，则欲解决发达资本问题，必根据实业革命之原因。现在世界情形，生产少者不免于贫困，生产多者亦不免于贫困，此何故欤？经济上分配不能平均之故也。当全用人工时代，其生产之结果，土地、人工、资本各得一分，及机器发明之时代，而分配一如旧昔，此最不合理。劳动者多而所用之人工少，生产加多而报酬减少，于是工贱而资本、土地贵矣。贫富日离日远，社会上遂生出不平等之习惯。贫富之阶级既生，社会主义家有忧之，欲研究分配平均至善之方法以救济之。现在世界人类贫富苦乐极不平等，故社会上少安宁之日，社会主义家盖欲从根本上解决之，使世界人类富则同富，乐则同乐，不宜有贫富之阶级与苦乐之界限，夫而后可以求社会上永久之安宁。

自社会主义发生，实业革命以后，一般学者始悟旧经济学之分配法至为不当。分配之方法，人工宜得多数，地主与资本家不可受同等之分配。报酬之多寡，应视其劳力为定。劳力与报酬相等，然后分配方能平允。劳心者亦然。生产分配能得平均之方法，即社会主义实行之方法也。

欧美各国因依旧学说而行分配之法，故贫富之阶级悬殊，而社会上仅有资本家与劳动者两大阶级。社会主义根本上之解决，即欲使地主不垄断土地权，资本家不垄断实业权，如是而已。

英国伦敦最富之区，人口满六百万，而每到岁①莫〔末〕之时，辄有饥民百万。以繁富之区，人民尚不免饿殍者，何也？社会生产分配不能平均之故也。英

---

① 此处删二衍字"聿云"。

国全国人口有四千四百万之多，以其国家之富力，平均每人可得三千余元，如五口之家即应得一万五千余元。但此平均之数，实际上大谬不然。以四千四百万人口之总数，除去老弱之人，能作工者不过数百万人而已。此数百万之人，平均所得者每人以三千计之，膳〔赡〕养五口之家，是平均仅得六百余元，其五分之四皆归地主与资本家所得。夫此数百万工人所仰赖者即各工厂，而工厂所获之利益又多归资本家，工人仅得最少数。如我国所用之洋布，皆英国织布厂所供给，每年该厂所获之利不知凡几，然我国得其布而得衣着，该厂之工人则竟有不得衣着者。何也？其所生之资本皆为资本家所有，工价既轻，又须仰事俯蓄，故工人之衣食住往往不得完全，此社会上至不平等之事也。

社会主义家因见社会上多不平之事，故有均产之说。其最初之思想固甚肤浅，厥后学说进步，方法遂高，以为欲从根本上解决，重在资本问题，而资本归公之说以起。夫资本最大者如铁道、矿产、工厂、机器等类皆是，凡此种种，若归公有便可免资本家垄断之害。中国土地与各种生产虽属地主及资本家之私有，然一般平民亦间有自由使用之权，即如山林樵采并无禁止之例。若在欧洲，则并此樵采自由亦无之矣。社会党在欧洲因地主与资本家之专横，有支配全国之势力，故极端反抗之。然资本家终不受如何之动摇者，以有国家之法律为之保障耳。社会党莫可如何，故激烈派因之而起（英国劳动者曾有毁灭机器厂及铁道之风潮，以为一切机器与铁道夺去彼等之工业〔作〕，致彼等不能生活）。资本家发生在前，社会党发生在后，资本家愈跋扈，社会党愈激烈。资本家跋扈，首受其害者为一般工人，故欧洲各国之社会党多为劳动者。诸君要知世界一切事业皆为工人之血汗所构成，故生产中三种要素以人工为最重要。夫资本家欲谋生产之发达必重赖工人，而所以报酬之者又极微薄，故一般工人咸抱不平，乃有工党之组织。盖欲要求增加工价，起同盟罢工之风潮，为抵制资本家之方法。顾罢工之举实出于情不得己〔已〕，究非良法也。大凡工人罢工不过为一时的，久之必受饥寒，仍不能不就资本家之范围。若夫资本家虽因一时罢工风潮稍受损失，然有资本可以供养，不致困乏，且所损失者终有补救之日。故工人罢工实最痛苦之事也。

欲免同盟罢工之风潮，根本之解决当于经济分配上求平均之法。社会主义家以为欲求分配平均之方法，须先解决资本问题。顾资本之消长，又有种种之原因。

如美国资本家垄断公司、铁道、运河一切之权利，农业及小商业均受其腌削之害，而各大公司之商卖或因小商堕落，故高其价，诱动一般小商；或因小商与之争利，乃又低其价，使小商复归于堕落，而小商之势力竟被其吞并；几经起落，操纵之权皆在公司，故吞并之后仍高其价，极获厚利。大资本家日盛，小资本家日衰，于是托拉斯出，遂有左右美洲之势力。而煤油大王、纲〔钢〕铁大王各立有极大之公司，专以吞并小商为能事。而一般小商因欲免吞并之害，故提倡资本集中，合小资本为大资本，合小公司为大公司。

未经实业革命以前，商业家多主张自由竞争，奉亚丹斯密之学说。英、美各国商人因自由竞争之结果，遂酿成社会经济上不平等之害。实业革命以后社会主义遂相缘而生，求经济上平均之方法。

社会主义家谓将来社会主义之实行，在欧洲为难，在美洲为易。因美国托拉斯大资本家之势力在世界上已达极点，物极必反，必有推翻之一日。盖资本家之专制与政府之专制原无大分别，政府有推翻之日，故资本家亦有推翻之日。

美国社会主义家对于资本问题之解决有二说焉：一为主张激烈者，谓社会上一切生产机关有为资本家所垄断者，悉攘夺而均分之；一为主张和平者，谓社会上一切生产机关及土地、机器等等宜归社会公有，则分配之法，惟工人应得报酬，其土地与资本即无分配之必要矣。前说失之粗浅，后说与马克斯所主张者相同，依后说解决即社会主义实行之方法也。

中国实行社会主义之方法，万不可全效欧洲各国。因欧洲已经过实业革命，中国未经过实业革命，其情形大不相同，且无大资本家对抗，其对待之方法在和平防止，而不在激烈抵制也。欧洲各国社会党之对待资本家，不过逼之退让，勿使垄断而已（其逼退之方法，与我国逼清帝退位之手段略同）。我国资本家既无垄断社会事业之势力，且所有之资本又多贮藏于不生产之地位，如同死物然，储存银行生息者多，以之经营生产者绝少。若夫欧美之资本家则不然，其资本不限于金钱，如铁道、矿产、工厂、机器等类，凡能生利者皆得谓之资本，金钱不过居万分之一而已。中外比较之，则我国资本家实无垄断之思想。

就今日世界情形观之，其资本能生利最大者厥惟铁道。美国铁道资本金约一百八十万万，每年全国铁道收入总数约十五万万，以十二年计之，即可收回成本，是经过十二年便可重新建筑，其获利成〔诚〕大矣。予对于我国铁路政策，拟备资本金六十万万，建筑铁道二十万里，其资本比美国仅足三分之一，可保用四五十年之久，每年可获利六万万。铁道成功，应归国有，将来即定一政策，此政策即社会主义政策。国家于铁道一项可顿增六万万之收入，以之兴办各种生利事业，生产机关自然发达，而所获之利均归国有。如此则应归国有之事业不独铁道，如大公司、大实业、大资本均应归为国有。社会事业既归国有，则可免大资本家之垄断。国为民国，则国有即为民有，国家福裕，人人可以共享乐利矣。

资本问题解决之法已如前述，而土地问题尤为重要，当趁资本未发达、地价未增加时先行解决之。但欲解决此问题，必须考究土地之价值。即以上海一隅而论，上海与内地今昔地价之比较，其相去不可以道里计。未开商埠以前，上海之土地不过五两一亩；外人初到上海之时，遂增至六倍之多。距今八十年前之情形如此。现在一亩之地，普通可值三四十万。以中国内地、满、蒙、西藏、新疆五大部推之，其土地之价值为何如耶？不特此也，即单言英租界大马路，起黄浦滩讫静安寺一带，其地价可与贵州一省相颉颃。此中原因，在贵州交通不便，既无铁道通运输，故商业不能发达，土地虽大实无价值之可言。又如黄浦滩一带之土地一亩能值五十万，跑马场一带之土地一亩亦可值五万。夫黄浦滩地价之贵，因有房屋之故。跑马场则并无房屋，何以一亩可得五万之价？盖土地毗连，其作用均也。

土地为社会最重要之物，万不可废弃不理。要知文明进化，凡土地经过三十年后，可得利一万倍。我国土地广大，偌大之利若无良法以支配之，则土地利权将为西人所夺矣。盖支配土地之方法，即社会主义之神髓也。

大凡地价之增高，必因文明进化，工商发达，其致此之原因，实社会全体之功。故土地权应归社会公有，不得为地主所私。若归地主私有，则三十年后必酿成欧洲革命流血之惨剧。予甚望我国民早为之计，实行社会主义，以免后日革命流血之悲痛。

土地价值之重要已如前述，社会主义家必细心研究支配之方法。将来土地之代价，即为社会党人之薪水。将来土地所生之利，应归社会公有。社会有此大利，则实业发达，一切利益皆为社会公共享受，此即社会主义之公道。社会主义关系社会之利害如此重大，则千百年后必蒙其赐，为吾辈子孙造福不浅矣！我辈欲实行社会主义，有至良之方法焉。现在民国一切法律均未规定，须先规定地价，调查地主所有之地，使自定其地价多寡，听其自报。虽然自由报价，仍不免有弊，欲妨〔防〕此弊又有一法，即规定地价税按地价之多寡，征收地价税几分之几（此法现在广东省已议实行）；但国家对于地主，实不在地价税而在得地价之实（美国纽约地方年收地租八万万，惜均为地主所私有，若以之归为公有，则社会上之利益更大矣）。将来土地、资本、铁道、种种实业皆归国有，则中华民国之国家即变成一社会主义之国家矣。现在我国情形处处患贫，非向外人借款便无以度日，将来若实行社会主义，则三十年后国家变成如何之情形，此时不独不患贫反患富矣。

若国家富足起来，则财政用途当由社会党经理之。如社会上幼年子弟到六七岁时即令送入公共平民学校，由国家养成有用之材。幼年人既由国家教养，而老年人到五十以后不能自营生计者，须由国家出养老费以安之。所以如此者，因财多无处用之。此外如医院亦须由国家设立，人民有病者即送入公共医院诊治之，不收医药费。实行社会主义之国家，其收入有种种，如地价、地税、地租、铁道、矿产、航业、森林等类皆是。

此三日内，予所讲演之社会主义尚未能详尽。望诸君共相研究，谋一致之进行，必有达目的之一日。①

据人菴②笔记：《孙中山先生讲演之社会主义》，连载一九一二年十月十五日、十七日至二十日上海《中华民报》第二版

---

①　以上为第三日演说词。

②　殷仁，字人菴，原同盟会员，加入中国社会党后任该党本部干事。文末附言云："中山先生演说社会主义，精义入神，人菴实未能达其万一，且其中遗漏甚多，详略之间亦殊未当，望阅者勿以辞害义可也。"

附：另记录之二

鄙人久为怀抱社会主义之一人，今应社会党之约，得与诸君相见，又见我国社会党已如此发达，实深庆幸。惟连日鲜暇，出席毫未预备，略抒所见，为诸君拉杂陈之。

鄙人读社会党党纲①，似于社会主义之精髓有所未尽，此由社会主义精奥复杂，非但我国人未窥底蕴，即欧美人亦多不了了。然社会党成立，而社会主义之精髓未得，则此主义且有流弊随之，此不得不与诸君研究者也。

社会主义为人人心中应有之理想，故孕育于数千年以前，然无专门之名词为之表示。至七八十年前，有某英人见社会组织之不完备，思所以改良之者，而竭思殚虑以研究其方法，此方法即社会主义是也。然各人所见不同，故社会主义流派亦不一。现在外国人普通所信者为均产主义一派，中国人今亦如是。社会党党纲中有破除世袭遗产制度一条，当即本此。然此派人多疑为均富党，风潮剧烈，各国政府多禁止之。而党人因见政府之压制，其抵抗亦愈甚，如此相激相荡，而无政府主义生焉。故世人论社会主义者，多目为贫人要求富人均产的主义，党员中亦或有以此鼓吹者，不知此非社会主义之精髓也。

自社会党发生以来已〔已〕七八十年，其前一半时代如在云雾中，只知贫富阶级的害处，却不知如何使阶级渐平，故除均产外无所发明。其后德国社会学者马斯以三十年之心力，成一社会学名著曰《资本》者，于资本之来历、性质、流弊、结果均详述无遗，于是社会主义别开生面，二三十年来学者渐多，发明日众。社会学家重视《资本》一书，仿佛基督教徒之重视《圣经》。今中国社会主义却尚在幼稚时代，第一当知均产主义仅数十年前外国流行之一派，断不可奉为惟一之神秘也。

抑社会主义果何物乎？"社会"二字本对于个人而言，主张个人主义者以个人之利益为主，主张社会主义者以社会利益为主。英重个人，德重社会，惟德之社会政策亦尚未能满足耳。

---

① 此指《中国社会党宣告》，下文同。

　　又社会主义与社会学不同，社会学是考究社会所以成立之情状，社会主义是改进社会所以生存的方法。社会生计亦犹个人生计，所以生活之法不一。最初社会党只知均产，后知其难行，研究所得，遂有种种方法。即如我国古时之井田政策，近日之不析产习惯，亦皆含有社会主义的心理，不过未能完备。今日社会党所采取之社会主义，却当于世界最新之学说中择善而从。

　　犹有一事为我社会党首当注意者，则各国社会党皆为政党，而我社会党则声明非政党是也。今日德、法、比三国议员多社会党中人，英国议院社会党亦渐露头角，其财政卿亦社会党员，所行政策多为国家社会政策。盖社会主义既为改进社会生存的方法，则不可不于政治上占势力。况吾国政体既改共和，政府主权授之自民，若社会党之活动离却政治一方面，而与政府立于相对之地位，即与本旨不合，故社会党必以成为大政党为宜。

　　社会主义亦为进化学者之转键，进化学者重天演，社会主义重人为也。天演学家明优胜劣败之理，征之于植物而信，征之于动物而亦信。乃推而及之于人类，以为社会中之最优胜者，恒即其最强有力者；国家亦然，兼弱攻昧，乃其天职。故进化学者之主张，为优胜劣败，为强权，为竞争。英国学者达尔文著《种源论》一书风行全欧，强权之说深入人心，有强权无公理几成竞争公例，以为此固合于天然之原则也。不知社会系人为的，非天然的，天然的进化多属物质一方面。而人类固有之良知，在文明国民亦较易发现，以为天演家优胜劣败之说虽凿凿有据，而终觉于吾心不安。以富者与贫者遇，富者宜优胜矣，然却非公理所当然。因吾心之不安，而相与研究改良之法，即是社会主义。故社会主义者，本于人心之良知而起者也。以人为的文明进化易天然的野蛮进化，故又为进化学者之转键也。社会主义言辅佐〔互助〕不言竞争，以物质言之，竞争本不可少，然要以道德消弭之，不用剧烈竞争的方法，而用和平辅佐〔互助〕的方法，此其最要者也。

　　社会主义采用和平辅佐〔互助〕之法划除社会阶级，使贫者不过贫，富者不过富，故其方法极繁复曲折，不能如均产之简单易行也。均产家"劫富济贫"之说不能实行，即使实行亦终无效。假如世界财产总额均分于全体人类，应每人十元，而以人类道德之不齐，勤惰奢俭之各异，所以消费此十元者不一其道，则游手好闲之人寝且不名一钱，而贫富仍不均矣。故果如均产派所主张，必每月均分一次而后可，试问此种方法能否实行？故社会主义不当主张均产说，主张均产说者仅最初时代之党人与少数激烈分子而已。

社会主义当图永远平均的方法。今日文明进化，各国多采用社会政策，同时亦有反对社会党者，此由彼此误会。党人不满足政府之政策，而出以激烈之要求，政府以党人激烈之故，而肆压制之手段。误会一生，纷扰斯起。今幸我国社会党与民国同时成立，党之与国沟通甚易，故社会党要与国家提携，想一最和平最易行的方法，断不可稍有误会。各国社会主义多发生于一度革命之后，今吾国共和成立，社会党应时而生，实一最好机会。若在民政之下而不能实现和平易行之社会主义，则社会党之过也。

社会主义派别极多，有共产说，有集产说，有国家社会政策，有无政府主义。而集产说之与国家政策，共产说之与无政府主义，其旨趣略同，故今即分两派言之，其他种种如讲坛的社会主义等则今可不论也。集产主义乃分别社会事业如土地、铁道、电车等，或归国有，或归公有，如是而已，故和平易行。共产主义则尽人类所有而共有之，然后劳心劳力各尽所能，消费食用各取所需也。此理想非不高妙，然如海上神山，可悬想而不可实行。虽中国家族有数世同居者，颇为一共产之小模范，然行之一家犹可，行之一国或世界则不能。因人类道德尚未圆满，欲各尽所能、各取所需，而必有游惰之徒仅知消费，不事劳力者。故必俟道德文明达于极轨，一二百万年以后或有实行之一日。然一二百万年以后之人类，其聪明才力且驾吾人而上之，何劳吾人代谋？吾人生今之世，求今日可行之道，尽今日应尽之责。无政府主义当暂置不论，而亟亟鼓吹国家社会政策，提倡集产制度，如土地国有等事，以国家为主体而研究实行之，此社会党之责也。

鄙人夙倡三民主义：一、民族，即种族革命；二、民权，即政治革命；三、民生，即社会革命。自义军张楚，清帝退位，五族共和，而种族革命之事毕。自共和成立，总统公选，民为主人，而政治革命之事亦毕。今所当亟亟从事者，惟社会革命。而吾国情形又与欧洲不同，欧洲今日贫富悬绝，少数大资本家垄断富源，故社会革命多主激烈。我国则尚无大资本家发生，不过异日工商发达，大资本家必乘时而起，今日必先预防。预防之道，以采用国家社会政策为宜。欧洲社会受病已深，须进猛剂；我国社会尚未受病，则宜如卫生家之保卫适宜，以极和平易行之法预防资本家为害，壹是以国利民福为前提。

鄙人今日所陈，只略就社会主义之派别与诸君研究，而断言国家社会政策之当采与均富主义之不宜。若夫社会主义果为何物，则当先略明经济学，俟明日更与诸君论之。（第一日完）

社会主义者，人道之福音也。主张平等、博爱，而人道主义之根本也。我国古语亦言"博施济众"，然为狭义之博爱，不足以普及，故曰尧舜其犹病诸。今社会主义则广义之博爱也。狭义与广义何别？一从个人之施舍上着想，一从社会之生计上着想，故狭义难普及，广义易实行也。

人必生计完备而后能生存于世界之上，古语谓"衣食足而后礼义兴"①，此物此志也。故社会主义乃专从人民生计上着想，欲为社会全体增幸福，先为社会全体谋衣食。谋衣食之事即经济学，故谓研究社会主义先当研究经济学也。经济学者从经济一方面着想，其学说已成为有根据之学科，社会主义者则从社会经济方面着想，而成为较新之社会经济学，其中关系至多，请为诸君略言之。

经济学起源甚古，以我国言之，管仲一经济家也，《史记》"货殖传"、《汉书》"食货志"一经济学也，惟无系统之研究，无专门之名词，故不能成为科学。即经济学之旧译，如"理财学"、如"富国学"亦殊不足赅括其义，今用"经济"二字稍为近之。经济学说条理甚密，欲举其详，累千万言不能尽。鄙人非经济学专家，举其概要言之，则生产与分配之观念首宜明瞭。生产者，加人力于天然物产，足供人类之需要者也。分配者，应人类之需要，而支配其所生产之物也。人类生计皆包括于此二者之中，社会〈经济〉学亦先取此二者而研究之。然此二者果何物乎？据经济学家所言，则生产之要素三：一土地，二人工，三资本。土地者，人类生存天然必要之物也，非特陆地为然，即海洋、空气亦在其中。而有土地尤必有人工，有人工尤必有资本。经济学家讲析其一，皆非数十万言不为功，然人工与土地之界说尚易分，资本与人工之界说不易别，经济家与社会主义家聚讼之点恒即在此。

---

① 语出《管子》"牧民第一"，原文是："仓廪实则知礼节，衣食足则知荣辱。"按汉代《史记》、《盐铁论》等书引录时，两"则"字皆作"而"。

资本之为物，决非金钱可赅括之。据经济学家言，凡人工造成之物产，能以其消费之余，补助发达其生产①力者，皆可谓之资本。设有农夫于此耕耘，所入得谷万斤，自食其一，所余者九，设以此九千斤之谷食九人，而使助耕，则此九千斤之谷即资本也。推而言之，舟车、仓廪、宫室、衣服，凡足以补助生产力者，皆资本也。

诸君读《鲁滨孙漂流记》乎？鲁滨孙航海遇险，至一荒岛，幕天席地，四无居人，时则有土地有人工（指鲁滨孙自身）而无资本。然此时之资本决非金钱，金钱不足以救鲁滨孙也。幸鲁滨孙于舟中觅取余粮，可以暂止饥饿，又得斧斤之属可以伐木为材，豆谷之属可以播种为粮，而后能生活于荒岛之上。然则此斧斤、糗粮也者，皆鲁滨孙之资本也。经济学家之言资本，义概从此。然此斧斤、糗粮之属，实鲁滨孙之先民与其朋类，以其能力制成之，传之于鲁滨孙，而后鲁滨孙得享用之也。然则今日人类之生存，其一部分之生产力为资本，而资本之一部分又实前人能力之所余传，资本、人工之不易分析，观此可见。而经济学家仅观其迹象，则以为此乃资本而已。

有生产而后有分配，据经济学家言，则生产自三原素来，分配亦自三原素去。属于土地者为租，属于人工者为庸，属于资本者为赢。此生产、分配之学说，英儒亚丹斯密言之最详。亚丹斯密著《原富》一书，为经济学之泰斗，而近世治政治、法律者亦多信其说，故影响最大。其说以自由竞争为主，以为国家商工业当使之竞争于自由之中。时英国尚有功利学者一派，以为人类无善恶，善恶即利害耳，有利者为善，无利者为恶，此说风行一时。而个人主义益发达，以为强权竞争乃天然之公理。达尔文之天演学，义亦犹此也。此种学说，在物质未甚发达以前流弊不著，盖以人力生产，强弱之差等终不十分悬殊，强有力者之生产必不能多于弱者十倍也。至百年前英国实业革命起，而时势大变。此革命之起，由于机器之发明，一机器之力可代百人之功，以机器相竞争而自由无制，于是社会之差等大著，而工人之痛苦日甚矣。

机器发明以后，以机代人，以人司机，一机代百人之用，即无异一人代百人

---

① 此处删二衍字"发达"。

之用也。失业者众，求雇者多，非自贬其工价不足邀资本家之一顾。资本家虽苛求万状，亦宛转迁就，而莫可如何。此观于英国发明最先之织机而知之，以一人司织机，其所出之布可敌前此百人之所出，而所得之庸匪特不为百人所得之总和，甚且视前此一人之所得而更绌其数焉。于是工价日低，工况日苦，而资本家之获利转日增，此本极人世不平之事。乃彼时英伦资本家以为应有之现象，準诸亚丹斯密之学理亦属无忤，盖生素〔产〕三要素人工仅居其一，则分配三要素人工亦当然仅居其一，初不计及大地主、大资本家之为数，不敌资本家之万一也。于是资本家日富一日，工人日贫一日，实业革命之害大见。慈善家忧之，思有以救济社会者，而社会主义以起。

社会主义之初起，困难特甚。英人阿浑，资本家而具慈善心者也，悯工人之无告，觅地建工场优待工人，为社会主义实行之试验，不幸失败，去而之美，欲行其志，又败。同时有法人富利安与白郎克又先后行之，亦败。反对派于此以成败之见诽笑社会主义，以为资本家之成功，根据优胜劣败之理，亦即亚丹斯密之所谓自由竞争，无可反对，社会主义亦无可成功之一日。

同时英国经济学家马耳达著《人口论》一书，以为物产之增加甚迟，人类之增加甚速。前者为数理的增加，二加二为四，四加二为六；后者为几何级数的增加，二二得四，四四十六。据二十五年人口倍增之说，即非大兵、大疫消灭其半，而物产不足供人类之求，大乱亦起。英人信之，遂谓人类经济之痛苦属于理势之自然，不患分配之不均，而第患生产之不广。国家殖民政策起，以美、非、澳诸洲为尾闾，次之则求新市场于亚洲，帝国主义大盛，弱肉强食，灭国不知凡几。而起视英伦国内，则其贫富不均与工人之无告，皆依然如故也。

然则此种学说，皆似是而非之伪说也。特世人不察，有反对此说提倡社会主义者，辄以颠狂目之。惟下流社会之工人，以社会主义之救己，趋之若鹜。而反对者益振振有词，以为社会主义实为煽动下流〈社会〉而设。究之伪不敌真，社会主义家日众，真理日明，而知亚丹斯密、马尔达、达尔文及功利派之种种学说皆为似是而非之伪说，而社会主义遂日受欢迎矣。

研究真理而求见诸实行，非可徒托空言也。社会主义家仍根据经济学家三原素之说而研究之，首以土地之分配为不均，以为土地本天然之物，非个人所得而私，且其数有限，少数人私之，多数人不能复得之，非若人工之可各尽其力也。四十年前，美人有亨利佐治者，一商轮水手也，性聪颖，好读书，赴旧金山淘金，因以致富，创一日报研究经济学真理，而知亚丹斯密学说之不合，遂著一书曰《进步与贫困》，以为世界愈文明，人类愈贫困，其故实由经济学说之歧误，以致生产、分配之不均，遂主张土地公有。其说风行一时。反而观之英国，则正大地主跋扈之日，英国地主皆世家贵族，以英人重工轻农，农事之利不敌牧畜之厚，乃悉改其田地为牧场，驱逐农民，使无所归。社会主义家见此，知土地公有之不可以已，于是马克斯派亦兼取亨利佐治之说，而"单税社会主义"以起。其稍有不同者，则亨利佐治以土地公有为主，马克斯以资本集合为主耳。

土地公有，理最圆满。人类发生以前土地早自然存在，即人类不幸一旦消灭，而土地亦依然存在，是土地非藉人力而成，人不得而私之也。虽地主之有土地，或传自先畴，或本于契约，不必尽出于巧取强夺。而土地有限，终难普及，不如归诸公有，可谋人类永久之幸福也。地税归公，公家以为民治事，而种种压制、偏枯之弊皆以蠲除，岂不懿哉！

且土地之为物，如空乞〔气〕、如日光，非人力所能造，而人又非此不生，故土地之不可私有，亦犹空气与日光之不可私有也。以果〔故〕土地归之于公，而人各得均取其所产，则海上清风，人间明月，取之不尽，用之不竭，坡公①之言，讵非人世之大乐！否则据经济学家分配三原素之说，以土地与资本、人工并列，而不知纵横九万里之地球，减固不能，增亦不可。今试有国于此，其生产之总额年得一千万万，而全国土地先为大地主一人所私有，则依三原素分配之，此大地主一人将得三百三十三万万有奇，而全国工人以数百兆计，其所得亦仅与此相等，事之不平，宁过于此！且人工之事，或劳力或劳心，其得生产中之报酬宜也，若土地则生于自然，非人力所造，非人力所造者，人力乃可占有之乎？故亚丹斯密分配三原素之说，实为不通，而土地之当为公有更无疑义。

复次，则社会主义家又以资本之分配为不均，而研究其改良之方，如马克斯之集产说是也。或谓资本本人造，与土地不同，不知资本乃人类生产、消费之余

---

① 宋朝人苏轼在诗词中喜以清风明月抒发其旷逸愉悦情怀，因自号东坡居士而被世人尊称为"坡公"。

膁，更以为其后生产之助力者，故资本虽人造，而半非现今之人类所造。今日之资本，乃昔日先民劳力之所遗，吾人乃可贪先民之功，私于一己，而不公于同胞乎？更进而言之，即吾人发明之机器，亦属此类。在经济学家以为机器之利，当纯属于发明之人；社会学家则分别言之，斯蒂文孙造铁道，瓦特创汽机，二氏诚有发明之功，然究其远因，不可谓非先民之赐，野蛮国不能发明机器，必文明国而后能，此可见发明者之智识非尽出于天赋，而实社会上种种时势所造成。社会之程度既至，即无斯蒂文孙、瓦特其人，而亦不能无铁道、汽机其物，不过二氏之智慧较常人略高，铁道、汽机乃假二人以生焉耳。即如意人马哥尼发明无线电信，时人莫不称奇，然使马氏生于十八世纪以前，或厕身非、澳土番之列，试问更能发明此无线电报否？如曰未能，则此非马氏一人之功，而社会全体均与有力焉。彰彰明甚，当马氏发明之际，同时造无线电者更有数人，特马氏之法较备，乃独享其名。可知机器非一二人所能发明，而社会全体教养之力，假手此一二人以发明之也。然社会主义家亦非欲抹杀发明机器者之劳，按其劳心之程度与社会经济分配之原理，而予以相当之报酬。乃社会主义者所主张，特机器既赖社会全体之力，又使生产力大增于前，则此生产力固断断不许一二人独占耳。夫机器如此，何有于机器以外之资本；资本如此，何有于非人力造成之土地。是故，亨利佐治之土地公有与马克斯之资本集合，理实相通，义无相悖，皆按经济学分配之真理，以图社会根本之解决者也。

今日经济学家恒分二派：一旧经济学派，如亚丹斯密等是；一新经济学派，如马克斯等是。欧美各国学校多讲旧经济学，深信亚丹斯密三原素分配之法，反对社会主义。即我国留学生，其所学亦多属旧派，对于新经济学颇少研究。实则新经济学乃主张分配之真理，必此理日明，而社会主义乃有实行之望。此鄙人今日所愿与诸君言之者也。（第二日完）

据力子[1]笔述：《孙先生之社会主义讲演录》，连载一九一二年十月十五、十六、十八、十九、二十一、二十三日上海《民立报》第二页[2]

---

[1]　即邵力子，国民党员，《民立报》创办者之一。

[2]　该报仅载第一、二日演说词，第三日未载。

兴国必先修路

*《铁路杂志》题辞*①

*（一九一二年秋）*②

夫铁路者，今日文明富强之利器也。古人有言："工欲善其事，必先利其器。"予为转一语曰：民欲兴其国，必先修其路。何以见之？见之于美国。美国今日有一百二十万里之铁路，其铁路为世界至多，而其富强亦为世界第一。若以人数较之，则我国多于美国四倍，如是吾国之铁路应有四百八十万里，而文明程度乃足与美国相等也。然吾国今有铁路不过二万里耳，方之美国则瞠乎远矣。然则急起直追，赶速筑此四百八十万里铁路，其法当如何而后可？曰：当效法美国也。美国之法为何？曰招徕外资、任用外才、政府奖励、人民欢迎，此四者所以助美国铁路之速成也。

吾国向来闭关自守，深绝固拒，故当铁路萌芽之始，人民则惊疑，政府则顾虑，遂致买而拆卸之，弃其铁轨、车头于孤岛，有如韩昌黎③之驱鳄鱼④焉。此三十年前淞沪铁路之结果也。及后知铁路之不能不筑矣，而犹有拒外资、争路权之

---

① 原稿以《题赠铁路杂志》为标题，而当时刊物未见有名为《铁路杂志》者。按一九一二年孙文倡导修筑铁路之时，与国内的两个主要铁路团体关系密切，一是上海的中华民国铁道协会，于十月十日创办《铁道》（又名《铁道杂志》），一是北京的中华全国铁路协会，于十月二十日创办《铁路协会杂志》（又名《全国铁路协会杂志》），经查阅此两种杂志出版各期，均无这篇题辞。但在《铁路协会杂志》第一期另载有孙文手书"大道之行也"题字，上款亦作"祝铁路杂志发行"，则《铁路杂志》所指者同样可能是《铁路协会杂志》。假定此说得以成立，则《题赠铁路杂志》一文与上述题字当同为《铁路协会杂志》创刊而作，至于何以终未发表，原因不详。

② 底本未说明写作日期。按上注介绍的情况，如本文确为《铁路协会杂志》创刊而作，则存在两种可能：一是孙文离京前所撰，即八九月间；一是该杂志创刊前后所撰，约在十月间。据此标为是年秋。这一问题尚须存疑待考。

③ 韩愈，自称"昌黎"或"昌黎韩愈"。昌黎系地名，唐代属卢龙县地，今为河北省昌黎县；而据历朝学者考证，多主张其籍为河阳县，即今河南省孟州市南。

④ "鳄"为"鳄"通假字，"鳄"之简化字为"鳄"，鳄鱼即鳄鱼。

事，然以国力不胜，资本缺乏，争之不得，则路权与主权并落于强邻之手。此北满、南满、滇越等路是也。夫吾人所当争者主权也，非路权也。倘主权不失，路权虽授与人，不失其利也；倘主权傍落，路权虽争回，不能免其害也。乃国人多不知利害得失之分，每争其小而遗其大，良可慨也。

深望《铁路杂志》同人发挥斯旨，使国人有所觉悟，舍路权而争主权。一旦主权恢复，我便可大开门户，欢迎外资，放任路权，同力合作。夫如是，以今日科学之进步，物质之发达，十数年后我国铁路必能与美国并驾齐驱，而我国之富强亦必随铁路与俱来矣。此为《铁路杂志》同人文字收功之日，大愿告成之时也。行当拭目俟之。

孙　文

据《孙中山先生遗墨》（孙文《题赠铁路杂志》手稿影印），
载《上海画报》第三五七期，一九二八年五月三十日出版

统一繁荣强大的中国将会出现[①]

（英 译 中）

（一九一二年十一月十三日）

在北方停留的数周期间，我访问了几个重要的中心地区，并与各界国民接触。我从此比过去有更强烈的预感，未来的中国必定是一个统一、繁荣、独立的中国。有悲观的评论者预计未来会有两个中国——南方和北方，但我认为国家现在是完整的，并且永远会这样。共和国诞生了。我想告诉国民，在以前满族统治时期，暴政掌控了政府和人民，而现在暴政已逝，已被驱离中国，国民管治政府，此乃理所当然。人民充满同情心和炽热之心，是我以前所无法想象的。

中国在任何意义上都称得上物产丰饶，只是需要开发而已。铁路将会拉近国民的距离，并扫清各省人民之间的偏见，消解彼此间的嫉妒和阻碍我们向共同目

---

① 此系孙文在北方访问返沪后为纽约报纸所写的一篇文章。

标前进的成见。我们期待的铁路将会很快得到保障。而因为铁路网的建设，产品将被带到新的生产者面前，会开辟出比以前更广阔的市场，同时，现有的产品的价值也会增加几倍。矿山和之前被忽视的矿产资源也会得到开发。

中国所需要的铁路很快就会建造出来——一个庞大的铁路网，能够把共和国的所有大城市都连接起来。这意味着商贸繁荣、财富增加、更好更广阔的市场，但是最重要的是国家统一，因为统一意味着自我保存。统一而富裕的中国一旦能够屹立于世界之林，就不再会有藐视，不再会有压迫，也不再会有分裂国家的事情发生了。

据 "Dr. Sun Yat Sen Sees China of the Future Unified, Prosperous, Powerful". Syracuse Journal (New York), November 13, 1912, Page 9〔《孙逸仙博士预见未来的中国将会是统一、繁荣和强大》，载一九一二年十一月十三日纽约《锡拉库扎日报》第九页〕（邹尚恒译，高文平校）

英文原文见本册第 501—502 页

救　亡　策

倡行钱币革命抗俄通电[①]

（一九一二年十二月三日）[②]

北京大总统[③]、国务院、参议院、各省都督、省议会、全国国民暨各报馆鉴：

窃闻遇非常之变，当出非常之方以应之。今者俄人乘我建设未定，金融恐慌，而攫我蒙古。以常情论之，我万无能抵抗之理，在俄人固知之素而审之熟，故甘

---

① 一九一二年十一月三日俄国与外蒙古库伦分裂集团签订《俄蒙协约》，企图使外蒙古成为其保护国，消息传出后举国激愤。孙文专就此事在上海发通电，提出对策。后本文屡被印成单行本，书名作《救亡策》或《钱币革命》。

② 底本未说明时间，此据孙文本月致梁士诒支电（即四日电）所言"昨电救亡策一道"确定。

③ 即临时大总统袁世凯。

冒不韪而行之。我国人皆知蒙亡国亡，以其不抗俄屈辱而亡，孰若抗俄而为壮烈之亡，故举国一致，矢死非他也。以文观之，民气如此实足救亡，惟必出非常之策，事乃有济。非常之策维何？请为我政府、国民言之。

第一，行钱币革命以解决财政之困难。

今日我之不能言战者，无过于财政困难。自南北统一后则谋借外债，以救我金融之恐慌，然至今六国①之借款无成，若一有战事则更复无望。然则就财政上言之，无论有战无战，财政问题之当解决必不容缓也。文于谋革命时已注重于此，定为革命首要之图。乃至武昌起义，各省不约而同，寝而北军赞和，清帝退位，进行之顺适迥出意表，故所定方略百未施一。民国大定后财政虽困，以为皆可以习惯之常理常法以解决之，便不欲以非常之事而惊国人也。不图借债无成而俄祸又起，存亡所关，不能不出非常之策以应之也。

钱币之革命者何？现在金融恐慌，常人皆以为我国今日必较昔日穷乏，其实不然。我之财力如故而出产有加，其所以成此贫困之象者，则钱币之不足也。钱币维何？不过交换之中準，而货财之代表耳。此代表之物，在工商未发达之国多以金银为之，其在工商已发达之国，财货溢于金银千百万倍，则多以纸票代之矣。然则纸票者将必尽夺金银之用，而为未来之钱币，如金银之夺往昔之布帛刀贝之用而为钱币也。此天然之进化，势所必至，理有固然。今欲以人事速其进行，是谓之"革命"，此钱币革命之理也。其法维何？即以国家法令所制定纸票为钱币，而悉贬金银为货物。国家收支、市廛交易悉用纸币，严禁金银，其现作钱币之金银只准向纸币发行局兑换纸币，不准在市面流行。如此则纸币一出，必立得信用，畅行无阻，则财用可通矣。

但纸币之行用，无论古今中外初出时甚形利便，久之则生无穷之流弊，必至归天然淘汰而后止。此其原因，则纸币之本质价廉而易制，不比金银之本质价昂而难得。故纸币之代表百货也，其代表之性质一失，则成为空头票，若仍流行于市面则弊生矣。而金银之代表百货也，其代表之性质虽失，而本质尚有价值，仍可流行市面而无弊。此两物代表百货之功用同而性质不同，故流行之结果有别。

---

① 指由英、法、德、俄、日、美六国组成的银行团。

昔人多不知此理，故无从设法防其流弊。今吾人既明此理，则防弊之法无难。其法当设两机关，一专司纸币之发行，一专司纸币之收毁。纸币之功用既为百货之代表，则发行之时，必得代表之货物或人民之担负，而纸币乃生效力。今如国家中央政府每年赋税应收三万万元，税务处既得预算之命令，即可如数发债券于纸币发行局，该局如数发给纸币，以应国家度支。至期税务处当将所收三万万元租项之纸币，缴还纸币收毁局，取消债券。如是发行局于得税务处之债券〔时〕如数而发出纸币，此等纸币以有人民之担负，成为有效力之纸币，名之曰"生币"。及税务处于所收税项如数缴赎债券之纸币，为失效力之纸币，因代表赋税之功用已完，名之曰"死币"，故当毁之也。如收税之数溢于预算之数，则赢余之纸币效力尚在，可再流转市面无碍也。以上为国家赋税保证所发之纸币。

至于供社会通融之纸币，则悉由发行局兑换而出。当纸币之存在发行局为未生效力之币，必需以金银或货物或产业或人工兑换之，乃生效力。如是纸币之流于市面悉有代表他物之功用，货物愈多，则钱币因之而多，虽多亦无流弊。发行局发出纸币而得回代价之货物，其货物交入公仓，由公仓就地发售或转运他方发售，其代价只收纸币，不得收金银。此种由公仓货物易回之纸币，因代表之货物去其效力，立①成为死票，凡死票悉当缴交收毁局毁之。如此循环不息，则市面永无金融恐慌之患，而纸弊〔币〕亦永无流弊之忧，一转移间而全国财源可大活动，不必再借外债矣。如国家遇有非常之需，只由国民代表议决预算表，如数责成国民担任，或增加税额，或论口输捐。命令一出，钱币发行局便可如数发出纸币，以应国家之用，按期由税务局收回纸币，此款便可抵消。设若论口捐输，每人二元，全国之数八万万元。若收金银则必无此数，若收纸票则必易行。因政府已将定额先期发出，行用市面，泉源已加多此数，人民或以工取或以货易，求之市面，必能左右逢源。非如金银之只有此数，一遇减少必成恐慌，本国人或更埋之地中，外国人必然输之海外，如此则紧急正需金银之时，而金银因之愈乏，适成穷上加穷，而各国银业奸商遂从而垄断之。人民虽激于义愤欲报效国家，然如苦无金钱，爱莫能助，徒唤奈何耳。此吾中国现在之境况也。若行钱币革命，以

---

① 此处删一衍字"失"。

纸钞代金银，则国家财政之困难可立抒，而社会之工商事业亦必一跃千丈。

由此观之，纸币之行用有方、流弊不生既如彼，而利益之大又如此，况值非常之变，非先解决财政问题必不能言战。乃有热血之士徒责政府之无能，而不为设身代想，殊不共谅当局人为难之甚也。当此强邻侵并、实行瓜分之秋，非徒大言壮语所能抵御，非有实力之对待不可。是宜政府与人民同心同德，协力进行钱币革命，以救今日之穷。在政府当速行立法：（一）筹备设〈立〉铸币局，制出一元、十元、百元、千元四种之纸币；五毫、一毫之银币，五仙、一仙之铜币以辅之。其本位可仿日本以金为定制，出若干之时便可发命令颁行，限期将市面现行之币收换，过期有仍用旧币者如数收没充公，并严罚其授受之人。（二）筹备设立公仓工厂，以便人民以货换币或以工换币之地。（三）筹备设立纸币收毁局。此各种机关立法必臻妥善，方期无弊。在人民当一面遍国设立救穷会，鼓吹其道，以助政府实行钱币革命。此事成功之后，金银既贬为货物，则金银之出口毫无影响于经济界。因我不以此物为钱币，纵全国无金银，我之经济事业亦能如常活动也。况我既行纸币，则财货必大流通，而工商必大发达，如是我出口之货必多于入口货，而外货不能相敌，必有输其金银珍宝以为抵者。金钱〔银〕一物我既不以为钱币，只有作为器皿或贮之外国，以供全国之借贷，而我为债主以享其利子而已。此钱币革命之结果也。总之一经此革命之后，我之财政立可活动。

第二，谋不败之战略以抗强邻，而保领土。

语曰"能战而后能和"，惟我今日不能战，故俄敢公然侵我领土。若徒然与之办交涉，与之言仲裁，悉归无效。必也照第一策先行解决财政问题，然后乃能言战，而战必期于不败，乃能言和。不败之道若何？必备屡战屡败而气卒不挠，乃能求最终之一胜。语有之："知己知彼，百战百胜。"今俄有常兵百万，战时兵五百万；我现有练兵五十万，民兵无量数。就俄之现势而观，六个月之内必难出至五十万之兵，而我则于此期之内可出五十万于外蒙、北满，六个月之后又可加新练之兵五十万。然以此而敌俄，在第一年之战胜负未可知，惟第二年我当出兵二百万，意料中当可逐俄出满蒙之野，而复我黑龙江沿海州之侵地。然万一仍败，则第三年当出兵四百万，若犹不能得利，则第四年当出兵六百万，则未有不胜者也。在此期内，俄必有财政之恐慌、革命之起义，与我以可乘之隙者甚多。若彼犹不屈服，则期第五年之大举，必出兵至八百万或至千万，必直抵莫斯科、圣彼得〈堡〉而后已。或疑此作战之计画为万不能行之事，不知此乃以常理而言耳，若出以非常之方，则未有不能行者也。近世战斗之力每以金钱为限，吾先既己〔已〕行钱币革命，则不受金银〔钱〕之限制矣。而以四万万人之人工物力，而供给千万①之兵五年之饷，实优优有余也。证之以南非杜、柯二国，以四五十万人口之国，能出兵五六万以抗英，支持三年之久，而谓我不能出千万之兵，作五年之战，有是理乎？又证以太平天国之与满清战，为期至十五六年，而两方前后合计皆出兵至千余万，五六十年前中国国内之战己〔已〕有三倍之长期、三倍之兵数，而当时人工物力尚能给之，无待取助于外债，而谓今日则不能乎？断无是理也。况今日乃举国一心，生死与共，大异于昔之人心惟是自相残杀者。

今日民国成立已一年，而列国互相阻难，无一国肯首先公〔正〕式承认。而蒙古一城②之独立，俄乃首先承认之，各国不以为难，此非故为瓜分之余地乎？以其俯首而听人之分割，何如发奋一战以胜强俄，而固我国基于万代之为愈也。况当此民气正盛，国体方新，战有必胜之道，不战为必亡之阶，孰利孰害不待智者之决也。纵以常理论之，今日战亦亡，不战亦亡，以其屈于霸道强权而亡，不如一殉人道公理而亡也。况一战不独不亡，而更可扬国光、卫人道、伸公理于世界也。

望我政府、我国民当仁不让，毅然以非常之方应非常之变，先行钱币革命而后定作战之计画。民国幸甚！全球幸甚！

孙文叩

据《孙中山之救亡策》，连载一九一二年十二月五日至七日上海《天铎报》第二版

---

① 此处原作"数十万"，今改为"千万"。
② "一城"指库伦（Urga），后改名乌兰巴托（Ulaanbaatar），今为蒙古国首都。

工人须收获全部劳动成果并有足够的娱乐

自哈斯金"社会主义在中国"转录①

（英 译 中）

（一九一三年一月二十七日刊载）

时光流逝，八个世纪过去了，孙逸仙博士提倡在中国再次试行社会主义，他对取得成功很有信心……

孙博士追求与真正的生产者工薪阶层的合作利润分享，以及公共设施政府国有化。他相信，政府应当拥有，并继续用最快的速度收购铁路、有轨电车、发电、燃气、供水和运河，除此之外还要掌控森林资源。与此相关的是，在这个国家，使之森林化非常有利，因为没有林木的中国紧缺木材。即使是孙博士的庞大铁路计划，酝酿以外国资本辅助，而要建设六万英里的路轨，并提供在完成四十年之后，政府会得到所有权。他希望在十年内安排好所有大型建设项目。据最近一期的上海《大陆报》（China Press），孙逸仙提出的合作理念如下所示：

"我支持引入这样的一个系统，物质必需品的提供者将会以公正和博爱的共识为基础互惠互利。其实，这就是社会主义的定义。我希望能够看到劳动者可以获得他们雇工劳动的全部价值，并且确保中国的工程是建基于合作项目，以使得在未来的日子里，我们能够建立起一个政治和工业民主化的国家，每一个单位依靠着另一个，所有的人相互信任，保存希望。这个理想是很难实现的，但是应当要为理想而努力，为了实现遥远愿望、到达尽善尽美而改善条件。

---

① 中华民国成立后，一位名叫哈斯金（Frederic J. Haskin）的人写长函给美国科罗拉多州一家媒体，对这个古老而新生的国家从多方面进行介绍。在题为《中华民国》的"十一、社会主义在中国"中，主要是摘录孙文发表于上海英文报纸《大陆报》（China Press）一篇文章上的社会主义思想主张（按：该日报纸未见）。而在哈斯金叙及孙文的主张之前，还用很大篇幅介绍八个多世纪前宋朝的王安石变法，把王视为中国社会主义的先驱。

"凭借这个系统，生产将会提高到最大程度，伴随的却是最小程度的贫穷和劳工奴隶。所有人有他们自己份额的产品、财富，并等待着他们亲手发展，他们会收获他们工作的全部成果；确保有良好的工作环境，并获得休闲的机会，以考虑除了在磨坊中或矿井中每天的单调工作以外的其他事情。他们将能抒展他们的精神，有足够的娱乐，获得所有人应得的福分——大多的福气在其他国家中却被挡在工人和贫苦大众之外。所有的人民在维持生计和生活的人生追求中，将会获得最大限度的自由。这就是我想看到的。当我在推进一个社会主义体系，其实是在推进这样一个系统：在一个属于国民的国家中，将直接为国民创造利益的系统。我想看到他们参与到生产力的成果中。"

当然，这个空前绝后的时机，允许中国好好地试验社会主义，无论结果是好是坏。工业发展正处于不成熟阶段，因而可以随着商贸发展和生产需求增加，在工业中应用社会主义。中国劳工与西方世界的兄弟处于不同的境况，在西方，资本和非经营增长两者都处于较高水平，并支撑起一个以劳工为基石的工业结构……

据"The Haskin Letter：The Republic of China-XI—Socialism in China"．Colorado Springs Gazette（U. S. A.），January 27，1913，Page 4［《哈斯金来函：中华民国十一、社会主义在中国》，载一九一三年一月二十七日美国《科罗拉多斯普林斯公报》第四页］（邹尚恒译，高文平校）
英文原文见本册第503—507页

巩固中华民国与图谋民生幸福

上海《国民月刊》出世辞①

（一九一三年五月二十日刊载）②

中华民国成立一年矣。此一年中，吾人所抱负之希望未达其十一，然而至可喜者，则政党之根基成立是。此次选举，据各地方报告观之，国民党较占优胜③。国民党者，革命党之化身也。在秘密运动时代，革命党竭数千万人之力，牺牲数千百人之生命财产，费数十年之日月以与专制战，而终能得全体国民之同意，颠覆专制清廷，创造中华民国。于是更合多数才学道德之士，组织国民党，成立不数阅月，而选举又占优势。由是观之，我国民之同意于国民党也深矣！夫当专制时代，革命党牺牲身命财产，以与专制之清廷政府抗，国民赞同之，破坏之功不久告竣。今吾人组织大政党以从事于建设之业，而国民亦赞同之。国民之所以赞成者，信仰吾党之人乎？非也，以吾党所持之政纲能合乎公理耳。既然矣，则吾党之士宜坚其信心，持以毅力，以遵守此公理，且照此公理勇猛精进以行之。政纲者，则吾党所藉以为公理之表现者也。行不违乎政纲，斯不悖乎公理，而后乃不负国民之同意，且不负先烈牺牲生民〔命〕以创造中华民国之苦心也。

建设难而破坏易。破坏者，竭千百人之力以为之，或数年或数十年，未有不成功者。一旦旧政府推翻，则破坏之功竣矣。建设则不然。法、美之革命成功垂百年矣，然而今日法、美之国民仍尽力图其国家之发展，而不稍倦焉。何也？世

---

① 一九一二年八月中国同盟会等六个政团合并组成国民党，孙文被选为理事长，《国民月刊》乃其机关刊物，由国民党上海交通部编辑发行。此系孙文所撰的发刊词。

② 《国民月刊》创刊号因故延期出版，而据本文内容判断，当撰于一九一三年三月二十日袁世凯政权唆使凶徒刺杀国民党代理事长宋教仁事件发生前，极可能系二月十一日孙文离沪赴日本访问之前所撰。今以该刊发行日期标出。

③ 此指第一届国会议员选举，据一九一三年二月公布，在参议院和众议院共八七〇名议员中，国民党获得三九二席，占百分之四十五强，如连同跨党的国民党员席位计算在内则已超过半数，国民党因而成为国会第一大党。

界之进步无极，国家之存在无止境，则政治之改良亦无已时也。子舆氏曰："无内忧外患者，国恒亡。"① 盖以无内忧外患，则人皆纷〔粉〕饰太平，不自谋其进步，而亡国乃随之。物腐蛀生，势理然也。今吾党既以巩固中华民国、图谋民生幸福为务，则所欲巩固者与图谋者皆永远之业，非一时之事也。外瞻世界之大势，内察本国之利弊，以日新又新之精神，图民生之幸福，吾党而永远以公理为目的，则自得国民永远之赞同。非然者，虽今日成功，后日亦必失败。且欧美文明各国，其发达至于如此者，非一日之力，实历史上进步之结果也。今中华民国新出现于世界，即欲进至各文明国之程度，已非数十年不为功，而数十年间各国之进步仍日新月盛也。必也学问事业，彼进一步，我进十步，夫然后乃得使中华民国确列于世界文明国之林。今国民既大赞同于吾党，则提携国民而使之进步，实吾党之使命也。此吾所望于吾党人士者一也。

乐观者，成功之源；悲观者，失败之因。吾人对于国民所负之责任，非图谋民生幸福乎？民生幸福者，吾国民前途之第一大快乐也。既然矣，则吾人应以乐观之精神积极进行之，夫然后民生幸福之目的可达，而吾人之希望乃有成也。苟稍怀悲观，则流为厌世，而成自暴自弃之徒。夫吾人既担负图谋民生幸福之责，则应知前途有最大之快乐在，虽有万苦，亦坚忍以持之。中国国民之性质，其最大之弊则为悲观。自命高尚者流，闭门谢客，笑骂当世以为得；而热心之极者，更往往蹈海沉江，捐生弃世焉。夫事业以活动而成功，活动以坚忍为要素，世界万事惟坚忍乃能成功。必有乐观之精神，乃有坚忍之毅力，有坚忍之毅力，而后所抱持之主义乃克达其目的焉。民国方成，如日初升，图谋前途之大幸福，吾党之责也。此吾之所望于吾党人士者二也。

政党之作用，在提携国民以求进步也。甲党执政，则甲党以所抱持之政策尽力施行之。而乙党在野，则立于监督者之地位焉，有不善者则纠正之，其善者则更研究至善之政策，以图进步焉。数年之后，甲党之政策既已实行，其善不善之

① 孟子名轲，字子舆，所引见《孟子》"告子下"，原文是："入则无法家拂士，出则无敌国外患者，国恒亡。然后知生于忧患，而死于安乐也。"

效果亦已大著。而乙党所研究讨论之进步政策，能得大多数国民之赞同也，于是乙党执政以施行其政策，而甲党则退立于监督之地位。轮流互易，国家之进步无穷，国民之幸福亦无穷焉。故政党之目的，无论何党，皆必以实行政策与研究政策二者为其目的。由是观之，能使国家进步、国民安乐者，乃为良政治；能有使国家进步、国民安乐之政策者，乃为良政党。谋以国家进步、国民幸福而生之主张，是谓党见；因此而生之竞争，是谓党争。非然者，为少数人之权利计，为私人之安乐计，此种主张及手段皆不以国家为前提者也。若是之见，是为私见；若是之争，是为私争。党争可有，而私争不可有；党见可坚持，而私见不可坚持。吾党既以巩固中华民国、图谋民生幸福为目的，则又当力矫今日私见、私争之弊。此吾所望于吾党人士者三也。

今者国会将开，吾人所怀抱之政策，将以正式国会为发表之机会。夫中华民国一切建设之大业，其根本问题皆国会之职务，而国民党在国会所负之责更大焉。以进步思想、乐观精神，準公理、据政纲，以达巩固中华民国、图谋民生幸福之目的，当然为吾党之责。愿与吾党人士共勉之！

据孙文：《国民月刊出世辞》，载上海《国民月刊》（又名《国民》）第一卷第一号，一九一三年五月二十日发行

论战争及用兵之道

周应时著《战学入门》序①

（一九一四年六月）②

战争本人类之恶性，人类进化愈高，则此恶性愈减。故古昔先进之国，每多偃武修文，鄙战争而尚礼让。倘进化前途无所障碍，只有进而无退，则世界大同可指日而待，岂非人类之极大福祉哉！无如进化之程度不齐，先进文明之国每多为野蛮尚武之种所灭，如罗马之亡于北狄③，中华之阨于鞑靼，其退化恒以千百年计，此真人类之至惨奇祸也。近百年来，白种之物质进化突超前古，而其心性进化尚未离乎野蛮，故战争之祸于今尤烈。当此之时，世界种族能战则存，不能战则亡，优胜劣败，弱肉强食，殆视为天理之当然，此诚进化前途之大厄也。

我中华为世界独存之古国，开化最早，蛮风久泯，人好和平，不尚争斗。乃忽逢此白祸滔天之会，有亡国灭种之虞，此志士仁人欲为人道作干城④，为进化除障碍，有不得不以战止战者也。

世之善战者，有得于天才，有得于学问。如铁木真之起于游牧而能扫荡欧亚，战无不胜，攻无不取，此天才独胜者也。莫鲁克⑤之运筹帷幄，决胜先机，一战

---

① 一九一三年八月，孙文因反对袁世凯专制统治的"二次革命"失败，赴日本组织中华革命党，继续开展反袁斗争。周应时，号哲谋，民国成立后曾任第三师第五旅旅长，亦因参加"二次革命"失败后流亡日本，任东京浩然庐（即浩然学舍）军事教官，一九一四年七月又被总理孙文委为中华革命党军事部（亦称军务部）副部长。

② 孙文在文末谓本序作于"民国三年仲夏"，按仲夏即阴历五月，故酌定为一九一四年六月。

③ 中国古代称北方少数民族为狄，即北狄。此处乃借其意，指来自古罗马北方的蛮族。

④ 干为盾牌，城为城墙，以"干城"喻捍卫国家者初见《诗经》"周南·兔罝"，云："赳赳武夫，公侯干城。"

⑤ 莫鲁克，今译毛奇，普鲁士陆军总参谋长，一八六四年击败丹麦军队，一八六六年将奥地利军队逐出德意志联邦，一八七〇年在普法战争的色当会战中击溃法国军队。

而挫丹，再战而摧奥，三战而败法，此学问特长者也。至于拿破仑①乘法国革命之运，统饥寒之残卒，与奥战于伊大利之野，以少击众，连战皆捷，转危为安，及后几奄全欧，其用兵之妙古今无匹，此才学兼长者也。夫天才则不能以人致，而学问固可以力求。日本维新以后，取法欧洲，整军经武，满洲一役②，节节进取，步步为营，能以寡而胜敌俄之众，其计画之周全、经理之完备，则纯以学问胜者也。近代科学大明，武器进步，治军之复杂迥非前代所可比拟。昔有不读兵书而为名将者，今则非深造乎学问，断不能率师者也。此战学之不可不讲也。

周君哲谋有《战学入门》之作，予喜其先获我心，特为之序，以介绍于吾国有志之士。

民国三年仲夏　孙文序于日本东京旅次

据孙文序，载周应时：《战学入门》，东京，一九一四年发行

---

① 拿破仑（Napoléon Bonaparte），亦即拿破仑·波拿巴，后任法兰西第一帝国皇帝。一七八九年法国大革命爆发后，加入革命军队。一七九六年，年轻的拿破仑被任命为法兰西共和国意大利（旧译伊大利）方面军总司令，在意大利以有限兵力多次战败由奥地利帝国将军统率的反法联军，彻底击溃庞大的奥地利军队，翌年迫使对方签署和约，导致第一次反法同盟土崩瓦解。

② 指一九〇四年至一九〇五年的日俄战争，主要陆地战场在中国东三省。

请助中国建设成为世界上第一个社会主义国家

复社会党国际执行局函①

（英　译　中）

（一九一五年十一月十日）

比利时布鲁塞尔人民宫

社会党国际执行局主席

尊敬的各位先生：

　　能收到像你们这样享有盛誉的机构寄来的友好而富有同情心的信函，对我和同志们而言，不亚于充满鼓舞和希冀的醇醪之饮。我想告诉你们，来信使我获益良多，我非常感激诸位先生对我们事业高尚而宝贵的帮助。得悉我在世界各地有许多同情者，使我感到非常高兴。我们是真正的革命伙伴，是共同反抗强大敌对势力的合作者，持有同样坚定不移的信念，即真理、正义及人道定将最终击败罪恶和不公。

　　你们一定有兴趣知道，当第一次革命完成之后，我当选为民国总统，本想以社会主义理想来整合中国，然而我发现自己是独行者，因为人民对社会主义一无所知，在革命同志中社会主义者为数寥寥，他们对社会主义的了解又是那么粗疏浅陋。我意识到，由于我身边缺少有特别才干的革命同志，依靠他们来重建中国，估计是无法完成的。所以我觉得保留权力并无用处，无非意味着战争延长和白白流血。于是我与袁世凯议和，把政府权力交给他，由他来治理我用真正民主精神

①　据现存信封影印件，此英文函乃自东京寄往 Peoples Palace, Brussels, Belgium（比利时布鲁塞尔人民宫），收信人为 President of International Socialist Bureau，即社会党国际执行局主席。该组织成立于一八八九年七月，人们通称为第二国际。主席由比利时工人党党魁王德威尔得（Emile Vandervelde）兼任，秘书为于斯曼斯（Camille Huysmans），十年前孙文曾在布鲁塞尔拜访过此两人，后来又接到于斯曼斯来信。而此时第一次世界大战已爆发，比利时的部分领土被德军占领，王德威尔得加入战时内阁任国务大臣，于斯曼斯则将社会党国际执行局迁往荷兰海牙，故孙文此函是否寄达，不得而知。

艰辛建立起来的民国。

我痛悔当初完全信任袁世凯，将政权托付于他。经过二十年艰苦奋斗，我已经将独裁的君主政体转变为共和政体，并想急切地培育善于思考和锐意进取的人才，为建设社会主义铺平道路。

我对袁世凯如此信任，他也曾信誓旦旦要进行这项事业，然而他只是为篡夺权力来谋一己之私，这使我感到极度痛心和失望！更有甚者，他竟以卑鄙下流的手段破坏我整个的事业。当他觉得力量足够强大的时候便公然违背诺言，毁弃我们当初共同约定他本该遵守的原则。如今袁世凯比任何暴君都要专制，中国腐败尤甚于从前。他雇用暴徒和刺客团伙，专为铲除异己，以至于中国许多进步人士惨遭蓄意屠戮。种种证据表明，袁世凯就是这些凶案的真正罪魁祸首。因为他是掌执生杀大权的总统，即便公开杀害或者秘密行刺，都无人有权弹劾。当国会要求他做出解释时，他索性宣布解散国会。议员们有的被毒害，有的被处死，有的遭受牢狱之灾。

这样的事情居然发生在文明的二十世纪，在一个人口占全世界四分之一的国家，真是匪夷所思。而外界对此不是毫不知情，就是漠然处之。袁世凯仗恃权力和金钱，收买权贵和有影响力的报章。各国外交代表只顾保障本国侨民的财产和生命安全，只想确保在中国谋求的更大利益，加以各国之间明显地互相猜忌，他们以为，对袁世凯的所有专制行为置若罔闻，可能是明智有利的举措。毕竟袁世凯是掌权者，只有通过他才可能满足各自的欲望。

虽然袁世凯还要维护自己貌似强大的权势，但他注定会倒台，因为我们势必要将他击垮，他的末日就快到了。满清政府的势力比他强大得多，还是被我们推翻。袁世凯也害怕有一天会倒台，权力被剥夺，所以在列强面前极尽谄媚之能事，希望在穷途末路时得到他们的援助，因为他自知大祸即将临头，而又不能指望从国民那里得到支持。

资本主义势力以为支持袁世凯便可以在中国维持和平，这种想法是错误的。中国从未有过和平，而只要他继续倒行逆施，谋求私利，天下将永无宁日。在此种情境之下，当今中国的社会秩序动荡不安。倘若我发起倒袁运动，其规模之大将前所未有。因为革命讯号一至，同志们就会即刻开始行动，而袁世凯的幕僚和军队也会倒戈相向，我们的胜算就会增加。

二次革命之所以失败，是由于革命者内部不团结，群龙无首，我本人也没有积极投身其中。我辞职让位给袁世凯以后即完全放弃政治活动，专心致力于探寻逐步以社会主义思想来缔造政府的最佳途径，以实现我这一生唯一的目标和抱负。我坚信，只有当中国成为社会主义国家的时候，人民才会更加幸福，苦痛才会减轻。社会主义将会治愈他们的疾苦。

毫无疑问，我们即将进行的革命一定会获得成功。我会直接部署和指挥，亲自承担全部的责任。同志们已经从过往的失利中吸取了教训，现在置于我的亲自领导之下，行动将臻于和谐统一。

袁世凯倒台必成定局，我们行动起来也不会困难。我所忧虑的是袁世凯倒台后中国的重建问题，因为在我身边并没有可用之才俊来帮助我实现和完成这个长久以来珍藏于心的冀望：引导中国走向社会主义道路。我将会像一九一二年那样再遭遇重重阻挠。除非我确信可以有优秀可靠的人才协助，在实现我的社会主义原则和策略方面给我建议，否则我没有理由再让国家陷入另外一场腥风血雨之中。

你们都是与我共同奋斗的同志，我希望大家铭记，中国是一个可以实现社会主义的国家，她的政府应该成为社会主义政府的典范。中国自然资源极为丰富，民众是热忱真挚的劳动者，生性恬静知足，易于领导，乐于劳作。中国工业还不发达，资本主义也尚未发展到嚣张跋扈的程度，加之百姓遵从法度，因此国家容易塑型。只是中国受君主统治时日长久，人民从未受过启蒙，不知道民主和独裁的区别。

我恳请同志们的帮助，集中你们的精力和智慧，以各行各业的英才援助我们，把中国建设成为世界上第一个社会主义国家。我急需像你们这样的机构输送人才，以投身于这一伟大事业。

如果你们同意我的计划，不知道能否尽早荐言于我，这样我们就可以谋划可行的策略。如果能将我的想法告诉各国社会主义领袖，我将深感荣幸。倘若我的想法可以获得诸位的认同，我愿意赴欧洲和您们商讨细节。

请告知各位领袖，此事有绝对保密的必要。倘若列强、资本家和金融家得知此事，一定会纠合在一起，将我们的行动扼杀在萌芽之中，如此则会使斗争更为艰苦。

最后，我恳请诸位先生竭尽全力，帮助推动这个庞大国家获得劳动者的尊严，为数万万百姓谋求幸福安乐。

盼早日回复。

你们的同志孙逸仙

一九一五年十一月十日

据 Letter to President of the International Socialist Bureau, by Sun Yat Sen, Manuscript. November 10, 1915〔孙逸仙复社会党国际执行局主席函，一九一五年十一月十日，台北、中国国民党文化传播委员会党史馆藏手稿〕（沈洁译）

英文原文见本册第508—512页

地方自治为民国之础石

在上海召开演说大会发表政见①

（一九一六年七月十七日）

今日承两院诸君与各界有志者惠临，荣幸之至。兄弟亡命三年，不获与国人相见。自帝制发生，不忍祖国沦亡，乃远道归国，谋助国人奋斗。今幸元凶已死，国法恢复，武力告终，建设伊始，两院议员不久赴京开会，共商建设之业。但建设须国民人人负责，兄弟于前两日已在尚贤堂与两院诸君研究②，但时间短促，不能一一尽论。今特邀诸君茗叙，续贡鄙怀。

---

① 一九一六年五月孙文返回上海，曾悍然解散国会、毁弃约法、复辟帝制的袁世凯于次月在举国声讨声中暴卒。副总统黎元洪继任总统，宣布遵行孙文民初在南京颁布的临时约法，并预定八月一日为国会复会日期。上海各界相继举行集会，欢送拟赴京的在沪两百多名国会议员，孙文曾出席这些欢送会发表演说。为进一步阐述他的国家建设主张并与各方交换意见，于七月十七日下午在张园安垲第召开演说大会，邀请在沪国会议员及各界知名人士参加并设茶点招待，到会听讲者千余人。孙文首先在会上演讲，继起演说者有王正廷、吴景濂、黄兴等九人。

② 此指七月十五日旅沪粤籍国会议员在法租界尚贤堂举行茶话会，孙文曾发表演说。

　　今国人竞言建设，但尚无一定方针，故以先定方针为最要。兄弟奔走革命二十年，从事破坏，然亦时时研究建设，今以后亦惟与国人共谋建设。建设方针如何，今人多注全神于政府，此亦当然之事。数千年来，政府时兴时仆，每一易姓必先造政府，此亦人民建设之经验，但皆陈陈相因，至民国始开一新纪元，当与从前之建设不同。昔陈平以宰肉喻宰天下①，今请以建屋喻建国可乎？

　　中西人筑屋有一异点，可于其典礼见之。国人筑屋先上梁，西人筑屋先立础。上梁者注目于最高之处，立础者注目于最低之地。注目处不同，其效用自异。吾人作事，当向最上处立志，但必以最低处为基础，最低之处即所谓根本也。国之本何在乎？古语曰"民为邦本"，故建设必自人民始。五年以来，建国之事付托不得其人，几将民国根本推翻。今幸天佑中国，授吾同胞以复图建设之机会，则自高自低，宗旨不可再误。吾人筑屋先上梁，原于上古有巢氏之俗，筑屋于树巅，故只求蔽风雨，不遑计及巩固。建国亦然，先朝廷而后百官，人民则更非所计。今世国家与之大异，犹昔为陋室，今为崇楼。欧美高屋有至五十层者，欲先上梁，必无其道。故必自地筑起，且不仅在地面，尤必于地下深筑其基，否则未有不仆者。今建中华民国亦与古国不同，既立以后永不倾仆，故必筑地盘于人民之身上，不自政府造起，而自人民造起也。今人竞研究继黎为副总统者何人，正式国务总理何人，各都督、省长又何人，是犹先谋上梁，梁苟失材，则栋折而众将压焉，其道至危。故兄弟前日谓以地方自治为建国基础，但言之未尽，今更续论之。

　　地方自治者国之础石，础不坚则国不固，观五年来之现象可以知之。今后当注全力于地方自治，请诸君一观此图②。

---

　　① 陈平，汉初丞相。此历史典故出自《史记》卷五十六"陈丞相世家第二十六"所载，谓早年陈平曾在里中社祭时任社宰，为乡人分割肉食甚均匀，深得父老称赞，陈平云："嗟乎，使平得宰天下，亦如是肉矣！"

　　② 此图系用布绘制，开会前已悬挂于讲台上。本书改制为自左及右书写并用简化字。

美国最新之地方自治机关

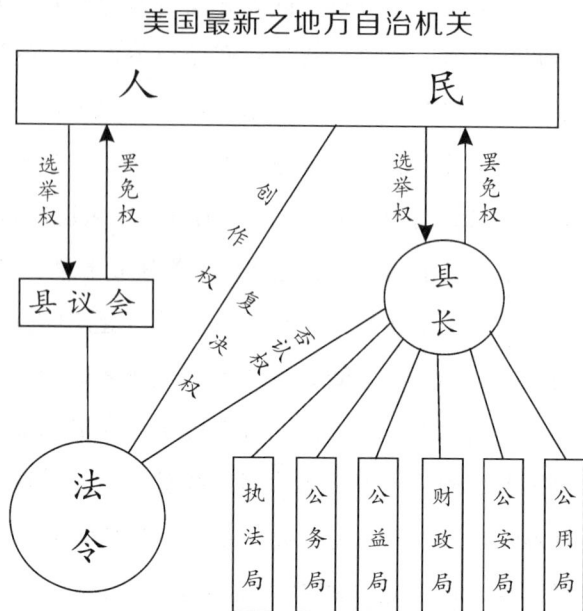

图为美国最新之自治机关，始行于民国二年（一九一三年），盖距今仅三年耳。世界中之民国可分为二种，一由自然进化者，一由人力构成者。欧洲之瑞士山国也，交通不便，欧人视为山地，民俗强悍，极富自治能力，遂有直接民权之制，此由自然进化者也。人为之建设从前多危险，又极艰难，如法兰西之改民政，全由学者之理想，人民之血战，经八十余年而始成。但现代民权机关已甚发达，如用得其法则建设甚易，所谓后来居上，此我国之大幸也。美利坚血战七年而立国，似属人为，但其国民之自治性全由自然进化。初赴美者皆清教徒等在欧不得志之人，崎岖艰险，富于自治之性，故其国民权基础甚固，立国以后绝无内争，南北美之战①为黑人争权，非为本族争权也。惟美国第一流人物多投身实业，不屑入政界，中央政府尚时有优秀分子主持，而地方政府乏才实甚，故自治制日就腐败，因此美人或有主张君宪者。诸君见袁世凯之顾问古德诺②主张专制，以为大异。不知古氏为研究地方自治之人，彼见美国地方自治之腐败，乃迷信专制。数年前，

---

① 即一八六一年至一八六五年的美国南北战争。

② 古德诺（Frank Johnson Goodnow），原是纽约哥伦比亚大学教授，被袁世凯聘为总统府顾问，于一九一五年八月三日在北京袁系喉舌《亚细亚日报》上发表《共和与君主论》一文，鼓吹在中国复辟帝制。

美国某城为海啸冲去，人民多不愿重建，乃委托数人专主其事，成绩颇佳，遂名之为"委任制度"，今已有百十城效之。此可谓由共和复专制，但为地方自治之专制耳。委任自治制度，因有才略者愿任其事，故人多信之。兄弟此次归国，同舟有游美毕业学生亦信仰此制。不知民权本世界最上之道理，虽行之者或有不善，但道理与行动全为两事。犹读书入官者之贪秽，不能指为孔子教人如是也。美国人多深信民权学理之颠扑不破，故三年前于克利浮莱城①始行此最新之地方自治制度，今已成效大著，谨为介绍于国人。

图中最高者为人民，见人民之实行其主权也。其下一为县议会，人民举议员二十六人行使其立法权，而该城之七十万人共守之。一为县长，亦由民选举，根据议会所定之法令以支配六局：执法局，掌依法捕人及提起公诉等事；公务局，综理庶务；公益局，掌地方公益之不以利益收入为目的者，如道路、教育、收养、医院等是；财政局，掌收支一切；公安局，司警察、卫生等项；公用局，则掌地方公业之有利益收入者，如电车、电灯、煤气、自来水公司等是。而民权特张之点，则以前人民仅有选举权，今并有罢免权。以前议会立法，虽违反人民意志，人民无法取消，或得资本家贿赂将有益公众之事寝置不议，此皆异常危险。今则七十万人中苟有七万人赞成署名，可开国民大会；有人民三十五万人以上之赞成，即可成为法律。反是者，违反人民②意思之法律，亦可以是法取消之；议会所定法律有疑点，亦可以是法复决之。至县长对于立法仅有否认权，否认者交议会复议，以更多之数取决之；本以过半数取决者，今则须三分之二或至四分之三表决之。我国约法规定，统治权属于全体，必如是而后可言主权在民也。今之留学生，多知美之委任制度或包办制度（由一人总自治之成者），而不知有此新制。因此制甫行于三年前，故学堂中尚未研究及此，然其成效实已大著。今当取法乎上。欧洲除瑞士外无行此制者，瑞士各山邑行直接民权制已六十年，其中央则始于千八百九十一年耳。我国以旧有自治之基础，合诸今日人人尊重民权之心理，行之十年，不难达此目的。今故以此最好之民权制度，介绍于国民。

或谓中国人民程度不及，若行此制，恐有捣乱。不知合众人而捣乱，其事最

---

① 克利浮莱（Cleveland），下篇又作克利甫兰，今译克利夫兰，属俄亥俄州（Ohio）。

② 此处删一衍字"忠"。

难。如所谓创制权等，至少须有全体人民十分之一之发起，过半数之赞成，假使无理取闹，断不能得此。使为真正民意，则得之非难。民意常潜伏而不可见，非有一方面走于极端，不能发生反动。使袁世凯为稳健之专制，必不有举国一致之反对，此固袁之不智。然欲使民意易于发见，非有良善之机关不可，此最新自治制即其机关也。昔之民权机关犹肩舆，今之民权机关犹摩托车①，能自动而后能发达，故当实行此自动之民权机关。

欲图实行，当由先知先觉者之负责。先知先觉者能人人尽职，不患国人之不悟。吾国人向富于服从先知先觉者之性质。三家村塾究，略读几句书，一村皆乐闻其言，此实吾国人之美质也。三十年前提倡民族革命，学者以为叛逆，而乡人易于领悟。举一事为证。昔尝以制钱购水果，给以咸丰、同治之劣钱，却不受，所受者为康熙、乾隆之钱。彼能辨康乾之字，然以反面两满洲字叩之则不识。乃告以此即满洲文之康乾，满洲夺我江山而为皇帝，今之皇帝非我国人也，则勃然怒矣。盖不俄顷，而赞成民族革命之理。我国人之特性在能受美言，于此可见矣。今日在座者，能各以民权归导其乡人，自易普及。兄弟年少时，好奇居乡，尝以数月之力，教五六万乡人知地圆之理。讲民权亦然。人智尽同，天与我以良知，学问有深浅，是非之心则人皆有之。袁氏数年来以种种方法欺人，人鲜信者。彼尝刻小册子，如《孙文小史》② 等数万本，然未尝有效。尝闻一乡人曰："孙文为国贼，则袁亦国贼耳！"民不易欺，即亦易悟。有先知之责者，不可不勉也。

吾国旧有地方自治，前日克强先生③详言之，本旧础石而加以新法，自能发挥数千年之美性。兄弟前日谓吾人当为人民之叔孙通④，使其皆知民权之可贵。

----

① 摩托车（motor car），此指汽车。

② 此系一九一三年秋袁世凯当局镇压"二次革命"后所广为散发的线装刻印小册子，书中对孙文极尽造谣污蔑之能事，并诬指为"国贼"。同时发行的尚有《黄兴小史》等反动小册子。

③ 黄兴，号克强。

④ 叔孙通，汉初博士，曾说服汉高祖采纳其为君臣定朝仪之主张。按：此处语焉不详，可参阅下篇所记。

今更请诸公皆为伊尹、周公①，辅迪人民，使将民权立稳。今假定民权以县为单位，吾国今不止二千县，如蒙藏亦能渐进，则至少可为三千县。三千县之民权，犹三千块之石础，础坚则五十层之崇楼不难建立。建屋不能猝就，建国亦然。当有极坚毅之精神，而以极忍耐之力量行之，竭五年、十年之力，为民国筑此三千之石础，必可有成。彼时更可发挥特殊之能力，令此三千县者各举一代表，此代表完全为国民代表，即用以开国民大会，得选举大总统，其对于中央之立法亦得行使其修改之权，即为全国之直接民权。而国民教育发达之故，每县各得有国民军。于是国本立，国防固，而民权制度亦大定矣。

　　欲行此制，先定规模。首立地方自治学校，各县皆选人入学，一二年学成后，归为地方任事。次定自治制度，一调查人口，二清理地亩，三平治道路，四广兴学校，而其他诸政以次举行。至自治已有成绩，乃可行直接民权之制矣。今日则先由先知先觉者负牖启之责任，以此新法为基础而教导其人民。内省良知，实无不可对人之处，即稍用严厉手段，亦如伊尹之废太甲耳。国人性习多以定章程为办事，章程定而万事毕，以是事多不举。异日制定宪法，万不可仍蹈此辙。英国无成文宪法，然有实行之精神。吾人如不能实行则宪法犹废纸耳。欲实行则必先办自治，自治者民国之础也，础坚而国固，国固则子子孙孙同享福利。无国则无身无家，今日之会，亦愿吾人同为一身一家谋幸福耳。

　　吾国商人鲜留心政治，孳孳营业，以求发财，以为国政与商无涉。不知国政之良窳，与发财有极大关系。国不治不能发大财，即发财亦不能持久。举一事为喻。兄弟前由香港乘船至新嘉坡，同舱二人，其一为南洋富商，积资千万，其一为商店司理人。长途无事，共谈实业，一常乐观，一常悲观。悲观者为富翁，乐观之司理人以其拥巨资而常嗟叹，窃以守钱奴讥之。及兄弟叩富商以故，彼且答且叹。始知其共有十三子，数子甚不肖，为群邪所诱，其析产后应得之资，人不过百万，而私债已逾此数，异日必至穷无立锥。而诸子之较幼者，亦无法教育，

① 古籍有此记载：商朝伊尹，当成汤之孙太甲继位时，作《伊训》以教之，又因其昏庸无道而放逐之，三年后悔过始迎归；周朝周公（姬旦），因其侄成王年幼而摄政，并作《无逸》以训之，七年后还政。以上所言，指须以伊尹、周公等人对待君王的态度启迪和训导人民接受民权思想。

日趋于恶，必同堕落而后已。是以每念身世，辄用戚戚。兄弟因思此皆国政不良之故，使国家能教育人民，而复有良法律以裁制游荡之民，使不敢诱人为恶，则彼富商亦何至惨戚不欢者。故商人不留心政治，实大误也。国不治则苛捐重税，发财至难，即发财亦不能永保。《大学》谓"生财有大道"，能将国家措于治安之域，即吾人生财之大道也。两院议员即为我谋生财之道者，但不仅议员为然，商人及四万万同胞皆同负此责。建设成功，犹人人得家资千万，且可保子孙万代之幸福也。故今有建设之希望，即同于发财之希望。今以人人心中所欲得之一言，为吾国人贺曰：恭喜发财！

据《记孙中山先生之政见演说会》，载一九
一六年七月十八日上海《民国日报》第三版

附：另一记录

予自亡命海外以来，未与同胞相见者三年矣。此次帝制发生，亟自海外归国以与帝制反对，己〔已〕二阅月。今帝制罪魁既死，帝制已灭，中华民国又见中兴，而民国制度亦渐恢复，不久将在北京开国会矣。故特请两院议员及沪上名流至此指教。并且大局现已可望和平解决，我国前途有莫大之希望，故请诸君研究今后之民国建设问题。

盖时局至此，武力解决告终，政局渐有转机，我国民最要之举即负责任以谋建设国家也。且国民对于建设问题至今似尚无一定方针，未定之前，一切国是殊难求其稳健进行，故须定方针而后可以有为。予虽在已往二年之间主张破坏，顾亦时时注意筹备建设之事，惟未得实行建设之机会耳。而今而后，当以全力讨论之也。虽然，建设国家之方针又将乌乎定耶？夫建设之方针，殊多有志之士常以全副精神对付政府，以研究何以建设良政府以治国家，此亦一方针也。中国有史以来经数千年，共同改变政府经百十次，易言之，即经百十次之建设。然其为建设也，陈陈相因，曾未开一新纪元。及民国成立，一翻数千〈年〉来之历史，据予之见，建设之法自当与历史上之建设不同，于是须辟一新法而成一新纪元也。

夫建国如建屋。如陈平之宰天下，可以分肉为例。建屋之法，亦因方针不同而可大异。中国人常由高处着想，以上梁为礼；外人则由低处着想，以安基为礼。

一高一低，方针判然悬殊。顾由予观之，则道德学问等一切事悉宜着想高处，而建设则宜着想低处也。建设国家亦然，当由低处即由根本处立其方针。古云"民为邦本"，不其然乎？故建设国家须由民始。自民国成立，建设之事己〔已〕可望其就绪，乃以所托非人，致五年建设萌芽尽灭无遗。天佑中国，乃犹有此机会可以言建设，我国民其亦善用之矣。

今如言建屋者，中国人常引古以为準。顾古之屋又何自出？即曰出于有巢氏。有巢氏创其例，而后人仿效之，常着想于栋梁等高处，因陋就简，远非文明国之屋宇可比。今因时代变迁，当筑大厦，又乌能沿陈法而不变耶！例如上海一地有楼外楼，较诸乡间平房固俨然高屋也，然以较诸泰西四五十层之高屋则诚甚低。兹如高之〈楼〉，当由低处逐渐而上，且当一视其基础之巩固与否矣。今民国国家规模宏大，既非古之国家可比，自须巩固其基础，使永远不至崩落破坏，而后成为真正民国。既以民为国家基础，则当建设之时，亦当由国民着想也。今日之研究建设者，常注目于副总统、内阁、都督等问题，不啻仍由梁上着想。顾其事甚危，如不幸而堕落，居其下者必遭压毙。且既曰民国，不注重于基础之民而注重于其他，亦非正当之建设也。故前日在尚贤堂，予曾言国民之参政首重地方自治，民国当以地方为基础。顾地方自治之条理非数言之所能尽致，当日未克尽所欲言，惟以一言以蔽之，即完全地方自治成，而后民国之基础立，基础未立，乃使五年来之民国风雨飘摇，民权尽丧失而无余也。

今以美国为例，三年前始创设彼最新之地方自治机关，且未普及全国以成。兹所谓民国者，盖民国之成厥有二种，一由天然，一由人为。欧洲之瑞士国纯为山国，交通不便，民族为一种强悍之山民，自能建设地方自治，乃天然之民国也。法国不然，其共和为罗梭等理想家鼓吹而成，先用文字，继施武力，以底于革命共和。未几拿破仑一世、三世先后破坏之，凡二次牺牲流血，至于八十年之久而后成功，人为之事也。若夫美国乃一共和国，能为民国与否尚属疑问。按美国因英、西诸国人民移植而成十三州之自治团体，后以反抗英国之故，联合独立，递嬗变迁至于近状。其人民富于冒险精神，其地富厚，由自治而成共和。除对外独立战争之外，至鲜争端其间，惟一南北战争亦为黑人争民权耳。人人自由平等，成世界最富之国，未几且将成世界最强之国，事属天然，非人力之所能为者。故自共和告成之后，政治多以委诸政府，而各谋实业之事，群且以为非腐败者不入政界。其实美国政府虽不免于腐败，犹幸有俊杰之辈出而维持，尚未甚腐败，惟地方自治则腐败殊甚也。彼古德诺者在中国主张帝制，人多异之，以为共和国之人，何以反对共和？不知古乃专攻地方自治之士，故倡此异论耳。美国有克利甫兰之地①者，昔年创行一新制曰"委任办法"（Commission Assistant），以行政之事委诸全权委员，其法与吾人所言之民权完全相反。古德诺即主张是制者，在中国乃变化之以恢复帝制耳。此在学识之上未始无合理论之处，然实行偶失其人，即立铸一大错。差以毫厘，失之千里。故"委任办法"之地方自治，乃群知为至不善，而于三年之前创设此新机关也。

据新地方自治机关之法，人民居于最上一层，对于县议会、县长有选举权，有罢免权，此外对于法令又有创作权，凡遇地方事业得开国民大会，发言提案过多半数则不待县议会立可执行其事。又有复决权，凡议会所定之法律，人民以为未是，可开国民大会自行表决。民国之人民须有此四种之权利也，有是四者，统治权乃在于民；无之，则虽宪法亦空文耳。至于县长，对于法令惟有否认权，再议时须有全体三分之二或四分之一赞成始克通过。所属有六局，曰执法局；曰公务局，道路等务隶之；曰公益局，凡属公益而不谋利之事业如学校等隶之；曰财政局；曰公安局，警察、卫生等隶之；曰公用局，电灯、自来水等隶之。此乃最新之地方自治机关也。

今具此最新地方自治机关者厥为克利甫兰（Cleveland）一城②，其地人口计七十万，等于上海租界之人口。其民权特张之点，即寻常之共和国人民仅有选举权，今并有罢免权。议会立法如有违反民意之事，苟七十万人中有七万人署名提议，可用国民大会有三十五万人以上赞成可取消之。凡有益公众寝置不议之事，以可据此法通过，成为法律矣。且议会所定法律如有疑点，亦可据是法复议复决之矣。

但如斯制度创行于民国二年，为时未久，且惟创行于克利甫兰一地，范围犹

---

① 此处有误，该地并非克利甫兰，本篇记录者在后面夹注中曾予更正。下文叙及"于三年之前创设此新机关"者，始为克利甫兰。

② 底本于此处有一夹注，原文如下："记者按：克利甫兰在美国东部俄亥俄省（Ohio），距芝加哥计三百五十英里。"

狭。各学堂之讲义、教科书等尚未研究及此。今之留学生等仅知前言之委任办法①，及较彼委任办法稍有区别之包办制度，而未明此新制。殊不知彼委任办法之旧制，美国虽已有百十城仿之，幸未普及全国。假使全国而通行，孰能言美国共和不即为所推翻耶？留学生辈不察实情，坚抱学说，归国即任重务，致遇事辄至失败，于此地方自治制度亦其一端。且予往日提倡革命之时，最大之反对力亦惟此辈，似通非通之留学生耳。

近世国家之能行此新制度者，厥惟瑞士。瑞士各山邑行之已六十年，中央政府行之则自一千八百九十一年起亦已二十余年。我国取法乎上，仿行其制，五年十年之间当可达此目的，无容四十年也。今也帝制芟除，人民无不尊重民权，而最善之民权制度即此最新之地方自治机关是矣。人或以为我国人民智识程度幼稚，若行此最新之制，或有捣乱。然瑞士行之数十年曾未闻有捣乱之事，且合群以为捣乱，其事殊非易易。即如新制中之创作权者，须有地方上全体人民十分之一提议，又有过半数之赞成始可通过，即欲无理取闹亦殊不易。且所谓民意者，乃一浑浑无象之气，非趋于极端之后莫能发生反对。假使袁世凯而行稳健之专制者，亦可永久继承而为总统，不致招人民之反对。袁之趋于极端，袁之不智实甚然。

欲使民意易于发生，殊不得无最良之民权机关。机关宛如机器，以行路言，轿为一行路机器也，而摩托车亦一行路机器，此二机器显有优劣之分。故民权机关亦然，旧制即轿而此新制即摩托车，摩托车自动，故我国亦须行此自动之民权机关。

顾今欲行此新制，须令国民同知其义，国民不知，则吾辈先知先觉之人当觉之，以尽天职。吾侪苟能行此天职，又何患国人之不觉乎？我国人之信从先知先觉，已成一种性质。昔日予鼓吹革命，文人虽多指为叛逆，闻而却走，至难使之信从；若乡人，则五分钟之间已可使其领悟。试举一事为证，则往年予在乡间向乡人购水果，给以乾隆钱，即以其上所书之字，前面四字固知为"乾隆通宝"，反面之字则群不识，乃告以此外国满洲之字也，满洲人夺我江山而为皇帝，今之为皇帝者盖外国人而非中国人也，则瞿然惊，勃然怒，以为外国人为皇帝，是乌乎可？于是宣导革命之理，遂悉赞成而无踌躇。由是例推，今日之在座者苟能各

---

① 底本于此处有一夹注，原文如下："按：创此委任办法之处系海啸冲去之地，昨误指为克利甫兰之地。"

以民权制度归导人民，亦可有普及之望也。予尝经历一事，较此革命民权远难诠释，即在年幼之时向乡人言地球为圆之事，乡人不信，乃以日之出没等事反覆讲解，经二阅月亦使乡间五六万人尽知地圆之理矣。是故天之生民与以良知，即学识有深浅之分，是非之心人皆有之，而无大别。数载以来，袁世凯出其各种方法欺人，人不为其所欺。例如前年彼又刻一小册曰《孙文小史》，颁布数万册以欺乡人，然乡人则曰：“孙文如为国贼，则袁亦国贼耳！”可见乡人亦殊不易欺矣。黄克强先生常言我国原有地方自治，其言诚然。今以之为基础，而树立此新制，当有成功之望。予前曾言汉高祖初得天下，诸将叫号不宁，赖叔孙通制礼始识天子之可贵。国民者为民国之天子，故吾人当以叔孙通自任，使国民知国民之所以为贵。今则更进而请诸君为伊尹、周公，辅迪国民如伊尹、周公之于太甲、成王，俾民权臻于巩固之地位矣。

　　前日予又言民权当以县为单位，按二十二省己〔已〕不止二千县，将来蒙藏如能实行编为县制，全国有三千县。此三千县悉行新地方自治制度，以成三千个自治民权之团体，为中华民国之三千基石。基石既立，民国乃可造数十百层之崇楼高厦，而无崩倒之虞矣！建国之事亦如建屋，非指顾间所能猝就，一面须积极进行，他面须以忍耐之性维持之。所幸者文明进步，他国以数十百年行之而始达者，我国则数月数年己〔已〕可至其鹄。

　　犹有当注意者，即各县自治机关既成，选出无数之代表，即可令其代表为国民代表，开国民大会以选举大总统，且于国家大事如立法、行政等亦可用以监督，是则此直接民权之机关。不但地方自治而已，及国民教育发达，每县且各有国民军以巩固国家大本矣。此次国会开会之后，宜即定此种地方自治机关之基，尤宜先开地方自治学校，令各县选出俊秀入学，俟学成后归其原籍试办。又定自治制度，宛如中央对于地方之约法，如调查人口、清丈地亩、修治道路等事，无不备举。且预算其举行此自治之年限，使各县陆续试行，行之有效乃与以地方自治，于是直接民权自成矣。惟在今日，仅少数之先知先觉出而牖启教导，此制由少数至于多数，以普及之于全国。假使其中遇有妨碍，则宜如伊尹之放太甲也。数十年前我国已订海军衙门章程，似较英国尤备，乃至数十年后英之海军甲于全球，而中国海军且远不及往日。盖中国常以为章程既定，其事已成，自此永不改良。

宪法亦然，英国无成文法而克实行其事，中国如仍不知实行，则虽有宪法亦一纸之空文耳。欲实行之，首重地方自治，地方自治之基础立而后民国之基础固，子子孙孙乃永赖之。故今日请诸君至会研究，盖亦谋吾侪各人之幸福而已。

今日之至会者固有各界人物，其中商界以求发财为志，似鲜留心国事。然国家与发财有极大关系，国不巩固则决不能发大财，纵或发财亦难保持之也。予由香港乘船至新架坡，同舱者有二客，其一为南洋富商，拥资数千万而常唏嘘悲观，一为某店经理而常乐观。予异之，叩此富商悲观之故，则以其子十三人，数子已极不肖，为人引诱，日趋于恶，其余复渐有堕落之象，一念身世常觉悲戚无欢耳。然予尝思之，此亦以国政不良致人民无以保障其产业，假使教育普及，人能向善，法律完备，人不敢为恶，则又何至于是耶？是故予以为建设国家，即所以使国民发财。《大学》言"生财有大道"，树立国家之基础即生财之大道也。两院议员即为吾人谋所以生财者，且商界以及全国国人无不负此责任，今有建设国家之望，即人民有发财之望。予敢以人所共怀之言，恭祝我同胞以为终结，曰：恭喜发财！

据《张园演说政治记》，连载一九一六年七月
十八日至二十日上海《新闻报》第三张第一版

日中亲善的根本意义[①]

（日译中）

（一九一七年一月一日）

日中亲善一语，两国人士一直都在提倡，尤其在日本，无论政治家、实业家和学者都很关心这个问题，这实在是可喜的事。但要谋求两国的亲善，我认为必须充分了解两国人民的根本思想以及他们对其国家的根本希望，并建立根本的政策方针。如果只顾枝枝节节，不但得不到良好结果，反而可能会阻碍两国国民先

---

① 本篇原系孙文在上海接受《大阪朝日新闻》记者访问时所谈意见，是日以文章形式在该报发表，并有作者"孙文"亲笔署名。

天的亲善。对于刚才的问题，我想就至今两国国民之间纠葛的原因以及多数中国人的希望，坦率地谈谈我的观察。

本来，中国和日本，同样都是立足于东方道德之根本的国家，两国国民都受到共同系统的道德熏陶，故在思想上不可能有感情的隔阂，在道德上也不会有冲突才对。所以，至今的误解和纠纷都是来自人为的原因，我认为最重要的原因是两国在今日世界的立场不同，即国势强弱的不同所造成的。

日本因五十年前的维新，国势日益发展，在文化和国力方面都能与欧美列强并驾齐驱。但中国由于政治腐败，故文化开发与国力发展都非常落后，终于敌不过欧美各国的压迫和侵略，时至今日，甚至陷于可能被分割的境地。如有欧美列强之一国染指中国的某种利权，则其他强国便争先恐后地蜂拥而至，于是中国遂被所谓利权均沾、机会均等这条可怕的绳索所捆绑。

日本是世界上新进的强国，而且是与中国最为接近的国家。就利害关系而言，如果中国遭受欧美列强侵略，或者中国市场被欧美列强垄断，将会立即影响到日本的安危。因此日本对于欧美列强主张利益均沾、机会均等，或是对中国主张利益优先权，诚为不得已之事。从日本自身的利害尤其是对东亚安危具有重大使命感来说，日本的举动或许无可厚非，但从中国国民的希望来看却存在着极大问题许多中国国民对于日本的不满、畏惧和疑惑，可能就是由此而来的。

具有新思想的中国人士，通达世界之大势，关心东亚之未来，认为有必要谋求中国的政治改革并藉以提升文化与国力，故对于先进国家的日本抱有极大希望。日本的维新和中国的改革，若从一国的见地来看，固然只是图谋一个国家的发展，但从世界之大势来说，却是黄色人种的民族自觉。应该看到，日本维新是中国改革的先声，中国改革是日本维新的结果。但图谋今日中国的改革，却要比当时日本维新更加困难，因为今日的国际关系远比日本维新时期复杂数十倍。也即欧美列强侵入中国的程度，更甚于日本维新的当时数十倍。突破这个国际性难关即列强侵略的束缚，实为中国独立生存所必需，如果做不到这一点，最终也是无法图谋中国的根本改革。这就是中国有识之士对于日本的期望。但时至今日，日本能符合中国这种希望者甚少。日本对待中国的方针，所提倡的依然与欧美列强一样，并且正在不断实施。并非要打破利益均沾、机会均等这一可怕绳索的束缚，而是亦步亦趋，欧美列强是这样，日本也跟着做。这只不过是一种姑息，是被利权扩张的欲望所禁锢而已。我认为，中国人对于本该亲密的日本表示不满、畏惧和疑惑，不外乎是出于这种原因。所以，日中两国民间感情上的龃龉，反而可以说正是由于本来两国在道德上和利害上最为接近、最应该亲善这个因素所造成的。

日中两国在历史上是兄弟关系，中国是哥哥，日本是弟弟。但哥哥的力量甚为有限，智识贫乏，无法守护家中财产，发展家业，且被盗贼夺取财产，随之日愈穷困。反此，弟弟勤勉学习，智识和力量都变得强大，出色地自立门庭。他看到哥哥所拥有的祖先遗留下来的财产被盗贼夺走，便对盗贼说："你要抢夺，我也有一分权利。"同时对哥哥说："你要给盗贼，也该分给我一份。"从弟弟方面来说，或许是想多保留一些祖先遗留下来的财产，但哥哥的儿女正在极力希望得到叔叔的协助时，看到叔叔的这种态度，他们的失望、不满、畏惧和疑惑一定更深，这是不待烦言的。

所以，今日日本对于中国采取的方针，必须是顺应多数中国人的希望，协助中国改善国势，不应受制于欧美列强对中国利权均沾、机会均等的蚕食式主张，以日本维新以来的经验诱导中国，为中国排除外来的障碍。如此，中国多数国民对于日本的道义援助不但心存感激，而且中国国势的改善势必增进东方民族在世界上的地位，这对于日本国运的发展也必将带来很大的利益。所谓唇齿辅车，唯有依这样事实上的提携、精神上的提携，合作才有意义。

现在我来举一个例子。今日中国在经济上之所以窘促，最大的原因，不得不说是被以往中国与各国所签订条约的束缚所致。所有这些不平等条约，就是所谓机会均等、利益均沾主义的结晶。今后如果中国想在经济上获得解放，即必须首先着手修改不平等条约。如果日本能够与中国有识之士抱有共同的愿望，不间断地帮助中国人修改条约，不仅中国全体人民会在精神上感激日本，而且从事实上来看，中国修改条约后将能摆脱经济上的束缚，这个无限的富源将随之获得开发。由于今日日本是中国工业产品的供应大国，如果今后中国的经济状况得以改善，中国购买力增加十倍的话，日本也将能得到十倍的利益，这是显而易见的。到那时，两国将有更加紧密的共同利害关系，毫无疑问，两国国民的亲善也将日益增进。中国今日成为欧美列国条约的奴隶，正在为其经济束缚而呻吟，值此之时，倘若再加上日本的条约限制，中国的经济解放终将不可能实现。中国人民无法达到对于日本的期望，故其种种失望和疑念也会越发加重。日本自维新以后，在政治上最艰难困苦的不正是收回主权和税权吗？日本国民所希望的，也是中国国民仍在希望的。故日本如能将己之所欲施予中国，中国从道德上说也必将给予日本以回报。基于这种道德的结合、精神的结合，日中亲善才会开始真正得以彻底实现。当然在这一点上，中国需要修改法律制度，以及作其他各种准备。同时，在文化上进步和拥有改革经验的日本，能给予中国智识能力上的援助，促其实现，同样尤其重要。这正是我们所最希望的。

　　欧洲大战①是上天给予我们的告诫，种族竞争势将日趋激烈，黄色人种今后须要更为自觉和努力。幸好现今中国的共和政治，因日本道德上的帮助而在复活，现在已到达和平建设的时机。在这个时机、这个意义上，培养真正彻底的日中亲善之根本是最为重要的。如果再失去现在的机会，不仅会是日中两国的不幸，还将关系到一切有色人种的命运。因此我要通过《朝日新闻》，期盼日本朝野能熟虑笃行，同时也决心在中国尽我最大的努力。

据孙文：《日支亲善の根本义》，载一九一七年一月一日《大阪朝日新闻》（十一）②（陈鹏仁译）
日文原文见本册第529—532页

日中亲善已到实行的时机③

（日　译　中）

（一九一七年一月一日）

　　日中关系当如何改善，此常萦于我心中挥之不去，故滞留日本期间，屡屡就此发表意见，返上海后亦曾公之于众。日中两国既然同文同种，则宜不计小异，

---

①　此指开始于一九一四年、仍在进行中的第一次世界大战。

②　本文在《东京朝日新闻》同日发表。

③　本篇似为孙文在上海接受《大阪每日新闻》记者访问时所谈意见，是日以文章形式在该报发表，并有作者"孙文"亲笔署名，同时还影印孙文为该报题词"博爱"二字。

无论如何应实行相互提携，藉以抵抗白人诸国之压迫。为此，须增加两国国民接近机会，使彼此相互理解，相互信赖，此当为第一要义。

我自始即持此方针至于今日，无论滞留日本期间，抑或归国以后，即使政局生变，我更无改变，今日仍固持此一方针。然现今并非仅是谈论如何图日中亲善、如何使其得以维持等问题之时，日中亲善已到付诸实行的时机，我以既往方针为基础，正谋其实行。关于实行方法固然不止一端，但根本既已确立，我等便须身体力行。一时以来因郑家屯问题①而听到慨叹日中国民感情受到阻碍之议论，但从日中亲交的根本意义来看，此类问题无论如何都不值一提。关键在于不能忘记遵从日中亲善的根本大义，中国信任日本，日本引导中国，将之推及各个方面，以收实绩。议论探究之时已过，已到开始行动的时机。至于实行之方法，在此毋庸赘言。

据孙文：《日支亲善は实行の时机》，载一九一七年一月一日《大阪每日新闻》（十一）（马燕译）

日文原文见本册第 533 页

中国对日本的戒心②

（英 译 中）

（一九一七年二月十八日）

中国与日本皆以东方伦理为立国之本，其人民亦接受类似的伦理教育。所以两国之间不应该因为思维不同、伦理冲突而变得彼此陌生。但很遗憾，两国之间的关系却远非友善。

---

①　郑家屯镇，时为奉天省辽源县治（今改吉林省双辽市治所），一九一六年八月十三日，一日商在该镇街上殴打中国儿童，路过的奉军二十八师骑兵团士兵劝阻无效，引起冲突。当地日本军警随即冲至该团团部，双方发生混战，中方死五人，日方死十二人。数日之内，附近的日军援兵陆续开进辽源县境，占领二十八师驻地。此即当时轰动中外的"郑家屯事件"。后经中日双方政府反复交涉，至一九一七年一月二十二日始以中方接受日方若干条件而告结束。

②　本文稿由哈罗德（Kobe Herald）提供给《纽约论坛报》。

究其原因为何？我更相信双方之间的冲突主要来源于各自在世界政局中所持立场的不同，且两国国力迥异。

日本自从五十年前的政治变革之后，已经取得很大成就，其文化与国力方面可以与欧美列强比肩。同时，中国政治腐败阻碍了中国的文明进步与国力提升，现在已无力抵御外强对中国国土的蚕食。

一旦一个国家开始割让领土，其他列强便会接踵而来。时至今日，中国已落入列强"机会均等，帝国特权"的虎口之中。如此下来，谁又敢保证中国不被列强肢解瓜分？

日本是世界新列强，又与中国结邻。地理位置如此邻近令日本对列强各国在中国采取的任何行动都非常敏感，因为中国被入侵或被他国垄断市场将会影响日本自身国运。因此，日本坚持在华利益均等甚至优先。从日本角度，这并非寻常举措，因为其在远东早有苦心布局。但这当然不符合中国利益。中国希望日本扮演迥然不同的角色。所以，中国对日本不满，对日抱有忧虑与戒心。

接受过现代思想的中国精英熟谙世界发展格局，坚信东方之未来，不断推行新政、朝着文化进步、努力提升国力。中国意识到日本已经成为一个先进国家，并对日本充满期待。他们视日本维新为榜样，正通过完善治理，实现黄种人的觉醒，这也是中日维新与变革的发展方向。

中国的国际关系非常复杂，因受西方列强影响束缚，中国无法像日本五十年前一样在国内进行改革。中国已经认识到从列强束缚中挣脱出来之重要性：不自由则无法独立，改革更无从谈起。

所有清醒的中国人都期待着日本援华。可日本又做过什么令中国对未来抱有任何希望呢？日本的政策，不但未有帮助中国人挣脱西方列强的枷锁，相反却一直在加固中国人民的镣铐。中国人自然不会对日本抱有任何好感，更多的是恐惧与怀疑。

历史上，两国一衣带水，友邦兄弟，中国为兄。而世事难料，兄长已变得孱弱无力，而友弟通过刻苦学习和努力，国富民强。弱兄不但无法保护自己的家产，更无力抵抗外敌侵犯抢掠。事已至今，友弟非但不出手助兄国保护祖传家业，却反加入掳掠者，强辞夺理："如果你掳掠，我亦有权分赃，"转向兄长索问，"如果你允许强盗掠走财产，我也要抢掠特权。"兄国子女满心期盼叔国援手，孰料又盼来一掳掠者？失望之极自然生出不信任和忧虑。

因此，日本对华政策应以援助中国变革为重，摒弃"机会均等，帝国特权"之掳掠政策，带领中国变革，如同明治维新时其他西方国家引领日本一样。如果日本帮助中国免于列强蚕食，大多数中国人自然会热忱感激日本施予的道德支持。除了改善中国现状，提升东方民族在世界上的地位，还可以令日本大量增加本国财富。

同时，我们还希望日本帮助中国挣脱外来的奴役。这些令人厌恶的不平等条约使中国遭受巨大经济损失。如果日本能够帮助中国人重新修改这些令所有中国人义愤填膺的条约，中国人将感激不尽。重订条约能够使中国立刻摆脱这些经济束缚，如此方能开发中国丰富的资源。对于日本，中国是一个巨大的市场。如果中国的经济条件得以改善，其购买力将会提高，日本可以从中极大获利。随着经济利益提高，两国友好关系自然得以改善。只要中国仍在现有不平等条约压迫之下痛苦呻吟，而日本又进一步施压、与中国签订更多不平等条约，中国将永远无法获得解脱。日本在维新之后所面临的最大挑战同样是来自条约与关税权。日本应该可以体会中国所遭受的不平等待遇。如果日本能如中国人所愿对待中国，中国自然会祝福日本，中国将有道德义务补偿日本的付出。

为此，中国当然要改善法律、制度以及其他方面。中国将做好准备，接受更加发达和拥有经验的日本的援助，因为我们知道必须这样做。欧洲正在进行的血腥战争①留给我们的最大教训就是种族之间的竞争将会加剧，黄种人必须觉醒，更加努力。

令人欣慰的是，在日本的道德支持下，中国已经重建共和制的政府。我们正处于和平建设的时期。现在应该是两国之间努力打好友善基础的最佳时机。错过此次机会，不幸将会降临两国头上，且影响所有的有色人种的命运。

据"Chinese Suspicious of Japan", by Dr. Sun Yat‐sen, Late President of the Chinese Republic. New York Tribune, February 18, 1917, Page 2［中华民国前总统孙逸仙博士：《中国对日本的戒心》，载一九一七年二月十八日《纽约论坛报》第二页］（高文平译，许瑾瑜校）

英文原文见本册第513—516页

---

①　此指发生于一九一四年至一九一八年间的第一次世界大战。

附载：中国存亡问题（朱执信）①

（一九一七年五月）②

第一章　中国何为加入协商国③

国家为战争而存在者乎，抑战争为国家而存在者乎，此一可研究之问题也。论国家之起原，大抵以侵略人之目的，或以避人侵略之目的而为结合。其侵略人固为战争，即欲避人侵略亦决不能避去战争。战争不能以一人行之，故合群；合群不能无一定之组织，故有首宰；首宰非能一日治其群众也，故成为永④久之组织而有国家。故论其本始，国家不过以为战争之一手段，无战争固无国家也。

使国家长此不变，则国家如何始可开战之问题，殆无研究之余地，以国家本已常在战争状态无须开战故也。但在今日之国家，则与其元始时期绝异。国家自有国家之目的，不徒为战争而存立，有时国家不能不战争者，为达其国家存立发展之目的，而后以战争为手段耳。以有国家故为战争，非以欲战争故为国家也。

昔人有言：“兵者凶器，战者危事。”又曰：“兵者国之大事，死生之道，存亡之理，不可不察也。”以一国而为战争，万不得已之事也。其战争而获如所期，则目的之达否未可知也；不如所期，则败战之余，动致危其国家之存在。夫以一国为孤注而求胜，则必其舍战争以外，别无可以求其生存发展之途者也。必其利

---

① 本书初次刊行时署名“朱执信著”，在孙文函件中亦言及此为“朱君执信所著”；而一九二八年一月上海民智书局重版时则在封面上标明此乃“中山先生遗著之一”，内载胡汉民识文称：“此书为民国六年总理反对参加协约国对德宣战而作，全由总理命意，特使执信执笔属词而已。应……列入总理全集。”戴季陶于一九二五年四月所记孙文《著述要目》中，在指出此书“系朱执信先生笔述”的同时，亦认为它“确应入中山全集，俾研究中山先生之外交政策者得最正确之观念”。有鉴于此，本集予以收录；但因这类著作毕竟有别于孙文自身著述，故与以往编集不同，改用附载方式收录。

② 关于著述时间，参见篇末底本注释。

③ 第一次世界大战中的协商国（The Entente Powers），今译协约国；另一方为同盟国（The Central Powers）。

④ 此处删一衍字“之”。

害为一国人公共之利害，而非一小部分之利害，故国人乐于从事战争，进战不旋踵，伤废无怨言也。今之国家与昔殊异。往者比邻之国，相攻无时，故其和不可恃，其战不可避也。今者不然，国家之间立约遣使，誓以永好，即无约无使之国亦以礼相处，不复相凌。此何以哉？彼之不敢轻与我战，犹我之不敢轻与彼战，战争为不易起之事，然后国家万不得已而用之。然而强欲挑战于一国者，果何为也？

国家既不可以长从事于战争，而对外国之关系则有日增无日减，于此关系日密之际，不能用战争以求达其存在发展之目的，则必求其他之手段，所谓外交者由是而发生。凡国家之政策既定，必先用外交手段以求达其目的，外交手段既尽，始可及于战争；战争既毕，仍当复于外交之序。故国与国遇，用外交手段与用战争手段均为行其政策所不可阙者。然用外交手段之时多，用战争手段之时少。用外交手段者通常之轨则，用战争手段者不得已而用之。"不得已"云者，外交手段既尽，无可如何之谓也。今如美之对德，自"鲁士丹尼亚"号击沈（德国潜艇击沈挂美国旗之英船，乘船美人有死者）① 以来，对于德国所行战法屡为抗议，德人暂纳其言，旋生他故，至于今岁为此无警告之击沈，然后决裂②，中间垂两年，盖其慎也若此。今我国可谓已尽外交之手段未乎？两年以来，协商国之损及我华人者偻指不可胜数，而未闻一问。即德国在地中海、大西洋实行其潜艇攻击，亦未闻有何等研究。一旦闻美绝交，始起抗议，未得复答，即决绝交。是为已〔已〕尽外交之手段不能达其目的矣乎？德国回答指明潜艇攻击并不损及中国船舶，仍允磋商保护华人生命财产之法，可谓周到。假如我国与德约定，华人来往尽乘来往荷兰之船或德国所指定之船，对于此等船舶不加攻击，如此吾人往欧未尝无安全之道。德国既乐与吾商酌，则何不可与之磋商？德国既显示我以可用外交手段解决此问题，而我偏不与商酌，务求开战，此可谓为与美国同一乎？人以

---

① 战争爆发后，德国对英国领海实施"无限制潜艇战"。英国皇家邮船"鲁士丹尼亚"号（RMS Lusitania），今译"鲁西塔尼亚"号，一九一五年五月七日在爱尔兰外海被德国潜艇击沉，造成近一千二百人丧生，其中包括一百二十多名中立国的美国乘客。

② 击沉"鲁士丹尼亚"号邮船事件发生后，德国鉴于美国一再提出严重抗议而改变其潜艇攻击方式，即在击沉前事先警告乘客撤离，但至一九一七年初重又恢复"无限制潜艇战"，美国遂于四月六日对德宣战。

外交手段行之二年，我仅行之一月；人以外交手段既尽始宣战，我则突然于外交手段未尽之际行此激烈手段，此可得谓之有不得己〔已〕之理由耶？

中国向来闭关自守，非以人为隶属，即与人为战争。中间对于匈奴、吐蕃、回纥、契丹、女直①等虽有和好，皆以贿求安，初无所谓外交手段。惟无外交经验，故海禁初开，动辄与人冲突，冲突之后龂丧随之。于是凡百唯随，只求留存体面，久之则又不可忍，而为第二次冲突。平时虽有外交关系，实未尝有外交手段。故自鸦片之役以来，再战于甲寅，三战于甲申，四战于甲午，五战于庚子②，每战必割地赔款，损失权利，而无功可见。中国之对外国，不知外交手段之为患，非不肯战之为患也。外交手段，非必亲某国以排某国者也。如日本者，前此外交失败与我相同，及其渐习知外交之道，遂能补救昔日之过误，撤去领事裁判权，改正关税，彼何尝籍战争之力以致此？又何尝以加担某国为条件？如暹罗者，其与中国大小相去可谓远矣，然随日本之后，用外交手段犹得完全复其法权、税权。两国之相遇犹二人之相处，其间之行动固有损己始能益人者，亦有不必损人始能益己者，择其不损人可以益己之道而行之，则外交之手段可以毕其事。若必损人以求益己，自然陷入战争。然而战争胜时所得尚恐不偿所失，战争而败则尤不堪问矣。中国之失，乃在不恃可得恢复利权之外交，而恃胜败难知之战争。故初之失败与日本同，而日本以渐回复其所损，我则不能。今日乃欲于庚子之后更续一幕，此种举动不谓之荒膠〔谬〕绝伦，不可得也。

试问中国何以不可不战，无论何方面皆不能答以确据。如谓此役为正义而不得不战乎？则德国方面，其违反人道之处如果〔果如〕英、法、俄人之甚乎？谓德之潜航艇无警告击沈船舶为不仁，谓德国虐待比利时、塞尔维人民，谓德国强行通过比利时、罗森堡③为无公理，诚有之，然协商国又何以胜彼？英国之进兵希腊，与德之进兵比、罗有以异乎？英国于开战后未几即宣言将以饥饿屈服德国，禁绝粮食入德，英国报纸得德人妇孺饿将成殍之报则喜而相庆，闻德国粮食丰足、

---

①　即女真。公元十一世纪辽兴宗耶律宗真统治期间，为避其名讳而称"女直"。

②　甲寅，一八五四年第二次鸦片战争；甲申，一八八四年中法战争；甲午，一八九四年中日战争；庚子，一九〇〇年八国联军战争。

③　罗森堡（Luxembourg），今译卢森堡。

民生不匮则忧且斥为伪，其视德人之待比、塞人民何如？德国待比、塞纵不仁，不致于绝食以待其饿死之甚也。同是对付敌人，何以英、法用以饿死人之政策便为甚合于人道，而德国稍稍管束征服地之人便不可恕？英国每年取印度巨额之粮以供己用，而印度十年之间以饥死者千九百万，印度绝非不产谷米也，其所产者夺于英人，己则槁饿，此于人道为何如？其视潜航艇之攻击又何如？印度人果有饿死以让英人饱暖之义务乎？英之待印人名义上固不为掠夺，然其苛敛与虐政使印人不得求活，实一大规模之掠夺也。最近英国强迫印人担认战费十万万镑，而美其名曰"印人乐输"，其出此十万万元〔镑〕之战费不外苛领〔敛〕重征而已。故此议一出，印人不容反对，而英国人自反对之。兰加斯达①商人以此议实行，将于该地所产向销印度之棉货加有重税，遂力言其不可。其实兰加斯〈达〉商人纵稍受亏决无大碍，而印人出此十万万镑则必卖妻鬻子，转死沟壑，犹苦不供。此为合于何种人道？法人对付越南之人，年年加以重税，举足犯法，接耳有刑，一下圜扉，没身不出。北圻一带，安南之沃野也，自来开辟，自法人治越则科以重税，岁岁递增，其极至于有地之家收租不足以纳税，耕者亦不能复其本，乃尽弃其田入居城市，求作小工以自活。从此北圻赤地千里，而越人饥饿困乏，死者相踵，幸得延生命无复乐趣。法人则大招本国之人往垦荒地，免税以优之，而所谓荒地者即从前开垦之地，以重税逐去安南人使之就荒者也。此于人道为何如？德人所不施于征服之地者，英、法之人以施诸其属地其顺民，则为不悖人道矣乎？谓德国代表有强权无公理之〈势〉力，德国一胜，公理将沦，则试问英国所以并杜兰斯哇、并印度、并马拉②者，据何公理？所以夺我香港、夺我缅甸者，据何公理？逼我吸销鸦片，划我国土地为彼势力范围，据何公理？法之吞我安南，俄之间我外蒙，又据何公理？就此数十年来之历史，无甚高论，协商国亦岂非有强权无公理者乎？数十年前英国能用其强权以行无公理之事，则不顾公理，今日英之强权逊德，则目德为无公理，而自讳其从前之曾用强权，此种议论奈何可轻信之。如使今日有人果为护持公理而战者，必先与英、法、俄战，不先与德、奥

---

① 兰加斯达（Manchester），今译曼彻斯特，英格兰大曼彻斯特郡（Greater Manchester）首府。

② 马拉，下文亦作马拉半岛（Malay Peninsula），今译马来半岛。

战也。然而吾人对于英、法、俄尚不主张宣战，自无对德、奥宣战之理由。

然而吾知公理、人道云云，不过极少数人所误信，至于大多数主张战争者皆不过借为门面语，并不实心信奉，所以三数语后仍旧露出利害之辞，而段祺瑞即首定〔言〕非以谋利，但求免害者也。诚使为利害而战，则苟为国家之害者，孰不乐除去之。但今者不能不先问：德之如何害我国？与我〔德〕国开战何以能免其害？

国家之生存要素为人民、土地、主权，故苟有害于此三者，可以抗之也；抗之不足，至于宣战，亦有其由。然不能不审其损害之重轻，而向其重者谋之。今自开战以来，德国曾以损害加于我人民乎？无有也。有之则自往法工人乘船沈没始①，而此诸工人者皆被诱往法为其兵工厂作工者也。英、法自知其船不免攻击，故迩来一切妇孺例禁乘船，而独募华工往，及其船沈华人则任其溺死，岂非英、法国人设囮，引我国人入其术中而致之死地乎？且如今者日本报载，德国假装巡舰现在南洋乘员三百余人，中有华人苦力八十，他日又谓此舰已被击沈，可知此八十华人同归于尽。在德国船上作苦力，与往法国兵工厂作苦力有何区别？何以我国不能向协商国提出抗议？无他，德舰华人自甘冒险，其死也由于自误，与协商国无尤，惟能向德国怨其引人入此危地，不能怨协商国之不稍宽容。反此而言，则往法华工遇害只可怨法，不能怨德，已甚明矣。况且英、法属地年中冤死华人，何可胜数！俄国年前招我国人往充工作，约定所给工值既不照给，华人集众要求，则以排枪御之，死者数百。吾友自西伯利②归，亲见其残伙欲生不得，欲死不能，挥涕述其惨状。此其视德国击沈敌船以损及我华人者，罪恶奚啻百倍！何以对彼则安于缄默，对此则攻击不留余地？如谓开战可免人民受害，则必吾国海军力能扫荡德潜艇，建英、法海军所不能建之奇功，然后可保华人之生命。否则开战以后，国民不复许旅行欧土，亦曰可避其殃。今开战之结果，首须多送工人往欧工作，即无异使德国攻击商船可以杀更多之华人，则何以言开战为防卫人民之损失

① 一九一七年二月二十四日，运送华工的法国邮船"阿托斯"号（Athos）在地中海被德国潜艇击沉，华工五百四十余人遇难。战争期间英、法两国先后从中国招募华工共约十四万人，据战后统计，死亡及下落不明者近两万人之多。

② 西伯利（Sibir'），今译西伯利亚。

耶？

以土地论，德国将来之野心诚不可知，论其过去与现在，实可谓之侵犯中国最浅、野心最小者。以割地言，则中国已割黑龙江沿岸最丰饶之地于俄，割缅甸、香港于英，割安南于法，割台湾于日，而德无有也。以租借言，则英占九龙、威海卫，法占广州湾，俄占旅顺、大连又转让之于日。论其前事，德之占胶州罪无以加于他国，而今者胶州已归日占，更无德人危我领土之虞。以势力范围言之，英国括西藏、四川及扬子江流域，约占中国全国幅员百分之廿八；俄国括外蒙、新疆、北满，约占百分之四十二；法国占云南、广西，日本占南满、东内蒙、山东、福建，均在百分之五以上。至于德国，前虽树势力于山东，不过中国全国幅员百分之一，以视英、俄曾不及其二三十分之一，即法与日亦数倍之。同是有侵及中国土地而有多寡之分，又有现在继续与已经中断（将来如何尚未可知）之别，而于已中断者则追咎之，近日益加厉者不过问也，侵我较多者则助之，侵我较少者则攻之，是与其谓为防人侵我领土而战，不若谓为劝人侵我领土而战也。如使欲人侵我领土，则无宁昌言卖国之为愈也，又何必辛苦艰难以与德国战哉！

若论主权被侵，则德国诚亦随英、法之后有碍我主权之举动，然比之俄国往者驻兵占地以起大战，与首设领事裁判权、首划势力范围之英国，当有所不如。今日开战以后，民国再建，法国尚越界捕我巡警，强扩租界，此于主权为有益乎？抑有损乎？今日西报尚言京、津运兵设炮台之制限，与使馆之驻兵，所以惩创中国使不忘拳乱。试问中国国内不许设炮台，运兵不得自由，主权何在？各国驻兵我国京都，无异德国于战胜法人以后所以待法人者也。德行之于法期年而撤，法人恨之至今；北京驻兵迄今近二十年矣，岂其于我国主权有所裨益而不容置议？苟为完全自主之国，则宣战、媾和之事岂容外国之人参与其间。今者美国对付德人可谓宽大已极，彼欧洲诸国何尝敢措一辞；我国处理德人稍不如协商诸国之意便劳诘责，然则协商国果在何处曾尊重我国主权也？

由此以观，所谓免害之说完全不成理由，结局只是求利。中国之与德绝交，非以公道绝之，非以防卫绝之，而以贿绝之者也。所谓贿者，以公言之，则关税增率、赔款停付、庚子条约改正是也；以私言之，则道路指目自有其人，吾不暇为之证矣。

第二章　加入之利害

今日所谓加入条件者，关税增率、赔款延期及庚子条约改订，更有益之者则曰壹万万借款，如是止矣。为此四者，果须倾国以从事战争乎？否！不然，凡此所谓条件者皆可以外交手段求之，不必以战争手段求之，抑且只能以外交手段得之，不能以战争手段得之者也。

所谓改正关税者，有依《马凯条约》① 增至值百抽七半，俟战后实行裁厘增至值百抽十二半之说，与依旧约改至从实价值百抽五之说。而前说今已无人过问，所有商酌皆就后一说而言。今姑就此说一查其沿革，知指此以为加入利益可谓荒谬绝伦。查现行税则系据一九〇二年与英国所订条约，以一八九七年以降三年之间平均价格若干作为定準，将紧要货物按此价格算出每件抽税若干，此项价格比现在时价为低，故现在税则名为值百抽五，实则值百仅抽三四而已。然此种价格变迁，订约之时早经料及，故于中英条约中已经订明十年期满之后六个月内，两国均可要求改订税则。此后对于他国所订通商条约，均有此项规定。民国元年八月，我国已经向驻京各公使声明约期已满，货价有变，税则应改；此后又于民国二年再向各使声明。当时英、美、德、奥、比、西、葡诸国均无条件承认我之提议，惟日、俄、法虽亦承认，而仍附有条件。附条件者不过稍欲得他种利益以为交换（即如欲减轻一两种出口税之类），并非拒绝我之改正，盖改正之要求订在条约，断无拒绝之理由也。故苟非遇欧洲大战，此事早经完满办妥。即以战事停议，不过属于我国之礼让，此时再提议，各国亦不能不应之，何待绝德、何待加入宣战始有此商量？今我国自认此为加入条件，而人亦以此为加入条件，非加入之后不容议及，岂非庸人自扰！如使我不发生此加入问题，早与外人磋商，则此种改正税则久已为各国所认，无待今兹。诚〔试〕观《马凯条约》裁厘之协定比之此次之要求，相去之远何止数倍。在彼尚可以协商而得，在此岂曰必以战争求之乎？平平可以获得之件，必危一国以求之，然而因其求之人更不与，果何苦为此耶！

---

① 即《中英续议通商行船条约》，一九〇二年九月由英国专使马凯（James Lyle MacKay）与清方官员吕海寰、盛宣怀在上海签订。

赔款延期之说，在中国则求延期十年，在彼只允延至欧战终了，而一面又不允停付今年之数。夫欧战必在今年结局，在英、法方面固如此言，在德、奥方面亦未尝不如此言也。明知欧战结局不过年月间事，就令和在明年，所延不过数月，若以今年罢战则直无停付可言。此种延期之议，明为一种欺骗。就令欧战更有二三年延长，则赔款可得一二年停付，此种利益岂为外交手段所万不能求？且如美国前此退还赔款，其额岂不甚大，何尝须中国与一国绝交、与一国宣战始肯退还？今日金价正跌，各国所受赔款较之年前实价大减，其乐为暂缓收受，亦出于计算利害之常。延期云者不过暂停，并非以后不付。现在号称延期，将其财源挪供别用，异日又须筹填，不啻剜肉补创，于我何益，于彼何损，而必出于开战之手段以求之？

庚子条约禁止天津设垒，限制运兵，并定驻兵中国以防拳乱，今之修改即欲去此限制，并于驻兵限度有所改更。但欲各国尽撤驻兵，早料其为不可能之事。即曰运兵筑垒可以稍得自由，亦不过敷衍体面之法。岂有国都屯驻外兵以监督其政府，使不敢得罪外人，尚有体面可言、主权可尊者！若徒为体面计，则战前德人何尝不倡议减少驻兵，若使外交能应时顺变，此种改订即日无大效果，决非甚难办到之事。自中国认此为加入条件，遂使《字林西报》① 等力言："此庚子条约为惩戒华人，使不忘拳匪之祸，决不可宽。即欲稍慰中国人心，亦但当于加入以后酌量宽其末节。"其语气明示中国为彼犯罪之囚徒，此次求其宽免无异欲求弛刑立功，彼则必先立功乃许酌量加恩核减。中国不自求可以友谊得去束缚，偏自甘同于囚虏，听彼揶揄，此等利益谁能认之！

借款一节，政府之所最垂涎者也。然借款真为恩惠之借款，则当不取担保，不取折扣，不待中国之困乏而豫周之，如此则数之以为利益可也。今者美国借款已将有成议，四国银团始延美入其团中，谋共同贷与我国，是其贷款已为定局，折扣、抵押无异昔时。使无此绝交、加入问题，恐此借款已先成立。偶遇此事，彼反藉以延迟。其实美国自开战以来，国富骤增，投资无所，不患财少而患其多，故有黄金泛溢之虞，其投资于我国实为最稳固而有利者，岂因不加入战争便失借款之路？况此次抗德虽由美劝，而对德宣战一节美人殊不见乐助，加入岂能影响

---

① 《字林西报》（*The North - China Daily News*），上海英文报纸，英国人在华言论机关。

及于借款乎？

统而言之，所谓加入条件者皆可以外交手段得之，并不须加入，而加入之后反终不能达此改正关税等目的。所以然者，中国原与外国订约，利益均沾，现在纵与德国绝交，将来必有言和之日，言和之际决不能以英、法诸国已许之故，强德、奥以从同。况于关税之改正，德、奥早经承诺，如不因绝交而中断，德、奥势难反汗。今乃断绝国交，使前诺无效，而后怨方增，再议和之日如何可使德、奥更认前说？德、奥既翻前议，则英、法、日、俄自当援例均沾。夫中国不能强德、奥以英、法所许者许我，而英、日能强我以所以优待德、奥者均沾于英、日，则今日纵以战争而改正，异日必亦由此推翻。乃至赔款之延期、庚子条约之條〔修〕改，则德、奥本不与闻，异时何能拘束德、奥？德、奥不允缓收赔款，不允撤改条约，独行其是，英、日各国岂得守信不渝？夫有利益均沾之原则在，无论何种政策，各国所赞同者一国足以梗之，欲其事之得行，全赖销除各方之怨怒。今为数国以得罪数国，而谓将来不致因利益均沾一条破坏已成之局，其谁信之。且今之所谓加入条件者，于协商国为有利乎？有损乎？如其有利于我，後〔复〕①有利于协商国，则久矣其当订定，何须作为加入之条件？若其有损也，则此时暂为承认非所甘心，异日议和，即使德、奥无言，尚恐彼暗嗾两国不与承认以图均沾之利，尚安望仗义执言为我尽力？且此种条件果由要求以来，信所谓乘人于危以徼小利，人纵负我，我亦何辞以责人？然则此项条件纵能被承认，亦不旋踵而消灭，其所以消灭即由加入战争，然则战争果何所得也？

然而所谓加入而得此条件者，今已完全失望。关税之议，日人极力反对，赔款亦不允停交；条约修正亦以惩戒中国为理由，不肯实践。当劝诱加入之初，英人以此条件开示陆某②，以为中国之非常利益；乃至报告国会，亦据此为言。至于绝交以后确问各公使之主张，则忽诿为个人之言，不负责任，识者知其实皆因日本之反对而来。英国竭力牵入中国，设此以为饵，然其所牺牲之利益则日本之利益，非英国之利益也。日本不肯以己之利益供英国之牺牲，英国遂深恨日本，又畏日本在远东能持其短长，不敢公然道之，乃设此遁词。而盲从者尚日言加入

---

①　此因字形近似而误排，"後"的简化字为"后"，"復"的简化字为"复"。

②　指陆征祥，曾任段祺瑞内阁外交总长，时为该内阁外交委员会成员，支持对德宣战。

利益，试问利益果何在也？

反此而观，则因于加入所生之害，显然可指。宣战之后国中回教人民以归向教主之故难免暴动，既为当世智者所力言，又已有新疆、甘肃之事为之证实，其害之大，自无待言。而此外尚有甚深而极溥之害二，则无制限招工与运粮是也。法国现在招工为政府所禁，有往赴者不过少数，一旦加入，招工为我义务，自不能禁使勿前。今日往法国工人不过一万数千，而一船已殁数百，将来赴欧工人之况可以意想而知，即不死于中途，而俄国之已事可以明鉴。虽英、法真意未必在招我工人，而往者已纷纷罹害。一面运粮出口，内地米麦价值必见飞腾，贫民所入不加，食料骤贵，饥馑之祸即在目前。夫饥馑者，非必全国米粮不足供全国人之食始然也，一地缺乏而他地以交通不便不能运来，则饥馑立见矣。① 试计前所列举条件，借款一万万，赔款之〔三〕千万，加税五千万，不及二万万之价值而令我全国受此灾厄，此其为得为失，何待琐言。况此不及二万万之款，结局皆须偿还，且须付息，不能以利益算。所谓益者，止于关税之五千万耳。此五千万之收入，谁负担之？固我中国人，非外国人也。外国人不过贩运稍觉困难，实际仍是我国人出钱买货纳税。然则国家取之人民亦复多术，岂必出于此途，而使数十万人置身虎口，数千万人饥馑穷困以易得之？反覆推求，所谓利者真不成为利，而其所生之害则触绪皆见，屡举不能尽也。

虽然，上所言之祸犹其小焉者也，以贪此小利之故，甘为英、法之牺牲，其结果必至于亡国，虽欲隐忍自拔，亦复不能（详后数章）。国民于此尚不觉醒，异日衔索过河，悔将何及耶！

今日欧洲战争，事至惨酷，指此以为中国千载一时之会，固非仁人之言。然必欲就此战争以求利益，则亦非无道。譬如日、美两国即以经济上之活动，乘兹战争各博巨利者也。欧洲各国以从事战争之故，人力、资本并形缺乏，其向从工作之工人皆移以为兵士，其向供制造之机器皆移以为制造军需之用，日常所须不给则求之外国，即战争所须亦一部分赖之外国，故日、美两国制造之业、运输之业无不获利。日本向来每年贸易皆以输入超过之故，不能维持其金融常序，必赖

---

① 以上自"夫饥馑者"起，据孙文著《中国存亡问题》（上海，民智书局一九二八年一月出版）增补四十三字。

借入外债始可勉强支持。自前年以来输出骤增，现金流入，去年之杪已储现金七万万元，迄今增加未已。而美国现金流入又数十倍于日本。日本始战争而中道归于和平者也，美国则至今始破其中立者也。而以经济上言，则两国皆免于战争之害，因以遂其发达。诚如是，则虽求利益亦何害之有？今日欧洲中立诸国，如荷兰、瑞士、西班牙、丹麦等皆以过近战场，所有贸易皆受妨害。其中斯堪达奈维①诸国及荷兰等，以英、法封销〔锁〕之故，贸易几于全灭。惟美洲、亚洲诸国差可乘时自谋振奋。我国若欲求利益，保持此中立态度，以经济上发展补从前之亏损，开日后盛大之机，固甚易也。何不知出此，而從〔徒〕以开战规求区区必不可得之利益，遂陷国家于危亡而不自惜。此所以不能不切望吾国人民，一致注意于此中国存亡问题也。

经济上之发达，自然力、人力、资本三者皆有巨效，而今日谋中国之发达者，不患自然力之不充、人力之不足，所缺者资本而已。以中国土地之大，人口之众，荒地在野，游民在邑，苟知利用之，转贫使富期月间可办也。以此无穷之富源，无穷之人力，稍有资本，不必用新机器，其效果已可使中国成为世界最富之国，因之亦得成为世界最强之国，而此少许之资本又甚易输入者也。自开战以来，欧洲诸国尽力以产出其所需各品，其向销中国之货来源皆形短绌，而转运之费数倍从前，此真中国振兴农工业之机会也。如中国之农业发达己〔已〕久，所缺者农民之新知识与政府之善良管理耳。故苟有适宜之经理，则壅滞之货物不患其腐败销磨，而不足之地亦不患因输出之故致生危险。盖如由彼外国采办粮食出口绝无制限，则彼单就运输便利之地，以高价吸收谷物，以故谷价立腾，而饥馑无可挽救。若以一有统系之管理加于谷物之上，则有余之地始输出，不足之地有补填，统中国之所产谷物未尝不可敷其食料而有余。然则虽输出谷物亦不为难，贵在出于有调节、有统系之行动，不容彼无制限之运粮耳。粮食以外，他种农产物亦复如是，苟能整理使归秩序，输出之额必可骤增，即其利益已莫大矣。今之称劝业者未尝着手于是，而反以苛税留难农产，使运转不得自如，于是收获丰者坐见腐

①　斯堪达奈维（Scandinavian），今译斯堪的纳维亚，位于欧洲西北角之半岛，在地理上涵盖挪威、瑞典两国及芬兰北端一部分；但就其政治与历史渊源而言，该地通常被称为"北欧国家"，包括挪威、瑞典、丹麦、芬兰、冰岛五国。

败，其歉者无所得，设关以害人者正此谓也。又如矿业，自有矿章规定之后，请开矿者必百计难留〔留难〕始予给照，给照之后有侵占者又加以勒索，一矿之矿权恒须费数万而后得，比之未有矿章以前图办矿者更形退缩。他国设矿律，所以保护营矿者也，而我则更害之。华侨在南洋开矿，处欧洲人势力之下，不获平等之待遇至不幸也，然其经营矿业尚可有利，及其归祖国欲开发天然富源，一阅矿章即废然返矣。是外人虐待华侨之矿章，比之我国优待华侨之矿章尚优数倍，矿业之不发达又何足怪！他及工商诸业，无不有类于兹。人之设部所以卫民，我之设部乃以阻其发达。若是者，岂能谓中国不可富强？若以欧洲已行之事为师，革去留难阻害之弊，即使学得欧人百分之一二，己〔已〕足致无上之富强。

试观德国开战之际，粮食百物常苦缺乏，自施以秩序之管理，即觉裕如。彼以战争销耗其国力之大半，仅以其余力犹能获此进步，我之天然力、人力数倍于彼，又无战事，当此世界销场正广、渴待供给之会，其能获大利何待更言！今日为中国实业之害者，部令之繁苛与厘金、落地、销场种种恶税之窒限为最多，此皆可以咄嗟之间除去者也。更有当注意者，美国自开战以来虽屡沈船舶，而其业船者无不获大利；日本最近暴富者大抵皆以买船，即日本邮船会社一家，去年一年之间亦获数千万之利益，此一公司之利益虽似不足概乎一国之荣枯，而实际则此运输无滞一事，已足致国中百业繁昌，各收〔致〕巨万之富。今试反观中国，其运输状况岂不可悲！自开战以来，上海常积三万吨之货物待船不得，此每月三万吨之息所损几何，三万吨之仓租所损几何，非一年数百万之损失乎？三万吨之货屯于上海，则内地各埠所停者当十倍上海，此非每年数千万之损失乎？内地各埠货尚停滞，则各原产地之货亦无从运出，坐待腐败，此其损失不止在息乃在于本，此非每年数万万之损失乎？即此一端而言，苟能改革，已可敌所谓加入条件之全部，抑或过之矣，合彼借债、延赔款、加关税不及二万万，此则一年之增加已不止二万万。彼为剜肉补创之计，所入旋即须付出；此则为其〔真〕正之增富，无论如何不生损害。苟欲求利，则何不舍彼而取此乎？今日所谓船荒之时代也，以中国之人工造船必较他国为贱，即输入机器、铁材以制新船，亦决非难。若为应急之计，则以较高之价买既成之船，尚可以及时通运。今计屯积之货三十万吨，其中多数不过输之近地，匀计每一月半可一往还，则欲于一年之问〔间〕

清此三十万吨之货，不过四万吨之船舶足以敷用，此决非不能办到之事也。此四万吨之船，一面输出有余之农产，一面输入必需之货物，且从而为建新船之基础，则此停滞内地各埠之货不及一年可以悉去，而原产地之货亦可陆续输出，无朽腐之虞，即此一端已足使经济上遂非常之发达矣。夫使用游民开荒地，除厘金之限制，奖励航业，期年之间，不冒危险，所得必较加入条件为多，而彼则冒危险尚不可得。此乃安坐而得发展农业，开掘矿产，振兴工艺。彼日本以两年而获七万万之国富，比例计之，我国即欲年获十万万亦复何难之有！

今之政府惟以财政为忧，不知财政根源在于国民经济，不此之图而求目前之利，求而得之尚足亡国，况其不得而坐受无穷之害，此何为者也？以此千载一遇之时机，而不肯于经济上奋发有为，坐失发展之路，不亦谬乎！不能有为，若能安贫而徐补救，犹之可也。贪目前之利益，自命奋发有为，而所为者为害而非利，其危险可以亡国，而利于政府者不过借款成功而已。苟能以一国冒如此之险，则何不以此精神改革内政，奖励农工而利交通，险较少而利较多乎？吾人决不能信当局者为尽无此眼光，乃排一国之舆论，弃其宿昔所信而冒此不韪，则吾不能不疑其决心之时，惟计自身之便利，不计国家之利益也。

吾固亦知此中有一部分之人真出于救国之热诚，而欲以此改善中国之地位；即在旧官僚中，其为利而动者不必言，其非为利动而主张加入以图抵抗、排斥日本者亦不少。通计主张加入者，除极少数之人以外，无不怀有一种想像，以为日本欲专握在东方之权力，此举可以争回中国国际地位，联合美国以驱逐日本之势力。无论其以此为主张对德宣战之动机与否，而在旧官僚一派，其心中无时不有联美排日之念存，无疑也。而前年日本禁阻中国加入一事，更足惹起此辈之怀疑，以为日本既不欲中国加入战争，必为其有损于日本，而因之信有损于日本者即为有利于中国，益以坚其亲美之决心。然今者亲美而美不亲，欲拒日本反不得不从日本之指导，此辈之目的不能达已章明①矣。然而其排日亲美之心未尝息也，岂特不息而已，方以为美国扩张海军之案不久完成，至时可资以排斥日本。不知中日关系密切，决非单以同文同种云云说明之而足，国际上之真结合必在乎共通之

---

① "章"通"彰"，章明与彰明同义。

利害，中国惟与日本同利同害，故日本不能不代计中国之利害而进其忠言。即为〔如〕往岁英国劝我加入而日本反对之，彼诚有其反对之理由，决非以中日利害冲突之故而专自利损中国也。盖中国一旦加入以后，无论如何必成为英国之牺牲，以中国供英国之牺牲，则享其利益者非德即俄。以德、俄占中国之利权，则日本更无发展之途，且无自保之术，此日本之损也；而其所以损者，中国先受其损故也。为日本计，为中国计，其出发点虽殊，而其结论必归于一。日本为我计其利益而进忠言，本非为我设想，而吾人决不能因之弃其忠言也。今之言联美者，何尝知东亚之势哉！

第三章　　中国加入非美国宣战之比

今美国与德宣战矣，然而加入协商国否未可知也。美国之宣战伴于实力之宣战也，他姑不具论，美国之海军于世界居第三位，一旦开战，即可以负清扫大西洋之一部分责任。夫德之潜艇果有所畏于美国之海军否虽不可知，然美国要可谓之有武力以为〈战〉争者。其陆军则依现在所公布者为豫备二百万之兵，此中送之战场者能有若干虽不可知，而陆军力之存在即为可以实行战争之证凭，况其计画乃将自此益加扩充也。美国频年增加海军，其费动〈辄〉数万万元，此次开战之后，首决支出陆军费美金廿九万万余元，海军费约美金五万万元，盖有此实力，然后可以言战争也。我国能望其百分之一否乎？能以一无畏舰、一潜艇向人乎？能有完全之军队一师乎？其不能无待言也。塞尔维、门得内哥罗①、罗马尼亚于协商国为无力，然其在战场之兵多者数十万，少者十余万，败亡之余尚能斩将搴旗。中国之对德国，能为彼所为之什一乎？中国绝交、宣战之实力不能学美国百之一，不能学比、塞、门、罗诸国什之一，不过凌辱少数在留之德人而自称胜利，不惟可危又甚可耻可笑者也。而妄人反相称曰"宣战无须有实际之战争"，然则所谓战者，将徒以供戏笑而已耶！

夫美国不能不与德宣战之第一原因，在其国之工业状况。英、法自开战以后

---

① 门得内哥罗（Montenegro），或作门的内哥罗、蒙特内哥罗，均为"黑山"音译；黑山原是独立国家，战后并入塞尔维亚，现为共和国。

自国军需品已苦不给，一面尚须供给俄国及意大利之军需品，故不得不乞助于美国。美国应协商国之求以扩张其工业，专注于此一方面，于是输出之额骤增，全国之人惟以金满为患，去年一年运往欧洲之出口货价值美金三十七万万五千万元，即华银七十五万万元也。其中货物有加数倍者，有数十倍者，而铜、铁、粮食、炸药为尤多。依俄国《诺窝时的诗诗》所录美国公表数目，实如左表：

美国近年重要物品出口表（单位：法郎）

品　　名	民国三年	民国四年及五年
牛骡马	二三，五〇〇，〇〇〇	四九四，〇〇〇，〇〇〇
铜	二九五，〇〇〇，〇〇〇	一，二八五，〇〇〇，〇〇〇
粮食	八二五，〇〇〇，〇〇〇	二，一七五，〇〇〇，〇〇〇
飞机及附属品	一，一三〇，〇〇〇	三五，〇〇〇，〇〇〇
自动车	一六五，〇〇〇，〇〇〇	六〇〇，〇〇〇，〇〇〇
自动单车及货车	二五〇，〇〇〇，〇〇〇	八三五，〇〇〇，〇〇〇
化学材料	一三七，〇〇〇，〇〇〇	六二〇，〇〇〇，〇〇〇
炸药	三〇，〇〇〇，〇〇〇	二，三三五，〇〇〇，〇〇〇
铁铜亚铅	一，二五七，〇三〇，〇〇六	三，三三〇，〇〇〇，〇〇〇
手枪	一七，〇〇〇，〇〇〇	九〇，〇〇〇，〇〇〇
机器及车床	七〇，〇〇〇，〇〇〇	三〇五，〇〇〇，〇〇〇
金属线钉等等①	五一，五〇〇，〇〇〇	二五〇，〇〇〇，〇〇〇
生熟皮革	一八二，〇〇〇，〇〇〇	四〇〇，〇〇〇，〇〇〇
靴鞋等	九〇，〇〇〇，〇〇〇	二三五，〇〇〇，〇〇〇
炼牛乳	六，五〇〇，〇〇〇	六〇，〇〇〇，〇〇〇
精制糖	九，〇〇〇，〇〇〇	三九五，〇〇〇，〇〇〇
羊毛	三四，〇〇〇，〇〇〇	二二五，〇〇〇，〇〇〇

夫美国之出口货骤增，一方面为丰富之金钱流入，一方面亦为资本之偏注于一部分。此表中多数新增之出口货，实由新增之工厂造成之。此工厂既投莫大之

---

① 原误排"金局线钉筹等"，今改"金属线钉等等"。

资本而设之，一旦出口有阻，则此诸工厂皆归无用，而恐慌立起矣。德国提出和议之时，美国市场为之震动，即以此故也。然则德国潜艇封锁之策，美国所受影响可以知矣。夫欧战以前，美国在德、奥暨丹麦、那威①、瑞典等地商业至盛，自英国封锁德海口，美国遂失其销场之一部分，幸以英、法、意、俄之需要补之有余，故但见战争之乐，不知其苦。然而德宣言封锁地带、无警告击沈以后，美国及其他中立国船皆有中止之惧，于是美之工业为之大摇。美国为保护此种利益，乃欲打破德之潜艇势力而继续其通商，此其宣战之本意也。抑此美国之加入，能有剿绝德国潜艇之效否乎？在美国工业者亦未尝不疑之。但若使美国为宣战而备军实，则从前所欲供之外国者，今可移供本国扩张军备之用，即无资本误投、生产过剩之患。即使德艇依旧跳梁，欧洲贸易杜绝，彼资本家固可高枕无忧。此所以美国全国主战不休也。

今我中国果有若是之景况乎？欧战既开之后，我国除对美、日贸易不变外，对于欧洲诸国出入口货有减无增，此盖以我国政府之不留心与人民之无智识使之然。然而中国所产之货不合于彼所急需，实为最大原因。而在近今英、法之限制入口货，尤为大不利为〔于〕中国者。依此限制，则中国丝、茶诸货均遭停滞，而农、商俱被其祸。然则美之受祸在德之封锁，而我之受害在英、法之禁入口，各异其景况，亦各异其加害之国。然则若真与美一致行动，岂非先须抗议英、法之限制入口，而以绝交、宣战继之乎？我国与美情形不同，中立不倚者，自谋利益之道，即自保之道也。

且美国此次之开战，固德国迫使之然而然，非美国所得己〔已〕也。今日以前，美国供给无限之军需品于欧洲诸国，不见其匮者，美国自不从事于扩张军备也。德国察知其然，故挑战于美国。美国之开战决不如中国之毫无预备也，则必辍其供给英、法、俄、意之②军需品，以充实己国之海陆军。试以今次通过之美金三十四万万元，比之去岁出口往欧洲之货值，可知其相差不远。故使美国此项经费于一年内支出完毕，则恐出口到欧洲之军需品比之前岁不及什一，而英、俄诸国之供给将以是大竭蹶矣。论者但见美国富力军威，若足以大为德国之害。其

---

① 那威（Norway），今译挪威。

② 此处删一衍字"之"。

实以海上言，即以美海军加入英、法队中，仍决不能奏扫除潜艇之效果。以陆上言，则美国输送数十万兵于欧洲殊非易事，即曰能之，其所收效亦不过如英国之稍稍增募兵队，于战局决无影响。然运此数十万兵者，其供给、补充、交代又须征用巨额之船舶，即同时使英国缺乏粮食之祸益增，故其所得不偿所失。德国惟深知其如此，故百计迫美加入战团，在美国真不欲其如此也。试观美总统①提议媾和，力主不待胜负而致平和，其心岂欲战者哉？通牒调和，认为美国之权利且认为义务，其意气何如？而三礼拜后忽而抗议，忽而绝交，忽而宣战，恐威尔逊博士自身亦决不料其如此也。美国之开战为德之利，故德强迫以成之；中国无此不得已而亦欲以美为师，岂非捧心矉里②之亚乎？

中国与美国此次地位完全反对，言实力则彼有而我无，论损害则彼受诸德、奥，我受诸协商诸国，论加入之不得已，又为彼之所独，我不与同，则我何为自苦若是！试观日本前此尽力建立其势力于山东及南洋，至其既得，遂谨守不进。前岁有请日本派兵至巴尔干③之议，欧洲各国翕然主张，即日本人中亦有少数为其所摇，而鉴于多数民意所不悦，不敢实行。彼日本于协商诸国关系非我之比，且其实力亦优足以办之，然尚不徇一时之外论而置举国之反对于不顾，我国政府胡不深思而遽言随美进退耶！

第四章　中国加入与各国之关系

中国加入战团之后，以见好于欧美诸国故，将来可望得其援助，此种思想全由中国历年"远交近攻"之遗传的愚策而来。中国自与外人接触，即有"以夷制夷"之画策从之俱生。李鸿章之外交以联俄制日为秘钥，而卒召欧洲列强之侵入，旋致瓜分之说、势力范围之说、不割让之约、租借之约相踵而至，此非其成效乎？然在旧官僚知有所谓外交者，无不敬奉李氏遗策以为神奇。袁世凯之策外

---

① 即威尔逊（Thomas Woodrow Wilson）。

② 原文见《庄子》"天运第十四"，谓丑妇效西施"捧心而矉其里"。矉通颦，即蹙眉。

③ 巴尔干（Balkan），下文亦译巴耳干，欧洲东南部半岛，地处欧、亚、非三大陆之间。因地理位置重要，国家与民族关系复杂，素有"欧洲火药桶"之称，一九一四年六月二十八日在萨拉热窝发生的暗杀事件即成为第一次世界大战的导火线。

交也，曰"引一国之势力入他国之势力范围，使互相箝制"，此即以夷制夷之哲嗣，亦即远交近攻之文孙也。其姓字虽殊，其本恉无改。今之当局者又承袁氏之遗策，乐于引入美国以排日本。故抗议，美国劝我者也，而至其加入，则美使声言任之中国自由裁度；加入，日本所尝反对者也，及中国既从美国之劝而抗议，日本又转劝我以更进加入协商国中。质言之，则此次对德之交涉，实有日、美之暗斗含于其中，而美国之主张遂不及日本之有力。然则中国政府亲美不如亲日乎？非也。中国旧官僚抱亲美之主义，而未至亲美之时机，其隐忍以从日本，不得已而欲待之他日，使他人为我复仇耳。故今日所诚惶诚恐以敬献于东京政府者，意谓犹璧马之寄外府，一旦时至，辄可取而复之。其貌愈恭，其志弥苦。此种亲美思想，吾不敢谓其非发之至诚，然而其迷梦之政策果足以益中国乎？我知其必不能也。特是以日本政治家之近眼与英国之牵率，遂相蹙迫而生出此绝交、加入之议。考论其实，于加入有所主张者，协商一面虽云七国劝我，而意、比、葡三国实可谓初不相关（如逆其〔其逆〕计将来议和时，可借中国以减已〔己〕国之负担，谓之有间接关系亦无不可，但决不视为重要）。法、俄两国所求助于我国者亦复甚易得之，即不开战，未尝不可以满足法、俄之欲望。故真望中国加入者英国也，不得已而迫中国加入者日本也，欲中国与已〔己〕采同一态度者美国也，此外皆与本问题无甚深关系者也。

彼协商诸国所认为中国加入后，协商国之利益者曰供给人工，曰供给粮食，曰扫荡德国人在中国之经济基础，如是而已。试一研察，则知此三者纯为自欺之口实，在协商国亦不能认为必要中国加入之原因也。

今先就经济基础而言。德国之贸易开战以后已全杜绝，德人在东方惟一之商埠青岛已归日本占领，今所余者，绝无贸易等于故墟之数十商店而已。彼数学校之解散、数卫卒之被拘与此数十商店之闭锁，在官〈厅〉少数德人之解佣，便可谓之驱除德国之基础，而前此攻略青岛、杜绝贸易反不足以比其功。日本费财亿万，劳师数月，死伤及千，不能扫除其基础，今乃不如三数警吏之能，此不能信者也。须知德国在中国贸易之所以盛大者，在其商品之信用与营业之精神，对于中国人之精密之研究，以此三者为他国商人、商品所不能及，故后起无根据而能以短时期内侵入英国之地盘，与〈之〉争胜，此非可以人力遏者也。今试检德国占有青岛之后其输入输出之状况如何，可知德国在东方之基础并不在于青岛。

一九一一年青岛输出入价表（单位：两）

国	输　　　出	输　　　入	共
德	四，六六五，〇〇〇	一，五九六，〇〇〇	六，二六一，〇〇〇
日	四，三〇九，〇〇〇	一，一七四，〇〇〇	五，四八三，〇〇〇
法	八，〇〇〇	四，三二九，〇〇〇	四，三三七，〇〇〇
英	一九九，〇〇〇	一，五五一，〇〇〇	一，七五〇，〇〇〇
美	一，二八二，〇〇〇	一二四，〇〇〇	一，四〇六，〇〇〇

　　若言除去德国根据，则虽占青岛亦不足尽其根源。将来欧战既毕，决不能禁德货之来，德货既来，则发挥吾所谓精密研究与商品信用、营业精神，转瞬即可复其旧观，益加发达。是则所限制者不过一时，而在此一时德国本无商业可言，无须限制。故此一说，决不能成为理由也。

　　至于人工之帮助，则惟俄、法两国实需要之。英国本土人口虽不多，而在印度领土已有三万万以上之人员，决不忧劳动者之不足。况且英属华工向来最夥，但使一令招集，即马拉半岛、婆罗、缅甸，旬月之间数十万决不难致。一面中国往南洋觅食者后先不绝，故南洋所招华工亦无尽藏，非如俄、法之必求招之中国也。俄、法虽求人工之助，若特定条约准华工之到法、俄亦复甚易之事，且迄今虽无条约，招工之事俄、法早已实行，则无事因此必强中国使加入明也。又自粮食言之，俄之缺粮乃由转运之难，非以生产不足，在本国尚难转运，则自无由移粟就民。英国产谷固稀，而求之于美国、坎拿大较求之中国遥易。且向来输入中国之面粉甚多，今但移此以供英人之用，或更输出中国之面麦亦足供其所用，何必宣战始能行之？且闽、粤之米向仰给于安南、缅甸，若其需粮，则转运于其主国之英、法已足矣，又何待求之中国乎？要之，无论从何方面着想，决不因此人工、粮食两层至要求中国之加入。此所以真与吾国加入有密切关系者，止于日、美与英三国也。

　　论此次之劝诱中国，美、日居其冲，而英国若退听焉。考其实际，则英国为其主动，而美、日之行动适以为英政府所利用耳。何也？英国之运动加入非自今始，往者袁氏称帝之日，英国曾欲以加入为条件而承认袁之帝制，袁未及决，日本出而反对，遂中止以迄今兹，然而英国之运动未尝息也。但以英国曾对日本外交总长石井①约言，此后在中国无论何种举动，必先经日本同意。英国在东方之外交本不能自由行动，故英国欲动中国必先动日本，欲动日本惟有藉美国势力侵入中国以挟持之。此次美国之劝告中国以何原动力而来，非吾所敢议。而英文《京报》辛博森②一派之论说，则显然谓中国抗议之后，以美国之经济力与兵力为可恃，即可无虑日本之挟制中国。其论调如此，则一方面代表中国政府亲美排日之初心，一方面又表明英国在东洋对于日本之甚深之恶感者也。吾闻亲美论者，动谓日本年前阻止中国加入志在使中国外交受日本支配，此次抗议即图独立之外交。不知在东洋外交受日本支配者乃在英国，而加入之后英国可以回复其外交之独立耳，中国之外交何由得独立乎？

中国之旧官僚有其习性，只有与营私利之人或被其认为好意，此外无论何事，彼必以不肖之心度人。日本之不愿中国加入，固曰大隈内阁③之政策不欲助袁成帝，然决不得谓为主要之原因，主要之原因乃在中国加入自身之不利。从公平之观察以批评日本当时之态度，可谓第一为中国谋其利害，而后计日本之利害（此时中日利害相同自不待言），以此友情，救中国之危而措诸安定。中国之论者不知感谢，反以是为失我外交独立，欲推刃而复仇，诚不能谓此辈官僚之思想为尚有理性存者也。日本诚见中国加入绝不能为协商国摧败德国之助，而一且〔旦〕加入，无论孰胜孰败，中国必不免为牺牲；以中国为牺牲，中国之不利亦日本之不利也。为避此不利而不惜得罪于同盟国，亦可以谓之无负于中国矣。而论者则谓之挟制中国，谓之不使中国有外交，此所以动失东亚联合发展之机会，而为白人所利用。

抑亦以彼辈洪宪遗臣，对于袁氏之加入称帝实抱无穷之属望，一旦失之，惭忿交并，转致其深怨于日本也。

---

① 石井菊次郎，一九一五年十月至一九一六年十月任日本外务大臣。

② 辛博森（Bertram Lenox Simpson），英国人，时任伦敦《每日电讯报》（*The Daily Telegraph*）驻北京记者，并被黎元洪聘为总统府顾问；他以 Putnam Weale 为笔名，常在陈友仁创办的英文《京报》（*Peking Gazette*）上撰文发表政见。

③ 第二次大隈内阁存在于一九一四年四月至一九一六年十月，大隈重信任总理大臣。

　　论者动谓日本要求廿一条款，即为独占中国利益之征，侵略之实行。然当知廿一条款初非日本之意，而日后袁氏称帝事急之际，曾以有过于第五项之权利供于日本，而日本不受也。始袁氏既解散国会改约法，第二借款将成矣，而败于欧战之突发，乃改其日〔昔〕者排日之态度为亲日，因求日之承认帝制而诺以利权为报酬。所谓廿一条项要求者，袁自使日本提出其所欲以易其帝位，非日本自以逼袁也。袁之排日凤昔已著，日人惟知事定以后必为反噬，故重索其权以求免未来之患。顾此条件无端而泄漏，无端而有国民之反对、各国之责言，袁尚欲贯彻其主张，乃暗请日人派兵来华，致最后通牒以镇压国中反对者，而便于承认日本所主张，然终不敢诺第五项。如是者又半年，帝制起而云南倡义，袁忽使周自齐东为特使，不顾举国反对，诺允日之第五项，且益以他种利权。尔时日本欲助袁平定民党博取利权易于反掌，然而举国反对，不为利动，袁策遂不得行。以此二者比较而观，可以知日本于中国不必以侵略为目的，其行动常为中国计利而非以为害。论者不察于是，徒以日本为有野心，非笃论也。日本之不赞成中国加入，与不受周自齐所赍之贿，同为纯粹之正义所驱，吾人于大隈之举动固不尽赞同，而公论要不容没。即在此次日本虽翻然劝我加入，而吾尚深信彼中不无审察利害，不乐促我堕此旋涡者。故于所谓加入条件者，日本不遽与赞同，即其心中以为日本对于英国既有同盟关系，势不能永拒英国之求，而亦不欲负诱我以入协商之责任，故但劝以言而不肯供其贿（关税改正、赔款延期以为加入条件则皆贿也）。彼岂不知利益均沾之约尚存，将来不难追补。今兹所失，朝四暮三，本于名实无损，而必坚持之者，其心诚亦不欲中国以此而自决堕入危途，将以自慰其良心而己〔已〕。况乎以终局利害论，中国之不保，同时即为日本之衰亡也。日本之劝我非本意也。（以上所引外交秘密皆有最确之来源，徒以责任所在，不能明指。要之，此中事实当局自知其不虚，而吾之操笔亦绝不以私意稍有所损益，以就吾论据，此则可以吾之良心与名誉誓之者也。）

　　中国之加入于美国为有利乎？否乎？则将答之曰：美国欲中国随彼一致行动，无异欲他中立国〈随之〉，〈美国〉不以他中立国加入为己国之私利，即亦必〔不〕以中国加入为已〔己〕之私利。须知美国劝我抗议之通牒，对于诸中立国一概发出，与前者劝和之通牒同。论者但见美国劝我抗议，而谓中国加入协商亦为美国所乐闻，不知美国为向来最大之中立国，常欲他中立国行动与彼一致，以保中立国之利权。故前此提出调停通牒，则亦劝我为调停，所劝者非止我国也。一旦提出抗议通牒，则又劝我为抗议，所劝者不止我国也。此为美国外交当然可采之手段。而论者先有成心，乃于美国之意思加之曲解，故前次调和之通牒忽然集矢，今日抗议之劝诱又忽焉以为抵排日本之机，吾信美国之通牒必不存此心。中国官僚日思排日，因美之来劝遂自扇其感情，发为虚想。此种举动适投合于英国人之需要，而其波益扬，此亦美人所不及料者也。中国苟但随美行动，则美国可以各中立国之一致为基础，而谋中立国之利益，此往日美国之所愿也。过此以往，本非所求，则虽有抗议劝诱之一事，美固不负引入中国之责矣。

统以上所言，则知劝我抗议之美国，劝我加入之日本，均未尝因我之加入能受何种利益。即在协商欧洲诸国中，亦决无非中国加入不可之理由。然则何以七国公使，不惮再三干涉我国对德之所谓"独立外交"乎？则以其主动者有英国，故不惜百方以求引入之机会。袁氏之称帝一机会也，不幸而挫于日本之干涉，故又利用此美国之劝诱而扇起中国之排日感情，即以此耸日本之听而促其决心。此年来英人所经营者，其迹历历可睹，此中摩理逊①、辛博森等于种种方面皆尝自白其尽力于中国加入协商一事。可见由中国加入而得利益者非意、比、葡，非俄非法，亦非美非日也，惟有一英国而己〔已〕。则有问者曰："英国于招工、运粮、破坏德人基础以外，更有何等甚深之理由乎？"曰有之，英国自数百年以前迄于今兹，有一不变之政策焉，曰"求可以为牺牲者以为友邦"，中国适入其选，则英国之欲我宣战也固宜。

第五章　　大英帝国之基础

除去印度，大英帝国不过世界之三等国，此英人所自认者也（《中央公论》引喀逊语）。英国之帝国以何者为基础乎？伦敦之市场何所资而能为世界市场之中心乎？英国之外交何以常能使人尊敬为第一有力者乎？以偏在欧洲西北三岛之

---

①　摩理逊（George Ernest Morrison），通常译称莫理循，英国人，任伦敦《泰晤士报》驻北京记者多年，曾被袁世凯聘为政治顾问。

地而其所领土地周绕地球，自诩“国旗不逢日没”，其操纵之操何术乎？非巴力门政治①之力也，非二强国海军标准政策之力也，非条顿种绅士精神之力也，所恃者印度而已〔已〕。惟有印度，始能控御此周绕地球之植民地；惟有印度，伦敦市场始得为世界中心；亦惟有印度，英国始得至今执欧洲之牛耳，横行于世界。英国之君称为“大不列颠合众王国王兼印度皇帝”②，英之所以为帝国者，在印度不在英伦也。

往者英相张伯伦③，以其所领之统一党倡帝国主义，而以植民地互惠关税为入手办法，即说明此意义者也。英之植民地遍于五洲，自英本国而南，占有非洲之大部分而握埃及以为交通之枢纽，且取直布罗陀、摩尔泰、亚丁④以联之，而以好望角副之；出红海而东，萃于印度，展而及马拉半岛，则星架坡为之枢，锡兰、香港以副之；其东南则有澳洲，越海而为坎拿大⑤。盖其领地统治之法随地而殊，坎拿大、澳洲皆有自治政府，英国之主权仅于对外认之。而澳、坎对外所以姑认英之主权非以为母国利也，以其若离英独立，则海陆军之费较现在必且大增，现在可以轻税薄敛支持将更而为重税，故宁依附英国以保对外之安宁。其用心如此，故英国欲求国家所须要之资源不能仰之澳洲、坎拿大也，今日母国布征兵之制、强制劳役之令不敢望之澳、坎也（去年十一月澳已〔已〕否决征兵案）。非洲之地虽亦巨大，而人口较疏，地势分散，必不可用以为发展之基。只有印度、马拉比较地位适当，而向来统治惟英人意所欲为，初无扞格，故以为联合之基础最适。而马拉半岛消费、生产之力均远在印度之下，所以不能不舍马拉而取印度

---

① 巴力门（parliament），国会、议会之音译，“巴力门政治”即议会政治。

② 此处以“大不列颠合众王国”称英国，但其国名全称实包括爱尔兰在内，今译“大不列颠及爱尔兰联合王国”（United Kingdom of Great Britain and Ireland）。后来爱尔兰南部独立，其北部仍归英国，便又改称“大不列颠及北爱尔兰联合王国”（United Kingdom of Great Britain and Northern Ireland），即当今英国国名。

③ 按：在英国历史上，只有一个中译名为“张伯伦”（Arthur Neville Chamberlain）者于一九三七至一九四〇年间担任过英国首相；而其兄奥斯汀·张伯伦（Joseph Austen Chamberlain）则于一九〇〇至一九一五年间相继出任邮电大臣、财政大臣、印度事务大臣等要职，他极力鼓吹推行的关税政策与文中所述完全相符。故所谓“英相张伯伦”者，疑即为奥斯汀·张伯伦。

④ 摩尔泰（Malta），后篇亦作马尔他，今译马耳他；亚丁（Aden），今为也门之一省。

⑤ 坎拿大（Canada），今译加拿大。

也。张伯伦之策乃在改高英国之税率，对于外国输入之货加以重税，而于本国及属地来往之货物则特免其税以励之，所谓特惠也。以此特惠之结果，澳洲之农产及印度、马拉所产各原料可以专擅英伦之市场，不容他国货侵入，而英伦工业制品亦可专占坎拿大与澳、非等大市场，而拒绝外国货之流入。使此政策完全实行，则经济上英国全国农工商业皆能自给，以其余力操继〔纵〕世界市场，论其根本所需，不必求之国外而己〔已〕足。凡谓"农、工、商三位一体主义"者，即此之谓。而英国之帝国主义亦于此计画实行之后，始可望其进展也。

从前欧洲之取植民地无异蜂之取蜜，所志者在吸其精华以益本国，绝不存一联为一体之念。故其所谓植民地者，单以能使本国得益若干为算计之基础，以经济之利害决经营之方针。然在二十世纪，此种中古之政策不适于用自不待言，张伯伦之帝国主义乃由是倡。彼以为植民地与母国当视为一体，痛痒相关，母国之工业即籍植民地以为销场，而农产则由植民地供给。然而此所谓销场者，专视人口之多寡。英国全国人口不过四万万内外，其中三万〈万〉五千万为印度人，本国人及印度人外所余人口仅数千万耳，足以证明英国若无印度，即不能成为帝国矣。

抑英国之获得植民地，非有一计画以整然之组织行之者也。始得领地于美洲，旋夺法之坎拿大，未几而合众国独立，值拿破仑战争之后，乃以种种手段继受荷、葡两国所领，且占有澳洲。于此参差错落之植民地中，谋其联络，然后占有苏彝士河、好望角、星架坡等地以为根据。印度之经营乃自一公司①始，资本裁七万磅耳。中间有葡萄牙之先进，复遇法、荷之东印度公司与为竞争。适印度小国互相攻击而皆借助于外人。克雷夫②，印度公司中一书记也，凭其智力扇构印度诸王，假以资粮器械，己则乘之收其实权。自十七世纪以来迄于一八五七年之叛乱，印度统治皆委之于公司，英国政府初不过问也。暨乎叛乱戡定，一八五八年英国

---

① 此指英国东印度公司（British East India Company），创立于一六○○年，原是一家海外贸易企业机构，后来成为统治印度的实际主宰者。在此前后，葡、荷、丹、法等国亦相继在印度及亚洲其他地方成立"东印度公司"。

② 克雷夫（Baron Robert Clive），今译克莱武，英国人。十八世纪中叶任职东印度公司期间，以权术及极少数雇佣军征服大片印度领土，被任命为孟加拉总督和驻印英军总司令。

始声言併合印度，一八七七年英国始以维多利女王①兼印度皇后。其时公司所以付与母国者，面积一百七十六万方英里，人口三万万余。自兹以降，英人复尽力谋其扩张，且保护维持其植民地。

然而作始非有计画，故当然为大英帝国之基础者，至于二十世纪之初犹以偏隅待之，所有政治上之施设往往背驰。此则凡属逐渐长成若〔者〕所同有之弊害，小之如一都市，当其始未有计画，任意以延长之，则其形必成为不规则之状，其交通配列必不如意，其天然应有之中心与实际现存之中心乖离，统治、改良种种阻碍皆由斯起。论世者试以中国之南京、北京、广州、汉口，日本之东京，比之美国之华盛顿可以知其差异矣。彼南京、广州、东京诸市非故意为此不规则也，任其自然发达，以变田园为市街，由田园进而任意附益于都市，不由都市自立计画以取用田园，则其糅乱无纪必不可免。英之植民地亦正类此，本来既无秩序，则一旦求整其统系自属非易。然无论如何，英国经济之基础即其国家之命脉在于印度，事至瞭然。若此基础失去，则大英帝国亦惟有瓦解而已。除去印度，虽以澳洲、坎拿大亦不足以为英伦工业品之销场，不足以完农、工、商之〔三〕位一体之实，既不免求销场于外国，则国内自给之策完全破坏，母国与植民地浸益疏远，终至各相离异，不复有为。故无印度者，澳洲、坎拿大皆成为无意味，而非洲与马拉半岛更不足数矣。故英国所以能保有"国旗不遇日落"之植民地，以印度也。

英国之所以得握世界商业上之实权，以世界市场置之己国之支配下者，以其国之出产力与消费力俱优越于他国，而其生产、消费各在一地，即在国内营通商转运之业己〔已〕臻极盛，挟此基础以为商业、以为航业，他国不能与争也。夫世界之货物有其生产地与消费地之距离，视其两地之距伦敦更近者，其价反待决于伦敦之市场。此非以经济社会关联较多，他物集于伦敦，一物不能独异之故乎？凡世界市场买卖虽以货币计数，而买者之资源必由于卖一种货物，卖者又常以其资金购取他种货物，故有一地为多数货物贸易之所者，其他货物当然趋而附之。英国以其对国内之贸易集中于伦敦，随之对国外之贸易亦集中于伦敦，此贸易之

---

① 英国女王维多利（Alexandrina Victoria），今译维多利亚。

额既已甚巨，故此二者以外之贸易亦为其所吸引，而伦敦自然成为商业之中心。除去印度，则英国之商业己〔已〕去大半，其根本既伤，自无吸引之力，而雄制世界市场之资格从此失矣。印度之存亡即英之存亡也，无印度即无植民地、无商业、无航业，内不能自给，外不能取足于他人，虽欲苟存安可得乎？

不观乎西班牙、葡萄牙之历史乎？彼二国当十六七世纪间，中分地球各取其半以为势力范围，其所领植民地势驾于并时诸国，徒以不能谋其统一协合，母国与植民地两不相亲，稍有不利即离而独立或他属焉。今之非洲海岸诸地暨南洋英、荷领土，往者非皆葡领乎？葡萄牙惟不能占有好望角与埃及诸植民地，遂无由联络。西班牙亦坐不能收联结中美、南美诸地之效，所以入十九世纪纷纷变为独立之国，盖其对于母国本皆无经济之关联，其离叛固事势之所使然，不足怪也。荷兰承葡萄牙之敝而起，一时雄视东方，亦以不得经济上之联结，一失星架坡、麻六甲①于英，其地位遂大低落。使葡萄牙与荷兰得英之印度，则东方岂容英国为霸？使英不得印度，则不特马拉半岛无由经营，即坎拿大、澳洲亦久已师美国而独立矣。英国惟得印度以繁荣其商业，因以担任此巨费〔额〕军费以保持其海权，使澳、坎托其庇而安焉。此所以不蹈西、葡、荷之覆辙，而强盛百年也。

事固有始行之甚易而莫之行者，亦有偶然行之不知其关系之大如是，而幸收其良果者。英之设印度公司在他国之后，侵略全由公司画策，母国初不之知，即克雷夫当时岂知其经营印度关于英国之荣枯若是哉！事后推论，归功尸名，亦适有运会焉。嗟乎！使中国而遇有若印度公司者存，恐当英国併合印度之际，中国已相随俱尽，尔时英国欲吞中国易与吞印度同耳。当一八六〇年之交，中国方南北争持未有所定，清帝北走道死，举国无以抗拒外人为意者。使戈登袭克雷夫之策，以中国之兵征服中国决非难事也，况益以国家之助乎！当是时葡、荷已衰，法、德未起，在东方无与英争植民地者。自克列迷阿半岛②一役，英、法联合助

---

① 麻六甲，马六甲别一译称，后篇亦作马拉甲。

② 克列迷阿半岛（Kryms'kyy Pivostriv），今译克里木半岛，或克里米亚半岛。一八五三年至一八五六年，俄国与奥斯曼帝国（土耳其）为争夺巴尔干的控制权而爆发克里木战争（后篇亦译苦列米亚战争），最终英、法等国助奥斯曼帝国战胜俄国。克里木今为乌克兰的自治共和国。

土敌俄以来，英常以法、普①之交恶为利，乘其间隙以图利于东方。当时虽以英法联军攻陷北京，论东方之根据，法实无有，英国当时如不但以通商贸易为满足而求并吞中国，实无一国可以牵制英国者。假令英国以十年之功收中国于掌握之中，则法国正败于普，德意志帝国新成②，而亚洲已全入英国统治之下矣。使其然也，则今日之大英帝国非特保有印度莫能摇动，且可以并中国、印度为一团，取世界最大之市场纳诸囊中，而莫敢窥伺之。非特无此次之战争，即在将来苟非英国见内讧，恐亦无人能间〔问〕英鼎轻重。使吾人为英国人，必不能不痛惜当时英国无人，坐失此万劫不可复得之机会；而吾中国人则又不能不深幸英国之无人，使吾人今日犹有研究中国存亡问题之余地也。

吾不云乎，事有始行之甚易而莫之行者，亦有偶然行之不知其关系之大若是，而幸收其良果者。故吾人追论英之偶然而得印度，偶然不得中国，为英国计者惜其未收全功，为中国计者幸其不蚤复〔覆〕没，皆从其已事而征其效。然而英国有帝国主义之实行，有互惠关税等等政策，所以保持其偶然所得者，使不以偶然失之也。而我中国则何如？幸不见并于英且不知戒，而轻心以掉之乎？英国失并吞中国之机会，心未尝忘中国也。值法国于战后专力经营植民地与英角力，德国寻又起而乘之。英国犹欲以瓜分之结果占有中国之大部分，以为印度之东藩，补往日之失策，而计画未遂。忽有日本起于东方，日本一出战胜中国，虽曰从此中国败征益无可隐，而实际瓜分之局转以日本之突起与俄国之远略而中破。俄国既与土战胜③，势可突出地中海矣，而英嗾德以挠之，使不得伸，易志而东图我新疆与彼印度。英国为自保计不能任俄国之发展，而于东方陆上之力不能制俄，值日本之新兴，遂利用之以为敌俄之具。东方既有此角逐，利益更难平均，因之瓜分说破而均势之说代之。日俄战后日之地位更固，而英国亦无法使瓜分之际日本满意，日本亦知瓜分之后已〔己〕国地位无由巩固，力主保全中国。盖法、德之着手东方为英国并吞中国之障碍，其政策遂变为瓜分，而日本之勃兴又为欧洲瓜

---

① "普"为普鲁士（Prussia）简称。

② 一八七一年一月，法兰西帝国政府在普法战争中向普鲁士投降，德意志南北各邦宣告建立统一的德意志帝国。

③ 此指一八七七年至一八七八年俄国与奥斯曼帝国再次发生战争，俄方取得胜利。

分中国之障碍，再转而为均势保全，于是英国不得不以保守印度为满足矣。虽然，英之帝国保守印度固曰足矣，为他国计，亦能容英国之保守印度以为满足乎？人皆知其不可能也。以英国之帝国主义恃印度以为基础，故英人必百计求保印度，不惜以万事为牺牲也。

第六章　英国百年来之外交政策

欲论英人之用何术以维持此帝国，不可不先溯之于英国向来对外之政策。

英国自战胜西班牙之"无敌舰队"① 以来，其对外有一定之国是，即联合较弱之国以摧抑当时最强之国是也。当十八世纪之后半期，英国以法为标的，对于法之战争，以路易十四、十五之强盛为欧洲最故也，非修百年战争② 以来之宿怨，亦非属望于欧洲之领土。惟英国欲维持自国之利益，则不许欧洲大陆有一强国发生，苟其有之，必合诸国倒之而后已。此对法之战争结穴于滑铁庐一役③，自此以后至于今兹，百年之间英国霸权未尝衰竭。虽然，其间保存、维持之业亦复非一。自法国摧败以后，英国不复忌法。而俄国逐渐发展，势将南吞土耳其，既并土耳其必据埃及、制红海，而地中海之权失，印度之门户亦不固。故于十九世纪之中期，英国舍法而敌俄，举土耳其而御俄罗斯，动则曰"扶弱锄强"。当是时，土耳其之奉回教无异今兹，其苛待基督教徒或又甚焉，然而不惜悬军远征以助之。今日则曰："土耳其之文明已不适于欧洲，须逐之使复归亚洲之故土。"狐埋狐猾〔揖〕，翻云覆雨，曾不知愧也。实则前之保土耳其所以保印度，今恐德因土耳其以取印度，则不能不合俄以攻土耳其也。既一败俄于一八五三年之战，又于一八七七年俄战胜土结约之际强结德以抑俄。盖自拿破仑败后，英常亲法而敌俄，则以法已失势，俄方日强也。

---

① 在十六世纪后期至十七世纪初为争夺海上霸权的英西战争期间，一五八八年七月，西班牙强大的"无敌舰队"在英吉利海峡一战中被英国海军击溃。

② 英法百年战争始于一三三七年，至一四五三年以法国获胜而告终。

③ 滑铁庐（Waterloo），今译滑铁卢，比利时布鲁塞尔附近一小镇。一八一五年六月十八日，拿破仑军队在滑铁卢战役中被英、普联军击溃，联军攻陷巴黎后又将拿破仑放逐到大西洋中的圣赫勒拿岛（Saint Helena Island），六年后死于该地。

　　然一方法国自见败于普之后，思有所取偿，而俾斯麦①亦欲斗英、法使自敝，因嗾法国致力于植民地之扩张。于是法国占突尼斯，占阿遮利②，占安南，占马达加斯加，而伸张其势力于摩洛哥，于是乎得罪于意大利，又得罪于英。俾斯麦因是收意大利以入于三国同盟③，而激英使敌俄、法，英于斯时实远俄、法而亲德，至其极遂生东方之冲突。英人自度在东方力不能胜俄，乃乘日本怨俄之干涉辽东割让一事，耸日以拒俄。日本之与俄战，在日人言之则为取朝鲜也，为保全东三省不使俄人驻兵占据也；自英人言之，则不过日人为英人守卫印度，驱除其东方之敌人而已。方俄之盛，日铦日人以攻俄，及俄蹶日强，则又百方窘日。此即英国百年不易之国是。以为忘恩负义、以怨报德而讶之者，未知英国之历史者也。

　　一方得日本以制俄，一方德国之势又日隆，于是英国又弃法、俄不以为敌，而转搂诸国以敌德，然后造成此次之战争。盖俾斯麦之为德国画策也，曰让法取海外之植民地，而德国自以全力修治内政，内政整理既毕始可外图。于时法果以扩张植民地与英大冲突，英国欲专埃及之权而法挠之，法国欲固其力于摩洛哥，而英国又以直布罗陀之关系，不欲法国占此非洲北岸之突出点，两不相下。既而盛〔威〕廉第二④黜去俾思麦而图扩张势力于国外，以是经营非洲东西海岸之地，在在与英冲突。英国不得己〔已〕始与法国协商，法国承认英在埃及之权利，英国亦承认法国在摩洛哥之优越权，于时俄犹未败于东方也。及俄国既败，英、法益亲，法遂实行前约，以兵力干涉摩洛哥，德国乃出而抗议。是时法之外务总长笛卡西⑤与英为约，一旦法、德决裂，英当以二十万兵助法，经由丹麦进攻基尔运河⑥。（此种计画正与德之强行通过比利时同，英国不过偶未逢此实现之机会

---

　　① 俾斯麦（Otto Eduard Leopold von Bismarck），下文亦作俾思麦，普鲁士王国、德意志帝国宰相。

　　② 阿遮利（Algeria），今译阿尔及利亚。

　　③ 三国同盟，指一八八二年五月德国、奥匈帝国和意大利结成的秘密同盟。

　　④ 德皇威廉二世。

　　⑤ 笛卡西（Théophile Delcassé），今译德尔卡塞，一八九八年至一九〇六年、一九一四年至一九一五年任法国外交部长。

　　⑥ 基尔运河（Kieler Kanal），位于德国北部，当时为连接波罗的海与北海的海军基地而修建；今又称北海—波罗的海运河（Nord‑Ostsee Kanal），已成为一条国际水道。

而已，何人道、公理之可言?）后卒以调停终局，而英之义华第七①与法外交总长笛卡西遂始终成就英、法之联结。统此以观，百年之间英与法再为敌、再为友，于俄一为友、一为敌，于德一为友、一为敌，要之，当其最强之际英国必联他国以敌之，及其有他国更强则又联之以共敌他国，二世纪间英国之外交政策未尝变也。其以一国为友也，非有诚意之结合，不过利用之以攻击他国，以友国军队为已〔己〕之佣兵，敌其所忾而已。及乎强敌既挫，惟有友强，则又转而以友为敌，而英国始终居于使嗾之地位。战则他国任其劳，胜则英国取其利，此则数百年来未尝变者也。故论英国之外交，断不能谓某国必可为英国之友，亦不能谓某国必为英国之敌，抑且除印度及与印度有关之数地外，虽为英国向蓄有势力之地，亦不惮移以赠人。如摩洛哥固英国宿昔所经营者，为搂法以伐德，不惜以让诸法，从可知英国向来为破灭欧洲最强之国，不惜以种种为牺牲。而其所以必破坏欧洲最强之国者，不外以保存其帝国，换言之即不外以保全印度耳。

自道德上言之，必损已〔己〕以害人，信为罪恶。然以利害而论，为英国谋者又何以加于兹? 故英国之结日、结法、结俄，均以其强不逮德国故，纠合而为之首领，使屈从于已〔己〕支配之下也。其于土耳其亦思用此策，以绝德国东出之途，同时又不使俄国得志。然而英人有恒言曰"血浓于水"，故又常助土耳其支配下之白人，使离土独立而收以为已〔己〕党，自希腊之独立而已然。而于塞尔维、门得内哥罗与罗马尼亚、勃牙利②，又以对俄国之关系，英亦阴袒之。故土卒不甘为英之牺牲，而合于德。籍不然者，英国已以土为俄国之饵，而君士但丁③久在俄国统治之下矣。不观夫土未与英、俄决裂之前，英国之所以诱土助已〔己〕者乎? 英国上下无不以为土国厚受英之保护以有今兹，而不计其对俄之宿愤，以为一旦揽致土国，即可乘势满足俄之欲望也。夫英国之利用他国也，方其得势，则牺牲他同盟国以满其欲望，及其势不足以为助则又取以为他国之牺牲，此其历史已彰彰然明矣。

---

① 义华第七（Edward Ⅶ），英国国王，今译爱德华七世。

② 勃牙利（Hungary），今译匈牙利。

③ 君士但丁（Constantinople），今译君士坦丁堡，奥斯曼帝国以之为首都，改名伊斯坦布尔（Istanbul）。

论者以为土苟维持中立，尚可免英、俄之攻击。不知为英之与国者，方其有力，英必乐与以种种之利益，使与俱敌其敌；及其无力，英亦必重苦之以快他国之意。无他，英之求友邦贵能为英尽力，今既无力，自然应以其国为英之牺牲。譬如饲蚕者，三眠以前束稿伐桑，昕夕觊候惟恐不逮，孝子之养父母无以过也。茧抽丝尽，则命镬鼎镬，骸饱鱼鳖。今日英之友邦皆蚕也，其犹得英之承迎者，丝未尽耳。故如塞尔维受俄之命以图奥，即间接受英之指挥以图德者也。首发巨难，亡其宗祐，亦可谓忠于其事矣。而英人之待之固何如？方勃牙利之未附德也，英人不尝与勃牙利议割塞之地，以饱勃之欲使参战乎？当时议固未成，而英国亦以此藉口，谓巴耳干外交失败非已〔己〕之罪。夫英国欲饱勃之欲，何不牺牲已〔己〕之利益以求之，何不牺牲俄之利益以求之，而必以塞为牺牲者，塞之力已尽，勃之力方可恃也。亚巴尼亚①非塞尔维日夕所想望者乎？以人种言以地理言皆近于塞，塞以外无通海之途，迫而与土战，倾国以争此地，卒为奥所抑不能逞志。今者塞既为奥所败，若以英、法之援而得亚巴尼亚，固曰义当尔也，然而英、法为联意计，不惜以亚巴尼亚为意之势力范围。观其所以待塞尔维者如此，则知假令土耳其附英、俄而敌德、奥，英国亦必不保护土耳其以令俄国觊望。此无他，土之力先尽于俄，故其利益不免为俄之牺牲也。

今试观察此全战役，英之得与国，有不以利益饵之者乎？如其于意大利、于罗马尼〈亚〉，所谓参战条件者非土地之预约乎？其于日本，非以山东与南洋诸岛为饵乎？其以利诱勃牙利、诱希腊而不成者，更不可悉举。而问其所以许与人之利益，有一为英国自所捐出者乎？无有也。非约取之于敌，则使友邦忍苦痛以与之，英国之利益不伤，而有力之国皆用命焉。此真蚕人抽茧、豆人煮豆之术也。刍狗之未陈也，被而祭之，其既陈也，驱车以轹之。夫英国不仁，以万国为刍狗，塞尔维罹其网而丧其邦，土耳其幸不从英而已。其从之也，欲俄国之进兵，必以亚美尼亚、君士但丁与俄；欲勃牙利之从，必又割其西偏以与勃；欲希腊起，又将割其西南以与希。夫巴尔干诸邦皆为可左可右之国，而无国不有领土之野心，故土耳其苟为英友者，巴尔干诸邦必悉祖英，非土耳其之声号足以来之也，其膏

---

① 亚巴尼亚（Albania），今译阿尔巴尼亚。

沃形胜之领土足使诸国奔走熙攘，而来者逾多，土境逾蹙促。英收其利，土蒙其
害。故苟无其力，慎勿为英之友。苟无其力而为英之友，必不免为英之牺牲。若
其无力而欲免于牺牲，中立上策也。不然者，与其为英之友，无宁为英之敌。此
无论英之终局为胜为败，必无疑义者也。塞尔维与土耳其，其最良之标本也。南
洋之矿山主买人以开矿，其未至也，优之百方，虑其不至也；一旦入工所，计无
所逃，则畜类遇之矣。英之所以待友邦者，若是而已。为国者其将师塞尔维乎？
抑将师土耳其也？

　　则有问者曰："英之不欲牺牲自国〈利〉益固也，钧是以他国利益为牺牲，
何必友邦；虽中立，英国亦何所爱惜而不害其利益？"曰：是非不欲也，不能也。
英之友邦，得友之名而已，其举动皆惟英之命是听，故英国用其力则为之保护其
利益，不用其力则求善价以沽，其利益有保护之权，故亦有赠与之权。譬如摩洛
哥与埃及之交换，英苟无力于摩洛哥，法岂肯以埃及与为交换，法苟无力于埃及，
英亦岂允以摩洛哥与之交换。故微生高乞醯其邻以与乞者，邻既以醯与高，则醯
因〔固〕高之醯也，不必问其所从来，乞者终戴微生之德①。若使微生使乞者自
乞诸邻，则邻犹中立国也，虽所与不止于醯，人惟感邻之惠，而微生不与焉。此
亦犹中立国之利益不足以为饵，而英国之急于求友邦若不暇择者，非以其力足恃，
乃以其利益可以为英国牺牲也。中立于此乃可见其真价矣。

　　英之此改〔政〕策行之二百年，以致今日之盛大。每于战胜一强国之后，英
国若无所利于欧洲之土地者，于是以义侠自鸣。试以英国政治家之心理置之检镜
之下，知其言之必不由衷也。英国之领地遍于世界，无论何国苟于欧洲有优越之
权力，即于英国对于植民地之利益生冲突，从而英国为保其植民地计，不得不与
之战。使其强国所志在于他所，如法与意目的只在非洲北岸，犹易妥协也。然既
在欧洲为最强之国，则必不以是为满足，其目的必在于印度，而无印度是无英帝
国也，故英国尤不得不合他国而与之战。惟其谋之于未事，制之于未形，故人但
见为仗义锄强，而不知其举措无一非为印度之保全计也。

――――――――――

　　①　以上历史典故见《论语》"公冶长第五"所引孔子之言，原文是："孰谓微生高直？或
乞醯焉，乞诸其邻而与之。"微生高系人名（微生为复姓），醯指醋，此处含借花献佛、掠人之
美之意。

虽然，自有此空前之战争而英国地位已大变，平和而后将仍持此策不变乎？抑且改弦更张乎？此现在所须研究者也。吾人以最上之智惠，绝对之忠诚，为英国谋将来保全印度、维持帝国之策，则有其必变者，有其必不变者。以最强之国为敌，此必变者也；以较弱之友邦供牺牲，此必不变者也。英于此战争以前，每摧抑一强国必得数十年之苟安，于此从容以备他国之兴。其所破者，创巨痛深，数十年间未得复起也。其所防者，数十年未及长成，已逢英之摧败矣。故其政策可以无变。自德之兴，而英国之步骤乃乱。方欲遏法，法未衰也，又以防德之故，不得不助法；方欲遏俄，俄未全败也，又恐日之一盛不可复制，于万不得已之中巧收俄、法以敌德，而劫日本使从之。辛苦十年，而后得今日合纵攻德之结果。平心而论，从英国者为祸为福姑不与计，英之外交终不可不谓之大成功。然而其成功同时有为英所深不愿者，何则？假令战而胜德，德未成死灰，复然未可知也。法纵不加强，俄必坐大，自从战后俄、日知互角之不利，故两国各相亲而疏英，德国覆没之日即俄、日鼎盛之期，英欲与俄为敌，则无与制俄者。且前此使日敌俄，英之元气未尝伤也，今与德战虽幸而胜，国富民力已殚矣。是不惟不能自与俄战，即欲他人与俄战亦莫为用。何则？土、塞之教训已深入欧洲诸国政治家之心，英欲再求忠诚之仆如塞耳维者，终不可得也。往者英为盟主以攻一国，丰功伟绩，英人尸其大部，故其敌固畏英，其友亦畏英；至于此战则群知英之易与，无复尊崇之心，其于战后无复宰制欧洲之望明矣。更假令英国于此役不能战胜，则俄国已晓然于英之不亲已〔己〕，将来必不尽力。即日本亦必深悔从前之误，舍去不援。当时之国仍以德为最强（现在德国胜利之势已可推，即成为美总统所谓无胜败之媾和，德已居最强之位），英欲以德为敌在今日尚不能有成，何况今后，此又事至明白无可讳言者也。然则英国为将来百年之计，不得以最强之邦为敌，必以最强之邦为友，相与中分世界之利益而俱享之。自己国以外皆可以为牺牲，而其选择牺牲由亲者始，此即英国所以报其倾国以保卫印度之友邦之厚惠者也！

第七章　协商国胜后之英国外交

主加入协商国者辄言协商国必胜，反之者多言协商国必败。夫以为胜而附之与以为败而去之，本为一国之道德上绝不能容许者，而主张之者必计较利害，若曰"苟有利焉无恤乎道德"，此亦一说也。今姑无与争协商国之胜败，试与设想协商国全胜之后，英国之地位如何？

今日英国所恃以敌德国者，非英国之力也。英国以几及二倍之海军不能封锁德之海港，而肆德国潜艇之跳梁；拥五百万之大兵，而其战功略不可纪。于海于陆，皆失其威信。其犹得执协商国之牛耳者，能为经济之援助耳。暨乎战后英国更无可以制人死命之武器，则代德而雄于欧洲大陆者，必有其国。法之为国旧矣，且于此一战实已殚其精力，不能于战后骤望发展。意虽旧邦新命，而其海陆军两无可恃，在今日以最有利之状况进战尚不能得志于奥国，至于战后意已成孤立之况，在英、法尚视为疏远，在德、奥则积有深仇，其不能为英患亦明。其在东方，则英国可袭十余年以日制俄之策，引美国以敌日本。所不可如何者，俄国而已。

俄国自十八世纪之初彼得改革①以来，无时不有并吞世界之计画，所谓"彼得遗训"者久已为世人所公②认。而俄国之地势，实又足以成之。盖俄之为国在欧洲为受敌最少者，其北则此〔北〕极之下冰雪之区，其东与南皆为荒野之国，力不足为俄害。而其土地则足以满俄国之欲，其向来有战争皆从其西面或西南面而起，其胜则略地增长势力，不胜则退婴其天然之险，人莫能屈。征之于历史，彼得与瑞典王加罗十二③战，尝一败矣，而不为之屈，休兵八年卒复其仇，获波罗的海沿海之地。此后又参与七年战争④，遂乘波兰之弱而分割之。及拿破仑战争之兴，屡为法国所败，而拿破仑终无如俄何。一八一二年法人悬军远征，以破竹之势大胜于哥罗提诺⑤，遂占莫斯科，然终不得不退兵，以自致来布芝之覆没。

---

① 彼得（Пётр Алексеевич Романовы），俄国沙皇，即彼得一世，或称彼得大帝。其改革，包括为征服波罗的海沿岸地区的军事改革。

② 此处删一衍字"信"。

③ 加罗十二（Karl XII），瑞典国王，今译卡尔十二世，或查理十二世。

④ 七年战争发生于一七五六年至一七六三年，系以英、法为首的欧洲两大军事集团之间，为争夺各洲殖民地而进行的大规模战争。

⑤ "哥罗提诺"（Hrodna，今译格罗德诺）似为"博罗季诺"（Borodino）之误，前者位于白俄罗斯境内，后者系距莫斯科一百二十四公里之村庄，著名的"博罗季诺战役"即在其附近进行。俄军受重创后撤并放弃莫斯科，惟拿破仑亲自率领的法军于是役亦付出惨重代价。后来俄军发起反攻，拿破仑几乎全军覆没，败回巴黎。

俄国虽败不为法屈，而反以屈法者，其地利使然也。十九世纪之中叶俄将伸志于土耳其，会英、法之抗拒，君死军败，地削垒陷，乃至黑海舰队之出入亦不得自由。然而俄之国力毫不以是摧败，又东而出于波斯湾。俄之经营中亚细亚也，自十九世纪之始而已然，至一八七三年占有里海之要港加斯福斯克①，遂进而吞高羌，又窥阿富汗斯坦，以与英人利益冲突，波斯②遂为英、俄两国之争点。迄一九〇七年英、俄始为协商，波斯北部为俄国势力范围，其中间为中立地带，其南则为英国势力范围，以是三十年间之势〔努〕力终不能达占有波斯湾之希望。其在东方，又遭日本之打击，併其所已有之地盘而失之。若是者，在他国有一于此必为败亡，而俄罗斯自如也。其胜则威瑞典，收芬兰，割波兰，取中亚细亚；其不幸亦不过莫斯科之退军，斯巴斯图堡之城陷，《柏林条约》③之改订，旅顺、南满之退却，波斯湾之让步而已。故俄国挟此自然之地位，先为不可胜以待人之可胜，英国固无如俄何也。

英国之外交微妙而敏迅，吾人不惮称为世界之最，且尤不能不佩敬其主持者有远识而不摇。即如今兹之战争，英国本为间接之利害关系，直接有关者固俄、法也。德国之压迫法、俄以其优越之陆军力也，使法、俄而退让者，德亦未即侵及英国之封〈疆〉。然英国知苟德国得志于法与俄，即为世界最强之国，至尔时英始与德为敌则无所及，故豫料德国之必为已〔己〕害，而先联法、俄以攻之。夫法与俄诚有恶于德而结同盟，而于德外交固向无冲突，至摩洛哥问题与波、哈二州④合并问题起，始成葛藤，渐演成以战争解决之局。而此二事皆有英国居于法、俄之背后励其决心抗德，此英国外交之用心固远非凡人所测也。

此次战役，英国本尽有中立之余地，而英不愿也。不惟不愿中立，且于正为

---

①　加斯福斯克（Krasnovodsk Türkmenbasy），今译克拉斯诺沃茨克，现属土库曼斯坦。

②　波斯帝国（Persia Empire）是公元前六世纪在西亚伊朗高原（后篇亦译依兰高原）建立的文明古国，后来逐渐衰落，一九三五年波斯改名伊朗（Iran）。

③　此指一八七八年六七月间举行柏林会议的最终议定书，英、法、德、奥匈帝国、意、俄、奥斯曼帝国等国代表出席，该条约对奥斯曼境内原有部分领土的归属问题作出调整。

④　"波、哈"即今之"波、黑"，为波斯尼亚（Bosnia）、黑塞哥维那（Herzegovina）的简称。原受奥斯曼帝国长期统治，《柏林条约》决定将之划属奥匈帝国而置二州，后为南斯拉夫联邦成员国，一九九二年宣布独立定国名为"波斯尼亚和黑塞哥维那"，简称"波黑"。

商议调停之际，忽以曾向德使警告德国须豫定甘与英国开战之言告法使，此其强硬固不得不谓之有计算、有斟酌之行动。抑且对于德国之提议保全法国本国及植民地以求英国中立，及问英国"如德能尊重比国中立，英国亦能中立否"，英国概以行动自由不受束缚、不能豫约中立复之（故英国谓为比利时而战绝不可信）。此皆足证英国苦心孤诣，不欲法、俄独与德战，而勉加入焉，正以其深忌德国故也。其忌德国非有他恶感，亦畏其强耳。

然去德国而得俄，其足为英患无异。且往日德之祸法、俄为直接，而祸英为间接，故俄、法为英用。异日俄起，则直接受祸者惟英国，此英国所甚无如何者也。俄人方为英攻德以获利，而英又联他国以攻俄，则人将尽以俄为戒，不敢为英尽力，此又英国政治家所逆见者也。且德既败，则必弃其东进之策，而与俄无利害冲突。意、法本与俄近，美国本不干涉东欧、中亚之事，日本又已先事亲俄，英国欲求俱与敌俄者必不可得。无已惟有改其故步，因利乘便以联俄。虽然，联俄非可以口舌毕其效也，英国欲收俄国不侵印度之利，必先有以利俄国，而所以利俄国者又须为英国势力所及，不徒以口〈舌〉为惠。故如以非洲饵俄国乎？则非洲之领有不过稍增其面积，毫不足以为发展之资。且如滕以埃及，则英国与印度之联络不得不复于好望角之旧途，此为制英国之死命，英所不能容许。即俄国占有此非洲北岸，亦终无由满足其野心明也。将在亚洲方面为让步乎？则收波斯、阿富汗斯坦于俄国域内，益以危印度之边藩，而俄之野心亦断不能满足。故结局欲与俄联须捐印度，英不捐印度，则须求与印度相当者以赠俄，则在今日有为第二印度之资格而为俄所满足，无逾中国者矣。故英、俄交好之日，中国必不免为同于印度之牺牲。

盖凡所需乎植民地者，以本国生齿日繁，富源已尽，籍之以免人口过剩之患也。然其所求以为植民地者，如为荒寒待辟之区，则必费多额之金钱始可望其发达，而发达之后又恐其羽毛丰足，背弃母国。故英之植民也，已失合众国，又将失澳洲、坎拿大。此无他，新领地之生产力一由移住之人成之，其本有之人民稀少，无生产力因之亦无消费力；及其培植成功，则其生产者又足自给其消费，而无以益其母国。夫人民乐故土，多亲族友朋之牵率，利不什不徙其居。得植民地之国所最希望者，其植民地能供给已〔己〕国之原料，同时为工业制品之销场，因之使本国之人可不出国门而得丰足之给养。惟然，故需其植民地本有多数之人口且为勤于工作者，则其原料丰富，而其消费力亦大加。彼全由本国人开辟者，始则无此消费力，终则成为自给之组织，不可得而压抑也。惟对于异种之人民可以不公平之待遇，使常安于低级农夫之位置，而永收贸易之利，以为已〔己〕国工业品之销场。故在今日之世界，求得新领土者必以此为最上之标准，而中国与印度其首选也。

为俄国计，均可以资己国之发展，则亦不妨舍印度而取中国。盖俄国于西伯利亚铁道复线之输送力之下，久有北满、外蒙、新疆之布置，成一包围之况。苟英国助俄以抑日，则其南下犹行所无事耳。是故英国于战后苟欲与俄更为协商，俄必乐为承认。于是英国可收阿剌伯、波斯、阿富汗斯坦诸地以及西藏，而北以外高加索、昆仑两山脉及里海为天然之境界。此局既成，则法、意及巴尔干诸邦均立于英、俄之下位，而地中海两岸之地悉成英之势力范围。英之指麾欧洲大陆，无异今日指麾西、葡。而英与俄一为海王，一为陆帝，两不相妨，百年之安可坐而致也。此英国战胜以后之态度。不难豫想，如使英之政治家于此战后千载一时之机会，尚不知出此为英国谋之上策，吾不信其为真爱英国者矣。

第八章　协商国战败或无胜败讲和后之英国外交

今更豫想战败后之景况，则英国为此次战役之首领，同时握有媾和之权，故常能于有利之时机为媾和。若欧战以无胜负终，媾和之时期亦惟英国决之。所以然者，英国及协商诸国始料以数倍之力加于德、奥，则战争可不期月而决。既而事与愿违，寝成持久之战，于是俄国屡有媾和之说，法国凯约一派亦有平和运动。英国察而先制之，遂成所谓"非单独媾和约条〔条约〕"，日、意后亦加入焉。以此约故，各国非得英之同意不能媾和。而英国欲媾和时自然能得各国之同意，盖于财政上英国对于法、俄实有操纵之力，而对法之煤、对俄之武器一旦断其供给，皆可以制其死命，虽欲不同意而不能。故"非单独媾和条约"者，不啻以媾和全权委之英国者也。挟此媾和之全权以与德遇，无论胜负，英必能使德国对于英国之提议乐为承诺，以图日后之亲交地步。故虽在战争中，英国常握有可得与德接近之地位，而其实行则视左之二条件：

一、英国有联德之必要否？此本章所当论者也。

二、各协商国守约之能力如何？今日俄国已屡有单独媾和之传言。意国亦公表德、奥若加兵而英、法不能为助，则势恐不支之意。俄、意能甘尼〔居〕比、塞、门、罗四国之惨境与否，不失为一问题。若竟单独媾和，则英失其巨利。

英国既握此全权，则于协商国不得胜时（包以无胜负和之场合在内），英国必思所以利用此者。而英国之地位如前第五章所述，不能用百年来旧策以最强之国为敌，即当以最强之国为友。协商国而〔如〕不得战胜之结果，德之军国主义决无打破之期，罢战之后最强之国仍是德意志。则豫言英国之亲德，决非妄测也。

德之形势与俄反对，故其立国基础、其历史各不相同。俄为负嵎之国，受攻击者只有西南方面，复有沼泽之阻与严寒冰雪之困难。德则不然，其地四战，接境之国旧不相能。故俄以退婴持久立国，而德则不能不猛进。征之近世之史，俄虽屡败不见其损，而普鲁士自有国以来，非战功煊赫即国势衰颓，决无能暂时保守之理。而其军制经三度之改革，即三树功名，始以非烈特力大王①之力发挥其军国精神，遂一跃伍于强国。拿破仑战争时，一旦败衄即全国失所倚恃，王后路易沙②以为法侮，力倡复雠之议。当时以法国之限制，常备军额极稀，商何斯德乃采用后备、续备兵役之制，豫养成多数之军队，于是在拿破仑战争末期，普之兵威在大陆诸国上。暨乎威廉第一③再改革兵制，扩充军备，即破奥、破法，建造德意志帝国。盖以其地形无自然扩张之余地，一出而图发达则有战争，一不利于战争则阻其发达。其为国如是，故协商国一不得胜，必且见德国之伸张其势力于世界。而无论何国，苟新伸张其势力，必不免与英国利害冲突者。又英国挟有若许植民地之自然结果，前所已述者也。

英国对于此德国之发展将何道以御之乎？以力既一试而知其不可矣，则惟有与之均分利益，一如战胜时之亲俄。盖非然者，德国之发展必先见于地中海而埃

---

① 普鲁士首任国王非烈特力（Friedrich I），俗称非烈特力大王，今译腓特烈一世。

② 法国皇后、拿破仑之妻路易沙（Maria Luise），今译路易莎，或路易丝，原为奥地利帝国公主，拿破仑率军到国外作战时，曾两度担任摄政王。

③ 威廉第一（Wilhelm I），普鲁士国王兼德意志帝国首任皇帝，今称威廉一世。

及危，又见于波斯湾而印度危，亡埃及则丧其喉咽，亡印度则失其本根，此英国所不能堪者也。英国非不欲长为欧洲之雄，不使一国与之比肩称霸，然以事实言，则战胜亦万不能达此目的，乃不得已而有与德提携之事，此则所谓必要生出可能者也。

英国为达此目的故，于德国不愿与英接近之际，常尽力打消和议，使德人知其然，而后以适当之条件满足英之愿望，则由英国可以主宰媾和。盖当英国订此"非单独媾和条约"之时，固已决定能梗和议又能促成之者惟有英国，则德之于英特与以便宜，持为不破坏和议之条件者，虽使协商国战败亦不难想像其然也。

英国既有联德之必要，又非不能联之者，则亦不能不筹画所以满德之欲望者矣。德于非洲虽亦有领地，然横贯非洲之策今已不能实行，而实际但以非洲沿岸为植民地于德人更为觖望；即在波斯方面，德人之经营不过以为进取印度之准备，亦决不以但取中亚细亚为满足也。于是英国为图满德国之欲望，必当以中国为饵，与其联俄同。夫两国之联盟，匪以其条约而有效者也，真之〔正〕原因乃在其利害之共同。英国本无急切与德冲突之必要，业如前章所已言，此次交战既不能达摧抑最强国之目的，英国为保其存在不得不弃其所欲得之利益，以保其所已得之利益。而德国苟以英国之助得其所欲得之利益，即为利害共同，而联盟之事自生。譬诸意大利本与法为近属，且得法之助以立国，而一旦争非洲北岸之地与德、奥有共同利害，则加入三国同盟以敌法；及其战土以后，利害与奥冲突而对法缓和，则又复活其同种之感情与建国之旧恩。故知国际恩怨、要约两不可恃，同种云者不过使利害较易共同之一条件，其他感情上之事实随时而变更，非可规律久远之政策也。欲两国之真正利害共同，必有能割舍之决心，所谓协调者各着眼于永久之计画，于将来两国发展所必须者以交让行之。若是，则德人可抛其窥取印度之心，并抛弃其经营非洲之计画，而专意经营远东，于是乎英可以仍为帝国，而德亦可快其东向之心。故战后之英德同盟，为最自然之事实。

又自历史言之，自非烈特力大王以来，英国非与普为攻守同盟即守严正中立，除此数年间短期之冲突外，英、德之间本未有葛藤。言其种族，则盎格鲁撒逊固亦条顿之一分枝，而其交通往来无间。德人之血与英人之血递为灌输，其亲密乃在法、比之上。英、美、德、奥相去真不远耳，一旦释兵解仇，则条顿同盟成立，比之德、奥之同盟尤为易易。故闻英、德同盟而惊者，殆未知历史者耳。

世人有疑此者，请视日、俄。日、俄以倾国之力相搏，事才十载，日、德之宣战距《朴资贸斯条约》① 不过八年有余。当日、俄媾和之际，吾在东京亲见市民热狂，攻小村和议特使②为卖国，以桂总理③为无能，焚警舍、击吏人，卒倒内阁，舆论未闻有赞成和议者。曾几何时，而人人以狂热欢迎俄人之捷报。夫感情随事而逝，亦随事而生，一国当时之外交必决诸恒久之利害，决不能以暂时之感情判之。以日、俄之前事，可以判英、德之将来矣。

不宁惟是，英之于德，自俾斯麦退始肇失和之端，自英王义华第七访法始定拒德之计。然在三数年间，奥国并吞其委任统治之波、哈二州之后，德国即向英国提出亲交之议。及一九一一年摩洛哥事件结束后，英国又特派其陆军总〈长〉哈尔田④秘密赴德共议协合之法，其条件之详虽不可知，而其主要之点为两国减少其海军扩张竞争及有事时两国互守中立，已显然共喻。后其交涉卒归不调，要知两国皆非无意。此事在英人言之，以为无伤于法、俄之好，然其实际果如是乎？一九一一年英国外交总长葛雷⑤在议院演说之言曰："新友虽佳，若云得此须失旧友，则所甚厌。吾等尽所有之手段以求新友，然决不为是而绝旧友。"其言则善矣，然当哈尔田赴德之翌日，法、俄驻英大使急趋英国外交部，人皆知为质问哈氏赴德之〈事〉件，则葛雷之演说果能不爽乎？此交涉不过终于不调而已，设其成立，则英、德之联合早已实现，或者并今日之大战亦不发生，未可知也。而谓英国战后不能与德同盟乎？英国以通植民地事有名之约翰斯顿，于大战开始前一年著《常识外交政略》一书谓："英国上下正注意于意、土战争一问题，以中欧之军国主义、征服主义、武力主义为忧。其实英、德妥协至易，而英、俄调和至难。英欲与德接近，则容德国之出亚特力海⑥及君士坦丁，则在大西洋英国可以

---

　　① 《朴资贸斯条约》（Treaty of Portsmouth），今译《朴次茅斯条约》，为日、俄双方于一九〇五年九月五日在美国朴次茅斯海军基地签署的和约，日俄战争遂以失败方俄国转让大量权益给日本而告结束。

　　② 小村寿太郎，时任日本外务大臣，朴次茅斯和谈中日方全权代表。

　　③ 桂太郎，时任日本总理大臣。

　　④ 英国陆军大臣哈尔田（Richard Burdon Haldane），今译霍尔丹。

　　⑤ 英国外交大臣葛雷（Edward Grey），今又译格雷。

　　⑥ 亚特力海（Adriatic Sea），今译亚得里亚海，位于意大利半岛与巴尔干半岛之间，为地中海的一部分。

避与德冲突。"此即代表战前英人不愿与德开战之一部分人之心理者也，此种思想于战后至易传播又无疑也。

故战后英、德之接近，在英国有其必要有其可能，而以"非单独媾和条约"故，又能收德国之好感，则战后之以中国为文〔交〕换目的又必不可逃之数也。

是故英国无论为败为胜，英国国运皆有中坠之虞，惟有改从前之政策，结合强者与同其利，始可自计百年之安。与人同利而不自损，则必于向属已〔己〕所支配、有可藉口视为已〔己〕从属之国，掬其利益，以饱贪狼。此无间于为德为俄，中国必先受其痛苦。而以其人之性质及其智识之差等而言，俄人之待遇中国人又较德人为酷，征之前史，无可讳言。彼主张协商国之必胜而欲加入者，以为协商国胜后可得若许之利益，增若许之光荣，不知俄人之在其后，其惨状乃恐较协商国之不胜为尤甚也。

无论协商国胜否，中国加入必为英之牺牲。故无论胜否，日本必受中国加入之恶影响。假令英国以中国属俄，必复其前日南趋之故步，南满、朝鲜先不容日人之鼾睡，此可无疑者也。日、俄近日虽结协约，不外利益之调和，俄以此一心对德；至于强敌既挫，俄国与英亲善，自然可择取东方膏腴之地以快其心。英既欲俄不取印度，则将于中国助俄以抑日本，此皆理之所宜有者也。然则日本将何以自处乎？南进则与英冲突，北进则与俄冲突，自守则不足，求助则莫应。故英、俄之结合即日本国运之衰亡，亦即黄人势力之全灭，亚洲之永久隶属欧人事至显明，无劳思议。反之英国不胜而联德，则德亦将继俄之位抑日本以自张。故中国加入之前途，不特中国存亡所系，亦为日本兴衰所关，此亚洲同人所当注意者也。

第九章　中国之存亡（其一）

综以上四章所述，可见英国難〔離〕① 去印度必成为三等国。而向来保印度之法，惟有压抑欧洲最强之国使居已〔己〕下。至此战后，势不能不改其策，非

---

① 此因字形近似而误排，"難"的简化字为"难"，"離"的简化字为"离"。

联俄则联德，而必以中国为牺牲，始可以保全印度。英国人之外交眼光至远，其计画必不出于吾人以下，则于战争未结了以前，豫储其战后之资料以便与俄或德开妥协之途，此其事实殆为公然之秘密，无事掩饰。特是为此种材料者，自甘投入英国之支配下而待刀俎之施，为可伤耳！英人所以百计劝中国加入协商者，为此故也。

论者必曰："我今不加入祸在目前，加入协商祸在日后，我国既无防卫之力，即使仍旧维持中立，何能保英国不以我为牺牲？不如及此时机，亲美国以图公道之援助。"此说非无一理，然不可不知者：在今日我国决不能以无端之胁吓而畏缩，故目前之害可不必言；在他曰〔日〕美国决不能为我利害无干之国与世界至强之国为敌，故不可恃。欧美之人言公道言正义者，皆以白种为范围，未尝及我黄人也。美为平等自由之国，亦即为最先倡言排斥黄种之国。今日美国与我和好，或有同情之语调，若在将来英俄、英德合力图我，美国又岂能与彼抗争，倾一国以为异种人正义公道出力乎？不观之高丽乎：高丽固中国之属邦，数千年来未之或改，而首劝高丽独立、首派遣公使与高丽订条约者，美国也；及英、日既合，高丽合并将成，首撤公使不应高丽之求援者，亦美国也。高丽识者衔日本之并吞，尤恨美国之始为耸动，中间坐视。昔人所谓"上人著百尺楼，掇将梯子去"①，美之于高丽势有若是。虽然，此岂可以咎美国哉？高丽存，则日本有不能发展之患，高丽亡，美国无过商业上间接受极微之损失，以彼美国暂时之同情敌此日本人存亡得失所关之决心，其不能胜固无惑。然则高丽之亡，特其所不可恃之为殃，而非美国之咎也。今者中国又将为高丽，而使美国再冒此坐视不救之恶迹，及其事过境迁始追论今兹所畫〔畫〕②，悔其谋始之不臧，抑何及矣！且美国苟能助我，本无间于我国加入协商与否，今终即无加入之事，美之好感初无所伤也。

论者或谓："中国之破中立不自今始，自龙口许与日人上岸以后，已不得德人之好感。至于绝交以后，即不宣战，中立亦决不可恃。"为此言者，可谓大愚！

---

① 语出南朝宋人刘义庆编《世说新语》"黜免第二十八"，记晋朝某将军被罢官后发泄不满情绪，原文是："上人著百尺楼上，儋梯将去。"

② 此因字形近似而误排，"畫"的简化字为"昼"，"畫"的简化字为"画"。

中国之中立与否，论其人之所以自处者何如，不可徒以形迹判。且过失非不可挽回者，无取文过遂非。龙口登岸一事①，日本以势相驱，实即间接为英国所迫，非我政府之本意，人所共知。《易》曰"不远复，无祗悔"，不可〔亦〕可乎？受人迫胁而破中立，不可也；然其破中立仅以受人迫胁之故，则一旦能守其正义不受迫胁，即可以湔洗前过，自保其尊严。故使有龙口之上陆，而无过激抗议之提出，中立可维持也。有此抗议不至绝交，可维持也。绝交后之今日，假令能不加入，犹为最后之补救时机。绝交之后仍不受迫胁以加入协商国中，则虽已绝交，未尝不可补救。过贵不惮改，罪莫大于遂非。使中国于此时机示其决然不可压迫之态度，则人将益服其勇决，不敢以协商国之从属、英国所指挥者相视，即欲牺牲我亦有所不能。善乎始以善乎终，固所愿也；不善乎此〔始〕而善乎终，亦所难也。以能人所难示天下，即自免牺牲之一手段。彼以为前此已破中立，故今日无审慎之余地；吾以为惟往日已被胁迫而破中立乃至绝交，今日尤不可不立一矫然不屈之态度，以补往昔之过，而来日可恃以自存。彼龙口之进兵以至绝交之通牒，视以为今后之警鉴可也，以为遂非之理由大不可也。

至于仍守中立，不保无以我为牺牲之事，此固智者之所当虑也。但不可不知者：加入协商国，则牺牲中国为二国之利；而仍守中立，则牺牲中国仅为一国之利。加入协商，则此后必以中国之利益补强而未有充足领土者之缺憾；仍守中立，则尚可希冀他国不争我而争印度，徐谋补救。是故加入协商国则中国终不免于亡，而仍守中立尚有可以存之理由，故加入问题即中国存亡问题也。

今且离战争而论，所谓欧洲〈强〉国者有不具侵吞中国之能力者乎？侵吞中国之力既具而不侵吞之者，一以均势之结果，一以经营之便利也。均势之说人所共知，不烦多说。至言其经营，在各国亦常觉中国于未被侵略之际，所以益列强者已属不资〔赀〕，无事急于侵吞，于是常思尽解决其他问题之后始着手以并吞一完全之中国，不欲于时机未熟之际强起纷争。已〔己〕既不能专享其利，又使人疾其为天下先，故分割之议一变而为保全之说。夫中国苟守中立，始终不变，

---

① 一九一四年八月十五日，日本向德国提出最后通牒，要求立即从中、日两国海面撤军并将其租借的胶州地区移交日本当局。因未得到答复，日本遂于八月二十三日对德宣战。九月二日，日军在山东半岛海岸龙口登陆，向青岛发起全面进攻。

则其状态亦复与前无异。即使德国全胜，英不能以中国为饵而得德之欢心；又使俄国独强，英以中国市恩于俄，俄人亦不感谢英国。何则？在东方英国商业虽盛，不能自诩有独力指挥中国之权能，此事实自开战后而益显。英国如不能以中国置之协商国中，则他人侵略中国，英认许之，不过一寻常之友谊，非可以市恩也。英国认许既非恩惠，则将来之最强者，亦不因是提议而有与英联络之必要。抑如上所历言，协商国胜，英不得不联俄，协商国不胜，英不得不联德，从英国一方面言之耳。而既胜之后，俄若德者果有联英之必要乎？此则当视英国所以与彼之利益如何耳。英国未能以中国作为自已〔己〕所领有之一种利益赠诸德、俄，则德、俄本无所德〔得〕于英，何必舍其近而远是谋？

如使平和以后德、俄不以联英为务，则其所争之地将先印度而后中国。何则？彼若先得印度而破埃〔坏〕大英帝国，则其余力以领中国尚犹可及，抑且但得印度已可达其目的，又不必汲汲图取中国也。而察俄，德数年之经营与此次战争之发起，苟非中国自投旋涡，惹起乱调，则战乱结后俄、德之所求必为柬〔东〕欧、中亚之势力，即以埃及、印度为目标。俄国自败于东方即与日本为协约，抛弃远东之经营而致力于东欧。英国既许以君士坦丁之占领，又与划分势力范围于波斯，乃有此战。俄人于此战而胜，必且合罗、勃、塞、门隶其麾下，而据有君府，降土耳其以为附庸，埃及即在掌握之中，又必从高加索伸其权力于波斯。此两方面之交通设备，均已于此次战役陆续准备完全，俄国将因而用之进窥印度。夫英国有联俄之不得已，而俄国无联英之不得已，等是以强力取之耳。图中国则英为之助，而日本国为之敌；图印度则日为之助，而英为之敌。其势相亚，而俄国既得中国之后欲还取印度，则英国生聚教训之能事己〔已〕毕，得否未可知也。先取印度，则日本尚未能取中国，中国之利益依然存在，为俄国计者，未尝不以取印度为较有利也。即在德国亦然。德国所谓柏林伯达铁路政策①者，本将取波斯以通印度，战胜而后必翕合勃牙利、土耳其，吞塞、门、罗三国入于联邦

① 伯达（Baghdad），今译巴格达，伊拉克首都，德国的所谓"柏林伯达铁路政策"即巴格达铁路计划。该计划早在十九世纪八十年代便已提出，企图把势力伸入近东，使欧陆铁路与之相联接，成为一条经君士坦丁堡和巴格达直抵波斯湾的大铁路，以达到控制土耳其及觊觎高加索、波斯等地区和英属印度的目的。德国曾出资修建若干路段，但遭到英、俄、法等的强烈反对，战争爆发后便搁置下来。

之中，故其东境已接波斯，取波斯所以取印度也。其准备既久，骤更而东取中国，必更为甚大之经营，此亦非德之所利也。故苟非以中国置之协商国中从于英国之支配，则人将各择其简易者，必先印度。

抑犹有不可不知者，中国今为世界所同享利乐之市场，未尝于一国有所偏祖，故从经济上言，即不占领中国，未尝不可以享中国之大利。故开放门户而领土可以保全者，以其开放之结果，所以利各国者不亚于占领也。惟然，故各国能于商业上有优越之势力，当然享中国较多之利益。从此一点而论，中国即依然独立，占有印度者已可握有中国利益之大部分。虽然，若反之而占有中国，毫不能因是于印度占何种之便〔利〕益，此即中国向来所以幸得自存者也。中国惟不祖于一国以害他国之利益，任之各国自由竞争，故〈各〉国皆有享其利益之机会，而不必致力于占有。如能中立不变，各国皆觉瓜分中国不如存置之之利为多，必至中国自示其偏趋一方之意，然后他人有亡我之心。由此而论，假令英保印度而俄若德占中国，则占有中国者永无占有印度之机会，且并不得分其利益；若德、俄夺英之印度以为已有，中国之利益犹在，日本决不能独占之。是得印度同时能享中国之利益，而得中国不能同时享印度之利益，此所以为德与俄计，联英非计之至上者也，取中国非利之至大者也。惟中国自进而乱此局，使英国得籍〔藉〕以市恩，英之计画始能如意。故曰中国加入惟英国有利，中国既加入则英国可以中国为牺牲。故加入者召亡之道，中立者求存之术也。

加入之后，英国可认中国以为已〔己〕所引率之国，故当然有杜绝他国并吞之地位。而其容许并吞即为一种之惠与，得其惠与以占中国者有利益矣，而以中国与人者亦得自保其利。故曰加入之后，牺牲中国为两国利。夫为两国之利而以一国为牺牲，其视以一国之利而使为牺牲者尤易成事实，不待言也。

凡论一国之事，当各就其利害之端不可移易者以为基础，而各为之想像其所取之策就〔孰〕为最宜，因之可以决己国之趋避，决不能徒诉诸感情。今人动谓"协商国战胜有朕"，故欲加入以博同情，而收列席讲和之利益。不知战胜者分配利益以各国利害为衡，非以一时感情所能动。试观拿破仑败后，维也纳之处分可以知之矣。当时荷兰王以背大陆条例①忤拿破仑废，各国即举此以罪拿破仑（奥帝于莫斯科败后出为调停，尚以复荷兰为请）。顾拿破仑败后所取以酬英国之功者非法之属土，亦非罚助拿破仑者而夺其封也，乃择荷兰之属地，取其最要枢机之好望角与锡兰以为之报。世以为但得依附胜者未〔末〕光，亦能收遗乘〔秉〕滞穗之利，岂知其同盟虽战胜而已〔己〕不免削地，有若此乎？维也纳之会议，奥、法、英、普、俄议定处分之案，而使列席诸邦承认之。是知强者虽败犹有宰割之能，弱国而图依附强国以佳兵，即令得胜列席议和，犹是听人宰割，胜败皆蒙其祸。惟有中立可免无因之灾，勿谓协商国胜算既明，遂以国供一掷。须知此际中国欲免亡国惟恃中立，无他道也。

　　夫治国有必亡之道，而无必存之术。凡所谓亡国之原因者，有一发生即足亡国。而单防止一亡国原因者，未得谓国基已固不忧亡也。故不中立必亡，此可证明者也。中立必存，则所不敢言也。然而在此时代，外交之主旨亦略有可言者，顾非若今人之必倚某国而拒某国。今之论者或主亲美以排日，或主亲日而排美，皆非也。日与美皆有可亲之道，而亲一排一之策则万非中国所宜行。今以日本论，其关系可谓亲矣，而中国之亲日必使日本不与美国冲突，然后可完全遂行其扶助中国之任务。中国官僚好引美国之势力以拒日，此大误也。若但以兵力论，日本固不如美国。美国十年前海陆军之力几于无有，虽欲远鹜，势所不及。十年以来翻然改变，岁造超无畏舰二艘，海军力逐渐凌驾日本。去岁更提新案，于向来制舰之外另加十万万元，以之制成超无畏级战舰十、巡洋战舰六，期以五年成之。今岁改促其期为三年，及舆〔与〕②德绝交，更通过十万万元之制舰费。宣战之日，又决定战费六十八万万元，其中亦有十万万元属于海军。不特此也，依最近所发表制舰计画，更有空前无敌之设计，即其战舰排水量加至八万吨，速率二十

---

　　①　自一八〇六年十一月至一八〇七年十二月，拿破仑相继颁布"柏林敕令"、"华沙敕令"和"米兰敕令"二道，建立大陆封锁体系，禁止欧洲大陆与英国及其殖民地有任何贸易往来，并订立惩罚措施。当时荷兰隶属于法国，其国王路德维克二世（Lodewijk Ⅱ）仅登基十二天，即因违反对英封锁规定而于一八一〇年七月十三日遭拿破仑废黜。

　　②　此因字形近似而误排，"舆"的简化字为"舆"，"與"的简化字为"与"。

五海里，而备炮则为十八寸十五门。此类之舰，一艘费一万万，而其炮力比之现代之超无畏舰不止三倍。其舰数以五艘以上为率，其长及深可以通过巴拿马河而无阻。反观日本之海军，则数年之后裁得完成八战舰、四巡洋战舰之一队而已。两者相比，其不敌较然。故曰引美国以排日误者，非美不胜日之谓也。使美国战而胜日，于中国无所补，而于美国、日本皆有所损。日本而败，大者国破，小者地削，其损无俟言矣。为美国者果有利乎？倾国家之财以张军备，即能胜日本，元气已伤，所冀者不过获中国之利权而已。美国固向来于中国之利权最少野心，此世界所共知，抑其地势宜然也。今使摧抑日本，亦不能有最上之权力于中国。今日欧洲战局虽难豫料，而和议定后为最强者非德即俄，业于前数章详为论述。此二国者，若以中国加入之故各〔吞〕并无余，则美人无希冀之余地固不待言矣。即令中国以中立故，犹得俨然成国者，彼俄与德果能任美国于中国取特别之利益乎？必不能也。既胜日本之后，利害即与德、俄冲突，因之更须与一最强国战。而以美国今日状况推之，美国尚未有此制胜之能力。然则美国之倒日本，适自召强敌之接触，终于两败俱伤，非日本之利，亦非美国之利，尤非中国之利明矣。

中国今日欲求友邦，不可求之于日、美以外。日本与中国之关系实为存亡安危两相关联者，无日本即无中国，无中国亦无日本，为两国谋百年之安，必不可于其间稍设芥蒂。次之则为美国，美国之地虽与我隔，而以其地势当然不侵我而友我，况两〈国〉皆民国，义尤可以相扶。中国而无发展之望则己〔已〕，苟有其机会，必当借资于美国与日本，无论人材、资本、材料皆当求之于此两友邦。而日本以同种同文之故，其能助我开发之力尤多，必使两国能相调和，中国始蒙其福，两国亦赖其安，即世界之文化亦将因以大昌。中国于日本以种族论为兄弟之国，于美国以政治论又为师弟之邦，故中国实有调和日、美之地位，且有其义务者也。妄人乖忤之计，讵可信耶？夫中国与日本以亚洲主义开发太平洋以西之富源，而美国亦以其门罗主义统合太平洋以东之势力，各遂其生长，百岁无冲突之虞。而于将来更可以此三国之协力，销兵解仇，谋世界永久之和平，不特中国蒙其福也。中国若循此道以为外交，庶乎外交上召亡之因可悉绝去也。

第十章　中国之存亡（其二）

存者，不亡之谓也。从无有而使之有则为兴，不使从有而之无有则存，故不可亡而后能存。一国所以兴、所以亡者，或以一种手段为其直接原因，可以指数。至其存在之根源，无不在于国家及其国民不挠独立之精神，其国不可以利诱，不可以势劫，而后可以自存于世界。即令摧败，旋可复立。不然者，虽号独立，其亡可指日而待也。此非徒肆理论也，凡其国民具独立不挠之精神者，人以尊重其独立为有利，即从国际利害打算亦必〈不〉敢轻犯其独立。此可从历史证明之，亦可从现代事实归纳得之。

比利时之敌德国可谓不支矣，今之比利时政府乃在哈佛，比之国土仅余弹丸黑子之域。然而非特协商诸国尊重比国之存在，无人敢谓比国可亡，即中立国亦无不对于比国有特殊之尊敬。所以然者，比国独立不挠之精神，先已证明比为不可亡之国。即使今日比境全失，比军悉数成擒，吾等亦可决中立诸国不以此致疑于比国之存在。何则？比国之人民、领土、主权立于此独立不挠之精神之下，其断绝者形式，不断绝者在精神。比境虽亡犹不亡，其民虽虏犹不虏也。盖比利则〔时〕尝一被人强迫并入荷兰矣，而其国民能具坚确不挠之志，故卒得恢复其自由而成一独立之国。夫其民性如此，故人终不能服之，虽一时屈于兵力，不足以使其国亡也。即使有国欲永占之，其利少，其害多，不如不占之之为愈也。

同于比利时者则有希腊。希腊于国覆数千年之后崛起成为新邦，谓其所恃以存者，但在诸国国民之同情与正义之念，不可也。希腊之兴，亦以其民族精神历久不稍消磨，且益振发，终非土耳其所能屈，故人从而助之。希腊既以此精神與〔兴〕①，即亦恃此以存。今之希腊，其受协商之迫胁可谓至极矣，然卒不能摇之。夫希腊之对协商国，与比国之对德无殊。德人能以兵力灭比之国，而人之视比如

---

① 此因字形近似而误排，"與"的简化字为"与"，"興"的简化字为"兴"。

未尝灭者；英、法能以联军上陆于撒伦尼加①，侵希腊之中立，而人至今视希腊不以为英、法之党也。英、法奖希腊之革命，欲以变希腊之政策，而希腊王②则曰"吾不忍为罗马尼亚"，遂不屈。此希腊所以能复活于国灭二千余年之后，而以至弱抗至强也。今者英法联军未与希腊宣战，未至尽占希腊之土地也，然即使英、法人之覆灭希腊无异比利时，吾知中立国人不敢视希腊为亡国，与今之不敢视比利时为亡国同耳。比利时以其不屈不变之精神而存在，希腊亦以其不屈不挠之精神而存在。国于天地，必有与立，彼不能保其自主之精神，何取乎有此国家乎？

　　须知国家之受损害有时而可以回复，若国家之行动为人所迫胁不谋抵抗，则其立国之精神已失矣。虽得大利，亦何以为？昔人有言，"匹夫不可夺志"，士有志也，国亦有之。以国家之志而见夺于人，则其视宋姬待姆③、齐女泛舟④不尤有愧乎？夫战不可必其胜，守不可必其完，然于不胜不完之余，使彼胜于兵而工略地者不能夺其志，则人将亦逆知其志之不可夺，而不以无理凌之。故不胜于战而兵不折，不坚于守而地不夺。不然者，英、法非不能以较多之兵力侵希腊之土地也，而不为之者，知其志之不可夺也。故以中国比之比利时、希腊，其宜守中立为同，其守中立之难则彼百倍于我。希腊，英、法进攻巴尔干之途也，英、法之欲得之以展其力于巴尔干也久矣，而德亦欲得之以拒英、法，此非可以口舌争者也。中国非希腊比也，中国之租借于德国之地域已为日本所占，中国之"撒伦尼加"已供日军之用，中国之于协商国固已受其迫而为偏袒之事矣。虽然，龙口登陆非由我之所愿，德人知之，中立国亦知之也。龙口登陆以后我国依旧维持中立，德人信之，中立国人亦信之也。于此时英、法、日、俄之迫我，决不如其迫希腊

① 撒伦尼加（Thessaloniki），今译塞萨洛尼卡，或萨洛尼卡、萨罗尼加，现为希腊马其顿中区（Macedonia Central）及塞萨洛尼卡州首府。

② 即希腊国王康斯坦丁一世（Κωνσταντίνος Α·），当时倾向采取中立政策。

③ 据《左传》"鲁襄公三十年"及刘向《列女传》"宋恭伯姬"篇记载，春秋时宋国宫中某夜失火，宋恭公遗孀伯姬因久候傅母（看顾王室贵族子女之保姆）未至，恪守"妇人之义，傅母不至，夜不可下堂越义求生"的古训，终于不肯离宫而被焚死。

④ 据《诗经》"国风·邶风·柏舟"，诗人通过"泛彼柏舟，亦泛其流"，抒发因"受侮不少"而"忧心"、而"奋飞"的强烈感情，表现出坚贞不屈的志向。宋人朱熹考证认为，该诗作者系春秋时齐国的绝色美女、著名才女庄姜，亦即卫庄公之妻。

之甚也，且以英、日人之所主张，则彼固未尝强迫中国也，则何故不以希腊为师乎？同盟国迫比利时，比利时以兵抗之，协商国迫希腊，希腊亦不听也，我国之受迫不如人之甚也，则何为自弃其当采之态度乎？国家之精神果何在乎？

　　夫中国之力不能抗协商国，此无如何者也。而中国之力不能为协商国用则不可隐者也，中国财力不若人，海陆军力不若人，人材、智计不若人。平素对于德国惟多联络以得其欢心，论吾国军队、教育、学术随在皆依德国之助，一旦失势，则为落井下石之谋。非特不知是非，乃至不知利害，不知恩怨，夫背友而希利者，就令得其所欲，其所益于物质者决不足以偿其精神上之丧失。为一国之政府而以趋利忘恩号召国中，人既知我为惟利是视之国矣！可以利动者，必可以不利劫之；不知报恩者，人将莫施之以恩。今后有外侮来，吾知其必烈于昔日，而莫为中国助矣。抑又何以令夫民？中国民德纵曰偷坏，负恩趋利之辈尚为乡曲之所羞称，以齐民之所不屑为者，政府靦然为之，是则民之视政府为无足重轻、不关痛痒者，正义之当然耳。政府尚有何颜发号施令，以奖人赴国家之急、报国家之恩？爱山水者不爱粪壤〔壤〕浊流，嗜酒者不嗜败醪，好饰者不衣汙染之服，故乐从政治之事为国家尽力者，望见此背恩趋利之行为皆避而去之。其能同此背恩趋利之汙者，将又以此背恩趋利之术危其国家。

　　中国将欲于此危疑之交免灭亡之患，亦惟有自存其独立不屈之精神而已。弱国使皆可亡，则二十世纪当无弱国，弱国既有自存于今世之理由，而独我中国有亡国之忧，则可知亡国之责任不能一以积弱卸之。夫国民有独立不挠之精神，则亡者可以复兴，断者可以复续，不惟希腊足为其证，又可征之波兰。波兰之分割至今百余年，德已吞俄领，忽复建立波兰王国，而俄人亦许波兰战后自治，是此战结束以后波兰之复国可期也。夫德之复波兰国与俄之许自治，皆不外欲得波兰人之欢心，初无关于义侠之念。然波兰于亡国之余尚能使人欲得其欢心，则岂非其民独立不挠有以致之耶！夫彼百年亡国之胤裔，能使人畏而思媚之，我国犹是国也，而畏人之相迫胁乎？以俨然一国而使不如比利时，亦〈不〉如希腊，乃至不如波兰，此谁之罪欤？

　　中国国民皆知加入之不可、宣战之无理，为商者言之，为士者言之，乃至为军人、为官吏者亦言之。而三数政客倡之于前，政府、国会从之于后，亡国之责任谁则负之？中国者，中国人之中国也，最终之决定当在国民。今不闻稍顾虑民意之向背而独断行之，中国之前途谁则能任其危险者乎？政府勿以为国人无能问政府、国会之责也，使民人蒙昧莫省其祸之所从来，则虽国家己〔已〕亡，亦无人能纠其责。今人民已晓然于无端加入、背德招尤之故，则社稷未墟，将先有问责而起者。内失群众之心，外无正义之助，恐其败裂，不待国亡。夫国强而民弱者，力不周于物，将有愤事之忧；民强而国弱者，必以颠覆泄其愤懑之气，夫民之不可狎易也如是矣。

以四万万人而成一国，同其利害，故讬治于千数百人。此千数百人者负至重之责任，而为当前之决断固曰不能无误，亦当自视其良心何如。若曰前既赞成，今不能以人民反对之故改其前论，则是以中国四万万生死存亡之大事，为自己三数语之颜面而牺牲之，尚曰有人心者，吾望其不出此也。

中国今日如乘奔骥以赴峻坂，其安全之途惟一无二，而由此惟一无二之途，不特可以避现时之厄，且可以为永久不败之基。吾不惮千百反覆言之曰：以独立不挠之精神，维持严正之中立！

据朱执信著：《中国存亡问题》（非卖品），
上海，泰东书局一九一七年五月印行①

---

① 本书除署名著者姓名外原无其他出版项，惟据戴季陶《著述要目》称，此书"当出版时，捕房搜检泰东书局，并欲捕朱先生"；孙文则于一九一七年五月二十三日复函云南李宗黄，谓寄去"朱君执信所著《中国存亡问题》一册"。其出版单位及出版年月，即据此酌定补录。

三 民 主 义①

(一九一九年春)②

革命方略之所以不能行者，以当时革命党人不能真知了解于革命之目的也。革命之目的，即欲实行三民主义也。何谓三民主义？曰民族主义、曰民权主义、曰民生主义是也。中国革命何以必须行此三民主义？以在此二十世纪之时代，世界文明进化之潮流已达于民生主义也。而中国则尚在异族专制之下，则民族之革命以驱除异族与民权之革命以推覆专制，已为势所不能免者也。然我民族、民权之革命时机，适逢此世界民生革命之潮流，此民生革命又我所不能避也。以其既不能免而又不能避之三大革命，已乘世界之进化潮流催迫而至，我不革命而甘于沦亡为天然之淘汰则已，如其不然，则曷不为一劳永逸之举，以一度之革命而达此三进化之阶级也。此予之所以主张三民主义之革命也。

夫世界古今何为而有革命？乃所以破除人类之不平等也。孔子曰："汤武革

---

①　孙文曾于一九一七年九月在广东建立护法军政府，后受西南军阀势力排挤，翌年五月重至上海，从事著述。本文为未刊手稿，与《孙文学说序》同时发现，所用稿纸亦同（蓝色十行纸），且有两页书于《孙文学说》（卷一"行易知难"）原拟撰写"能知必能行"的稿纸上。其一是将所标题目"第三章能知必能行"涂改为"第　三民主义"（按章次暂缺），开篇文字仍以知行关系导入；其二是在写就"三民主义"稿第三十一页末句"资本与民生主义之计画，下章继续论之"之后，于另一页涂去所标题目"第四章能知必能行"中的"能知必能行"，而保留"第四章"字样，并续写一大段文字（即"下章"但题目未定，似未完篇）。据此推断，孙文在撰写《孙文学说》一书过程中，曾一度打算以两章篇幅把三民主义作为"行易知难"总题目的组成部分，后来改变主意而舍弃，重新调整全书结构并续写"能知必能行"等章。及至《孙文学说》（卷一"行易知难"）出版时，其目次列出卷一"行易知难"、卷二"三民主义"、卷三"五权宪法"（见上海，华强印书局一九一九年六月版），嗣又变更计划未续出。

②　文稿无写作日期。据其叙及第一次世界大战期间各国的政治变化之中，以"查哥士拉夫离奥而合邦于塞维尔亚"即建立塞尔维亚—克罗地亚—斯洛文尼亚王国为最晚，时在一九一八年十二月一日，则撰稿应于此之后。另据所知，《孙文学说》撰于一九一八年底至翌年五月间，按上注介绍的情况，则其写作当在此期间，且于撰"能知必能行"等三章之前。所标时间即据此酌定。

命，顺乎天而应乎人。"革命之时义大矣哉！满洲以一游牧部落之少数人而征服汉族四万万人，压制之至二百六十余年之久，此天下之至不平等之事；而汉族人民欲图种族之生存，不得不行民族主义者也。专制君主本弱肉强食之兽性、野蛮争夺之遗传，以一人而享有天下，视亿兆为其臣仆，生杀予夺，为所欲为，此人类之至不平也；而人民欲图平等自由，不得不行民权主义者也。自工业革命之后，用机器以代人工，生产之力陡增，而欧美工业发达之国有富者日富、贫者日贫，遂生出资本家之专制。孔子曰："天下不患贫而患不均。"① 是今日欧美文明先进之国，其民族、民权两问题皆已解决矣，惟民生问题则日陷于苦境。资主则日虞生产过盛，苦于消〔销〕场；工人则俯仰不给，罢工要值。贫富悬殊，竞争日剧。是知欲由革命以图国治民福者，不得不行民生主义也。

今请进而论民族主义。

中华民族者，世界最古之民族，世界最大之民族，亦世界最文明而最大同化力之民族也。然此庞然一大民族则有之，而民族主义则向所未有也。何为〈民族〉主义？即民族之正义之精神也。惟其无正义、无精神，故一亡〈于〉胡元，再亡于满清，而不以为耻，反谓他〈人〉父，谓他人君，承命惟谨，争事之恐不及。此有民族而无民族主义者之所为也。

夫民族主义之起源甚远，而发达于十九世纪，盛行于二十世纪。日尔曼②之脱拿波仑羁绊，希利尼③之离土耳其而独立，以大利之排奥地利以统一，皆民族主义为之也。今回欧洲大战，芬兰离俄而独立，波兰乘机而光复，捷克士拉夫④

---

① 孙文在后来著述中又作"不患寡而患不均"。此语出自《论语》"季氏第十六"，原文是："丘也闻有国有家者，不患寡而患不均，不患贫而患不安。"按：紧接下文为"盖均无贫，和无寡，安无倾……"，则于此当作"不患贫而患不均，不患寡而患不安"为妥。

② 日尔曼（German），此指日尔曼民族，亦译德意志民族，当时包括普鲁士、奥地利等国，一八一五年战胜拿破仑后建立德意志邦联。下文用为国名的日尔曼（Germany），今译德意志，即德国。

③ 希利尼（Greece，原称 Hellas，此据其形容词 Hellenic 音译），今译希腊。

④ 捷克士拉夫（Czechoslovakia），后篇亦作捷克斯拉夫、佐哥斯拉夫，今译捷克斯洛伐克。

判〔叛〕奥而建国，查哥士拉夫①离奥而合邦于塞尔维亚②，亦民族主义之结果也。民族主义之范围，有以血统、宗教为归者，有以历史、习尚为归者，〈有以〉语言文字为归者，复乎远矣。然而最文明高尚之民族主义范围，则以意志为归者也。如瑞士之民族则合日尔曼、以大利、法兰西三国之人民而成者也，此三者各有血统、历史、语言也，而以互相接壤于亚剌山③麓，同习于凌山越谷、履险如夷，爱自由、尚自治，各以同声相应、同气相求，遂组合而建立瑞士之山国，由是而成为一瑞士之民族。此民族之意志为共图直接民权之发达，是以有异乎其本来之日、以、法三民族也。又美利坚之民族乃合欧洲之各种族而熔冶为一炉者也，自放黑奴之后，则收吸数百万非洲之黑种而同化之，成为世界一最进步、最伟大、最富强之民族，为今世民权、共和之元祖。今出而维持世界之和〈平〉，主张人道之正谊，不惜牺牲无数之性命、金钱，务期其目的之达者，此美利坚民族之发扬光大，亦民族主义之发扬光大也。

我国人自汉族推覆满清政权、脱离异族羁厄之后，则以民族主义已达目的矣。更有无知妄作者，于革命成功之初创为汉、满、蒙、回、藏五族共和之说，而官僚从而附和之，且以清朝之一品武官之五色旗为我中华民国之国旗，以为五色者代表汉、满、蒙、回、藏也。而革命党人亦多不察，而舍去吾共和第一烈士陆皓东先生所定之中华民国之青天白日国旗，而采用此四分五裂之官僚旗。予争之不已，而参议完〔院〕乃以青天白日之旗为海军旗。呜呼！此民国成立以来，所以长在四分五裂之中，而海军所以有常常主持正义也。此民国之不幸，皆由不吉之五色旗有以致之也。夫清朝之黄龙帝旗，我已不用，而乃反用其武员之五色旗，此无怪清帝之专制可以推覆，而清朝武人之专制难以灭绝也。天意乎？人事乎？

夫汉族光复，满清倾覆，不过只达到民族主义之一消极目的而已，从此当努力猛进，以达民族主义之积极目的也。积极目的为何？即汉族当牺牲其血统、历

---

① 查哥士拉夫（Yugoslavia，亦作 Jugoslavia，此据其形容词 Jugoslav 音译），今译南斯拉夫。

② 原作"塞维尔亚"疑为笔误，今改"塞尔维亚"。

③ 亚剌山（Alps Mountains），今译阿尔卑斯山脉。

史与夫自尊自大之名称，而与满、蒙、回、藏之人民相见以诚，合为一炉而冶之，以成一中华民族之新主义，如美利坚之合黑白数十种之人民而冶成一世界之冠之美利坚民族主义，斯为积极之目的也。五族云乎哉？夫以世界最古、最大、最富于同化力之民族，加以世界之新主义，而为积极之行动以发扬光大中华民族，吾决不久必能驾美迭欧而为世界之冠，此固理有当然、势所必至也。国人其无馁！

今请进而论民权主义。

民权者，民众之主权也。世界进化由野蛮而至文明，心性进化由无知而至有知。天生聪明睿智、先知先觉者，本以师导人群，赞佐化育，乃人每多原欲未化，私心难纯，遂多擅用其聪明才智以图一己之私，而罔顾人群之利，役使群众，有如牛马，生杀予夺，威福自雄；虫虫〔蚩蚩〕之民，畏之如神明，承命惟谨，不敢议其非者。由是屡〔履〕霜坚冰，积为专制。我中国数千〈年〉来圣贤明哲，授受相传，皆以为天地生人固当如是，遂成君臣主义，立为三纲之一以束缚人心，此中国政治之所以不能进化也。虽其中有"大道之行，天下为公"，又有"天视自民视，天听自民听"、"民为贵，君为轻"、"国以民为本"等言论，然此不过一隙之明，终莫挽狂流之势。

乃自近代民智日开，又值哥林巴士①冒险航海，发见西半球之新大陆，由是欧洲之宗教名流、政潮志士多与湖海侠客、无业游民同冒险徙居于新地，以冀各遂生平之抱负也。以此富于冒险精神之人，不得志于本国，梯航万里而至于新天地，以抒其郁勃不平、积久必申之气，而兴其拓殖事业，宜乎其结果为开发一新政治思潮，而后卒成美洲之共和世界。此新世界之共和，则大异乎古昔希腊、罗马之共和与夫欧洲中世纪之共和也，盖往昔之所谓共和者亦不过多数人之专制而已，而美洲之共和乃真民权之共和也。夫美国之开基，本英之殖民地而离母国以独立，其创国之民多习于英人好自由、长自治之风尚，加以采卢梭之《民约》与孟氏②之《法意》而成其三权宪法，为致治之本；此为民宪之先河，而开有史以

————————

① 哥林巴士（Cristoforo Colombo），今译哥伦布，出生于意大利，一说为西班牙犹太人。
② 孟德斯鸠。

来未有之创局也。有美国共和，而后始有政府为民而设之真理出现于世。林肯氏曰："为民而有、为民而治、为民而享者，斯乃人民之政府也。"① 有如此之政府，而民者始真为一国之主也，国家之元首、百官始变而为人民之公仆，服役于民者矣。此为政治之革命也。

美国独立之后，旋而有法国之大革命，旋而有欧洲之大革命。此皆人类之智识日开，觉悟渐发，而乃知人者皆同类也；既为同类，则人人皆当得平等自由也。其特出之聪明才智者，不得以作〔诈〕以力，以夺他人应有之自由权利而独享之也。其占据人类之优等地位而号为君主、王侯与及一切贵族，夺民以自享，皆为不平等者也，故当推覆之，而平人类之不平。于是十八世纪之末以至此二十世纪之初，百余年来，皆君权与民权争竞之时代。从此民权日发达，君权日削亡。经此次欧战之后，专制之国悉数败亡，大陆之上几无君主立足之地矣。此世界政治进化之潮流，而非人力所能抵抗者，即古人所谓天意也。顺天者昌，逆天者亡，此之谓也。

继美国之成文宪法，青出于蓝而胜于蓝者，则有瑞士之宪法也。美国之宪法虽以民权为宗，然犹是代表之政治，而国民只得选举之权而已。而瑞士之宪法则直接以行民政，国民有选举之权，有复决之权，有创制之权，有罢官之权（其要领原理，当另著专书详之），此所谓四大民权也。人民而有此四大权也，乃能任用官吏，役使官吏，驾驭官吏，防范官吏，然后始得称为一国之主而无愧色也。

予之定名"中华民国"者，盖欲于革命之际，在破坏时则行军政，在建设时则行训政。所谓训政者，即训练清朝之遗民而成为民国之主人翁，以行此直接民权也。有训政为过渡时期，则人民无程度不足之忧也。乃当日革命党员多注重于民族主义，而鲜留心于民权主义，故破坏成功之后，官僚则曰人民程度不足也，而吾党之士又从而和之曰："人民程度不足，不可以行直接民权也。"呜呼！是何异谓小孩曰："孩子不识字，不可入校读书也。"试问今之为人父兄者，有是言

---

① 此即美国总统林肯于一八六三年十一月十九日在葛底斯堡（Gettysburg）发表演说时所提出的政治主张，原文是"government of the people，by the people，for the people"。孙文在后篇《三民主义的实行》中又将这段话改译为"民有、民治、民享"。

乎？而革命志士自负为先知先觉者，即新进国民之父兄，有训导之责任者也，乃有以国民程度太低不能行直接民权为言，而又不欲训练之以行其权，是真可怪之甚也。

彼辈既承认此革命后之新国为中华民国矣，而又承认中华民国之主权在于国民全体矣，是即承认四万万之人民将必为此中华民国之主人矣；而今之行政首长，凡百官吏与及政客、议员者，皆即此四万万人民之臣仆也。既为其臣仆，而又敢公然曰："吾之主人知识幼稚，程度太低，不可直接以行其主权也。"以是故也，予所以有训政时期之主张，而此辈又群起而反对之。予又试问：今之所谓志士、党人、官僚、政客者，将欲何为也？既不甘为诸葛亮、文天祥之掬〔鞠〕躬尽悴〔瘁〕以事其主，又不肯为伊尹、周公之训政以辅其君，则其势必至大者为王莽、曹操、袁世凯之僭夺，而小者则图私害民为国之贼也。此非民国所宜有，当归于天然淘汰之列也。

观欧洲百余〈年〉来之政治进化、人权竞争，其始也，少数聪明才智之人以自由平等为号召，而革独头专制君主之命；及其成功也，则此少数人又从而行专制，其为祸更烈于君主之专制也；而大多数人又起而革此少数人之命，必至政权归于平民而后已。今之武人、官吏乘革命之赐，倖而得有高位，而不尽心民事者，勿以人民可欺，而能久假不归也。世界潮流，天然淘汰，必无倖免者也。民国之主人今日虽幼稚，然民国之名有一日之存在，则顾名思义，自觉者必日多，而自由平等之思想亦必日进，则民权之发达终不可抑遏，此盖进化自然之天道也。顺天则昌，逆天则亡，此之谓也。

今请进而论民生主义。

民生主义者，即社会主义也。贫富不齐，豪强侵夺，自古有之，然不若欧美今日之甚也。欧美自政治革命而后，人人有自由平等，各得肆力于工商事业，经济进步，机器发明，而生产之力为之大增。得有土地及资本之优势者悉成暴富，而无土地及资本之人则转因之谋食日艰，由是富者愈富，贫者益贫，则贫富之阶级日分，而民生之问题起矣。此问题在欧美今日愈演愈烈，循此而往，非^①至发生社会之大革命不止也。俄国已发其端，德国又见告矣，英、美诸国将恐不免也。惟中国之于社会革命也，则尚未种其因，如能思患预防，先为徙薪曲突之谋，则此一度之革命洵可免除也，此民生主义之所以不得不行也。中国之行民生主义，即所以消弭社会革命于未然也。

夫社会革命之因，从何而来也？曰：从机器发明而来也。欧美自机器发明而后，万般工业皆用机器代之。夫用机器以羁勒自然之力，如汽力、电力以代人工，本可减省人之劳力，应为造福于人间，而何以反生出社会之痛苦？所以然者，则机器之发明而施用于工业也，乃突如其来，而社会之旧组织一时不能为之变更，亦不知为之变更，故无从应付也。为资本家者，只知机器之为利，而不恤社会之被其害也。

今试以织业言之。当昔用人工以织布，每人日织不过一丈，使有资本家日雇千人为之织，日出千丈之布，其所给工值假设为每人一元，此一元之工值当与织工独立自织之价值相若也；倘所差太甚，则织工必不愿受资主之雇，而必自织其布也。盖以人工作业之时，则工人容易自行独立以营业，而资主不能为之垄断也。惟一旦以机器代人工，则生产至少可加十倍，前以千人日只出布千丈，今则用百人而出布千丈矣。倘使销场如故也，则用手工生产之时，资主当雇千人，日给工值千元，乃能出千丈之布。今用机器生产，则布仍为千丈也，而工则减去九百人，只用百人而已足；此百人之工值若仍其旧也，则资主前费千元者，今费百元已足矣。或更有甚者，则前用手工生产之时，工人能退而自营其业，不专靠资主之雇以谋生活也；惟今失业之九百人若退而自营其业，则彼手工之生产必不及机器生产价值之廉，是工人万不能〈与〉资主竞争，则惟有仰给资主以为生活，资主所需一百之工，则有千人砭〔贬〕价以争雇，前之工值一元者，今或半元而已有受雇者矣。

由此观之，用手工生产之时所出千丈之布，工人日所得工值为千元，资主日

---

① 此处删一衍字"非"。

获之利亦设为千元；今用机器生产所出布千丈，工人所得之值不过百元甚或至五十元，而资主今之获利每日增加九百元至九百五十元矣。如是则工人形立〔立形〕困苦，其不迁徙流离，则必坐以待毙而已。倘若销场扩大，则资主所佣仍不减千人，工资如故也，而机器之生产则人加十倍，前之每日出布千丈者，今可出布万丈，而资主每日之利则九千元。倘市场更增，资主能雇用万人者，则日能获利九万元，而工人亦不过日获一元而已。一家如是，家家如是；一业如是，业业如是。市场愈大，机器愈精，则资本家之势力愈宏厚，而工人则生产愈多而工值愈微。此机器代手工而生产，泰西学者所谓工业革命者也。

工业革命之后，资本膨胀，而地价亦因而大增。盖机器之生产事业利于集中，故城市首先发达，以易致工人也。其次则煤铁之场，制造事业亦以繁兴，盖便于取材也。其三则交通之地，工厂亦随而林立，以便于运输也。凡有此三要表〔素〕之地，工业必从而发达，人口则为增加。此等工业繁盛之城市，其地价之增加，有亩至十百万元者。而地主多有承先人之遗业，不耕不织，无思无维，而陡成巨富者。是地主以地增价而成资本家，资本家以工业获利而成大地主。城市之地固尽为此辈所垄断，而附廓之田亦为之所收买，渐而至于郊外之沃野荒原亦陆续为此辈占有。由是地价则日增，而工值则日贱。盖工人欲退而归农亦无田可耕，则耕亦不能偿其租值，于是更不得不全靠雇工为活矣。工业愈进步，商业愈发达，则资本家与地主之利愈大，而工人则穷苦矣。此欧美工商发达、经济进步后所生出社会贫富阶级之情形，而社会革命之所以不能免也。

中国近代进步虽迟，似有不幸，然若能取鉴于欧美之工业革命、经济发达所生出种种流弊而预为设法以杜绝之，则后来居上，亦未始非一大幸也。顾思患预防之法为何？即防止少数人之垄断土地、资本二者①而已。

中国自废井田而后，土地虽归私有，然因向以手工为生产之具，而资本尚未发达，地价亦尚未增加，故尚少大地主，及今而整顿土地犹易为力。故同盟〈会〉之主张，创立民国后则继之以平均地权，倘能达此目的，则社会问题已解

---

① 此处删一衍字"者"。

决过半矣。平均地权者，即井田之遗意也。井田之法既板滞而不可复用，则惟有师其意而已。中国今工商尚未发达，地价尚未增加，则宜乘此时定全国之地价。其定价之法，随业主所报以为定，惟当范围之以两条件：一、所报之价，则以后照价年纳百分之一或百分之二以为地税。二、以后公家有用其地，则永远照此价收买，不得增加；至若私相卖买，则以所增之价悉归公有，地主只能得原有地价，而新主则照新地价而纳税。有此二条件，则定地价毫无烦扰、欺瞒之弊。盖此二条件为互相牵制者也。倘使地主有瞒税之心，将现值之地价以多报少，假使在上海市之地有值万元至十万元一亩者，地主以值十万元一亩之地而报价万元，则值百抽一之税为百元；若十万元一亩，则值百抽一其税为千元矣。如此于瞒税方面地主则得矣，惟政府可随时范围之以第二条件备价而收买其地，其原值十万元一亩，今照彼所报纳税之价万元而收买之，则地主食亏九万元矣。又倘地主有投机之心，预测公家他日必需其地，将现在所值百元一亩之地而报其价至十万者，如此则于公家未收买其地之先每年当纳千元之税，如此则利未见而本先亏矣。故于两条件范围之中，地主当必先自讼而后报其价值，则其价值必为时下当然之价矣。此办法较之英国数年所行之法利便多矣。英国自议院通过地价税案之后，政府特设估价衙门以定全国地价，而又设控诉衙门以理控诉；倘地主有不以估价衙门所定之价为公平，可控诉之，由控诉衙门复加裁判以为定。其烦扰为如何耶！

夫照价抽税，较之现行之照亩抽税，其公平与不公平，真有天壤之别矣。照亩抽税，只分上、中、下三等而已。设有郊外田一亩，其价〈一〉元，而抽其下税若干；又有市内地一亩，其价一万，而抽其上税若干。上税与下税之所差不能过十倍也，而其价值之差即一与万之比也，使农民之负担赋税比之市民重一千倍矣。是照价抽税者，质而言之，即减轻农田之税耳。且先定地价，而待经济之发达，则公共之事易容〔容易〕举办，而能收大利矣。今以一事证之：如中国交通运输之事业发达，则凡于铁路集中之地、水陆交会之区，大市镇必从而生焉。以中国之大，此种新市镇当必得百数十处也。如国家为之经营，照现价以收买其地，辟以广大之衢，设备公用之具如自来水、煤气、电灯、电话等事，则数元一亩收来之地，一转瞬间其值必加至千倍或至万倍矣。此等所谓不劳而获之利，倘公家不收之以为公用，则必入于私人之手；一入于私人之手，则必生出社会之不平均，而害随之矣。

经济家之言生财之元素有三，土地、人工、资本是也。中国今日地大人众，倘知采民生主义之画计〔计画〕以谋工业之发展，则资本易致也。资本与民生主义之计画，下章继续论之。①

中国土地之问题，自废井田而后以至于今，无甚大变者也。虽农民之苦较井田时或有加重，然人人得为小地主，则农民之勤俭者均有为小地主之希望，而民生之路未尽绝也。惟欧风东渐，我之实业革命、工商发达亦势所必至，则以后亦成为有者益有，而无者益无。此时而欲由小农而成小地主，欲由小工而成小资本家，为万不可能之事矣，如此则民生之路绝矣。欧美各政治先进之国，而经济革命之风潮则澎排〔湃〕鼓荡而来者，此也。所幸者，我中国今日尚未经实业革命、资本发达之阶级，未雨绸缪，时哉勿失。土地问题之解决方法，其简便易行既而〔如〕上章所述矣。

今专就资本之问题，以求解决之方。欧美资本之问题激争数十年，而未能得良法以解决者，初以资本之发达为世人所不及料，故由不知不觉而尽入于少数人之手。是犹政治发达之初，而政权归于小〔少〕数人之手同一理也。而其平之之法，则必待多数人之觉悟，而决心为大牺牲，不惜杀人流血，始能达自由平等之目的也。今欧美之苦工、农民已全数觉悟矣，而犹未能解决经济问题者，何也？以此问题之解决，其烦难当有百十倍于政治问题也。为此故也，则我当禀〔懔〕欧美前车既覆之鉴，为我之曲突徙薪，不可学俄人之蕉〔焦〕头烂额也。夫惟我之资本尚未发生也，则我防患于未然自易，此中国之后来居上，将必为世界第一富强安乐之邦之大希望也。道在今日之仁人志士、先知先觉知之行之而已。

今请进而论资本。

经济家之言曰：资本者，劳力之所获，以给其需要之余，而用之以为生利之需者，则为资本也。如农之余粟，工之余布，用以交易其需要之外，而复用之以

———————————

① 按当时孙文写作计划，以下文字为另一章。

广其田园，增其器械，此农之田园、工之器械则谓之资本也。以此田园、器械能多生其粟、多出其布也。倘此农、工以其所余，而易肥马、轻裘以自娱，此农、工之肥马、轻裘则不得谓之为资本也。是故如家中之饭，设备以自给者，不得为资本；而饭店之饭，设备以应沽，即为资〈本〉矣。由此例推，筐中之衣服、富室之汽车皆不得为资本，而缝店之衣服、车店之汽车即皆为资本也。夫资本者，生产三大元素之一。其始也，凡勤俭之小工，以其余财而再图生利者，皆能为资〈本〉家；及机器之兴也，则以一人而用机器可作百十人之工，则不独小工永绝为资本家之希望，而小资本家亦难以自立而见并于大资本家，而大资〈本〉家又见并〈于〉更大之资本家。由是大鱼食细鱼，遂生出欧美等国资主与工人之两阶级，贫富之悬殊乃以日而甚矣。

欧美资本发达后，其为患于社会如此。其大者，以欧美土地问题未能于资本未发达之前而先为之解决，故地主与资本家二者合而为一，如虎加翼，其横暴遂不可制止矣。今各国政治家之解决社会问题者，亦必先从土地问题着手，雷佐治①之于英国施行土地照价抽税之法是也。然英国资本发达已百有余年矣，而全数早已悉落于私人之手，故当民国建元之前后已施行土地照价抽税之法，而七八年来社会竞争之问题依然激烈也，同盟罢工之风潮依然不止也。惟当此次欧战发生之后，英国曾为社会突飞之进步，铁路、海运俱收归国有，而一切制造工厂亦收归官办，以供给军用品也。惟今后战后经营，英国其能力排资本家之优势，以顺世界之潮流，而进英国为一集产之国家乎？抑仍受资本家之握制，而退归私人之所有也？此今后之一大问题也。

据孙文《三民主义》手稿，台北、中国国民党文化传播委员会党史馆藏

---

① "雷佐治"之前似漏字，即亨利·乔治。

中国人痛恨日本政府的侵华政策

答朝日新闻社记者太田宇之助书①

（一九一九年六月二十二日刊载）②

兹承贵记者问："中国人何以恨日本之深，及有何法以调和两国感情？"予当竭诚以答，并以此告吾日本之故友。

予向为主张中日亲善之最力者，乃近年以日本政府每助吾国官僚而挫民党，不禁痛之。夫中国民党者，即五十年前日本维新之志士也。日本本东方一弱国，幸得有维新之志士始能发奋为雄，变弱而为强，吾党之士亦欲步日本志士之后尘而改造中国，予之主张与日本亲善者以此也。乃不图日本武人逞其帝国主义之野心，忘其维新志士之怀抱，以中国为最少抵抗力之方向，而向之以发展其侵略政策焉，此中国与日本之立国方针根本上不能相容者也。

乃日本人之见解则曰："中国向受列强之侵略矣，而日本较之列强无以加也，而何以独恨于日本尤深也？"呜呼！是何异以少弟而与强盗为伍以劫其长兄之家，而犹对之曰："兄不当恨乃弟过于恨强盗，以吾二人本同血气也。"此今日日本人同种同文之口调也。更有甚者，即日本对德宣战，于攻克青岛之时，则对列强宣言以青岛还我；乃于我参加欧战之日，则反与列强缔结密约，要以承继德国在山东之权利。夫中国之参战也，日本亦为劝诱者之一也，是显然故欲以中国服劳，而日本坐享其利也。

此事以中国人眼光观之，为何等之事乎？即粤语所谓"卖猪仔"也。何谓"卖猪仔"？即往时秘鲁、智利、古巴等地垦荒乏人，外洋资本家利〈用〉中国人之勤劳而佣值廉也，遂向中国招工。乃当时海禁未开，中国政府禁工出洋，西洋

---

① 日本在第一次世界大战期间出兵攻占青岛等地，战后通过巴黎和会继承德国在山东的权利，引起中国人民强烈愤慨，五四运动亦随之爆发。六月中旬，孙文接见日本朝日新闻社驻上海特派员太田宇之助，本文是对其所提问题的书面答复，随后由太田译成日文，分别于二十二日、二十三日在《东京朝日新闻》和《大阪朝日新闻》发表。

② 此系《东京朝日新闻》最先用日文登载该文的日期。

人只得从澳门招工，每年由澳门出洋者以十数万计。此等工人皆拐自内地，饵以甘言厚利，诱以发财希望，而工人一旦受欺入于澳门之"猪仔馆"，终身无从逃脱矣。而"猪仔头"（即拐卖工人者）则以高价售之洋人，转运出洋，以作苦工。工人终世辛劳，且备受种种痛苦，鞭挞残杀视为寻常，是无异乳猪之受人宰食，故名此等被人拐卖之工人曰"猪仔"。曩者日本之劝中国参战，而同时又攫取山东权利，是何异卖中国为"猪仔"也。夫"猪仔"之地位固比家奴为尤下也。家奴虽贱，倘服务勤劳，奉命惟谨，犹望得主人之怜顾而温饱无忧也，而"猪仔"则异是。是故当时澳门之为"猪仔头"者，无论如何贪利，断不忍卖其家奴为"猪仔"也；必拐诱休戚不相关之人，而卖为"猪仔"也。以中国视之，则日本今日尚不忍使台湾、高丽服他人之务，而己坐享其利也，是日本已处中国于台湾、高丽之下矣。是可忍孰不可忍？倘以此为先例，此后世界凡有战争，日本必使中国参加而坐收其利矣，此直以"猪仔"待中国耳。尤有甚者，昔澳门之"猪仔头"亦不过卖人为"猪仔"而取其利于洋人而已，日本今回之令中国参战也，既以此获南洋三群岛以为酬偿矣，乃犹以为未足，而更取山东之权利，是既以中国为"猪仔"矣，而犹向"猪仔"之本身割取一脔肥肉以自享也。天下忍心害理之事尚有过此者乎？中国人此回所以痛恨日本深入骨髓者，即在此等之行为也。而日本人有为己辩护者，则曰日本之取山东权利，乃以战胜攻取而得者也。果尔，则日本何不堂堂正正向列强要求承继山东权利于攻克青岛之时，而乃鬼鬼祟祟于中国参加欧战之日，始向列强要求为酬偿之具也。夫中国尚未隶属于日本也，而日本政府竟已对中国擅行其决否之权，而且以行此权而得列强酬偿矣，此非卖中国之行为而何？

　　夫此回欧战固分为两方面，旗帜甚为鲜明者也。其一即德、奥、土、布①，乃以侵略为目的者；其一英、法、美、俄，乃以反对侵略为目的者。故英、美之军在欧洲战场，战胜攻取，由德国夺回名城大邑，不啻百倍于青岛也，且其牺牲亦万千倍于日本也，而英、美所攻克之城地皆一一归回原主也。日本为加入反对侵略之方面者也，何得以战胜攻取而要求承继山东德国之权利耶？若日

---

①　"布"为布加利亚（Bulgaria）简称，今译保加利亚。

本之本意本为侵略，则当时不应加入协商国方面，而当加入德、奥方面也。或又谓中国于参战并未立何等劳绩，不得贪日本之功也。而不知此次为反对德、奥之侵略主义而战，则百数十年为德国侵略所得之领土，皆一一归回原主也。彼波兰、捷克二族亦无赫赫之功也，而其故土皆已恢复矣。我中国之山东青岛何独不然？且丹麦犹是中立国也，于战更无可言功，而德国六十年前所夺彼之领土今亦归还原主矣。是中国以参加战团而望得还青岛，亦固其所也。乃日本人士日倡同种同文之亲善，而其待中国则远不如欧美，是何怪中国人之恨日本而亲欧美也。

日本政府军阀以其所为，求其所欲，而犹望中国人之不生反动，举国一致以采远交近攻之策与尔偕亡者，何可得也？是日本今日之承继德国山东权利者，即为他年承继德国败亡之先兆而已。东邻志士其果有同文同种之谊，宜促日本政府早日猛省，变易日本之立国方针，不向中国方面为侵略，则东亚庶有豸乎！

孙　文

据《孙中山先生答朝日新闻记者书》，载一九一九年六月二十四日上海《民国日报》第二版
日文原文见本册第 534—537 页

八　年　今　日

为纪念武昌起义八周年而作①

（一九一九年十月十日）

今日何日？乃革命党员熊秉坤开枪发难，清朝协统黎元洪②被迫效顺而起革命军于武昌之日也。随而冯国璋焚烧汉口，随而袁世凯病起彰德，皆欲效忠异族，残杀同胞，而剿灭革命军者也。无如党人遍布国中，响应四起，遂致清朝江山不可收拾。于是而南北和议之局开，于是而"非袁莫属"之论起。时予方在伦敦从

---

① 本文在上海多家报纸上发表。
② 武昌起义前，黎元洪任湖北新军第二十一混成协统领。

事于外交问题之解决，正当着着得手，举世同情，乃屡促共和国体之速定、正式政府之成立，欲乘时要求友邦之承认。乃迁延两月，头绪全无，加以远闻国人尚有主张清帝之君宪者，予深恐革命大功亏于一篑，故不得不舍外交之良机而奔驰回国，以挽危局而定国本。于是草创政府于南京，而共和国体乃定焉。

维时官僚之势力渐张，而党人之朝气渐馁，只图保守既得之地位，而骤减冒险之精神，又多喜官僚之逢迎将顺，而渐被同化矣。以是对于开国之进行，多附官僚之主张，而不顾入党之信誓，三民主义、五权宪法悉置之脑后，视为理想难行。甚至革命党二十年来以先烈之血所沃成之青天白日国旗亦不得采用，乃改为海军旗，而反以清朝一品官员之五色旗为国旗矣。此又何怪今日之民国，竟变成亡国大夫之天下也。当时予以服从民意，迫而牺牲革命之主张，不期竟以此而种成今日之奇祸大乱也。呜呼！此诚予信道不笃，自知不明之罪也。倘能排除众议，独行其志，岂有今日哉！

今日何日？正官僚得志，武人专横，政客捣乱，民不聊生之日也。追源祸始，则政客实为万恶之魁。或曰："政客不死，祸乱不止。"至哉言乎！盖官僚、武人不过政客之傀儡而已。官僚虽恶，其中非绝无醇厚之儒；武人虽横，其间亦不乏尚义之士。惟政客则全为自私自利，阴谋百出，诡诈恒施，廉耻丧尽，道德全无，真无可齿于人类者。

政客！政客！尔之作恶已八年矣。多行不义必自毙，国民之公论将不容尔矣！尔尚有畏祸而生悔心乎？放下屠刀可以成佛，否则断无倖矣。官僚、武人尔能觉悟否？夫尔辈多清朝臣仆，在清朝之时尚不敢如此作恶专横，今为民国公仆，何反跋扈若是？须知尔清主有二百六十年根深蒂固之基，犹有一朝覆亡之祸，尔非如此源远流长，将何所恃而不恐？若早悔祸，效忠民国，犹望可保善终也，否则尔之绝地逼近矣。

国民！国民！公等已深受痛苦八年矣。何以于痛苦流离之今日，犹思纪念而庆祝也，得毋以此为革命军首义之日耶？然而革命军起矣，民国由之立矣，但革命之事业尚未成功也，革命之目的尚未达到也，尚有待于后起者之继成大业也。民国由革命而来，则凡今日承认民国者，必当服膺于革命之〈主〉义，黾勉力行，以达革命之目的，而建设一为民所有、为民所治、为民所享之国家，以贻留我中华民族子孙万年之业，庶几今日乃有可庆祝之价值也。

据孙文：《八年今日》，载一九一九年十月十
日上海《申报》"十月十日国庆增刊"（三）①

中国实业当如何发展

应上海《实业旬报》之请而作②

（一九一九年十月十日）

吾国今日之困穷，莫不知为实业不振，商战失败。二三十年以来，外货之入口超于土货之出口，每年常在二万万以上。此为中国之最大漏卮，无法弥补，遂致民穷财尽，举国枯涸，号为"病夫"。爱国之士悚然忧之，莫不以发展实业为挽救之方矣。然实业当如何发展，鲜能探其本源，握其要领者。

美国之实业大王骆基化罗曰："发展实业之要素有四，曰劳力也，资本也，经营之才能也，主顾之社会也。"我中国地大物博与美同，而吾国农产之富、矿质之丰比之美国有过之无不及。彼实业大王所举之发展四要素，劳力之人工，我即四倍于美国；主顾之社会，我亦四倍于美国；我国所欠缺者，资本也、才能也。倘我能得此两要素，则我之实业发达，不特可与美国并驾，且当四倍于美国③。然则欲图中国实业之发展者，所当注重之问题即资本与人才而已。

何为资本？世人多以为金钱即资本也，此实大谬不然。夫资本者，乃助人力以生产之机器也。今日所谓实业者，实机器毕生之事业而已。是故资本即机器，机器即资本，名异而实同也。倘金钱果为资本，则中国富室所藏之金块与市面流

---

①　底本另影印孙文手稿首页刊出。按《申报》为登载本文的上海各报中讹脱较少者，如同日上海《民国日报》增刊（三）所载即漏排三十九字。

②　本文原为应上海的中华实业协会所办《实业旬报》之约而作，载于该刊第一卷第四号，一九一九年十月十一日发行。但上海《民国日报》、《大陆报》（*The China Press* 中文版）亦自孙文处获得此文稿，二报社皆因刊行双十节纪念号之故，而比《实业旬报》提前一日发表。

③　此处删一衍字"国"。

用之银圆，较之外国所有实不相下也，而何以尚有资本缺乏之忧耶？且此次欧战，英、法二国多输送金钱于美以易武器，国内悉用纸币，市上无一金钱，然英、法二国之资本仍多于我也，以彼生产之机器犹存也。由此观之，迷信金钱为资本者可以返矣。倘能知此，则欲解决资本之问题易如反掌矣。其法为何？曰欢迎外资而已，亦即欢迎机器而已。此回欧战各国以制造战用品而扩张之机器至千百倍于前时，今战争停止，其所扩张之机器已多投闲置散，无所用之。若我欢迎此种制造之利器以发展中国之实业，正出欧美望外之喜，各国必乐成其事，此资本问题之容易解决者也。

至于人才问题之解决则有二法焉。一为多开学堂，多派留学〈生〉到各国之科学专门校肄业，毕业而后再入各种工厂练习数年，必使所学能升堂入室，回国能独当一面以经营实业，斯为上着。然此非十余年后不能成功。而当此青黄不接之秋，急者治标，故二为广罗各国之实业人才为我经营创造也。此种人才经此回欧战之后，多无用武之地者，在我能罗致而善用之耳。

然资本、人才皆有解决之道矣，则尤有重要问题者，即在我有统筹全局之计画，以应付此战后之良机，利用交战国之新生资本、熟练人才以开发我之宏大实业也。此予于《建国方略》中，特先草就"发展实业计画"一门。我有计画，则我始能用人，而可免为人所用也。此计画已先后载于《建设》杂志第一、二、三期中，且将继续刊之，以供国人之研究。

予之计画首先注重于铁路、道路之建筑，运河、水道之修治，商港、市街之建设。盖此皆为实业之利器，非先有此种交通、运输、屯集之利器，则虽全其发展实业之要素，而亦无由发展也。其次则注重于移我垦荒，冶铁炼钢。盖农、矿二业实为其他种种实业之母也，农、矿一兴，则凡百事业由之而兴矣。且钢铁者，实为一切实业之体质也。凡观一国之实业发达与否，观其钢铁出产之多少可知也。美国为今日世界实业最发达之国，而其所炼之钢每年四千余万吨，所冶之铁每年亦四千余万吨，共计所产钢铁八九千万吨。以我国较之，所产钢铁不过二十余万吨，相差远矣。

我国实业欲与美国之实业并驾，实非有如现在汉冶萍之铁厂三四百所不为功。然汉冶萍一厂成本已千余万矣，今欲多建三四百厂，非有资本三四十万万不可。

如此巨资，我国万难自集，则非借之外人不可。或有疑外人又安得如许之资本，不知所谓资本者机器也。我欲建说〔设〕大规模之钢铁厂，所需者皆机器与建筑之物料而已。我有所需，则外国机器厂加工造作而已。如战时所需之物料每日数万万，而各国之机器厂亦能供之，如是则我国若以战时工作以开发我国实业，所需资本、材料无论至何程度，各国之机器厂无不足以给之也。且我所需者全在机器，我只先得一批之大炼钢铸铁机器，聘就相当之人才，以人才而运用机器，则我之机器亦可以生出无量之资本也。此所谓有者益有，其机器发达国之谓欤！吾国既具有天然之富源、无量之工人、极大之市场，倘能藉此时会而利用欧美战后之机器与人才，则数年之后，吾国实业之发达必能并驾欧美矣。

惟所防者，则私人之垄断渐变成资本之专制，致生出社会之阶级、贫富之不均耳。防之之道为何？即凡天然之富源如煤铁、水力、矿油等，及社会之恩惠如城市之土地、交通之要点等，与夫一切有垄断性质之事业，悉当归国家经营，以所获利益归之国家公用。如是，则凡现行之种种苛捐杂税概当免除，而实业陆续发达，收益日多，则教育、养老、救灾、治病及夫改良社会、励进文明，皆由实业发达之利益举办。以国家实业所获之利，归之国民所享，庶不致再蹈欧美今日之覆辙，甫经实业发达即孕育社会革命也。

此即吾党所主张民生主义之实业政策也。凡欲达真正国利民福之目的者，非行此不可也。

据孙文：《中国实业当如何发展》，载上海《民国日报》附刊《星期评论纪念号》，一九一九年十月十日出版①

---

① 除底本外，《大陆报》中文版及《实业旬报》亦分别于同年十月十日、十一日登载本文。三种版本除个别字误植外，内容完全相同。

释光明之义

香港《大光报》年刊题词①

（一九二〇年一月）

《大光报》发行年刊，征词于余。《大光报》之立至今八年，持正义以抗强权，于南方诸报中能久而不渝者，惟此而已。故余乐为之词。

光明之为人类所爱也，实为有生俱来之本能之发动，不假教导而能者也。推其所肇，盖以人类由动物之有知识、能互助者进化而成。当其蒙昧，力不如狮虎牛马，走不如犬兔，潜不如鱼介，飞不如诸禽，而犹得自保者，能互助故能合弱以御强，有知识故能趋利而避害也。夫趋避之事以能知为前提，而动物之所恃以知者，第一为光明。惟有光明故，于猛兽之来袭可以力御之，可以智避之也。于自然之现象孰可利用，孰能为阻碍，可得试验而知也。惟有光明故，人与人可以相识相亲，而后互助之实可举也。故光明者，智识之源泉，互助行为之先决条件也。故有智识、能互助之人类，习与性成，遂对于光明而生爱恋，对于黑暗而怀恐怖，遗传浸久，遂不知其然而然。孩童初生，未有利害之见，未知合群之义，亦乐光明而恶黑暗；而不知利用此光明以得知识、行互助，则其人虽年长体硕，自其能力观之，无异始生之孩。以视原人之能由光明以渐得知识、组成社会者，抑又不及矣。光明固供给人之智识者也，而人若摈知识不求，则光明等于虚设。

夫今日之为人类利害者固非一事，绝不如原人时代之简单，而其须为研究始可应付者正同。故今日之人类，不但需爱地文上之光明、物理上之光明，尤须爱精神上之光明、心理上之光明。惟此种光明能指示人生之趋向，而凡旧社会之迷妄偏执，一一须以此光明照临破除之。障碍既除，然后此所谓互动者可得实现。

---

① 《大光报》初名《大光日报》，乃是区凤墀及其婿尹文楷等基督徒于一九一二年二月集资创办的香港报纸，因其宗教背景，时人亦有称之为香港以至华南基督教会机关报者。尹文楷早年任广州博济医院医生，并和孙文合伙开设药局，与兴中会员区凤墀皆曾参与孙文策划的一八九五年广州起义。该报每年均出版有特刊，此处所谓"年刊"者系指《香港大光报庚申增刊》。本文撰于上海。

盖光明者，不外使人认识实在、认识真理之一具。苟有其具而不用，或遗其实而鹜其名，则无益而有害。抑且以光明与人者，其功固大，而责任亦尤重。苟其挟成心而以先入为主，则非光明之义，而祸患将由之以胎。

"大光"之名吾固深喜之，而又望其能与人真实之智识、互助之精神，不负其名也，因书此遗之。

中华民国九年一月　孙　文

据孙文：《大光年刊题词》，载《香港大光报庚申增
刊》，香港，大光报印务公司一九二○年一月出版

党员须淬励固结互助之精神

澳洲中国国民党恳亲大会祝词①

（一九二○年二月二十一日）②

吾党肇建，自兴中会以迄今日，廿余年矣。中间三变，始有兴中会，时党员极稀，外界压迫极大，以极少之同志战极大之压迫，以求达最大之目的，其难可知也。自兴中会而为同盟会，则加盟者愈多，所受外界压迫较少矣。由同盟会而为国民党，人愈多，所受外部压迫更少。二次革命败后，国民党涣散而中华革命党始生，其地位又有似于同盟会初建时，海外同志以中华革命党之精神，支持国民党之名义，以至今日。

夫以人数论，则国民党初起时为最盛矣，而论其功业殆无可征。同盟会时，以人论虽少逊，而其功业概非他时代可及。中华革命党立后，庶几复其旧观。论党员结合之固，信服主义之笃，趋事之勇，兴中会之少数人已为卓绝，然而成功

---

① 中国国民党于一九一九年十月在上海成立，孙文任总理。一九二○年四月三日至九日，澳洲国民党恳亲大会在雪梨（Sydney，今译悉尼）举行，本文为孙文寄自上海的祝词。

② 底本未说明写作日期。本祝词系孙文于一九二○年二月二十一日复函雪梨国民党员余荣等同时寄出，所标者据此。

犹有待于同盟会。甚矣！群策群力之足恃也。而其结合虽曰多多益善，其各党员相互感情之密接通洽，有如兄弟父子，实为同盟会之精神。国民党所以初见涣散，中华革命党所以能复振，亦以党员相互感情之亲疏异也。由是观之，欲以一党谋中国之幸福，先须各党员日淬励其互助之精神，而导之向于同一之目标，可无疑也。

澳洲同志自同盟会时始盛，其间虽经国民党时代，亦未尝有涣散之虞，及中华革命党成立则益猛进矣。盖将来中国之运命，系于三民主义之能否实行。二十年来，吾党志士先仆后继，百折不回，非趋一党之私，实以为中国四万万人公共利益，且以为世界平和能否实现，亦一视此。今民族主义虽略得贯彻，民权、民生之建设尚见阙如，所以人民困苦，国势日颓，岌岌之形不可终日。吾党责任此后更重，牺牲之决心、互助之精神万不容稍为松懈。澳洲党势既日隆，则党员责任心必随之日富，而以其群众之力，将有以战胜凡百困难，以入于成功之途。其坚抱三民主义而不渝，又吾所深信者。今兹恳亲大会之开，更使党员固结之精神，以此益加固结，而有以复同盟会时代之旧，且加亲密焉。则以今日多数同志之力所能成就，必远胜于昔者同志较少之日，而以其互助与牺牲之旨，益多致同志以趋于救国之途，此则真吾所跂而祝之者也。

万里遥隔，无由列席，聊书所怀，以代颂祷。

据孙文：《澳洲国民党恳亲大会纪念辞》，载胡汉民编：《总理全集》第一集，上海，民智书局一九三〇年二月初版

地方自治开始实行法[①]

（一九二〇年三月一日）

地方自治之范围，当以一县为充分之区域。如不得一县，则联合数乡村而附有纵横二三十里之田野者，亦可为一试办区域。其志向当以实行民权、民生两主义为目的。故其地之能否试办，则全视该地人民之思想智识以为断。若自治之鼓

---

① 本文撰于上海。

吹已成熟，自治之思想已普遍，则就下列之六事试办之，俟收成效，然后陆续推及其他。其事之次序如左：一、清户口；二、立机关；三、定地价；四、修道路；五、垦荒地；六、设学校。

一、清户口　不论土著或寄居，悉以现居是地者为准，一律造册列入自治之团体，悉尽义务，同享权利。其本为土著而出外者，其家族当为之代尽义务，回家时乃能立享权利；否则于回家时以客籍相待，必住满若干年，尽过义务，乃得同享此自治团体之权利。

地方之人有能享权利而不必尽义务者：其一则为未成年之人，或以二十岁为准，或以十八岁为准，随地所宜，立法规定之，此等人悉有享受地方教育之权利。其二为老年之人，或以五十岁为准，或以六十岁为准，随地所宜，立法规定之，此等人悉有享受地方供养之权利。其三为残疾之人，有享受地方医治、供养之权利。其四为孕妇，于孕育期内免一年之义务，而有享受地方供养之权利。其余之人则必当尽义务，乃得享权利；不尽义务者，停止一切权利。故于清户口时，须分类登记之，每年清理一次，注明变更，列入年册。

二、立机关　户口既清之后，便可从事于组织自治机关。凡成年之男女，悉有选举权、创制权、复决权、罢官权。而地方自治草创之始，当先施行选举权，由人民选举职员，以组织立法机关并执行机关。执行机关之下，当设立多少专局，随地方所宜定之，初以简便为主。而其首要在粮食管理局，量地方之人口，储备至少足供一年之粮食。地方之农产，必先供足地方之食，然后乃准售之外地。故粮食一类，当由地方公局买卖。对于人民需要之食物，永定最廉之价，使自耕自食者之外，余人得按口购粮，不准转卖图利。地方余粮则由公局转运，售卖于外，其溢利归诸地方公有，以办公益。其余衣、住、行三种需要之生产制造机关，悉当归地方支配，逐渐设局管理。

至于人民对地方自治团体之义务，每人每年当出一个月或二个月之劳力，随人民之志愿，立法规定之。每月当以三十日为准，每日当以六点钟为度。其不愿出劳力者，当纳同等之代价于公家自治机关。

每年当公布预算、决算并所拟举办之事业，以求人民同意。

三、定地价　如以上二事办妥，而合一县百数十万人民，或数乡村一二万人民，而为一政治及经济性质之合作团体。其地方之发达进步，必有出人意料之外者，而其影响于土地必尤大。如童山变为森林，石田变为沃壤〔壤〕，僻隅变为市场。前者值数元一亩之地，忽遇社会之进步发达，其地价乃增为数百元、数千元一亩者不等。有其地者，不劳心不劳力，无思无维，而坐享其利矣。细考此利何来？则众人之劳力致之也。以众人之劳力焦思以经营之社会事业，而其结果则百数十之地主享其成，天下不平之事孰过于此！此地价之不可不先定，而后从事于公共之经营也。

定地价之法，以何为便乎？当十年前英国之行按价抽税，其定地价之时，设一专官以估定时价。经官估定之后，地主则照价抽税，值百抽几。如地主以为估定太高，不甘出税，可以上控于专判衙门，由衙门再判为准。其于定地价一事，专设两级机关以专理之。英人视之以为利便，而在吾人地方自治甫行之初，倘效此举，不独不便，实亦窒碍难行也。

然则吾人当以何法行之？予以为当由地主自定之为便。其法以地价之百分抽一，为地方自治之经费。如地每亩值十元者抽其一角之税，值百元者抽一元之税，值千元者抽十元之税等是也。此为抽税之一方面，随地主之报多报少，所报之价，则永以为定。此后凡公家收买土地，悉照此价，不得增减。而此后所有土地之买卖，亦由公家经手，不得私相授受。原主无论何时，只有收回此项所定之价，而将来所增之价悉归于地方团体之公有。如此则社会发达，地价愈增，则公家愈富。由众人所用之劳力以发达之结果，其利益亦众人享有之。不平之土地垄断、资本专制可以免却，而社会革命、罢工风潮悉能消弭于无形。此定价一事，实吾国生民根本之大计，无论地方自治或中央经营，皆不可不以此为着手之急务也。

而由地方自治以举办此定地价之事，则地方全体当担负该县以前所纳之地丁钱粮，所余则悉归地方自治之用。由自治团体直接与省政府或中央政府订明条例，永相遵守。若由中央举行，则除现收地丁钱粮之外，当拨八九成为地方之用，而以一二成归之中央。如全国能行此，则中央之财赋当增加不少矣。

四、修道路　道路者，文明之母也，财富之脉也。试观世界今日最文明之国，即道路最多之国，此其明证也。中国最繁盛之区，即交通最利便之地，此又一证也。故吾人欲由地方自治以图文明进步、实业发达，非大修道路不为功。凡道路所经之地，则人口为之繁盛，地价为之增加，产业为之振兴，社会为之活动。道路者，实地方之文野、贫富所由关也。

地价既定之后，则于自治范围之内，公家可以自由规画，以定地方之交通，而人民可以戮力从事于修筑道路。所谓人民义务之劳力，宜首先用之于此。道路宜分干路、支路两种，干路以同时能往来通过四辆自动车①为度，支路以同时能往来通过两辆自动车为度。此等车路宜纵横遍布于境内，并连接于邻境。筑就之后，宜分段保管，时时修理，不使稍有损坏。如地方有水路交通，在〔则〕宜时时修理保存，毋使稍有积滞，务期水陆交通兼行并利。道路一通，则全境必立改旧观，从此地方之进步必有不可思议者矣。

五、垦荒地　荒地有两种：其一为无人纳税之地，此等荒地当由公家收管开垦。其二为有人纳税而不耕之地，此种荒地当科以价百抽十之税，至开耕完竣之后为止；如三年后仍不开垦，则当充公，由公家开垦。凡山林、沼泽、水利、矿场悉归公家所有，由公家管理开发。

开垦后支配之法，亦分两种：其为一年收成者，如植五谷、菜蔬之地，宜租与私人自种。其数年或数十年乃能收成者，如森林、果、药等地，宜由公家管理。开荒之工事，则由义务劳力为之。如是数年之后，自治区域当可变成桃源乐土、锦绣山河矣。

六、设学校　凡在自治区域之少年男女，皆有受教育之权利。学费、书籍与及学童之衣食，当由公家供给。学校之等级，由幼稚园而小学而中学，当陆续按级而登，以至大学而后已。教育少年之外，当设公共讲堂、书库、夜学，为年长者养育智识之所。

或疑经费无从出，此不足忧也。以人民一月义务劳力之结果，必足支持此费。如仍不足，则由义务劳力之内议加，或五日、或十日以至一月，则无不足矣。一境之内如人尽所长，为公家服一二个月之义务。长于农事者，为公家垦荒，则粮食足矣；长于织造者，为公家织布，则衣服足矣；长于建筑者，为公家造屋，则房舍足矣。如是，少年之衣、食、住，皆可由义务之劳力成之。

---

①　自动车源于英文 automobile，即汽车。

　　自治区之人民各有双手，只肯各尽其长，则万事具备矣。不必于穷乡僻壤〔壤〕搜刮难得之金钱，筹集大批之款项，始能从事于自治也。只要人人能知双手万能、劳工神圣足矣。至于手力所不能到之处，则以我辈手力所生产之粮食、原料，由公家收集输之外国，以换其精巧之机器，以补我手力之不足，则生产日加，财富自然充裕。学校之目的，于读书、识字、学问、智识之外，当注重于双手万能，力求实用。凡能助双手生产之机械，我当仿造，精益求精，务使我能自造，而不依靠于人。必期制造精良，实业发达，此亦学校所有事也。学校者，文明进化之泉源也。必学校立，而后地方自治乃能进步。故于衣、食、住、行四种人生需要之外，首当注重于学校也。

　　以上自治开始之六事，如办有成效，当逐渐推广，及于他事。此后之要事，为地方自治团体所应办者，则农业合作、工业合作、交易合作、银行合作、保险合作等事。此外，更有对于自治区域以外之运输、交易，当由自治机关设专局以经营之。此即自治机关职务之大概也。

　　总而论之，此所建议之〈地〉方自治团体，不止为一政治组织，亦并为一经济组织。近日文明各国政府之职务，已渐由政治兼及于经济矣。中国古代之治理，教养兼施；后世退化政府，则委去教养之职务，而听民人各家之自教自养，而政府只存一消极不扰民者，便为善政矣。及至汉、唐，保民理民之责犹未放弃，故对外尚能御强寇，对内尚能平冤屈。其后则并此亦放弃之，遂至国亡政息，一灭于元，再灭于清，文明华胄，竟被异族涂〔荼〕毒者三百余年，可谓惨矣！今虽光复祖业，创建民国，而执政者仍为清朝之亡国大夫。彼辈为政，惟知扰民害民为其所有事，罔识世界大势，只顾自私自利，多行不义必自毙，当受文化潮济〔流〕所淘沃〔汰〕，可无疑也。惟民国人民当为自计，速从地方自治以立民国万年有道之基。宜取法乎上，顺应世界之潮流，采择最新之理想，以成一高尚进化之自治团体，以谋全数人民之幸福。若一县办有成效，他县必争先仿行。如是，由一县而推之各县，以至一省一国，而民国之基于是乎立。有志之士，宜努力笃行之！

据孙文：《地方自治开始实行法》，载上海《建设》第二卷第二号，一九二〇年三月一日发行

中国人之直言①

（英 译 中）

（一九二〇年四月三日）

中国并不需借界〔债〕。中国之所需者，脑力而已，机器而已，非借款也。

常向外国借款者，非中国也，乃北京政府②也。北京政府不足以代表中国，美国人应知之。即广州政府③亦不足以代表中国。彼仅仅足以代表中国者，即此上海之商人，即此日增月盛之中等社会——置政治于度外，而出其全力以办兴〔兴办〕国内实业为己任之人。

偿还现在所有借款之中国，乃学生运动之中国，抵制日货之中国，提倡实业之中国，反对和约④签字之中国，乃一青年之中国也。然此种借款偿还与否，须视借款之性质，而借款者之强权非所问也。故人当无可如何之际，往往出破釜沈舟之下策。夫无论日本或他国，如必以政治性质之借款来困中国，实不啻使中国出破釜沈舟之下策，而因以自困也。

中国原料极丰富，与世界各国相较，无有与之相埒者。吾人本不需有外货之进口，而不需外货进口之日当亦不远。惟吾人之需求日增，而制造之进步甚缓，且又以不谙大规模制造法、新工业组织法之故，自制之物其价反贵，外来之物其价较廉。吾人所以购用他国之物者，其故在此。然中国利用其自己之财源、自己之人工以制造其自己所需之物，其日亦不远矣。吾人如不嫌迟缓，不嫌拙笨，固不妨静以待之，直待至能自造机器而后已。惟此法不合经济，非良法也。然亦岂有因不欲终落人后、长此衰弱之故，而即不能不以自主之权为抵押而借款耶？五洲各国，殆无一能选择于此二者之间者。何以中国必须选择于此二者之间耶？日

① 本文撰于上海。向美国人呼吁进行经济领域的平等互利合作，并对北京军阀政权谋求对外借款予以抨击和牵制。

② 此指设于北京的历届军阀政权。

③ 此指在桂系军阀陆荣廷、政学系岑春煊控制下的广东军政府。

④ 此指一九一九年六月二十八日在巴黎西南郊凡尔赛宫订立的《巴黎和约》。

本既以此迫中国矣。吾人所信者，美国吾友邦也。吾人所欲购诸美国者爰有二物，一曰机器，一曰教吾人以用机器之法。

彼资本家者，惯与政府作交易者也。彼辈借款与他国，好得其国政府之担保。然俄、德二国及巴尔干半岛各国政府之倾覆，彼银行家见之，当知政府担保之不可以长恃矣。法人初意俄之专制政府永无失败之日，以款借与此专制政府，可以永保平安，然此意既已不见为确矣。而各国人民亦日渐醒悟，日渐坚决，以为一国人民不当因经济上一时之不济或自利之故，致抵押其将来兴盛之机。由是可见，借款与政府实为极不稳妥之营业。谓欧洲各小国将来必能清偿其战事之债项者，诸君其信之乎？一国之将来既抵押与他国之银行家，谓此国之人民尚能自必其将来，诸君其信之乎？吾则不之信也。

彼资本家又常借款与中国政府，然此策亦不可行。将来正式民意机关之议院既成，吾人且将北京政府一切违法借款取消之。使日本为借款故而欲与吾人宣战也，自可任某来战，尔时必成一第二〈次〉世界大战，则谓之银行家之大战也可。中国尔时亦必与之开战，男学校之童子、女学校之女童皆将执戈而起。彼为金钱故而来攻灭我也，我将以地大物博之中国与之同归于尽也可。是故银行家之以款借与中国政府者，不啻先自付其财政上之丧葬费也。

今美国银行家犹效彼英、日之先例而为之，则铸成大错矣。彼英、日银行家曾有向南方提议，使南方亦分其肥者，南方之人则以为大辱。以南方之人不欲分其肥也。吾人之愿各国抵制我南方而不借款，一如其愿各国抵制北京而不借款也。吾人非北人，亦非南人，吾人乃中国人，无所用南北之词以区别之。美国而愿以款借与中国也，则不如以机器、工程师、专家、管理法等来助中国，斯则中国人之所欲也。

吾今兹之建议，谓美之资本家应与中国人相联络，以兴办中国之实业。美国以借款与中国，则美国即以其款为购置机器、付给外国专家薪水之用；而中国则以其款为供备原料及人工之需。两方面之股分，当为五十与五十之比。则美国人由是股分而得之利益必宏大无疑，惟不至逾分耳。今美资本家之在己国也，因种种事物而受之约束亦多矣。则吾兹之所建议，在美资本家颇有利益可知。吾更有一提议，则美资本家当于合同内声明之，阅若干年岁之后，中国人得令美国资本家退去，此其用意，即于短期间之内而得大利益是也。吾兹之所建议，虽不若政府借款之五光十色而可喜，然彼五光十色之西比利亚铁道①股票今何知矣。诸君亦知今日之政府，明日为何如者。

更有一端，中国必不至永远购买此极易自制之物。谓中国而必永远如是者，则谬谈也。中国早晚必且自制其所需之物，尔时汝美国制造家万不能在中国，而与中国自制之物相竞争。故为汝美国制造家计，非及今之时在中国创设工厂，即永远不克入中国之市场耳。汝美国制造家何不及今来华创工设厂耶？何不来华制造货物耶？

孙逸仙书于上海

据周由廑译：《孙中山之借款意见》（原文见四月三日
美国《独立》周报题曰《中国人之直言》②），连载一
九二〇年四月三十日、五月二日上海《时报》（三）
英文原文见本册第517—518页

附另一译文：

平 白 的 话

中国不需要钱。我们需要智力与机器，但不需要钱。中国不能够经常对外进行借款。

北京政府正进行借款。美国人必须认清，北京政府不能代表这个国家，广州政府也同样不能代表中国。比较能代表中国的倒是上海的商人，以及正在长成中的中产阶级——他们不多过问政治，而只想把国家的实业建立起来。

年青的中国——学生运动、抵制日货、鼓励本国实业、反对签订《巴黎和约》的中国，才是可以负责对外偿债的中国。外债是否要赔偿，须视债务的性

---

① 西比利亚铁道（Trans-Siberia），今译西伯利亚铁路。

② 原文出处是：Sun Yat-sen, "Plain Speaking from China", *The Independent*, Vol. 102, No. 3716, April 3, 1920, New York，即该文载于纽约《独立》第一〇二卷第三七一六期，一九二〇年四月三日出版。

质，而非由于债权者的压力。当一个人不可能作任何别的打算时，往往会采取破釜沉舟的行动。日本与其他国家，如果把政治的借款强加于吾人之身，则他们自己也将面临自招祸患的境况。

我们有大量的原料……可能比世界上任何国家都丰富。我们不需要进口什么东西。然而，我们的需要日益增加，我们的生产程序很慢，进一步说，我们购买你们的成果，较我们自己制造还要便宜。因为我们还不懂大规模的生产，我们还不能依现代的基础来组织我们的工业。不过，这种情形不会维持很久，中国利用自己的原料与自己的劳力，制造自己所需要的物品的日子很快即会到来。如果我们想缓慢而愚拙的进行，我们可以等待着，到自己能够制造机器，但那是非常不经济的办法。为什么我们要决定停留在落后与衰弱的情况？或是要以主权为担保而去借款？没有别的国家给予此种选择，为什么要强迫我们这样？日本已在这样压迫我们中国，但是我们相信美国是我们的朋友。因此，我们希望从美国借到两样东西：机器和教导我们如何使用机器的专家。

资本家们过去都是与政府打交道。他们喜欢由于一个政府的担保而予以借款。可是俄国、德国以及巴尔干诸国政府的崩溃，应可使银行家们认清政府的地位并非十分安全。法国人以为俄国的君主政府能永久存在，因而他们在俄国的投资也必能永久安全。事实却并不是这样的。每一个国家群众的觉悟以及群众的决心，不以他们未来的命运作抵押来支持自私的当权者的事实，已使政府的借贷成为最不安全的交易。你们真的相信，欧洲诸弱小国家的人民有能力去赔偿大量的战债？你们以为任一国家的命运为另一国家的银行家们作为抵押时，这个国家能决定它的将来？我是不会这样相信的。

资本家们也时常贷款给中国政府，但以后就不成了。当一个真正的国会开会时，我们将根除北京政府一切的非法借款。如果日本要为钱而与我们开战，那么就让他们来吧！那将导致世界上另一场战争——银行家的战争，但我们决定要这样做。中国每一所学校里的每一个男女学生，都保证会这样做。他们可以为了金钱而毁灭我们，我们也有足够大的空间拖着他们同归于尽。任何银行家借款给中国北京政府，等于在他们的财政上自掘坟墓。

你们美国银行家们，正犯着模仿英和日本先辈们的错误。他们与北京政府谈生意，有的人提出让我们分享一点利益，用来侮辱我们南方革命人士。我们不要任何的利益，我们要进行抵制，正如我们要求北京所采取的行动。我们没有南北之分，我们都是以中国人的身份，认为如果美国那边有钱来，就一定要采用机器、工程师、有效率的专家、管理等形式。

我的建议是：美国的资本家们与中国人合作，共同开发中国的实业。美国人提供机器，负担外国专家们的开支；中国人提供原料和人力。合作的基础建立于平等互惠的原则上。美国的资本家当可获得应得的利益，但非过分的报酬。这样的一种关系，对美国的资本家而言，应该也是值得从事的，因为他们在国内正遭逢到各种的障碍。我更进一步提议由美国方面起草合约的条文，如此中国可于一定时期之后予以撤销。其基本原则应当是具有厚利的短期投资。这一情形，不能视作是政府贷款的牟利性质，今天像西伯利亚铁路债券那样的贷款又有何利可图？而且你们何以知道任何政府到明天将有何变化！

另外一个应予说明的问题是：中国不能永久购买那些本国易于制造的物品，那样做是极其不合理的。中国迟早是要自己制造自己需要的东西。你们的产品将不再能够在中国与中国的国货竞争。因之，你们只有开始在中国与中国合作设厂，否则迟早都要被驱出中国市场。何以不开始在中国设厂？何以不在此地制造货品？

（上海）

译自 Sun Yat-sen, "Plain Speaking from China", *The Independent*, Vol. 102, No. 3716, April 3, 1920, New York （陈福霖译）①

英文原文见本册第517—518页

---

①　参阅上篇底本注及其脚注。

勉中国基督教青年

中国基督教青年会成立二十五周年祝词①

（一九二〇年四月三日）②

中国四万万众向成一片散沙者，非其性然也。以亡国二百六十余年，备受异族专制之毒，集会有厉禁，言论无自由，遂至习非成是，几将吾人乐群之性、团结之力消灭净尽，此散沙之象所由呈也。第自海禁初开，基督教国以条约要求废去传教习教之禁律，于是中国之基督教徒始有集会之自由。清廷以既不能禁教徒之集会，而对于一般人民集会之禁令亦渐放去。此中国人民之得集会自由，初实多教会之赐也。由是风气渐开，民智日进，至今竟能恢复中华、创立民国，其影响所至，不为不大矣。独惜专制之余毒仍未尽除，清朝之官僚依然作恶，而中国人民犹日在水深火热之中。是无异昔时之以色列人民虽得摩西③之超度，脱离唉

---

① "基督教青年会"（Young Men's Christian Association，简称 Y. M. C. A）是国际性组织，滥觞于英国，一八七八年设世界协会于日内瓦。一八八五年，有美国传教士分别到福建福州和直隶通州两所学校建立青年会，为青年会传入中国之嚆矢。一八九五年，基督教青年会世界协会领导者之一、美国人穆德（John Raleign Mott）来天津成立基督教青年会，则是朝向设置联合性青年会组织迈出重要的一步。一八九六年十一月穆德再次来华，在上海集合二十多个地区和学校的青年会举行大会，成立了全国性的"中国学塾基督幼徒会"（一九一五年十一月起改名"中华基督教青年会全国协会"）。孙文勉辞中所称"中国基督教青年会"，当指设址于上海的"中华基督教青年会全国协会"；而谓"是会之设于中国至今二十有五年"，当以一八九五年或一八九六年起算。另据当时天津《大公报》报道，中国基督教青年会自一九二〇年四月一日起在天津召开第八次全国代表大会，适值天津青年会二十五周年纪念，与会者竟达千余人之多。三日下午，孙文的中国基督教青年会勉辞在大会上宣读，天津《大公报》并于次日摘要刊载了这篇勉辞。

② 底本误将著述时间定为一九二四年，不取。今据上注，所标时间为在大会上宣读勉辞的日期。

③ 摩西（Mōsheh），《旧约圣经》中所载的犹太教先知。

及①奴隶之厄，而尚未至加南②乳蜜之地，以享幸福之情况也。然教会之入中国，其直接间接之有造于中国人心社会，其结果既如此矣。

继教会而兴者则有青年会，其仪式制度比教会为宽，其普及招徕比教会尤捷。青年会以德育、智育、体育为职务，吸收青年有志之士以淘〔陶〕冶之，而造成其完全之人格。此本基督救世之苦心，行孔子"自立立人，自达达人"③之美意。如是青年会者，乃以团体而服务于个人者也。是会之设于中国至今二十有五年，推行几遍全国，发达之速，收效之大，志愿之宏，结合之坚，洵为中国独一无二之团体也。今当二十五年庆祝之辰，予欣喜而为青年会贺，更欲进而为青年诸君勉焉。

诸君皆曾受基督教青年会之德育、智育、体育之淘〔陶〕冶，而成为完全人格之人也。合此万千完全人格之青年，为一共进互助之团体，诸君之责任重矣，而中国基督教青年会之责任更重矣。夫教会之入中国，既开辟中国之风气，启发人民之感觉，使吾人卒能脱异族专制之羁厄，如摩西之解放以色列人于唉及者然。以色列人出唉及而后，犹流离困苦于荒凉沙漠间四十年，而必待约西亚④以领之，而至加南之地。今中国人民既由散沙而渐结团体，卒得脱离清朝之专制矣。惟脱离专制之后，反陷于官僚武人腐败横暴政治之下，如水益深，如火益热，困苦比前尤甚，其望约西亚之救也诚切矣。然统观中国今日社会之团体，其结合之坚，遍布之广，发达之速，志愿之宏，孰有过于中国基督教青年会者乎？是欲求一团体而当约西亚之任，以领带中国人民至加南乳蜜之地者，舍中国基督教青年会其谁乎？予既有望于青年会之深，而不禁勉青年诸君之切也。诸君既置身于此高尚、坚强、宏大之团体，而适中国此时有倒悬待救之人民，岂不当发其宏愿，以此青

① 唉及（Egypt），今译埃及。
② 加南（Canaan），现译迦南，巴勒斯坦古地名，在今约旦河与死海西岸一带。迦南被以色列人视为圣地，《旧约圣经》称之为"流着奶和蜜"的宝地。
③ 语出《论语》"雍也第六"，原文是："夫仁者，己欲立而立人，己欲达而达人。"
④ 约西亚（Joshua），今译约书亚。据《旧约圣经》记载，先知摩西遵"神意"命约西亚继任以色列人领袖，后率众进据迦南。

年之团体而担负约西亚之责任，以救此四万万人民出水火之中而登之衽席之上乎？

中国基督教青年其勉旃，毋负国人之望。

据孙文《勉中国基督教青年》手稿影印，载《国父墨宝》，
北平，北方杂志社国父遗墨筹印委员会一九四八年三月初版

三民主义的实行

在广州中国国民党本部特设办事处成立会的演说①

（一九二一年三月六日）

列位同志：

今天是中国国民党特设办事处开成立会，兄弟先有一个感想，就是我们底中国国民党到底是个什么东西，我可说一说。回想从前我们推翻满清，建设共和，组织了一个国民党。这个国民党关系中国底前途很大，自从国民党横被解散，中国就乱，且乱过不了。可知历年底祸乱，民不聊生，都是国民党解散底反响。我们民党虽时时与那些国贼奋斗，然而北方底各省到现在还没有完全入我们范围，南方亦只有广东一片干净土成立了支部。诸君第一要明白，这个中国国民党不是政党，是一种纯粹的革命党。当民国二年国民党解散，我们同志出亡海外，即由海外同志组织中华革命党继续革命。今日用的这个中国国民党，实在就是中华革命党。但是无论名目如何，实质总是一样的。

共和建设虽已十年，基础未固，不能算为成功，就是本党底责任并未终了，仍须努力奋斗的。必待共和基础十分巩固，才算成功。且我们中国国民党，与其

---

① 一九二〇年十一月底，孙文因盘踞广东的桂系军阀势力已被粤军等清除，遂自沪来粤重建革命政权，一九二一年五月成立"中华民国正式政府"，被国会非常会议选举为大总统，并任陆海军大元帅。国民党本部特设办事处于是年一月三日在广州设立，三月六日举行正式成立会（关于成立会举行日期说法不一，此据孙文本人演说词）。至于本篇标题，多种版本作《三民主义》或《三民主义演说》，今为区别于一九一九年同题专文及一九二四年同题长篇演讲，故根据此次演说的基本精神而酌定为《三民主义的实行》。

他底种种政党大不相同。就如明末清初底时候，有些明朝底遗老组织天地会，亦叫做洪门，在我们中国南部亦叫做三点会，长江一带又叫做哥老会。他的宗旨在反清复明，光复汉族，本来也是一个革命党，不过他们只主张民族的革命，所以不同。我们底革命，乃主张三民主义、五权宪法的革命党。

三民主义，什么叫三民主义呢？就是民族、民权、民生。那个时候满虏正盘踞中原，革命家只致力于民族主义，而于民权、民生二主义都未置意。五权宪法，关系开国的建设方针极大。在未光复以前，党人一般底心理，以为一经光复就可达到国利民福底目的，于今乃知不然。这个都是当日同志仅知注重在民族主义，而轻视民权、民生二主义之过，亦即是我们本党底责任未了之处。要知道民权、民生两个主义不贯彻，民族主义虽达目的亦不能稳固，何况今日民族主义还没有完全达目的呢！

一、民族主义

何以说民族主义还没有完全达到目的呢？自从满洲来到中国，我们汉族被他征服二百几十年之久。今天满虏虽被推翻，光复汉业，但是吾民族尚未能自由独立。这个原因，就是本党只做了消极的功夫，没做积极的功夫。自欧战告终，世界局面一变，潮流所趋，都注重到民族自决。我中国尤为世界民族中底最大问题。在东亚底国家，严格讲起来，不过一个暹逻、一个日本可称是完全底独立国。中国幅员广大，人民众多，比较他们两国何止数十倍。但是幅员虽大，人民虽众，只可称个半独立国罢了。这是什么原故呢？就是吾党之错误。自光复之后，就有世袭底官僚、顽固底旧党、复辟底宗社党凑合一起，叫做五族共和。岂知根本错误就在这个地方。讲到五族底人数，藏人不过四五百万，蒙古人不到百万，满人只数百万，回教①虽众，大都汉人。讲到他们底形势，满洲既处日人势力之下，蒙古向为俄范围，西藏亦几成英国底囊中物，足见他们皆无自卫底能力，我们汉族应帮助他才是。汉族号称四万万，或尚不止此数，而不能真正独立组一完全汉族底国家，实是我们汉族莫大底羞耻。这就是本党底民族主义没有成功。

由此可知，本党尚须在民族主义上做功夫，务使满、蒙、回、藏同化于我汉

---

① 伊斯兰教（al－Islām），中国旧称回教，信徒以新疆及西北各省区的一些少数民族居多，回教徒亦称穆斯林（Muslim）。

族，成一大民族主义的国家。试看彼美国，在今日号称世界最强最富底民族国家，他底民族结合有黑种、有白种，几不下数十百种，为世界中民族最多底集合体。自美国国家成立，有英国人、荷兰人、德国人、法国人参加入他底组织中。美国全部人口一万万，德国人种在美国的约有二千万，实占他底人口总数五分之一。其他英、荷、法各种人在美国的数也不少。何以美国不称"英荷法德美"而称美利坚呢？要知美利坚底新民族乃合英、荷、法、德〈各〉种人同化于美而成底名词，亦适成其为美利坚民族，有美利坚民族乃有今日光华灿烂底美国。看看民族底作用伟大不伟大？美国底民族主义乃积极底民族主义，本党应以美国为榜样。今日我们讲民族主义，不能笼统讲五族，应该讲汉族底民族主义。或有人说五族共和揭橥已久，此时单讲汉族，不虑满、蒙、回、藏不愿意吗？此层兄弟以为可以不虑。彼满洲之附日，蒙古之附俄，西藏之附英，即无自卫能力底表征。然提撕振拔他们，仍赖我们汉族。兄弟现在想得一个调和的方法，即拿汉族来做个中心，使之同化于我，并且为其他民族加入我们组织建国底机会，仿美利坚民族底规模，将汉族改为中华民族，组成一个完全底民族国家，与美国同为东西半球二大民族主义的国家。

民族主义国家必有种种底关系因果，有历史底关系，有地理底关系。如瑞士国，他那国家已成了一个完全的民族主义的国家。瑞士位于欧洲底中部，他底国界一面与法接壤，一面与德接壤，又一面与意大利接壤。但国土无论与何国交界，或与法国交界，或与德国交界，或与意国交界，其人民底语文、种族皆与相同，而又能组成一完全底瑞士民族的国家，是真难得。且瑞士为行使直接民权底国家，法国则为间接民权国家。全世界中行使直接底民权以瑞士为第一，民权发达已臻极则，国内底政治及民族底结合与美国大致相同，真是我们一极好底先例。故将来无论何种民族参加于我中国，务令同化于我汉族。本党所持底民族主义乃积极底民族主义，诸君不要忘记。

我们抱三民主义的革命党，又与各国的革命党不同。各国的革命党只有抱一个主义或是两个主义的，向来没有抱三个主义的，有就算我们国民党是第一了。查美国既离英国独立，完全是为民权主义，不是民族主义。法国大革命却又是抱民权主义合民生主义的。他们两国的民权革命业已成功，但法国的民生主义却是失败，所以他们两国目前完全是要讲民生主义了。美、法底民族、民权两个主义可称成功，而社会问题没有解决，亦就在此伏着个革命底导火线。回头再看我们中国底现状，又是一个什么样子？我们党人革命数十年，只可说达到半个民族主义。他人底民族、民权均达目的，我们则尚须在民族主义上做功夫，这个即是与美、法不同之点。又如俄国底劳农政府，或曰苏维埃政府，乃注重民生主义，而无民族主义的意味；至民权一层，乃其附属品而已。此亦与吾人不同。

兄弟底三民主义是集合中外底学说，应世界底潮流所得的。就是美国前总统林肯底主义，也有与兄弟底三民主义符合底地方。其原文为"government① of the people，by the people，for the people"，这话若没有适当底译文，兄弟把他译作"民有、民治、民享"。of the people 就是民有，by the people 就是民治，for the people 就是民享。他这民有、民治、民享主义，就是兄弟底民族、民权、民生主义。由是可知美国有今日底富强，都是先哲底主义所赐。而兄弟底三民主义，在彼海外底伟人已有先得我心的。兄弟回想从前在海外底时候，外人不知什么叫三民主义，尝来问我的，兄弟当时苦无适当底译语回答他，只好援引林肯底主义告诉他，外人然后才了解我底主义。由此可知，兄弟底三民主义不但是有来历，而且迎合现代底潮流。

二、民权主义

现在请讲民权主义。瑞士为民权最发达底国家，前已说过。现在应声明那代议制不是真正民权，直接民权才是真正民权。美、法、英虽主张民权主义，仍不是直接民权。兄弟底民权主义，系采瑞士底民权主义，即直接底民权主义。然间接民权已非容易可得，不知流了多少碧血以作代价，始能得之。从这里看起来，直接民权更是可贵，但是却一定要有狠大的代价。直接民权，一是选举权。人民既得直接民权底选举权，尤必有罢官权，选之在民，罢之亦在民。又如立法部任立一法，人民因其不便，亦可起而废之，此种废法权谓之复决权，言人民可再以公意决定之。又人民应有创制权，即人民可以公意创制一种法律。直接民权凡四种：一选举权，一复决权，一创制权，一罢官权。此为具体底民权，乃真正底民权主义。

---

① 此处原作"the government"，因林肯这段话的英文原文中无"the"，故删去。后篇《五权宪法》同此。

三、民生主义

再讲民生主义。民生主义即时下底社会主义。诸君想想，兄弟提倡民生主义是在什么时候？今日国人才出来讲社会主义，已嫌迟了。但是社会主义底学说输入中国未久，兄弟将"社会主义"原文译为"民生主义"，较为允当。然国人往往误解民生主义真谛。资本家开一工厂，佣数千工人作工，每人每日给工资几许，资本家复夸于众曰：我讲民生主义，我这是讲民生主义。诸君试想此资本家讲底民生主义，同真正底民生主义相差多远！资本家凭藉他金钱魔力，牢笼工人替他个人出死力，工人出血汗赚得少许工资。这种工厂底组合，在西籍中谓之"血汗店"，真是不差。时人谈民生主义的离题尚远，不啻坠入五里雾中，此亦国人不求甚解之过。兄弟底民生主义固有具体底办法，非彼好奇底人，徒托空谈，以快一时。办法维何？即归宿到土地和资本两样。现在留心世道底人，多说中国目下没有资本家，用不着讲社会主义，或又说待有资本家产生再讲社会主义，此亦太不得要领。以如此底人而讲社会主义，难怪他看着社会主义前路茫茫，正不知从那里下手。且社会主义底真旨，不是专靠几十本书，或几百本、几千本书可以看得出来的。要有机敏底会心，确实底心得。我尝说中国人读书越读越糊涂，大约就是这种人。

三民主义底大旨已说过了，唯今日世界大势如彼，国人底需要三民主义又如此。兄弟敢断言一句，吾党同志对于三民主义没有讨论的余地，只有实行的，故不厌重复道之。一、民族主义：自推倒满洲，民族主义已算达到一消极之目的，而向未做积极的功夫。吾人应为汉族发扬光大，令彼与我共同建国之各民族同化于我，而于东亚大陆建一中华民族底国家，使汉族威名遍扬寰宇。二、民权主义：欲达到真正民权目的，应实行四种直接民权，即（一）选举权，（二）复决权，（三）创制权，（四）罢官权。三是民生主义：关于这个主义，兄弟已定有办法，就是实行平均地权。从前中华民国政府在南京成立时，兄弟即倡议平均地权，试行本党底民生政策，吾同志中有不表赞同的，兄弟问他们道："君等不曾宣誓不违背党义的吗？"

所谓要实行民生主义，缘因于贫富不均。何以说贫富不均？古代虽有贫富阶级之分，然无如今日之甚。今则贫富悬殊，不可方物，富者敌国，贫者无立锥。

其所以养成此种贫富不均底现象，由于古今底生产力不同。如古时木工，所有器械不过是斧、凿、锯、刀罢了，故古人言"工欲善其事，必先利其器"。今则工业发达，可用机器以代人力，所得结果事半功倍。例如耘田，最初底时候仅用腕力，自用犁及牛马代手，而速率倍增，成功亦易。前之专靠手力，费数天之功耕一亩，今则日耕一亩而有余。迄欧美改用汽力、电力，日可耕千亩。此千与一之比例，岂非很惊人底成绩吗？又如运输，徒恃人力的，一人负百斤，日行百里，不可谓非苦事。自有火车、轮船以供运输，较专恃人力的，其速率何止千倍！此为生产及分配与昔不同的。大致生产不同属有限的，分配不同乃无限的。彼外国谈民生的，今日只有资本及工人两个问题。工人无工可做，即无面包可得，富的愈富，贫的愈贫，其现状又与我们不同。中国今日情形在上下交困，大家都穷，无甚差别。由此可知外国患不均，中国患贫，此又中外不同之点。或曰中国无大资本家，此语诚然。以吾国之地大物博，资本千万之人，统计全国不及百人，尚何资本之足云？若曰中国可不讲社会主义，此语大错。须知前车之覆，后车之鉴。彼欧美今日之患不均，即予吾人良好底教训。故兄弟提倡民生主义，而归宿于土地及资本两样。

请先言土地。欧美诸国土地制不同，英国底土地乃封建制，美国则由资本家出资所购得的。兄弟底民生主义主张平均地权，亦是杜渐防微底意思，况今日已见其端倪吗？就眼前而论，广州自马路开通，长堤一带及其他繁盛地方底地价日贵一日，今已有索值数万元一亩的。此在中国内地之市场，洵属罕见之事。若在伦敦或纽约，其地价之昂，较之吾国固不可以道里计，有数十万、数百万元一亩之地。吾国古时尝有井田之制，与平均地权用意正同。本党底民生主义以国利民福为指归，平均地权即其最大关键，及今速图，犹未为晚。美为资本主义的国家，美之大多数人民并无幸福可享，彼享幸福的乃资本家。善观人国者不可徒观其表。美国有个哲学家名轩利佐治（Henry George），说现代文明如尖锥入社会之中，在尖锥上的社会却升之使高，在尖锥下的社会却压之使下，所以近代文明有发财愈发财、贫穷愈贫穷的趋势。

今国人既讲到社会问题，即要讲本党底民生主义，我们底民生主义是有办法的。其办法为何？即定地价。按关于地价一层，前英国办此事有定地价底衙门，又有不服所定地价之控诉衙门。此为英国规定地价大体办法，中国可以不必仿行。中国人怕兴讼，怕到衙门，倘定一地价而要两度到衙门，必觉得不堪其扰，这是人人不愿意的。兄弟底办法极简单而又极公平，即令人民自己报价，政府则律以两种条件：其一按所报的地价照值百抽一而收税，其二则照价收买。此可使他不敢隐瞒公家，不致以多报少或以少报多，其法至善。何以说不敢以多报少？譬如人民将自己所有之地报价后，公家就随时可照价收买其地，想瞒税的反要受报价的亏损。彼以少报多者以为其计甚得，设公家不收买，则又须照其所报之价纳税。报价多纳税亦重，此希冀收买而以少报多的一方面可以毋虑；但是报少价的虽可减轻税银，若果公家照值收买其地，彼必亏本，此希冀减税而以多报少的一方面可以毋虑。所以那些地主想来想去，报多报少皆有危险，结果不如报一折中底价为愈。如此办法，公家不甚费力可坐收税银，而在地主方面亦甚有利。法之至善，无逾于此。就广州市政言，设再筑一马路直达黄埔，假定此时购入之地价每亩以二百元计，再加十倍之数，即可造成马路。待马路告成，地价亦必腾贵，将来恐尚不止如长堤值五万元一亩之数。土地问题既如上述，彼穷人又当如何？故求幸免于欧美贫者愈贫、富者愈富的恶例，非讲民生主义不可。讲民生主义，又非用前同盟会所定的平均地权方法不可。今日革命事业并未成功，想革命成功，当先解决土地问题。

请再说资本。资本问题是今天世界上最大的问题，也是最难解决的问题。凡是资本发达的国家，业已没有办法。中国幸而资本尚未发达，我们应该未雨绸缪，赶紧设法，免得再蹈覆辙。对于这个问题的解决，兄弟有《实业计画》一书，主张以外资从事建设生利事业，开辟市场，兴建工厂，建筑铁路，修治运河，开发矿产，举凡一切天然物产皆归公有，各种新事业之利润悉归公家。如北京借外资修筑底铁路，如京汉、京张、津浦都很赚钱。现在中国底铁路线不过五六千迈①，核其每年收入约七八千万元，实比全国地丁尤巨。全国中底各项收入，以铁路收入为第一，如将铁路线延长至五六万迈，岂不更赚钱吗？以外资开矿亦是很有利底事业。开矿本无蚀本之理，间有蚀本的，实办理不善所致。但兄弟所谓借外资，

① 迈（mile），英制长度单位，今译哩，即英里。

乃借外人底器械从事于生利事业。又如京奉铁路筑成后，利息甚厚，外人不肯予赎，乃以其余款复筑京张，今且一直达到绥远城①了。总之外资非不可借，借外资应办生利的事，不可做消耗的事。

但是兄弟还有要说的，那英、美两国的政治虽称完善，却是他们鼓动社会革命是常常有的。这是为着什么原故呢？就是民生主义未贯彻的原故。须知社会革命的惨痛，比政治革命流血更多。吾党自排满革命后，民族主义虽告一部分成功，而民权、民生未收丝毫效果。现在不但是要实行民权、民生两个主义，并且要迎合现代底潮流。自从欧洲大战停止后，美国威尔逊总统鉴于世界潮流，大倡民族自决②。这民族自决就是本党底民族主义。到了巴黎和平会议③完了，欧洲中部就成立了许多新独立底民族国家，如捷克斯拉夫等是最著名的。诸君可以见得现代底民族思潮了。

现在本党底最大目的，要把民族、民权、民生三种功夫同时做完。这就是本党底主义，这才是国利民福，人民才可享真正的幸福。实行党义，还要希望诸君努力的，更要希望诸君宣传的。我们今日要实行本党主义固有绝好底机会，因为广东已在我们同志的手中。广东有三千万人民，必将这个主义宣传到广东全体底人民，使人人脑中了解我们底主义。我们现在若不从速宣传，或将来广西绿林有反攻底举动，我们就没有时机从事宣传底功夫了。十余年前余草《革命方略》，在地方自治主张县长民选。现在广东陈竞存总司令④已决议实行县长民选，积极提倡民治。诸君试想，广东人民有没有这个程度？在兄弟看来，恐怕他们没有这个程度。既没有这个程度而又要实行，是不是要闹乱子？但是民治主义是我们党里本来底主张，当然不容怀疑的。想将来不要闹乱子，实现我们底主张，就在宣

---

① 绥远城，即当时绥远特别区域首府归绥县（旧名归化县）。绥远于一九二八年设省，一九五四年撤销而并入内蒙古自治区；归绥县后析其城区另置归绥市，今改名呼和浩特市（内蒙古自治区首府），归绥县则并入今土默特左旗。

② 此指威尔逊于一九一八年一月在美国国会咨文中提出战后和平计划的十四点主张，其中包括公平解决一切殖民地纠纷、解放被德国占据的领土、按民族原则改变一些欧洲国家的边界等。

③ 即巴黎和会，亦称凡尔赛会议，一九一九年一月至六月举行。

④ 陈炯明，字竞存，时任粤军总司令。

传底功夫了。

最近兄弟有一个感想，彼英、美政治虽如此发达，却是政权不在普通人民手里。究竟在什么人手里呢？老实说，就是在知识阶级的手里。这就叫做"政党政治"。我记得，我们这次刚回广东底时候，香港有一家报纸说我们此番回来，并不是粤人治粤，是"党人治粤"。兄弟想，这句话在彼说的固别有用意，但是我们也甚愿意承认"党人治粤"，因为英、美已有这个先例的。果能实行本党底主义，也是我们粤人莫大之幸。我们此刻应即下手结合团体，操练本党党员，宣传本党主义。诸君对于三民主义倘有未明瞭之处，尽可随时来问兄弟，兄弟必一一详细解答。所谓先知先觉，必自觉才能觉人，未有自未觉而能觉人的。

现在广州已成立中国国民党本部特设办事处，这个就是我们操练宣传底总机关。由此推行，前途无限。将来广东全省为本党实行党义底试验场，民治主义底发源地，由广东推行到全国，长江、黄河都要为本党底主义所浸润。诸君须知本党底主义所以急于要操练、要宣传的，因为民国虽然成立了十年，一般人民并未了解共和是个什么东西，他们自视也不是国民，乃是遗民，他们正待真命天子出现，预备好做太平臣子百姓哩！诸君试想这个样子，如何能够县长民选？我们要想将来不要偾事，惟有积极操练三民主义，就以党人治粤，凡事尚要倚赖我们党人努力去做。三民主义操练精熟，其次就要积极实行五权宪法。三民主义和五权宪法即是本党底精神，从此由广东发扬传播到全国。

> 据《孙大总统三民主义演说》（中华民国十年三月六日在中国国民党本部特设办事处演说），铅印本（非卖品）①

---

① 据当时任中国国民党本部特设办事处干事长的张继称，此书当年由该办事处在广州印行。其内文首页，主标题又作《孙先生三民主义演说》。另见《孙中山先生三民主义五权宪法演讲录》铅印本（非卖品），其中《三民主义》（中华民国十年三月六日在中国国民党本部特设办事处演讲）的内容文字及版面与此完全相同，亦为当年印本。

附：另一版本

列位同志：

今天是中国国民党特设办事处开成立会的日期。兄弟先有一个感想，就是我们中国国民党到底是一个什么东西呢？回想从前我们推翻满清、建设民国之后，便组织了一个国民党。这个国民党关系中国的前途是很大的，自从国民党横被解散了以后，中国就乱，且乱到不了。由此便知历年底祸乱，民不聊生，都是国民党被解散底反响。我们国民党虽然是时时刻刻和那些国贼奋斗，但是北方各省到现在还没有完全入我们的范围，南方也只有广东一片干净土，成立了这个办事处。诸君第一要明白，中国国民党不是政党，是一种纯粹的革命党。当民国二年国民党被解散的时候，我们同志出亡海外，便在海外集合同志组织中华革命党，继续来革命。所以今日这个中国国民党，实在就是中华革命党。无论名目上是有什么变更，实质上总是一样的。

民国成立虽然有了十年，但是基础还没有巩固，这便是民国的共和政体还没有成功。共和一天不成功，就是本党底责任一天不能终了，我们要不放弃这个责任，还要努力来奋斗的。必要等到共和政治彻底做到，民国的基础十分巩固，那才算是本党的革命大告成功。而且我们中国国民党，和其他一切政治作用的党会是大不相同的。譬如明末清初底时候，有些明朝遗老组织天地会，又叫做洪门会，这个会散布在我们南方各省的叫做三点会，散布在长江一带的又叫做哥老会。他们的宗旨是在反清复明，光复汉族，本来也是一个革命党，不过他们底主张专是民族的革命，和我们的主张便大不相同。我们所主张底革命，是三民主义和五权宪法的革命。

什么叫做三民主义呢？就是民族主义、民权主义和民生主义。从前满虏盘据中原的时候，一般革命家只知道致力于民族主义，至于民权主义和民生主义都没有注意。五权宪法，关系开国的建设方针极大。在汉族没有光复以前，一般党人的心理，以为汉族一经光复便可以达到国利民福底目的，到了今天才知道是大大的不然。推究这个原因，就是由于当日同志仅仅知道注重在民族主义，忽略了民权主义和民生主义的过错，这个过错也就是本党底责任还没有终了的地方。要知道民权主义和民生主义不能贯彻，就是民族主义达到了目的，终久总是不能稳固，何况民族主义在今日还没有完全达到目的呢！

何以说民族主义还没有完全达到目的呢？自从满洲人到了中国之后，我们汉族被他们征服了二百多年。现在满虏虽然是推翻，汉族是光复了，但是我们民族还没有完全自由。此中原因，是由于本党只做了消极的工夫，没有做到积极的工夫。自欧战告终，世界局面一变，潮流所趋，各种族的人民都注重到民族自决。我们中国，尤其是世界民族中底最大问题。此刻东亚底国家，严格的讲起来，不过是一个暹逻和一个日本可称是完全底独立国。中国的幅员广大，人民众多，比较他们那两国何止数十倍。但是幅员虽大，人民虽众，只可称是一个半独立国罢了。这是什么原故呢？就是汉族光复了之后，把所有世袭底官僚、顽固底旧党和复辟底宗社党都凑合一起，叫做五族共和。岂知根本的错误就在这个地方。讲到五族底人数，藏人不过四五百万，蒙古人不到百万，满人只数百万，回族虽众，大多数都是汉人。讲到五族底地位，满洲是处于日本的势力范围之内，蒙古向来是俄国的范围，西藏几几乎成了英国底囊中物，由此可见他们都没有自卫底能力，我们汉族应该要帮助他们才是。汉族向来号称是四万万，或者还不只此数，用这样多的民族还不能够真正独立，组织一个完全汉族底国家，这实在是我们汉族莫大底羞耻。这就是本党底民族主义还没有彻底的大成功。

由此可知，本党还要在民族主义上做工夫，必要满、蒙、回、藏都同化于我们汉族，成一个大民族主义的国家。大家都知道，美国在今日世界之中是最强最富底民族国家。他们民族的复杂，就种类来说有黑种、白种、红印度种，有几十种的民族。就国界来说，最多的有英国人、荷兰人、德国人、法国人、俄国人，也有几十国的民族，是世界国家中民族最多底集合体。美国人口的总数约过一万万，专就德国人种说，在美国的便有二千万，实占美国人口总数五分之一；其他英、荷、法、俄各国的人数，散布在全美国之中的也是很多。何以美国的民族不称英、荷、法、德、俄、美几国的人，单称美利坚人呢？诸君要知道美利坚底新民族，便是合英、荷、法、德、俄的人同化到美国所成底名词。因为那些国家的人到了美利坚之后，都合一炉而冶之，成了一种民族，所以不称英、荷、法、德、俄、美几国的民族，便专称为美利坚民族。因为只有美利坚一种民族，所以才有今日光华灿烂底美国。大家想想，民族底作用是伟大不伟大呢？像美国这样底民族主义，才是积极底民族主义，这样积极底民族主义才是本党所主张民族主义的好榜样。我们在今日讲中国的民族主义，不能笼统讲五族底民族主义，应该讲汉族底民族主义。或者有人要说五族共和揭橥已经许久了，此时单讲汉族的民族主义，不怕满、蒙、回、藏四族的人不愿意吗？说到这一层，兄弟以为可以不必顾虑。因为现在满洲人附日，蒙古人附俄，西藏人附英，就是没有自卫能力底表征。将来提撕振拔他们，还是要依赖我们汉族。兄弟现在想得一个调和的方法，就是拿汉族来做中心，使满、蒙、回、藏四族都来同化于我们，并且让那四种民族能够加入我们有建国底机会，仿效美利坚民族底规模，把汉、满、蒙、回、藏五族同化成一个中华民族，组织成一个民族底国家，和美国在东西两半球相映照，成两个大民族主义的国家。

大凡成立一个民族主义的国家，一定是受种种影响，尤其以历史底和地理底影响为最大。譬如瑞士国早成立了一个独立民族主义的国家，他们的地形是位于欧洲底中部，东边和奥国接壤，西边和法国接壤，北边和德国接壤，南边和意大利接壤，他们的国土无论是和那一国连界，附近人民底种族和语言文字便与那一国相同，但是他们不①为法、德、意、奥联合民族的国家，自己能单独组成一个完全瑞士民族的国家，这真是很难得的事。并且瑞士是行使直接民权底国家，法国还是行使间接民权的国家。全世界中行使直接底民权是以瑞士为第一，瑞士民权的发达在欧洲现在算是到了极点，国内政治的修明和风族底结合，同美国比较总是要驾乎其上，像这样民族主义底国家真是我们一个极好底榜样。所以说到中国，将来无论是有什么民族参加进来，必须要他们同化于我们汉族，成立一个中华民族的国家。故本党所持底民族主义是积极底民族主义，诸君切不要忘记。

我们抱三民主义的革命党，和各国的革命党都是大不相同的。各国的革命党不是只抱一个主义，最多就是抱两个主义，向来没有抱三个主义去革命的。世界中明明白白抱三个主义来革命的，只有我们中国国民党是头一个。像美国脱离英

---

① 此处删一衍字"论"。

国去独立，完全是为民权主义，不是民族主义。法国从前的大革命，本是抱民权主义和民生主义。法国和美国的民权革命可算是一部分的成功，不过法国的民生革命至今还是失败。美国底民族主义和民权主义本可以说是成功，但是社会问题至今还没有解决，因为这个问题还没有解决，所以里面便伏着将来革命底导火线。因为这种情形，所以法国、美国目前还是讲民生主义。回头再看到我们中国底现状，又是一个什么样子呢？本党同志革命了几十年，只可以说是达到了一部分的民族主义。别国底民族主义和民权主义都是已经达到了目的，我们此刻还是要在民族主义上做工夫，这就是和美国、法国大大不相同的地方。又像最近俄国底革命，有人说苏维埃政府是注重民生主义，没有民族主义的大意味，至于民权主义不过是他们革命的附属品罢了，这又是和本党不同的地方。

兄弟所主张底三民主义，实在是集合古今中外底学说，顺应世界底潮流，在政治上所得的一个结晶品。这个结晶的意思，和美国大总统林肯所说底"of the people，by the people，and for the people"的话是相通的。这句话的中文意思没有适当底译文，兄弟就把他译作"民有、民治、民享"。of the people 就是民有，by the people 就是民治，for the people 就是民享。林肯所主张的这个民有、民治和民享主义，就是兄弟所主张底民族、民权和民生主义。由此可知兄弟底三民主义，在新大陆底伟人是已经先得我心的。回想兄弟从前在海外底时候，外国人不知道什么是叫做三民主义，总拿这个意思来问我，兄弟在当时苦无适当底译语回答，只可援引林肯底主义去告诉他们，他们才完全了解我底主义。由此更可知兄弟底三民主义，不但是专为迎合现代底潮流，并且是很有来历的。

至于讲到民权主义，在欧美民权最发达底国家是瑞士，我从前已经说过了。现在应该要慎重声明的是，代议制度还不是真正民权，直接民权才是真正民权。美国、法国、英国虽然都是行民权主义，但是他们还不是直接民权，是间接民权。兄弟底民权主义是采用瑞士底民权主义，这就是直接民权底主义。欧美的间接民权已经是不容易争得的，不知道流了多少鲜血来做一种代价，然后能够争到手。从这里看起来，那么直接民权当然是更可宝贵的，我们要得这一种更可宝贵的东西，一定是要有很大的代价。直接民权的第一个是选举权。人民得到了直接底选举权，还要有罢官权，一切重要官吏要人民有权可以选举，官吏不好的，人民也有权可以罢免。国家除了官吏之外，次重要的是法律，人民要有权可以自己订定一种法律，如果法律有不便的时候，也要自己可以修改废止，这种修改废止法律的权叫做"复决权"。人民订定法律的权，叫做"创制权"。所以直接民权一共是四种，叫做选举权、罢官权、创制权和复决权。这四种权便是具体底民权，像这样具体的民权才是真正底民权主义。

民生主义就是时下底社会主义。诸君想想，兄弟提倡民生主义是在什么时候呢？国人到今日才出来讲社会主义，已经是很迟了。但是社会主义底真学说输入中国还不甚久，兄弟把"社会主义"的原文译成"民生主义"，在意义上似乎较为妥当。然而，国人往往都是误解民生主义的真谛。许多资本家开了一个工厂，雇了几千名工人做工，每人每日发给很少的工钱，他们便自夸于众，说是实行民生主义。诸君想想这种资本家所讲底民生主义，同真正底民生主义相差有多远呢！资本家凭藉他的金钱魔力，牢笼许多工人去替他个人出死力，工人出了许多血汗，只赚得少许工钱。这种工厂底组合，外国话叫做"血汗店"，真是一点都不错。现在许多人讲下民生主义都是离题太远，堕入五里雾中，这也是国人不求甚解的过错。兄弟所主张底民生主义有很好的具体办法，不是像那些好奇底人徒托空谈、取快一时的言论。我的办法是什么呢？就是归宿到"土地"和"资本"两个问题。现在留心社会情形底人，多说中国目下没有资本家，用不着讲社会主义，又有许多人说等到有资本家发生了之后，再去讲社会主义还不为迟，这是太不得要领了。像以这样见解的人来讲社会主义，难怪他们看着社会主义还是前路茫茫，不知道从那里下手。而且社会主义底真谛，如果专从书本中研究，不是专靠几十本、几百本书或者是几千本书可以看得出来的，必要有机敏底会心、确实底心得才可以领悟得出来。我尝说中国人读书越读越糊涂，大概就是这一类的人。

三民主义底大旨已经讲完了。我们考察今日世界的大势，洞观古今的潮流，人类社会需要三民主义，真是不可一日缺少。所以兄弟敢下一句断言，我们中国国民党的同志，对于三民主义不必要讨论，只要求实行。因为三民主义有这样的重要，所以不厌重复，再来详细的讲一讲。我们在辛亥年推倒满清、光复汉族，在消极一方面可以说是达到一部分民族主义的目的，但是积极一方面半点功夫都没有做到。从今以后应该为汉族发扬光大，令那些和我们共同建国的各民族都是合一炉而冶之，同化到汉族之内，在东亚大陆建立一个中华民族底国家，使汉族的威名震动全球。至于要达到真正民权底目的，应该要实行四种直接民权，那四种直接民权是选举权、罢官权、创制权和复决权。讲到民生主义，兄弟已经定了很好的办法，这个办法就是实行平均地权。中华民国政府从前在南京创立的时候，兄弟便倡议平均地权，实行本党底民生政策，有许多同志都不表示赞同，兄弟便问他们说：你们从前入同盟会来革命，对于实行平均地权的民生主义，不是发过了誓愿吗？

就来历上讲，何以有民生主义呢？就是由于社会上贫富不均。什么是贫富不均呢？古时虽然有贫富阶级的分别，但是没有今日的利害。今日贫富悬殊，不可方物，正所谓富者敌国，贫者无立锥之地。其所以养成这样贫富不均底现象，就是由于古今底生产力不同。譬如古时木工所用的器械，不过是斧、凿、锯、刀罢了，故古人言"工欲善其事，必先利其器"。现在工业发达，完全用机器替代人力，费极少的工作便得极多的出品，正所谓事半功倍。好像耕田，在最初底时候仅是用手力，到了发明犁之后便用牛马来代手力，而速率加倍，成功也较容易。从前专靠手力的时候，费数天的工夫才能耕一亩的田地，现在一日便可以耕一亩有余。到欧美改用汽力、电力以来，每一日更可以耕几百亩或者一千亩。这个千与一的比例，岂不是很惊人底奇事吗？又像运输，如果专用人力，一个人负一百斤，日行一百里，就是极难行的苦事。从有了火车、轮船以后，可以供运输之用，较之专用人力的速率又何止千倍！这就是从前生产和现在不同的大概情形。不过生产的不同还属有限的，至于分配的不同更是无限的。外国人讲民生主义，在今日还只有资本和工人两个问题。工人无工可做，就是无面包可吃，有机器的人便一日比一日富，没有机器的人便一日比一日穷，富的愈富，穷的愈穷。这种现状又和我们不同。中国今日的情形是上下交困，大家都是一样的穷。由此可见，外国是患不均，中国是患贫，这就是中外社会情形的大区别。有人说中国没有大资本家，这是实在的情形。以中国之地大物博，统计全国里头，有一千万以上的资本家不过一百多人，这还有什么资本家可说呢？但是如果说中国没有资本家便可以不讲社会主义，那便是大错。不知道前车之覆，便是后车之鉴。欧美社会在今日之患不均，便是吾人极好底教训。那种不均的病根，还是由于土地和资本两个问题预先没有解决。所以兄弟提倡民生主义，讲到归宿，不得不解决土地和资本两个问题。

我们先研究土地问题。土地制度在欧美各国都不相同，英国底土地多是封建制度，美国底土地完全由资本家出钱买来的。兄弟民生主义的办法主张平均地权，在中国本是杜渐防微底意思，不过时至今日，已经有了端倪了。像近来广州市的土地，自开辟了马路以后，长堤一带和其他繁盛地方底地价日贵一日，眼前已经有每亩值数万元的。像这样高的地价，在中国内地的市场洵属罕见的事。若在伦敦、巴黎或者是纽约，其地价之昂贵较之中国便不可相提并论，有一亩之地要值数十万元或者数百万元的。中国古时最好的土地制度是井田制，井田制的道理和平均地权的用意是一样的。本党底民生主义本是以国利民福为旨归，平均地权就是达到这个旨归的方法。这个方法从前虽然没有实行，但是从今速图，犹未为晚。再像美国本是资本主义的国家，表面是很富庶的，但是美国大多数底人民还是毫无幸福可享，那些享幸福的只是少数的资本家。善观人国者不可徒观其表面，要把一国之中的各种社会都是看得很清楚。美国有一个哲学家叫做轩利佐治，他说现代的文明好像尖锥入社会之中，在尖锥之上的社会却升之使高，在尖锥之下的社会便压之使低，因为这个道理，故近代社会有富者愈富、贫者愈贫的趋势。现在国人既是要讲社会主义，便应该要讲本党底民生主义。

本党底民生主义是有办法的，这个办法就是平均地权，平均地权一部分的手续就是"定地价"。就关于定地价的手续来说，从前英国办这一件事，有规定地价底衙门，又有不服所规定地价的控诉衙门。这是英国规定地价的大概办法，这种办法在中国是很难行得通的。因为中国人怕打官司，怕到衙门内办公事，如果规定一块地价必要到衙门内去两次，便觉得不堪其扰，这是普通人很不原意的。兄弟所规定底办法极其简单，而又极公平，就是令人民自己报告地价，政府只限以两种条件：一条是照原报的地价，行值百抽一的税率；一条是照原报的地价，政府可以收买。这个办法便可以使人人不敢欺蒙政府，不致以多报少，或者以少报多，效用是很妙的。何以说不致以多报少或者以少报多呢？因为人民把自己的地价报告到政府了之后，政府一面固然随时可照价收买，但是一面可以不买，还要照价收税。如果是以少报多的，原意是希望政府去买那块地皮，假设政府不买那块地皮，岂不是要照所报的原价去纳税吗？岂不是因为要报多价，便受重税的损失吗？这是在以少报多的一方面，政府可以毋庸顾虑的。至于以多报少，固然希望可以减轻税银，假若政府即刻要照原价收买那块地皮，岂不是因为要减税反致亏本吗？这是在以多报少的一方面，政府又可以毋庸顾虑的。那些地主知道了这些利害，想来想去，在报多报少两方面都是有危险，归到结果，还不如报一个折中底实价。像如此的办法，政府不要费力可以坐收税银，地主得政府的扶助也有大利，法则之善是再无有复加的。地价的高低没有一定，完全随附近交通的方便和商务的繁盛为转移。像现在广州到黄埔一带的地价是很低的，每亩不过是值两三百元，假若黄埔开成了商埠，自广州市筑一条马路直达黄埔，那么马路告成了之后地价必定是抬高，将来抬高的价格恐怕不止像长堤此刻的地价，或者要值五万元一亩的地价也未可知。有土地的人便一日变富一日，没有土地的人便一日变穷一日，所以土地问题实在是很大的。我们要预防这种由于土地的关系，有贫者愈贫、富者愈富的恶例，便非讲民生主义不可。要讲民生主义，又非用从前同盟会所定平均地权的方法不可。此刻的革命事业本没有成功，要想革命完全成功，预先还要解决土地问题。

　　我们再研究资本问题。这个问题是现在世界上最大的问题，也是最难解决的问题。凡是资本已经发达了的国家，现在都没有好办法。中国此时的资本还没有发达，我们应该未雨绸缪，赶紧设法来防备，免得再蹈欧美的覆辙。对于这个问题的解决，兄弟著了一本书叫做《实业计画》，这本书的主张是借用外资从事生利的事业，像开辟市场，兴办工厂，建筑铁路，修治运河，开发矿产，那些大生利的事业都归公有，把各种新事业的利益都归之公家。譬如此刻北京政府用外资修筑像京奉、京汉、津浦那些铁路，都是很赚钱的。现在中国底铁路，总计路线不过是五六千英里，每年收入有七八千万元，比较全国的地丁实在是大得多的。全国底各项收入之中，以铁路的收入为第一，如果把路线延长到五六万英里，岂不是还要更赚多钱吗？借用外资开矿也是很有利底事业。开矿本来没有亏本的道理，间有亏本的，那是由于办理不善。讲到此地，要大家注意的是，兄弟所主张的借外资，是借外国人的机器做生利的事业。像京奉铁路筑成了之后，利息极厚，外人不肯赎回，便以其余利复筑京张铁路，今且由那条铁路一直达〈到〉了绥远城了。总而言之，外资非不可借，借来的外资应该办生利的事业，不可做消耗的费用。

就世界各国的社会情形说，现在国内最有秩序的莫过英国、美国。说到英国、美国的政治虽然是很完善，但是他们国内还有许多人常常鼓动社会革命，这是为什么原故呢？就是由于民生问题还没有完全解决。这个问题一日不解决，社会革命一日免不了的。大家更要知道，社会革命的惨痛比政治革命的流血还要利害得多。本党从前革命，自推翻满清以后，在民族主义中可算是有一部分的成功，至于民权主义和民生主义丝毫没有收到效果。故现在革命不但是要实行民权主义和民生主义，并且要迎合现代底潮流，兼顾民族主义。现在底民族主义是怎么潮流呢？从欧战停止了之后，美国威尔逊总统鉴于世界民族的大势，大倡"民族自决"的那一说。这种"民族自决"的一说，就是本党底民族主义。后来巴黎和平会议完结了，在欧洲中部便成立了许多新独立底民族国家，像佐哥斯拉夫是其中最著名的一国。诸君由此便可以见得现代民族的思潮了。

本党始终底最大目的，是要把民族、民权、民生三个主义的三种工夫同时来做完。做完了这三种工夫，就是达到了本党底主义。达到了本党底主义那才算是国利民福，到了那个时候，人民才可以享真正的幸福。至于做这三种工夫，还要希望诸君来努力，更要诸君预先做宣传的工夫。我们现在要做这三种工夫实在是一个绝好底机会，因为广东已经在我们的手中，做我们的策源地。这省的人民是很多的，总数有三千万，诸君要把本党的主义宣传到广东全体底人民，使人人脑中都了解我们底主义。此时若不从速宣传，如果将来广西绿林有反攻底举动，我们就没有时机去做宣传底工夫了。十几年以前我著了《革命方略》一书，在地方自治中便主张县长民选，现在广东的县长已经是实行民选，积极提倡民治了。诸君想想，广东人民有没有这个程度呢？在兄弟看起来，恐怕他们还没有这个程度。既没有这个程度，偏要实行民选，岂不是要闹乱子吗？不过民治主义是本党素来底主张，要见之实行是当然不容怀疑的。想此刻实现我们的主张，将来又不闹乱子，令一般人民都有程度来实行民治，这就是此刻要做的宣传工夫了。

兄弟最近有一个感想，英、美的政治虽然是很发达，但是政权还不在普通人民的手里。究竟是在谁的手里呢？简直的说，就是在有知识阶级的手里。有知识阶级掌握国家的政权，就叫做"政党政治"。记得我们这次回广东来底时候，路过香港，便有一家报纸说我们这次回粤，并不是粤人治粤，实在是"党人治粤"。我想那个说这一句话的人，固然是别有用意，不过我们也是很愿意承认的，并且从今以后还更要主张那"党人治粤"。因为"以党治国"，英国、美国是有先例可援的。如果从今以后，在广东真是能够实行本党底主义，也是我们粤人莫大的幸福。我们要达到"以党治国"的目的，此刻便应该赶快下手，结合团体，训练本党的党员，宣传本党的主义。诸君对于三民主义如果还有未明瞭的地方，尽可随时来问兄弟，兄弟必定是详细的答覆。因为诸君要去做普通的宣传，教人民了解三民主义，必要自己了解三民主义。所谓先知先觉者，必自己先觉，然后才能够觉人，决没有自己不觉而能够觉人的。

现在广州已经成立了中国国民党的特设办事处，这就是我们在广东训练党员和宣传主义底总机关。从此扩充，前途是不可限量的。将来广东全省便为本党实行主义底试验场，民治主义底发源地。还要由广东扩充到全国，要长江、黄河一带的省分都受本党主义的灌溉。诸君要知道本党主义何以要急于宣传的原故，因为民国虽然是成立了十年，但是一般人民并没有了解共和是一个什么东西。他们自己看待还不是国民，完全是遗民，因为他们自己还是以遗民自待，所以总是待真命天子出现，预备好做太平臣子和奴隶的百姓。诸君想想，这个样子怎么能够县长民选呢？我们要想将来不至于偾事，惟有积极宣传三民主义，实行以党人治粤，凡事都要我们党人努力去做。三民主义普遍实行了，其次就是要实行五权宪法。实行三民主义和五权宪法，才是本党底真精神。希望诸君把本党的真精神从此发扬光大，播传到全中国。

据《三民主义》（对中国国民党特设办事处讲演
民国十年六月），载黄昌毅编：《孙中山先生演说
集》，上海，民智书局一九二六年二月初版①

---

　　① 篇名后所记讲演时间"民国十年六月"误，应为三月六日。按本篇似非由编者直接纪录，与上篇内容相同，惟在文字上稍加改动润色，个别词句更为上篇所无，故收进本书供参阅。

三民主义之义与海外同志责任

澳洲雪梨《国民党恳亲大会纪念册》序①

（一九二一年三月十九日刊载）②

吾党之标三民主义以起者二十年矣，其间经历险难，出入胜败，至于三五。然吾同志能坚卓守义，始终弗渝，故凡为吾党敌，状若甚有力如袁世凯、陆荣廷等相继踬仆，而吾党巍然独存，且益有光焉。

自粤军回粤，吾党始有确实实施主义之地。然吾党所负责任，乃建设新中国而非仅限于广东者，今特千里之跬步耳。苟不努力进行，则将并此区区者亦不能久存，况欲建设新中国耶！此吾所以于粤军回粤以后，尤愿与海内外同志刻苦自励者也。

顾或曰："自满洲政府倒，共和民国立，三民主义已成其二，今而后惟民生为可念矣。"余以为民族、民权之极诣，更有进于辛亥之革命，而为吾党所应注意者。余既尝以此义告海内同志矣，苦与海外同志间隔万里，不获话言，今雪梨本党同人有恳亲大会纪念册之刊，且来征文于余，乃不辞弁其端，藉以明告此义焉。

一、民族主义

民族主义有消极的、有积极的，消极的性近于自卫与抵抗，积极的则发扬光大之谓也。辛亥革命仅及于光复，此不过一消极的民族主义而已。吾党今所有事者，为积极的民族主义。

美国混合数十种之民族以成国，其间有条顿、斯拉夫、日尔曼等各具特性之族，然一经调洽，以国家之关系，使各自忘其为条顿、为斯拉夫、为日尔曼，崭然成一吸取各族之善性、以国家为基础之新民族，曰美国民族。此积极的民族主

---

① 澳洲国民党恳亲大会于一九二〇年四月在雪梨举行后曾编辑出版纪念册，请孙文作序，上海《民国日报》将该文作为本报"代论"刊出。

② 本文写作时间不详，而《国民党恳亲大会纪念册》迄今未见，今据上海《民国日报》登载日期标出。

义之一格也。

瑞士立国于意、法、德、奥之间，其人民之邻于法境者则用法国言语，俨然与法人同族也；其邻于意、奥者亦然。然瑞士为政治制度最良好之国家，彼能以政治之方法，调洽各民族以成一极优美之瑞士民族。此又积极的民族主义之一格也。

吾国今日既曰"五族共和"矣，然曰五族，固显然犹有一界限在也。欲泯此界限以发扬光大之，使成为世界上有能力、声誉之民族，则莫如举汉、满等名称尽废之，努力于文化及精神的调洽，建设一大中华民族。

更进一步言之：吾人既抱此建设大中华民族之志愿矣，尤当以正义公道之精神为弱小者之援助，或竟联络引进之，使彼脱离强权，加入于自由民族，同受人类之平等待遇，如威尔逊之所谓民族自决，与新俄宪法①之所谓民族解放然。能如此，方得谓达民族主义之极境矣。

二、民权主义

法、美昔日之革命，所谓民权的革命也。于是中国之士每论民权，动曰必如法、美而后可。不知法、美人民今日之所享，尚不得谓全部民权也。盖两国今日所行者为代议政治制度，代议制度之下有权者仍为少数人，大多数依然在被治地位，此不过较君权稍差一间耳。若欲贯彻此民权主义，非实现直接民权不可。

辛亥革命所得仅一"共和"之空名耳，按诸实际，民之无权〈与〉尚未革命时相等也。夫以代议制度尚未实现之国家，而曰民权主义之目的已达，谁其信之？故即曰以法、美为模，中国今日固尚未跻其境者，而况世界潮流日高一日，要求直接民权之声方弥漫于各国，而谓吾人可画于此乎！

直接民权既为吾人所必争矣，顾将以何种方式实现之乎？简单言之，则有四种法权足显直接之作用，而为吾人所必争者：

（一）选举权：直接普遍的选举权，无论国家或地方之行政立法机关，皆以人民所选出之公仆组织之。

（二）罢官权：人民若只有选举权而无罢免官吏权，则不肖者无法警戒，故凡官吏之不称职者，通过一定手续，经人民认为不称职后，即可决议罢免之。

---

① 此指俄国十月革命后制订的第一部新宪法，即一九一八年七月颁布的《俄罗斯社会主义联邦苏维埃共和国宪法》。

（三）复决权：法律有经立法机关议决而人民认为不适用时，得要求由全人民复决之。

（四）创制权：人民得应事实之要求制定法律，公布执行。

四权既立，然后直接民权乃有实质可按，效力可见矣。

三、民生主义

本党所标揭之民生主义，即各国今日活泼进行之社会主义也。

社会问题发生于贫富不均，彼资本家、地主因受国家法律之保护，日刻薄贫者以自封殖，于是富者益富，贫者益贫，而此问题起焉。欲解决此问题，在各国因资本家、地主势力之雄厚，非常困难，革命之血恐将多于因争民族、民权而流者。顾中国则尚无过量之大资本家与地主，故急须乘此解决之。此本党之所以揭此民生主义，相期努力进行者也。

中国之注意于此者，每多空言而无实在办法，无办法则与不言等。吾人既发见此问题之必与民族、民权同时解决，而担负此解决之责任，则急应先定具体办法。办法惟何？可分别言之：甲、解决土地问题者；乙、解决资本问题者。

甲、解决土地问题者

中国井田制土地本为人民所均有，及此制废，由是而封建置买，以成不均之局。至于实业渐发启，交通渐便利，而不均益甚。本为人民之公物，乃驯至于一则拥有万顷，一则穷无立锥，此社会之恶征、革命之导源也。欲及今解决之，莫如从平均地权入手。

平均地权之办法，必先由规定地价始。英国昔尝有之，其法特设一估价局及控诉衙门，其有不服者许其申诉。然此法势不能行于中国，以一般人民无法律之习惯，反为窒碍难行也。

故吾以为莫如令有地者自行估价呈报，依其报价抽税。若虑其抑价矇报，冀少纳税，则规定于收其地为公用时，概照原价发还，彼自不敢尝试矣。此不过就一事言之，其详则非兹篇所及也。

乙、解决资本问题者

资本属于私人则为社会之蠹，资本属于国家则社会之贫富自均，此一定之理也。各国因经营实业之资本属于私人，故日积月渐，造成今日之恐怖。吾国若及此实业未发达时，概由国家吸收外资以开发之，则此恐怖自然免矣。此项吸收外资之计划，详述于余所著之《实业计划》中，同志可资为参考也。

综以上所言，本党所树之主义固已明显可知矣。然欲求一一实现，断非少数人所能，是必使全国人民皆同情于吾党之主义，为吾后援而后可。欲得全国人民之同情，则又非赖同志之努力宣传不为功。吾海外之同志乎！其坚持此主义，以成后日之功哉！

据《孙中山先生〈国民党恳亲大会纪念册序〉》，载一九二一年三月十九日上海《民国日报》第二版

五 权 宪 法

在广东省教育会的演说①

（一九二一年三月二十日）

今天讲题为"五权宪法"。五权宪法是兄弟所创造，古今中外各国从来没有的。

诸君皆知，近世一二百年以来，世界政治潮流趋于立宪。"立宪"二字，在我国近一二十年内亦闻之熟矣。到底什么叫做宪法？所谓宪法者，就是将政权分几部分，各司其事而独立。各国宪法只分三权，没有五权，五权宪法是兄弟所创。自兄弟创出这个五权宪法，大家对之都狠不明白。到底五权宪法有什么来历呢？讲到他底来历，兄弟可以讲一句实在话，就是从我研究所得思想中来的。至讲到五权宪法底演讲一层，十数年前在东京同盟会庆祝《民报》周年纪念底时候，兄弟曾将五权宪法演讲一过。但是兄弟虽然演讲，在那个时候大家对于这个事情都没有十分留心。此事说来已十余年了。在当时大家底意思，以为世界各国只有三权宪法，没有听见讲什么五权宪法的，大家觉得这个事情狠奇怪，以为兄弟伪造

---

① 孙文于是日下午作此演说，由冯子恭笔记，并经孙本人亲笔修改后付印。

的。但兄弟倡此五权宪法实有来历的。兄弟倡革命已三十余年，自在广东举事失败后，兄弟出亡海外；但革命虽遭一次失败未成，而革命底事情仍是要向前做去。奔走余暇，兄弟便从事研究各国政治得失源流，为日后革命成功建设张本。故兄弟亡命各国底时候，尤注重研究各国底宪法，研究所得，创出这个五权宪法。所以五权宪法可谓是我兄弟独创的。

当美国革命脱离英国之后，创立一种三权宪法①，他那条文非常严密，即世人所称之"成文宪法"。其后各国亦狠效法他订定一种成文宪法，以作立国底根本法。兄弟亦尝研究美国宪法。而在美国底人民自从宪法颁行之后，几众口一辞，说美国宪法是世界最好的宪法。即英国政治家也说，自有世界以来，只有美国底三权宪法是一种好宪法。兄弟曾将美国宪法仔细研究，又从宪法史乘及政治各方面比较观察，美国底三权宪法到底如何呢？研究底结果，觉得他那不完备底地方狠多，而且流弊亦不少。自后欧美底学者研究美国宪法，所得底感想亦与我相同。兄弟以最高尚的眼光、最崇拜的心理研究美国宪法，毕竟美国宪法实有不充分之处。近来世人亦渐渐觉察美国底宪法是不完全的，法律上运用是不满足的。由此可知凡是一个东西，在当时一二百年之前以为是好的，过了多少时候，或是现在亦觉得不好的。兄弟比较研究之后，有见于此，想来补救他底缺点；即美国学者也有此思想。然而讲到补救的事，谈何容易。到底用什么法子去补救呢？既没有这样底书可以补救，又没有什么先例可供参考。

说到这里，兄弟想到从前美国哥伦比亚大学有一位教授喜斯罗②，他著了一本书名叫《自由》，他说三权是不够的，他主张四权。他那四权底意思，就是将国会底弹劾权取出来作个独立底权。他底用意，以为国会有了弹劾权，那些狡猾底议员往往行使弹劾权来压制政府，弄到政府动辄得咎。他这个用意亦未尽完善，

---

① 此指《美国联邦宪法》（ *The Constitution of the United States* ），一七八七年制订，一七八九年正式施行，其后又屡经修正。宪法前三条明确规定单独行使立法权、行政权和司法权，体现三权分立原则。

② 喜斯罗（Hugh Richard Heathcote Gascoyne Cecil），今译塞西尔，其著作《自由》（ *The Liberty* ）。

他著了一部书叫做《法意》，有人亦叫做《万法精义》，发明了三权独立底学说，主张立法、司法、行政三权分立。但英国后来因政党发达，已渐渐变化，现在英国并不是行三权政治，实在是一权政治。英国现在底政治制度是国会独裁，行议会政治就是政党政治，以党治国。孟氏发明三权分立学说未久，就有美国底革命，订定一种宪法。美国即根据孟氏底三权分立学说，用很严密底文字订立成文宪法。孟氏乃根据英国底政治习惯，草成此种三权分立主张。后来日本底维新及欧洲各国底革命，差不多皆以美国为法订立宪法。英国底宪法并没有什么条文，美国则有极严密底条文，故英国底宪法又称"活动底宪法"，美国底宪法是"呆板底宪法"。英国以人为治，美国以法为治。英国虽是立宪底鼻祖，然没有成文底宪法。以英国底不成文宪法拿来比较我们中国底宪法，我们中国亦有三权宪法，如：

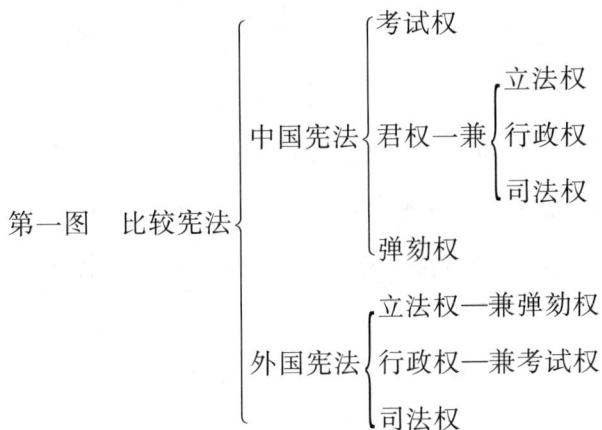

$$
第一图　比较宪法
\begin{cases}
中国宪法
\begin{cases}
考试权 \\
君权—兼
\begin{cases}
立法权 \\
行政权 \\
司法权
\end{cases} \\
弹劾权
\end{cases} \\
外国宪法
\begin{cases}
立法权—兼弹劾权 \\
行政权—兼考试权 \\
司法权
\end{cases}
\end{cases}
$$

　　就这个图看来，中国何尝没有宪法，一是君权，一是考试权，一是弹劾权；而君权则兼有立法、行政、司法之权。考试本是中国一个很好底制度，亦是很严重底一件事。从前各省举行考试底时候，将门都关上，认真得很，关节通不来，人情讲不来，看看何等郑重。但是到后来，也就有些不好起来了。说到弹劾，有专管弹劾底官，如台谏、御史之类，虽君主有过，亦可冒死直谏，风骨凛然。好像记得广雅书局内有十先生祠，系祀谏臣者，张之洞题有一额曰"抗风轩"，言其有风骨能抗君王底意思。可知当日设御史、台谏等官原是一种很可取底事情。

美国有个学者巴直氏①是很有名的，他著了一本书叫《自由与政府》，谓中国底弹劾权是自由与政府间底一种最良善之调和法。

刚才兄弟讲底这两个潮流，自由这个东西从前底人民都不大讲究。极端底自由，就是无政府主义。欧洲讲无政府主义，亦是认为一种很新底东西，最初有法人布鲁东、俄人巴枯宁及现已逝世之俄人克鲁泡特金②。在他们讲这种主义，不过看了这种东西很新，研究研究罢了。近来中国底学生们，他无论懂不懂，也要讲无政府以为趋时，真是好笑。讲到无政府主义，我们中国三代以上已有人讲过，黄老之道③不是无政府主义吗？《列子》内篇所说底华胥氏之国，"其人民无君长、无法律，自然而已"④，这不是无政府主义吗？我们中国讲无政府主义已讲了几千年了，不过现在底青年不懂罢了。像他们现在所讲底无政府主义，就是我们已不要的。兄弟讲自由与专制两个潮流，要调和他，使不各趋极端。如离心力与归心力一样，单讲离心或是单讲归心，都是不对。有离心力还要有归心力，片面底主张总是不成的。两力相等，两势调和，乃能极宇宙之大观。

宪法的作用犹之一部机器。兄弟说政府就是一个机器，有人说尔这个譬喻真比方得奇。不知物质有机器，人事亦有机器，法律是一种人事底机器。就物理言，支配物质易，支配人事难。因科学发明，支配物质很易，而人事复杂，故支配人

---

① 巴直（John William Burgess），今译伯吉斯；其著作《自由与政府》（*The Reconciliation of Government and Liberty*），今译《管理与自由的协调》。

② 布鲁东（Pierre‑Joseph Proudhon），今译蒲鲁东，代表作有《十九世纪革命的总观点》（*19ème point de vue de total de révolution de siècle*）等；巴枯宁（Михаил Александрович Бакунин），代表作有《国家制度和无政府状态》（*Национальная система и Anarchy*）等；克鲁泡特金（Пётр Алексеевич Кропоткин），代表作有《互助论：进化的一种因素》（*Mutual Aid：A Factor of Evolution*）等。

③ 黄老，即黄帝、老子（老聃），黄老并称而以其为道家之祖，或统称道家学说为黄老之学，始于战国而盛于西汉。老子主张道法自然，无为而治。

④ 列子（列禦寇，亦作列御寇、列圄寇）为早期道家代表人物之一，战国人。《列子》"黄帝第二"篇记黄帝游于华胥氏之国，引文原作"其国无师长，自然而已；其民无嗜欲，自然而已"，此外还描述其民无爱憎、无利害等等。按："师"为贤者，"长"为贵者，"无师长"则无贤愚贵贱之分。另据后人考证，《列子》八篇系晋朝人伪托之作，但所取资料对列子思想有一定反映。

事繁难。宪法就是一个大机器，就是调和自由与统治底机器。我们革命之始主张三民主义，三民主义就是民族、民权、民生。美国总统林肯他说的"government of the people，by the people，for the people"，兄弟将他这主张译作"民有、民治、民享"。他这民有、民治、民享主义，就是兄弟的民族、民权、民生主义。要必民能治才能享，不能治焉能享，所谓民有总是假的。"劳心者治人，劳力者治于人"，今欲破除之，亦未尝无方法。人力非不可以胜天，要在能善用不能善用耳。世界有千里马日能行千里，有鸟能飞天、鱼能潜海，人则不能。假如我们人要日行千里，要飞天，要潜海，我们能不能呢？兄弟可以说能，我们只要用机器就能。我们用一辆自动车，何止日行千里；我们用飞行机，就可以上天；我们用潜航艇，就可以下海。这个就是人事可以补天功。从前希腊有一人日能行千里，但这种人是贤者，是天赋的特能，不可多得的。今日人类有了这种机器，不必贤者，不必要天赋的特能，亦可以日行千里，飞天潜海，随意所欲。我们现在讲民治，就是要将人民置于机器之上，使他驰聘〔骋〕翱翔，随心所欲。机器是什么？宪法就是机器。如：

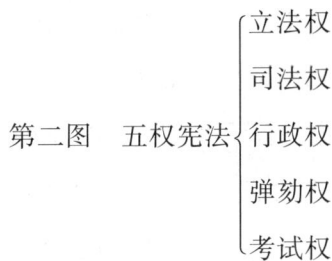

$$
\text{第二图　五权宪法}\begin{cases}\text{立法权}\\\text{司法权}\\\text{行政权}\\\text{弹劾权}\\\text{考试权}\end{cases}
$$

这个五权宪法，就是我们底自动车、飞机、潜艇。五权宪法分立法、司法、行政、弹劾、考试五权，各个独立。从前君主底时代有句俗话叫"造反"，造反就是将上头的反到下头，或是将下头的反到上头。在从前底时候，造反是一件很了不得的事情。这五权宪法就是上下反一反，将君权去了，并将君权中的行政、立法、司法三权提出，作三个独立底权。行政设一执行政务底大总统，立法就是国会，司法就是裁判官，与弹劾、考试同是一样独立的。

以后国家用人行政，凡是我们的公仆都要经过考试，不能随便乱用的。记得兄弟刚到广州的时候，求差事的人很多，兄弟亦不知那个有才干、那个没有才干，其时政府正要用人，又苦没有人用。这个缘因，就是没有考试的弊病。没有考试，虽有奇才之士，具飞天的本领，我们亦无法可以晓得，正不知天下埋没了多少的人材呢！因为没有考试的缘故，一班并不懂得政治的人，他也想去做官，弄得乌烟瘴气，人民怨恨。前几天兄弟家里想找个厨子，我一时想不到去什么地方去找，就到菜馆里托他们与我代找一个。诸君想想，我为什么不到木匠店托他们代找，要跑到菜馆里去呢？因为菜馆是厨子专门的学堂，他那里必定有好厨子。诸君试想，找一个厨子是很小的事情，尚且要跑到那专门的地方去找，何况国家的大事呢？可知考试真是一件最要紧的事情。没有考试，我们差不多就无所适从。譬喻省议会到期要选八十个议员，其时有三百个人有这候补的资格，我们要选八十个议员，就在这三百人中选举。

美国选举的时候，常常要闹笑话。曾记有两个人争选举，一个是大学毕业的博士，一个是拉车子的苦力。到将要选举的时候，两人去演说。那个博士学问高深，讲的无非是些天文地理，但他所讲的话语，人家听了都不大懂他。这个车夫随后亦上去演说道："你们不要以为他是博士，他是个书呆子。他靠父兄的力能进学校里读书，我没有父兄的帮助，不能进学校读书。他靠父兄，我是靠自己的，你们看那一个有本领呢？"这一番话说得那班选举人个个拍掌，说那个博士演说的不好，一点不懂；这个车夫的演说很好，入情入理。后来果然车夫当选。诸君想想，这两个人，一个是博士，一个是车夫，说到学问当然是那个博士比车夫好，然而博士不能当选，这个就是只有选举而没有考试的缘故。所以美国的选举常常就闹出笑话。有了考试，那末必要有才有德的人才能当我们的公仆。英国行考试制度最早，美国行考试才不过二三十年，英国的考试制度就是学我们中国的。中国的考试制度是世界最好的制度，现在各国的考试制度亦都是学英国的。

刚才讲过立法是国会，行政是大总统，司法是裁判官，其余弹劾有监察的官，考试有考试的官。兄弟在南京的时候，想要参议院立一个五权宪法，谁知他们各位议员都不晓得什么叫五权宪法。后来立了一个约法，兄弟也不理他，我以为这个只有一年的事情，也不要紧，且待随后再鼓吹我的五权宪法罢。后来看他们那个《天坛宪法草案》①，不想他们果然又把自己的好东西丢去了。五权宪法是兄弟创造的，五权宪法如一部大的机器。譬如你想日走千里路，就要坐自动车；你想飞天，就要驾飞机；你想潜海，就要乘潜艇。你想治国，就要用这个治国机关的机器。如：

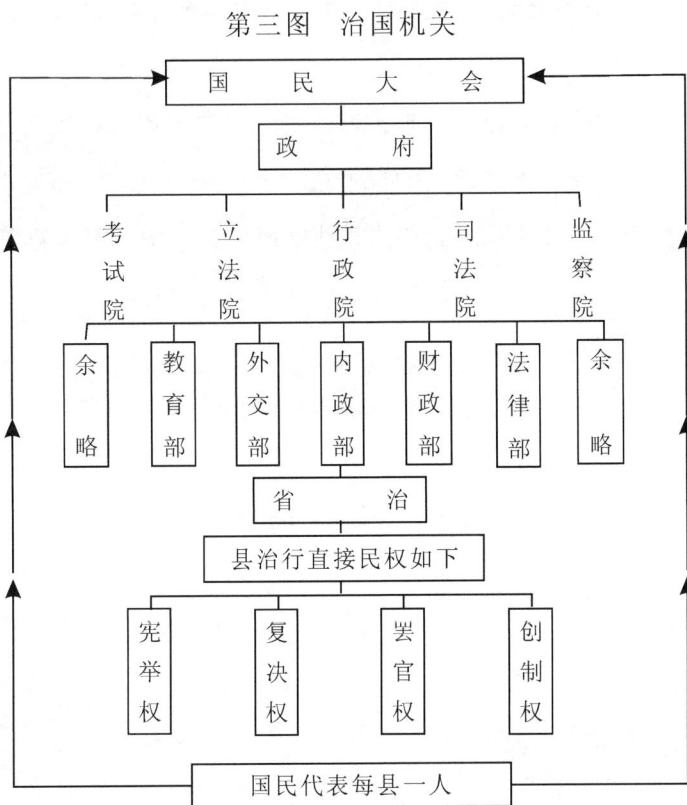

第三图　治国机关

国　民　大　会

政　　府

考试院　立法院　行政院　司法院　监察院

余略　教育部　外交部　内政部　财政部　法律部　余略

省　治

县治行直接民权如下

宪举权　复决权　罢官权　创制权

国民代表每县一人

　　这个就是治国机关。除宪法上规定五权分立外，最要的就是县治，行使直接民权。直接民权才是真正的民权。直接民权凡四种：一选举权，一罢官权，一创制权，一复决权。五权宪法如一部大机器，直接民权又是机器的制扣。人民有了直接民权的选举权，尤必有罢官权，选之在民，罢之亦在民。什么叫"创制权"？

---

　　① 即一九一三年袁世凯统治时期国会制订的《中华民国宪法草案》，因在北京天坛祈年殿进行制宪工作，故称《天坛宪法草案》或《天坛宪草》。该宪法终未施行。

假如人民要行一种事业，可以公意创制一种法律。又如立法院任立一法，人民觉得不便，可以公意起而废之，这个废法权叫做"复决权"。又立法院如有好法律通不过的，人民也可以公意赞成通过之，这个通过不叫创制权，仍是复决权。因为这个法律仍是立法院所立的，不过人民加以复决，使他得以通过。就是民国的约法，也没有规定具体的民权。在南京所订民国约法，内中只有"中华民国主权属于国民全体"一条是兄弟所主张的，其余都不是兄弟的意思，兄弟不负这个责任。

前天当在省议会将五权宪法大旨讲过，甚望省议会诸君议决通过，要求在广州的国会制定五权宪法，作个治国的根本法。今天兄弟是就侧面底观察来讲五权宪法，因时间短促，意尚未尽，希望诸君共同研究，并望诸君大家都来赞成五权宪法。

据《孙大总统五权宪法讲演录》（民国十年三月二十日午后一时在广东省教育会讲演），广东官印刷局承印（非卖品）①

附：另一版本

今天的讲题是"五权宪法"。五权宪法是兄弟所独创，古今中外各国从来没有讲过的。

诸君知道，近来一二百年，世界上的政治潮流都是趋重立宪。"立宪"两个字，在近来一二十年内我们都听惯了。到底什么叫做宪法呢？简单的说，宪法就

---

① 据张继称，当时此书由中国国民党本部特设办事处在广州印行。其内文首页，主标题又作《孙先生五权宪法讲演录》。笔记者冯子恭于一九二九年三月将其所藏、经孙文亲笔详细修改的《孙先生五权宪法讲演录》原稿摹印公之于世，从稿中所加标记可知，此乃送交印刷机关的付排稿，其与底本仅有数字不同（如"的"与"底"）。另见《孙中山先生三民主义五权宪法演讲录》铅印本（非卖品），其中《五权宪法》（民国十年三月二十日午后一时在广东省教育会演讲）的内容文字及版面与底本完全相同，亦为当年印本。孙文除在广东省教育会演说外，演说中还提及曾向广东省议会讲过五权宪法大旨，冯子恭亦称孙文曾向国会非常会议作过同题演讲，但未有记录。迄今所见，当年遗留下来的五权宪法演说词仅有三月二十日广东省教育会一种。

是把一国的政权分作几部分，每部分都是各自独立，各有专司的。各国的宪法只有把国家的政权分作三部，叫做"三权"，从来没有分作五权的，"五权宪法"是兄弟创造出来的。兄弟创出这个五权宪法，大家都有点不明白，以为这个五权宪法有什么根据呢？五权宪法的根据，老实说起来，就是我研究各国宪法独自思想出来的。至于讲到五权宪法的演讲，十数年前，只有在东京同盟会庆祝《民报》周年纪念的时候演讲过了一次。但是那个时候，大家对于这个道理都没有十分留心。在当时大家的意思，以为世界各国只有三权宪法，并没有听见过什么五权宪法的，兄弟所创出的五权宪法便觉得很奇怪，以为是兄弟凭空杜撰的。不知道兄弟创这个五权宪法，实在是有根据的。兄弟提倡革命三十多年，从广东举事失败以后便出亡海外，兄弟革命虽然是遭过了一次失败，但是并不灰心①，革命底事情还是向前做去。在全球奔走之余，便把各国政治的得失源流拿来详细考究，预备日后革命成功，好做我们建设底张本。故兄弟当亡命各国的时候，便很注意研究各国的宪法。研究所得的结果，见得各国宪法只有三权还是很不完备，所以创出这个五权宪法，补救从前的不完备。所以，五权宪法就可说是兄弟所独创的。

世界各国成立宪法最先的，就算是美国。当美国革命脱离英国、成立共和之后，便创立一种三权宪法，世人都叫他做"成文宪法"，把各种国利民福的条文在宪法之内订得非常严密。以后各国的宪法，都是效法他这种宪法来作立国底根本大法。因为美国的宪法有这样的重要，所以兄弟也去详细研究过了。美国的人民自从宪法颁行之后，几乎众口一词，说美国的宪法是世界中最好的。就是英国政治家也说，自有世界以来，只有美国的三权宪法是一种很完全的宪法。但是依兄弟详细的研究，和从宪法史乘及政治学理种种方面比较起来，美国的三权宪法到底是怎么样呢？由兄弟研究底结果，觉得美国宪法里头不完备的地方还是很多，而且流弊也很不少。以后欧美学者研究美国宪法所得的感想，也有许多是和我相同的。兄弟以最高上〔尚〕的眼光同最崇拜的心理去研究美国宪法，到底美国宪法还是有不完备的地方。就是近来关于美国宪法里头，所有不完备和运用不灵敏的地方，世人也是渐渐的知道了。由此可见，无论什么东西，在一二百年之前以

---

① 此处删一衍字"把"。

为是很好的，过了多少时候，以至于现在便觉得不好了。兄弟研究美国宪法之后，便想要补救他的缺点。当时美国学者也有这种心理，想要设法补救的。但是讲到补救的事，谈何容易。到底要用什么方法才能补救呢？理论上固然是没有这样书籍可以作补救，事实上又没有什么先例可以供参考。

研究到这里，兄弟想起从前美国哥伦比亚大学有一位教授叫做喜斯罗，他著了一本书叫做《自由》，他说宪法的三权是不够用的，要主张四权。那四权的意思，就是要把国会中的弹劾权拿出来独立，用弹劾权同立法权、司法权、行政权作为四权分立。他的用意，以为国会有了弹劾权，那些狡猾的议员往往利用这个权来压制政府，弄到政府一举一动都不自由，所谓"动辄得咎"。他的这个用意，虽然不能说是十分完善，但是他能够著这本书，发表他的意见，便可见在美国里头已经是有人先觉悟了。美国的宪法不完全，他们便有人要想方法去补救，不过那种补救的方法还是不完备。因为在美国各州之内，有许多官吏都是民选出来的。至于民选是一种很繁难的事，流弊很多。因为要防范那些流弊，便想出限制人民选举的方法，定了选举权的资格，要有若干财产才有选举权，没有财产的就没有选举权。这种限制选举和现代平等自由的潮流是相反的，而且这种选举更是容易作弊，对于被选的〈人〉，人民也没有方法可以知道谁是适当。所以单是限制选举人，也不是一种补救的好方法。最好的补救方法，只有限制被选举人，要人民个个都有选举权。这种选举，就是近日各国人民要力争的选举，这就是叫做"普通选举"。普通选举虽然是很好，究竟要选什么人才好呢？如果没有一个标准，单行普通选举也可以生出流弊，那些被选的人，当是拥有若干财产才算是合格。

依兄弟想来，当议员或官吏的人，必定是要有才有德，或者有什么能干，才是胜任愉快的。如果没有才没有德，又没有什么能干，单靠有钱来做议员或官吏，那末将来所做的成绩便不问可知了。但是有这种才德和能干的资格之人，只有五十人，便要照这种资格的人来选举，我们又是怎样可以去断定他们是合格呢？我们中国有个古法，那个古法就是考试。从前中国的官吏，凡是经过考试出身的人便算是正途，不是考试出身的人不能算是正途。讲到这个古法，在中国从前专制时代，用的时候尚少。因为那个时候，做君主的人在吃饭睡觉的时候都念念留心全国的人材，谁是人材好，才叫谁去做官。君主以用人为专责，所以他能够搜罗天下的人材。到了今日的时代，人民没有工夫去办这件事。所以任用官吏，在君主时代可以不用考试，共和时代考试是万不可少的。故兄弟想于三权之外，加多一个考试权。考试本是一个很好的制度，兄弟亡命海外的时候考察各国的政治、宪法，见得考试就是一件补救的好方法。这个方法可算是兄弟个人独创出来的，并不是从外国学者抄袭出来的。宪法中能够加入这个制度，我想是一定很完备，可以通行无碍的。

我们从前在东京同盟会时代，本是拿三民主义和五权宪法来做党纲，预计革命成功了，我们就拿来实行。不料光复以后，大家并不注意，多数人的心理以为推翻了满清，便算是革命成功。所以民国虽然成立了十年，不但没有看见什么成绩，反比前清觉得更腐败。这个缘故，不必用兄弟来说，大家都可以知道了。我们要除去这种腐败，重新来革命，一定是要用五权宪法来做建设国家的基础。我们要有良好的宪法，才能够建立一个真正的共和国家。

不过兄弟发明了五权宪法之后，一班人对于这个道理都很不明瞭，就是专门学者也有不以为然的。记得二十年以前有一位中国学生，他本来是大学法科毕业，在美国大学也得了法学士的学位，后来他还想深造，又到美国东方一个大学去读书。有一次兄弟在纽约城和他相遇，大家谈起来，兄弟便问他说："你这次入美国东方大学，预备去研究什么学问呢？"他说："我想专门学宪法。"我就把我所主张的五权宪法说与他听，足足的和他讨论了两个星期。他便说这个五权宪法比较什么宪法都要好，极端赞成我的主张。兄弟在当时便很欢喜，见得他既是赞成了这个宪法，就请他进了学校之后，把这个五权宪法的道理详细去研究。过了三年之后，他便在耶路大学毕业，得了一个法律博士学位。耶路大学是美国东方很有名誉的大学，他能够在这个学校毕业，得了博士学位，学问自然是很好的。他从耶路大学毕业之后，后来又到英国、法国、德国去考察各国的政治、宪法。到辛亥革命成功的那一年，他刚回到中国，兄弟见了他，就问他说："你从前很赞成我的五权宪法，近来研究了各国的宪法，有一些什么心得呢？"他回覆我说："五权宪法这个东西在各国都没有见过，恐怕是不能行的。"兄弟听了这活之后，就很以为奇怪，很不以为然。不料我们那一班同志听了他的话之后，都以为这位法律博士且说各国都没有这个东西，总是有些不妥当，所以对于五权宪法便渐渐不大注意了。还有一位日本的法律博士，兄弟在南京政府的时候请他做法律顾问，有许多关于法律的事情都是和他商量。后来讨袁之后，兄弟亡命到东京又遇见了这位博士。他还问兄弟说："什么是叫做五权宪法呢？"兄弟就和他详细讲解，谈了两三个月的工夫，合计起来总有二三十小时，后来他才明白了。在那个时候，兄弟便觉得这位法律博士还要我讲这些时候才能够明白，若是和一般普通人民讨论，更是不知道怎么困难，难怪他们都是不懂了。刚才所说的那两位博士，一位是美国的博士，一位是东洋的博士。我在纽约遇着美国博士的时候，讨论了两个星期，他很赞成这个五权宪法。当时他不过是一个学士，只算是半通的时候。后来他在美国耶路大学毕业得了博士学位之后，可算大通的时候了，他反说各国没有这个东西。那位日本博士，兄弟与他研究了好几个月的工夫，他才明白。可见五权宪法这个东西想拿来实行，实在是很难的。现在虽然没有人懂得，年深月久，数百年或数千年以后，将来总有实行的时候。

我们要想把中国弄成一个富强的国家，有什么方法可以实现呢？这个方法就是实行五权宪法。兄弟在东京庆祝《民报》周年讲演五权宪法之后，现在相隔差不多有二十年了，但是赞成五权宪法的人还是寥寥无几。可见一般人都不大明白，所以今天我还要拿来和大家说明。但是要把五权宪法来详细说明，我想用几天的功夫还是不够，而且恐怕越说越不明白。所以现在想出一个法子，要想在五权宪法范围之外来讲。因为一个问题从侧面来讲，每每要比从正面来讲是容易明白些。中国有句成语说："不识庐山真面目，只缘身在此山中。"这句成语的意思，就是说看庐山的人，要离开庐山一二百里以外，才能够看到他的真面目；如果在庐山里头，便看不出他的所以然了。兄弟今天来讲五权宪法，所用的方法就是根据这个意思。

我们为什么要实行五权宪法呢？要知道这个原因，便应该把几千年以来政治拿来看看。政治里头有两个力量，一个是自由的力量，一个是维持秩序的力量。政治中有这两个力量，好比物理学里头有离心力和向心力一样。离心力是要把物体里头的分子离开向外的，向心力是要把物体里头的分子吸收向内的。如果离心力过大，物体便到处飞散，没有归宿；向心力过大，物体便愈缩愈小，拥挤不堪。总要两力平衡，物体才能保持平常的状态。政治里头的自由太过，便成了无政府；

束缚太过，便成了专制。中外数千年来的政治变化，总不外乎这两个力量之往来的冲动。中国的和外国的政治，古今是不同的。中国的政治是从自由入于专制，外国的政治是从专制入于自由。孔子删书，断自唐虞。唐虞的时候，尧天舜日，极太平之盛治，人民享极大平等自由的安乐。到了后来政治一天败坏一天，这是什么缘故呢？就是人民在从前太平时代享受自由太多，不知道怎么样宝贵，不知不觉的渐渐放弃了，野心君主便乘机利用这个机会，所以酿成秦汉以后的专制。至于外国的政治，是从专制趋于自由。因为外国古代君主专制太过，人民不堪其苦，于是大家提倡自由。故外国有句话说："不自由毋宁死。"这句话的意思，就是人民不能自由，宁可死去，不必贪生。可见外国政治专制，在当时是什么样子了。中外政治不同的地方，我们还可以再来比较一比较。中国的政治是从自由入于专制。因为中国古时有尧舜的好皇帝，政治修明，人民得安居乐业，所谓"凿井而饮，耕田而食"，向来是很自由的。老子说"无为而治"，也是表示当时人民极端自由的状况。当时人民因为有了充分的自由，所以不知自由的宝贵。普通外国人不知道这些详细情形，便以为中国人民不知道自由的好处，不讲究自由。不知道中国人民自尧舜以来，已经享受过了很充分的自由，到了周末以后人民才放弃自由，秦始皇才变成专制。当中国周末的时候，就是和欧洲罗马同时。欧洲自罗马灭亡了之后，罗马的土地被各国割据，当时各国用兵力占据一块地方，大者称王，小者称侯，都是很专制的。人民受不过那种专制的痛苦，所以要发生革命，拼命去争自由，好像晚近几世纪发生许多战争，都是为争自由一样。

兄弟从前主张革命，对于争自由一层没有什么特别提倡。当中原因，就是因为看到了中国人民只晓得讲改革政治，不晓得什么叫做自由。中国历代的皇帝，他们的目的专是要保守自己的皇位，永远家天下，子子孙孙可以万世安享。所以他们只要人民完粮纳税，不侵犯皇位，不妨碍他们的祖传帝统，无论人民做什么事都不去理会。人民只要纳粮便算了事，不管谁来做皇帝，也都是可以的。所以人民并没有受过极大专制的痛苦。外国人不明白这个缘故，故常批评中国人不晓得自由。近年以来，有许多青年学者稍为得了一点新思想，知道了"自由"两个字，说到政治上的改革便以为要争自由。不知道中国人民老早有了很大的自由，不须去争的。因为不须去争，所以不知道宝贵。比方我们呼吸空气，是生活上最重要的一件事，人类在空气里头生活，好比鱼在水里头生活一样。鱼离了水不久就要死，人没有空气不久也是要死的。我们现在这个房子里头，因为空气很充足，呼吸很容易，所以不晓得空气的宝贵；但是把一个人闭在不通空气的小房子里头，呼吸不灵，他便觉得很辛苦，一到放出来的时候，得了很好呼吸，便觉得舒服，便知道空气的宝贵。欧洲人从前受不自由的痛苦，所以要争自由；中国人向来很自由，所以不知自由。这就是中国政治和欧洲政治大不相同的地方。

政治里头又有两种人物，一种是治人的，一种是治于人的。孟子说："有劳心者，有劳力者；劳心者治人，劳力者治于人。"就是这两种人。治人者是有知识的，治于人者是没有知识的。从前的人民知识不开，好比是小孩子一样，只晓得受治于人。现在的人民知识大开，已经是很觉悟了，便要把治人和治于人的两个阶级彻底来打破。欧洲人民在这个二十世纪才打破治人的皇帝之阶级，才有今日比较上的自由。兄弟这种五权宪法更是打破这个阶级的工具，实行民治的根本办法。

现在再把宪法的来源讲一讲。宪法是从英国创始的。英国自经过了革命之后，把皇帝的权力渐渐分开，成了一种政治的习惯，好像三权分立一样。当时英国人并不知道三权分立，不过为政治上利便起见，才把政权分开罢了。后来有位法国学者孟德斯鸠著了一部书叫做《法意》，有人把他叫做《万法精义》，这本书是根据英国政治的习惯，发明三权独立的学说，主张把国家的政权分开，成立法、司法和行政三权。所以三权分立，是由①孟德斯鸠所发明的。当时英国虽然是把政权分开了，好像三权分立一样，但是后来因为政党发达，渐渐变化，到了现在并不是行三权政治，实在是一权政治。英国现在的政治制度是国会独裁，实行议会政治，所谓"以党治国"的政党政治。孟德斯鸠发明了三权分立的学说之后，不久就发生美国的革命。美国革命成功，订立宪法，是根据于孟氏三权分立的学说，用很严密底文字成立一种成文宪法。后来日本维新和欧洲各国革命，差不多是拿美国的宪法做底本去订立宪法。英国的宪法并没有什么条文，美国的宪法有很严密底条文，所以英国的宪法可以说是活动的宪法，美国的宪法是呆板的宪法。

---

① 此处删一衍字"于"。

此中因为〔原因〕是由于英国是以人为治，美国是以法为治的。英国虽然是立宪的鼻祖，但是没有成文宪法，英国所用的是不成文宪法。拿英国的不成文宪法和我们中国专制时代的情形来比较，我们中国也是三权宪法，像下面的第一图。

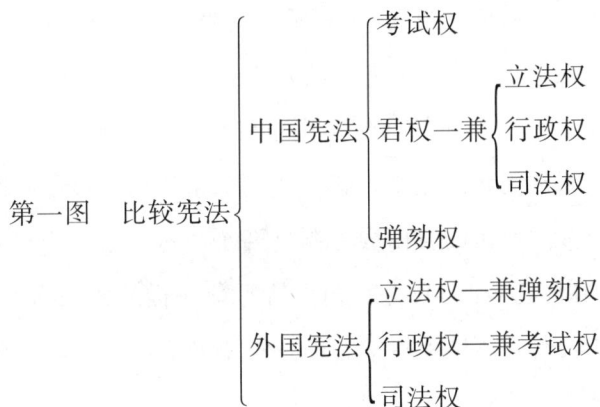

第一图　比较宪法

- 中国宪法
  - 考试权
  - 君权—兼
    - 立法权
    - 行政权
    - 司法权
  - 弹劾权
- 外国宪法
  - 立法权—兼弹劾权
  - 行政权—兼考试权
  - 司法权

照这样图看起来，可见中国也有宪法，一个是君权，一个是考试权，一个是弹劾权；不过中国的君权兼有立法权、司法权和行政权。这三个权里头的考试权，原来是中国一个很好的制度，也是一件很严重的事。从前各省举行考试的时候，把试场的门都关上，监试看卷的人都要很认真，不能够通关节、讲人情，大家想想是何等郑重。到后来有些不好，便渐渐发生弊病了。说到弹劾权，在中国君主时代有专管弹劾的官，像唐朝谏议大夫和清朝御史之类，就是遇到了君主有过，也可冒死直谏。这种御史都是梗直得很，风骨凛然。譬如广州广雅书局里头有一间十先生祠，那就是祭祀清朝谏臣的，有张之洞的题额"抗风轩"三个字，这三个字的意思就是说谏臣有风骨能抗君主。可见从前设御史、台谏的官，原来是一种很好的制度。从前美国有一位学者叫做巴直氏，他是很有名望的，著过了一本书叫做《自由与政府》，说明中国的弹劾权是自由与政府中间的一种最良善的调和方法。由此可见，中国从前的考试权和弹劾权都是很好的制度，宪法里头是决不可少的。

兄弟刚才所讲的政治里头有两个力量，一个力量是自由。自由这个东西，从前的人民都不大讲究。极端的自由，就是无政府主义，是一种很新的学说。提倡这种学说的，最初是法国人布鲁东、俄国人巴枯宁和近来已经逝世的俄国人克鲁泡特金。在他们要讲这种主义，不过是把这种理论看得很新，便去研究研究罢了。近来中国的学生们，对于这种理论并没有深切研究，便学人去讲无政府主义，以为是趋时，这真是好笑。讲到无政府主义，我们中国在三代以上便有人讲过了。像黄老的学理是不是无政府主义呢？《列子》内篇所说的华胥氏之国，"其人民无君长，无法律，自然而已"，这又是不是无政府主义呢？我们中国讲无政府主义已经有了几千年了，不过现在的青年不来过细研究，反去拾取外国的牙慧罢了。殊不知他们现在所讲的无政府主义，就是我们几千年前讲过了的旧东西，现在已经是抛却不顾了。兄弟所讲的自由同专制这两个力量，是主张双方平衡，不要各走极端，像物体的离心力和向心力互相保持平衡一样。如果物体是单有离心力，或者是单有向心力，都是不能保持常态的。总要两力相等，两方调和，才能够令万物均得其平，成现在宇宙的安全现象。

宪法在政府中的作用，好比是一架机器。兄弟说政府是一架机器，不明白道理的人，以为这个比喻真是比方得很奇怪。其实物质里头有机器，人事里头又何尝没有机器呢？法律就是人事里头的一种机器。就人情同物理来讲，支配物质是很容易的，支配人事是很艰难的。这个缘故，就是因为近来科学的发明很进步，管理物质的方法很完全，要怎么样便可以怎么样，飞天、潜水的机器都可以做得到，所以支配物质便是很容易。至于人事里头的结构是很复杂的，近来所发明管理人事的方法又不完全，故支配人事便很不容易。政治上的宪法，就是支配人事的大机器，也是调和自由和专制的大机器。我们最初革命的时候便主张三民主义，三民主义就是民族主义、民权主义和民生主义，和美国总统林肯所说的"of the people，by the people，and for the people"是相通的。兄弟从前把他这个主张，译作"民有、民治、民享"。他这个民有、民治、民享主义，就是兄弟的民族、民权、民生主义。人民必要能够治才能够享，不能够治便不能够享，如果不能够享，就是民有都是假的。孟子说："劳心者治人，劳力者治于人。"要打破这种阶级，未尝没有方法。古语说："人力可以胜天。"动物里头有千里马，一日能够走一千里，鸟能够飞天，鱼能够潜海。假如我们要学千里马一日可以行千里，要学鸟可以飞天，鱼可以潜海，试问我们能不能够做得到呢？因为我们人类发明了科学，能够制造机器，只要用机器便能够一日行一千里，便能够飞上天，便能够潜入海。譬如我们坐自动车更不止是日行千里，我们坐飞行机就可以飞上天，坐潜水艇就可以潜入海，这就是人事可以补天功。古书说从前希腊有一个人一日能够行千里，这是天赋的特能，不是可以常有的。今日人类有了机器，便不必要有天赋的特能，也可以日行千里，也快以飞天、潜海，随意所欲。我们现在来讲民治，就是要把机器给予人民，让他们自己去驾驶，随心所欲去驰骋翱翔。这种机器是什么呢？就是宪法。下面所列的图就是五权宪法。

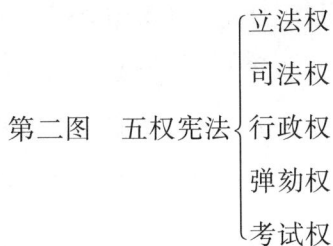

$$第二图\quad 五权宪法 \begin{cases} 立法权 \\ 司法权 \\ 行政权 \\ 弹劾权 \\ 考试权 \end{cases}$$

这个五权宪法，就是我们近世的汽车、飞机和潜水艇。把全国的宪法分作立法、司法、行政，弹劾、考试五个权，每个权都是独立的。从前君主时代有句俗语叫做“造反”，造反的意思就是把上头反到下头，或者是把下头反到上头。在君主时代，造反是一种很了不得的事情。这个五权宪法不过是上下反一反，去掉君权，把其中所包括的行政、立法、司法三权提出来，做三个独立的权来施行政治。在行政人员一方面，另外立一个执行政务的大总统，立法机关就是国会，司法人员就是裁判官，和弹劾与考试两个机关同是一样独立的。

如果实行了五权宪法以后，国家用人行政都要照宪法去做。凡是我们人民的公仆，都要经过考试，不能随便乱用。兄弟记得刚到广州的时候，求差事的人很多，兄弟也不知道那个有才干，那个没有才干。这个时候政府正要用人，又苦于不知道那个是好，那个是不好，反受没有人用的困难。这个缘故，就是没有考试的弊病。没有考试，就是有本领的人，我们也没有方法可以知道，暗中便埋没了许多人材。并且因为没有考试制度，一班不懂政治的人都想去做官，弄到弊端百出，在政府一方面是乌烟瘴气，在人民一方面更是非常的怨恨。又像前几天兄弟家里想雇一个厨子，一时想不到要从什么地方去雇，就到酒菜馆里讬他们替我去雇一个。诸君想想，为什么不到木匠店内或者是到打铁店内讬他们那些人去雇呢？为什么一定要到菜馆里去雇呢？因为菜馆就是厨子的专门学堂，那里就是厨子出身的地方。诸君再想想，雇一个厨子是一件很小的事情，还要跑到专门的地方去雇，何况是国家用人的大事呢？由此便可知考试真是一件很要紧的事情，没有考试，我们差不多就无所适从。好比举行省议会选举，要选八十个议员，如果定了三百个人是有候补议员资格的，我们要选八十个议员，就在这三百个人中来选举。若是专靠选举，就有点靠不住。

因为这个原因，美国选举的时候，常常闹笑话。我记得有一次美国有两个人争选举，一个是大学毕业出身的博士，一个是拉车子出身的苦力。到了选举投票的时候，两个人便向人民演说，运动选举。那个博士的学问很高深，所讲的话总是些天文、地理、政治、哲学，但是他所讲的高深道理，一般人民听了都不大明白。这个车夫随后跟上去演说，便对人民讲："你们不要以为他是一个博士，是很有学问的，他实在是一个书呆子。他是靠父兄的力量，才能够进学校里去读书。我因为没有父兄的帮助，不能够进学校内去读书。他是靠父兄，我是靠自己的，大家想想是那一个有本领呢？"用〔因〕这一番话，说得那班选举人个个都是拍掌，都说那位博士的演说不好，一点都不明白，这个车夫的演说很好，真是入情入理。选举结果，果然是车夫胜利。诸君想想，这两个运动选举的人，一个是博士，一个是车夫，说到学问当然是那位博士要比车夫好得多，但是那位博士不能够当选，这就是只有选举没有考试的弊病。所以美国的选举常常闹笑话。如果有了考试，那末必要有才能、有学问的人才能够做官，当我们的公仆。考试制度在英国实行最早，美国实行考试不过是二三十年，现在各国的考试制度差不多都是学英国的。穷流溯源，英国的考试制度原来是还〔还是〕从我们中国学过去的。所以中国的考试制度，就是世界中最古最好的制度。

我刚才讲过了，五权宪法的立法人员就是国会议员，行政首领就是大总统，司法人员就是裁判官，其余行使弹劾权的有监察官，行使考试权的有考试官。兄弟在南京政府的时候，原想要参议院订出一种五权宪法，不料他们那些议员都不晓得什么叫做五权宪法。后来立了一个约法，兄弟也不去理他，因为我以为这个执行约法只是一年半载的事情，不甚要紧，等到后来再鼓吹我的五权宪法也未为晚。后来那些议员搬到北京，订出来的《天坛宪法草案》，不料他们还是不顾五权宪法，还是要把自己的好东西丢去不要，这真是可惜。

大家要晓得五权宪法是兄弟创造的，五权宪法就好像是一部大机器。大家想日行千里路，就要坐自动车；想飞上天，就要驾飞机；想潜入海，就要乘潜水艇。如果要想治一个新国家，就不能不用这个新机器的五权宪法。下面的图便是宪法里头构造的制度，好像机器里分配成各部分一样。

第三图　治国机关

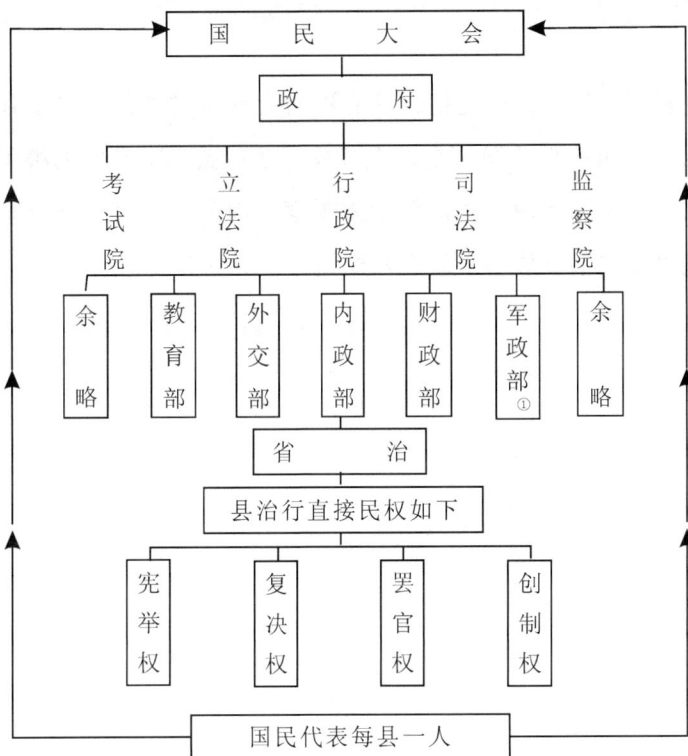

国　民　大　会

政　府

考试院　立法院　行政院　司法院　监察院

余略　教育部　外交部　内政部　财政部　军政部①　余略

省　治

县治行直接民权如下

宪举权　复决权　罢官权　创制权

国民代表每县一人

上面这个图，就是治国的机关。除了宪法上规定五权分立之外，最要的就是县自治，行使直接民权。能够有直接民权，才算是真正民权。直接民权共有四个，一个是选举权，二个是罢官权，三个是创制权，四个是复决权。五权宪法好像是

———————————

① 此处"军政部"，上篇作"法律部"。

一架大机器，直接民权便是这架大机器中的掣扣。人民要有直接民权的选举权，更要有罢官权。行政的官吏，人民固然是要有权可以选举，如果不好的官吏，人民更要有权可以罢免。什么是叫做创制权呢？人民要做一种事业，要有公意可以创订一种法律；或者是立法院立了一种法律，人民觉得不方便，也要有公意可以废除。这个创法、废法的权，便是创制权。什么是叫做复决权呢？立法院若是立了好法律，在立法院中的大多数议员通不过，人民可以用公意赞成来通过。这个通过权，不叫做创制权，是叫做复决权。因为这个法律是立法院立的，不过是要人民加以复决，这个法律才是能够通过罢了。至于我们民国的约法，没有规定具体的民权。在南京订出来的民国约法里头，只有"中华民国主权属于国民全体"的那一条是兄弟所主张的，其余都不是兄弟的意思，兄弟不负那个责任。

我前天在省议会演讲，已经把五权宪法的大旨讲过了，很希望省议会诸君议决通过，要求在广州的开〔国〕会制定五权宪法，做一个治国的根本大法。今天兄弟的这种讲法，是从五权宪法的侧面来观察。因为时间短促，所有的意思没有充分发挥，还要希望诸君细心来研究五权宪法，赞成五权宪法。

据《五权宪法》（对中国国民党特设办事处讲演
民国十年七月），载黄昌毅编：《孙中山先生演说
集》，上海，民智书局一九二六年二月初版①

---

　①　篇名后所记讲演时间地点皆误，此为三月二十日在广东省教育会演说词的不同版本。按本篇并非由编者纪录，与上篇内容相同，惟在文字上稍加改动润色，个别词句更为上篇所无，故收进本书供参阅。

拟著《外交政策》一书目录

复廖仲恺胡汉民函①

（一九二一年七月三日）

廖仲恺、胡汉民同志均鉴：

来函阅悉。文所著之《外交政策》一册，乃《国家建设》全书之一也。兹将此书目录分列如左：

一、绪论

二、外交政策概论

三、日本外交政策之研究

四、美国外交政策之研究

五、英国外交政策之研究

六、俄国外交政策之研究

七、德国外交政策之研究

八、法国外交政策之研究

九、意国外交政策之研究

十、奥国外交政策之研究

十一、其他国家外交政策之研究

十二、中国外交失败史

十三、中国外交失败之原因

十四、近来中国之危机

十五、主张开国民会议，实行本党对外政策，以挽救中国外交失败

十六、外交政策与三民主义之关系②

---

① 孙文到粤后原曾有著书计划，却因政务冗繁而未能实现。当时，廖仲恺在革命政府中任财政部次长，胡汉民任政治部长、总参议兼文官长。

② 本行序号原误作"十五"，今改为"十六"，以下序号亦依次更正。

十七、外交政策与中央政府之关系

十八、外交政策与地方政府之关系

十九、外交政策与五权宪法之关系

二十、外交政策与国防计划之关系

二十一、主张扩张军备，实行国防计划大建设

二十二、图谋国家独立之方法

二十三、将来之对外政策

二十四、结论

以上该书之目录大略如此。

至于此书之思想及线路，一言以蔽之，求恢复我国家以前之一切丧失土地和主权，和恢复人民自由平等而已。

记〔谨〕将此书大意以为复答。专此，敬候

毅安

　　　　　　　　　　　　　　　　　　孙　文　十年七月三日

据抄件，台北、中国国民党
文化传播委员会党史馆藏

拟著《十年国防计划》一书纲目

致廖仲恺函

（一九二一年七月八日）

廖仲恺同志鉴：

当革命破坏告成之际，建设发端之始，予乃不禁兴高采烈，欲以予生平之抱负与积年研究之所得，定为《建国计划》（即是《三民主义》、《五权宪法》、《国防计划》、《革命方略》等）举而行之，以求一跃而登中国于富强之地焉。不期当时之党人以予之理想太高，遂格而不行。至今民国建元，十年于兹，中国犹未富强如列强者，皆是不实行予之救国计划而已。

　　予近日拟著一书《十年国防计划》① 以为宣传，使我国全国民了解予之救国计划也。该书之纲目②笔之如左：

一、国防概论

二、国防之方针与国防政策

三、国防之原则

四、国防建设大纲

五、制定永远国防政策和永远以国防军备充实建设，为立国之政策

六、国防与宪法

七、太平洋国际政治问题与中国

八、国防与三民主义和五权宪法、外交政策、中央政府、地方政府之关系

九、国防与实物〈业〉计划之关系

十、发展国防工业计划

十一、发展国防农业计划

十二、发展国防矿业计划

十三、发展国防商业计划

十四、发展国防交通计划

十五、发展国防教育计划

十六、财政之整理

十七、外交之政策和战时外交之政策

十八、移民于东三省、新疆、西藏、内外蒙古各边疆省计划

十九、保护海外各地华侨之意见书

二十、各地军港、要塞、炮台、航空港之新建设计划

二十一、都市与乡村之国防计划③

---

　　①　书名《十年国防计划》，系据黄光学编《孙中山先生外编》（江西省文化运动委员会，一九四二年十月初版）所收《与廖仲恺论国防计划——民国十年七月八日》一文增补。该文个别文字稍异，因其漏录纲目一条，且略去上下款及函末问候语，故未选作底本。

　　②　原作"目录"，今据上引书改为"纲目"。

　　③　本行序号原误作"二十"，今改为"二十一"；以下三处序号笔误亦一并改正，不另注。

二十二、发展海军建设计划

二十三、发展航空建设计划

二十四、发展陆军建设计划

二十五、各项重要会议之召集，如开全国国防建设会议、海军建设会议、军事教育会议之属，由中央政府每年举行一次召集之，以为整理国防建设

二十六、各国国防政策和国防建设计划之研究

二十七、军事教育之改革和训练计划

二十八、兵器之改良计划

二十九、军制之改革

三十、军医之整理及改良军人卫生建设计划

三十一、国防警察之训练

三十二、军用禽兽之训练

三十三、国防本部之进行工作

三十四、仿效各国最新国防建设之计划

三十五、举行全国国防总集〔动〕员令之大演习计划，和全国空海陆军队国防攻守战术之大操演

三十六、作战计划

三十七、遣派青年军校学生留学欧美各国，学习〈于〉各军事专门学校及国防科学、物质工程专门学校之意见书

三十八、向列强定制各项海陆空新式兵器如潜水舰、航空机、坦克炮车、军用飞艇、汽球等，以为充实我国之精锐兵器和仿制兵器之需

三十九、奖励国民关于国防物质科学发明之方略

四十、购买各国军用书籍、军用品、军用科学仪器、军用交通器具、军用大小机器等，以为整理国防建设之需

四十一、组织考察世界各国军备建设团之意见书

四十二、聘请列强军事专家人员来华，教练我国海陆空军事学生及教练国防物质技术工程之意见计划书

四十三、收回我国一切丧失疆土及租借地、租界、割让地之计划

四十四、我国与各国国防实力比较表

四十五、抵御各国侵略中国计划之方略

四十六、训练国防基本军事人才三千万计划，训练国防物质工程技术人才一千万计划

四十七、完成十年国防重要建设计划一览表

四十八、新兵器之标准

四十九、组织海空陆军队之标准

五十、扩张汉阳兵工厂如德国克鲁伯炮厂①之计划

五十一、国民代表大会关于国防计划之修改、国防建设意见书

五十二、欧洲战后之经验

五十三、国防与人口问题

五十四、国防与国权

五十五、指导国民研究军事学问之研究

五十六、实施全国精兵政策

五十七、军人精神教育与物质教育之比较

五十八、注重国际军备之状况

五十九、我国之海军建舰计划，航空建机计划，陆军各种新式枪炮、战车及科学兵器、机械兵器建造计划

六十、训练不败之海陆空军军队大计划

六十一、列强之远东远征空海陆军与我国国防

六十二、各国富强之研究

六十三、结论

以上各计划不过大纲而已，至于详细之计划，待本书脱稿方可览阅。予鉴察世界大势及本国国情，而中国欲为世界一等大强国及免重受各国兵力侵略，则须努力实行扩张军备建设也。若国民与政府一心一德实行之，则中国富强如反掌之易也。

――――――――――――

① 克鲁伯炮厂，今称克虏伯兵工厂，是德国著名的制造军火企业，其创办人为阿尔弗雷德·克虏伯（Alfred Krupp）。

手此，即候

毅安

孙　文　十年七月八日

据抄件，台北、中国国民党
文化传播委员会党史馆藏①

军人精神教育

在桂林粤滇赣军欢迎大会的演说②

（一九二一年十二月十日）③

第一课　精神教育

一、精神教育之要旨

今日集诸君于一堂，讲授军人精神教育，乃欲使诸君得有充分之军人精神，而共任前途非常之大业也。诸君本属军人，固曾受军人之教育，亦曾受军人之精神教育，惟诸君前此所受者不过寻常军人之教育，而非非常军人之教育也。今在诸君之目前有非常之事业，必待非常之军人以成之，诸君欲身任非常之事业，则必受非常之教育乃可。此非常之教育为何？即军人之革命精神教育是也。

此次诸君远涉桂林，渡长江而北，直捣幽燕，所为者何事？率直言之，革命

---

① 底本为抄件，抄录时疑未悉依原文，如《国防计划》本作《国防计画》，其他所列"计划"多处似亦原作"计画"。今均照底本付排，未加改动。

② 孙文于一九二一年十月亲自率师取道广西举行北伐，十二月上旬在桂林皇城桂王府旧址开设陆海军大元帅大本营，总统行辕亦设于此。欢迎大会于十日下午在总统行辕举行，到会有驻桂林的粤、滇、赣三军全体军官千余人。

③ 底本未说明日期，今据一九二一年十二月二十八日上海《四民报》第七版所载《桂林欢迎孙中山志详》》"（七）各省联军欢迎之盛况"酌定。

而已。革命云者，扫除中国一切政治上、社会上旧染之污，而再造一庄严华丽之新民国，为民所有、为民所治、为民所享者也。此为今日顺天应人之事，志士仁人不可不勉。吾辈生在中国，丁此时艰，种族存亡，人人有责，亟应同负革命责任，以成此非常大业。惟负此责任，非有革命精神不为功。革命事业，在十年以前虽已推倒满清，成立中华民国，然以言成功则犹未也。武昌革命而后，所谓中华民国者仅有其名而无其实，一切政权仍在腐败官僚、专横武人之手，益以兵灾、水、旱迄无宁岁，人民痛苦且日甚焉。此即革命未竟全功，因而难收良果也。此次革命，将以辅足前此未完成之事业，继续为之。故本总统此行，即与诸将士同心协力，应革命时机，建革命事业。声威所至，无不争先响应，裹粮景从，洵不待两方交绥，已可决胜，此必然之势，无可怀疑者也。诸君不信，可观各〈国〉历史及现今时势，则知革命为世界潮流，亦即为顺天应人事业，其成功之左券有可预操者。各国中如美如法皆为革命先河，最近如俄，其劳农政府亦由革命造成，是其例也。

我国革命已及十年，虽未著成效，然风气日开，民智日进。而时下之奸雄强暴，亦必假托民意始得生存于国中，此足见潮流之猛烈，非人力可以当之者。故此时有顺天应人之必要，则当以革命事业为己任，质言之，即能负责任与否之问题也。解决此问题，先问有无革命精神，有革命精神成功必矣。但革命精神何自来耶？是在精神教育。诸君之所以为军人，非为有军人资格乎？非为曾受军事教育乎？否则执路人而目之曰："军人！军人！"如何其可？今兹所述之精神教育，即欲诸君灌输此精神于脑中，须臾弗离，虽至造次颠沛之间，守而勿失，夫然后可以为军人，可以言革命，可以卜成功。反是则否。

今日之革命与古代之革命不同。在中国古代固已有行之者，如汤武革命为帝王革命。今之革命则为人民革命，此种革命乃本总统三十年前所提倡者。此种革命主义即三民主义：一、民族主义，二、民权主义，三、民生主义。第一之主义为种族革命，谓排除他种民族，发扬自己民族，组织一完全独立之民族国家也。第二之主义为政治革命，谓人民直接参与政权，简言之，即如选举权、罢官权、复决权、创制权等由人民直接行之，非代议制度下之民权也（参看本总统所著之

《三民主义》及《五权宪法》①）。第三之主义为社会革命，亦即经济革命，谓社会上之财产须平均分配，不为一般资本家所垄断也。三种主义大要如此。若论种族革命，前此满清专制时代，四万万人民受其压抑，莫敢谁何。苟且偷安者流，复不知民族主义，甘心俯首，乐为臣仆而不辞。自经本总统提倡革命以后，稍有知识者虽亦知汉族不宜受治于满人，然终不免迟疑却顾，以为满人已占居优胜地位，根深蒂固，论土地则有二十行省，论兵力则有海陆各军，以身无尺土、手无寸铁之一人，纵使鼓吹革命将操何术以胜之，是直螳臂挡车，多见其不知自量。故当时有笑余为疯汉者，谓此事绝对不可能。余则深信革命乃顺天应人事业，其不成功者，不为也，非不能也。彼满清之于中国，以少数人之压制多数人，以野蛮人压制文明人，在理在势均所不可，吾何惴焉！因有此决心，遂能贯彻主张，使革命思潮渐次膨胀，终乃有武昌起义之事，民族革命始能实现，此则由革命党人以革命精神铸成之。所惜者，推翻满清之后，革命党人以为已奏凯歌，踌躇满志，不于政治上、社会上同时加意改良，故直至今日建设事业尚未完成也。

二、精神之定义

今所述者为精神教育，欲知精神教育，当先知精神为何物。欲知精神之为何，当先下定义。定义云者，就于一种事物以简单之说明，能确知其为何事何物之谓也。比如人在世界，究为何物？从哲学上解释，要确知人之所以为人真义若何，始为圆满答覆。若云人即是人，不得谓之定义。依余所见，古人固已有言"人为万物之灵"，然则万物之灵，即为人之定义。至于精神定义若何？欲求精确之界限固亦非易，然简括言之，第知凡非物质者，即之精神可矣。

精神之为何，须从哲学上研究之。旷观六合之内，一切现象，鳌然毕陈，种类至为繁夥。今先就其近者小者言之，一室之内，一案之上，茶杯也、木头也、手镖也，奔赴吾之眼中者，吾皆能偻指其名，以其有质象可求也。再由一室一案推而至于桂林一省，地大物博，种类更多，或有为吾所不能知、所不能名者。再由桂林推而至于各省，或全国，或世界，则形形色色，虽集多数博物家，不能考求其万一。物类之繁，概可知已。然总括宇宙现象，要不外物质与精神二者。精

---

① 此指同年三月孙文在广州的两篇演说词，本册前面分别以《三民主义的实行》和《五权宪法》为题收录。

神虽为物质之对，然实相辅为用。考从前科学未发达时代，往往以精神与物质为绝对分离，而不知二者本合为一。在中国学者，亦恒言有体有用。何谓体？即物质。何谓用？即精神。譬如人之一身，五官百骸皆为体，属于物质；其能言语动作者，即为用，由人之精神为之。二者相辅，不可分离，若猝然丧失精神，官骸虽具，不能言语，不能动作，用既失，而体亦即成为死物矣。由是观之，世界上仅有物质之体，而无精神之用者，必非人类；人类而失精神，则必非完全独立之人。虽现今科学进步，机器发明，或亦有制造之人，比生成之人毫发无异者，然人之精神不能创造，终不得直谓之为人。人者有精神之用，非专恃物质之体也。我既为人，则当发扬我之精神，亦即所以发扬为人之精神，故革命在乎精神。革命精神者，革命事业之所由产出也。

三、精神与物质力量之比较

精神与物质相辅为用既如前述，故全无物质亦不能表现精神，但专恃物质则不可也。

今人心理往往偏重物质方面，若言北伐，非曰枪枝务求一律，则曰子弹必须补充，此外种种武器亦宜精良完备，一若不如是，则不能作战者。自余观之，武器为物质，能使用此武器者，全恃人之精神。两相比较，精神能力实居其九，物质能力仅得其一。何以知其然也？试以武昌革命为例。当日满清之武器与革命党人之武器，以物质能力论，何啻千与一之比较。革命党人独不虑以卵敌石，乃敢毅然为之者，因其时汉口革命机关业已破露，党人名册亦被搜获，兵士之入党者均为查悉，悉数调往四川，仅有炮兵、工兵两营留驻武汉，其中同志尚多。有熊秉坤者，新军中一排长耳，见事机已迫，正在大索党人，若我不先发制人，终必为人所制，置于死地而后生，等死耳不如速发难。因将此意告诸同志，金以无子弹对，后由熊秉坤向其友之已退伍者借得两盒子弹，分授同志，革命之武器所恃者仅有此数。枪声一响，炮兵营首先响应，瑞徵〔澂〕、张彪①相继逃窜，武汉遂入革命党人之手。彼满清方面军队非不多也，枪弹非不备也，当革命风声传播之时，瑞徵〔澂〕且商诸某国领事②，谓若湖北有事，请其拨兵舰相助。布置如此

---

① 武昌起义时，瑞澂为清湖广总督，张彪为湖北提督兼新军第八镇统制。

② 指英国驻汉口代理总领事葛福（Herbert Goffe）。

周密，兵力如此雄厚，乃被革命党人以两盒子弹打破之。诸君试想，两盒子弹至多不过五十颗，即使一一命中，杀敌不过五十人，能打破武昌乎？余以为打破武昌者，革命党人之精神为之。兵法云"先声夺人"，所谓先声即精神也。準是以观，物质之力量小，精神之力量大，可于武昌一役决之。

此第就本国而言，已有此先例。试再言外国。前此意大利人有加利波利地①者，为一有名之革命家，彼亦非有如何武器能力，当其渡海攻城也，以一千人与三万人敌，相持四五日，卒由他路抄袭入城。此在战略上、战术上，无论如何均不能取胜，而事实之相悬若此，将谓以少胜众乎？直乃精神胜物质耳！又如日俄战争，俄国兵力多于日本数倍，未战之先，咸以为日本之于俄国，不啻驱羊豕以膏虎吻，必无幸也。何以战争结果，卒以俄败而日胜？此无他，俄之败败于无精神，日之胜胜在有精神而已。

诸君不观夫牛与童子乎？牛之力量大于童子，人皆知之，而童子能以一绳引牛，东则东，西则西，牛乃不能奋其一角一蹄以与童子抗，且甘心俯首，惟命是听者，是则何耶？童子有精神，牛无精神，故童子之力量虽不如牛，而能以精神制驭之，此尤显而易见之例也。

依上述各例，则知此次北伐，亦惟恃有精神即能制胜。可勿问敌人子弹多少，我之子弹多少，但问我之精神如何。若无精神，子弹虽多，适以资敌；一旦临战，委而弃之，非为敌人运输战利品乎？故两国交战，能扑灭敌国之战斗力者，即在扑灭敌人之精神，而使失其战斗能力。兵法有言："攻心为上，攻城次之。"攻心者，务先打破敌人之精神，取得城池犹其后也。去年粤军回粤，既下惠州，桂军闻风破胆，先自逃窜，我乃兵不血刃，长驱而入广州城矣。此足见物质之不可恃。所谓"固国不以山谿之险，威天下不以兵革之利"②者，其道何在？精神为之也。

四、军人之精神

诸君皆曾受军事教育者，自必富于军人之精神。惟现今之为军人与前不同，须具有特别之精神造成革命军人，方能出国家于危险。以现势论，瓜分中国之说

---

① 加利波利地（Giuseppe Garibaldi），今译加里波第。

② 语出《孟子》"公孙丑下"，原文是："域民不以封疆之界，固国不以山溪之险，威天下不以兵革之利。得道者多助，失道者寡助。"

表面上似甚冷静，实则不然。其在以前，此种论调颇高，吾国人士尚抱有亡国亡种之痛，思所以挽救之。自武昌革命而后乃渐归沉寂，以为外国不复言瓜分，中国遂亦相与忘之，此乃大误！现时之中国，前途险象较前尤甚。南北分立之局，扰攘数年未能统一。北方内部且复各树私帜，如张作霖、曹琨〔锟〕、吴佩孚等割据地盘，拥兵自卫，政治之坏过于满清，人民转徙流离，如在水深火热之中，待援孔亟。援之之法维何？须用革命之手段，用革命之手段则须负革命之责任。革命之责任者，救国救民之责任也。诸君既为军人，又为革命时代之军人，倘不能负此责任，坐视国家之因内扰而召外患，驯至于国亡种灭，其咎将谁尸耶？

诸君在此听讲有为滇军者，滇人必知滇事，且必愿闻滇事。夫与滇省接壤者，非有缅甸乎？非有安南乎？缅甸则征服于英国[1]矣，安南则并吞于法国矣。试以安南言之，法国对于安南专用一种愚民政策。诸君试思安南人所读何书？则犹是从前之八股文也。凡关于新教育之知识，毫不使之闻知，且禁绝之。前此有三十余人，自安南潜渡日本留学，事为法国政府所闻，向日本政府要求，将其悉数解回。日本碍于邦交，遂允其请，送回之后即不知此三十余人之生命如何矣。英国对于缅甸亦用此种政策，盖恐其知识增进，思想发达，将脱离而独立也。如缅甸、安南者，实为吾国前车之鉴。倘不及时振奋，仍复自私自利，酿成四分五裂之局，中国前途何堪设想！诸君再观英国所用政策，便当觉悟。彼非以西藏之兵来攻打箭炉[2]耶？西藏为中华民国五族之一，固明明中国人也。中国人而可以攻中国，中国人而可以为外国人效力来攻中国，此其例。即如满清咸丰时代，英法联军因鸦片事件与中国拘衅，英国即招中国广东潮州人为兵号称"潮勇"者，使之攻大沽，攻天津，攻北京，焚圆明园。凡此诸役，皆潮勇为之。以中国人攻中国人，以中国人为外国人效力攻中国，可痛孰甚！

现时国势至此，民穷财尽已达极点。凡为中国人，而又为此时之中国军人，倘尚不思救国救民，纵使外国不复瓜分，中国亦将束手待毙。诸君固皆曾受军事教育者，当知军人之职志在防御外患，在保卫国家。今先问中华民国是否为完全独立之国家，不受外国之箝制？以余观之，固犹未完全成立也。国会虽选出本总

---

①　缅甸于一八八五年被英国吞并，次年元旦成为英属印度之一省。

②　武昌起义后，英国策动西藏"独立"，藏军攻陷四川省西缘的巴塘、里塘而至箭炉。

统，而内乱尚未戡定，各省之在北方势力范围者尚居多数。北方已丧失对外之资格，而正式政府又未经各国承认。当此危亡绝续之交，非先平内乱，而以革命救国不可。以革命救国，非有革命精神不可。无革命精神，则为法属之安南，终受势力屈伏；有革命精神，则为英属之爱尔伦，终得崛起自治。此外再征诸印度及高丽，益知革命精神之必要。印度久受英国压迫，近亦引起反动，其革命思想与前不同。观最近英文报所载，印度人之革命而被英国政府逮捕者为数达六百余人，可见印度之革命精神颇有进步，未必终为英国所屈也。高丽亦然。日本之待高丽异常苛酷，高丽人本富有革命精神，不甘受制，处心积虑为独立之运动者已久。日本虽防之綦严，然若高丽人始终坚持，则必有能达目的之一日也。若论中国领土，如安南、如高丽、如缅甸、如西藏、如台湾等，或为中国属国，或为中国属地。要而言之，前此皆中国领土也，今乃已入外国版图，中国对于各土地之主权亦同时随之丧失矣。诸君经过各通商口岸地方，最目击伤心者为外国人管理海关一事。海关乃中国政治机关，质言之，中国之金库也。金库锁钥操诸外国人手，国安得而不危？救危之法，御外侮先自平内乱始。

故在今日而言，救国救民必要革命。革命须有精神，此精神即为现在军人之精神。但所谓精神，非泛泛言之，智、仁、勇三者即为军人精神之要素。能发扬此三种精神，始可以救民，始可以救国。以下试再分别述之。

第二课　智

一、智之定义

军人之精神为智、仁、勇三者。今先言智。

智之云者，有聪明、有见识之谓。是即为智之定义。凡遇一事，以我之聪明、我之见识能明白了解，即时有应付方法；而根本上又须合乎道义，非以尔诈我虞为智也。智之范围甚广，宇宙之范围皆为智之范围，故能知过去未来者，亦谓之智。吾人之在世界，其智识要随事物之增加而同时进步，否则渐即于老朽颓唐，灵明日锢。是以智之反面则为蠢为愚。

二、智之来源

智何自生？有其来源，约言之厥有三种：一、由于天生者；二、由于力学者；

三、由于经验者。中国古时学者，亦有"生而知之、学而知之、困而知之"之说①，与此略同。

凡人之聪明，唯各因其得天之厚薄不同，稍生差别，得多者为大聪明，得少者为小聪明，其为智则一，此由于天生也。若由学问上致力，则能集合多数人之聪明以为聪明，不特取法现代，抑且尚友古人，有时较天生之智为胜。例如甲乙二人，甲聪明而不好学，乙聪明虽不如甲而好学过之，其结果乙之所得必多于甲，此则由于力学也。此外亦有不由天生，不由力学，而由经验得来者。谚云："不经一事，不长一智。"故所历之事既多，智识遂亦增长，所谓增益其所不能者，此由于经验也。要而言之，智之来源，不外此三者而已。

三、军人之智

（一）别是非

（二）明利害

（三）识时势

（四）知彼己

诸君皆为军人，须知军人之智为军人精神之一种，尤须知军人之智在乎别是非，明利害，识时势，知彼己。试再分述于左。

何言乎别是非也？凡为军人，要先知自己所处之地位与所负之责任如何。军人者为社会分功，有保卫国家及人民之责任也。何谓分功？社会上之事业非一人所能独任，如农业、如工业、如商业等，在乎吾人自审所长，各执其业，此之谓分功。试再举例以明之：若使以吾一人漂流孤岛，造饭也、打鱼也、摘果也，既无他人可以分任；非若住居城市，惟意所适，造饭则有②司爨，即至打鱼、摘果亦皆有各司其事者。故一人之世界与有社会之世界不同，欲求一饱须兼数役，其困难可知。又不独饮食为然，如欲避风雨、御寒暑则须自造房屋，自为木工；非若在市镇地方，欲建高楼大厦，但解囊出资便可集事，不须自执工人之役也。由此观之，一人之单独生活较众人之共同生活，难易有别。倘同时漂流孤岛者其数能及十人，则举凡造饭、打鱼、摘果、建屋诸事不必集于一身，可以分功为之，

---

① 语出《中庸》，原文是："或生而知之，或学而知之，或困而知之，及其知之一也。"

② 此处删一衍字"造"。

如此则劳苦减少，而所得效果亦多。社会者，即分功之最大场所也。合农、工、商等之各种组织，而始成一大社会。故社会之事业愈分愈多，则愈形活动。诸君之为军人，亦不过为社会分功之一而已。彼为农、为工、为商者，因各有所事，不能躬执干戈，故有待于军人之保护。而军人之生活则皆取给于彼，衣食住行四者皆不须自为，而有人代为之。然则军人所为何事？对于社会所担任之职务何在？是在乎保护人民与保卫国家。凡军人分所应为之事，亦即在此。但如何而始能尽此卫国卫民之职务乎？其最先、最要者为别是非。是非于何别之？军人所以卫民，利于民则为是，不利于民则为非；军人所以卫国，利于国则为是，不利于国则为非。是非不明，则已无军人之精神，何能卫民？何能卫国？以余观之，现时军人虽非无能明是非者，但亦有利令智昏之辈，往往但顾目前，以为我有枪在，对于人民何求不得。于是军人之名誉扫地，应尽之军人责任亦全然抛弃，不能保民，反以害民。社会何贵有此军人？国家亦何赖有此军人？诸君既为军人，则当思为社会分功，为人民为国家负责。而所以能分功、能负责者，即在别是非；是非之别，即在合乎道不合乎道，惟诸君自择之。

何言乎明利害也？利害之与是非本相因而至。譬如军队所过地方真能秋毫无犯，则民必争先恐后，壶浆箪食以迎之。故利民者，民亦有利于我；其恃强骚扰，则民皆望望然去之，如避虎狼。观去年桂军与粤军开战时，往往桂军正在前方攻击，而后方人民出其不意，用种种方法破坏之，或截留械弹，或不供食品，此则因桂军平日虐待人民，故人民以此报之。可见害人者，适以自害。利害之间，在乎自审。但以利害务求其远者大者，勿贪其近者小者。何谓远者大者？军人以卫国卫民为己责，其利亦即在此。但因吾国现时之国势，故曰利害之与是非相因而至。是则为利，利可为也；非则为害，害不可为也。明乎此，始可谓智，始可为军人，始可为革命之军人。

何言乎识时势也？诸君此次远来桂林，更须渡长江而捣北京，志在统一中国，造成完全独立之新国家。试问此事为何等事业？为此事者果有如何把握乎？是在审时度势而已。古人有言："虽有智慧，不如乘势；虽有镃基，不如待时。"①　则

---

①　此为战国时齐国谚语，见《孟子》"公孙丑上"。镃基即锄头。

知识、时势之必要，固非独军人为然，而在军人尤甚。何谓时？即时机成熟与否之问题。成熟则可为，且为之也易；不成熟则不可为，且为之也难。例如种果，果已熟矣，摘而食之，味必甘美，反是则否。种稻亦然，未至收成之期，虽欲助长，不可得也。何谓势？即势力之顺遂与难易之比较是也。如同一石也，推之下山则势顺，而用力易；若欲移石于山上，则势逆，而用力难。时势之宜审度若此。此次北伐，以义师而推倒北方之军阀官僚，直如摘已熟之果、获已熟之稻，既至其时，应手而落。又如由高山推石，使之下坠，乘势利便，毫不费力也。现时北方人民，对于北方之腐败政府厌恶已极，日望南方之援手，俾得早出陷阱之中。大军一临，势如破竹，此即若推石下山之例，顺而且易，只问推之与否，推则未有不下者。或以为北方之军队，枪械较我完备，北伐岂能必胜？而不知时势既已至此，事半功倍，取之甚易。我则得道多助，彼则众叛亲离，军队虽多，犹市人也；枪械虽足，犹外府也。故曰乘时与势，无不成功。

诸君犹以为国家尚未完全造成，故军人之希望甚为微薄，且渺不可知。造成此完全之国家即全在军人，有完全之国家，斯有远大之利益。请以英、美各国待遇军人之方法，与诸君言之。英、美之待军人，凡服兵役至一定之年限而退伍者，给以全粮，国家且为择相当之业务；所生子女，由国家给养。又有其子方服兵役，而父母无以为养者，亦由国家扶助之。其在阵战死亡者，子女扶养须至一定之年限，即子能成立、女已出嫁之谓；父母则给养终身，妻不嫁亦如之。彼英、美各国优待军人如此，故军人亦争出死力以卫国家。吾国军人则以未有完全国家，前途如何、希望如何皆难预揣；或者今日入伍，明日解散，亦不可知。以滇军论，不特无完全国家，且远离本省，转战多年，其苦尤甚。此后欲求自己之远大利益，则当乘此革命时机，用革命手段造出新国家，亦如英、美各国之军人，退伍则给予全粮，即父母妻子亦皆有所资以为养，斯则为军人之利之远且大者。若不此之为，徒贪近利小利，今日抢一商店，明日掠一富家，甚至借拉夫之名施行劫之实，所获无几，而怨谤之积乃如邱山，此不特无利可言，且为大害。所以观去年桂军受广东人民后方之扰，卒至一败而不可收拾者，是其例也。军人者有救国救民之责任，宜思建设新国家，以为吾终身及子孙之倚赖。且其利不独在军人，四万万人民感〔咸〕受其赐，其远大为何如耶？倘仅贪目前之近利小利，实则害也，非利也。利害不明，已不能自卫其身，又安能卫国？又安能卫民？

时机未至耶？实则十年以前已早成熟。倘武昌革命之时，乘势打破北京，摧陷而廓清之，北伐之事不必迟至今日。此即若种果、种稻已至成熟之期，不摘不获，终亦腐烂而已。时不可失，一误岂容再误，愿诸君勉之！

何言乎知彼己也？古人云："知己知彼，百战百胜。"彼即敌人也。现在北方军队，其内容极形复杂，约可分为三大部分：一为奉系之张作霖；二为直系之曹琨〔锟〕及吴佩孚；三为皖系之段派军队，如浙卢、闽李、陕陈①皆是。此三派者，兵力相等，同床异梦，相争而莫敢先动，则成相持之势。独吴佩孚跳梁其间，而为奉、皖所同忌。吴一穷酸秀才耳，既为旅长之后，骗取南方金钱，扩张军队，屡发通电，以赞成共和、建设民治为言，一时人士受其欺蒙，北方伪政府亦倚之如长城。彼固宣言不为督军者，今则已受伪命之两湖巡阅使；彼固矢口拥护民治者，此次入寇湖南，乃有决堤淹军之举。湘鄂人民惨遭荼毒，争欲食其肉而寝其皮，其名誉已扫地矣。即彼之内部亦颇不稳固，如某某旧部之某某等亦倾向我军，派人前来接洽。吴佩孚自知天怒人怨，恐不能当北伐之师，近且派遣代表来粤，其用意如何殊不可测，将来能倒戈以抗徐世昌与否亦尚难知。以现势言，彼与张作霖尤为势不两立，故时有后顾之忧。更握要言之，则此三派之人，固已无一愿效忠尽力于北庭者。以上所述，为彼方之情形。至若自己之情形则如何耶？两粤固无问题，云南、贵州、四川均属一致，湘南亦准备对鄂反攻；此外，散布北方军队，其中同情于我者尚多。只须同负革命责任，发扬革命精神，以此制敌，何敌不摧！以此攻城，何城不克！此则由于南方有主义、北方无主义，南方为公、北方为私故也。以有主义与无主义战，以为公者与为私者战，胜败之数，奚待蓍龟？但观此次本大总统来桂，人民欢迎之诚意，即可窥见一斑矣。

军人之智，如前述之别是非、明利害、识时势、知彼己四者，固无疑义。但望诸君之为军人者，无论官长士兵，对于人民宜以仁义为重。须知人民与我为一体，利害与共，不过分功任事而已。我为军人，不耕而食，不织而衣；彼乃为农、为工、为商，以供我之衣食者，即有待于我之保护。倘不能保护，而反残害之，

———————————

① 浙江督军卢永祥、福建督军李厚基、陕西督军陈树藩（按此时陈已调京，冯玉祥为代督军）。

彼若相率裹足，无复敢为农、为工、为商者，军事〔人〕之衣食将谁供乎？是其受害，仍在自己。故军人之智，须以合于道义为准。

诸君既各有天生之聪明，曾受军事教育，而滇军又皆身经百战，富有军事上之经验，于智之来源固已兼备。诚能发奋其精神而光大之，何患夫北伐，又何患夫北伐之不成功耶！

第三课　仁

一、仁之定义

仁与智不同，于何见之？所贵乎智者，在能明利害，故明哲保身谓之智。仁则不问利害如何，有杀身以成仁，无求生以害仁，求仁得仁，斯无怨矣。仁与智之差别若此，定义即由之而生。

中国古来学者，言仁者不一而足。据余所见，仁之定义，诚如唐韩愈所云"博爱之谓仁"，敢云适当。博爱云者，为公爱而非私爱，即如"天下有饥者，由己饥之；天下有溺者，由己溺之"[①] 之意，与夫爱父母妻子者有别。以其所爱在大，非妇人之仁可比，故谓之博爱。能博爱，即可谓之仁。

二、仁之种类

（一）救世之仁

（二）救人之仁

（三）救国之仁

仁之种类有救世、救人、救国三者，其性质则皆为博爱。何谓救世？即宗教家之仁，如佛教、如耶稣教皆以牺牲为主义，救济众生。当佛教初来中国时，辟佛教者颇多，而布教教徒乃能始终坚持，以宣传其主义，占有强大势力。耶教亦然，不独前在中国传教者，教堂被毁、教士被害时有所闻，即在外国新教亦迭遭反对，然其信徒则皆置而不顾，仍复毅然为之，到处宣传，不稍退缩。盖其心以为感化众人乃其本职，因此而死，乃至光荣。此所谓舍身以救世，宗教家之仁也。

---

① 语出《孟子》"离娄下"，原文是："禹思天下有溺者，由己溺之也；稷思天下有饥者，由己饥之也。"

　　何谓救人？即慈善家之仁。此乃以乐善好施为事，如寒者解衣衣之，饥者推食食之，抱定济众宗旨，无所吝惜。居于乡，而乡称仁；居于邑，而邑称仁。此谓舍财以救人，慈善家之仁也。

　　何谓救国？即志士爱国之仁，与宗教家、慈善家同其心术而异其目的，专为国家出死力，牺牲生命在所不计。故爱国心重者，其国必强，反是则弱。试以日本为例，初本弱小，自战胜俄后，乃一跃而与列强并峙，其故安在？即在于日本人之爱国心。爱国心于何见之？当旅顺之役①，日本欲封锁海口，阻遏俄兵出路，须炸沉多少船舰，然此为九死一生之事，故日本之司令官不欲以命令行之，而欲征求诸将士之志愿，有敢死之士数百人即可。而其结果报名者竟达数千，乃用拈筹之法，以定取舍。传闻当时有筹数雷同之甲乙二人互争前往，其不得往，竟至蹈海而死，以表决心，由是军心大为感动，日终胜俄。此所谓舍生以救国，志士之仁也。

三、军人之仁

　　军人之仁果如何耶？其目的在于救国，故自有军人以来，无不曰"为国尽力"。但专制国之军人与共和国之军人又有不同。专制国家乃君主个人之私产，认定君主即为国家，故在此专制国之军人只可谓忠于一人一姓，为君主出死力，非为人民而牺牲也。若在共和国，则国家属于全体人民，而牺牲者即同时为国家尽力也。专制国与共和国之军人相异之点若此。

　　然国家之本质如何？为军人者亦不可不知。据德国政治学者之说，彼则谓国家以三种之要素而成立：第一为领土。国无论大小，必有一定之土地为其本据，此土地即为领土。领土云者，谓在此土地之范围，为国家之权力所能及也。第二为人民。国家者，一最大之团体也，人民即为其团体员，无人民而仅有土地，则国家亦不能构成。第三为主权。有土地矣，有人民矣，无统治之权力仍不能成国。此统治权力，在专制国则属于君主一人，在共和国则属于国民全体也。

　　现今之中华民国虽为共和国家，尚非完全真正之民主国。因武昌革命以后仍

---

　　①　此指日俄战争中日本海军与驻扎旅顺港俄国舰队的海战。自一九〇四年二月至十一月，日军曾多次组织敢死队，采用夜袭和"肉弹"战术，其法之一即以自行炸毁装满巨石的沉船堵塞敌舰出口航道。旅顺之战，以一九〇五年元旦俄军旅顺要塞司令开城投降而结束。

为官僚政治、武人政治，一切政权悉操其手，彼固不知共和主义为何物，国利民福为何事，救国报民为何等责任也。我南方军人不思救国救民则已，不负此救国救民之责任则已，负此责任，则非徒托空言，须有一定之主义始可以成仁，始可以成功。观前此革命先烈前仆后起，视死如归，即为主义而牺牲也。主义维何？三民主义是也。三民主义已于第一课略述，兹再分析说明如下。

三民主义中，第一为民族主义。欲言此主义，当回溯武昌革命以前，其时汉族受治于满人，土地全被占据，二百余年中尊鞑子为皇帝。鞑子者即满洲人也，或亦称为鞑虏。初入关时，亦多有起而与抗者，卒以绌于实力，遂至失败。扬州十日之惨杀，真痛史也！自是而后，满人日施其压制手段、愚民政策，人民乃渐忘亡国之痛，甘心服从。自余提倡革命以来，人心稍稍感动，民族主义渐次膨胀，一般志士遇害颇多，杀一人复生十人，杀十人复生百人，由是革命思潮震荡全国，直至武昌起义始将满人推翻，光复汉族。然则时至今日，民族主义可以不言乎？未也。前者满人以他民族入主中国，僭称帝号，故吾人群起革命。今则满族虽去，而中华民国国家尚不免成为半独立国，所谓五族共和者，直欺人之语！盖藏、蒙、回、满皆无自卫能力。发扬光大民族主义，而使藏、蒙、回、满同化于我汉族，建设一最大之民族国家者，是在汉人之自决。若不及今振拔，将来恐将流为他国奴隶。而振拔之责任，尤为军人是赖。军人者，拥护国家者，故须将中华民国国家臻进于独立之地位，然后民族主义始为圆满解决。否则满族虽已排斥，代满族而起者，虎视眈眈，正复繁多，其结果将如缅甸之征服于英国，安南之吞并于法国，是则大可忧也。

吾国今日所以堕落于半独立国之地位者，追原祸首，其咎在满人。彼满人固最富于民族思想者，种种政策无非压抑汉人，因汉人之文明智识皆在其上，深恐汉人果占优胜，必为其害。满人中有端方①者，常言"宁可送与朋友，不可给与家奴"，彼盖以朋友比外国，以家奴比汉人。故在满清时代，凡割让土地、丧失国权之事甘心为之，绝无顾忌。直至革命以后，满清虽已推倒，而已失之国权与土地仍操诸外国，未能收回。以言国权，如海关则归其掌握，条约则受其束缚，

---

① 端方，历任清闽浙、两江、直隶总督。

领事裁判则犹未撤销。以言土地，威海卫入于英，旅顺入于日，青岛入于德。德国败后，而山东问题尚复受制于日本，至今不能归还。由此现象观之，中华民国固未可谓为完全独立国家也。吾人若以救国为己任，则仍当坚持民族主义，实行收回已失之土地与国权，始能与日本、暹罗同为东亚之独立国。勿谓满清已倒，种族革命已告成功，民族主义即可束诸高阁也。

次言民权主义。前此帝制时代，以天下奉一人，皇帝之于国家直视为自己之私产。且谓皇帝为天生者，如天子"受命于天"及"天睿聪明"诸说，皆假此欺人，以证皇帝之至尊无上。甚或托诸神话鬼语，坚人民之信仰，中国历史上固多有之。现今民智发达，君权国已难存在，且受革命思潮之影响，大多数倾向民权政治，敢断言将来世界上无君主立足之地。其在欧洲各国中，则以英国为先觉，革命最早，造成立宪国家，一切政权在于国会，君主权力须受法律上之制限。此外如法国，亦几经革命而始成今日之民权国。欧战以后，德国、俄国乃亦一变而成为民权国。夫德国固素以德意志帝国主义自雄者，不图反对帝制之革命，一鼓成功。俄国亦号称极端专制，而政治革命与社会革命乃竟同时并举，遂有劳农政府之建设。此征诸外国民权主义之发达与倾向，已有明证。即言吾国，满清既倒而后，或尚以为帝制死灰可以复燃，故袁世凯称帝时代，上劝进之表者颇不乏人，然前后八十日间，终归泡影。此后张勋复辟，率兵入京，乃亦不旋踵而败。足见君权之不能战胜民权，为世界潮流，为古今公例，不可强而致也。

君权国者，为君主独治之国家，故亦曰"独头政治"。民权国者，为人民共治之国家，故亦曰"众民政治"①（但如代议制之民权国，非由人民直接参与政权者，尚不得谓纯粹之"众民政治"）。试以经营商业为例，有东家生意与公司生意二种。东家生意者，由东家一人主持之；公司生意者，由股东多数人主持之。君权国即如东家生意，权在君主一人。民权国即如公司生意，权在股东多数人。今日之中华民国国家固一民权国也，既曰民权国，则宜为四万万人民共治之国家。治之之法，即在予人民以完全之政治上权力，可分为四：一、选举权。凡为中华民国人民皆有此选举权，亦曰被选权。由人民选出官吏，担任国家或地方之立法、

---

① 独头政治（oligarchy），今译寡头政治；众民政治（democracy），今译民主政治。此两种政制形式乃起源于古希腊的城邦国家。

行政机关各事务，此官吏即为公仆。二、罢官权。人民对于官吏有选举之权，亦须有罢免之权，如公司中之董事由股东选任，亦可由股东废除也。三、创制权。由人民以公意创制一种法律，此则异于专制时代，非天子不议礼、不制度也。四、复决权。此即废法权，法律有不便者，人民以公意废止或修改之。以上四种为直接民权。有此直接民权，始可谓之行民治。彼北方之吴佩孚亦尝云赞成民治矣，而近来行为适得其反。彼固非真知民治者，不过假冒名义以资号召，为自己保势力、固地盘之兑换券耳。夫民权者，谓政治上之权力完全在民，非操诸少数武人或官僚之手。吾国久受专制余毒，武昌革命以后由帝治而移于官治，民气仍遭抑压，现虽高揭民治标帜，而一般人民尚不知直接民权为何物。是在吾人竭力提倡，务使民权日益发达，然后民治乃可实行也。

民族与民权主义既如前述，兹再就民生主义言之。此三种主义皆为平等自由主义，其效力本属相通，故主义虽各分立，仍须同时提倡。民族主义者，打破种族上不平等之阶级也。如满清专政，彼为主而我为奴，以他民族压制我民族，不平孰甚？故种族革命因之而起。民权主义者，打破政治上不平等之阶级也。此为对内，而非对外，与民族主义不同之点即在乎是。如君主政治、贵族政治，皆为独裁政治，人民无与焉。是则以一人（君主）或少数人（贵族）压制多数人，故常因反动之发生，遂成政治革命。若夫民生主义，则为打破社会上不平等之阶级也。此阶级为贫富阶级，如大富豪、大资本家在社会上垄断权利，一般人民日受其束缚驰骤，陷于痛苦，故常有富者田连阡陌而贫者地无立锥之叹。社会革命，势不能免。

以中国论，现时虽尚无大资本家专制之弊，然将来实业发达，则亦必有社会革命问题发生。或谓中国既无资本家，何必提倡民生主义，岂非无病而呻欤？不知其于中国，民族主义与民权主义皆因治病而求艾，民生主义则为思患而预防，及今不图，后将为患。故卫生之与疗病自亦不同，一则防之于未然，一则治之于已发也。中国今日虽无大资本家，然其见端固已有之。试以上海、广州二处为例。上海之黄浦滩，前是一亩之地不过价银二十两，现时地价则不知涨高几倍。广州之长堤，当未辟马路以前每一亩地仅值五六百元，今则有一亩而索价三四万元者矣。将来此种土地尽入资本家之手，一般贫民之痛苦即因之以生。盖资本家必先以贱价收买贫民之土地，迨全行收买之后，复以高价租赁于一般贫民，贫民无如何也。衣食亦然，若俱为资本家所垄断，生活与工价不能相应，遂致富者愈富，贫者愈贫。如美国工人工钱虽多，而生活仍难维持，已陷于此种之困境，即其明证。再举一例，以桂林论，固素称"山水甲天下"者，然非独千岩竞秀，徒为美观而已，实则桂林之大富源即藏于此。试观桂林周围之石山，即洋灰之好元料也，将来实业发达，将此石头造成洋灰，即所谓士敏土。洋灰之销路甚多，用途甚广，开发此石山之资本家，其所得利益将不可以数量计，犹如美国之煤油大王亦可称为石头大王矣。由是观之，中国实业发达以后，资本家之以资本能力压制人民固必然之势，若不预防，则必蹈英、美之覆辙也。

欧洲当二百年前为种族革命时期，近一百年以来为政治革命时期，现今则为社会革命时期。此三者一线相承，故须同时唱导三民主义。但观英、美今日之社会问题便当自觉，因彼于政治革命成功后不复计及社会革命，故有此弊。若俄国现时之新政府则有鉴于此，乃以政治革命与社会革命同时并举。所谓劳农政府者，直乃农工兵政府，即以为农、为工、为兵者组织而成之政府也。彼之新政府不独推翻君主专制，且实行打破资本家专制，是即所谓社会革命，亦即所谓民生问题。各国深恐此主义传播其国内，人民受此影响，势将起而效尤，故互相联合以与俄国战。迄今四年仍不能战胜俄国，此则俄国之以主义胜也。

中国今日贫〔民〕穷财尽，所患在贫，而各国之所患则在不均。以余观之，贫富问题即分配不均问题。欲谋救贫之法，同时须先将不均问题详加研究，故民生主义必不容缓，否则三十年后产出多数资本家，其害殊非浅鲜。第就吾国现势而论，此民生主义为预防政策，但须研究对于将来之资本家加以如何之限制，而不必遽学各国将资本家悉数扫除。因吾国现时尚鲜大富豪，将来纵或有之，果使先事预防其弊，亦不如欧美之甚。预防之法维何？依余所见，不外土地问题与资本问题。对于土地，宜先平均地权，此与中国古时之井田同其意，而异其法。法之大要有二，一为照价纳税，一为照价收买。照价纳税者，即为值百抽一法。例如每亩值二十元，纳税二毫，累进以至于每亩值二十万元者，纳税二千元。如是则地税之输纳，胥得其平矣。但照价纳税，必先自规定地价始。英国尝有估价局之设，且尚虑估计不平，人民有不服者许其申诉，因复有控诉衙门。然此法势不能行于中国，恐徒滋扰，不如由人人自行估价呈报，即照其呈报之价抽税，较为简便可行。所虑者即为希图少纳地税，抑价朦报之一点，实则可勿虑也。苟同时规定照价收买之法，即可免此弊。例如有地一亩价值千元，年应纳税十元，若彼以图减税额之故，只报每亩值百元，而每年税额仅纳一元已足，是诚于彼有利；然一经照价收买，则原报价值百元者，国家得以百元收买之，其受损不益甚乎？如是则地主以预防他日之收买故，必不敢抑价朦报，此土地问题之解决方法也。至若解决资本问题，必先振兴实业。中国现正患贫，岂有资力兴办？余则主张借外债以从事生利事业，不可以供消耗之用，如北庭剜肉医疮之所为。宜以之开辟市场、工厂及一切矿山、铁路，定为国有。中华民国国家者为四万万人民共有之国家，此种事业既为国家所有，即为四万万人民所共有，不至操纵于少数资本家之手，始可谓之国利民福也。

以上三种主义，为军人之精神所由表现，亦即为军人之仁所由表现。军人者，以救国救民为目的，有救国救民之责任。国与民弱且贫矣，不思有以救之，不可也；救之而不得其道，仍不可也。道何在？即实行三民主义，以成救国救民之仁而已。

第四课　勇

一、勇之定义

军人之精神为智、仁、勇三者，既有智与仁矣，无勇以济之，仍未完备。兹述军人之勇，须先知勇之定义如何。古来之言勇者，不一其说。一往无前，谓之勇；临事不避，谓之勇。余以为最流通之用语"不怕"二字，实即勇之定义最简括而最确切者。孔子有言"勇者不惧"[1]，可见不惧即为勇之特征。孟施舍古之勇士，其言曰："舍岂能为必胜哉？能无惧而已矣。"[2] 由是以观，"不怕"即勇之定义，决无可疑。

---

[1] 据《论语》"子罕"，孔子同时论及智、仁、勇三者，原文是："子曰：'知者不惑，仁者不忧，勇者不惧。'"

[2] 孟施舍为《孟子》"公孙丑上"所记一位勇士，其言引自该篇。

但军人之勇，须为有主义、有目的、有知识之勇始可。否则逞一时之意气，勇于私斗而怯于公战，误用其勇，害乃滋甚。今再就勇之种类分别言之。

二、勇之种类

勇之种类不一。有发狂之勇，所谓"一朝之忿，亡其身，以及其亲"者是也。有血气之勇，所谓"思以一毫挫于人，若挞之于市朝"者是也。① 有无知之勇，所谓"奋螳臂以当车轮"②者是也。凡此数者，皆为小勇，而非大勇。

而军人之勇，是在夫成仁取义，为世界上之大勇。古人有言："遇小敌怯，遇大敌勇。"③ 即恐轻用其勇，误用大勇，徒成为游勇之勇。彼桂军多系游勇出身，此次粤军援桂，桂军一遇粤军辄即溃败，其故何耶？则以无主义、无目的、无知识故，虽有小勇，于事奚济？

诸君试观沈鸿英军队，在桂军中颇以善战名，自去年自广东败窜回桂，复由桂败窜而走湖南，转入江西，残部仅二三千人，所过地方如入无人之境，似具勇气者。然终系强盗性质，不得为真正军人之勇。以赣军与沈军比，赣军固真正军人也。乃沈军先至江西，而赣军尚在桂林，江西宜为赣军范围，竟被沈军侵入。此时为赣军者正当发愤为雄，实行回赣，以雪此耻。且赣军回赣，与滇军回滇情势不同，因赣省尚属北方地盘，滇省已为西南团体，故滇军不必回滇，赣军必要回赣。明乎此，则为有主义、有目的、有知识之大勇，所以异乎游勇之勇，而为真正军人之勇也。

三、军人之勇

（一）长技能

（二）明生死

军人之勇，第一必要者为技能。诸君皆曾受军事教育，于现今各国之新战术、新武器自必耳熟能详，无庸赘述。但武器与战术固有关系者。以中国论，昔用弓

---

① 以上两段引文，分见《论语》"颜渊"和《孟子》"公孙丑上"。

② "螳臂当车"的成语出自《庄子》"内篇·人间世"，原文是："汝不知夫螳螂乎，怒其臂以当车辙，不知其不胜任也。"

③ 据《后汉书》卷一上"光武帝纪第一上"载，刘秀（后称光武帝）起兵反对新莽统治，在丹阳之战中勇冲敌阵，终获大捷，"刘将军平生见小敌怯，今见大敌勇"乃是友军对他的评价。

箭而今用枪炮，武器不同，战术亦随之而异。自海禁既开之后，与英战、与法战、与日战、与联军战，未有不败者，非无枪炮，不谙战术故也。苟谙战术，则昔日安南中之黑旗①，法国患之；南非洲杜国之农民，英国患之。彼之所用战术皆为游勇战术，最能制胜。余亦主张此战术颇适用于中国，若与北方交战，尤为相宜。约言之，有五种技能为游勇战术中最可采取者：一曰命中，二曰隐伏，三曰耐劳，四曰走路，五曰吃䴵。以下试再分别述之。

何谓能命中？军队之有无战斗力，以能杀敌与否为断，故命中为第一要件。但以命中论，即外国军队亦未必擅长。此次欧战发生，每一日中所用子弹，实不知其几万万也。其在激烈战斗时，每日所用有至十数万万者。然以其效力计之，则非万弹以上不能中一人也。因彼之战术乃以子弹遮拦敌人，使不得前进，故多在二千密达②以外用之。若在八千密达以外，至几万密达时，则须用重炮，亦如用步枪然，多在以弹遮拦敌人之前进。此外空中以飞机战，水底以游艇战，类皆愈出愈奇。尚有露天地洞与闭天地洞，为炮弹所不能及者。两方兵士相遇，则以徒手搏击。甚有开战时，阒若无人，不知其战斗地点在于何处者。推其所耗子弹极多，以吨数计，总在几千几百吨以上（每一吨合③中国十六担八）。此种战术，中国决不能学，因彼之制造子弹有加无已，且发弹系以机器，不费人力。现有最新式机关枪，一分钟可发一千五百颗子弹者，以一百颗为一盒，计算每一分钟可发十五盒。彼固不求一一命中，务在多发子弹，堵截敌人而已。

若游勇战术则与之相反，彼视子弹如生命，非必中者不轻施放，而有五十颗子弹便已十分满足。以现在军队论，每一兵士至少有二百颗以上子弹，何以一言北伐，犹以为少？岂命中之技尚不及游勇耶？诸君须知子弹之接济与补充，有在后方者，有在前方者。游勇之重视子弹，因其子弹只有此数，非遇敌人则无补充之机会，故不在后方接济，而在取诸前方。此不独游勇为然，即如粤军自援闽以至回粤，其子弹皆取自敌人为多，而不专恃后方接济，其明征也。若在无枪炮而

① 指刘永福率领的黑旗军，原为广西天地会武装力量，因用七星黑旗而得名，中法战争期间屡挫法国侵略军。

② 密达（Metre），长度单位，今译米，即公尺。

③ 此处删一衍字"一"。

用弓箭之时代，射箭比放枪更难，而古时有百步穿杨者，即在于能命中。否则临阵之际，最多随带三四十枝箭矢，若无命中能力，即不啻无的而发矢，只须数分钟间矢尽而已亦就擒，又焉能战？枪炮亦然，不能命中，则子弹之消耗多，而杀敌之效力微。前者北京天坛之战①，段祺瑞军队耗去三百万子弹，而张勋之兵死伤合计不过一百七十余人，此则由于不能命中之故。由是观之，子弹之有效在能命中，若不能命中者，子弹虽多，皆为赘物。近时兵士往往轻于放枪，不问命中与否，放枪时甚有高抬两手或紧闭眼睛者，此何异于无的而发矢！须知子弹至为宝贵，中国既无若干大兵工厂，不宜学欧洲战术以子弹为遮障，宜学游勇战术视子弹如生命。但平时须练习射击，务求命中，不使虚发。此为军人之勇，有恃无恐之第一要件也。

何谓能隐伏？即避弹方法。但此种避弹，非如义和团之用符咒，乃系利用地形为人身之屏蔽。余在安南时，常以此询诸一般游勇，彼云："人立地上，靶子颇大，敌人一望即知。故须藉地形以为埋伏之所，或藏在石头后仅露其首，以使靶子缩小，敌人无标的可寻，我尚可从容窥探其举动。即在子弹如雨之际，尤宜满〔深〕自闭藏，勿庸惊审，因此时前后左右必无敌人踪迹也。"游勇之所述者如此，彼盖得诸经验，而与操典中所谓利用地形或地物者却相暗合（地形属于天然的，如石头是；地物属于人工的，如一切建筑物是）。故隐伏亦为技能之一。

何谓能耐劳？此与隐伏相关联者。我亦尝闻诸游勇，彼谓："隐伏秘诀只是'不动'二字，至少须能耐十二小时之劳，直至夜深始可潜行。因子弹之速力异常快捷，人虽有追风之绝足，必不能过于子弹。走避易为所中，不如耐心隐伏，较为安全也。"此尚有实例可证。前此黄克强在钦廉起事时，有一次仅剩四人逃在山上，敌人之围攻者约六百人，然彼实不知仅有四人也，来攻时皆用三十人为前锋。而此四人者如何抵御？据其事后所述，敌人未来时则隐伏不动，俟彼来袭近，在五十步左右始行开枪。每开一排，必死二三人，连开三四排，敌人之死者十余人，卒以脱险。此一役也，即全在有命中、隐伏与耐劳之技能，否则以四人

① 此指一九一七年七月十二日段祺瑞"讨逆军"开进北京，在天坛一带围攻张勋复辟军之役。

敌六百人，宁有幸耶？

何谓能走路？现时中国尚未有完全铁道，行军之际专恃走路。练习之法，只须日行二十里，十日以后每日递加五里，如此则不觉劳顿，而脚力自健。彼游勇战术，亦即以善走称。尚有实例可征，北军一到南方，每以山岭崎岖为苦，南军则如履平地，快捷异常，是为我之所长，敌之所短。故曰走路一端，亦为技能之必要，不可不注意也。

何谓能吃麷？游勇所恃之粮食，即此炒米一种，每人携带十勋，可支六七日，不至苦饥。遇有作战时，且无须费造饭时间。此亦为游勇之特长，胜于正式军队者。去年湖南援鄂之役，其始占据地方不少，卒因后路补充缺乏，乃至于败。粮食亦为补充之一，倘能如游勇之吃麷，则于行军极为简便，既免飞刍挽粟之苦，而给养亦不患烦难也。

军人之勇，于技能以外，更有明生死之必要。不明生死，则不能发扬勇气。所谓勇即"不怕"二字，然暴虎冯河①，人之所能独至于死，则未有不怕者，以欲生恶死，人之常情也。研究此问题，为哲学上问题，人生不过百年，百年而后尚能生存否耶？无论如何莫不有一死，死既终不可避，则当乘此时机建设革命事业。若仅贪图俄顷之富贵，苟且偷活，于世何裨？故死有重于泰山，有轻于鸿毛者，死得其所则重，不得其所则轻。吾人生今日之世界为革命世界，可谓生得其时，予我以建功立名之良好机会。夫汤武革命，孔子且艳称之，彼不过帝王革命、英雄革命。而我则为人民革命、平民革命，乃前无往古后无来〈者〉之神圣事业。先我而生者既不及见，后我而生者亦必深自恨晚，且不知若何羡慕。故今日之我，其生也，为革命而生我，其死也，为革命而死我，死得其所，未有善于此时者。诸君试观黄花岗烈士，从容就义，杀身以成其仁，当日虽为革命而牺牲，至今浩气常存，极历史上之光荣，名且不朽，然犹曰为革命失败而死也。若此次革命乃必成之功业，又何惮而不为，又何死之可怕？今日集此一堂者，大半皆在二十岁以上，至多更有八十年之寿命，终不免一死，死于牖下与死于疆场孰为荣

---

① 此成语原出自《诗》"小雅·小旻"及《论语》"述而第七"，空手搏虎为"暴虎"，徒步涉河为"冯河"，谓使自己置身险境而危及生命，或因勇敢无畏，或为贸然赴险。

誉？是在明生死之辨。如孟子所谓"所欲有于生者，舍生而取义也"①。故为革命而死者，为成仁，为取义，非若庸庸碌碌之辈，终日醉生梦死，无所表见，又非若匹夫匹妇之为谅，自经于沟渎而莫知之也。诸君既为军人，不宜畏死，畏死则勿为军人。须知军人之为国家效死，死重于泰山。我死则国生，我生则国死，生死之间在乎自择。明生死，则能鼓其勇气以从事于革命事业。为革命军人，革命成功可立而待，将来之幸福且无穷极。以吾人数十年必死之生命，立国家亿万年不死之根基，其价值之重可知。诸君幸共勉之！

第五课　决　心

一、成功

二、成仁

军人生在今日，有改造国家之责任。改造国家者，质言之，即造成新世界于破坏之后，加以建设之谓。负此责任，全在吾人之决心。决心于何见之？在夫精神。精神者，革命成功之证券及担保也。军人精神，前已言之。第一之要素为智，能别是非，明利害，识时务，知彼己，然后左右逢源，无不如志。第二之要素为仁，而所以行仁之方法则在实行三民主义，此三民主义亦即与美国总统林肯所言民有、民治、民享之说相通。第三之要素为勇，军人须具有技能，始足应敌，而又须明于生死之辨，乃不至临事依违，有所顾忌。此三者，为军人精神之要素，欲使之发扬光大，非有决心不能实现。

但所谓决心者，须多数人决心，合群力群策而为之，非少数人所能集事。诸君要知此次出发桂林，尚须奋勇前进。虽曰桂林"山水甲天下"，非以此为安居乐业之地，将欲改造新世界，以求一劳永逸始可。因此所生之结果有二：一曰成功，二曰成仁。所谓成功、成仁者，乃惊天动地之革命事业。吾人何为而革命？务在造成安乐之新世界，期其成功。不成功毋宁死，死即成仁之谓，古之志士有

---

①　语出《孟子》"告子上"，原文是："生亦我所欲也，义亦我所欲也，二者不可得兼，舍生而取义者也。"

求之而不可得者。此次诸君随本总统出发，从事革命事业，非成功即成仁，二者而已。成功则造出庄严华丽之国家，共享幸福。不成功，则同拚一死，以殉吾党之光辉主义，亦不失为杀身成仁之志士。虽然，均一死也，有泰山、鸿毛之别。若因革命而死，因改造新世界而死，则为死重于泰山，其价值乃无量之价值，其光荣乃无上之光荣，惟诸君图之！

吾人生在恶浊世界中，欲打破此旧世界，铲除一切烦恼以求新世界之出现，则必有高尚思想与强毅能力以为之先。在吾国数千年前，孔子有言曰："大道之行也，天下为公。"如此，则人人不独亲其亲，人人不独子其子，是为大同世界。大同世界即所谓"天下为公"，要使老者有所养，壮者有所营，幼者有所教。孔子之理想世界真能实现，然后不见可欲，则民不争，甲兵亦可以不用矣。今日惟俄国新创设之政府颇与此相似，凡有老者、幼者、废疾者皆由政府给养，故谓之劳农政府。其主义在打破贵族及资本家之专制，因而俄国革命党乃被各国合攻，然迄今数年仍不能胜。此即因俄国新政府具有决心，始能贯彻其主义。否则为俄国之敌者，王党势极强大，哥萨克兵力亦不薄弱，此外尚有欧美诸国恐其新主义传播，将不利己，因之群起与抗。有此种种阻力，俄国若稍有顾忌，则必不能成功。其卒能成功者，决心而已。

吾人若欲建设新世界，则亦必思如何始能建设，非可托诸空谈也。今日之世界，乃自私自利之恶浊世界。在此世界中之人类，既无保障，又无希望，且陷于极端痛苦，于是有生厌世思想者。若论军人地位，吾国常有"好男不当兵，好铁不打钉"之俗谚，意若其人必为身无职业，以当兵为生活之末路者。此虽由中国轻视军人之故，亦以实际上无何等希望，故有此语。以余观之，不特军人为然，即一般社会前途亦复非常惨澹。在诸君之为军人者，无论为官为兵，虽有薪水火食仅足自活，而父母妻子尚不能无所资以为扶养。故在此旧世界，实无一人能脱烦恼者。

今日国人多羡慕侨商矣，诸君必以为彼有多金，宜可高枕无忧，而抑知不然。华侨之初往外洋也，实乃被卖为奴，广东语谓之"猪仔"。从前有古巴招工、南洋招工，在澳门等处以此买卖为业者，谓之猪仔馆。其被卖出洋之辈，率皆中国人之穷无聊赖者，始肯出此。诸君但观其今日之富，而不知其当日之苦。且总计一年中出洋者不下数十万人，其能致富回国者，为数复极寥寥。余因此忆及余友尝为余言，彼前在南洋时，一日与外国人同行路，经华侨开设之矿场及树胶园，彼外国人者指以告余友曰："此皆尔中国人之鸿图，而收吸吾欧人领土精华之成绩也。"余友无以应之。适复前行过一大坟场，余友乃以问外国人："此累累者何耶？"外国人曰："坟场耳。"余友曰："尔谓中国人出洋致富，尔尚未知中国人之因出洋而死于是间，如此冢中之髑髅者不知凡几也！"由是以观，南洋华侨之状况大略如此。尚有美洲华侨，其生计虽较南洋华侨稍胜，然一生幸福亦复有限。大率美洲华侨，二十五岁出洋为人佣工，在外十年稍有余资，至三十五岁时回国娶妻，娶妻之后，不及半载余资已罄矣。又须出洋十年，直至四十五岁回国，稍得余资乃建家宅，宅成而金又尽，仍不克宁居。迨第三次出洋以后，始能得资以略置田亩，然至此已五十五岁矣。远适异国，昔人所悲。彼美洲华侨者，三十年中，家居之日不及二载，亦未见其能安乐也。

余于此尚有实例为诸君言之。诸君今日未有一千万财产，必以为果有一千万者，其愉快何若！以余所眼见之例证，则适相反。余前此由香港赴南洋时，同舟者有一华侨富翁，家产约二千万。余与彼同在一等客舱，常相晤谈，彼乃日日诉苦，似欲余为之分忧者。余始甚诧异，迨舟行日久，颇厌恶之。因自往大舱中，视彼出洋之工人（即被卖出洋之"猪仔"），私自忖度，彼工人之愁苦定较富翁为甚。而抑知不然。工人杂坐一团，其状至乐，有闲谈者，有唱歌者。此时余又大诧，何从富翁之多财而忧，尚不若工人之能乐其乐也？迨折回自己舱位时，所谓富翁者，诉苦仍复如前。余因告以适往大舱，彼出洋之工人却甚欢乐，而子已积产二千万似重有忧者，抑何不近人情之甚耶？富翁聆余言，蹶然而起曰："我在卅年前亦工人也，亦如彼出洋之工人，固至乐也。今虽有二千万财产，不惟不乐，且忧甚。诚思儿女成行，娶者嫁者皆仰给于我。我子复多不肖，长者耗我数百万，次者所耗亦百余万。此后子复生孙，孙复生子，仅恃此二千万财产何以维持？又安得而不忧耶？"準是以观，财产虽多，仍不免于愁苦。诸君试于一身之外，计及妻儿，则亦不能不作此感想也。尚有一例：香港、澳门从前恒有积产之家，恐其子孙浪费，而以家产托之善堂管理，将其入息半数捐入善堂，留其半以遗子孙，以为如此，可以长久可存。不知此法初尚可行，今则善堂中人，亦多半假慈善名目骗取金钱，故广东善堂，人有目之为善棍者。依以上二例，可见在现今世界，不论有无财产，几无一人不在痛苦之中，非独军人为然。即以军人论，能如李纯、王占元①者有几人乎？以彼之刻剥人民，积产至数千万，亦云位尊金多矣，乃一则不得其死，一则不安于位，下此者更无论。

盖在现世界之社会，生活必无良果，须决心改造新世界，始有安乐可言也。安乐之新世界果如何改造耶？此时中国人皆自以为民穷财尽，其患在贫，而外国人乃垂涎中国之富源且欲瓜分之，则中国之不贫可知。以桂林言，所有石山皆可制成洋灰，即所谓士敏土，将来科学进步，机器发明，名为石山，实乃黄金，只此一端，已足致富。此外广西之矿产甚多，各省亦皆如是，外国人常有欲开采者。中国产煤为各国冠，倘完全开发，可供全世界数千年之用。不过中国不自开发，货弃于地，犹如珍宝藏在铁柜，若无钥匙，终亦死藏而已。广东俗语有所谓"失匙夹万"者（"夹万"即铁柜之类），中国之贫，正坐此病。倘能用其聪明智识从事开发，则吾人自身之幸福与子孙之幸福，实无涯涘！改造安乐之新世界，即在乎此。

新世界国家与以前国家不同，通常国家仅能保民，而不能教民、养民。真能教民、养民者，莫如三代。其时井田、学校皆有定制，教养之责在于国家。后世则不然，所谓国家，无论政治若何修明，如汉之文景，唐之贞观②，能保民斯为善矣。今日所抱改造新世界之希望，则非徒保民而已，举凡教民、养民亦当引为国家之责任。试观俄国新政府，彼之革命发生尚在我后，其成绩较我为优。因其目的不在谋一人生活与一家生活，而在谋公众生活。如牛乳等精良食品先给幼者，老病者次之，军人又次之，再后始及于普通人。又如贫民之无力入学者，国家须设法扶助，使得入学。此即所谓人人不独亲其亲，人人不独子其子，以教以养，

---

①　苏皖赣三省巡阅使兼江苏督军李纯，一九二一年十月在南京骤死（一说自杀，一说他杀）；两湖巡阅使兼湖北督军王占元，在一九二一年六月至八月湘鄂战争中既败于湘军，又为来援直军所弃，不得不辞职离武昌出走。

②　"文景"即汉文帝和汉景帝，"贞观"为唐太宗年号。在中国古代，"文景之治"与"贞观之治"以政治修明、经济昌盛著称。

责在国家。大同世界所以异于小康者，俄国新政府之计画庶几近之。

由俄国而反观吾国，其情况之比较如何耶？俄国之革命，为打破政治之不平等，同时打破资产之不平等。而吾国今日则尚无大资本家产出，只须用预防政策，较俄国更易为力。彼俄国之新政府名为劳农政府，实即农工兵政府。其军人皆有主义、有目的，故能与农工联合而改造新国家。吾国今日之军人，倘亦具有主义及目的，决心改造新中国，其效果必在俄国上。何以知其然也？俄国在寒带而中国在温带，俄国有资本家而中国无资本家，无论天然的方面而人为的方面，均较俄国为胜。将来倘能成立新国家，另有新组织，则必不似旧世界之痛苦。预料此次革命成功后，将我祖宗数千年遗留之宝藏次第开发，所有人民之衣食住行四大需要，国家皆有一定之经营，为公众谋幸福。至于此时，幼者有所教，壮者有所用，老者有所养，孔子之理想的大同世界真能实现，造成庄严华丽之新中华民国，且将驾欧美而上之。诸君思此无量幸福，视彼南洋之富翁何若？视彼李纯、王占元又何若耶？而所以博此幸福者，则全在此次之革命与此次之革命军人。

此次革命为顺天应人之事业，必能成功，前已言之。设若不成功则如何耶？古有人云："济则国家之灵，不济则以死继之。"① 死者，即成仁是也。成仁而死极有伟大之价值，纵使前仆后继，牺牲多数人之生命，而能博得真正共和，即亦无所吝惜。是在立定决心从事革命，成功而后，匪独公众之福，抑亦私人之利。试举一例：舟在大洋，触石将沉，乘舟者若不协力救助，犹自点检行李，试问舟果沉，行李尚能独存乎？吾人对于国家，亦即如是，坐视其亡，将无立身之地。救亡之责，端赖军人。今者，诸君将由桂林出发，其所取之途径，即不外成功与成仁二者，一言以蔽之曰决心而已。决心则能发扬军人之精神，造成光辉之革命，中华民国国家实利赖之。诸君勉乎哉！

据《孙大总统演讲军人精神教育》，上
海，民智书局一九二二年十一月出版

①　此处所借用历史典故，见《左传》"僖公九年"载：晋献公病危拟立骊姬幼子奚齐为国君，托孤于大夫荀息，荀息对答的原文是："臣竭其肱股之力，加之以忠贞，其济，君之灵也；不济，则以死继之！"

吾党同志人人皆有革命救国之责任

全澳及南太平洋群岛中国国民党恳亲大会训词①

（一九二一年十二月）②

天下兴亡，匹夫有责。文以一介平民，当满清末造，起而革命，虽备历诸艰，然革命卒底于成。厥故何也？良以二十世纪之潮流，民治主义之潮流也。潮流既瀰漫于全国，吾人起而顺应时势，以推翻彼专制魔王、人民公敌，自易如反掌。譬诸水到渠成，瓜熟蒂落，事有必至，理有固然。非文有特殊异能，乃由人心趋向之所致，亦即主义最后之获胜也。

我海外同志，昔与文艰苦相共，或输财以充军实，或奋袂而杀国贼，其对革命之奋斗历十余年如一日。故谈革命史者，无不有"华侨"二字，以长留于国人之脑海。今值文率师北巡③，谋所以竟革命全功之时，适全澳及南太平洋群岛中国国民党有开恳亲大会之举，将以联党员之情谊，策革命之进行，于焉本互助之精神，下讨贼之决心，胥于此举是赖。文虽军书旁午，一日万几，闻讯之余，辄为之肃然起敬，欣然以喜。何敬乎尔？敬其对革命事业始终如一也。何喜乎尔？喜其不惟对革命事业能始终如一，尤能协同动作，以收群策群力之效也。

诸同志勉旃！作革命事业必须彻底，如半途而中止，必养痈而贻患。故法兰西之革命也，曾经数次；美利坚之独立也，血战八年④。以吾国袁世凯虽死，而现今之小袁世凯尚无数，若不亟谋根本的解决，则共和国脉必至中斩，民治主义无由实现。故不避险阻艰难，非俟澄清中原，我革命党人决无图卸仔肩之时。文

---

① 恳亲大会于一九二二年元旦在澳洲美利滨（Melbourne，今译墨尔本）揭幕，事先函请孙文为大会撰一训词。本文作于桂林。

② 本文写作时间不详，今据南京《中央党务月刊》第七期（一九二九年一月出版）所载《美利滨分部党所落成并开恳亲大会——孙总理训词》（十年十二月）标出。

③ 指孙文率师取道广西北伐。

④ 美国独立战争从一七七五年开始，以一七八三年英国正式签约承认美利坚合众国成立而告结束。

本斯志，愿诸同志亦同斯志也。

尤有进者：共和国家主权在民，而现今之潮流又在于人民自决自动，故担当天下之大事非异人任，吾党同志，人人皆有革命救国之责任。旷观各国革命史，无不具此深切著明之印象。诸同志居留异邦，睠怀祖国，感外潮之激荡，谅咸知非革命不足以救危亡。即应人人皆抱匹夫有责之义，将何以起而实行革命，起而赞助革命，固与文同一责任，文所期望于诸同志者亦至厚也。以诸同志平日爱国之热烈，再接再厉，百折不回，葆其固有之精神再发扬而光大之，将来革命史中诸同志之荣誉尤必有大过于今日者，盖可断言。

恳亲会开会在即，特征训词于文，因本所见以质诸同志。虽海天万里而精神遥相贯注，即不啻聚首一堂。愿诸同志前途努力，革命之责任固与文暨海内诸同志共负之耳。

中国国民党总理　孙　文

据《孙总理训词——美利滨中国国民党举行全澳及太平洋群岛恳亲大会训词》，载《恳亲大会纪念册》，澳洲美利滨出版①

---

① 按：底本系台北、中国国民党文化传播委员会党史馆所藏《恳亲大会纪念册》原书中两页，该书出版时间不详。

年内将重新统一中国

应美国《芝加哥论坛报》之请而作①

（英 译 中）

（一九二二年四月二日）

中国广西省桂林，一九二二年四月二日。

正当我即将代表人民启程北伐以拯救中国之际，收到了北京查尔斯·戴利（Charles Dailey)② 的电报。他请求我向《芝加哥论坛报》陈述关于华盛顿限制海军军备条约③签订之后中国所处的境况，以及中国尽快恢复有序共和政府的可能性。

我很乐观地回复称，我将在年内重新统一中国。中国政府将不会再是武人的傀儡，它将依据人民的意愿获得权力和威信，而这正是我国约法明文规定和我们一直为之奋斗的目标。而国家的威权必须建立在军事实力之上，以便保证中国的和平发展进程。

强权的日本　尽管全世界行将庆祝华盛顿限制军备条约所达成的一致协议，但它并未从实质上给中国的国际和国内处境带来什么影响。必须实事求是地指出，日本在远东的霸权地位没有多大程度的改变。实际上，日本在中国继续奉行强势政策的权能有增无减。因为美国海军力量的发展壮大，作为限制日本的唯一因素业已消除，这很可能对中国产生不利。

明显的事实是，近年来中国国内的每次纷争，日本总是支持某一方，此举使

---

① 本文自桂林用电报发往芝加哥该报社。该报发表本文时称作者孙文为"中华民国总统"。

② 汉名戴莱，《芝加哥论坛报》驻远东记者，常住北京。

③ 该条约于一九二二年二月六日由美、英、日、法、意五国在华盛顿会议上签订。其主要内容，是限制五国主力舰的吨位和主炮口径，并规定五国主力舰总吨位的比例；还规定了缔约国航空母舰总吨位、标准排水量、火炮口径。

得中国持续不断地发生动荡。

内部解决办法　解决时下中国问题必须从内部寻找办法。目前我所领导的统一中国运动日益壮大。由于北京政府行政机构的腐败无能，因而使得推进中国的改革进程能够归在我的政府领导之下。我相信，随着列强撤回对北京政府的承认——不再将之视为一个法律上或事实上的政府，而这个政府早已遭到人民的唾弃，那么，众望所归的统一步伐必将加快。

我的统一中国之策是通过各种和平手段来实现。但在列强的对外政策中，仍继续承认北京政府在中国的统治地位，这就使得我的北伐显得尤为必要。

据 Dr. Sun Pledges Reunited China By End of Year, Wires Tribune Jap Menace Grows, By Dr. Sun Yat Sen, President of the Republic of China. Chicago Daily Tribune（U. S. A.），April 3, 1922, Page 13［《孙博士誓言年底将重新统一中国；中华民国总统孙逸仙博士致电论坛报称日本威胁增强》，载一九二二年四月三日美国《芝加哥论坛报》第十三页］（沈洁译）

英文原文见本册第519—520页

中华民国建设之基础

为上海《新闻报》三十周年纪念而作①

（一九二三年一月一日）②

中华民国之建设以何基础乎？吾知人必无疑无惑而答之曰：以人民为基础。然人民如何而后得为中华民国建设之基础乎？吾知答之不易也。

夫"主权在民"之规定，决非空文而已，必如何而后可举主权在民之实。代

---

①　孙文因一九二二年六月陈炯明在粤叛变而重至上海。一九二三年二月十七日为上海《新闻报》创刊三十周年，该报社提前于一九二二年十一月举行纪念会，并为出版纪念册向各界名流征集论文。本文系孙文应约所撰。

②　所标者为纪念册出版日期。

表制度于事实于学理皆不足以当此，近世已能言之矣。然则果如何而能使"主权在民"为名称其实乎？

近来论治者于此问题多所忽略，而惟日以中央集权或地方分权甚或联省自治等说相征逐。夫此数者，果遂足以举主权在民之实乎？

夫所谓中央集权或地方分权甚或联省自治者，不过内重外轻、内轻外重之常谈而已。权之分配不当以中央或地方为对象，而当以权之性质为对象。权之宜属于中央者，属之中央可也；权之宜属于地方者，属之地方可也。例如军事、外交宜统一不宜纷歧，此权之宜属于中央者也。教育、卫生随地方情形而异，此权之宜属于地方者也。更分析以言，同一军事也，国防固宜属之中央，然警备队之设施岂中央所能代劳，是又宜属之地方矣。同一教育也，滨海之区宜侧重水产，山谷之地宜侧重矿业或林业，是固宜予地方以措置之自由；然学制及义务教育年限，中央不能不为画一范围，是中央亦不能不过问教育事业矣。是则同一事实〔业〕，犹当于某程度以上属之中央，某程度以下属之地方。彼漫然主张中央集权或地方分权甚或联省自治者，动辄曰"某取概括主义"，则某取列举主义得勿嫌其笼统乎？

议者曰："国小民寡或可用中央集权，地大民众则非用地方分权或联省自治不可。"曾不知土地之大小，不当但以幅员为差别，尤当以交通为差别。果其交通梗塞，土地虽狭，犹辽阔也；果其交通发达，土地虽广，犹比邻也。中国今日若犹守"老死不相往来"之训，虽百里犹不可以为治。若利用科学以事交通，则风行四海之内，若身之使臂，臂之使指，集权、分权又何与焉？

议者又曰："中央集权易流于专制，地方分权或联省自治始适于共和。"此尤不可以不辨。夫专制云者，与立宪为对待之名词，苟其立宪，虽中央集权何害？例如清〔法〕国固行中央集权者，其为民主立宪国自若也。北美之合众国，议者乐引为联省自治之口实，以为中国非如是，不得为共和。而不知其所引之例，实际适得其反。美之初元固行地方分权矣，然南北分驰，政令不一，深贻国民以痛苦。及南北战争起，虽以解放黑奴为号召，而实行统一乃其结果也，经此战争，美国各州始有凝为一体之象。洎乎参加欧战，则中央政府权力愈以巩固且愈以扩充，举人民之粮食、衣服亦置于中央政府管理之下，其集权之倾向为何如？如议者言，则美国中央政府集中权力之时，亦将为共和之不利欤？

　　凡此诸说，皆与权力分配本题无关。要之，研究权力之分配，不当挟一中央或地方之成见，而惟以其本身之性质为依归。事之非举国一致不可者，以其权属于中央；事之应因地制宜者，以其权属于地方。易地域的分类而为科学的分类，斯为得之。此乃近世政治学者所已知已行，初无俟聚讼为也。

　　由上所述，可知权力分配，乃国家权力分配于中央、地方之问题，与"主权在民"无涉。欲知主权在民之实现与否，不当于权力之分配观之，而当于权力之所在观之。权在于官，不在于民，则为官治；权在于民，不在于官，则为民治。苟其权在于官，无论为中央集权、为地方分权、为联省自治均也。在昔中央集权时代，盛行官僚政治，民众之与政治若漠然不相关，其为官治固已。然试问今之行联省自治者，其所谓一省之督军、总司令、省长等，果有以异于一国之皇帝、总统乎？一省之内所谓司长等大小官吏，果有以异于一国之内所谓总长等大小官吏乎？省之钤制各县，较中央政府之钤制各省，不啻模仿惟恐其弗肖，又加甚焉。省之直接鱼肉其民，较之中央政府之直接鱼肉其民，不啻模仿惟恐其弗肖，又加甚焉。中央政府以约法为装饰品，利于己者从而舞弄之，不利于己者则从而践踏之；省政府则亦以省宪为装饰品，利于己者从而舞弄之，不利于己者则从而践踏之。中央政府之所以待国会者，省政府亦即以之待省议会；中央政府之所以待全国最高司法机关者，省政府亦即以之待全省最高司法机关。其为官治固无异也，所异者分一大国为数十小国而已。甲午之役，两广总督①所辖兵舰为日本所捕获，两广总督移牒日本，称此次与贵国交战者为北洋舰队，与广东无涉，不得滥行捕获，世界传以为笑。今之主张联省自治者，知有一省不知有邻省，亦不知有国，其识乃与甲午时老官僚无异，悲夫悲夫，犹以救国号于人耶！

　　如上所述，一言蔽之，官治而已。官治云者，政治之权付之官僚，于人民无与。官僚而贤且能，人民一时亦受其赐，然人亡政息，曾不旋踵；官僚而愚且不肖，则人民躬被其祸，而莫能自拔。前者如婴儿之仰乳，后者则如鱼肉之于刀俎而已。民治则不然，政治主权在于人民，或直接以行使之，或间接以行使之。其在间接行使之时，为人民之代表者或受人民之委任者，只尽其能，不窃其权，予夺之

---

　　①　当时两广总督为李瀚章。

自由仍在于人民，是以人民为主体、人民为自动者，此其所以与官治截然不同也。

欲实行民治，其方略如左：

（一）分县自治。分县自治行直接民权，与联省自治不同者在此。其分县自治之梗概，吾于民国五年在上海曾有讲演①，可覆按也，行当再详论之。

（二）全民政治。人民有选举权、创制权、复决权、罢官权，详见《建设》杂志《全民政治论》②。

以上二者皆为直接民权，由人民直接行于县自治。

（三）五权分立。三权分立为立宪政体之精义，盖机关分立，相待而行，不致流于专制，一也；分立之中仍相联属，不致孤立，无伤于统一，二也。凡立宪政体莫不由之。吾于立法、司法、行政三权之外，更令监察、考试二权亦得独立，合为五权。详见五权宪法之讲演③，行当另著专书论之。

（四）国民大会。由每县国民举一代表组织之。

以上二者皆为间接民权，由代表而行于中央政府。其与官治不同者，有分县自治、全民政治，以行主权在民之实。非若今日人民，惟恃选举权以与据国家机关者抗。彼据国家机关者，其始藉人民之选举以获此资格，其继则悍然违反人民之意思以行事，而人民亦莫如之何。此今日政治现象所可为痛心疾首者，必如吾之说，乃得救此失也。且为人民之代表与受人民之委任者，不但须经选举，尤须经考试，一扫近日金钱选举、势力选举之恶习，可期为国家得适当之人才，此又庶政清明之本也。

综上四者，实行民治必由之道，而其实行之次第，则莫先于分县自治。盖无分县自治，则人民无所凭藉，所谓全民政治必无由实现。无全民政治，则虽有五权分立、国民大会，亦终未由举主权在民之实也。以是之故，吾夙定革命方略，以为建设之事当始于一县，县与县联以成一国，如此则建设之基础在于人民，非

---

① 此指一九一六年七月十七日所作《地方自治为民国之础石》演说，本册前面已收录。

② 美国人威尔科克斯（Delos Franklin Wilcox）于一九一二年出版所著《全民政治论》（*Government by All the People*）一书，别名为《创制权、复决权和罢免权对于民主政治的作用》（*The Initiative, The Referendum and the Recall as Instruments of Democracy*）。廖仲恺将之译成中文，自一九一九年八月起在上海《建设》各期连载，一九二五年发行单行本。

③ 此指一九二一年三月二十日所作《五权宪法》演说，本册前面已收录。

官僚所得而窃，非军阀所得而夺。不幸辛亥之役，其所设施不如吾意所期，当时汲汲惟在于民国名义之立定与统一之早遂，未尝就建设之顺序与基础一致其力，大势所趋，莫之能挽。根本未固，十一年来飘摇风雨，亦固其所。积十一年来之乱离与痛苦为教训，当知中华民国之建设必当以人民为基础，而欲以人民为基础，必当先行分县自治。及今为之，犹可及也。

于此尚有附言者，行分县自治，则现在省制之存废问题为作〔何〕如耶？吾意读者当然有此一问。以吾之意，此时省制即存，而为省长者，当一方受中央政府之委任以处理省内国家行政事务，一方则为各县自治之监督者，乃为得之。此吾之主张所以与中央集权者不同，亦有异于今之言联省自治者也。

据孙文：《中华民国建设之基础》，载《新闻报三十年纪念》，
上海，新闻报社编印，线装本，一九二三年一月一日出版

中国之革命

为上海《申报》五十周年纪念而作①

（一九二三年一月二十九日）

余自乙酉中法战后始有志于革命，乙未遂举事于广州，辛亥而民国告成，然至于今日革命之役犹未竣也。余之从事革命，盖已三十有七年于兹。赅括本末，胪列事实，自有待于革命史。今挈纲要，述之于左。

一、革命之主义

"革命"之名词创于孔子，中国历史，汤武以后革命之事实已数见不鲜矣。其在欧洲，则十七八世纪以后革命风潮遂磅礴于世界，不独民主国惟然，即君主

---

① 上海《申报》创刊于一八七二年四月三十日。该报馆为出版五十周年纪念文集，约请孙文撰写本文。后人将本文印成单行本，有以《中国革命史》为书名者。

国之所以有立宪亦革命之所赐也。余之谋中国革命，其所持主义，有因袭吾国固有之思想者，有规抚欧洲之学说事迹者，有吾所独见而创获者，分述于左：

（一）**民族主义**　观中国历史之所示，则知中国之民族有独立之性质与能力，其与他民族相遇，或和平而相安，或狃习而与之同化。其在政治不修及军事废弛之时，虽不免暂受他民族之蹂躏与宰制，然卒能以力胜之。观于蒙古宰制中国垂一百年，明太祖终能率天下豪杰以光复宗国，则知满洲之宰制中国，中国人必终能驱除之。盖民族思想实吾先民所遗留，初无待于外铄者也。

余之民族主义，特就先民所遗留者发挥而光大之，且改良其缺点，对于满洲不以复仇为事，而务与之平等共处于中国之内。此为以民族主义和〔对〕国内之诸民族也。对于世界诸民族，务保持吾民族之独立地位，发扬吾固有之文化，且吸收世界之文化而光大之，以期与诸民族并驱于世界，以驯致于大同。此为以民族主义对世界之诸民族也。

（二）**民权主义**　中国古昔有唐虞之揖让，汤武之革命；其垂为学说者，有所谓“天视自我民视，天听自我民听”，有所谓“闻诛一夫纣，未闻弑君”①，有所谓“民为贵，君为轻”②，此不可谓无民权思想矣。然有其思想而无其制度，故以民立国之制，不可不取资于欧美。欧美诸国有行民主立宪者，有行君主立宪者；其在民主立宪无论矣，即在君主立宪，亦为民权涨进、君权退缩之结果，不过君主之遗迹犹未划绝耳。

余之从事革命，以为中国非民主不可。其理由有三：既知“民为邦本”③，则一国以内人人平等，君主何复有存在之余地，此自学理言之者也。满洲之入据中国，使中国民族处于被征服之地位，国亡之痛，二百六十余年如一日，故君主立宪在他国君民无甚深之恶感者，犹或可暂安于一时，在中国则必不能行，此自历史事实而言之者也。中国历史上之革命，其混乱时间所以延长者，皆由人各欲帝制自为，遂相争相夺而不已，行民主之制则争端自绝，此自将来建设而言之者也。

有此三者，故余之民权主义，第一决定者为民主，而第二之决定则以为民主

---

① 语出《孟子》“梁惠王下”，原文是：“闻诛一夫纣矣，未闻弑君也。”
② 语出《孟子》“尽心下”，原文是：“民为贵，社稷次之，君为轻。”
③ 语出《尚书》“五子之歌”，原文是：“民惟邦本，本固邦宁。”

专制①必不可行，必立宪然后可以图治。欧美立宪之精义发于孟德斯鸠，所谓立法、司法、行政三权分立是已，欧美立宪之国莫不行之。然余游欧美，深究其政治、法律之得失，知选举之弊决不可无以救之。而中国相传考试之制、纠察之制实有其精义，足以济欧美法律、政治之穷。故主张以考试、纠察二权与立法、司法、行政之权并立，合为五权宪法；更采直接民权之制，以现"主权在民"之实。如是，余之民权主义遂圆满而无憾。

（三）**民生主义** 欧美自机器发明，而贫富不均之现象随以呈露，横流所激，经济革命之焰乃较政治革命为尤烈。此在吾国三十年前，国人鲜一顾及者。余游欧美，见其经济界岌岌危殆之状，彼都人士方焦头烂额而莫知所救。因念吾国经济组织，持较欧美，虽贫富不均之现象无是剧烈，然特分量之差，初非性质之殊也。且他日欧美经济界之影响及于吾国，则此种现象必日与俱增，故不可不为绸缪未雨之计。由是参综社会经济诸家学说，比较其得失，觉国家产业主义尤深稳而可行。且欧美行之为焦头烂额者，吾国行之实为曲突徙薪。故决定以民生主义与民族主义、民权主义同时并行，将一举而成政治之功，兼以塞经济革命之源也。

综上所说，则知余之革命主义内容，赅括言之，三民主义、五权宪法是已。苟明乎世界之趋势与中国之情状者，则知余之主张实为必要而且可行也。

二、革命之方略

专制时代，人民之精神与身体皆受桎梏而不能解放，故虽有为国民利害着想献身以谋革命者，国民不惟不知助之，且从而非笑与漠视之，此事之必然者也。虽欲为国民之向导，然独行而无与从；虽欲为国民之前锋，然深入而无与继。故从事革命者，于破坏敌人势力之外，不能不兼注意于国民建设能力之养成。此革命方略所以为必要也。

余之革命方略，规定革命进行之时期为三：第一为军政时期，第二为训政时期，第三为宪政时期。

---

① 民主专制（enlightened despotism），即开明专制，系对君主专制加以改良的政体，十八世纪下半叶出现于欧洲部分国家，梁启超亦曾撰文《开明专制论》予以鼓吹。

第一为破坏时期。在此时期内施行军法，以革命军担任打破满洲之专制，扫除官僚之腐败，改革风俗之恶习等。

第二为过渡时期。在此时期内施行约法（非现行者①），建设地方自治，促进民权发达。以一县为自治单位，每县于敌兵驱除、战事停止之日立颁布约法，以规定人民之权利义务与革命政府之统治权。以三年为限，三年期满则由人民选举其县官。或于三年之内，该县自治局已能将其县之积弊扫除如上所述者，及能得过半数人民能了解三民主义而归顺民国者，能将人口清查、户籍厘定、警察、卫生、教育、道路各事照约法所定之低限程度而充分办就者，亦可立行自选其县官，而成完全之自治团体。革命政府之对于此自治团体，只能照约法所规定而行其训政之权。俟全国平定之后六年，各县之已达完全自治者，皆得选代表一人，组织国民大会，以制定五权宪法。以五院制为中央政府：一曰行政院，二曰立法院，三曰司法院，四曰考试院，五曰监察院。宪法制定之后，由各县人民投票选举总统以组织行政院，选举代议士以组织立法院，其余三院之院长由总统得立法院之同意而委任之，但不对总统及立法院负责，而五院皆对于国民大会负责。各院人员失职，由监察院向国民大会弹劾之；而监察院人员失职，则国民大会自行弹劾而罢黜之。国民大会职权，专司宪法之修改及制裁公仆之失职。国民大会及五院职员与夫全国大小官吏，其资格皆由考试院定之。此为五权宪法。宪法制定，总统、议员举出后，革命政府当归政于民选之总统，而训政时期于以告终。

第三为建设完成时期。在此时期施以宪政，此时一县之自治团体当实行直接民权。人民对于本县之政治，当有普通选举之权、创制之权、复决之权、罢官之权；而对于一国政治，除选举权之外，其余之同等权则付托于国家〔民〕大会之代表以行之。此宪政时期，即建设告竣之时，而革命收功之日也。

革命方略大要如此。果能循此行之，则不但专制余毒涤除净尽，国民权利完全确实，而国民建设之能力亦必稳健而无虞，何致有政客之播弄与军人之横行哉！故革命主义，必有待于革命方略而后得以完全贯彻也。

---

① "现行者"指一九一二年三月颁布的《中华民国临时约法》，简称《临时约法》。

三、革命之运动

余之从事革命，建主义以为标的，定方略以为历程，集毕生之精力以赴之，百折而不挠。求天下之仁人志士同趋于一主义之下，以同致力，于是有立党；求举国之人民共喻此主义，以身体而力行之，于是有宣传；求此主义之实现，必先破坏而后有建设，于是有起义。革命事业千头万绪，不可殚述，要其荦荦在此三者，分述于左：

（一）**立党**　乙酉以后，余所持革命主义，能相喻者不过亲友数人而已。士大夫方醉心于功名利禄，惟所称下流社会反有三合会之组织，寓反清复明之思想于其中。虽时代湮远，几于数典忘祖，然苟与之言，犹较搢绅为易入，故余先从联络会党入手。甲午以后赴檀岛、美洲，纠合华侨创立兴中会，此为以革命主义立党之始，然同志犹不过数十人耳。迄于庚子，以同志之努力，长江会党及两广、福建会党始并合于兴中会①，会员稍稍众，然所谓士林中人为数犹寥寥焉。

庚子以后，满洲之昏弱日益暴露，外患日益亟，士夫忧时感愤，负笈于欧美、日本者日众；而内地变法自强之潮流，亦遂澎湃而不可遏。于是士林中人，昔以革命为大逆无道、去之若浼者，至是亦稍稍知动念矣。及乎乙巳余重至欧洲，则其地之留学生已多数赞成革命，余于是揭橥生平所怀抱之三民主义、五权宪法以为号召，而中国同盟会于以成立②。及重至日本东京，则留学生之加盟者，除甘肃一省未有留学生外，十七省之人皆与焉。自是以后，中国同盟会遂为中国革命之中枢，分设支部于国外各处，尤以美洲及南洋为盛；而国内各省亦由会员分往，秘密组织机关部。于是同盟会之会员，凡学界、工界、商界、军人、政客、会党无不有同趋于一主义之下，以各致其力。迄于辛亥，无形之心力且勿论，会员为

---

① 一八九九年十月，兴中会邀长江流域的哥老会、南部数省的三合会首领集会于香港，决定成立三会联合组织"兴汉会"，推举孙文为总会长。时在己亥年，非庚子年（一九〇〇年）。

② 一九〇五年春夏间孙文相继至布鲁塞尔、柏林和巴黎，在中国留学生中间组织革命团体，惟当时尚无正式名称。"中国同盟会"之名，系同年七月三十日孙文在东京赤坂召开革命团体筹备会时所议定。

主义而流之血，殆遍霑洒于神州矣！

（二）**宣传**　余于乙未举事广州，不幸而败，后数年始命陈少白创《中国报》[1] 于香港，以鼓吹革命。庚子以后革命宣传骤盛，东京则有戢元成〔丞〕、沈虬斋、张溥泉[2]等发起《国民报》，上海则有章太炎、吴稚晖、邹容等借《苏报》以主张革命，邹容之《革命军》、章太炎之《驳康有为书》[3] 尤为一时传诵。同时国内外出版物为革命之鼓吹者，指不胜屈。人心士气，于以丕变。

及同盟会成立，命胡汉民、汪精卫、陈天华等撰述《民报》。章太炎既出狱，复延入焉。《民报》成立，一方为同盟会之喉舌以宣传正〔主〕义，一方则力辟当时保皇党劝告开明专制、要求立宪之谬说，使革命主义如日中天。由是各处支部，以同一目的发行杂志、日报、书籍，且以小册秘密输送于内地，以传播思想。学校之内、市肆之间争相传写，清廷虽有严禁，末如之何也。

（三）**起义**　乙未之秋，余集同志举事于广州，不克。陆皓东死之，被株连而死者有丘四、朱贵全二人。被捕者七十余人，广东水师统〔管〕带程奎光[4]与焉，遂瘐死狱中。此为中国革命军举义之始。庚子再举事于惠州，所向皆捷，遂占领新安大鹏[5]至惠州平海[6]一带沿海之地，有众万余人，郑士良率之，以接济不至而败。同时史坚如在广州，以炸药攻毁两广总督德寿之署[7]，谋歼其众，事败被执遇害。自后革命风潮遂由广东渐及于全国，湖南黄克强、马福益之举事，其最著者也。

---

[1]　原称《中国日报》，一九○○年一月创刊，《中国旬报》同时发行，时人亦将此两者合称为《中国报》。

[2]　戢翼翚，字元丞；沈翔云，字虬斋；张继，字溥泉。

[3]　原题为《驳康有为论革命书》，一九○三年五月与邹容的《革命军》在上海合刊印行。该文所驳者为一九○二年九月十六日在横滨发行的《新民丛报》第一年第十六号所载《南海先生辨革命书》。

[4]　程奎光被捕前任广东水师"镇涛"舰管带。按清末兵制，统辖陆军一标（团）的长官称统带，亦称标统；统辖陆军一营或海军一舰的长官称管带。

[5]　即新安县的大鹏镇，今属深圳市。

[6]　即惠州府归善县的平海镇，今属惠州市惠东县。

[7]　德寿时任广东巡抚兼署两广总督，所炸者为巡抚衙署。

及同盟会成立之翌年，岁次丙午，会员举事于萍乡、醴陵①。于是革命军起，连年不绝。其直接受余之命令以举事者，则有潮州黄冈之役、惠州之役、钦廉之役、镇南关之役、钦廉上思之役、云南河口之役。盖丁未、戊申两岁之间举事六次，前仆后继，意气弥厉，革命党之志节与能力遂渐为国人所重。而徐锡麟、秋瑾、熊成基之举事于长江，亦与两广遥相辉映焉。其奋不顾身以褫执政之魄者，则有刘思复之击李準，吴樾之击五大臣②，徐锡麟之击恩铭，熊成基之击载洵，汪精卫、黄复生等之击摄政王③，温生才之击孚琦，陈敬岳、林冠慈之击李準，李沛基等之击凤山。其身或死或不死，其事或成或不成，然意气所激发，不特敌人为之胆落，亦足使天下顽夫廉、懦夫有立志矣！事势相接，庚戌之岁，革命军再挫于广州④。至辛亥三月二十九日，黄克强率同志袭两广督署，死事者七十二人，皆国之俊良也。革命党之气势，遂昭著于世界。是年八月，武昌革命军起，而革命之功于以告成。

综计诸役，革命党人以一往直前之气，忘身殉国。其慷慨助饷，多为华侨；热心宣传，多为学界；冲锋破敌，则在军队与会党。踔厉奋发，各尽所能，有此成功，非偶然也。

以上三者为其荦荦大者，他若外交之周旋，清廷阴谋之破坏，惟所关非细，不能尽录，留以待诸修史。

四、辛亥之役

辛亥八月十九日⑤，革命军起义于武昌，拥黎元洪为都督。各省革命党人不约而同纷起以应，数日之内光复行省十有五，遂于南京组织临时政府，举余为临时大总统。清廷命袁世凯与临时政府议和，遂使清帝退位，民国统一，余乃辞职，推荐袁世凯于参议院，继任为临时大总统焉。此一役也，为中国之大事，其得失

---

① 此指萍浏醴之役。萍乡县属江西省，浏阳、醴陵两县属湖南省，今皆改县为市。
② 五大臣指载泽、端方、绍英、戴鸿慈、徐世昌，为清廷派出洋考察宪政者。
③ 即载沣，宣统帝溥仪之父。
④ 即一九一〇年广州新军之役。
⑤ 即一九一一年十月十日。

利害实影响于以后全体国民之祸福，不可以不深论也。

此役所得之结果，一为荡涤二百六十余年之耻辱，使国内诸民族一切平等，无复轧轹凌制之象；二为划除四千余年君主专制之迹，使民主政治于以开始。自经此役，中国民族独立之性质与能力屹然于世界，不可动摇。自经此役，中国民主政治已为国人所公认，此后复辟帝制诸幻想，皆为得罪于国人而不能存在。此其结果之伟大，洵足于中国历史上大书特书，而百世皆蒙其利者也。

然以为此役遂足以现中华民国之实乎？则大谬不然。于何证之？以十二年来之已事证之。十二年来，所以有民国之名而无民国之实者，皆此役阶之厉也。举世之人方疾首蹙额，以求其原因而不可得，余请以简单之一语而说明之，曰：此不行革命方略之过也。

革命方略前已言之，规定革命进行之时期为三：第一军政时期，第二训政时期，第三宪政时期。此为荡涤旧污、促成新治所必要之历程，不容一缺者也。民国之所以得为民国，胥赖于此。不幸辛亥革命之役，忽视革命方略，置而不议，格而不行，于是根本错误，枝节横生，民国遂无所恃以为进行，此真可为太息痛恨者也！今举其害如左：

（一）由军政时期一蹴而至宪政时期，绝不予革命政府以训练人民之时间，又绝不予人民以养成自治能力之时间。于是第一流弊在旧污未由荡涤，新治未由进行；第二流弊在粉饰旧污，以为新治；第三流弊在发扬旧污，压抑新治。更端言之，即第一为民治不能实现，第二为假民治之名行专制之实，第三则并民治之名而去之也。此所谓事有必至，理有固然者。

（二）军政时期及训政时期，所最先着重者在以县为自治单位，盖必如是，然后民权有所托始，"主权在民"之规定使不至成为空文也。今于此忽之，其流弊遂不可胜言：

第一，以县为自治单位，所以移官治于民治也，今既不行，则中央及省仍保其官治状态，专制旧习何由打破？

第二，事之最切于人民者，莫如一县以内之事，县自治尚未经〈训〉练，对于中央及省何怪其茫昧不知津涯。

第三，人口清查、户籍厘定皆县自治最先之务，此事既办然后可以言选举，今先后颠倒，则所谓选举适为劣绅土豪之求官捷径，无怪选举舞弊，所在皆是。

第四，人民有县自治以为凭藉，则进而参与国事可以绰绰然有余裕，与分子构成团体之学理乃不相违，苟不如是，则人民失其参与国事之根据，无怪国事操纵于武人及官僚之手。

以上四者，情势显然。《临时约法》既知规定人民权利义务，而于地方制度付之阙如，徒沾沾于国家机关，此所谓合九州之铁铸成大错者也。

（三）训政时期，先县自治之成立，而后国家机关之成立，《临时约法》适得其反，其谬已不可救矣。然即以国家机关之规定论之，惟知袭取欧美三权分立之制，且以为付重权于国会，即符"主权在民"之旨，曾不知国会与人民实非同物。况无考试机关，则无以矫选举之弊；无纠察机关，又无以分国会之权。驯致国会分子稂〔良〕莠不齐①，薰莸同器。政府患国会权重，非劫以暴力，视为鱼肉，即济以诈术，弄为傀儡。政治无清明之望，国家无巩固之时，且大乱易作，不可收拾。

以上所述，皆十二年来之扰攘情状，人人所共见共闻者。寻其本原，何莫非不行革命方略有以致之。余于临时大总统任内，见革命方略格而不行，遂不惜辞职，非得已也。

五、讨袁之役

辛亥之役以不行革命方略，遂致革命主义无由贯彻，已如上述。在此情况之中，使当政府之局者为忠于民国之人，亦无由致治，仅可得小康而已。余于袁世凯之继任为临时大总统也，固尝以小康期之，乃倡率同志退为在野党，并自任经营铁道事业。盖以为但使国无大故，则社会进步，亦足以间接使政治基础臻于完固。如此则民国之建设虽稍迟滞，犹无碍也。

顾袁世凯之所为，则无一不与民国为仇，其不轨之心，日甚一日。袁世凯之出此，天性恶戾，反复无常，固其一端。然所以敢于为此者，一由革命方略不行，

---

① 据前后文意，此处当作"良莠不齐"。

则缘之而生之弊害，断不能免。人见弊害如此，则执以为党人诟病，谓民主之制不适于中国；而党人亦因以失其信用，一由专制之毒深入人心。习于旧污者视民主政治为仇雠，伺瑕抵隙，思中伤之以为快；群趋重于袁世凯，将挟以为推翻民国之具，而袁世凯亦利用之，以自便其私。积此二者，袁世凯于是有划除南方党人势力根据之计画，有推倒民治、恢复帝制之决心。于狙杀宋教仁，小试其端；于五国借款①不经国会通过，更张其焰。东南讨袁军举事太迟，反为所噬。辛亥之役革命军所植于国内之势力，遂以荡涤无余。及乎国会解散，约法毁弃，则反形已具，帝制自为之心事跃然如见矣！余乃组织中华革命党，恢复民国以前革命党之面目，而加以严格之训练，以辛亥覆辙申儆党人，俾于革命之进行不致徬徨歧路。自二年至于五年之间，与袁世凯奋斗不绝。及乎洪宪宣布，僭窃已成，蔡锷之师崛始云南，西南响应。而袁世凯穷途末路，众叛亲离，卒郁郁以死。"民国"之名词乃得绝而复苏。

经此一役，余以为国人应有之觉悟，其至低限度亦当知袁世凯式之政治不能存在于民国之内，必彻底以划除之也。不期国人之意识，乃无异于辛亥。辛亥之役，以为但使清帝退位，则民国告成，讴歌太平，坐待共和幸福之降临，此外无复余事；所有民国一切之设施与旧制之更张，不特不以为必要，且以为多事。丙辰之役，以为但使袁世凯取消帝制，则民国依然无恙，其他袁世凯所留遗之制度，不妨萧规而曹随，似袁世凯所为，除帝制外无不宜于民国者。甚至袁世凯所毁弃之约法与所解散之国会，亦须力争，而后得以恢复，其他更无俟言。故辛亥之结果，清帝退位而止；丙辰之结果，袁世凯取消帝制而止。

六、护法之役

自民国二年至于五年，国内之革命战事可统名之曰"讨袁之役"；自五年至于今，国内之革命战事可统名之曰"护法之役"。袁世凯虽死，而袁世凯所留遗之制度不随以俱死，则民国之变乱正无已时，已为常人意料所及。果也，曾不期

---

①　五国指由英、法、德、日、俄五国组成的银行团，袁世凯政府于一九一三年四月与其签订《善后借款合同》，贷款二千五百万英镑。

年而毁弃约法、解散国会之祸再发，驯致废帝①复辟，民国不绝如缕。复辟之变虽旬余而定，而毁法之变则愈演愈烈，余乃不得不以护法号召天下。

夫余对于《临时约法》之不满，已如前述。则余对于此与革命方略相背驰之约法，又何为起而拥护之，此必读者所亟欲问者也。余请郑重以说明之。辛亥之役，余格于群议，不获执革命方略而见之实行，而北方将士以袁世凯为首领，与余议和。夫北方将士与革命军相距于汉阳，明明为反对民国者，今虽曰服从民国，安能保其心之无他。故余奉《临时约法》而使之服从，盖以服从《临时约法》为服从民国之证据。余犹虑其不足信，故必令袁世凯宣誓遵守约法，矢忠不贰，然后许其和议。故《临时约法》者，南北统一之条件，而民国所由构成也。袁世凯毁弃《临时约法》即为违背誓言，取销其服从民国之证据，不必待其帝制自为，已为民国所必不容。袁世凯死，而其所部将士袭其故智，以取销其服从民国之证据，则其罪与袁世凯等，亦为民国所必不容。故拥护约法，即所以拥护民国，使国之人对于民国无有异志也。余为民国前途计，一方面甚望有更进步、更适宜之宪法以代《临时约法》，一方面则务拥护《临时约法》之尊严，俾国本不因以摇撼。故余自六年至今，奋然以一身荷护法之大任而不少挠。

护法事业，凡三波折。六年之秋，余率海军舰队南去广州，国会开非常会议举余为大元帅，余乃以护法号令西南。西南将帅虽有阴持两端不受约束者，然于护法之名义，则崇奉不敢有异。故其时西南与北方战，纯然护法与非法战也。及余解职去广州，继起之军政府对于护法不能坚持，而西南诸省因之亦生携贰，率〔卒〕至军政府有悍然取消护法之举，于是护法事业几于坠地。九年之冬余重至广州，翌年五月再被选为大总统，始重整护法之旗鼓，以北向中原。而奸宄窃发，进行蹉跌，北方将士反以护法相号召，冀收统一之效。余固喜之，顾以国会问题犹未解决，护法事业终为有憾，然余甚愿以和平方法睹护法之完全告成也。

护法之战，前后六载，国家损失不为不重，人民牺牲不为不大。军兴既久，所在以养兵为地方患，故余于护法事业将告结束之际，发起"化兵为工"之主张以补救之。如实行此主张，于国利民福当有所裨。否则护法之役所得效果，惟留

————————

① 即前清宣统帝溥仪。

"法不可毁"之一念于国人脑中而已，较辛亥、丙辰所得结果不能有加也。

七、结　论

中华革命之经过，其艰难顿挫如此。据现在以策将来，可得一结论曰：非行化兵为工之策，不能解目前之纷纠；非行以县为自治单位之策，不能奠民国于苞桑。愿我国人一念斯言。

民国十二年一月二十九日

据孙文：《中国之革命》，载《最近之五十年——申报馆五十周年纪念》，上海，申报馆编印，一九二三年二月出版

发扬民治说帖①

（一九二三年）②

民国以还，政论家恒有中央集权、地方分权之两说，集权论者侈言统一，分权论者心醉联邦。其实以吾国帔〔幅〕员之广大，交通之梗塞，以云集权，谈何容易。证之民二、三之往事，号为中央集权，亦不过徒袭其名耳，各省都督之拥兵自重，独揽大权，自为风气，中央直莫能过问。此集权说之不可行也。

立国各有其本。吾国以数千年统一之国，又乘专制政体之遗，与美之先有各洲〔州〕而后有中央者迥不相侔，欲行联邦政体，何异东施效颦。此分权说之不可行也。

必于集权、分权之间，酌盈剂虚，斟酌适当，诚未易言。然如军事、外交等之必集权中央，殆如天经地义，无待词费。民九以来，吾民鉴于政府之无能，军阀之横暴，一时地方自治之说甚嚣尘上。于是军阀之狡黠者，乘人民心理之弱点，

---

① 一九二三年一月陈炯明叛军被滇桂联军逐出广州，二月孙中山离沪至粤重建中华民国军政府。底本为手稿，已否发表不详。

② 本文未署写作时间，对照其他论及民治问题的著述，暂定为一九二三年。

截割"自治"之美名，而创为联省自治，夷考其实，则联督自固耳。省之为省如故也，民之无权又如故也。是联省自治者，不过分中央政府之权于地方政府，并非分政府之权于人民。地方政府而善，不过官僚政治；地方政府而恶，势必各据一方。欲民治之实现，不几南辕而北辙哉！

由是观之，中央集权之不可能既如彼，联省自治之无实际又如此，无已，其为县自治乎？县为吾国行政机关之最初级，故史称知县为"亲民之官"。譬之建屋然，县为基础也，省其栋宇也，国其覆瓦也，必基础巩固，层累而上，而后栋宇、覆瓦始有所附丽，而无倾覆之虞。清末至今，开明之士侈言参政，于是国会、省会①应运而生。买票贿选，举国若狂。县虽亦有议会，然自好之士，避之若浼；聪明俊秀之辈，率以地小不足迴旋，不屑与伍。于是充县议员者不外劣绅、流氓、地痞，办县地方事务者亦然。则县自治之成绩，从可知矣。

今欲推行民治，谓宜大减其好高骛远之热度，而萃全力于县自治。自治团体愈多而愈佳，自治区域愈小而愈妙。试观欧美各国，其面积虽仅吾国一省之大，其人口虽仅吾国一省之多，而其行政区域必划分为百数十区，自治区域亦然，用能自治发达而百废俱兴。若吾国乎，莫若以城镇乡为下级自治团体。盖吾国青苗、保甲本具自治之雏形，乡约、公所不啻自治之机关，助而长之，因势利导，则推行易而收效宏。而以县为自治单位，举县议会，选县长，凡关乎地方之事赋与全权。省之一级，上承中央之指挥，下为各县之监督，诚不可少；然必厘订权限，若者为地方赋予之权，若者为中央赋予之权，然后上下无隔阂之嫌，行政免紊乱之弊也。

县自治既为民治之根本，然则实施之法将奈何？《临时约法》对于地方制度本无规定，宪法又未制成，国会议员强半不惜卖身，助成贿选。求之法律，则法律无根据；求之事实，则事实无希望。为今之计，惟有从法律上革命而已。何谓法律上革命？废约法、缓制宪是也。革命之手续若何？仿元年南京临时参议院先例，每省举五代表，组织革命政府，期以三年。三年之内励行县自治，以养成人民参政之习惯，然后颁布宪法，悬之国门。庶共和无蹵等之讥，民治有发扬之望。

---

① 指省议会。

舍此而求民治，是犹磨砖为镜、炊沙成饭之类也，岂有得哉！

据《发扬民治说帖》手稿，台北、中
国国民党文化传播委员会党史馆藏

女子要明白三民主义

在广东第一女子师范学校校庆纪念会的演说①

（一九二四年四月四日）

校长、诸君：

今天是广东女子师范开十七周年纪念会。这十七年之中，是什么时候呢？你们学生知不知道呢？现在是民国十三年，大家知道为什么事要叫做民国呢？在十三年前，中国不叫做民国，叫做大清帝国。中国在那个时候有皇帝，做皇帝的是满洲人，现在民国没有皇帝。满洲人从前做中国的皇帝，有了二百六十多年，那是中国的什么时候呢？就是亡国的时候！满人做了中国二百六十多年的皇帝，就是中国亡了二百六十多年。在十三年前才推翻大清帝国，创造中华民国。那次推翻大清帝国，是我们汉人在近来几百年中的一件大事。我们中国亡过了几百年，做人的奴隶也有几百年，在十三年前才推翻帝国，光复汉人的山河，脱离做奴隶的身分，所以那是我们汉人一件很大的事。

诸君毕业之后是去教人的，是为国家培养人才的。培养人才就是学师范者的任务。诸君要能够达到这种任务，便先要知道自己是生在什么时候，在这个时候是应该做些什么事业。诸君都是生在光复以后的时候，不必做外国人的奴隶，大家从此以后都有希望做主人，自己可以管国事。学师范的人本来是教少年男女的，是教少年男女去做人的。做人的最大事情是什么呢？就是要知道怎么样爱国，怎么样可以管国事。中国人从前做满人的奴隶，被满人压制，不许问国事，因为那

---

① 孙文自一九二四年初在广州系统演讲三民主义学说，三四月间已讲至民权主义部分，而本次演说乃为年轻女学生阐释三民主义并论及男女平权问题。

个时候的中国是满人的国家，我们没有份。从今以后不是满人的国家，中国便是大家的国家，你们都有一个家。家和国有什么关系呢？家庭要靠什么才可以生活呢？各个家庭都要靠国才可以生活。国是合几千万的家庭而成，就是大众的一个大家庭。学生受先生的教育，知道对于学校有尊敬师长、爱护学校的责任，对于家庭有孝顺父母、亲爱家庭的责任。对于国家也有一种责任，这种责任是更重大的，是四万万人应该有的责任。诸君在学校内求学，便应该学得对于国家的责任。

现在我们的国家是什么景象呢？从光复以后，成立了中华民国，这个民国便是我们的国家。当中的国民有四万万，一半是男人，一半是女人，就是四万万人之中有二万万是女人。从前满人做中国皇帝的时候，不但是女子不能问国事，就是男子对于国事也不能过问。经过革命以后才大家都有份，大家都可以问国事。推究大家可以问国事的来历，还是由于我们主张三民主义、实行革命的原故。所以大家要问国事，便要明白三民主义。明白三民主义和实行三民主义，便是诸君对于国家应该负的责任。

什么是三民主义呢？第一个是民族主义。什么是民族主义呢？就是要中国和外国平等的主义。要中国和英国、法国、美国那些强盛国家都一律平等的主义，就是民族主义。汉人在十三年前做满洲人的奴隶，我们当那个时候没有国家，不能和别人讲平等。满人的国家很弱，不能自立，总是受外国的压制，被英国、法国、美国、日本和世界上许多国家的侵略，失去了疆土，抛弃了主权。满人总是受各国人的束缚，做英国、法国、美国、俄国和日本那些强国的奴隶。我们汉人又做满人的奴隶。所以在十三年前，我们是奴隶中的奴隶，叫做"双重奴隶"。推翻满清以后脱离一重奴隶，还要做各国的奴隶。因为满清借许多外债，和外国立了很多不平等的条约，至今还没有废弃，还是受各国条约的束缚。那是一些什么条约呢？就是满人把我们的主权、土地押到外国的条约。那些条约好比是主人穷，借别人的钱用，把奴隶押到别人所写的身契一样。那个奴隶就是卖了身，便不能自由。所以我们至今受各国条约的束缚，至今还是做各国的奴隶。我们革命党主张民族主义，本想中国和各国平等，但是中国从前衰弱，不能和各国平等。创造民国，把国家变强盛，国家强盛了才可以和各国平等。

大家读历史，都知道在中国附近最著名的是日本。日本在六十年前，和高丽、安南、缅甸是一样。高丽、安南、缅甸因为不知道革命，所以亡国，做外国的奴隶。日本因为知道革命，革命能够成功，所以变成世界上的头等强国，各国都不敢轻视。日本在没有强国之先，和外国也写过了身契，立过了许多不平等的条约；但是强盛以后便废除了那些条约，不受各国的束缚，和外国是立于平等地位。日本之所以能够和外国平等的原故，就是因为日本人知道民族主义，能够实行民族主义。我们从前提倡革命，主张民族主义，不许外国人侵略中国，不做外国人的奴隶，许多人都不明白，所以总是不能达到目的。到了革命风潮发生以后，才知道做外国人的奴隶是狠耻辱，才不肯做满人的奴隶，故实行革命，赶走自外国来的满人，推翻清朝的皇帝。至今有了十三年，不能够马上强盛，虽然脱离了满人的束缚，不做满人的奴隶，还要做各国人的奴隶。我们要以后不做各国人的奴隶，要废除一切不平等的条约，便更要发奋有为，实行民族主义。这就是做人的、做学生的和做一般国民的，对于民族主义应该有的责任。

第二个是民权主义。在十三年前，国家的大事只有皇帝一个人管，百姓都不能过问。好像一个东家生意，全店的事情都是东家一人管理，别人不能过问，店中伙伴只是听命做工，不得兼涉店事一样。满清皇帝专制的时候也是这样。到了辛亥年推翻清朝皇帝以后，我们才是主人。现在是民国，是以民为主的，国家的大事人人都可以过问。这就是把国家变成大公司，人人都是这个公司内的股东，公司内的无论什么事，大家都有权去管理。这便是民权主义的精义。

第三个是民生主义。什么是民生主义呢？诸君读历史、地理，都知道中国人民是很多的，疆土是很大的，并且是狠肥美的，所出的农产是很多的，所有的矿藏是很丰富的。中外没有通商以前，洋货没有进口，中国是很富的。那个时候，中国人虽然做满洲人的奴隶，但是全国的工业、农业极发达，人民都有衣食，所谓家给人足。现在是什么景象呢？成了民穷财尽的世界，人民日日有患贫之忧，受贫穷的困苦。推到我们国家的土地有这样大，矿藏有这样富，农产有这样多，为什么还弄到民穷财尽，人民日日受贫穷的困苦呢？最大的原因是受外国经济压迫。外国从前用洋枪大炮、海陆军兵力打开我们中国的门户，要和我们通商。通商本来是两利的事，但是中国工业不及外国进步，所以中外通商以后洋货进口便日日加多。详细原因是由于外国洋货都是用很大的工厂、极大的规模、很多的机器做出来的，不是用手工做出来的；我们的土货都是用手工做出来的。用手工做出来的价钱很昂贵，用机器做出来的价钱狠便宜。因为人人爱便宜，所以土货不能和洋货竞争，所以洋货的销行便多过土货。譬如大家手内用的，身上穿的，家内所需要的，没有那一件东西不是洋货。通商的事，是以中国所无的运进，以所有的运出，所谓以有易无。但是中国的交通不好，沿海面的省分还有火船来往，到了内地不能行船又没有铁路，所出的土产都不能运出。他们外国的交通很便利，在本国有铁路，在海面有大洋船，他们的洋货很容易运进，所以运进来的洋货便很多，运出去的土货便很少。洋货进口换钱出去，土货出口换钱进来，这两笔帐比较起来，进口洋货换的钱比出口土货换的钱每年要多过五万万元，这就是我们每年要送五万万钱到外国去。用五万万钱的数目分配到四万万人，就中国人平均每个人要用一块多钱的洋货。用一个学生所用的洋货计算，不只一块多钱。譬如一件洋布衣便值几块钱，一本洋书也要值几块钱，一枝自来水笔也要值几块钱。不过，交通不便利各省分，像甘肃、新疆、四川、贵州那些内地人民，所用的洋货要少些；交通很便利的省分，像江苏、广东的人民，所用的洋货要多些，每人每年要用一百多元或者几百元的洋货。这就是我们的钱每年都被他们的洋货交换去了，由于这个道理，所以弄到全国民穷财尽。

我们革命之后要实行民生主义，就是用国家的大力量，买很多的机器，去开采各种重要矿产。像煤矿、铁矿，中国到处皆有，煤矿尤其普遍，譬如广东的花县①、韶关和北江一带便有很丰富的煤矿。广东人现在每日用煤是狠多的，所以市面的煤价很贵，普通的煤一吨要值二十多元。那些矿内的煤，一开出来了便是钱。另外还有金、银、铜、铁、锡的五金矿都是很多，完全开出来了，中国便可以大富。到了那个时候，我们也用机器去制造货物。日本现在就是这样，所以日本有狠多的货物输出，运到中国来的更是很多。日本货的价钱比较欧美的还要便宜。中国将来矿产开辟，工业繁盛，把国家变成富庶，比较英国、美国、日本选〔还〕要驾乎他们之上。

---

① 花县，今改置广州市花都区。

到了那个地步，中国要成什么景象呢？我们预先看不到，可以看英国、美国现在是一个什么景象。他们国内有许多人是发大财的。他们所发的大财不只几百万、几千万，有几万万、几百万万。普通发几千万的财，不算是发大财。推究他们发大财的原因，是由于机器多，制造的货物多，赚的钱也很多。有机器的人便一日比一日富，没有机器的人便一日比一日穷。富者愈富，穷者愈穷。所以他们的社会小康之家是很少的，没有中产阶级，只有两种绝相悬殊的阶级，一种是资本家，一种是工人。在这两种阶级的中间，不穷不富的人很少。这种现象不是好现象，这就是社会上的毛病。我们革命成功、民国统一之后，要建设成一个新国家，一定是要开矿、设工厂，谋国家富足。现在是民国十三年，再过十三年，到民国二十六年，中国或者不穷，也是像英国、美国一样的富足，社会上也是像英国、美国一样生出两种阶级的人，一级是大富人，一级是大穷人，中间没有第三级的人民，那便是不均。我们现在是患贫，贫穷就是我们的痛苦。英国、美国的毛病不是患贫，是患不均。全国的财富，人民没有分均匀，所以富人的财产常常到几万万，穷人连面包都难得找到手。富人因为有了那样多财产，便垄断国家的大事，无恶不作。穷人因为没有生活，便不得不去做富人的牛马奴隶。那种发大财的富人是少数，做奴隶的穷人是多数。在一个国家之内，只少数人有钱是假富，要多数人有钱才是真富。我们现在没有大富人，多数都是穷。要革命成功以后不受英国、美国现在的毛病，多数人都有钱，把全国的财富分得很均匀，便要行民生主义，把全国大矿业、大工业、大商业、大交通都由国家经营。国家办理那些大实业，发了财之后，所得的利益让全国人民都可以均分。好像中国的宗族主义，用祖宗的公产，举可靠的家长去经营实业，发了大财之后，子孙可以同分其利，有贫穷无告的都可以利益均沾一样。总而言之，我们的民生主义是做全国大生利的事，要中国像英国、美国一样的富足，所得富足的利益不归少数人，〈没〉有穷人、富人的大分别，要归多数人，大家都可以平均受益。

到了那个时候，国家究竟是做一些什么事呢？就是要办教育。国家有了多钱，便移作教育经费。中国现在的岁入，约计自二万万到三万万。日本有十几万万，美国有几十万万，这些经费都是归国家用去办理教育、海陆军和一切行政的。国家的岁入在日本有十几万万，中国要大过日本十几倍，国家建设好了，至少可以收一百多万万。那样多的岁入，应该定作什么用途呢？要由国家拨十几万万专作教育经费，有了这样多的教育经费，中国人便不怕没有书读，做小孩子的都可以读书。现在广东办了不少的平民学校，穷家的小孩子，像水上的儿童和乡村的儿童，能不能够都到平民学校内去读书呢？平民学校不收学费，并且发给书籍。穷家小孩子本可以去读书，但是乡下的小孩子要去放牛，每天要赚几毫钱①；水上的小孩子要去划船，每日要赚两毫钱。因为他们不赚钱便没有饭吃、没有衣穿，到了没有饭吃、没有衣穿，就令有平民学校不收学费，他们怎么能够去读书呢？要那些穷家小孩子都能够读书，不但是学校内不收学费，有书籍给他们读，还要那些读书的小孩子有饭吃、有衣穿、有屋住；要那些小孩子自出世以后，自小长成人，国家都有教有养，不要小孩子的父母担忧，那些穷家父母才能安心送去读书。现在穷家的父母总是日日为小孩子的衣食住担忧，所以虽然办了许多平民学校，乡下的小孩子还是要放牛，城市的小孩子还是要做工。现在广州市的小孩子自八岁到十岁都要做工，那些做工的小孩子该有多少呢？那些穷小孩子未必没有很聪明的吗，也是有极大聪明的。如果能够读书，或者可以成圣贤，也可以造就成很好的人才。但是现在无力去读书，不能上进，国家便减少了很多的人才。我们实行民生主义，国家发了大财，将来不但是要那一般平民能够读书，并且要那一般平民都有养活。壮年没有工做的，国家便多办工厂，要人人都有事业。老年不能做工的，又没有子女亲戚养活的，所谓鳏、寡、孤、独四种无告的人民，国家便有养老费。国家的大作用就是设官分治，替人民谋幸福的。

　　像我们革命党主张民生主义，造成这样的国家，才真是替人民谋幸福，才真是为人民的幸福来打算。人民有了这样的好国家，一生自幼到老才可以无忧无虑，才可以得安乐。我们现在的中国人，没有那一个是长年可以得安乐的，没有那一个不是忧愁的。如果不忧愁，能够过安乐的日子，便是没有长成人，不知道有世界上艰难辛苦的事。若是成人之后，年纪大了，便有忧愁。诸君不信，可以回家去问问老父老母和兄长姑嫂，一年到头，处心积虑，是一个什么样子。我想他们的长年思虑，若是家穷的，不是愁每月的油盐柴米和房租家用没有着落，就是愁

---

　　①　此处原作"每牛要赚几块钱"，今据《孙中山先生最近讲演集（民国十二年十二月至十三年四月)》所收《三民主义与男女平权》一文改为"每天要赚几毫钱"。

儿女的衣食学费没有办法。就是家内富的，不是忧子孙的书读不好，就是忧子孙没有事做，没有职业；并且忧自己老了之后，家当靠不住，子子孙孙不能长享幸福。无论富人穷人，只要是稍为有阅历的人，便一年到头总是有忧愁，总是不得安乐。他们为什么要这样忧愁呢？有忧愁就是受痛苦。因为以前的国家不好，人民真是受痛苦，所以才这样忧愁。我们革命党在十三年前革命，推翻满清，创造民国，现在革命、建设民国是为什么呢？就是要除去人民的那些忧愁，替人民谋幸福。要四万万人都可以享福，把中国变成一个安乐国家和一个快活世界。在这个国家之内，我们四万万人不是一代可以享幸福的，是代代可以享幸福的。这是什么国家呢？这就是将来的中华民国。

现在的中华民国有了十三年，在这十三年之中，人民享了多少幸福呢？诸君回家内去问父母，到底在这十三年中是享过了多少福。我想诸君的父母一定答应说，在这十三年以来，没有享过一点福。在十三年以前只是怕穷，但是没有兵灾，可以享太平福。民国十三年以来，没有一年没有兵灾。像广东在这几年之中无日不是战争，各省都是一样，最近又要发生南北战争。为什么到了民国以来，人民反要加一种痛苦呢？大家做学生的是有知识阶级，要明白当中的道理。本来在没有革命以前，人民虽然是穷，但是还有清菜淡饭，可以过安乐日子；现在受兵灾，连清菜淡饭都没有吃的。这是什么原故呢？不明白道理的人，都是说革命不好，从前有皇帝，所以有太平日子过；现在把皇帝推翻了，没有真命之主，所以天下不太平。因为这个原故，许多人还是想复辟，希望真命天子出世。诸位学生听到他们说这些话，到底是有没有道理呢？就他们这些话去推测，岂不是民国反不如从前的旧国家吗？民国既是不如从前的旧国家，我们为什么要成立民国呢？为什么要大家赞成民国呢？为什么要大家对于民国来尽心职务，建设这个新国家呢？大家又为什么承认是中华民国的国民，不承认是大清帝国的遗民呢？诸君是女子师范学生，毕了业之后是要去教人的，要教别人怎么样可以明白这些道理，便要自己先明白这些道理。诸君现在学校内求学，到底明白不明白这些道理呢？要明白这些道理，先从什么地方研究起呢？要研究这些道理，最简单的方法就是要把民国和帝国的两件事研究清楚。把民国和帝国两件事的好歹研究清楚了，自然可以明白这些道理，自然容易教别人也明白这些道理。

　　我们从前推翻专制帝国，造成平等自由的民国，本意是打破不好的旧世界，改造成一个很好的新世界，要人人在这个新世界中都可以安乐，都可以快活。现在不但是不快活、不安乐，并且反加忧愁，反加痛苦。这个道理是很容易明白的。要怎么样才可以明白这个道理，可以用我们讲话的这间房屋来做比喻。

　　从前没有见过外国洋楼的人，不知道新式洋楼是怎样好，一见这间大房屋，一定是很心满意足的。但是见过洋楼以后，知道新式房屋有许多层，上下各有升降机，不必用气力走上走下；一进机内，只要司机人的手一动，要到那一层便是那一层。用水不要人挑，全屋都装得有自来水，一转启闭塞，要用热水便是热水，要用冷水便是冷水。用灯不要点火，满屋都有电灯，一转接电钮，便满屋辉煌，光耀夺目。再回想到这间屋，一定是很不满意的。我们中国人没有到过外国，没有住惯过文明屋，现在住到这间屋内，一定觉得是很好。若是住惯了文明屋的人再来住这间屋，便觉得很不卫生。譬如今天这样冷的天气，便没有方法御寒，到夏天炎热的时候又没有方法解热，知道这间屋是很不适用的。文明屋的每间房子之内都挂得有寒暑表，房内的冷热随时可以知道。如果房内太冷了，像今天的天气一样，便开热水管或者电炉，马上就可以把房内的温度变热；如果房内太热了，像广东的夏天，便开电气风扇。最新的住屋在夏天是用冷空气，马上就可以把房内的温度变冷。那种文明屋内的温度可以任意变更，我们要他是多少度，便可以变成多少度。大概在夏天总是不得高过华氏八十度，冬天总是不要低过华氏七十度，一年四季的房内温度都是很平均的，都是很卫生的。所以外国人在冬天出街才穿大外套，在家内都是穿单衣，女子们更是穿很薄的亮纱。我们中国人在冬天要吃火锅，他们外国人在冬天要吃雪糕。我们要像外国人那一样的卫生，必要有那种文明屋的设备方可以成功。像这间旧式的房屋，我们要怎样变热，怎样变冷，可不可以做得到呢？大家没有住惯外国文明屋的人，中国的这种旧屋是怎样不卫生，外国的那种新屋是怎样很卫生，或者还不甚知道；但是住惯了外国文明屋的人，一定很感觉这种旧屋不卫生的不方便。我们在中国要想所住的房屋都是像外国房屋一样的卫生，便要拆去这种不文明的旧房屋，在这一块地基另外造成一所很文明的新洋楼。我们对于国家也是一样的道理。因为先知先觉的人，知道中国从前不文明的旧国家专制太过，人民过于痛苦，所以发起革命，想建设一个像英国、美国很文明的新国家，让人民得安居乐业，过很快乐的日子。从前推倒大清帝国，改造中华民国，就是打破不文明的旧国家，改造成文明的新国家，好比拆去不文明的旧屋另造很文明的新屋一样。现在满清的专制旧政府已经推倒了，民国的共和新政府建设成功没有呢？毫没有建设成功。中国现在的时势正是青黄不接，好比旧屋已经拆去了，新洋楼还没有做好一样。因为新洋楼还没有做好，所以住在这间旧屋内的人忽然遇到风雨的灾害，便无地藏身，便要受痛苦。现在民国十三年，全国人民不能安居，还要受各种灾害的痛苦，就是这个道理。我们要免去这种痛苦，所以还要做一番建国的工夫。在这种工夫没做完之先，国家当然还是很凄惨，人民当然还是很痛苦。我们要想住将来很文明的洋楼，过很卫生的日子，此时所受的痛苦便不能不忍耐。

以上所讲的道理，如果诸君还不甚明白，诸君可以再看看贵校背后的观音山①是一个什么景象。从前的观音山有很多楼台亭阁，树木花草，站在广州市的北边很高，风景是很好的。此刻市政厅要把他辟作公园，所以把那些旧房屋都拆去了。我有一个朋友，从前也游过了观音山的，也见过了那些楼台亭阁的，近来他又去游玩过一次，回来对我说："为什么把观音山的那些旧房屋都拆去了呢？为什么要弄到这样荒凉凄惨呢？这真是可惜得很呵！"我回他说："这是市政厅的新计画，要把那个全山辟作很好的新公园，所以把他暂时变成荒凉的景象，这没有什么可惜。请你明年再去游观音山罢，便可以知道将来是一番什么新景象。"改造国家的情形也是和这一样，不过改造国家不是像改造公园在一二年之内便可以做成功的。好像今天是贵校第十七周年的纪念日，贵校的学生毕业过了许多次数，贵校的陈设和一切功课是经过了十七年的预备、十七年的改良和十七年的扩充，才有今日这样大的规模。

我们要创造一个新国家，不是像做一间普通的新屋，只要开辟地基，要像做很高大的洋楼，要把地基挖得很深，屋基筑得很坚固，然后在这个屋基之上做成洋楼，才是很坚固，才不致倒坍。民国至今有了十三年，当中倒了几次呢？诸君知不知道呢？民国四年袁世凯自己做皇帝，把中华民国改成洪宪帝国，这是民国

---

① 观音山，后名粤秀山，今称越秀山。

倒过了的第一次。民国六年张勋复辟，请宣统再出来做皇帝，又把中华民国改成大清帝国，这是民国倒过了的第二次。现在曹琨〔锟〕拿钱买总统做，利用吴佩孚的武力统一中国，事事要恢复专制，这又是在拆民国的台，民国又要再倒。民国成立以来不过十三年，为什么被人拆台，就倒过了两三次呢？就是由于国基不稳固。从前的国基挖得不深，做得不坚固，便要在那个基础上建民国，好像屋基挖得不深，没有做坚固，便要在那个基础上建筑高大洋楼，那里有长久不倒的道理呢？我们要国家巩固，永远不倒，是用什么做基础呢？要用人心做基础，要用人人的方寸之地做基础。人人的心内都赞成民国，倾向民国，然后民国才不致倒，才可以巩固。在十三年前推倒满清成立民国，一般武人官僚表面赞成民国，心内何尝有民国呢？因为他们的心内都不赞成民国，所以不但是袁世凯在北京做皇帝，就是龙济光在广东也称"龙王"。如果此后再没有国基，将来一定又有人做皇帝，诸君便要做奴隶。中国不但是不能强盛，和外国并驾齐驱，外国一定要来亡中国。现在列强对于中国主张共管，说中国人没有自治能力。从前很野蛮的满洲人都可以治中国，都把中国治得狠久；此后还不太平，还不能想法则去自治，他们那些文明国家便要来代我们治中国，便要来共管。共管就是和从前瓜分一样的口调。中国到了被列强共管，就是亡国，中国人不久便要灭种。

诸君回到家内，遇着家人反对民国，便要把所讲的道理对他们详细解释，说民国还没有造好，我们人民眼前不能不牺牲，不能不忍耐，等到国家彻底改造好了，我们便永远的得安乐。国家要怎么样才可以改造好呢？要有立国基础才可以造好。立国基础就是万众一心，欢迎民国。到了人人欢迎民国，不反对民国，民国便可以永远不摇动。诸君毕业之后便要去教人，中国有二万万女人，是不是欢迎民国，都要靠你们去宣传。贵校办了十七年，在十三年前的帝国时代是别人办理，到了民国时代廖校长才来接办。廖校长是民国的新教育家，是宣传民国新福音的人，我想他平日把这些道理一定对你们是讲得很多的，你们对于这些道理或者是已经懂得很明白的。你们都是师范学生，毕业之后就要做人师长，如果做师长的人都不明白民国的道理，我们便永远没有希望造成民国的国基。

今天廖校长请我来讲演，是有什么希望呢？我是一个革命党，是爱提倡革命的道理的。今日到贵校来讲话，希望大家听了我的话之后都变成革命党，宣传三民主义，要中国富强，和英国、美国并驾齐驱。

诸君所用的宣传方法，就对人而论，应该由近及远，先对父母兄弟姊妹和一切家人说明，再对亲戚朋友和一般普通人说明。就措词而论，所说的话应该亲切有味，要选择人人所知道的材料。譬如宣传民族主义，就要说这种主义是用来对外国人打不平等的。像从前满人做中国的皇帝，到处都是满洲人做官，管我们的事情，我们总是做他们的奴隶，汉人和满人是很不平等的。我们要民族平等，所以便要排满。现在虽然是脱离了做满人的奴隶，还要做外国人的奴隶，中国事事都是受外国人干涉，受外国人管理。譬如广东的邮政局和海关就是由外国人管理，这也是很不平等的。我们要除去这种不平等，便要提倡民族主义，赞成民族主义。民权主义是用来对国内打不平等的。中国在十三年前有皇帝，皇帝之下还有公、侯、伯、子、男许多阶级，他们都是高高在上，人民总是处在很低下的地位，那是很不平等的事情。我们主张民权革命，便铲平那些阶级，要政治上人人都是平等，就是男女也是平等。所以我们革命之后，便实行男女平权，广东的省议会便有女议员。女人能够和男人一样的做议员，与闻国家大事，地位该是何等高尚呢，该是何等荣耀呢！诸君都知道近来外国女子争参政权，不知道费了多少能力，牺牲了多少心血，还有许多国家争不到手。中国革命之后，不要女子来争，便给予参政权，议会之中设立女议员。但是一般女子都不热心这参政权，就是做议员的女子，没有做很久便心灰意懒，不继续去奋斗。广东都是这样，别省更可想而知。所以二万万女子至今还不明白民国，还不能理国事。大家从此以后，要把我们民权主义中所包括男女平等的道理，对二万万女子去宣传，在女子一方面建设民国的国基。要他们都知从前的地位是很低，现在的地位是很高，这个女子地位抬高的原因，就是由于我们主张了民权主义。民生主义是什么用法呢？是用来对大富人打不平的。国家太平了，开辟财源所得的利益不许少数人独享，要归多数人共享，国家的利益大家可以均沾。少年的人有教育，壮年的人有职业，老年的人有养活。全国男女，无论老少，都可以享安乐。这就是三民主义的用法。更行简单言之：民族主义是对外国人争平等的，不许外国人欺负中国人；民权主义是对本国人争平等的，不许有军阀官僚的特别阶级，要全国男女的政治地位都是一律的平等；民生主义是对于贫富争平等的，不许全国男女有大富人和大穷人的分别，要人人都能够做事，人人都有饭吃。这就是三民主义的大意，诸君要详细研究。现在对于这三种主义，还要印成专书，以后可以随时取阅。

大家明白了这三民主义，才知道中国是一个什么民国。现在的中华民国就是大家的家产，大家都是这个家产的主人。如果做师长的女子都不明白理家事，这个家产的前途便没有希望，所以你们的责任是很重大的。大家除了明白三民主义之外，根本上还要明白我们始终革命是什么用意。我们革命党的目标，始终都是要国家富强的。要达到这个目标，还要大家来赞成。赞成的方法是在明白三民主义，巩固民国的基础。要民国的基础怎么巩固，就是在把三民主义的道理注射到人民心内，要人人的心理上都倾向共和。人人的心理上都倾向共和，中国才再不发生皇帝，中国才可以富强。法国、美国之所以永远富强，就是由于没有皇帝。俄国在六年之前推倒了皇帝，成立共和，六年以来一般人民很明白共和的道理，俄国以后当然没有人做皇帝，俄国便可以望富强。中国成立共和至今不过十三年，当中倒了两三次，总是有人做皇帝，就是因为国基不巩固，人人的心理还不欢迎共和。今天我到贵校来讲话，就是希望大家先明白共和，自己明白了之后还要去宣传，要诸君的父兄家人和一切亲戚朋友都明白，都来赞成共和，都来欢迎共和。

据黄昌穀记：《大元帅对女子师范学校演说词》（四月四日），载广州《中国国民党周刊》第十九期，一九二四年五月四日印行①

---

① 另见《孙中山先生最近讲演集（民国十二年十二月至十三年四月）》（广州，中国国民党中央执行委员会宣传部编辑发行，一九二四年七月出版）所收《三民主义与男女平权》（十三年四月四日在广东女子师范），内容文字与底本相同，但讹脱字较多。

大亚洲主义

在神户专题讲演会的演说①

（一九二四年十一月二十八日）

诸君：

今天蒙诸君这样热诚的欢迎，我实在是非常的感激。今天大家定了一个问题请我来讲演，这个问题是"大亚洲主义"。

我们要讲这个问题，便先要看清楚我们亚洲是一个什么地方。我想，我们亚洲就是最古文化的发祥地。在几千年以前，我们亚洲人便已经得到了很高的文化。就是欧洲最古的国家，像希腊、罗马那些古国的文化，都是欧〔亚〕洲传过去的。我们亚洲从前有哲学的文化、宗教的文化、伦理的文化和工业的文化，这些文化都是亘古以来在世界上很有名的。推倒〔到〕近代世界上最新的种种文化，都是由于我们这种老文化发生出来的。到近几百年以来，我们亚洲各民族才渐渐萎靡，亚洲各国家才渐渐衰弱，欧洲各民族才渐渐发扬②，欧洲各国家才渐渐强盛起来。到了欧洲的各民族发扬和各国家强盛之后，他们的势力更渐渐侵入东洋，把我们亚洲的各民族和各国家不是一个一个的销灭，便是一个一个的压制起来。一直到三十年以前，我们亚洲全部可以说是没有一个完全独立的国家，到那个时候可以说是世界的潮流走到了极端。

---

① 一九二四年十一月，孙文应发动北京政变的冯玉祥等人邀请，绕道日本赴京共商国是，二十四日偕宋庆龄等抵神户，二十八日下午莅讲演会发表演说。该讲演会由神户商业会议所主办，大阪、神户的四家报社为后援单位，地点在兵库县立神户高等女学校（今已并入兵库县立神户高等学校）大讲堂，听众有来自大阪、京都、姬路、广岛等地，连同讲堂外伫立者共三千余人（一说数千人），盛况空前。各报预先刊登"中国国民党总理孙文氏讲演会"的广告，讲演题目为"大亚细亚问题"。所谓"大亚洲主义"或"大亚细亚主义"，欧美传媒通常译为Pan‒Asianism，即"泛亚主义"。讲演时由戴季陶译成日语，随行秘书黄昌谷、上海随行记者以及多家日文、英文、朝鲜文报刊派员到会纪录。

② 以上自"亚洲各国家"起共二十字当系底本漏排，今据《孙中山先生由上海过日本之言论》中的《大亚洲主义——对神户商业会议所等五团体讲演词》补入。

但是否极泰来，物极必反。亚洲衰弱走到了这个极端，便另外发生一个转机，那个转机就是亚洲复兴的起点。亚洲衰弱，到了三十年以前又再复兴，那个要点是在什么地方呢？就是在日本，当三十年以前废除了和外国所立的一切不平等条约，日本废除不平等条约的那一天，就是我们全亚洲民族复兴的一天。日本自从废除了不平等条约之后，便成了亚洲的头一个独立国家。其他亚洲的有名国家，像中国、印度、波斯、阿富污〔汗〕、阿拉伯、土耳其，都不是独立的国家，都是由欧洲任意宰割，做欧洲的殖民地。在三十年以前日本也是欧洲的一个殖民地，但日本的国民有殷忧启圣、多难兴邦之感觉，便发奋为雄，同欧洲人奋斗，废除所有不平等的条约，把日本变成一个独立国家。自日本在东亚独立了之后，于是亚洲全部的各国家和各民族便另外生出一个大希望，以为日本可以废除条约而独立，他们也当然可以照样，便从此发生胆量，做种种独立运动，要脱离欧洲人的束缚，不做欧洲的殖民地，要做亚洲的主人翁。这种思想是近三十年以来的思想，是很乐观的思想。

说到三十年以前，我们亚洲全部的民族思想便大不相同，以为欧洲的文化是那样进步，科学是那样进步，工业上的制造也是那样进步，武器又精良，兵力又雄厚，我们亚洲别无他长，以为亚洲一定不能抵抗欧洲，一定不能脱离欧洲的压迫，总是要做①欧洲人的奴隶。这种思想是三十年以前的思想，是很悲观的思想。就是从日本废除了不平等条约之后，在日本虽然成了一个独立国家，和日本很接近的民族和国家虽然要受大影响，但是那种影响还不能一时传达到全亚洲，亚洲全部的民族还没有受大震动。再经过十年之后便发生日俄一战，日本便战胜俄国。日本人战胜俄国人，是亚洲民族在最近几百年中头一次战胜欧洲人。这次战争的影响便马上传达到全亚洲，亚洲全部的民族便欢天喜地，发生一个极大的希望。这是我亲眼所见的事，现在可以和诸君略为谈谈。

当日俄战争开始的那一年，我正在欧洲。有一日听到东乡大将②打败俄国的海军，把俄国新由欧洲调到海参崴的舰队，便在日本海打到全军覆没。这个消息传到欧洲，欧洲全部人民为之悲忧，如丧考妣。英国虽然是和日本同盟，而英国

---

① 此处删一衍字"做"。
② 东乡平八郎海军大将，时任日本联合舰队司令官。

人士一听到了这个消息，大多数也都是摇首绉眉①，以为日本得了这个大胜利，终非白人之福。这正是英国话所说"bood〔blood〕is thicker than water"②的观念。不久我由欧洲坐船回亚洲，经过苏彝士运河的时候，便有许多土人来见我，那些土人大概是阿拉伯人。他们一看见了我是黄色人，便现出很欢喜的、很急忙的样子来问我说："你是不是日本人呀？"我答应说："不是的，我是中国人。你们有什么事情呢？你们为什么现出这样的高兴呢？"他们答应说："我们新得了一个极好的消息，听到说日本销灭了俄国新由欧洲调去的海军，不知道这个消息是不是的确呢？而且我们住在运河的两边，总是看见俄国的伤兵由一船一船的运回欧洲去，这一定是俄国打了大败仗的景况。从前我们东方有色的民族总是被西方民族的压迫，总是受痛苦，以为没有出头的日子。这次日本打败俄国，我们当作是东方民族打败西方民族。日本人打胜仗，我们当作是自己打胜仗一样，这是一种应该欢天喜地的事。所以我们便这样高兴，便这样喜欢。"像这个样子看起来，日本战胜俄国，是不是影响到亚洲全部的民族呢？那个影响是不是很大呢？至于那次日本战胜俄国的消息，在东方的亚洲人听到了，或者以为不大重要，不极高兴。但是在西方的亚洲人，和欧洲人毗连，朝夕相见，天天受他们的压迫，天天觉得痛苦，他们所受的压迫比较东方人更大，所受的痛苦比较东方人更深，所以他们听到了那次战胜的消息，所现出的高兴便比较我们东方人尤甚。

从日本战胜俄国之日起，亚洲全部民族便想打破欧洲，便发生独立的运动。所以埃及有独立的运动，波斯、土耳其有独立的运动，阿富汗、阿拉伯有独立的运动，印度人也从此生出独立的运动。所以日本战胜俄国的结果，便生出亚洲民族独立的大希望。这种希望从发生之日起，一直到今日不过二十年，埃及的独立便成了事实，土耳其的完全独立也成了事实，波斯、阿富汗和阿拉伯的独立也成了事实，就是最近印度的独立运动也是天天发达。这种独立的事实，便是亚洲民族思想在最近进步的表示。这种进步的思想发达了，亚洲全部的民族才可联络起来，然后亚洲全部民族的独立运动才可以成功。近来在亚洲西部的各民族，彼此都有很亲密的交际，很诚恳的感情，他们都可以联络起来。在亚洲东部最大的民

---

① "绉"通"皱"，绉眉与皱眉同义。

② 意为"血浓于水"。

族是中国与日本，中国同日本就是这种运动的原动力。这种原动力发生了结果之后，我们中国人此刻不知道，你们日本人此刻也是不知道，所以中国同日本现在还没有大联络。将来潮流所趋，我们在亚洲东方的各民族也是一定要联络的。东、西两方民族之所以发生这种潮流和要实现这种事实的原故，就是要恢复我们亚洲从前的地位。

这种潮流，在欧美人看到是很清楚的。所以美国便有一位学者①曾做一本书，专讨论有色人种的兴起。这本书的内容，是说日本打败俄国就是黄人打败白人，将来这种潮流扩张之后，有色人种都可以联络起来和白人为难，这便是白人的祸害，白人应该要思患预防。他后来更做了一本书，指斥一切民众解放之事业的运动，都是反叛文化的运动。照他的主张，在欧洲的民众解放运动固然是当作文化的反叛，至于亚洲的民众解放运动，更是应该当作反叛的事业。这种思想，在欧美一切特殊阶级的人士都是相同的。所以他们用少数人既是压制了本洲和本国的多数人，更把那种流毒推广到亚洲，来压制我们十二万万②民族，要我十二万万人的大多数做他们少数人的奴隶。这真是非常的惨酷，真堪痛恨的事情！而这位美国学者的论调，还以为亚洲民族有了感觉，便是对于世界文化的反叛，由此便可见欧洲人自视为传授文化的正统，自以文化的主人翁自居。在欧洲人以外的，有了文化发生，有了独立的思想，便视为反叛。所以用欧洲的文化和东洋的文化相比较，他们自然是以欧洲的文化是合乎正义人道的文化，以亚洲的文化是不合乎正义人道的文化。

专就最近几百年的文化讲，欧洲的物质文明极发达，我们东洋的这种文明不进步。从表面的观瞻比较起来，欧洲自然是好过亚洲。但是从根本上解剖起来，欧洲近百年是什么文化呢？是科学的文化，是注重功利的文化。这种文化应用到人类社会，只见物质文明，只有飞机炸弹，只有洋枪大炮，专是一种武力的文化。

---

① 此指斯托达特（Theodore Lothrop Stoddard），下篇日文报章汉译为斯托达多。下文叙及他所著的两本书是：《对文明的反叛：低等人类的威胁》（*The Revolt Against Civilization：The Menace of the Under – man*），纽约一九二二年出版；《欧洲的人种现状》（*Racial Realities in Europe*），纽约一九二四年出版。文中首先提及的一本书似指后者，"他后来更做了一本书"则指前者。

② 上引《孙中山先生由上海过日本之言论》于此将"十二万万"改为"九万万"。下文同。

欧洲人近来专用这种武力的文化来压迫我们亚洲，所以我们亚洲便不能进步。这种专用武力压迫人的文化，用我们中国的古话说就是"横行霸道"。所以，欧洲的文化是霸道的文化。但是我们东洋向来轻视霸道的文化。还有一种文化好过霸道的文化，这种文化的本质是仁义道德。用这种仁义道德的文化，是感化人，不是压迫人；是要人怀德，不是要人畏威。这种要人怀德的文化，我们中国的古话就说是"行王道"。所以，亚洲的文化就是王道的文化。自欧洲的物质文明发达，霸道大行之后，世界各国的道德便天天退步，而亚洲的高尚道德也因此不能发扬。但是近来欧美学者稍为留心东洋文化，也渐渐知道东洋的物质文明虽然不如西方，但是东洋的道德还比西方高得多。

用霸道的文化和王道的文化比较起来说，究竟是那一种合于正义和人道，那一种是有利于民族和国家，诸君可以自己证明。我也可以举一个例子来说明。即如从五百年以前以至两千年的时候，中国是世界上顶强的国家，中国的地位好像现在的英国、美国一样。英国、美国现在的强盛还是"列强"，中国从前的强盛是"独强"。中国当"独强"的时候，对于各弱小民族和各弱小国家是怎么样呢？当时各弱小民族和各弱小国家对于中国又是怎么样呢？当时各弱小民族和国家都是拜中国为上邦，要到中国来朝贡，要中国收他们为藩属，以能够到中国来朝贡的为荣耀，不能到中国朝贡的是耻辱。当时来朝贡中国的不但是亚洲各国，就是欧洲、非洲、南洋各国也有不怕远路而来的。中国从前能够使那样多的国家和那样远的民族来朝贡，是用什么方法呢？是不是用海陆军的霸道强迫他们来朝贡呢？不是的。中国完全是用王道感化他们，他们是怀中国的德，甘心情愿，自己来朝贡的。他们一受了中国王道的感化，不只是到中国来朝贡一次，并且子子孙孙都要到中国来朝贡。

这种事实，到最近还有证据。譬如在印度的北方有两个小国，一个叫做布丹①，一个叫做尼泊尔。那两个国家虽然是小，但是民族很强盛，又很强悍，勇敢善战。尼泊尔的民族叫做廓尔喀②，尤其是勇敢善战。现在英国治印度，常常

---

① 布丹（Bhutan），今译不丹。

② 廓尔喀（Gurkhas），后篇又作哥加士，尼泊尔主要民族之一，当时亦泛指尼泊尔人。廓尔喀雇佣军一直是英属印度驻军的重要组成部分。

到尼泊尔去招廓尔喀人当兵来压服印度。英国能够灭很大的印度，把印度做殖民地，但是不敢轻视尼泊尔，每年还要津贴尼泊尔的钱，才能派一个考查政治官去驻扎。像英国是现在世界上顶强的国家，尚且是这样恭敬尼泊尔，可见尼泊尔是亚洲的一个强国。尼泊尔这个强国对于英国是怎么样呢？英国强了一百多年，英国灭印度也要到一百年，尼泊尔和英国的殖民地密迩毗接有这样的久，不但是不到英国去进贡，反要受英国的津贴。至于尼泊尔对中国又是怎么样呢？中国的国家地位现在一落千丈，赶不上英国一个殖民地，离尼泊尔又极远，当中还要隔一个很大的西藏，尼泊尔至今还是拜中国为上邦。在民国元年还到中国来进贡，近来因为交通不便，所以便没有再来。就尼泊尔对于中国和英国的区别，诸君看是奇怪不奇怪呢？专拿尼泊尔民族对于中国和英国的态度说，便可以比较中国的东方文明和英国的西方文明。中国国势虽然是衰了几百年，但是因为王道的文化，尼泊尔还要视为上邦；英国现在虽然是很强盛，有很好的物质的文明，但是尼泊尔不理会。由此便可知尼泊尔真是受了中国的文〔感〕化，尼泊尔视中国的使〔文〕化才是真文化，视英国的物质文明不当作文明，只当作霸道。

我们现在讲大亚洲主义，研究到这个地步，究竟是什么问题呢？简而言之，就是文化问题，就是东方文化和西方文化的比较和冲突问题。东方的文化是王道，西方的文化是霸道。讲王道是主张仁义道德，讲霸道是主张功利强权。讲仁义道德是用正义公理来感化人，讲功利强权是用洋枪大炮来压迫人。受了感化的人，就是主国衰了几百年，还是不能忘记，还像尼泊尔至今是甘心情愿要拜中国为上邦；受了压迫的人，就是主国当时很强盛，还是时时想脱离。像英国征服了埃及、灭了印度，就是英国极强盛，埃及、印度还是时时刻刻要脱离英国，时时刻刻做独立的运动，不过处于英国大武力压制之下，所以一时不能成功。假若英国一时衰弱了，埃及、印度不要等到五年，他们马上就要推翻英国政府，来恢复自己的独立地位。

诸君听到这里，当然可以知道东西文化的优劣。我们现在处于这个新世界，要造成我们的大亚洲主义，应该用什么做基础呢？就应该用我们固有的文化作基础。要讲道德、说仁义，仁义道德就是我们大亚洲主义的好基础。我们有了这种好基础，另外还要学欧洲的科学，振兴工业，改良武器。不过我们振兴工业、改良武器来学欧洲，并不是学欧洲来销灭别的国家、压迫别的民族的，我们是学来自卫的。

近来亚洲国家学欧洲的武功文化，以日本算最完全。日本的海军制造、海军驾驶不必靠欧洲人，日本的陆军制造、陆军运用也可以自己作主，所以日本是亚洲东方一个完全的独立国家。我们亚洲还有一个国家，当欧战的时候曾加入同盟国的一方面，一败涂地，已经被人瓜分了，在欧战之后又把欧洲人赶走了，现在也成了一个完全独立国家。这个国家就是土耳其。现在亚洲只有两个顶大的独立国家，东边是日本，西边是土耳其，日本和土耳其就是亚洲东、西两个大屏藩。现在波斯、阿富汗、阿拉伯也起来学欧洲，也经营了很好的武备，欧洲也是不敢轻视那些民族的。至于尼泊尔的民族，英国人尚且不敢轻视，自然也有很好的武备。中国现在有很多的武备，一统一之后便极有势力。我们要讲大亚洲主义，恢复亚洲民族的地位，只用仁义道德做基础，联合各部的民族，亚洲全部的民族便很有势力。

不过对于欧洲人，只用仁义去感化他们，要请在亚洲的欧洲人都是和平的退回所盗劫的权利，那就像与虎谋皮，一定是做不到的。我们要完全收回主权，便要诉诸武力。再说到武力，日本老早有了很完备的武力，土耳其最近也有了很完备的武力，其他波斯、阿富汗、阿拉伯、廓尔喀各民族都是向来善战的。我们中国人数有四万万，向来虽然是爱和平，但为生死存亡的关系，亦不得不舍去向来的主张而讲武备，便马上可以成极大的武力。如果亚洲民族全联合起来，用这样固有的武力去和欧洲人拼命，一定是有胜无败的。

更就欧洲和亚洲的人数来比较。中国有四万万人，印度有三万万五千万人，缅甸、安南、暹逻、巫来由①合起来有几千万人，日本再有几千万人，其他各弱小民族一共也有几千万人，我们亚洲的人数要占全世界的人数四分之三②。欧洲人数不过是四万万，我们亚洲全部的〈人〉数有十二万万。用四万万的少数人来压迫十二万万③的多数人，这是和正义人道大不相容的，反乎正义人道的行为终归是失败的。而且在他们四万万人中，近来也有被我们感化了的。所以现在世界

---

① 巫来由（Malaya），今译马来亚。

② 上引《孙中山先生由上海过日本之言论》在此处改为"过四分之二"。

③ 此处删一衍字"人"。

文化的潮流，就是在英国、美国也有少数人提倡仁义道德。至于在他各野蛮之邦，也是有这种提倡。由此可见，西方之功利强权的文化便要服从东方之仁义道德的文化，这便是霸道要服从王道，这便是世界的文化日趋于光明。

现在欧洲有一个新国家，这个国家是欧洲全部白人所排斥的，欧洲人真视他为毒蛇猛兽，不是人类，不敢和他相接近；我们亚洲也有许多人因为受了欧美的流毒宣传，也变成这一样的眼光。这个国家是谁呢？就是俄国。俄国现在要和欧洲的白人分家，他为什么要这样做呢？就是因为他主张王道，不主张霸道；他要讲仁义道德，不愿讲功利强权；他极力主持公道，不赞成用少数压迫多数。像这个情形，俄国最近的新文化便极合我们东方的旧文化，所以他便要来和东方携手，要和西方分家。欧洲因为俄国的新主张不和他们同调，怕他的这种主张成功，打破了他们的霸道，故不说俄国是仁义正道，反诬他是世界的反叛。

我们讲大亚洲主义，研究到结果，究竟要解决什么问题呢？就是为亚洲受痛苦的民族，要怎么样才可以抵抗欧洲强盛民族的问题。简而言之，就是要为被压迫的民族来打不平的问题。受压迫的民族不但是在亚洲专有的，就是在欧洲境内也是有的。行霸道的国家不只是压迫外洲同外国的民族，就是在本洲本国之内也是一样压迫的。我们讲大亚洲主义，以王道为基础，是为打不平。美国学者对于一切民众解放的运动视为文化的反叛，所以我们现在提出来打不平的文化，是反叛霸道的文化，是求一切民众和平解放的文化。日本民族既得到了欧美霸道的文化，又有亚洲王道的本质，从今以后对于世界前途的文化，是为西方霸道的鹰犬，或是为东方王道的干城，就在你们日本人去详审慎择！

据黄昌毂：《孙先生"大亚洲主义"演说辞》（十一月廿八日下午三时），载一九二四年十二月八日上海《民国日报》第一、二版①

① 《孙中山先生由上海过日本之言论》（广州，民智书局一九二五年三月发行）所收《大亚洲主义——对神户商业会议所等五团体讲演词》（十一月二十八日下午三时在神户高等女学校）一文，同为黄昌毂笔录，个别文字与底本有出入。

附一：大亚细亚主义演说^①

（日 译 中）

诸君：

今天蒙诸君极其热诚欢迎，不胜感谢。今天我要和大家讲的就是"大亚细亚主义"问题。

一、文化的发祥地

我们亚细亚是世界文化的发祥地。世界最初的文化是源自亚细亚而发生的。今日欧罗巴最古老的文化，无论是希腊文化还是罗马文化，都是由亚细亚文化传过去的。我们亚细亚文化起源最早，始于数千年以前，无论是政治的文化，还是道德的文化、宗教的文化和工业的文化，世界上所有的文化都是亚细亚文化的延衍。到了近来，最近数百年以来，亚细亚各民族才渐渐衰颓，而欧罗巴各民族渐渐强盛。其结果是，他们面对中国，而以强力压迫亚细亚。由此，亚细亚各民族国家渐为他们所压迫、所灭亡，到三四十年前亚细亚已无一独立国家。大势至此，机运极其衰颓，亚细亚命运的衰颓已到了极点。然而在三十年前，机运则愈益转变为复兴的机运。

三十年前亚细亚出现了复兴机运的这个事实，为什么会得到众人承认的呢？就是因为在三十年前，日本得以将与各国之间的不平等条约修正为平等条约，正是从这时起亚细亚民族开始有了地位。日本由修改条约而成为独立的民族国家，但亚细亚其他所有国家都还不是独立国家，仍都陷于欧美各国殖民地的境遇之中。我们中国，还有印度、波斯、阿拉伯以及亚细亚其他所有国家，都还处于殖民地的境况。想想这个问题，日本之所以能够建成为独立的民族国家，是因为贵国国

---

① 本文系"孙文氏讲演会"后援单位之一《大阪每日新闻》派员笔录，文内小标题为该报所加。

民致力于废除这种不平等条约，由此所得到的结果。其后，又逐渐影响到亚细亚各民族国家，亚细亚独立运动的机运因而日趋成熟。

三十年前，亚细亚人看到欧罗巴的学术发达，又见欧美各国殖产兴业发达，文化隆盛，武力强大，以致于认为我们亚细亚各民族无法达到像欧洲人种那样发达的程度。这就是三十年前亚细亚民族的看法。但由于日本的条约修正，亚细亚民族开始产生了可以从欧罗巴压迫下挣脱出来的信念。然而，当时甚至连将这种信念传向全亚细亚民族的力量也还不具备。又过了十年，日俄战争爆发，日本与欧罗巴最强盛的国家交战并取得了胜利。这一事实，使得亚细亚比欧罗巴最强大的国家还要强大、亚细亚可以比欧罗巴更加发达的信念，便传遍了全亚细亚各民族。

下面，我想向诸君谈谈我的见闻。日俄战争之际我正在法国巴黎，当时，日本舰队在日本海击败俄罗斯舰队的消息传到了巴黎。数日后，我离开巴黎经苏伊士运河踏上归国之途。当通过苏伊士运河的时候，许多阿拉伯土人——苏伊士运河的当地原住民到船上来，见我是黄脸皮的黄种人，便问："你是日本人吗？"我回答说我不是日本人，是中国人。然后我问究竟是怎么回事？他们说："我们现在知道了一件令人非常振奋的事，这两三个月中，就是最近，我们听说在东方负伤的俄罗斯军队乘船经苏伊士运河被送往欧罗巴。这就是亚细亚东部的国家与欧罗巴国家作战打赢了的证明。我们，在亚细亚西部的我们，知道了亚细亚东部的国家战胜欧罗巴国家的事实，就像我们自己的国家打赢了战争一样兴奋。"

这些人是位于亚细亚西部的民族。亚细亚西部的民族最接近于欧罗巴，也最受欧罗巴国家的压迫。故当他们知道亚细亚国家战胜了欧罗巴国家这一事实之后，就比亚细亚东部的民族和国民更加兴奋。从那时起，埃及开始了民族独立、国家独立的运动。继而在阿拉伯、波斯、土耳其以及阿富汗和印度发生的所有独立运动，都是从那时开始兴盛起来的。

二、王道的文化

日本和俄罗斯交战并取得胜利这件事，是整个亚细亚民族独立运动的第一个开端。自那以后二十年间，这种希望、这种运动日益勃兴。时至今日，埃及的独立运动已经成功，土耳其也完全实现独立，波斯、阿富汗的独立也获得成功，印度的独立运动也随之日益兴旺。这种独立运动、独立思想在亚细亚各民族中产生，由此亚细亚西部的民族都为这种独立运动而实行联合，正在着手一个非常大的团结运动。然而惟有在亚细亚的东部，日本和中国这两个国家的结合与联合尚未实现。这种运动，就是亚细亚所有民族对抗欧洲民族，以图亚细亚民族复兴的运动。关于这一点，欧美民族也是看得非常清楚的。

对于亚细亚民族的这种觉醒，欧美人究竟是如何看待的呢？就在最近，美国的学者写了一本书，书中论述的就是这种亚细亚民族的觉醒。他们认为，亚细亚民族的这种觉醒是亚细亚民族对世界文化的反叛。这个叫做斯托达多①的美国学者所写的书，书名就是《文化的反叛》。也就是说，他们看到亚细亚民族的觉醒，认为这对世界文化来说是一种危险。此书一经出版，在很短时间内就再版了数十版并被译成各国文字，欧罗巴人、亚美利加人都将此书所论述的观点视为权威性的观点而加以重视。此书也认为亚细亚的觉醒始于日俄战争，并以为亚细亚的这种觉醒是对世界的威胁，对世界文化来说是一种不稳定的因素。也就是说，他们认为并且相信只有欧美民族才具有受惠于世界文化的权利，而亚细亚民族是根本没有这种权利的。

在欧洲民族看来，所谓世界文化只是他们所持有的文化，他们的文化是第一高尚的文化。固然，这数百年来欧罗巴文化非常发达，他们的文化比起我们东方文化是走到了前头。四百年间东方文化虽不及欧洲文化，但欧洲文化是什么样的文化呢？那就是唯物质的文化，又是以武备武力来表现的文化。若用往昔亚细亚的话语来评说，则欧洲文化是以霸道为中心的文化，而我们亚细亚文化是王道、是以王道为中心的文化。他们只是以他们的国家作为压迫我们亚细亚、残酷役使亚细亚民族的工具。所以，近来欧洲学者渐渐承认东方文化是道德性的，是臻于道德的文化，比起他们、比起欧洲文化更为先进。最显著的事实是，自欧洲文化发达以来，最近世界的道德、国家的道德大为衰颓。从前在亚细亚文化非常发达

① 原汉译"斯托达"，次日《大阪每日新闻》订正为今名。

的时代，国家道德是十分先进的。距今两千年至五百年前，是我国最强盛的时代。当时中国是世界上最强盛的国家，是第一强国。即使以今日英国和美国来比较，它们也都无法企及那个时代我国在世界上的地位。那时，从亚洲的东部、南部、西部直至阿富汗边界，所有邦国以及所有大陆国家和民族都来我国朝贡，以我国为自己的祖国，很高兴能成为我国的属国。然而对于这些属国，我们做了些什么呢？是以海军或陆军的力量征服他们，而得到这些属国或领土的吗？决不是的，他们只是对我国的文化心悦诚服而来朝的。

这种事实，即使到了今天仍有可资证明的证据。在亚细亚，西藏的西边有两个极小的国家，一个是不丹，一个是尼泊尔。尼泊尔的国家虽小，却是非常倔强的民族。今日在英国驻扎印度的军队中最强的廓尔喀部队，就是尼泊尔人。英国对尼泊尔非常尊重，对它竭力表示敬意，用尽种种办法，后来才得以派遣一名研究政治人员来到尼泊尔。英国极尽礼让，想方设法向尼泊尔示好，其原因就在于尼泊尔是一个非常倔强的民族，英国的目的是要利用尼泊尔的廓尔喀民族来组织军队以镇压印度。英国消灭印度已有很长的时间，但尼泊尔这个国家至今却仍然以独立的态度对待英国，决不认为它是上邦，是自己的祖国。而我国积弱已达数百年之久，但即使到了今天，尼泊尔对我们这个最弱的国家，也仍然一如既往地视为上邦，视为他们的祖国。到了民国元年，尼泊尔依然以对待祖国之礼来我国朝贡。这看起来是件极奇怪的事，但如果注意到欧洲文化与东方文化的比较，这个事实就会让我们明白得很。我国衰颓已有五百年，而尼泊尔仍视这个衰颓了五百年的国家为自己的祖国，认为是上邦；另一方面，英国虽然是当今世界上最强盛的国家，但尼泊尔却不理会它有多么强大也不认为它是自己的祖国。这个事实足以表明，东方民族对于东方文化、东方的王道文化抱有信赖，而决不信赖欧洲以霸道为中心的文化。

三、日本与土耳其

大亚细亚问题是什么问题呢？就是东方文化与西方文化相比较的问题，也就是东方文化与西方文化相冲突的问题。东方文化是以道德仁义为中心的文化，西方文化是以武力、大炮为中心的文化。以道德仁义为中心的文化，其感化力究竟有多大呢？通过尼泊尔即使在今天仍然视已衰颓五百年的我国为自己祖国这个事实，便能说明仁义道德的感化力之深。至于西方文化、仰赖武力的文化之贫乏无力，可看今日英国便清楚。他们即使拥有武力，而在英属势力范围内的埃及、阿拉伯、波斯仍然发生了独立运动和革命运动。英国的势力若在五年之间发生衰颓，则所有英国属地都将会兴起独立运动来反对英国。那将是东方文化与西方文化孰优孰劣的证明。

那么，说到大亚细亚主义必须以什么为中心的问题，则应当以我东方文明的仁义道德为基础。当然，今天我们还要吸收西方文化，学习西方文化，采用西方的武力文化。但我们学习西方文化，决不是要以此压迫别人，我们只是为了正当防卫而使用它。

学习欧洲武力文化最先进的是日本。今日的日本不论是海军力量还是陆军力量都依靠本国人，依靠本国的技术和制造能力，既拥有海军，又得以完全地运用陆军。另外在西边还有一个国家土耳其，欧战时期站在德国一方，战败后几乎全部领土被欧洲各国所瓜分，但由于他们国民的努力奋斗，打破了这种局面，今天获得了完全的独立。也就是说，在亚细亚的东部有日本，西部有土耳其，这两个国家就是亚细亚的屏障，就是亚细亚最可信赖的前哨。亚细亚中部又有阿富汗和尼泊尔，这两个国家也握有很强的武力，国民的战斗力都非常强。而将来，不论是波斯还是暹罗，都是可以养成武力的民族。再就是我们中国，今日国民已渐渐觉醒，将来以这四亿民众来对抗欧罗巴的压迫，也会有非常大的反抗力量。

四、我们的觉醒

在亚细亚，我国有四亿人口，印度有三亿①，亚细亚西部有一亿②，南洋一带有数千万，日本也有数千万人口。这样，拥有世界四分之一〔二〕人口的亚

---

①　此处删一衍字"万"。
②　此处删一衍字"万"。

细亚，以仁义道德携手联合起来，一定能够产生出对抗用武力压迫亚细亚的欧洲的力量。我们应该以我们的东方文化、这种以仁义道德为中心的文化为本，作为我们亚细亚民族团结的基础，再用我们从欧洲学来的武力文化来对抗欧罗巴的压迫。

欧美仅有占四分之一的四亿人口，我们亚细亚民族有十二亿①。今日的情况是欧美各国以四亿人压迫我们十二亿人，这是违反人道正义的行为。今日无论是欧罗巴或亚美利加，均极尽专横霸道之能事。但即使是他们的国家，无论在美国、英国及所有的欧美国家中间，也已有人懂得必须重视仁义道德，尽管他们尚属少数。这样看来，在他们之中也会有人渐渐相信东方文明，相信以仁义道德为中心的文明的。

（孙氏还在这里接着谈到："俄国看到欧洲文化的弊害，感到必须重视仁义道德，便采取了与欧洲各国政策分裂的方针，因而被白皙人种的国家视为叛徒。"②）

那么大亚细亚问题是什么问题呢？就是占多数的受压迫的亚细亚民族，必须竭尽全力抵抗横暴的压迫，抵抗压迫我们的那些民族的问题。今日在这西方文明之下的各国，不仅以其少数的民族力量压迫我们多数的亚细亚民族，还以其国家力量压迫他们本国的人民。因此，这种我们亚细亚人称之为大亚细亚问题的实质，其实就是文化的问题，就是要振兴以仁义道德为中心的亚细亚文明，以这种文明的力量来抵抗他们的那种以霸道为中心的文化。这个大亚细亚问题，就是要以我们东方文化的力量来抵抗西方文化，是对西方文化施加感化的问题。正如美国某学者所说，我们亚细亚民族的觉醒是对西方文化的反叛。我们确实是反叛，但这

---

① "十二亿"似为"九亿"之误，下文同。其后尚删去一衍字"万"。

② 另据一九二四年十二月一日《神户又新日报》（二）所载本社速记《大亚细亚主义》，这段文字翻译如下："今日在白色人种中有一个国家，白色人种中所有（译者按：此处尚有'黑色人种'四字，当系衍文）的国家都视其为毒蛇猛兽，认为它对欧美文化是一种威胁，而动用了所有的宣传力量来排斥这个国家。这个为白色人种所排斥的国家就是俄罗斯。俄罗斯近来为欧美各国所排斥，是因为它觉醒了，看到欧罗巴文化、即以四亿人压迫十二亿人的欧罗巴文化的弊害，感到必须重视仁义道德，而采取了与欧罗巴各国不同的政策。因此，它被其他白色人种国家视为叛徒。"

个反叛只是对以霸道为中心的文化的反叛。而对于以仁义道德为中心的文明，我们的这种觉醒就是扶植文化、复兴文化的运动。

译自孙文氏演说、戴天仇氏通译：《大アジア主义》（神户高女にて）[《大亚细亚主义》（神户高等女学校)]，连载一九二四年十二月三日至六日《大阪每日新闻》（十一）（马燕译）①

日文原文见本册第538—546页

附二：第二会场演说②

（中 文 记 录）

今日蒙诸君如此热诚欢迎，余甚为感激。今日对诸君所谈者，则所谓"大亚细亚洲问题"也。

我亚洲系数千年前世界文化之发祥地，即欧洲最初之文明国如罗马、希腊之文化，亦由我亚洲传去。故我们亚洲之文化，如政治、道德、工业皆为世界文化之始祖。嗣后十八九世纪以来，亚洲之民族渐渐衰颓，欧罗巴诸国渐渐勃兴，其势力竟向亚洲而进，一时亚洲诸民族竟受欧洲白人之压迫。因此三十年前，亚洲实无一完全独立之国家存在。迨其后亚洲民族复兴，距今三十年日本日渐强盛起来，将对外之不平等条约一概废除。日本自经改订条约后，渐入于强国之列，成为东方唯一完全独立之国家。

其他欧洲殖民地之国家，如中国、印度、波斯、缅甸、阿剌伯，因见日本国

---

① 日本报刊曾发表日文演说纪录多种，其内容文字互有差异，与中文底本亦稍为不同，除本篇外另如：孙文氏讲演、戴天仇氏通译、本社速记：《大亚细亚主义》，连载一九二四年十一月二十九日至十二月一日《神户又新日报》（二）；孙文：《大亚细亚主义の意义と日支亲善の唯一策》"一、大亚细亚主义の意义"（本社记者翻译），载东京《改造》一九二五年一月号；等等。

② 孙文在神户高等女学校大讲堂（后称第一会场）演说后，应伫立讲堂外群众的强烈要求，另辟楼内雨天操场为第二会场，按相同内容向场上约二千名听众重讲一次。惟演说词的内容文字稍有出入。

势振兴，心中非常欣羡，以余见闻所得言之。当日俄战争时，余正在由巴里①乘船过苏彝士河时，船中有许多阿剌伯人，见余系黄种人，以为是日本人，露出一种诚意欢迎的态度。惟余答以余系中国人，阿剌伯人曰："前日余等见俄国之军舰及商船载有许多俄国伤兵过此，传闻日本东乡舰队歼灭俄国舰队，旅顺日兵大破俄兵，余等见黄色人之日本亦能打胜白种之俄人，心中非常愉快"云云。此因接近欧洲诸国之东方民族，平日被暴虐无道之白人压迫，故有此种之表示也。尔后埃及独立运动遂起，土耳其、阿富汗等各地继起，印度今日亦正在猛烈运动中。故此等独立运动之各国，必互相团结无疑。极东之中日两国，今日尚未能团结提携，但今后必有达到之日。

故有美国学者最近著有《亚细亚民族觉醒》一书②，极力反对东方民族独立，并谓东方民族觉醒乃世界文化之危机云云。此书已翻版至数十次矣，但东亚民族觉醒为当然之事，因亚细亚乃文化发祥之地，决非危险之举。所谓欧洲文化不过物质文化之谓，且可目之为"霸道"，东方文化则可谓之为"王道"。由此点观之，东方文化胜于西方文化。从来亚细亚文化重在精神，道德非常发达。中国于二千年前至最近五百年间，称为世界第一强盛，即今日之英国亦万万不及。当时我中国之属国及朝贡之国皆非用武力征服，不过感服我中国之文化，故甘心自认为中国之属国。今尚有考证之可言者，则印度之北有小国名利巴路③者，国人精悍异常，虽英国之强亦不敢觊觎征服，而今印度之哥加士军队亦利巴路之国人；此国今日对于中国，自认为属国。由此观之，欧洲之文化与东方之文化所得者，其比较为如何耶？某国④今日为世界最强之国，东方民族亦仰赖于彼者，实因彼为霸道中心之故，决非我人心服于彼也。

所谓大亚细〈亚〉问题，即东方文化与西方文化比较之问题。但两方文化根本冲突之点，东方文化之根本在乎仁义道德，西方文化则以毒气炮、机关枪为中心。我东方以仁义道德为中心之文化，其感化力如何，请看利巴路国之对于衰颓

---

① 巴里（Paris），今译巴黎。

② 美国学者指斯托达特，此处当系误记，其近著可参阅前两篇相关内容及注释。

③ 利巴路（Nepal），今译尼泊尔。

④ 此处及下文称"某国"者，均指英国。

已有五百年之中国，可证明也。反观西方文化以武力枪炮为中心者，如某国现有强大之军备能制压弱小民族，假使国势衰微，不过五年，所有殖民地岂有不倒戈相向，而宣布反叛耶？故我非依然主持大亚细亚主义不可，其中心主义，不外乎仁义道德为主体。

但欧西之文化亦不可不研究，如武备之类，但此不过用以为正当防卫，并非侵略弱小之民族也。现在亚洲国家研究欧西文化有进步之可言者，则日本之海陆军及土耳其之军备。土耳其参加欧战，虽一败涂地，而亦能保持其①独立，可知东方民族并不示弱于人也。故日、土两国实我亚洲之光。假使我四万万人之中国平和统一，从事武力之扩张，则可以对待欧西无疑也。且以我东方民族之众占世界之半数，若能联合起来，则决可称雄于世。此时违反正义人道之欧美，亦俯首而听命于我矣。

且今日白种人中，对于自己之白人如毒蛇而极力排斥者，则俄国是也。彼欧美何故排斥俄国耶？因俄国对于欧洲各国之专横主义极力反抗，而以拥护东方文化为基调，因此欧美各国视俄为叛逆。吾人今后须持大亚细亚主义，联合被白种人压迫之民族，对抗横暴之欧洲，以"王道"为主义使西洋文化亦为之感化。此所谓文化运动，愿中日人民共勉之。

据振青：《孙中山在神户纪》"孙氏演说大亚细亚问
题"，载一九二四年十二月四日上海《时报》（一）

附三：演说前致词②

（日 译 中）

深深感谢大家的热诚欢迎。我在十数年后重访日本，所见所闻都有了很大的进步。而且这些进步，反映在各种学校中是很明显的。特别是女子教育的进步非

---

① 此处删一衍字"能"。

② 孙文发表正式演说之前，首先在神户高等女学校大讲堂与该校师生约二千人会面并简短致词，随后宋庆龄亦讲话。

常大，这在看到贵校如此宏伟的建筑物就可以知道。日本今日的发达，是数十年前维新的结果。不久前在中国发生的革命战争，恰如贵国的维新一样，目的在于奠定我国改革的基础。而且我确信，东方的和平必须依靠日本和中国的相互提携、相互帮助，才能够实现。

中国今日的革命既是为了中国的将来，也是为了东方的将来。衷心希望日本国民回顾一下当年贵国的维新，能对中华民国的革命取得彻底成功给予同情。

译自《孙文氏并に同令夫人のお话》〔《孙文及夫人的讲话》〕（镰田、大野、冈村记），载兵库县立神户高等女学校同窗会编：《会报》第十九号，一九二四年十二月二十五日发行（蒋海波译）

日文原文见本册第 547 页

附：外文版本

THE TRUE SOLUTION OF THE CHINESE QUESTION.

The attention of the whole world is at present directed towards the Far East, not only because of the war which is now going on between Russia and Japan, but also because of the fact that China will ultimately be the main field of struggle between those countries striving for the mastery in Asia. European possessions in Africa which had hitherto been the bone of contention between the European Powers having now been pretty well defined, a new field for territorial aggrandizement and colonial expansion must therefore be sought. China long known as the "Sick Man of the Far East," affords naturally such a field for the satifaction of European ambitions. America, notwithstanding her traditional seclusive policy in international politics, is, however, by on means disinterested in it, although in a way somewhat different from that of the other countries. In the first place, the passing of the Philipping Islands under American control makes the United States one of the nearest neighbors of China, and it is therefor impossible for her to shut her eyes to the state of things in that country. In the second place, China is a great market for American goous, and if America intends to extend her commercial and industrial activity to other parts of the world, China, is the first country that she must look to. Hence the so-called "Far Eastern question" is of peculiar importance to this country

The problem is as important as it is difficult of

solution, owing to the many conflicting interests involved therein. The ultimate outcome of the present war between Russia and Japan has been considered by many as the probable solution of the question. But from a Chinese standpoint, the war raises more difficulties than it solves, if it decides anything at all, it would decide, at the most, the question of supremacy between those two countrie, only. What about the interest of Great Britian? of France; of Germany? of the United States? As to these questions, the war is far from being a solution.

In order to arrive at a satisfactory solution of the whole question, we must find out the root of all these difficulties. The most superficial knowledge of Asiatic Affairs will convince any one that this lies in the weakness and corruptness of the Manchu government which threatens, by the very fact of its weakness, to disturb the existing political equilibrium of the world. Paradoxical as it is, it is not without foundation. As a proof of this, we would only mention the present Russo-Japanese war. Had it not been for the utter inability of the Manchu government, over Manchuria, the war might have been avoided. And it is but the beginning of a long series of conflicts which are likely to arise between the different powers interested in the Chinese question.

We say the *Manchu* government, and not the *Chinese* government, with intention. The Chinese have at present no government of their own, and the term " Chinese Government," if applied to the present government of China, is a misnomer. This seems to be startling to one who is not well acquained with Chinese affairs, but it is a fact—a historical fact. In order to convince you of this, let us give you a short account of the establishment of the Manchu dynasty.

(2)

Before they came in contact with the Chinese, the Manchus were a savage, nomadic tribe roaming in the wilds of the Amoor region. They often raided and plundered the peaceful Chinese inhabitants along the frontier. Towards the close of the Ming Dynasty there was great civil war in China, and taking advantage of the golden opportunity they suddenly came down and captured Peking in much the same way as the barbarians overran the Roman Empire. This was in the year 1644. The Chinese were unwilling to submit to this foreign yoke and offered to the invaders the most stubborn resistance. In order to force them to yield, the barbarous Manchus ruthlessly massacred millions of people, combatants and non-combatants, young and old, woman and children; set fire to their dwellings, ransacked their houses and forced them to adopt their costume. It has been estimated that for disobeying the order of keeping the quoue tens of thousands of persons were slaughtered. It was not until after much bloodshed and barbarity that the Chinese finally submitted to the Manchu rule.

The next measure the Manchu adopted was to keep the conquered people in ignorance as much as possible by burning and destroying all the Chinese books and literature concerning their dealings with and their invasion of China. They also prohibited the people to form associations or to hold meetings for the discussion of public affairs. Their object was to stamp out the patriotic spirit of the Chinese, so that in course of time they might forget that they were subject to a foreign rule. The Manchu number at present not more than five millions, while the Chinese have a population of not less than four hundred millions. It is therefore their constant fear that the Chinese might rise up some day and regain their country. To safeguard against this many

(3)

precautious measures has been and are still being adopted. Such has been the policy of the Manchus towards the Chinese.

There is a general misapprehension among westren people that the Chinese are by nature a seclusive people, unwilling to have any intercourse with outsiders, and that it was only at the point of the bayonet that a few ports along the coast were opened to foreign trade. This misapprehension is due more to the ignorance of Chinese history than to anything else. History furnishes us abundant the proof that from the very earliest times up to the establishment of the present dynasty the Chinese entertained close relations with the neighboring countries and did not appear to have the least ill-disposition towards foreign traders and missionaries. The Nestorian Tablet at Si-an Fu gives us an excellent record of the evangelistic works of foreign missionaries among the people there as early as the seventh century after Christ. Again, the Buddhist religion was introduced into China by the Emperor in the Han Dynasty, and the people welcomed the now religion with great enthusiasm. It has since continued to flourish until now it is one of the three leading religions in China. Not only missionaries but traders also were allowed to travel freely throughout the length and breadth of the Empire. Even as late as the Ming Dynasty there was no sign of anti-foreign spirit among the Chinese. The then Prime Minister, Hsu Kwang Che, himself embraced the Catholic faith and his intimate friend Mathew Ricci, a Jesuit missionary in Peking, was held in great esteem by the people.

With the establishment of the Manchu Dynstye came a gradual change of policy. The wahole country was closed to foreign trade ; missionaries were driven out ; native Christians were massacred ; and no Chinese was allowed to emigrate outside the

(4)

Chinese border under pain of death. Why was
this? Simply because the Manchus wanted to
exclude foreigners from their jurisdiction and to
instigate the people to hate them, lest the Chinese
might be enlightened and realize their own
nationalty through coming in contact with them.
The antti-foreign spirit fostered by the Manchus
finally culminated in the Boxer trouble of 1900.
It is now well known that the leaders of the
movement were nobody else than the members
of the reigning family. Hence it may be seen that
the seclusive policy of China is the outcome of self-
ishness on the part of the Manchus and does not
represent the will of the majority of the Chinese
people. Foreigners traveling in China have often
noticed the fact that those people who are farther
away from official influence are always more frendly
to them than those nearer.

Since the Boxer war many have been led to be-
lieve that the Tartar government is beginning to
see the sign of time and to reform itself for the
betterment of the country, just from the occasional
imperial edicts for reform, not knowing that they are
mere dead letters made for the express purpose of
pacifying popular agitations. It is absolutely im-
possibe for the Manchus to reform the conntry, be-
cause reformation means detriment to them. By
reformation they would be absorbed by the Chinese
people and would lose the special rights and
privileges which they are enjoying. The still darker
side of the government can be seen when the ignor-
ance and corruption of the official class is brought to
light. These fossilized, rotten, good-for-nothing
officials know only how to flatter and bribe the Man-
chus whereby their position may be strengthened to
carry on the trade of squeezing. A very striking
evidence can be seen from the proclamation issued
recently by the Chinese Minister at Washington

prohibiting the Chinese in this country from having anything to do with the Patriotic Society under the severe penalty that their families and distant relatives will be arrested and beheaded in China. Such a barbarous act as coming from such an educated man as Sir Liang Ching, the Chinese Minister, cannot be accounted for except upon the probable assumption that he wishes to flatter the government so that his position as a minister may be secured. Where is the hope for reform by the government and its officials?

During the two hundred and sixty years of Tartar rule we have suffered innumerable wrongs, chief of which are the following :

(1) The Tartars run the government for their own benefit and not for the benefit of the governed.

(2) They check our intellectual and material development.

(2) They treat us as a subjected race and deny us equal rights and privileges.

(4) They violate our inalienable rights of life, liberty and property.

(5) They practice or connive at official corruption and bribery.

(6) They suppress the liberty of speech.

(7) They impose heavy and irregular taxes on us without our consent.

(8) They practice the most barbarous tortures in the trial of an alleged offender for the purpose of compelling him to give evidence to incriminate himself.

(9) They deprive us of our rights without due process of law

(10) They fail in their duty to prtect the lives and property of all persons residing within their jurisdiction.

Notwithstanding all these grievances, we have tried every possible means to become reconciled with them, but to no purpose. In view of this fact, we, the Chinese people, in order to redress our wrongs, and to establish peace in the Far East and in the world generally, have therefore determined to adopt adequate measures for the attainment of those objects, "peaceably if we may, forcibly if we must."

The whole nation is ripe for revolution. Look at the Weichow uprising of 1900, the attempted *coup de main* at Canton in 1902, and the Kwang Si movement which is now still going on with ever-increasing force and encouragement. The newspapers and the recent publications in China are also full of democratic ideas. Furthermore, there is the Chee Kung Tong (Chinese Patriotic Society), commonly known in this country as the Chinese Freemason, which has for its object "the overthrow of the Ching (Manchu) and the restoration of the Ming (Chinese) Dynastry." This political organization has lasted for over two hundred years and it has now a membership of tens of millions of people, spreading all over Southern China. About 80 per cent. of the Chinese in this country belong to this league. Those Chinese who favor revolutionary ideas may be roughly divided into three classes. The first class, the most numerous of the three, comprises those persons who cannot even obtain a bare livelihood because of the extortions and exactions of the officials. To the second belong all those who are provoked by racial prejudice against the Manchus, while to the third class belong those who are inspired by noble thoughts and high ideas. These three factors, cooperating together in different directions, with increasing force and velocity, will ultimately produce the desired result. It is evident, therefore that the downfall of the Manchu government is but a question of time.

The theory has sometimes been advanced with some show of plausibility that China, with her immense population and her vast resources, would

(7)

be a menace to the whole world, if she would wake up and adopt western methods and ideas ; that if the foreign countries should do anything towards the uplifting and enlightening of the Chinese people, they would thereby create a sort of *Frankenstein*, and that wisest policy for other countries to pursue is to keep the Chinese down as much as possible. This is, in short, the substance of what is known as the " Yellow Peril." The theory sounds very well, but it will be found upon examination to be untenable from whatever standpoint you may view it. Apart from the moral side of the question as to whether it is right for one country to hope for the downfall of another, there is the political side to it. The Chinese are by nature an industrious, peaceful, law-abiding people. They are by no means an aggressive race. If ever they go to war at all, it is only for self-defense. The Chinese would be a menace to the peace of the world only if they were properly drilled by some foreign country and made use of as an instrument for the gratification of its own ambition. If left to themselves they would prove to be the most peaceful people in the world. Again, from an economic standpoint, the awakening of China and the establishment of an enlightened government is beneficial not only to the Chinese but also to the world at large. The whole country would be open to foreign trade ; railroads would be built ; natural resources would be developed ; the people would be richer and their standard of living would be higher ; the demand for foreign goods would be greater, and international commerce would be increased a hundred fold above its present rate. Is this a peril ? Nations are to each other as individuals. Is it economically better for a man to have a poor, ignorant neighbor than it is for him so have a wealthy, intelligent one ? Viewed from this light, theory falls at once to the ground and we may safely assert that the yellow peril may after all be changed into the yellow blessing.

There are two conflicting policies pursued by the foreign powers in regard to China. The one favors the partitioning and colonizing; the other advocates the integrity and independence of China. To those maintaining the former policy it is needless to remind them that it is fomented with danger and disaster, as the case of colonizing Manchuria by Russia exhibits; while to those maintaining the latter policy we venture to predict that it is impossible for them to realize their object so long as the present government exists. The Manchu Dynasty may be likened to a collapsing house; the whole structure is thoroughly rotten to its very foundation. Is it possible for any one to prevent the house from falling just by supporting the walls collaterally outside with a few beams? We fear this very act of supporting it might hasten its tumbling. The dynastic life in China, as shown from history, is much the same as an individual; it has its birth, growth, maturity, declining and dying. The present Tartar rule has begun to decline since the beginning of the last century and is dying fast now. Therefore we say that even this benevolent and chivalric act of maintaining the integrity and independence of China, if such is meant, as we understand, to support the present tottering Tartar house, is doomed to failure·

Now it is evident, in order to solve this burning question, and to remove the source of disturbance to the peace of the world, that a new enlightened and progressive government must be substituted in place of the old one. In such a case China would not only be able to support herself, but would also relieve the other countries of the trouble of maintaining her independence and integrity. There are many highly educated and able men among the deople who would be competent to take up the task of forming a new government, and carefully thought-out plans have long been drawn up for the transformation of this out-of-date Tartar Monarchy into a " Republic of China." The general masses of the people are also ready to accept the new order of things and are longing for a change for better, to uplift them from their present deplorable condition of life. China is now on the eve of a great national movement, for just a spark of light would set the whole political forest on fire to drive out the Tartar from our land. Our task is indeed great, but it will not be an impossible one. It needed fewer than twenty thousand troops of the allied army in the Boxer war in 1900 to break down the Tartar resistance, to march into Peking and capture that city. There is no doubt we could do the same with double or triple that number of men; furthermore, we could easily raise a hundred or a thousand times more men from our patriots. And it is evident from recent experiences that the Tartar soldiers are not our match in every field. The present uprising of patriots in the province of Kwang Si is a striking proof. They are far away from the coast and cannot get supplies of arms and ammunition from any source. The only means of getting such materials depends exclusively upon capturing those of the enemy. Even thus they have continued the fight for the last three years and repeatedly defeated expedition after expedition of imperial troops sent against them from various parts of the Empire. By possessing such a wonderful fighting capacity, who could say that they could not vanquish the Tartar power from China if sufficient supplies could be forthcoming? When our great object of revolutionizing China shall have been accomplished not only a new era would dawn on our beautiful country, but a brighter prospect also would be shared by the

whole human race.   Universal peace will surely
follow the step of the regeneration of China, and
a grand field hitherto never dreamed of will be open-
ed to the social and economic activities of the
civilized world.

To work out the salvation of China is exclusively
a duty of our own, but as the problem has recently
involved a world-wide interest, we, in order to make
sure of our success, to facilitate our movement, to
avoid unnecessary sacrifice and to prevent misunder-
standing and intervention of foreign powers, must
appeal to the people of the civilized world in general
and the people of the United States in particular
for your sympathy and support, either moral or
material, because you are the pioneers of western
civilization in Japan ; because you are a Christian
nation ; because we intend to model our new govern-
ment after yours ; and above all because you are
the champion of liberty and democracy.   We hope
we may find many Lafayettes among you.

SUN YAT SEN.

"MY REMINISCENCES."

By SUN YAT SEN.

Whatever career the future has in store for the celebrated Sun Yat Sen, as President of the Republic of China, none can deny his claim to be considered one of the most remarkable men in the world and the organizer of the greatest revolution, considering the numbers involved, that history can record.

The following article, taken down from Sun Yat Sen's own lips for "The Strand Magazine" and signed by him, is the first complete statement of his career up to the time of his last leaving England that has ever been published. It will serve to correct many errors and misstatements concerning him which have appeared in the Press of two Continents.

UP to the year 1885, when I was eighteen years of age, I had led the life of any Chinese youth of my class, except that from my father's conversion to Christianity and his employment by the London Missionary Society I had greater opportunities of coming into contact with English and American missionaries in Canton. An English lady became interested in me, and I learnt eventually to speak English. Dr. Kerr, of the Anglo-American Mission, found employment for me, and allowed me to pick up a great deal about medicine, for which I had a passion. I believed I saw a useful career before me as a physician amongst my countrymen, and no sooner had I heard that a College of Medicine was to be opened at Hong-Kong than I instantly presented myself before the Dean, Dr. James Cantlie, and enrolled my name as a student.

There I spent five happy years of my life,

SUN YAT SEN.
From a Photograph by Central News.

and in 1892 I obtained a licentiate's diploma entitling me to practise in medicine and surgery. I cast about for a place to which I could go and settle, and at last decided to try my fortunes in the Portuguese Colony of Macao, in the Canton River. Up to this time I cannot say I had taken any special interest in politics; but it was while I was struggling to establish myself at Macao — and my struggles were desperate, owing to the prejudices of the Portuguese doctors — that I received a visit one night from a young merchant about my own age, who asked me if I had heard the news from Peking — that the Japanese were coming. I said I had heard little of it, except from the English.

"We are all kept in such ignorance. It is a great pity," I added; "the Emperor should trust the people more."

"*Tien ming wu chang*" ("The divine right does not last for ever"), said my friend.

"True," I rejoined, "and 'Heaven hears

through the ears of my people ' "—quoting our sacred writer, Shun.

That evening I enrolled myself a member of the Young China Party. All the world now knows of the evils which had for so long beset my country. But the chief curse under which we suffered was ignorance. We were not allowed to know anything that was happening, much less to take any part in the Government. To me, constantly mixing with Europeans and tasting of their freedom, this state of things was intolerable. Meanwhile, after much struggling at Macao to secure a paying practice, I was obliged to take down my sign and remove to Canton. Then came China's crushing humiliation at the hands of Japan in 1894. I formed a branch at Canton of the Kao-lao-hui, and flung myself into the work. Converts speedily began to flock about me, and a mandarin, meeting me one day, said :—

"Sun, you are a marked man."

"How so?" I asked.

"Your name has gone to Peking. You had better be careful."

Only one circumstance then saved me. The news came that the Emperor, Kuang Hsu, had awakened from his lethargy and, in spite of the Dowager - Empress, was inclined to favour our reforms. I instantly drew up a petition, obtained hundreds of signatures, and forwarded it to Peking.

PORTRAIT OF SUN YAT SEN IN CHINESE DRESS, TAKEN ABOUT 1892.

For a time its fate and our own hung in the balance. Then something happened to concentrate the attention of the Court upon us. The Cantonese soldiers enlisted for the Japanese War were disbanded ; but, instead of going back to work, they threw in their lot with us. Besides this, a body of special Canton police grew restless, and, unable to get their pay, took to plundering the town. A mass meeting of the inhabitants was called, and a deputation of over five hundred men went to the house of the Governor to protest.

"This is rebellion," cried the Governor, and immediately ordered the arrest of the ringleaders. I escaped. It was my first escape, although I had many adventures of the kind soon afterwards. Finding myself out of the clutches of the authorities, and anxious to rescue my less fortunate colleagues, we drew up a bold plan, for which the time now seemed ripe. Briefly, it was to capture the city of Canton, and hold it until our petition had been heard and until our wrongs, including fresh taxation, were redressed. To do this it was necessary to get the aid of a large body of Swatow Province men, who were equally discontented. We had daily meetings of the Reform Committee, and accumulated quantities of arms and ammunition, including dynamite. Everything was arranged ; all depended on the passage of the Swatow soldiers across country—a distance of more than a hundred and fifty miles—to their juncture with us and a contingent from Hong-Kong at the given moment. At the appointed time I sat with my friends in a certain house, outside which we had stationed a hundred armed men, while we had between thirty and forty messengers penetrating into all quarters of Canton to warn our friends to be ready early next morning. All seemed going well, when a bombshell exploded. It was a telegram from the Swatow leader addressed to me :—

"Imperial troops on the alert. Cannot advance."

What were we to do? It was on the Swatow army that we depended. We tried to recall our scouts ; we sent telegrams to Hong-Kong. In vain · the contingent, four hundred strong, had left by steamer, carrying ten cases of revolvers. Our conspirators took alarm, and then commenced a scene of confusion, as everyone who could fled before the storm. All our papers were burnt and our arms and ammunition buried. I spent several days and nights a fugitive hiding in the pirate-haunted canals of the Kwangtung delta, before I managed to get on board a little steam-launch, whose owner I knew. On reaching Macao I had the pleasure of reading a proclamation offering ten thousand taels for the capture of Sun Wen (myself), and of hearing that a body of police had met the Hong-Kong steamer and promptly arrested all on board. So ended the Canton conspiracy of 1895.

I passed only a few hours at Macao, where

I met my old colleague, who said to me: "Well, Sun, you're in for it now."

To which I replied: "Yes, I've begun the work. You remember what you said—' *Tien ming wu chang.*'"

At Hong-Kong my safety was hardly more assured, and on Dr. Cantlie's advice I went to see a lawyer, Mr. Dennis, who told me that my best protection was instant flight.

"Peking's arm, though weaker, is still a long one," he said: "and in whichever part of the world you go, you must expect to hear of the Tsung-li-Yamen."

Fortunately, friends provided me with funds, and here I must mention the constant fidelity of well-wishers to the great cause I have all these years endeavoured to promote. They have never failed me. But then, fortunately, apart from travelling, my wants are few. I have often for weeks together lived on a little rice and water, and I have journeyed many hundreds of miles on foot. At other times I have had difficulty in refusing the large sums placed at my disposal, for some of my countrymen in America are very rich, generous, and patriotic.

At Kobé, whither I fled from Hong-Kong, I took a step of great importance. I cut off my queue, which had been growing all my life. For some days I had not shaved my head, and I allowed the hair to grow on my upper lip. Then I went out to a clothier's and bought a suit of modern Japanese garments. When I was fully dressed I looked in the mirror, and was astonished—and a good deal reassured—by the transformation. Nature had favoured me. I was darker in complexion than most Chinese, a trait I had inherited from my mother, for my father resembled more the regular type. I have seen it said that I have Malay blood in my veins, and also that I was born in Honolulu. Both these statements are false. I am purely Chinese, as far as I know; but after the Japanese War, when the natives of Japan began to be treated with more respect, I had no trouble, when I had let my hair and moustache grow, in passing for a Japanese. I admit I owe a great deal to this circumstance, as otherwise

Vol xliii —24.

SUN YAT SEN'S FATHER.
From a Photograph taken about 1867.

I should not have escaped from many dangerous situations. Japanese themselves always have taken me for one of their countrymen. Once when I was being shadowed in a public place, two Yokohama men accosted me. Unhappily, I do not know a word of Japanese, but I pretended for a few minutes that I did, in order to put the spy off the scent.

A similar experience befell me in Honolulu, where I spent six months after leaving Japan. I found many of my countrymen there, and they received me with open arms. They knew all about my exploits, and they also knew that a big price was placed on the head of the notorious "Sun Wen." In the town of Honolulu I held a sort of *levée* every day, and I received letters and reports from my friends, the members of the Reform Party, the Kao-lao-hui. Thence I went to San Francisco, and enjoyed a sort of triumphal journey through America, varied by reports that the Chinese Minister to Washington was doing his utmost to have me kidnapped and carried back to China, where I well knew the fate that would befall me — first having my ankles crushed in a vice and broken by a hammer, my eyelids cut off, and, finally, be chopped to small fragments, so that none could claim my mortal remains. For the old Chinese code does not err on the side of mercy to political agitators.

I sailed for England in September, 1896, and on the eleventh of the next month I was kidnapped at the Chinese Legation in Portland Place, London, by order of the Chinese Ambassador. The story of that kidnapping is already known fully to the world. It is enough to say here that I was locked up in a room under strict surveillance for twelve days, awaiting my transportation on board ship, as a lunatic, back to China, and that I should never have escaped had not my old friend and master, Dr. Cantlie, been then living in London. To him I managed, after many failures, to get through a message. He notified the newspapers, and the police and

GENERAL HOMER LEA, SUN YAT SEN'S CHIEF
MILITARY ADVISER.
From a Photograph by Sarony.

Lord Salisbury intervened at the eleventh hour and ordered my release.

After some time spent in travel and study in London and Paris, I felt that the time had come to return to China. My country, I felt, needed me, and I arrived to find everything in a state of ferment. The whole world knows the story of the Boxer troubles. During that terrible time I was speaking and writing and lecturing—more confident now than ever that nothing could stave off the inevitable revolution. Daily I carried my life in my hand, for I began to have enemies now amongst the extremists, men who hated Europeans and European civilization and wished to expel the " foreign devils " from China.

It was now that another important event happened to me. I was speaking to a company of my followers when my eye fell on a young man of slight physique. He was under five feet high ; he was about my age ; his face was pale, and he looked delicate. Afterwards he came to me and said :—

" I should like to throw in my lot with you. I should like to help you. I believe your propaganda will succeed."

His accent told me he was an American.

He held out his hand. I took it and thanked him, wondering who he was. I thought he was a missionary or a student. I was right. After he had gone I said to a friend :—

" Who was that little hunchback ? "

" Oh, that," said he, " is Colonel Homer Lea, one of the most brilliant—perhaps *the* most brilliant military genius now alive. He is a perfect master of modern warfare."

I almost gasped in astonishment.

" And he has just offered to throw in his lot with me."

The next morning I called on Homer Lea, now General, and the famous author of the " Valour of Ignorance." I told him that in case I should succeed and my countrymen gave me the power to do so, I would make him my chief military adviser.

" Do not wait until you are President of China," he said. " You may want me before then. You can neither make nor keep a Government without an army. I have the highest opinion of Chinamen as troops when they are properly trained."

Most of the modern army—the troops trained in European tactics—are patriots and reformers, but until they seized the arsenal at Hanyang they were without ammunition. Blank cartridges were all that was ever served out to them.

Some of my friends were always anxious about my safety ; but as to myself—perhaps as a remnant of Chinese fatalism—these things give me little trouble. When my time comes it will come. At Nanking a man once walked into my cabin on board a junk in the early morning.

" Sun," he said, " I am a poor man and I have a wife and many children."

" I understand. You mean that someone has offered you a hundred dollars to betray me ? "

" More than that," he said.

" A thousand, then ? "

" Five thousand, Sun. You are only one man, Sun, and Tszehi can have the lives of many. She hates you and will have your head cut off, and then it will be no good to anybody. If you give it to me now it will make us all rich and happy."

" Very true," I said. " My head is worth nothing to me, but is it worth a great deal to you ? For if you betrayed me the mandarins would not only take all the money away from you, but your children would go on being poor for thousands of years, and millions of other children. Listen, Jin. I belong to you, and therefore my head is your head. Would you take five thousand dollars for your own head? *'Tien ming wu chang.'* But go and tell your chief that I am aboard this junk. I shall not stir."

He fell at my feet and begged my pardon. But I was sorry to hear next day that this man had drowned himself, because he said he could not endure the disgrace of having thought of giving me up to my enemies.

I could tell many stories connected with the rewards placed upon my head. All men were not, I am sorry to say, like this one. Some really would have wished to earn the reward if they could — but my friends saved me. Once I was kept in one house six weeks without stirring from my room. At another time I was living with a fisherman in a small cabin on the outskirts of Canton, when I was told that two soldiers had been ordered to take their place in a little grove near by and shoot me on sight. I was made aware of the danger and kept in the house for two days. Then I was told that the two soldiers themselves had been shot.

But in a way my most extraordinary experience was in Canton, when two young officials came themselves to capture me. I was in my room at night and in my shirtsleeves, reading and looking over my papers. The two men opened the door. They had a dozen soldiers outside. When I saw them I calmly took up one of the sacred books and began to read aloud. They listened for a time, and after a while one of them spoke, and asked a question. I answered it, and they asked others. Then ensued a long argument, and I stated my case and the case of the thousands who thought as I did at full length, as well as I could. At the end of two hours the two men went away, and I heard them saying in the street, "That is not the man we want. He is a good man, and spends his life healing the sick."

I estimate that the rewards upon my head once amounted altogether to not less than seven hundred thousand taels (one hundred thousand pounds sterling). In these circumstances, I have been asked why I have gone about in London so freely and taken so few precautions. My answer is that my life now is of little consequence, for there are plenty to take my place. Ten years ago, if

A DRAWING, BY A CHINESE-AMERICAN ARTIST, OF HOW SUN YAT SEN CONVERTED TO HIS VIEWS THE CHINESE OFFICIALS SENT TO ARREST HIM.

I had been assassinated or carried back to China for execution, the cause would have suffered. Now the organization I have spent so many years in bringing about is complete.

At the close of the 'Boxer rebellion I returned to America. There was one thing I wanted more than troops and arms — without which I saw I could have neither, and that was money. Not the money in quantities I had been receiving — here and there — but at least half a million sterling. Anything less than this would be failure. Now began a new *rôle* for me — a canvasser for political funds. In this capacity I travelled in every city in America, and I visited all the leading bankers in Europe. Emissaries sent by me penetrated into all quarters. Some professing to act for me and in my name proved faithless. But I prefer not to speak of these — although one man is now universally denounced as a traitor to the cause for having appropriated a huge sum of money entrusted to his care. He will meet with his due reward.

All over the world, and particularly in America, the legend has grown up that Chinamen are selfish and mercenary. There never was a greater libel on a people. Many have given me their whole fortune. One Philadelphia laundryman called at my hotel after a meeting, and, thrusting a linen bag upon me, went away without a word. It contained his entire savings for twenty years.

Meanwhile I kept my eyes on China and the events happening there. After the death of the Empress-Dowager I realized that Fate was playing into the hands of Yuan-Shih-Kai, who would be for a time the arbiter of my country's destiny. But I also knew that he could do nothing without me.

People in Europe think that the Chinese wish to keep themselves apart from foreign nations, and that the Chinese ports could be opened to foreign trade only at the point of the bayonet. That is all wrong. History furnishes us with many proofs that before the arrival of the Manchus the Chinese were in close relations with the neighbouring countries and that they showed no dislike towards foreign traders and missionaries. Foreign merchants were allowed to travel freely through the Empire. During the Ming dynasty there was no anti-foreign spirit.

When the Manchus came the ancient policy of toleration changed. The country was closed to foreign commerce. The missionaries were driven out and the Chinese Christians were massacred. Chinamen were forbidden to emigrate. Disobedience was punished with death. Why? Simply because the Manchus wished to exclude foreigners and desired the people to hate them, for fear that the Chinese, enlightened by the foreigners, might wake up to a sense of their nationality. The anti-foreign spirit created by the Manchus came to its climax in the Boxer risings of 1900, and who were the leaders of that movement? None other than members of the reigning family. Foreigners travelling in China have often remarked that they are better received by the people than by the officials.

I will here again enumerate the principal wrongs we have suffered during the two hundred and sixty years of the Tartar rule :—

1. The Manchurian Tartars govern for the benefit of their race and not for that of their subjects.

2. They oppose our intellectual and material progress.

3. They treat us as a subject race and deny us the rights and privileges of equality.

4. They violate our inalienable rights to life, liberty, and property.

5. They promote and encourage the corruption of officialdom.

6. They suppress the liberty of speech.

7. They tax us heavily and unjustly without our consent.

8. They practise the most barbarous tortures.

9. They deprive us unjustly of our rights.

10. They do not fulfil their duty of protecting the life and property of the people living under their jurisdiction.

Although we have reasons to hate the Manchus we have tried to live in peace with them, but without success. Therefore we, the Chinese people, have resolved to adopt pacific measures if possible, and violent ones if necessary, in order to be treated with justice and to establish peace in the Far East and throughout the world. We mean to go through with what we have begun—no matter how much blood will be spilt.

A new Government, an enlightened and progressive Government, must be substituted

> "The present position of the Revolutionary movement in China is resemble to a forest of dry woods, it needs only one spark of fire to set the whole mass into flame. This spark is the £500.000 which I asks of.
>
> Thirdly As regards the 'leaders'. financial standing, I may say that now no one is of great means, although some of them were. But all are men of ability equal to any of their kind in the world
>
> With many compliments
>
> Very truly yours
>
> Sun Yat Sen"

SUN YAT SEN'S DRAFT OF A PROCLAMATION TO THE WORLD FROM THE PRESIDENT OF THE CHINESE PROVISIONAL GOVERNMENT.

for the old one. When that has been done, China will not only be able to free herself from her troubles, but also may be able to deliver other nations from the necessity of defending their independence and integrity. Among the Chinese there are many of high culture who, we believe, are able to undertake the task of forming a new Government. Carefully-thought-out plans have been made for a long time for transforming the old Chinese monarchy into a republic.

The masses of the people are ready to receive a new form of Government. They wish for a change of their political and social conditions, in order to escape from the deplorable conditions of life prevailing at present. The country is in a state of tension. It is like a forest of dry wood, and it needs only the slightest spark to set fire to it. The people are ready to drive the Tartars out. They will come over as soon as the revolutionary force has gained a footing in South China. The seven divisions around Peking are the entire creation of Yuan-Shih-Kai. Since he has been degraded the loyalty of these troops to the Peking Government is greatly diminished.

Though no arrangement has been made between them and us, we strongly believe that they will not fight for the Manchu Government, and there is another division in Manchuria which is commanded by a revolutionary general, who can be depended upon to co-operate against Peking when the time comes.

As to the navy, though hitherto no arrangement for support has been made, an understanding can be easily concluded if sufficient funds for the purpose could be provided. The naval force of China consists of only four serviceable cruisers, the largest of which is but four thousand tons, and the other three two thousand nine hundred tons. Many of the officers and sailors are revolutionists.

I say again, the whole of South China is ready for a general uprising. Besides the readiness of all the people of South China to follow the movement, the revolutionist has enrolled the best fighting elements in the provinces of Kwangtung, Kwangsi, and Hunan. These provinces have always produced the best soldiers in China.

So far it has all happened as I foretold, only the crisis has come a little more hurriedly. I expected Yuan-Shih-Kai would have been able to hold out longer. I was so full of this belief that when a year ago Yuan sent for me I distrusted his messenger. I thought he was playing false, but he was really in earnest. He wished to remove the ban from my life and act openly in concert with me. But I said to his messenger :—

" Go back to your master and tell him I have not laboured fifteen years and suffered so many perils to be tricked so easily. Tell his Excellency I can wait. ' *Tien ming wu chang.*' "

If I had trusted Yuan's messenger the revolution would have happened sooner, and I should now be in Peking. For I can count upon millions of followers. They will follow me to the death, as they have long followed my teachings.

- The greatest advance the revolutionary movement has made was when we enjoyed the favour of the late Emperor before he was put under restraint by the Dowager-Empress. At that time many thousands of young Chinamen obtained permission to leave China and travel about the world, studying European customs and institutions. Ninety per cent. of these became infected with revolutionary ideas. I used to meet them by scores wherever I went. They had heard of me, and were anxious to exchange ideas with me. When they went back they soon began to leaven the whole of China.

Whether I am to be the titular head of all China, or to work in conjunction with another, and that other Yuan-Shih-Kai, is of no importance to me. I have done my work ; the wave of enlightenment and progress cannot now be stayed, and China—the country in the world most fitted to be a republic, because of the industrious and docile character of the people—will, in a short time, take her place amongst the civilized and liberty-loving nations of the world.

Sun Yat Sen

孙 逸 仙

CHINA'S REVOLUTION:
1911–1912.

A HISTORICAL AND POLITICAL RECORD OF THE CIVIL WAR.

BY

EDWIN J. DINGLE
Author of " Across China on Foot."

WITH MAPS AND ILLUSTRATIONS.

SHANGHAI, CHINA:

THE COMMERCIAL PRESS, LIMITED.

PUBLISHED ALSO IN GREAT BRITAIN AND AMERICA.

1912.

CHINA'S REVOLUTION: 1911-1912.

Sun cannot be called a typical Chinese; he is a typical, and extremely able Chinese of the new school. He has lived most of his life abroad, and from his earliest years, when in Canton he attended the London Mission with his Christian parents, has been constantly in close touch with men and things foreign. As has been said, practically all his life, but particularly since 1895, Sun has been looked upon as the most active Revolutionary among the Chinese. His escapes at the hand of the Chinese Government had been many. For years he had been banished, and his head was ever sought after. His deliverances had been marvellous. Newspapermen the world over have constantly interviewed Sun in his wanderings, and it is felt that so much is known of President Sun that nothing of a general nature need be added here. It will be more interesting to pass on to see what Dr. Sun has to say, in a remarkably well-written story, of the reason why his country is in revolt.*

"The conspiracy in which I took part as a leader at Canton in October, 1895," wrote Dr. Sun Yat-sen, "was one of a series which must ultimately triumph in the establishment of a constitution in our Empire. The whole of the people in China, excepting the imperial agents, who profit in purse and power by the outrages they are able to perpetrate, are with us. The good, well-governed people of America will not fail to understand that Chinese numbering many millions in their own land and thousands in exile, could not entertain such feelings about their Empire without good cause. Over each province there is what the English would call a Governor. There are no laws, as you know laws. The Governor of each province makes

---

* The *China Press*, Shanghai, December 8, 1911.

240

THE COMING OF SUN YAT-SEN.

his own laws. The will of each officer is the law. The people have no voice. There is no appeal against the law created for his own purposes by the officer or the Governor, no matter how unjust, no matter how cruelly carried out. These Governors universally persecute the people and grow wealthy by squeezing them all into poverty. Taxes, as taxation is understood by Americans, are unknown. We pay only a land tax, but the Governors and officers take money from the masses by innumerable systems of extortion. Every time a Governor or magistrate or chief officer takes charge of a district, the first thing he does is to find out who are the rich, who are favourably disposed toward him and who against him. He selects first one of those whom he has reason to believe dislikes him, forces one of those on his side to make a criminal charge against the selected man and has him arrested on the charge, which is invariably false. The Governor enriches himself by each case, as the only thing in the nature of a law he knows is that of the dynasty, empowering him to take as his own as much as he likes, usually the whole of the property of every man whom he arrests and punishes. The arrested man has no appeal. He has no advocates. He has no hearing. Only his accusers are heard. Then he is barbarously tortured to confess the guilt he knows not.

The terrible injustice of this procedure is to be seen in that a magistrate or chief officer never visits that punishment upon anyone who has Imperial influence. Yet any man who has influence with the magistrate or is in any way a creature of his, can arrest, by his own will any person against whom he has a grievance, choose any crime he likes to name for the purpose, drag the person before the magistrate, accuse

CHINA'S REVOLUTION: 1911-1912.

him, and ask that he be punished.   Again the accused
person has no appeal, no defence.   He is merely faced
with the accusation, and if he denies it, is put under
torture for three days.   If, at the end of three days, the
accused refuses to confess himself guilty, punishment is
meted to him in severity according to the influence of
the accuser, and the necessity the magistrate feels of
appeasing him.   The punishment for every offence
charged, from petty larceny upward, is almost invari-
ably beheading.   Beheading saves prison expense, and
effectually silences the accused.   So much aloof do the
Manchus keep from the people that many are usually
ignorant of this terrible work of the officers of the
Dynasty, and when told of it, refuse to believe; others
refuse to believe, out of fear of incurring the dis-
pleasure of the officers.   The unhappy masses know the
truth too well.   The intelligent, the most enlightened
know of it.   Exiles in all other parts of the world know
of it.   Bitter hatred of the Dynasty and of the Imperial
officers prevails in every province of the Empire.
There is a great democracy in the Empire, waiting and
praying for the moment when their organisation can be
made efficient and the Dynasty removed and replaced
by a constitutional government.

Our conspiracy to seize Canton failed, yet we are
filled with hope.   Our greatest hope is to make the
Bible and education, as we have come to know them by
residence in America and Europe, the means of convey-
ing to our unhappy fellow-countrymen what blessings
may lie in the way of just laws, what relief from their
sufferings may be found through civilisation.   We
intend to try every means in our power to seize the
country and create a government without bloodshed.   I
think we shall, but if I am doomed to disappointment
in this, then there is no engine in warfare we can invoke

THE COMING OF SUN YAT-SEN.

to our aid that we will hesitate to use. Our four hundred millions must, and shall, be released from the cruel tyranny of barbaric misrule and be brought to enjoy the blessings of control by a merciful, just government, by the arts of civilisation.

The conspiracy at Canton, though it failed, was but a momentary repulse and has no way damped our ardour. A brief history of the conspiracy and my own adventures connected with it may convey some ideas of difficulties which still lie before us, yet which we know we shall in due time surmount. We had a head, a chief and a body of leaders, all earnest, intelligent, courageous men. They were elected according to constitutional principles by a body of us, who met, necessarily in secret. We had a branch of our society in every province. Our meetings of the leaders were held at various houses, the rendezvous being constantly changed. We had between thirty and forty centres in the districts of the town, with members ready to ride at a given moment to the number of at least 1,000 in each centre to take control of the public affairs of the district. Communications with each of these districts were made by the employment of messengers. Our communications were by word of mouth. Our intention was to attack no individual person.

There is no government, no organisation, no legal system, no form of official control except the influential citizens, who, under the favour of the magistrate or governor of the province, usurp the use of the Imperial Commissioners and employ soldiers to carry out their barbarous tyranny. We had no ruling body, officials or officers, as such institutions are understood by Europeans, to seize. We had elected bodies of our followers who had been taught a system of constitutional rule, for each district all ready to take office at a given signal and put

CHINA'S REVOLUTION: 1911-1912.

the system into practice. The soldiers were ready to join us. For the soldiers are as great sufferers from tyranny as the poor masses.

Now, herein lay our chief difficulty. To effect revolution in China would be easy but for one thing— the great difficulty in controlling the citizens. The people, never having known laws, never having been used to any proper discipline, are utterly demoralised. Life and property would be in danger from the masses the moment they became excited. From the soldiers, who are of the most degraded class, we expected trouble. They would certainly engage in looting the moment they had discovered a change in the order of things.

The only problem we had to solve in order to completely succeed was how to control the people, to make order a certainty, simultaneously with the establishment of a form of government, and how to check the excitement and outrages of the inhabitants while they were being taught to realise the fact that the long-endured tyranny was overcome. For months we worked hard completing our plans to this end, and things had reached that condition that each of the thirty odd leaders had an armed bodyguard of 100 men. This gave us three thousand armed men on the spot. Another three thousand were to join us from another province on a given date. With this body of men, armed, not to attack any officials, but to control the masses of people and make them obey our constitutional laws, we should have in a few hours reached the dynasty of impotence.

Unhappily, we had to contend with the possibilities of disloyalty among our own followers. So great is the fear of the torture chamber. Into so many tributaries does the main stream of corruption flow. However, all was prepared. A date was fixed—one day in October,

THE COMING OF SUN YAT-SEN.

1895.   We leaders met to receive a telegram from our agent in Hongkong who was to inform us that all was right, the moment he knew the 3,000 men had set out to our assistance.   At the same time he was to despatch a chartered steamer up the Canton river, laden with arms for the 3,000 men who were to control the people and keep order, and bringing 700 coolies to do the fetching and carrying, the labourer's work needful to carry out the scheme of establishing our government. We met at the rendezvous at Canton, runners and everyone at hand.   The message arrived to say that all was right.   We despatched our runners to let everyone be prepared at every centre, burned our papers and proceeded to disband ourselves into units, each to carry out his own alloted portion of the revolution.   The moment before we disbanded a second message arrived saying, "Something has happened.   The 3,000 men cannot come."   Our runners were out and could not be overtaken and recalled.   We had to trust to the discretion of the centres to await the men.   The only thing we could do, for the time being, to divert suspicion, was to wire our Hongkong agent to keep back the coolies.   He misunderstood.   The coolies arrived.   No one received them.   They wandered about, not knowing what they were in Canton for.

So the conspiracy was thwarted.   The runners had accused the people, and set tongues wagging.   The Viceroy had been told, "Something is going to happen." He would not believe his informant, and all might have become quiet but the arrival of the coolies confirmed the information.   The government did not start.   The unhappy coolies were hunted by the Imperial Commissioner and his staff, and many of them beheaded.   The leaders dispersed.   Many fled into the interior.   The Commissioner and Imperial Guard sought the leaders.

CHINA'S REVOLUTION: 1911-1912.

They seized and beheaded sixteen persons, only seven of whom had anything to do with the movement. The remainder were occupants of houses where it was supposed some of us had met. The leaders all got away. I went on board my own steam-launch and sailed down to Hongkong, where I stayed a week. The Imperial officers were seeking me, and I passed them several times in the streets without their recognising me. At the end of the week, during which I had made arrangements for my family, my wife and children, and my mother to follow me. I stepped on board a steamer under the eyes of my stupid pursuers without their noticing me. When I arrived in London, I was captured for the first time, after having been pursued around the world for one year. But the fault was not that of the English people. Indeed, the noble-hearted way in which the English people came to my assistance and rescued me from the death for which I was assuredly destined, made us shed tears of gratitude.

In saving my life the English people have earned the love of every one of our millions of cruelly ill-used people, and strengthened our hope of one day soon enjoying the blessing of a just government, such as that which has made your mighty nation so great and so good."

CHINA'S MESSAGE TO AMERICA

by SUN YAT SEN

LATE PROVISIONAL PRESIDENT
OF THE CHINESE REPUBLIC······
DECORATIONS by CHARLES B. FALLS

With a history of more than fifty centuries, our nation of four hundred thirty million people stands on the threshold of a new era. Upon my sug gestion, our new era shall be counted with the proclamation of the Chinese Republic. But in our external relations we shall use the calendar of the Christian world. The most important feature of our efforts will be devoted to the awakening and strengthening of our nation economically and spiritually, and in this we will follow to a great extent the example of the United States and Europe. The very first step of our young republic will be the fundamental reform of our national and provincial governments and the opening of schools.

For almost thirty centuries the Chinese Government has been principally equal [similar in principle] to the American. China was always a country of a strong provincial and rather weak central governments. Being divided into nineteen provinces, each of them was presided over by a Viceroy, with an annual allowance of forty-five thousand dollars. Twice as much income made those functionaries from bribes and extortions. A Viceroy was supreme within his jurisdiction, and the power of life and death was in his hands. Next to him came the Governor, with an average salary of twenty thousand dollars a year. An importand superior functionary after these two was the Treasurer, who controlled the finances of the province, as for instance, receiving the taxes and paying salaries to the mandarins. Those three leading functionaries were appointed by the Emperor. The Judge, the Salt Commissioner, and the Grain Collector were, next to them, the only superior mandarins whose power extended over the whole province, the remaining officials being charged with the functions of the various divisions into which the provinces were divided. The chief of the latter was the Taoutai, or intendent of circuit, who had a direct general superintendence over all the affairs of the circuit intrusted to his charge. Theoretically this system was excellent; but as a matter of fact, it was corrupt to the core. In the first place, the inferior mandarins were wretchedly underpaid; for their salaries varied from one thousand to one thousand two hundred dollars annually. This money was barely sufficient to support the staff which was necessary for them to maintain.

The provincial inferior offices, under the last dynasty, were put up for sale. The man who had the most money became the official. But the old Chinese law ordained that every man who wished to obtain government employment must qualify himself for office by passing the prescribed com petitive examination. There was never hereditary nobility in China. Office supplied the only distinguishing rank in the empire.

One of the chief tasks of our republican government will be to reorgan ize this most important part of the Constitution, so that every superior functionary will be elected by the people. Each of our nineteen provinces will collect its own taxes, pay its own expenses and support its own army and navy. However, the provinces will be obliged to contribute a fixed sum annually to the expenses of the Federal Government. Our electoral laws will be more on the order of Australia in the provinces; but how they will be formulated for the federal offices, is hard to predict. I think we will have, like the United States, a Congress and a Senate, members of both houses to be elected by the people.

Unfortunately the whole education of the Chinese youth has been of the Nine Classics. The result was that, from the childhood on, these works were the only text-books of our educated classes. Those classics we were taught to regard as the supreme models of excellence. Any deviation, either from the opinions they contained or the style in which they were written, was looked upon as heretical. Thus the mind of our nation was dwarfed by servile imitation and by the paltry literalism of the schools. This will be immediately abolished, and our schools will be founded on the system of the United States, Germany and Scandinavia. The education will be obligatory and free for poor and rich. We will employ at least one million teachers of western civilization during the next ten years.

The Chinese juridical law and criminal code will be subjects of a thorough reform, and capital punishment will be abolished. For capital pun ishment the usual mode of inflicting the penalty of law was cutting to pieces or strangulation. In the last case a silken cord was sent to the convicted in prison. He was left to execute himself. The experience has proven sufficiently that the best law is the lack of laws — the law that lives within ourselves. We will particularly emphasize the moral education of the masses, without any particular religious dogmas, and this will be left wholly up to our literature, art and drama.

Chinese art and literature are fossilized. According to our novelists vir tue in women and honor in men are to be found only by their heroes and heroines. Of epic poetry Chinese know nothing. Our literature shows no instance of real dramatic poetry. Our prose dramas abound with short lyric pieces, which are introduced to break the monotony of dialogue. Our plays are true to life, but they have no psychological interest about them. There is no delineation of character in them. Well, in this respect we will follow Russia and France, whose drama and literature lead those of other nations. The theatre in China has been for two thousand years a national and religious institution. It has played a prominent part at all the yearly religious festivals. I think our theatre will thus remain, with the difference, that it will be trans formed into an educational temple of the people. There shall be no entrance fee in the new Chinese theatre. We will absorb the best from the Western geniuses and inspire our own. I am safe to make the predicting statement, that China will be a civilized nation in one generation, and the Chinese Republic will be the most socialistic government of this century.

There might be some disorders here and there in the course of the next few years, but they will never affect the Republic and its reform to a large extent. Since the sympathy of the people of the United States and England is with the free republican China, no foreign intrigue will affect the reform work. Some men in China are opposed to Yuan Shih Kai, for the role which they suppose he played in the dethronement of Emperor Kuan Hsu, who was very radical and wanted to reform China. He counted on the army of Yuan to support him in his reform policy. Yuan told the secret to Yung Lee, who was then the Viceroy of Chihli — the Province of Pekin. The latter revealed the plot to the Empress Dowager. The result was — the young Emperor awoke one morning and found himself practically stripped of his imperial power. According to my opinion, Yuan was far from being a reactionary. He failed to realize that China could be so suddenly reformed, and he hesitated to lend himself to an enterprise which he believed to be premature.

Thus I close my message to the American people with the famous edict of the unfortunate Emperor, who fell a victim of his radical views.

"The Government of China, striving to elevate the various departments of the administration, wishes to employ the methods of the West; because what is common to the Western nations and the Chinese has been brought to great excellence by the former, and may therefore serve for our advance ment. "

Sun Yat sen

Nankin, March 22.

The Semi-monthly Magazine Section, The San Francisco Call, Vol. 112, No. 16, June 16, 1912

China's Next Step

BY DR. SUN YAT-SEN

[In the following article the founder and temporary President of the new Republic of China indicates that in laying down that office he does not consider his task done, but plans for a new social and industrial revolution for China which shall put that ancient nation in the very van of the nations of the world and achieve results which could not be achieved without bloodshed in countries with a fixt social system. This remarkable utterance appeared first in the form of an address at the farewell banquet given in his honor at Shanghai by the Revolutionary Association, April 18, 1912.—EDITOR.]

THE republic is established in China, and tho I am laying down the office of Provisional President, this does not mean that I am going to cease to work for the cause. After laying down my office, still greater affairs demand my attention. China has been under the domination of the Manchus for 270 years. During that time many attempts have been made to regain independence. Fifty years ago the Taiping Rebellion was such an attempt, but this was merely a revolution of the race (Chinese against Manchus). Had the revolution been successful, the country would still have been under an autocratic government. This would not count success.

Some years ago a few of us met in Japan and founded the Revolutionary Society. We decided on three great principles: (1) The (Chinese) people to be supreme as a race, (i. e., not to be under the dominion of an alien race). (2) The people supreme in government. (3) The people supreme in wealth production. Now the Manchus have abdicated we have succeeded in establishing the first two of these principles, and it now remains for us to accomplish the revolution of society. This subject is being much discussed in the world today, but many people in China are ignorant of what is involved in such a question. They suppose that the aim of the regeneration of China is only that this may become a great and powerful country, on an equality with the great Powers of the West; but such is not the end of our effort. Today there are no wealthier countries than Britain and America; there is no more enlightened country

than France. Britain is a constitutional monarchy; France and America are perfect republics; but the gap betwixt the poor and the wealthy in these countries is too great. And so it comes to pass that thoughts of revolution still rankle in the minds of many. For, if this revolution of society be not effected, the many cannot enjoy complete joy and happiness. Such felicity is only for the few capitalists. The mass of laborers continues to suffer bitterness and cannot be at rest. Now, the revolution of the race and the revolution of government are easy, but the revolution of society is difficult. This is because it is only a people of high attainments that can work out a revolution of society. Some will say, "We have succeeded so far in our revolution, why not be content and wait? Why seek to accomplish what Britain and America, with all their wealth and knowledge, have not yet undertaken?" This would be a mistaken policy. For in Britain and America civilization is advanced and industry flourishes. It is therefore difficult to accomplish a revolution of society. In China we have not yet reached this stage, so such a revolution is easy for us. In Britain and America capitalists with their vested interests are intrenched and it is therefore difficult to dislodge them. In China, capitalists and vested interests have not yet appeared; hence the revolution of society is easy. I may be asked, "To accomplish such a revolution as you foreshadow, will military force be necessary?" I reply, "In Britain and America it will be necessary to use military force, but not in China. The coal strike in Britain is a proof of what I say. Yet the coal strike cannot be called a revolution. It is merely that the people desire to get possession of the sources of wealth and can only do so by violent means.

Altho the revolution of society is difficult to accomplish today, the time is surely coming when it will be an accomplished fact, but by what desperate means it shall be accomplished and thru what dangers the state shall pass it is difficult to prognosticate. If we do not, in the beginning of our republic, take thought for the future by-and-by when capitalism is developed, its oppression may be worse than the despotism which we have just thrown off, and we may again have to pass thru a period of bloodshed. Will not that be deplorable?

There is one point to which we ought to give the greatest attention. When the new Government is established it will be necessary that all land deeds shall be changed. This is a necessary corollary of the revolution. If we desire to forward the revolution of society, then when the change is made a slight alteration should be introduced into the form of the deed in order that the greatest results may be achieved. Formerly, people owning land paid taxes according to the area, making a distinction only between the best, medium and common land. In the future, taxes ought to be levied according to the value, not the area, of the land. For land varies much more than in the ratio of these three degrees. I don't know by how much the land in Nanking differs in value from land on the Bund in Shanghai, but if you rate it according to this old method of three degrees you cannot assess it justly. It would be better to tax it according to its value, the poor land paying a low tax and valuable land a high tax. The valuable land is mostly in the busy marts and is in the possession of wealthy men; to tax them heavily would be no oppression. The poor land is mostly the possession of poor people in far back districts; nothing but the lightest taxes should be levied on them. For instance, a piece of land on the Bund pays taxes at the rate of a few dollars to the acre and a piece of land of equal area in the country pays an equal tax. This is far from being just. If the tax were levied on the value of the land then this injustice would be done away with. If you compare the value of land in Shanghai today with what it was one hundred years ago, it has increased ten thousandfold. Now, industry in China is about to be developed. Commerce will advance, and in fifty years' time we shall see many Shanghais in China. Let us take time by the forelock and make sure that the unearned increment of wealth shall belong to the people and not to private capitalists who happen to be the owners of the soil.

SHANGHAI, CHINA.

DR. SUN YAT SEN SEES CHINA OF THE FUTURE UNIFIED, PROSPEROUS, POWERFUL

(To Dr. Sun Yat Sen more than to any other individual or group the Chinese republic owes its existence. For twenty years he plotted the downfall of the monarchy and was the republic's first provisional president. He has recently been authorized by president Yuan Shi Kai to make plans for a national system of railways and to secure the necessary capital and to organize a Central Railway Association which will have charge of this work. In the following article he tells briefly what he thinks the future has in store for the Celestial republic—The Editors.)

By Dr. Sun Yat Sen.

After my sojourns of a few weeks in North China during which I have visited several important centers and have come in contact with the people of all classes, I feel more than ever before that a united China, a prosperous and independent China, is a certain thing of the future. There have been pessimistic critics who have predicted that there would be two China that the nation would be split between the North and the South, but I now feel that the country is one nation and will always be so. The republic has come to stay. I pointed out to the people that before—in the days of the Manchu-despots controlled the government and the people, but that now the despots had been busted and that now the despots had been ousted and that the people will run the government—which is as it should be. I found what was really unexpected, sympathetic enthusiasm.

China is rich in every way and needs only to be developed. Railways will bring the people closer together. They will sweep aside the provincial prejudices and do away with jealousies and cross-purposes which can not but help retarding progress toward our goal. The value of the products already grown will be increased many fold by the construction of lines which will bring to the door of the producer new and greater markets than he has had in the past. Mines can be opened and the great mineral resources of the nation overlooked.

The railways which China needs will soon be built—a great network of them, connecting all the great cities of the republic. This will mean commercial prosperity, increased riches, better and more markets, but most of all unity, and that is the most important, for unity means self-preservation. Once unified and prosperous China will stand as a great nation of the world, not to be trifled with nor imposed upon nor partitioned.

Syracuse Journal (New York), November 13, 1912, Page 9

THE HASKIN LETTER: THE REPUBLIC OF CHINA-XI—SOCIALISM IN CHINA

By FREDERIC J. HASKIN

One of the famous Dr. Sun Yat Sen's great plans for his country is the practical application of socialistic principles in the future development of the Chinese republic as the creature and not the master of the people. The recent revolution was a startling usrprise [sic] to the world. Even those who thought they knew China best were carried off their feet. The establishment of a republic, though naturally a weak one at present in view of unsettled conditions, caused even greater astonishment. But the mere mention of China and socialism in the same breath might well cause a wave of incredulity to go billowing all over the world. One wonders what possible chance there can be for this new, custom-destroying, political faith in this most ancient of countries, hypnotized by reverence of the past and chained for centuries to ingrown precedent. As a matter of fact, China today offers a splendid opportunity for the working out of socialistic principles.

Before examining Dr. Sun's plan it is interesting to recall that a form of socialism was tried in China hundreds of years before the western world ever heard of it. Like many other things in China, the good scheme failed at first, and was consigned to oblivion. This particular project for the relief of the poor was thought out by one Wang Ngan-che, a philosopher of the Twelfth century. He was a friend of Emperor Chen-tsung, who gave his indorsement to the experiment. Aid to the poor, gouging of the rich, elimination of waste and standardizing of crops were its cardinal features.

To Manage All Resources

The government was to manage all the resources of the country and to do the hiring of everybody. Official boards were to be in every section, authorized to make daily adjustment of wages, price of provisions and value of merchandize, as the local situation required. All necesary [sic] taxed were to be paid for several years by the rich, the poor and those below a certain grade of affluence to be exempt. A surplus over and above the cost of maintaining, the government was to be distributed among the unemployed, destitute and the aged.

All land was to be owned by the government, with a board of agriculture in every prescribed district. These boards were to allot the land. This was to be done every year, as required by the weather, arableness of the several patches, etc. Even the seed was to be given to the farmers. But, in order that the farmers might appreciate what was being done of them, and by deeds justify the confidence of the government, it was stipulated that after the harvesting the same amount of seed advanced, or produce of equal value be turned over to the government. The boards of agriculture were to see that only crops suitable to the soil and the climate were to be attempted. Crop failure in [···] one section was to be equalized by the shipment thereto of grain and vegetable and fruits from such other parts of the empire, as had been blessed with bumper crops. Wang Ngan-che, the theorist and the emperor both felt that this system would bring uniform prosperity and deep contentment to all of China's sweating millions. They thought the poor would become richer and the rich poorer until all stood upon an equal plane.

Plan Fails to Work

Unfortunately, the plan failed. It was tried over large areas, but did not livelong enough to be applied in all part of the empire. Instead of planting the free grain doled out [⋯] government, the famers ate a good deal of it offhand. What they didn't eat was bartered for other kinds of food or wearing apparel. As the humble and peculiar Chinese never has any too much either to eat or wear, the temptation to exchange the seed grain for something which was needed instanter [sic] was too great to resist. Then, again, those farmers, who did plant the seed and raise crops wearied of well doing when they knew that the improvident ones would be cared for by the state, anyhow in situation to all this, there was the tremendous [⋯] of maintaining the [⋯] agriculture and buying large lots of seed. The bitter dispute over who should bear this burden, the government or the rural population, broke up the Wang-Ngan-che system. When Emperor Chen-tsung died, this minister was cashiered. A decade or two later the plan was started again, but failed more miserable than before, and those back of it were exiled to Mongolia. The motive was all right, out the method was wrong.

After a lapse of eight centuries, Dr. Sun Yat Sen advocates another attempt to apply socialism in China. He is confident of success for there is to be no giving of something for nothing, no bureaucratic meddling in the personal affairs of the people, and absolutely no redistribution of wealth. In answer to criticism, he has repeatedly stated publicly that he [⋯] the last named feature aboard, and that it will not be attempted.

Cooperative Profit Sharing

Cooperative sharing of profits with the wage earners, who are the real producers, and government ownership of public utilities are what Dr. Sun is after. He believes the government should own, and proceed to buy up as rapidly as possible railways, tramways, electric light power, gas works, water works and canals, besides keeping control of the forest. In this connection reforestation of the country would prove very beneficial, for woodless China is sadly in need of trees. Even

Dr. Sun's tremendous railways plans, contemplating the building of 60, 000 miles of track by the aid of foreign capital provides for government ownership 40 years after completion, and he hopes to arrange for all of this great construction work within 10 years. In a recent issue of the China Press, Shanghai, Dr. Sun set forth his cooperative idea as follows—

"I favour the introduction of a system whereby the suppliers of physical necessities will be to derive mutual benefit upon a common ground of justice and fraternity. That after all, is the definition of socialism, I want to see the labourer obtain the full value of his hire, and to see the Chinese work upon a cooperative plan, so that in the new time coming we will be able to build up a nation politically and industrially democratic, each unit dependent upon the other, all living in a sense of mutual confidence, and good will. The ideal is difficult to obtain, but one should strive for the ideal and so secure some improvement of conditions which are far from the wished for stage of perfection."

Would Share Equally

"By this system production would be enhanced and advanced to the maximum, with a minimum of poverty and labor slavery. All men would have their proportion of the products of the wealth now awaiting development of their hand, they would reap the full fruit of their toils; secure favourable conditions of labor, and obtain opportunity in leisure to think of other things than the daily grind in the mill or the mine. They would be able to cultivate the mind, have adequate recreation, and procure the blessings which should be in all men's lives, but which on the showing of other nations, are largely denied the worker and the poorer masses. A chance would be given to all in the race for livelihood and life, and the fullest measure of liberty would be provided. This is what I want to see. When I urge a socialistic system, I urge a system which will create for the citizen a direct interest in the country that is theirs. I want to see them participate in the results of its pro-ductiveness. "

Certainly there will never be a better time than now or the immediate future to give socialism a fair trial in China, for better or for worse. Industrial development being in its infancy there, it can be applied as commerce grows and manufacturing concerns spring up. China's toilers are situated differently than their brothers of the western world, where combinations of capital and unearned increment have builded [sic] high and heave an industrial structure of which the laborers them-selves are the cornerstones. The western system is [⋯] and may fall with dam-age, a [⋯]

Colorado Springs Gazette (U. S. A.), January 27, 1913, Page 4

LETTER TO PRESIDENT OF THE INTERNATIONAL SOCIALIST BUREAU

November 10, 1915

President

International Socialist Bureau

Peoples Palace

Brussels, Belgium

Dear Sirs:

So kind and sympathetic a letter from a source such as your organization cannot be otherwise than act as an invigorating tonic full of encouragement and hope to me and my followers. I wish you to know it has done me much good, and that I am grateful to the Socialists for the noble and valuable service they rendered to our cause. The knowledge that I have many sympathizers all over the world make my heart glad. We are truly fellow-workers, co-laborers struggling against great opposing forces, and having the same unshakable conviction that truth, righteousness, and humanity, will surely conquer evil and injustice at the end.

It will interest you to know that at the end of the first revolution when I was elected President of the Republic, I wanted to organize China after the Socialist idea; but I found myself single handed, for the people were absolutely ignorant on that subject, and my followers who were Socialists were but a handful besides their idea of Socialism was both crude and vague. I realized that I could not reconstruct China with such workers I had in hand, and with no talents to support me whatever, so I decided it would be useless to retain power; which meant prolongation of war and useless shedding of blood; therefore I concluded peace with Yuan Shih Kai with the understanding that he will govern the Republic, which I labored to bring about with the true spirit of democracy.

I was contrited to hand over the reins of the government to Yuan, in whom I had implicit faith. After twenty years labor, I had accomplished the task of changing an absolute monarchy into a Republic, and I was impatient to proceed in preparing the way for Socialism by educating the thinking and progressive element.

To my great grief and disappointment, Yuan Shih Kai whom I trusted to carry out the work which he swore he would, did nothing but usurped all power to his own interest, and furthermore he undid every bit of my work by underhanded means, and as soon as he felt strong enough he openly went back on his oath, and attacked the very principles that we mutually agreed he should uphold. Today he is more despotic than any tyrant, and China is more corrupt than ever before. He employed a gang of cut-throats and assassins to do away with his opponents, and many of China's best men were deliberately assassinated. Proofs showing that Yuan was the real author of the crimes went for nothing simply because he is the President. Therefore he has absolute power to kill openly or murder secretly, and no one has right to censure him, When Parliament demanded explanations from him, what did he do but simply abolished the Parliament itself, Members of Parliament were poisoned, executed, and imprisoned.

It seems strange that such state of affairs could happen in this enlightened 20th century in a country whose inhabitants comprises one-fourth of the entire human race, and yet the outside world either does not know them or is indifferent to them. With Yuan's power and money he bought up men and influential newspapers. The representatives of different nations were so busy looking after the proper protection of the lives and properties of their own people, and scheming as to what further interests they might secure in China. Plus the keenest jealousy they entertain between themselves; that they deemed, perhaps, profitable and wise to shut their eyes to all Yuan's dispotism; for after all he is in power, and it is only through his hands they might get what they desire.

But with all Yuan's seeming power he must go for we are determined that he should be crushed, and his days are but numbered. The Manchus were much more powerful than he yet we succeeded in relegating them. Yuan is afraid and that is the reason why he pleases the worried powers for in return he expects them to back him up when trouble comes, which he knows is bound to come. He realizes that he cannot rely upon the support of his own countrymen.

The capitalists believe that to uphold Yuan is to preserve peace in China, but that belief is false, for there has been no peace in China and never will be as long as he continues practicing tyranny and selfishness. In a conditional way—not so clear as this, great disturbance is the order of the day in China, and when I give order to rise a great upheaval, greater than any known in China will be the result, for my men are all ready to start whenever the signal is given them. Yuan's own men and soldiers are turning against him, and that is an added assurance of our success.

Our 2nd revolution was a failure because there was no unity amongst the revolutionists and there was no leader for I took no active part in the movement. Immediately after I resigned in favor of Yuan, I gave up politics entirely, and lost myself completely in studying out the best methods of gradually moulding the government according to the Socialist idea thus realizing and completing the sole object and ambition of my life. I firmly believe that only when China becomes a Socialist state, that our people can be made happier and their drudgeries alleviated. Socialism will cure her ailment.

Our coming revolution will, without a doubt reap success. It is under my direct control and management, and I take the entire responsibility myself. My followers profited by the lessons derived from past failure are working in perfect unison and harmony under my personal supervision.

To overthrow Yuan is but a foregone conclusion and is not difficult; but the task that comes after his downfall, the reorganization of China, is what I am afraid of, for I have no practical talents to assist me in carrying out my long cherished desire of guiding the state to that goal. I will again be handicapped as I was in 1912. I am not justified in plunging the country into another bloody war unless I am assured that I can have good, trustworthy talents to help, and advise me in carrying out my Socialistic principles and policies.

I desire to impress upon you, my co-laborers, that China is the land where Socialism can be carried out into practice; and it is the field that should be worked and used as a model of government after the Socialist idea. China is immensely rich in natural resources, and her teeming millions are eager, earnest laborers, quiet in nature, and are easily led and satisfied. So long they are given work they are happy. Industry is not yet developed, capitalism not yet domineering, and the masses of the people are obedient and law-abiding; so she can be easily moulded into any shape or form. So long has the country been under the monarchic rule that her people have never been taught the difference between social democracy and autocracy.

I appeal to you, my co-laborers, to help me in making China the first Socialist state in the world, by concentrating your attention, energy on China, and contributing talents in various lines and departments of work to help me. I need the assistance of men such as your organization could furnish in this great undertaking.

If you agree to my proposal, will you advise me at the earliest possible moment, so that we can devise practical means to carry out our plan. I should be pleased if you will present my idea to the leaders of the Socialists of all countries, and if it be met with approval I may be able to come to Europe to discuss details with you.

Please impress upon the leaders the necessity of absolute secrecy, for should the worried powers capitalists and financiers be acquainted with this matter, they will combine together and endeavour to nip us in the bud, which will make our battle much harder to fight.

In conclusion, I beg you to remember that it is within your power to help push this great human force to labor like men, and to secure happiness and blessings to millions of human souls.

Hoping to hear from you soon, I remain,

Your fellow-worker,

Sun Yat-sen

Manuscript, November 10, 1915

CHINESE SUSPICIOUS OF JAPAN
By DR. SUN YAT-SEN

Late President of the Chinese Republic

(From the Kobe Herald)

Japan and China are the states standing upon the foundation of the Oriental morality, while their peoples are brought up under the moral training of a similar school. As it is, there can be no possibility of their being estranged on account of their thoughts being different, or their moral ideas being in conflict. And yet, the two nations, I regret to say, are not on as good terms as they should be.

What is the cause of it? I am inclined to believe that the whole trouble finds its source chiefly in the difference of their respective positions which they occupy in the world, or the dissimilarity of their national strength.

Ever since her political revolution, fifty years ago, Japan has made a wonderful stride, until now she is well qualified to hold her equal with America and European powers in culture and strength. On the other hand, on account of political corruption China's advance toward civilization and the development of her national power have been considerably delayed, so much so that she now finds herself unable to withstand the pressure and encroachment of foreign countries.

When one country obtaining a concession, other powers follow suit. Today, China is bound with the bondage called "equal opportunity; imperial enjoyment of benefits." Who can say that she will not be dismembered if matters be permitted to proceed in the present state.

Japan is a new power in the world, a country situated most close to China.

This proximate geographical situation makes Japan feel quite sensitive of any action taken by other powers in China, because their intrusion in the country or their monopoly of markets will at once affect her fate. It is only natural, therefore, that we see her stoutly maintaining the principle of equal opportunity or priority of interests in China. From Japan's own viewpoint, this is not at all extraordinary, because her mission in the Far East is indeed a very serious and important one. But to the Chinese such is the most undesirable thing. They wish to see Japan to act altogether different from the roleshe is assuming. Hence, they are dissatisfied with Japan, nay, they apprehend and suspect her.

The Chinese, imbued with modern thoughts, are quite familiar with the general situation of the world. Believing in the future of the Orient, they try to ameliorate administration, and bend their energies toward the advancement of culture and national power they realize that Japan is an advanced state and repose great expectation in her. They look upon the "Restoration" of Japan as the very exemplary of their recent revolution—the two incidents which in themselves are nothing but an attempt to better the political conditions in their countries, but in some sense signify the awakening of the Yellow Race.

International relations of China being very complicated, while she is fettered by the influence of different powers, she cannot renovate her home affairs so readily as Japan did some fifty years ago. China realizes the importance of freeing herself from this international encroaching bondage, because otherwise she will be unable to maintain her independence, her very existence, leave alone the question of reforms.

All sensible Chinese who look forward to Japan hope that the above can be accomplished through her assistance. But has Japan done anything to give them any hope toward the end? Her policy, instead of breaking down the fetters placed upon China by the European powers, has been for strengthening them this is the very cause why the Chinese, who should feel very friendly toward Japan, are dissatisfied with her, and look upon her with fear and suspicion.

Historically, the two countries had the relations of brother, China being the elder. The turn of events has developed things in such a way that the elder has grown weak and incapable, while the younger by the dint of hard study and supreme efforts has increased his wealth and intellect. The former finds himself not only unable to take care of his property but to defend it against the spoliation of marauders.

While matters stand in this way with the elder brother, the younger, instead of rendering him assistance to protect the property bequeathed by his ancestors, turns toward the marauders and say, "If you plunder, I have also the right to share the booty," and turning upon the elder demands: "If you allow the robbers to carry away your goods, give me the privilege to do so, too." How would the children of the elder brother feel when they were expecting whole-hearted assistance from their uncle against the pillage? Utter disappointment would naturally drive them to mistrust and apprehension.

Japan's policy toward China, therefore, should be giving assistance to China in her efforts of reforming her administration, and casting away the encroaching policy, "equal opportunity; equal share in benefits," lead China as she was led by other advanced states ages ago. Should she but exonerate China from foreign encroachment, a majority of the Chinese would most heartily appreciate her moral support. Besides the amelioration of conditions in China, meaning the advancement of the position of the Oriental race in the world, it would benefit Japan toward the development of her own national fortune to no inconsiderable extent.

Another wish we have for Japan, and that is the liberation of China from the bondage of extra-territoriality. As the result of this unfair, obnoxious restriction, china is suffering great economic distress. If Japan gives her help toward the revision of the existing treaties fervently hoped for by all the Chinese, their gratitude to her willbe indeed boundless. Should the treaties be revised, china can at once be freed from the economic restraint, and her inexhaustible resources can be developed.

To Japan, China is a great market even in her present state. If China's economic conditions are improved and her purchasing power increase, so much benefit Japan will derive therefrom. Economic interests being enhanced, friendly relations between the two nations would most assuredly increase. While China is remaining a slave to the existing treaties and groaning under the economic bondage, if Japan piles further treaty restrictions upon her, she can never expect her emancipation. The greatest difficulty that Japan experienced politically after the Restoration was the recovery of her treaty and customs rights. Japan must feel that China is just as much disposed as Japan. If she does unto China what she wished to have it done unto her, China will surely bless her. We will be placed under a moral obligation to compensate her efforts.

For this China must, of course, improve her laws, system and other things. We are prepared to receive assistance from advanced and experienced Japan, because we know such is essential. The sanguinary war now raging in Europe has taught us a great lesson that racial rivalry tending to grow fiercer the Yellow Race must wake up and work hard.

Happily, in China a Republican government has been reestablished through the moral support of Japan. We are now in the period of peaceful construction. The moment is never more opportune for the two nations to build up the foundation for perfect amity between them. Let the present opportunity slip away, a misfortune will surely befall them, and affect the fate of all the colored races.

New York Tribune, February 18, 1917, Page 2

Plain Speaking from China

By Dr. Sun Yat Sen

The First President of the Chinese Republic

Dr. Sun Yat Sen is recognized as a patriot even by those who hate him, and in China there are many who feel that way toward him. They can't help it. He spoils all their plans. When a small group of Chinese militarists planned with Japanese militarists for the consolidation of the country, so that Japan could more easily conquer it, Dr. Sun Yat Sen went down to Canton and pulled five of the best provinces out of the government. When the northern and southern militarists had come to terms as to what they could get for themselves out of the peace between them, Dr. Sun injected the parliamentary issue into the debates and broke up the Peace Conference. Dr. Sun is spoiling things again. Just now the officials are trying to borrow money from America and Dr. Sun points out forcefully that China wants American machines, not loans

CHINA does not need money. We need brains and machinery, but not money.

It is not China that has been constantly borrowing.

The Peking Government borrows. Americans must recognize that the Peking Government does not represent the country. Nor does the Canton Government represent the country. It is represented more nearly by the merchants here in Shanghai, by the growing middle class which is carefully leaving politics alone and which is devoting itself to building up the industry of the country.

Young China the China of the Students' Movement, of the anti-Japanese Boycott, of the encouragement of native industry, of opposition to signing the peace treaty, is the China which will have to pay any loans made today. And whether they will pay them or not depends upon the character of the loan rather than the force of the lender. One can always scuttle the ship— when it is impossible to do anything else. And Japan and the rest of the world, if it forces on us political loans, is forcing also upon itself the dangers of just such a situation.

We have plenty of raw material here . . . more perhaps than any other nation in the world. We don't need to import a thing and the day will come when we won't import much. But our needs are increasing and our processes of production are slow. Furthermore, we can buy your manufactured articles cheaper than we can make them, because we do not yet understand large scale production and we have not organized industry on a modern basis. But that state of affairs cannot go on forever. The day is fast approaching when China will use her own resources and her own labor to produce what she needs. If we want to go about it slowly, stupidly, we can wait until we have made our own machinery, but that is an uneconomic method. But why should we be made either to remain backward and weak or to borrow money on the security of our sovereignty. No other nation is given that alternative. Why force it on China? Japan has been forcing it on China, but we believe that America is our friend. Therefore we want to borrow from America

Dr. Sun Yat Sen

two things, machines and experts to teach us how to run them.

Capitalists are used to dealing with governments. They like to make loans which are secured by a government. But the downfall of Russia, Germany and the Balkans must have convinced bankers that governments are not very safe propositions. The French thought that the autocracy of Russia would live forever and that their investments in that autocracy would be safe forever. But it is not working out. The awakening of the masses in every country and the determination of the masses that their future shall not be mortgaged to finance the inefficiency and selfishness of the present has made loan-making to governments an unsafe business proposition. Do you really believe that the people of the tiny nations of Europe will ever be in a position to pay their tremendous war debts? Do you think that any nation can determine its own future when that future is mortgaged to the bankers of another nation? I should not believe so.

The capitalists have always lent money to the Chinese Government, but that won't work out either. When a genuine, people's parliament meets, we shall repudiate every loan that the Peking Government has made unconstitutionally and, if, for instance, Japan wants to fight us for the money, let her come here. It will only involve the world in another war, in a banker's war. But we shall do it. Every boy in every school in China, every girl in every school in China, is pledged to that. They can destroy us for their dollars, but we are big enough to bring them down with us. Every banker lending money to the Chinese Government is paying in advance for his own financial funeral.

Your American bankers are making the mistake of imitating their British and Japanese predecessors. They are dealing with the Peking Government. Some of them insulted us of the south by suggesting that they would give us a share in the spoils. We don't want any spoils. We want to be boycotted as we want Peking boycotted. We are neither of the north nor of the south. We are Chinese without discriminating [*Continued on page 36*

Plain Speaking from China

(Continued from page 10)

adjectives and we feel that if money is to come from America, we want it to come in the form of machinery, of engineers, of efficiency experts, of management.

My proposal is that American capitalists join with Chinese in the creation of national industry. The Americans put up the money for the machinery, and for the payment of the foreign experts. The Chinese will put up the money for the raw materials and human labor. That the partnership be as far as possible on a fifty-fifty basis and that the Americans be given a fairly large but not exorbitant return on their capital. This proposition ought to be worth while to American capitalists, who are hampered by so many things in their own country. I would suggest further that the Americans provide clauses in the contracts, so that the Chinese can put them out after a stated period. The underlying principle should be a short time investment with a large profit. The guarantees on this proposition would not be as gilt edged as a government loan is said to be, but how gilt edged are the Trans-Siberian bonds today? And what do you know about any government tomorrow.

There is another issue involved: China cannot forever go on buying things that she can easily manufacture at home. The thing is too absurd. China will sooner or later manufacture her own things. Your manufacturers will never be able to compete in China with China-made things. Therefore either you start plants here or sooner or later you will have to get out of the Chinese market. Why then not open plants here? Why not make things here?

Shanghai

DR. SUN PLEDGES REUNITED CHINA BY END OF YEAR

Wires Tribune Jap Menace Grows

By Dr. Sun Yat Sen, President of the Republic of China

Kweilin, Kwangsi Province, China, April 2. —As my expedition starts northward to redeem china in behalf of the people, I have received by telegraph from Charles Dailey in Peking a request for a statement for the Tribune regarding the position in which China is left as a result of the armament reduction conference in Washington and the possibility of the early restoration of an orderly government of the republic.

I answer with optimism that china will be reunited this year. Her government, instead of being a creature of the militarists, will derive its power and authority from the will of the people, as expressed in our constitution, which we are fighting to uphold. Civil supremacy must be established over military authority to insure peaceful development and progress in china.

Japan as Powerful

The Washington conference has not materially affected china's international or internal position. While the world is to be congratulated upon the agreement for the limitation of armaments that was reached. the fact must be pointed out that Japan's position of power preponderance in the far east is left relatively unchanged. In fact , her ability and power to prosecute her policy of ascendancy in China have been increased, not diminished. since the development of the American naval power as the only factor of restraint on her has been eliminated. This may well have an adverse effect on china.

It is a fact patent to all that in every struggle in china in recent years Japan has helped either one side or the other, her policy being to keep china in a constant state of turmoil.

Solution from within

The solution of the Chinese question must come from within. the movement for unification of the country under my leadership is daily gaining strength, owing to the impotency and corruption of the Peking administration, as well as the progress of reform and progress already made under my government. I believe this desired unification can be greatly hastened by the withdrawal of recognition by the foreign powers from the Peking government, which no longer functions as a national government, de jure or de facto, and which the Chinese people have openly repudiated.

My policy is to unite the country by all peaceful means available, but the diplomacy of the foreign powers in continuing to recognize the Peking group as the ruling body of china is rendering my northern expedition necessary.

Chicago Daily Tribune, April 3, 1922, Page 13

La Révolution Chinoise
et les Questions Sociales

La République est établie en Chine et quoique j'aie résigné les fonctions de président provisoire, cela ne signifie pas que je vais cesser de travailler pour la cause. Ayant renoncé à mon premier mandat, des affaires beaucoup plus importantes réclament mon attention.

La Chine a été soumise à la domination mandchoue pendant 270 ans. Pendant cette période, les tentatives en vue de regagner son indépendance ont été nombreuses. Il y a cinquante ans, la révolution de Taïpings fut l'une de ces tentatives, mais il ne s'agissait là que d'une révolution de race : Chinois contre Mandchoux. Si cette révolution avait réussi, le pays serait resté sous un gouvernement autocratique et le résultat n'eût pas pu être qualifié de succès.

Il y a quelques années, un petit nombre d'entre nous se rencontrèrent au Japon et formèrent la *Société révolulionnaire chinoise.*

Nous adoptions alors trois grands principes :

1º La suprématie de la race chinoise ;

2º Le gouvernement du peuple par le peuple ;

3º La suprématie du peuple dans la production de la richesse.

Les deux premiers principes ont été réalisés par l'abdication de la dynastie mandchoue. Il nous faut maintenant réaliser la Révolution économique. Ce sujet est l'objet d'une discussion générale aujourd'hui, mais la majorité du peuple chinois ne comprend pas la portée de ce terme. Il suppose que le but de la rénovation de la Chine est de faire d'elle une nation puissante, égale aux grandes nations de l'Occident.

Tel n'est pas le but de nos efforts. Il n'y a pas aujourd'hui de nations plus riches que la Grande-Bretagne et l'Amérique, il n'y a pas de nation plus éclairée que la France. L'Angleterre est une monarchie constitutionnelle, la France et les Etats-Unis sont des républiques ; mais le gouffre entre les riches et les pauvres, dans ces pays, est trop vaste, et des idées de révolution hantent les cerveaux de leurs citoyens. Si une révolution sociale ne s'effectue pas, la majorité restera privée de la joie et du bonheur de la vie. Aujourd'hui, cette félicité n'est réservée qu'à quelques capitalistes.

La masse des travailleurs continue à souffrir amèrement et ne saurait rester en paix. La révolution de la race et la révolution du gouvernement politique sont faciles à effectuer, mais la révolution de la société est plus difficile.

Seul un peuple aux grands achèvements est capable d'effectuer une révolution sociale.

Quelques-uns diront : Jusqu'ici, votre révolution a été un succès, pourquoi ne pas être satisfait et attendre, pourquoi chercher à accomplir ce que l'Angleterre et l'Amérique, avec toute leur richesse et toute leur science, ont négligé d'essayer à ce jour ? Ce serait là une mauvaise politique, car en Angleterre et en Amérique la civilisation est avancée et l'industrie en transformation, et il est difficile d'y accomplir une révolution sociale ; nous n'en sommes pas encore là, en Chine ; une révolution sociale pour nous est relativement facile, nous sommes en état d'anticiper la venue du régime capitaliste. Dans les pays capitalistes, les intérêts établis sont solidement défendus et il est difficile de les déloger. En Chine, il n'y a ni capitalistes, ni intérêts établis, donc la révolution est relativement facile.

On me demande fréquemment si une telle révolution exigera l'emploi d'une force militaire. Je réponds oui pour l'Angleterre et l'Amérique, et non pour la Chine. La grève des mineurs anglais prouve ce que j'avance, et pourtant celle-ci n'est pas une révolution, mais simplement un désir exprimé par le peuple d'obtenir la possession des sources de la richesse publique, et il semble que seule la force puisse réaliser ce but.

Il se peut que la révolution sociale soit difficile à réaliser, mais l'heure est proche où elle va devenir un fait accompli, et nous ne saurions pronostiquer les moyens désespérés et le danger pour l'Etat qu'entraînera sa réalisation.

Si, au début de la carrière de notre République chinoise, nous ne songeons pas à nous défendre contre l'établissement du capitalisme, dans un avenir très prochain, un nouveau despotisme, cent fois plus terrible que celui de la dynastie mandchoue, nous attend, et les fleuves de sang deviendront nécessaires pour nous en délivrer. Quelle déplorable perspective !

Un point réclame surtout toute notre attention. Il sera nécessaire de changer tous les titres de propriété immobilière. C'est là un corollaire indispensable de la Révolution. Le progrès l'exige. Jadis les propriétaires fonciers payaient l'impôt sur la superficie des terres divisées en trois classes : bonnes, moyennes et médiocres. Dans l'avenir, il faudra baser l'impôt sur la valeur foncière, car la qualité de la terre varie moins uniformément que d'après cette division en trois classes.

Je ne sais pas de combien la valeur des biens immeubles à Nankin diffère de celle des immeubles du Bund, la grande rue de Shangaï ; mais si nous employions la méthode ancienne, nous ne saurions arriver à une évaluation équitable. Il serait préférable de taxer la valeur immobilière, les terrains pauvres payant peu, les terres de grande valeur payant beaucoup. Les terrains de grande valeur appartiennent à des gens riches, et il n'y aurait aucune oppression à les frapper d'un impôt élevé. Les terrains de minime valeur sont la propriété de populations pauvres habitant des districts reculés, et il ne devraient être soumis qu'aux taxes les plus légères. Aujourd'hui, le terrain du Bund et la ferme payent le même impôt. C'est une injustice.

Pour la faire disparaître, il faut baser l'impôt sur la valeur foncière. La valeur du terrain à bâtir à Shangaï a augmenté dix mille fois en cent ans. La Chine est à la veille d'un développement industriel immense ; un commerce formidable va se créer, et, dans cinquante ans, nous aurons beaucoup de Shangaïs. Sachons être assez sages pour prévoir l'avenir, et décidons dès aujourd'hui que la plus-value des biens immeubles restera acquise au peuple qui l'a créée, et non aux capitalistes privés dont la chance a fait des propriétaires fonciers.

Dr SUN-YAT-SEN,
Ex-Président provisoire de la République Chinoise.

СОЦИАЛЬНОЕ ЗНАЧЕНИЕ КИТАЙСКОЙ РЕВОЛЮЦИИ

Сунь Ятсен

(Из газ. Le Peuple, 11 июля 1912)

Республика утверждена в Китае. И хотя я отказался от должности временного президента Китайской Республики, но это вовсе не означает, чтобы я перестал работать в пользу Республики. Я отказался от первой должности потому, что дела гораздо важные требуют моего внимания.

Китай подчинился владычеству манджуров в течение 270 лет. Попытки восстановления его независимости были многочисленны в течение этого периода. Одной из таких попыток была революция тайпингов 50 лет тому назад, но это была исключительна расовая революция: китайцы против мандчжуров. Если-бы эта революция одержала верх, то страна осталась бы под самодержавным правитель-ством, и такой результат нельзя было-бы назвать успехом.

Несколько лет тому назад мы с небольшим числом друзей со-брались в Японии и образовали Китайское Революционное Общество.

Мы приняли тогда три великих принципа: 1) Верховенство китайской расы. 2) Управление народом через посредство народа. 3) Верховенство народа в охране богатства.

Два первые принципа осуществлены отречением манд журской династии. Нам надо теперь осуществить экономическую революцию. Этот вопрос составляет в настоящее время предмет всеобщей дискуссии, но большинство китайского народа не понимает значение этих слов. Они предполагают, что целью обновления Китай является создать из него могущественную нацию, равную великим нациям Запада.

Не такова цель наших стремлений. В настоящее время нет наций, более богатых, чем Великобритания и Америка, более просвещенных, чем Франция. Англия конституционная монархия, Франция и Сое-диненные Штаты—Республики, но пропасть между богатыми и бедными в таких государствах слишком велика, и революционные идеи волнуют их граждан. Если не пройзойдет социальной революции, то большинство останется лишенным радости и счастья жизни. Теперь это счастье составляет удел лишь нескольких капиталистов.

Масса работников продолжает тяжело бедствовать и не может быть настроена мирно. Революция расовая и революция политического правления легки, но революция общества—дело более трудное.

Лишь народ великих дел способен осуществить социальную революцию.

Мне возразят: "До сих пор ваша революция была успешна. Надо удовлетвориться этим и уметь ждать. К чему браться совершить то, чего не пытались до настоящего времени осуществить Англия и Америка, при всем их богатстве и при всей их науке?"

Но это было бы дурной политикой, ибо в Англии и в Америке цивилизация стоит высоко и промышленность развита. Здесь совер-шить социальную революция дело трудное.

Мы в Китае еще не дошли до этого, социальная революция для нас сравнительно легка, мы имеем возможность предупредить наступление капиталистического режима. В капиталистических странах установ-ленные интересы охраняются крепко, и подорвать их трудно. В Китае же нет ни капиталистов, ни установленных интересов, а потому революция сравнительно легка.

Меня часто спрашивают, потребует-ли такая революция употре-бления военной силы. Я отвечаю: да—для Англии и Америки, нет—для Китая. Стачка английских углекопов доказывает правильность моего утверждения, а ведь эта стачка далеко еще не революция, а просто выраженное народом желание вступисть во владение источниками общественного богатства, и осуществить эту цель, видимо, можно только силой.

Возможно, что социальную революцию трудно осуществить, но близко время, когда она будет совершившимся фактом, и мы не хотим загадывать, сколько отчаянных средств, сколько опасности для государства принесет с собой это осуществление.

Если, с самого начала существования нашей китайской республики, мы не подумаем о том, как защитить себя от установления капитализма в очень близком будущем, то новый деспотизм, во сто раз более страшный, чем деспотизм мандчжурской династии, ожидает нас и понадобятся реки крови, чтобы избавиться от него. Какая мрачная перспектива!

Одно обстоятельство требует в особенности нашего внимания. Как только новое правительство установится, необходимо будет изменить все правления основания (tous les titres) недвижимой собственности. Эта мера есть необходимая принадлежность революции. Этого требует прогресс. Прежде поземельные собственники платили налог с площади земель, распределнных на три класса: хорошие, плохие и худые. В будущем необходимо будет соразмерить налог с стоимостью земли, ибо качество земли гораздо изменчиво, чем это выражает разница указанных трех классов.

Я не знаю, как велика разница между стоимостью в Нанкине и на Бунде, главной улице Шангая, но при употреблении старой системы мы не сможем установить справедливой оценки. Правильнее было бы облагать налогом стоимость недвижимых имуществ так, чтобы бедные земли платили мало, а высокоценные земли платили много. Земли, которые стоят дорого, принадлежат богатым людям, и в обложении их высоким налогом, не было бы ничего несправедливого. Земли, имеющие самую низкую стоимость, составляют собственность бедных слоев населения, живущих в захолустье, и их следовало бы облагать лишь самым легким налогом. В настоящее время земли на Бунде и крестьянская ферма платят одинаковый налог. Это несправедливо. Чтобы устранить эту несправедливость, стоит соразмерить налог с стоимостью земли. Стоимость земли под посторойками в Шангае возросла в 10, 000 раз за сто лет.

Китай стоит накануне гигантского промышленного развития; торговля разовьется в громадных размерах, и через 50 лет у нас будет много Шангаев. Будем же настолько мудры, чтобы предвидеть гряду-щее, и примем теперь же решение, что приращение стоимости (La plus value) недвижимых имуществ останется собственностью народа, который это приращение стоимости создал, а не частных капиталистов, которые случайно сделались земельными собствен-никами.

Д-р. Сунь Ятсен, временный президент Китайской Республики, Невская Звезда , 15 июля 1912, No. 17

注：本文原使用沙皇时期的俄文，打字时保留单词的拼写和语法，仅用现代俄文字母取代"i"和"ъ"。

日支親善の根本義

孫　文

　本年五月三日日本より歸國して以來引き續き上海に閑居しつゝある孫逸仙氏は、近々或は北京に赴くことあるべきも再び政界に入るの意思なきを述べ、目下頻りに少壯議員の參考の爲めに、各國議會に干する法規慣習を調べ著述に從事し傍哲學及支那の改革に對する各種の考案を立てつゝある、將來は政治よりも實業界に入り其發展の爲に盡くす考だと往訪の記者に語り、尚ほ日支親善論に就き下の如く意見を發表した。

　日支親善の一語は今まで兩國の人士に依つて唱道せられ、特に日本に於いては政治家と云はず實業家と云はず學者と云はず悉く此問題に對して注意を拂はざるなく實に悅ばしいことである。

　但し兩國の親善を計るには、兩國人民の根本的思想と兩國人民の其の國家に對しての根本的希望とを十分に會得し而して根本的政策方針を樹てなければならぬと思ふ。若しさうでなくて單に支々節々のことをするならば良結果を來たすことが出來ないのみならず、却つて兩國民の先天的親善を阻害する恐れがある。只今折角の御尋問に對して私は遠慮なく今までの兩國民間に於ける葛藤の原因と支那多數の人の希望とに對する私の觀察を申し上げやう。

　元來支那と日本とは同じく東洋的道德の根本の上に立つて居る國家であり、而して兩國民は共に同系統の道德的薫陶を受けて生れた人間であるから、思想の上に於いて感情の疎隔を來たす恐れなく、又道德の上に於いて衝突を來たす理由がないものだから、今までの誤解紛糾は凡て人爲的原因から生じたもので一番重なる原因は兩國の今日世界に於ける立塲の相異即ち國勢の強弱の同じからざるに歸着するではないかと思ふ。

　日本は五十年前の維新に由り國勢が益々發展し文化に於いて又國力に於いて優に歐米列強と並馳し得る樣になつたが、支那は政治の腐敗が原因となり文化の開發と國力の發展とは非常に遅れて、終に歐米各國の壓迫侵略に堪へず、今日に於いて動もすれば分割せられる恐れある境遇に陷つた。而して歐米列强の一が支那のある利權に指を染めると、他の强國もなるべく遅れを取らない樣にやつて來る、此に於て支那は所謂利益均霑機會均等と云ふ一ツの恐ろしい繩に縛縛られて仕舞ふ。日本は世界中に於いては新進の强國で然も支那に一番接近して居る國で、利益關係から云へば支那が若し歐米列强に侵略され又は支那の市場が歐米列强に壟斷されると直ちに日本の安危に關係して來るから、日本は歐米列强に對して利益均霑機會均等を主張し或は又支那に對して利益の優先權を主張するは不得已ことであり、又日本の利害から考へて特に東洋の安危に重大なる使命を有する日本の舉動としては不審でもなからうとは思はれるけれども、然し是れは支那の國民の希望から卽ち非常な齟齬である。故に多く支那國民が日本に對しての不滿足と危懼と疑惑とは、恐らくは此の點から生じたのではないかと思ふ。

　支那の新思想を有して居る人達は、世界の大勢に通達し東洋の將來に囑目して、支那の政治的改革を計り以て文化と國力との向上に資するを必要なりと認め、隨つて之に關して先進國たる日本に對しては多大なる希望を有しても居る。蓋し日本の維新も支那の改革、一國の見地より見れば此れは單に一國の國家的發展を圖るに過ぎないことであるけれども、若し世界の大勢から云へば此れは實に黃色人種の民族的自覺で日本の維新は支那改革の先聲であり支那の改革は日本維新の效果であると見るべきものである。但し今日支那の改革を圖るには日本の維新當時よりも困難なるは卽ち今日の國際關係は維新當時の日本より數十倍も複雜であり而して歐米列强の勢力が支那に侵入して居る程度は維新當時の日本より數十倍も甚だしいと思はれる。此の國際的の難關卽ち列强の侵略的繩縛縛を突破するのは卽ち支那の獨立自存を來す上に於て必要なことで、此れが出來なければ到底支那の根本的改革は計られない、此れは卽ち支那の有識者が日本に對して希望する事である。而して日本は今までは支那の此の希望に副ふこと少なく支那に對する方針は依然、歐米列强に依つて唱へられり、且つ實行されつつある利益均霑機會均等と云ふ恐ろしい繩を打破するのではなく、唯之に隨つて歐米列強は斯樣であるから日本もと云ふ姑息的利權擴張に囚はれるに過ぎないのである。而して支那人が此の親密であるべき筈の日本に對して、不滿足と危懼と疑惑を抱くのは即ち此れに原因するではないか。故に日支兩國民間の感情的齟齬は、却て兩國の道德的に又利害的に尤も接近し居り、尤も親善なるべき素因を有してからだと云ふても差支ない。

　歷史上に於ける日支の關係は兄弟である、支那は兄にして日本は弟である。只此の兄は甚だ力量が少ない又智識が乏しい、内の財產を守り、家門の發展を圖ることが出來ない、而して餘所からの盜人に財產を取られ、益々窮境に陷る、而して弟の方は勉學をし智識も力量も達者になつて立派に一家を創立して居る。而して兄の持分の? 宋宗の遺留したる財產が盜人に取られるのを見兼ねて、盜人に對しては「貴樣が橫奪するなら乃公も一分の權利があるぞ」と云ひ、而して兄に對しては「盜人にやるなら私にも分けて呉れないか」と云ふ。

　弟から云へば? 宋遺留の財產を一分でも保有する考へではあらうけれども併し兄の子供達は盜人を憎んで一生懸命に叔父の助力を得やうと希望して居る所に斯く出られるから其の失望は非常なものであり而して不滿足と危懼と疑惑の念が非常に起こるのも決して不思議ではないと思ふ。

　故に今日日本の支那に對して取る方針は、須らく此の支那多數の希望に應じて支那の國勢改善に助力を與へ、隨つて歐米列強の支那に對して主張しつゝある利益均霑機會均等と云ふ蠶食的主張に囚はれず、日本の維新以來經驗したる所を以て支那を誘導し、支那の爲めに外來の障碍を排除して呉れるならば、支那多數の國民は日本の道德的援助に對して必ず大いに感激するのみならず、支那の國勢改善は東洋民族の世界に於ける地位を增進する所以であるから、日本の國運發展にも大いに利益あることであると思ふ。所謂脣齒輔車の言は斯くの如く事實的提携精? 的提携に依て始めて意味を爲すのである。

　假に今一つ例を擧げて見る。今日支那の經濟上の窘促は如何なることに原因するか云へば、一番重大な關係は今まで支那と各國と結んだ條約に由つて束縛されたのだと云はなければならぬ。此の凡ての不平等の條約は即ち機會均等利益均霑主義の結晶である。若し今後支那を經濟上に於て解放せしめむと欲せば即ち此條約改正に一番着手しなければならぬ。日本が若しも此の支那有識者の共に希望して止まない條約改正に助力を與へるならば、支那全國の人民は精？上に於いて日本に感激するのみならず、又事實の上から見ても支那が條約を改正すれば直ちに經濟上の束縛より脱却され、隨つて此の無限の富源も開發される。日本は今日に於いてさへ支那の大なる工業品の供給國であるから、若し今後支那の經濟狀態が改善され、今より十倍の購買力を增進するならば日本は卽ち今日より十倍の經濟上の利益を獲得し得るは明である。其の塲合に到つて益々利害が共同となり、國民の親交も隨つて益々增進するに違ひないのである。今日の如く支那が歐米列國の條約的奴隷となり、其の經濟的束縛に呻吟しつゝある時に際し若し日本が尚ほ一層條約的制限を與へんか支那の經濟的解放を期することは到底出來ない、隨つて支那人民は日本に對して希望する事は到達せざるが爲に種々の失望と疑念とは益々深くなりはせんかと思ふ。日本は維新後に於いて一番政治上に於いて艱難困苦を嘗めたのは卽ち位權稅權の回收であつたではないか、日本國民の希望することは支那國民も仍り希望して止まない、若し日本にして己れの欲する所を支那に施さば、支那は道德的に日本に報酬しなければならぬ、此の道德的結合精？的結合に由つて始めて眞に日支親善が徹底し得るのである。勿論此れに就ては支那の法律制度の改正又は其の他の準備を要するが、之に對して文化上に於いて進步したる日本、改革に經驗のある日本が智識的能力的援助を與へて促成させるのは尤も必要であり、又吾人の大いに希望する所である。歐洲の大戰は、天が吾々に種族的競爭は益々激烈なり今後は黃色人種の自覺と努力を要すと敎訓を與へたのである。而して幸ひに今支那の共和政治は日本の道德的援助に由り復活し來り、今は平和的建設時機に到達したるのであるから此に於いて十分に此の意味に於ける眞の徹底したる日支親善の根本を作るのは最も必要である、若し今の機會を更に逸したならば日支兩國の不幸であるのみならず、凡ゆる有色人種の運命にも關はるのであるから、自分は朝日新聞を通じて日本朝野の熟慮篤行を希望すると同時に又支那に於いて大いに努力する決心である。

大正六年一月一日『大阪朝日新聞』（十一）

日支親善は實行の時機

孫　文

　日支關係を如何に改善すべきかは常に予の念頭を去らざる所にして、從つて予は日本滯在の當時屢々之に對する意見を發表し、上海に歸りて後も之を公表したり、卽ち日支兩國は同文同種の國なれば、小異を捨て、飽くまで相提携し、以て白人諸邦の壓迫に對抗せざるべからず。之がためには兩國民接近の機會を多くし、相理解し相信賴せしむるを第一義とす、予は最初より此方針を以て進み、日本滯在中も歸国後も將又政局一變の後も更に之を變更せず、今日と雖も此方針を固執しつゝあり、然れども今日は如何にして日支の親善を計るべきか、如何にして之を維持すべきか、等の問題を講ずべきの時に非ずして、日支親善は實行の時機に入れるなり、予は從前の方針に基き之が實行を計りつゝあり、實行の方法に就きては固より一にして止まらずと雖も既に根本を確立せる以上自ら執るべき所あらん、時として鄭家屯問題のため日支國民間の感情一時阻害されたるを歎ずるの聲を聞くことあれども、日支親交の根本義より見れば同問題の如きは如何なる結着を見るとするとも、敢て取立てゝ云ふべき程のものに非ず、要は日支親善の根本義に從ひ支那は日本を信賴し日本は支那を誘導して、如何なる方面にも之を及ぼし以て實績を收むるにあり、議論の時機、講究の時機は既に去り實行の時期にあることを忘るべからず而して實行の手續に至つては此處に喋々するの要なからん。

大正六年一月一日『大阪每日新聞』（十一）

朝日記者に答へて中國の日本に
對する所懷を述ぶ

孫　文

　　本文は山東問題よりして支那全國に亙る騷擾を來し排日熱正にその絶頂
に達せるに當り記者は特に孫文氏に請うて山東問題に關し支那國民の忌憚
なき意見と日本に對する腹藏なき感情とを聽かんことを求めたるに孫文氏
は從來政治問題に關し沈默を守りたるが殊に山東問題に對しては曩に記者
が意見を求めたる際にも『該問題に關しては予は曩に日本政府に書を送り
て意見を述ぶる處あり新聞に發表することは禁じ居れり』と答へたる程な
りしが此際感ずる所あり日本朝野の反省を促さんとて自ら筆を執り特に東
京大阪兩朝日新聞を通じて日本國民に告ぐべく予（在上海太田特派員）に
手交せるものなり（六月十六日）

　　茲に貴記者より『中國人民は何を以て日本を恨むの深きや、及び何の方法有
り以て兩國の感情を調和するか』の問を承く、予當に誠を竭して以て答へ、並
に此を以て吾日本の故友に告ぐべし。
　　予は向きに中日親善を主張するに最も力めし者と爲す、乃ち近年日本政府は
毎に吾國の官僚を助けて民黨を挫くを以て之を痛むに禁へざるなり夫れ中國民
黨なる者は即ち五十年前の日本維新の志士なり、日本は本と東方の一弱國幸に
維新の志士あり初めて能く發憤して雄となり弱を變じて強となすことを得たり、
吾黨の士も亦日本志士の後塵を歩み、而して中國を改造せんと欲す予の日本と
親善せんと事を主張する者此を以て也、乃ち圖らざりき日本武人は帝國主義の
野心を逞うし、其維新志士の懷抱を忘れ、中國を以て最も抵抗力少きの方向と
なし、而して之に向つて其侵略政策を發展せんとは、此れ中國と日本の立
　　國方針と根本上に於て相容るゝ能はざる者なり。

　乃ち日本人の見解によれば則ち曰く、中國は向きに列強の侵略を受けたり、日本は之を列強に較ぶれば以て加ふる無き也、何を以て獨り日本を恨むを最も深きやと、嗚呼是れ何ぞ少弟を以てして強盗と伍を爲し、其長兄の家を劫かし、而して猶之に對へて兄は當に乃弟を恨むこと強盗を恨むに過ぐべからず、吾二人は本と血氣を同うするを以てなりと、曰ふに異ならんや、此れ今日日本人の同種同文の句調なり、更に甚だしきものあり即ち日本獨逸に對して宣戰し青島を攻克の時に於て、則ち列強に對して宣言するに青島は我に還へすを以てせり、乃ち我が歐戰に參加するの日に於て、則ち反つて列強と密約を締結し、要するに獨逸の山東に於ける權利を以てす、夫れ中國の參戰するや日本も亦勸誘する者の一なり、是れ顯然、故らに中國を以て勞に服せしめ、日本は坐して其の利を享けんとするものなり。

　此事中國人の眼光を以て之を觀れば、何等の事となす乎、即ち廣東語の所謂猪仔を賣る者なり、何をか猪仔を賣ると謂ふ、即ち往時秘露、智利、玖巴等の地、墾荒人に乏しく、外洋資本家、中國人の勤勞にして傭値の廉なるを利とし、遂に中國に向つて工を招けり、當時海禁未だ開けず、中國政府は工の出洋を禁ず、而して洋人は只澳門より工を招くを得たり、毎年澳門より出洋するの數十萬を以て計ふ、此等の工人は、皆内地より拐かし、餌すに甘言厚利を以てし、誘ふに發財の希望を以てす、而して工人一旦欺かれて澳門の猪仔館に入れば、則ち終身逃脱するに途無し而して猪仔頭（即ち工人を拐かして賣るもの）は則ち高價を以て之を洋人に售り、轉運出洋して、以て苦工と作す、工人は終世辛勞、且つ備さに種々の痛苦を受け、鞭撻慘殺は視て尋常となす、是れ乳猪の人の宰食を受くると異なる無し、故に此等人に拐賣せらるゝの工人を名づけて猪仔と曰ふ、曩に日本の中國に參戰を勸め、而して同時に又山東の權利を攫取する、是れ何ぞ中國を賣りて猪仔と爲すに異ならんや、夫れ猪仔の地位は固より家奴に比し尤も下と爲すなり家奴は賤しと雖も、儻し勤勞に服務して命を奉じて惟れ謹めば、猶主人の憐顧を望む得て、而して温飽憂なきなり、而して猪仔は則ち是と異れり、是故に當時澳門の猪仔頭なる者は、如何なる貪利に論なく、斷じて其家奴を賣りて、猪仔と爲すに忍びざるなり、必らず休戚相關せるの人

を拐誘して賣りて猪仔と爲すなり、中國を以て之を見れば、則ち日本は今日尚
臺灣、高麗をして他人の務に服せしめて而して己は坐して其利を享くるに忍ば
ざるなり、是れ日本は既に中國を臺灣、高麗の下に處くものなり、是れしも忍
ぶべくは孰れか忍ぶべからざらん、儻し此を以て先例と爲さば、則ち此後世界
に凡そ戰爭あらば、日本は必らず中國をして參加せしめ、而して坐して其利を
收めん、此れ直ちに猪仔を以て中國を待つのみ、尤も甚だしき者は昔澳門の猪
仔頭は亦た人を賣りて猪仔と爲し、而して其利を洋人に取るに過ぎざるのみ、
日本今回の中國をして參戰せしむるや、既に此を以て南洋の三群島を獲て以て
酬償と爲せり、乃ち猶以て未だ足らずと爲し、而して更に山東の權利を取る、
是れ既に中國を以て猪仔と爲すなり、而して猶猪仔の本身に向つて一臠の肥肉
を割取して以て自ら享するなり、天下心に忍び理を害ふの事、尚此に過ぐる者
ある乎、中國人の此回日本を痛恨し、深く骨髓に入る所以のもの、則ち此等の
行爲に在るなり、而して日本人の己れの爲に辯護する者あり、則ち曰く日本の
山東の權利を取るは、乃ち戰勝攻取を以てして而して得る者なりと、果たして
爾らば則ち日本は何ずれ堂々正々列國に向つて山東の權利を承繼するに、青島
を攻克するの時に於てせず、而して乃ち鬼々祟々として中國を歐洲に參加する
の日に於て、始めて列強に向つて竊かに要めて酬償の具となすか、夫れ中國は
尚未だ日本に隷屬せざるなり、而して日本政府は竟に己に擅に中國に向つて其
決否の權を行ひ、而して且つ此權を行ふを以て、而して列強の報酬を得たり、
此れ猪仔を賣るの行爲に非ずして何ぞや。

　夫れ此回歐洲戰固より分かれて兩方面と爲す、旗幟甚だ鮮明たる者也、其一
は即ち獨奧土勃は乃ち侵略を以て目的と爲すもの、其一は英佛米露、乃ち侵略
に反對するを以て目的と爲すものなり、故に英米の軍歐洲戰塲に在りて、戰勝
攻取して、獨逸より名城大邑を奪回する事、啻に青島に百倍するのみならざる
なり、且其犧牲も亦日本に萬千倍するなり、而して英米の攻克する所の城池は、
皆一々原主に歸回するなり、日本は侵略に反對の方面に加入せるものなり、何
ぞ戰勝攻取を以てして而して山東に於ける獨逸の權利を承繼せん事を要求する
を得んや、日本の本意は本と侵略の爲めならば、則ち當時應さに協商國方面に

加入すべからずして、當に獨墺方面に加入すべきなり、或は又謂ふ中國の參戰に於ける並に未だ何等勞績を立てず、日本の功を貪るを得ざるなりと、而かも此次獨墺の侵略主義に反對して戰はゞ則ち百數十年獨逸の侵略して得る所なる領土は、皆一々原主に歸回するを知らざるなり、波蘭、チェック二族の如き、亦赫々の功なくして、其故土は皆已に回復せり、我中國の山東青島何ぞ獨り然らざる、且丁抹は是れ中立國なり、戰に於て更に功の言ふべき無し、而して獨逸六十年前奪ふ所の彼の領土は、今や亦原主に歸還せり矣、是れ中國戰團に參加するを以て青島を還へすを得んと望むも亦固より其所なり、乃ち日本人士日に同種同文の親善を唱へて、而して其中國を待つは、則ち遠く歐米に如かず、是れ何ぞ中国人の日本を恨んで歐米に親むを怪まんや。

　日本政府軍閥は其爲す所を以て、其欲する所を求む、而して猶中國人の反動を生じ擧國一致以て遠交近攻の策を採り、爾と偕に亡びざらん事を望むも、何ぞ得べけんや、是れ日本今日の獨逸の山東權利を承繼するは、即ち他年獨逸敗亡を承繼するの影子たる而已、東隣志士其れ果して同文同種の誼あらば宜しく日本政府を促がし、早日猛省して、日本の對外方針を變易し、中國方面に向つて侵略を爲さざらしむべし則ち東亞其矛あらん乎。（完）

大正八年六月二十二日『東京毎日新聞』（三）

大アジア主義

（神戸高女にて）

孫文氏演説　戴天仇氏通譯

（1）文化の發祥地

　諸君、本日諸君の最も熱誠なる歡迎に應じて自分は誠に感謝に堪へぬのであります、今日皆さんに申上げる所の問題は即ち大亞細亞主義であります。

　惟ふに我亞細亞といふのは即ち世界文化の發祥地である、世界最初の文化は即ち亞細亞から發生したのであります、今日歐羅巴の一番古い文化の國である所の希臘の文化にしても、又羅馬の文化にしましても、夫等の文化は總て亞細亞の文化から傳へられたのであります、我亞細亞の文化といふものは一番古い時から數千年前から、政治の文化にしましても、道德的文化にしても、又宗教的文化、工業的文化、總て世界のあらゆる文化といふものは、悉く亞細亞の文化から系統を引いて居るのであります、近來に至りまして……最近の數百年になりまして亞細亞の各民族が段々衰頹しまして、そして歐羅巴の各民族が段々強盛になりました、その結果、彼等は支那に向つて、――彼等の力を以て亞細亞に壓迫を加へました、さうして亞細亞における各民族的國家といふものは段々彼等に壓迫され、亡ぼされ、殆ど今から三四十年前までは亞細亞において一の獨立したる國家といふものはなくなつたのであります、大勢茲に至つて、即ち機運が非常に衰頹し、亞細亞の運命が衰頹の極にあつて、そしてこの機運がこの三十年前に至つて愈々復興の機運になつたのであります。

　この三十年前において亞細亞の復興機運が發生したといふ事實はどういふことから認められるかといふと、即ち三十年前において日本國が各國との間に存在した所の不平等條約、平等ならざる條約の改正を得たといふ時から、亞細亞民族といふものが始めて地位を得たのであります、この日本の條約改正によりまして、日本が獨立したる民族的國家となりましたけれども、其外の亞細亞における各民族國家といふものは、總て獨立したる國家でなく、總て歐米各國の植民地の境遇に居るのであります、我中國であつても、又印度、波斯、亞剌比亞、その他のあらゆる亞細亞の民族で國家といふは總てまだ植民地といふ境遇に居るのであります、さう考へるといふと日本といふ獨立したる民族的國家の建設せられた所以は、即ちお國の國民が努力して、この不平等なる條約の撤廢、廢止それから得たのでありまして、その後段々亞細亞の各民族的國家に亘りまして、亞細亞の獨立運動といふものが、段々その機運が熟して來たのであります。

　三十年前におきまして亞細亞の人間は、歐羅巴の學術の發達を見、又歐米各國の殖産興業の發達を見、彼等の文化の隆盛を見、又武力の強盛を見ても、迚も我亞細亞各民族が歐洲人種と同じやうな發達を致すといふことが出來ないといふ觀念を持つたのです、これが即ち三十年前における亞細亞民族の考へである、處で日本の條約改正によつて亞細亞の民族は始めて歐羅巴の壓迫から遁れることが出來るといふ信念を持つたのであります、けれども尚之を全亞細亞民族に傳へるだけの力を持たず、それから十年たつて日露戰爭が始まり、日本が歐羅巴における最も強盛なる國と、戰つて勝つたといふ事實によつて、亞細亞の民族が歐羅巴の最も強盛なる國よりも強い、又亞細亞民族が歐羅巴よりも發達し得るといふ信念を全亞細亞民族に傳へたのであります。

　自分の見分する所知る所を之から諸君に申上げます、日露戰爭當時自分は佛蘭西の巴里に居りました。丁度その時日本の艦隊が日本海において露西亞の艦隊を擊破したといふ報が巴里に傳はつた、それから數日後に自分は巴里を去つて蘇士の運河を經て歸國の途に就いたのであります、さうして蘇士の運河を通過する時、亞剌比亞の土人――蘇士の運河の土民が大分船の中に入つて來て、自分の顔が黄色い黄色民族であるのを見て、自分に『あなたは日本の人であるか』ときゝましたが、さうぢやない自分は支那の人である日本の人でないといふことを答へて、さうしてどういふ事情であるかと聽いたら、その人達が『我々は今非常に悅ばしいことを知つた、この二三ケ月の中に、極最近の中に東の方から負傷した露西亞の軍隊が船に乗つて、この蘇士の運河を通過して歐羅巴に運送されるといふことを聞いた、是は即ち亞細亞の東方に在る國が歐羅巴の國家と戰つて勝つたといふことの證明である、我々は、この亞細亞の西における我々は、亞細亞の東方の國家が歐羅巴の國家に勝つたといふ事實を知つて、我々は恰も自分の國が戰爭に勝つたといふことゝ同じやうに悦ばしく思つて居る』といふのでありました。

　彼等は亞細亞の西の民族である、亞細亞の西における亞細亞民族は一番歐羅巴に接近して居つて、一番歐羅巴の國家の壓迫を受けつゝある、故に彼等は、この亞細亞の國家が歐羅巴の國家に勝つたといふ事實を知りまして、亞細亞の東の民族よりも、國民よりも非常に悦んだのである、その時から始めて埃及の民族が獨立、埃及國の獨立運動といふものが始まつた、それから亞刺比亞民族も、波斯の民族も、土耳其も、又亞富汗尼斯坦も、印度においても、印度の民族においても總てその時から初めて獨立運動といふのが盛んになつたのであります。

（一二月三日）

（2）　王道の文化

　日本が露西亞と戰つて勝つたといふ事實は、即ち全亞細亞民族の獨立運動の一番始りである、それ以來二十年間におきまして、この希望、運動が益々盛んになりまして、今日にあつては埃及の獨立運動も成功し、又土耳其の獨立も完全に出來上り、波斯の獨立も、又阿富汗尼斯坦の獨立も成功し、さうして印度の獨立運動も益々盛んになる次第であります、是等の獨立運動、獨立思想といふのが亞細亞の各民族に起りまして、さうして西方の亞細亞民族は總て此獨立運動の爲めに結合し、非常に大なる團結運動に着手しつゝある、けれども唯亞細亞の東におきまして、日本と我國とのこの二國の結合、連繋といふのが未だ出來てゐないのであります、斯ういふ運動、總てこの亞細亞の民族が歐洲民族に對抗して亞細亞民族の復興を圖るのであるといふことは、歐米の民族が非常に明白に觀て居ります。

　この亞細亞民族が眼を醒したといふことを、歐米人がどう觀て居るかといふ
と、この最近米國の學者が一の書物を作りました、その書物にどういふことを
論じてあるかといふと、即ちこの亞細亞民族の覺醒といふことを論じてある、
彼等がこの亞細亞民族の覺醒といふことをどう觀て居るかといふと、彼等は亞
細亞民族の覺醒といふのは即ち亞細亞民族が世界の文化に對する謀叛であると
いふのです。この米國の學者のストータといふ人が作つたこの書物の名は即ち
「文化の謀叛」といふ名であります、即ち彼等が亞細亞民族の覺醒したといふ
事實を觀て、是は世界の文化の一の危險であると論じてあるのであります、こ
の書物は出版されてから僅の日數を以て數十版を重ね、更に各國語に翻譯され、
歐羅巴の人も、亞米利加の人もこの本に論じてあることを殆どバイブルに書い
てある事のやうに非常に尊重して居る次第であります、この書物に論ぜられた
亞細亞の覺醒といふことも矢張り日露戰爭が始まりであると論じてある。さう
してこの亞細亞民族の覺醒といふのを世界に對する威嚇であり世界の文化に對
する不穩であると彼等は觀て居る、即ち彼等は歐米民族だけ世界の文化に浴せ
らるゝこの權利がある、亞細亞民族といふものは決して世界の文化に浴せられ
る權利を持つてゐないと彼等は觀て居り、信じて居るのであります。

　歐洲民族の考へでは、彼等は世界文化といふのは單に彼等が持つて居る文化
──彼等の文化といふのが即ち一番高尚な文化であると思つて居る、成程此數
百年來歐羅巴の文化は非常に發達しました、彼等の文化は我東洋の文化より進
んでゐた、東洋の文化はこの四百年において確に歐洲文化に及ばないけれども、
彼等の文化といふのは何であるかといふと、即ち唯物質的文化であり、又武備
武力によつて現れる所の文化である、即ち亞細亞の昔の言葉を以て評すると、
歐洲の文化といふのは覇道を中心とする文化でありまして、我亞細亞文化とい
ふのは王道であります、王道を中心とする文化であります、彼等は單に彼等の
國を以て我亞細亞を壓迫し、亞細亞民族を酷使する道具である、故に近來歐洲
の學者で東洋の文化といふのは道德的で、道德的文化に至つては、彼等よりも
歐洲の文化よりも進んで居るといふことを段々認めて來たのであります、一番

著しい事實といふのは、即ち近來歐洲の文化といふものが發達して以來、世界的道德、國家的道德といふものが非常に衰頽して來ました、さうして昔この亞細亞の文化が非常に發達した時代では國家的道德が非常に進んでゐたのであります、今から二千年前から五百年前までの間といふのは即ち我國の一番強盛な時代である、世界において二千年前から五百年前までの間の支那といふのは世界における最も強盛なる國であり、第一の國である、今日の英國、又米國を以て較べても尙我國のその時代における世界的地位に及ばないのである、その時に亞細亞の南、又亞細亞の東、又亞細亞の西、阿富汗尼斯坦邊まであらゆる邦國、又あらゆる大陸の國家、民族が總て我國に來朝した、我國を? 國と思ひ、喜んで我國の屬國となつてゐましたけれども、此等の屬國に對して何をしました、又之等の屬國、領土を得ましたのは、果して海軍の力を用ひて征服したのであるか、或は陸軍の力を用ひて征服したのであるか、決してさうでない、單に我國の文化に浴せられまして悅んで心服して我國に來朝しただけであります。

この事實は今日になりましても尙はつきり證明し得る證據があるのであります、亞細亞の西藏の西に二つの國がある、極く小さい國である、一は即ちブータンであり、即ち一はネパールでありまして、この二ツの小さい國の一ツのネパールは小さい國ではあるけれどもその民族といふのは非常に強い民族である、今日英國の印度に於て用ひて居る軍隊の一番最も強いコーカストといふ軍隊は即ちネパールの民族を用ひたのであります、英國はネパールといふ國に對して非常に尊敬し、出來るだけネパールに尊敬を拂ひました、さうしてあらゆる工夫をして漸くネパールへ一人の政治を研究する人を寄越すことが出來た、この英國があらゆる禮讓を盡し、さうしてあらゆる方法を以てネパールに厚意を表した所には即ちネパール民族が非常に強い民族であり、英國がこのネパール民族を、コーカスト民族を利用して、それを用ひて、これを軍隊にして、この印度の鎮壓に使ふといふ目的を持つて居るからである、英國が印度を滅亡したのには既に非常に長い時間がたつて居るけれども、このネパールといふ國は英國に對して今日尙獨立の態度を以て英國に對し、決して英國を自分の上國、? 國であると思つてゐない、さういふことを感じてゐない。

　我國は非常に弱くなつてから既に數百年たつて居る、けれどもこのネパール
といふ國は今日になつても、この最も國力の弱い我國に對しては從來の通り我
國を上國と思ひ、又我國を彼等の? 國であると觀て居るのであります、さうし
て民國元年までこのネバールの國は依然として? 國の禮を以て我國に來朝した
事實があつたのであります、その事實を見れば是は實に最も奇怪なる事實であ
ると見るのであります、この一の事實を觀れば卽ち歐洲文化と東洋文化の比較
といふのがこの事實によつて非常に明白となり得るのである、我國は衰頽して
以來既に五百年たつたこの五百年も衰頽した我國を尙ネパールは? 國と思ひ、
上國と認めてゐる一方英國は今日世界中に於ける最も强盛な國であるけれども、
ネパールといふ國は如何に英國が强くてもまだ彼は自分の? 國であるといふこ
とを認めてゐない、この一ツの事實は卽ち東洋の民族は、この東洋の文化、こ
の東洋の王道により文化に信賴を持つて居るが、歐洲の霸道を中心とする文化
に對しては決して信賴して居らぬのである。

（一二月四日）

（3）　日本と土耳其

　大亞細亞問題といふのは何ういふ問題であるかといふと、卽ち東洋文化と西
洋文化との比較問題である、卽ち東洋文化と西洋文化との衝突する問題である、
この東洋文化は道德仁義を中心とする文化でありまして、西洋の文化といふの
は卽ち武力、鐵砲を中心とする文化である、それでこの道德仁義を中心とする
文化の感化力といふものはどれだけあるかといふことは、卽ち五百年間衰頽し
て來た所の我國に對して尙ネパールといふ國が今日になつても我國を? 國であ
ると認めるといふ一の事實が卽ち仁義道德の感化力のどれだけ深いといふこと
を說明するのであります。

　さうして西洋文化、武力による文化の力がないといふことは卽ち今日英國の

　武力をもつてしても、尙英國の勢力である所の埃及と、又は亞刺比亞、又波
斯の到る處においてこの獨立運動、革命運動といふのが起り、若し五年間英國

の勢力が衰頽したならば、即ち總ての英國の屬地といふものが悉く獨立運動を起して英國に反對するのであります、夫は即ち東洋文化と西洋文化との文化の何方の文化が良いかといふことを證明するのである。

　それでこの大亞細亞主義といふのは何を中心としなくちやならぬかといふと、即ち我東洋文明の仁義道德を基礎としなくてはならぬのである、勿論今日は我々も西洋文化を吸収しなくてはならぬ、西洋の文化を學ばなくてはならぬ、西洋の武力的文化を採り入れなければならないけれども、我々が西洋文化に學ぶといふは決して之を以て人に壓迫を加へるのでなく我々は單に正當防衛のために使ふのである、歐洲の武力による文化に學んで非常に進んだのは即ち日本でありまして、今日日本の海軍力も陸軍力も自國の人により自國の技術により、製造力により海軍をも用ゐ、又陸軍をも完全に運用し得たのである。

　さうして又西の方におきましてモウ一ツ土耳其といふ國があります、これは歐洲戰爭の時には獨逸に加擔して、さうして負けましてから殆ど歐洲各國に分割される境遇になつたのであるが、彼等國民の努力奮闘によりまして、之を打破して全く完全なる獨立を今日得たのである、即ちこの亞細亞の東において日本あり、又西においては土耳其あり、この二ツの國は即ち亞細亞の一の防備であり、亞細亞の最も信頼すべき番兵である、又亞細亞の中部においては阿富汗尼斯坦といふ國があり、又ネパールといふ國がある、この二ツの國は矢張り強い武力を持つて居る國である、これ等の國民は今日の戰闘的能力といふのは非常に強いのである、將來波斯にしましても、又暹羅にしましても、總て皆武力を養成し得る民族である、又我中國では今日段々國民が覺醒されまして、この四億の民衆を以てして將來歐羅巴の壓迫に對して矢張り非常に大なる反抗力を持つのである。

　（訂正：前號王道の文化中「文化の謀叛」の著者をストータとしたのはストッダードの誤）

（一二月五日）

（4）我等の覺醒

　さうしてこの亞細亞におきましては、我國に四億の人間が居り、又印度は三億萬の人民を有し、亞細亞の西においても亦一億萬の人民がある、南洋一帶において数千萬の人間がある、日本においても数千萬の人が居る、さうしてこの世界の四分の一の人種を抱擁して居る亞細亞は全部仁義道德を以て聯合提携して、この歐洲の亞細亞に對する壓迫に對抗するだけの武力、力といふのが必ず出來るのである、即ち我々は宜しく我々の東洋の文化、この仁義道德を中心とする文化を本とし、我亞細亞民族團結の基礎にし、又この歐洲に對して我々が學んで來た所の武力による文化を以て歐羅巴の壓迫に對抗するに使ふものである。

　歐米の人民は僅四分の一の四億の民衆でありまして、我亞細亞民族は十二億萬あるのである、今日の事情は即ち歐米各國は四億の人間を以て、我十二億萬の人民に對して壓迫をするのである、これは即ち正義人道に違反する行爲である、今日歐羅巴におきましても、又亞米利加におきましても、總て彼等は非常に專橫極まる力を揮つて居るけれども、彼等の國においては、米國におきましても、英國におきましても、あらゆる歐米の國の中には依然として矢張り少数の人が、この仁義道德を重んじなくてはならぬといふことを知つて居る人があるのである、さうして見るといふと即ち段々彼等の中にも東洋の文明、即ち仁義道德を中心とする文明を信ずるやうに段々なり得るのである。

　（孫氏は之において『露國は歐洲文化の弊害を見て仁義道德を重んじなければならぬと感じ、歐洲各國の政策と分裂する方針をとり、爲に白晢人種の國より謀叛視せられて居る』と説き尚語をつづけて）

　それで大亞細亞問題といふのはどういふ問題であるかといふと、即ち此壓迫される多数の亞細亞民族が全力を盡して、この橫暴なる壓迫に——我々を壓迫する諸種の民族に抵抗しなければならぬといふ問題である、今日のこの西洋文明の下にある國々といふのは、單に少数の民族の力を以て、多数の亞細亞民族を壓迫するのみならず、彼等の國家の力を以てして、彼等の自分の國内の人民に對しても依然として壓迫をするのである、故にこの亞細亞の我々の稱する大亞細亞問題といふのは卽ち文化の問題でありまして、この仁義道德を中心とする亞細亞文明の復興を圖りまして、この文明の力を以て彼等のこの霸道を中心とする文化に抵抗するのである、この大亞細亞問題といふのは我々のこの東洋文化の力を以て西洋の文化に抵抗するといふ、西洋文化に感化力を及ぼす問題である、米國の或學者の如き我々の亞細亞民族の覺醒といふのは、西洋文化に對する謀叛であるといふ、我々は確に謀叛である、併しこの謀叛といふのは、單に霸道を中心とする文化に對する謀叛でありまして、我々は仁義道德を中心とする文明に對して、我々のこの覺醒は卽ち文化を扶植する、文化を復興する運動である。

（一二月六日）

大正十三年十二月三日至六日『大阪每日新聞』（十一）

孫文氏並に同令夫人のお話

（十一月廿八日）

　五年生の一部は門前に並列して一行を出向ふ。多數の民國人に擁せられたる孫氏同令夫人は校長の案内にて四階休憩室に入られやがて令夫人と共に講堂に臨み壇上の椅子に倚らる、校長先づ紹介の辭を述べられ、次で孫氏は温容を中央に進めて、戴天仇氏の通譯にて大要左の如く述べらる。

　皆さんの熱誠な歡迎を深く感謝致します。私は、十數年目に再び日本に參りまして、凡てが大なる進歩をした事を感じました。そして進歩は各方面の學校に於いて著しく思はれます。殊に女子教育に於いては非常な進歩である事は、斯様な大規模な建築を見ても知る事が出來ます。日本の今日の發達は數十年前に行はれた維新の結果であります。此頃我國に起つて居る戰爭は、恰もお國の維新であつて、我國の基礎はこれに依つて定められるのであります。そして東洋の平和は日本と支那とが相提携し、互ひに助け合ふ事に依つて成し遂げられるのある事を確信します。

　支那今日の革命は、支那將來の爲であり、又東洋將來の爲であります。日本國民の皆さんが日本で維新をした事を顧みて、民國の革命が徹底的に成功する様に同情して下されん事を希望して止まないのであります。（鎌田、大野、岡村）

　孫氏坐に復せられるゝや、校長進んで謝辭を述べられ更に塚本教諭の通譯にて令夫人に一言せられん事を乞はれしに快諾して温顔に微笑を含みつゝ、楚々として前に進み極めて流暢な英語もて左の如く述べらる……

兵庫縣立神戸高等女學校同窓會『會報』第十九號、大正十三年十二月